南开大学历史学院教育基金资助 (范曾先生捐赠)

南开大学中外文明交叉科学中心资助

南开史学家论丛

第四辑

互动与交流

希腊化世界与丝绸之路关系研究

杨巨平 著

中华书局

图书在版编目(CIP)数据

互动与交流:希腊化世界与丝绸之路关系研究/杨巨平著. —北京:中华书局,2022.10
(南开史学家论丛.第四辑)
ISBN 978-7-101-15860-1

Ⅰ.互…　Ⅱ.杨…　Ⅲ.丝绸之路-关系-文化史-研究-古希腊　Ⅳ.①K928.6②K125

中国版本图书馆 CIP 数据核字(2022)第 148439 号

书　　名	互动与交流:希腊化世界与丝绸之路关系研究
著　　者	杨巨平
丛 书 名	《南开史学家论丛》第四辑
责任编辑	杜艳茹
责任印制	管　斌
出版发行	中华书局
	(北京市丰台区太平桥西里 38 号　100073)
	http://www.zhbc.com.cn
	E-mail:zhbc@ zhbc. com. cn
印　　刷	河北新华第一印刷有限责任公司
版　　次	2022 年 10 月第 1 版
	2022 年 10 月第 1 次印刷
规　　格	开本/920×1250 毫米　1/32
	印张 16⅛　插页 2　字数 480 千字
印　　数	1-1500 册
国际书号	ISBN 978-7-101-15860-1
定　　价	78.00 元

出版说明

　　新世纪伊始,南开大学历史学科魏宏运、刘泽华、张国刚等先生与著名国画大师范曾先生商定,设立"范伯子史学基金",资助出版《南开史学家论丛》第一辑,一为纪念南开史学的奠基一代,二为总结南开史学文脉一系,三为传承郑天挺、雷海宗等先生的教泽。第一辑收录了郑天挺、雷海宗、杨志玖、王玉哲、杨生茂、杨翼骧、来新夏、魏宏运等先生的文集(中国日本史、亚洲史研究的开拓者吴廷璆先生,因文集另外出版故暂未收入),九位先生可谓南开史学在 20 世纪 50 年代崛起的奠基一代,令人高山仰止。第一辑于 2002 年由中华书局出版后,产生了良好的学术和社会反响,形成了南开史学的品牌效应。

　　2003 年,《南开史学家论丛》第二辑出版,收录刘泽华、冯尔康、俞辛焞、张友伦、王敦书、陈振江、范曾先生的文集。七位先生是 20 世纪 80—90 年代南开史学持续提升的学术带头人,可谓一时风流。

　　2007 年,《南开史学家论丛》第三辑出版,收录南炳文、李治安、李喜所、陈志强、杨栋梁、王晓德六位先生的文集。确定入选者朱凤瀚、张国刚、李剑鸣先生此时调离南开,王永祥先生英年早逝,四位先生的文集未及编辑。诸位先生皆是南开史学崛起的股肱帅才。

　　《南开史学家论丛》第一至三辑,共收录了自郑天挺、雷海宗先生以下二十一位南开历史学科著名学者的文集,大致可分为三代学人,他们或治中古史、或修中近史、或览欧美文化、或观东洋史实。三代衣钵相继,奠基、传承、发扬,对相关学术方向皆有重要贡献,享誉史林,才有了南开史学近百年的无上荣光。这是一份能激动人心的史学积淀,一份能催人奋进的学脉遗产。

　　有鉴于此,南开大学历史学科学术委员会决定继续出版此套丛书的第四辑，委托江沛教授主持编务，以持续梳理南开史学的学术史，总结学科名家的高水平成果，向 2023 年南开史学的百年华诞献礼。

《南开史学家论丛》第四辑入选学者是：中国史学科的郑克晟、白新良、赵伯雄、张分田、杜家骥、乔治忠、许檀、王先明、常建华，世界史学科的杨巨平、李卓教授。十一位学者在各自领域皆有公认的学术成就，其学术活跃期多在 20—21 世纪之交前后三十年间，同样是南开史学第四代的代表性学者。

从四辑的入选学者名单可以看出，南开史学历经百年发展，先有梁启超、蒋廷黻、刘崇铉、蔡维藩等先生筚路蓝缕，继有郑天挺、雷海宗先生代表的第二代深耕根基，再经刘泽华、冯尔康先生领衔的第三代发扬光大，继有多为 20 世纪 50 年代出生学者扛鼎的第四代学人守正创新，终于成就蔚然之史学重镇。

如今，南开史学百余名教师，秉承"惟真惟新、求通致用"的院训，以高水准的人才培养、求真创新的学术成果，打造出一支公认的实力雄厚、享誉全球的史学群体，努力为探寻中华传统文化、构建人类命运共同体而全力拼搏。

2019 年，南开大学提出"4211"发展战略，其中一个"1"，即是建立十个交叉科学中心，努力实现跨学科融汇，强调人文与自然科学两大学科间贯通、协同发展，以服务于国家战略及社会发展需求，这是中外文明交叉科学中心的宗旨所在。在文科率先成立的中外文明交叉科学中心，依托历史学科建设。《南开史学家论丛》第四辑，是一个学术品牌的延续，也是中国史、世界史两大学科成果的总结，凝结了对中外历史与文明的比较及思考。故而第四辑的出版，得到了南开大学中外文明交叉科学中心的资助，在此衷心致谢。

在《南开史学家论丛》第四辑出版之际，衷心感谢著名国画大师范曾先生对本丛书连续四辑的慷慨捐赠和大力支持，他致力弘扬中华优秀传统文化、尊师重道的精神令人敬仰。希望早日迎来第五、六辑的持续出版，让南开史学始终站在历史学的潮头，共同迎接中华民族的伟大复兴。

南开大学历史学科学术委员会

2020 年 12 月 12 日

目　录

第一编　希腊化世界形成与丝绸之路贯通

第三编 丝路希腊化文明遗产的传入

附　录

自　序

　　本人从事希腊化时代的学习和研究已经三十多年。期间既有启蒙阶段的"识文断字"（指上大学后才开始学习英语，研究生期间才开始接触古希腊语、拉丁语），也有入门之后的照猫画虎（指大学期间开始学着写学术论文），即使后来有了一点自己的感悟心得，也是战战兢兢，不敢献丑。这次历史学院出版第四辑《南开史学家论丛》，我有幸忝列其中，实在是诚惶诚恐，感激不尽。我是南开的学生，虽然不是"根红苗壮"的本科，但也是 20 世纪 80 年代南开历史学院古希腊史专业的第一个研究生，也是王敦书先生的第一个硕士生。虽然是一名大龄新生，但那时的我并没有思想包袱，反而以和比自己年轻 10 岁左右的应届生为同窗而感到欣慰、幸运。尽管被"文革"耽搁了 10 年，但我并没有沉沦，反而凭借时代之好风，奋发而起，和他们站在了一起，徜徉在南开这座学术的殿堂内，这是人生多么难得的机会。当然，只有我们这样经历的同代人大概才能有这样的切身体验。

　　我走上历史研究的道路，与自己上大学前的读书爱好有关，尤其与 1978 年高考时五门考试中历史的考分最高有关。当时我的总分超过了重点大学的录取线，抱着出省就去北大，不出省就上山西大学的想法，填报志愿时就填了两个：北京大学历史系和山西大学历史系。说到底，还是对省外的大学不了解，还有一点就是不愿远离家乡，现在想来这个境界实在不高，不过那也是时代的产物，能上大学就很不错了，已经鲤鱼跳龙门了，夫复何求。

入学之后，第一学期有"中国古代史"、"世界古代史"、"历史要籍介绍与选读"等主干课程，结果，"世界古代史"考试得了一个年级高分。授课老师是年高德劭的陈超教授。当时的师生关系特别亲密，我经常到老先生家拜访，看到一屋子满满的书柜，着实羡慕，从此也就对世界史有了更多的兴趣。第四年做毕业论文，就选了古希腊史的一个题目——《伯里克利与雅典民主政治》。

这个选题与当时的时代潮流有关，也与自己的学习体会有关。关于雅典民主政治，一般教材都认为创始于梭伦（Solon），确立于克里斯提尼（Cleisthenes）。这也是恩格斯在《家庭、私有制和国家的起源》中的观点。但我总感到，古希腊文明的辉煌时代是在希波战争之后的伯里克利（Pericles）时代。这一时期，以雅典为代表的希腊城邦文明在政治、文化、经济等领域都达到了前所未有的高度。既然这个时代能以伯里克利来命名，那他到底为那个时代做出了什么伟大贡献，以至青史留名？带着这个疑问，我翻阅了当时山西大学图书馆所能找到的中文资料，得到的只是教科书上的一般性定论。我感觉，必须想办法获得更多的外文资料，尤其是有关他的第一手外文资料。以我当时的英语水平，谈何容易！但我还是有一股初生牛犊不怕虎的劲头，利用实习的机会，到北京图书馆或手抄或复印，得到了大英百科全书中的"Pericles"词条内容和普鲁塔克《名人传》中的《伯里克利传》。回来后，即着手翻译。那时也没有版本知识，只要是个英文译文就如获至宝。其实这个译本属于 Dryden translation，是 17 世纪的英国大文豪约翰·德莱顿（John Dryden，1631—1700 年）领衔的译作，19 世纪经另一位英国诗人阿瑟·休·克劳夫（Arthur Hugh Clough，1819—1861 年）将其修订再版（1859、1876、1880 年）。在 1914 年版的《罗叶布古典丛书》（Loeb Classical Library）中，《名人传》的译者将此德莱顿《名人传》视为"可能是现存最好的英译本"。① 但这个版本的译者好像有点拟古之风，用了很多古词，类似于我们今天的汉

① Plutarch, *Plutarch's Lives*, with an English translation by Bernadotte Perrin, Cambridge, Mass. : Harvard University Press, 1914, "Introduction", p. xviii.

文古译，或许这就是当时的英语，确实不太好懂。其实还是自己的英语太差，仅仅学了几本教材，就敢尝试这样的大部头翻译，真是无知无畏。记得当时困难重重，请教了许多老师，包括外语系的老师，凭着蚂蚁啃骨头的一股傻气，历时三个多月，硬是把它勉强转成了汉语。以此为主要史料，我撰写了本科论文《伯里克利与雅典民主政治》，指出正是伯里克利用公职津贴的方式保证了下层公民的参政权，从而使雅典的民主政治得以真正完善和全面实施，使雅典成为当时希腊各邦的"学校"。这个论文1982年完成，1985年经过修改，在内蒙古大学的世界古代史会议上宣读。2019年，适逢内蒙古大学历史学院召开纪念胡钟达先生百年诞辰的会议，邀我参加。我重新翻出了那篇文章的打印稿，倍感亲切，也若有所失。当时怎么就没有再把这个问题做下去呢？如果这也算是一篇论文，那就只能是学术启蒙阶段的一点收获。写作此文时，陈超先生已经作古，指导我的是陈文明先生。他对我敢于翻译普鲁塔克的《伯里克利传》大为赞赏，并在系里、教研室会议多次提及。感谢陈文明先生，他对我的褒扬也是我能够在本科毕业之后到山西师范学院（后改为师大）任教的原因之一。

在山西师大的三年，我主要讲授世界古代史。但最初我视学问为神圣，视讲台为圣坛，迟迟不敢上课，怕误人子弟。大概过了一年之后，等真正写完了全部讲稿，才敢开课。那时只是根据教学需要，充实有关的知识，根本谈不上研究，也没有想过做什么研究。那个年代高校风清气正，宽容大度，给了我们这些青年教师充分的时间和自由，来开拓自己的学术视野和充实专业基础，本人也借此机会积累了大量的专业资料，同时提高了英语的口语和听力，为之后考取南开大学的研究生打下了基础。

1985年初秋，告别师大，来到南开。这是我人生的重大转折，能拜师于王敦书先生门下，开始从事古希腊史的研究，真是荣幸之至。在先生的指导下，我选择国内学界很少关注的希腊化时代作为自己的研究重点。没有想到，从此至今，我一直在希腊化或与其有关的领域摸索。这也是我为什么再也没有回到伯里克利时代的原因。马克思曾经说过，希腊内部的极盛时期是伯里克利时代，外部的极盛时期是亚历山大时代。我从第一个极盛时代入门,从第二个极盛时代开始真正的学术之旅,大概也是一种命运的安排吧!

希腊化时代实际始于一个"男孩",终于一个"女孩",那就是始于亚历山大,终于克列奥帕特拉。他们都是有过轰轰烈烈人生经历的青年国王和女王。亚历山大20岁登上王位,22岁开始东征,33岁英年早逝,留下的是一个西起地中海,东到印度河,横跨欧亚非三大洲的帝国。他死之后,帝国虽然迅即崩溃,被他的部将瓜分,但他开创的希腊化时代却延续了三个世纪之久。克列奥帕特拉女王公元前30年的自杀、托勒密王国的灭亡、公元前后远东印度—希腊人王国的消失可以说是希腊化王国时代的终结,但并非希腊化文化影响的结束。它通过罗马帝国、基督教对西欧的影响,通过丝绸之路对远东的影响都是源远流长,有迹可寻。开始时,本人对自己研究对象的认识还很朦胧,但随着学习的深入,越来越感到这一时期在人类历史上的划时代作用。在后来的硕士学位论文中,我这样写道:

> 人类历史的文化交流自远古就已发生。然而,在亚历山大之前,这种交流只是局部的,有些地方甚至是相互隔绝的。埃及和两河流域的文化出现得最早,且为近邻,但它们之间的真正接触要到埃及新王国之时。波斯帝国的建立,大大便利了帝国境内各地文化的交流,但由于它是靠武力维持的军事联合体,没有统一的、牢固的政治经济基础,波斯人自身又没有带来较高的文化,所以各地的文化恪守传统。除琐罗亚斯德教外,帝国之内的文化并未出现统一的迹象。虽然波斯帝国与文化传统截然不同的希腊为邻,而且曾兵临希腊,但西侵的惨败决定了它不可能在文化上给希腊留下什么痕迹,具有讽刺意味的是烧掉了几座神庙。不少的希腊人访问过巴比伦、埃及,也向它们学了不少宝贵的知识;有的希腊人谋食于大王的宫廷,可能也带去了希腊的思想,但这些局部的接触难以沟通东西方两大文化的巨流。远东的中国,希罗多德对之一无所知。在亚历山大跨越赫勒斯滂(Hellespont)海峡之际,这里的群雄各国还在争霸中原。它们既无力,也无意,更无暇西向。以后的秦汉帝国开边拓土,疆域庞大,但只是在汉武帝时才西达葱岭。他的使者也只是在此时才

越过帕米尔高原。汉文化在发展,在蔓延,不过要与其他几个古代文化相会,还得等待一段时间。印度文化自成一统,百家之中,佛教流行。但佛教的大倡和弘扬于印度西北部要到孔雀帝国阿育王之时,向东亚、东南亚的传播要到贵霜帝国之时。单就文化的接触而言,东方的四大文明古国中只有埃及和巴比伦与希腊有过局部的交流,真正意义上的、大规模的希腊文化与东方文化的交流并未进行。罗马是后起之辈,在文化上远逊于它的希腊邻居。当它为统一意大利而征战时,希腊人已创出了他们将要钦羡之至的文化,但他们的羽毛还未丰满,无力东向。其它地区如中亚、阿拉伯、中非在希罗多德时代,甚至在亚历山大东征之时,大都还笼罩在传说的迷雾之中。

　　这一切都说明亚历山大之前欧亚非大陆各古老文化地区的相对闭塞。造成这种格局的根本原因固然只应归于生产力发展水平的落后,但以政治经济为动力的军事征服却能在一定程度上打破各地的阻隔,使其成为相互联系、相互影响的整体。帝国的建立,有利于帝国之内各地的文化交流。如果统治民族具有较高或相等程度的文化,在文化传统上又与各被统治地区有很大的不同,最后还能坚持自己文化传统的主导地位,那这个帝国之内的文化交流就更为丰富多彩,就会存在两种渠道的文化交流,一种是帝国境内被统治民族之间的交流,一种是统治民族与当地民族之间的交流。这二者不是孤立的,而是交织在一起的。也只有在这种情况下,文化的大交流、大汇合才能出现。希腊化文化就是这样。所谓"第一次大交流、大汇合"是从文化交流汇合的双方,交流的方式,交流的程度,交流的结果而言。交流的双方即希腊文化与以埃及、西亚、印度为主的当地文化;交流的方式是在希腊人政治统治之下,以希腊文化为主导;交流的广度(从地中海到印度河)和深度(几乎各个文化分支都能看出汇合的迹象)都是前所未有的;交流的结果即不仅继承和保存了希腊古典文化,而且在与其他文化汇合的基础上创造了独具特色的希腊化文化。

　　希腊化文化标志着欧亚非文化交流新时代的开始。连接东西地中海的罗马帝国，由南而向东西的阿拉伯帝国，由东而西的蒙古帝国，由小亚崛起的奥斯曼帝国，还有由西而东的十字军远征，都或多或少地推动了文化交流的浪潮。无庸讳言，它们中有的还毁灭过一些地区的文化，但总的说来，它们都属于这个时代。这个时代直到哥伦布时才结束，但是启迪了这位葡萄牙水手宏大心灵的不就是希腊化时代的科学天才吗？[①]

现在看来，这些论断难免有一厢情愿、肤浅浮躁和以偏概全之嫌。但也就是在这样的认识之下，我开始了对这一时代和世界的研究。

三年之后，面临着一个工作去向的艰难抉择。权衡再三，我回到了本科母校——山西大学。尽管遇到了诸多意想不到的困难，但自己不敢懈怠，从未放松希腊化方面的研究。其实，就有关希腊化的论文而言，第一个集中发表的时期就是在山西大学，主要是在硕士论文的基础上做拓展研究，可以说，硕士论文的所有章节都有与之相应的论文发表，形成了一个希腊化系列。其中有从第一节延伸出的《试析"希腊化"时期君主制的形成与特点》(《山西大学学报(哲学社会科学版)》1991 年第 1 期)、《论"希腊化"时期的城市化运动》(《城市史研究》总第 7 辑，1992 年)，从第二节改写而来的《论希腊化文化的几个发展阶段》(《山西师大学报(社会科学版)》1994 年第 2 期)，第三节和第四节合成的《论希腊化文化的多元与统一》(《世界历史》1992 年第 3 期)，有从第五节三个小节分别扩展出来的《"希腊化文化"是人类历史上第一次文化大交流大汇合》(《山西大学学报(哲学社会科学版)》1992 年第 4 期)、《希腊化文化对西欧的影响》(《晋阳学刊》1992 年第 5 期)[②]、《古代希中文明的接触与交汇》(《世界史研究年刊》1996 年总第 2 辑)。还有一些文章属于与希腊化领域有关的新探索，如《奥尔弗斯教及其主要影响》(《历史研究》1993 年第 4 期)、《公元前希印文化关系初探》(《南亚研究》

---

① W. W. Tarn, *Hellenistic Civilisation*, London: Edward Arnold, 1952, p. 305.

② 发表时被编辑大幅删减，2018 年我在出版"希腊化文明研究之一"《碰撞与交融——希腊化时代的历史与文化》(中国社会科学出版社)一书时，收入此文，恢复了原稿的内容。

1993年第3期）。还有一篇《希腊化文明的形成、影响与古代诸文明的交叉渗透》（《陕西师范大学学报（哲学社会科学版）》1998年第3期）是对这一系列文章的总结。《古希腊乌托邦思想的起源与演变》（《世界历史》2003年第6期）是这一个研究系列的最后一篇文章，其中强调了希腊化世界的扩大给古希腊哲人乌托邦思想的启示。可以看出，这一时期发表的成果基本上都是南开研究方向的继续。感谢南开和山大，给我带来了第一个学术之春。硕士论文《希腊化文化宏观考察》修订版，将在近期我的另一本书中出版。① 这既是出于对这段学术经历的纪念，更是想说明这些年的学术研究事实上是在南开选题的基础上进行的。读者可以从中看到，当时的起点是多么滞后，学习是多么浅尝辄止，但它却决定了终生的研究方向。现在这本书的主题——希腊化文明与丝绸之路之联系实际上早在这篇论文中就已经有所提及，本书也可以说是硕士论文部分内容的扩展。

　　在这一时期，我还有缘投师于北师大刘家和先生门下，攻读中外古史比较方向的博士学位。在研究希腊化世界与中国关系时，中文资料也尤为重要，但我却恰恰缺乏这方面的基本功。我对刘先生景仰已久，他的方向可以使我更多地接触到中国古典史料。好在刘先生愿意接受我这匹驽马，真是让我喜出望外。我的博士学位论文以主要活跃于公元前4世纪以后希腊、罗马世界的犬儒派为研究对象，并试图将其与中国的庄子学派比较，因为二者都出现于两个社会的转型时期，即中国由战国到秦汉一统、希腊由城邦向亚历山大帝国、希腊化王国的过渡。尽管研究方向有变，但研究的问题还属于希腊化时期。这事实上就是两个方向合炉而冶的结果，在此向两位老师再次表示深深的感谢。

　　五年之后，我在繁杂的行政事务与专业研究日渐艰难的困境中，终于完成了博士论文，通过了答辩。已届知天命之年，下一步如何走？我再次认识到，自己的志趣还是安安静静做学问，这是自己的立身之本。当时正逢南开历史学院敞开大门，延揽人才，经过

---

　　① 书名暂定为《古希腊文明史刍论——一位古史研究者的学路历程》，其中主要收入我的本科、硕士、博士论文修订版。

一番考虑，决定一试。没有想到，学院领导欣然表示欢迎。从此，我迎来了希腊化研究的第二个春天。

本书属于我计划中的希腊化文明研究系列三部曲中的第二部。第一部《碰撞与交融——希腊化时代的历史与文化》（中国社会科学出版社，2018 年）已经出版，主要是围绕希腊化文明本体的研究，收入的大都是在山西大学期间发表的成果。这一部基本都是 2004 年重返南开后的成果，主要围绕希腊化文明与丝绸之路的关系展开。

其中有的是从宏观的角度来探讨二者之间的关系。

如《亚历山大东征与丝绸之路开通》（《历史研究》2007 年第 4 期）认为，亚历山大东征开创了古代欧亚大陆诸文明大规模互动的时代，他奠基的希腊化世界同时也奠定了未来丝绸之路的基础。张骞通西域，意味着他进入了希腊化世界的故地，也意味着从中国到地中海、印度的丝绸之路的全线贯通。从这个意义上，亚历山大东征和张骞通西域在丝绸之路的开通上发挥了同样的作用。此文采用了新的思路，即不是从中国出发由东向西，而是从亚历山大开始，由西向东来研究丝路的开通，而且运用了中外文献和近代考古资料互证的方式来进行论证，从而增加了论点的可信性。

有的是对帕提亚、贵霜、印度以及整个远东地区希腊化的研究，兼及二者的互动。

如《帕提亚王朝的"爱希腊"情结》（《中国社会科学》2013 年第 11 期）分析了帕提亚王朝与希腊化的微妙关系：帕提亚王国是从塞琉古王国独立出来的，由于建立者自身是游牧民族，文化发展相对滞后，加之处于东西两面希腊化王国的影响之下，所以，以"爱希腊"为荣，倾心接受希腊化文化，包括希腊语、希腊化钱币和希腊式城市。这种情结的本质是出于巩固自身统治的考虑。随着周边希腊化王国的消失，帕提亚的希腊化也就被伊朗化所代替。帕提亚就是我国史书中的安息，张骞带回的关于安息钱币、书写材料和方式的信息，都与希腊化文明的遗产有关。

《"Soter Megas"考辨》（《历史研究》2009 年第 4 期）也是运用中外文献和钱币、铭文资料，试图证明贵霜钱币系列中出现的无名王"Soter Megas"("伟大的救世主")很可能就是《后汉书·西域传》中提到的监领印度的将军。虽然此文的观点或有争议，但还是被国外钱币学界权威视为是一家之言在学术史中加以评论，起到了学术交流的作用。①

《希腊化还是印度化——"Yavanas"考》（《历史研究》2011 年第 6 期）则是对一个争论已久但悬而未决的热点问题的再探讨。印度—希腊人的历史到底应该归于希腊化史还是印度史？英国学者塔恩和印度裔学者纳拉因观点对立。本文系统考察了 Yavanas，即印度—希腊人在印度活动的整个历史过程，证明他们在坚守希腊性的同时，也接受了印度文化的影响。就其来源和其对印度的统治而言，他们的历史应该是远东希腊人历史的一部分，但就他们最后消失于印度民族和文化的汪洋大海之中而言，他们也可以属于古代印度历史的范畴。

《远东希腊化文明的文化遗产及其历史定位》（《历史研究》2016 年第 5 期）实际是我在 2015 年承担的国家社科基金重大项目《希腊化文明与丝绸之路》的研究重点。其中提到，希腊化文化遗产在中亚和印度的主要体现是希腊式城市、钱币和犍陀罗艺术。丝绸之路的主干线或十字路口正好处于这一地区，这些希腊化遗产正是由此传到中国。

另外，像《娜娜女神的传播与演变》（《世界历史》2010 年第 5 期）、《弥兰王还是米南德？——〈那先比丘经〉中的希腊化历史信息考》（《世界历史》2016 年第 5 期）、《两汉中印关系考——兼论丝路南道的开通》（《西域研究》2013 年第 4 期）、《希腊式钱币的变迁与古代东西方文化交融》（《北京师范大学学报（社会科学版）》2007 年第 6 期）、《传闻还是史实——汉史记载中有关西域希腊化国家与城市的信息》（《西域研究》2019 年第 3 期）、《犍陀罗艺术中的"希腊神"及其在中国的演化——一项基于图像的初步考察》（《西域研究》2022 年第 1 期）、《山西地区北朝隋唐文物中的外来文化因素》（修改版）等，也都从不同的侧面反映了希腊化世界与中国的关系，

---

① 参见 Joe Cribb, "The Soter Megas Coins of the First and Second Kushan Kings, Kujula Kadphises and Wima Takto," *Gandhāran Studies*, Vol. 8, 2014, pp. 79-140.

不论其证据源于中外文献，还是具体的钱币、艺术品、城市遗址。

这些年还有十多篇与本主题相关的文章在国外用英文发表或演讲。本书限于篇幅，只在"附录"中收入了 5 篇，聊可作为本研究得到国际学界认可的一个标志吧！这些文章有的是原来中文文章的修订版或扩展版，有的仅在国外发表过。感谢 Anabasis: Studia Classica et Orientalia，Ancient West and East，The Silk Road，Talanta. Proceedings of the Dutch Archaeological and Historical Society，Routledge 等国际著名学术刊物和出版社，正是它们的编辑、编委或所出书的主编发现了我的文章，鼓励我修订后用英文发表。因此，《附录》中收入的一些文章从题目上看似乎与前没有什么大的变化，但已经用英文改写，这次又做了一些校订，可以说已经尽可能地吸收了国际上最新的研究成果和自己的最新研究心得。如果有可能，我会在近期把所有已经发表和即将发表的外文论文，以及一些代表性的中文论文的翻译修订版，一并结集出版，作为"希腊化文明研究"系列的第三部（英文版），主要面向国外读者。现在国际著名的荷兰布里尔（博睿）学术出版社（Brill Academic Publishers）有意将其纳入他们主编的一套"Comparative Antiquities"丛书中，书稿已经提交，正在审阅之中。结果如何，不得而知，但英文版未来可期，也略感心安。

总体上看，最近这些年似乎进入了"收获"的季节，但就研究的深度和高度而言，感到与国内外同行的差距还相当大。主要表现在缺乏第一手实地考察资料，对国外的研究成果知之甚少，特别是缺乏跨学科研究的基础和视野。为此，一方面在国内外扩大实地考察的范围，眼见为实。我先后三次深入大西北，尤其是新疆，考察了从长安到喀什、和田丝路沿线的大部分佛教石窟、遗迹，参观了沿途省区的各大博物馆，获得了大量的第一手资料，同时也与各地的学者，尤其是考古、博物馆的学者建立了联系。在国外，我考察了乌兹别克斯坦、伊朗两国境内的主要丝路城市遗址和文化遗产。行走在亚历山大当年东征的大道上，亲身体验丝路行旅的艰辛，确实别有一番感慨和收获。另一方面，我与国外的同行学者建立了密切的学术关系，2016、2018 先后两次在南开大学举办有关的国际学术会议,利用 2009 年作为希腊奥纳西斯基金会的特邀教授到希腊讲学和 2013—2014 年应聘哈佛大学希腊研究中心、德国考古研究院客座研究员的机会,遍访欧美的各大博物馆,拍了上万张照片。同时应邀在美国的哈佛、辛辛那提大学,英国的牛津、爱丁堡、雷丁大学,荷兰的莱顿大学,德国的柏林自由大学、希腊的雅典大学、捷克的布拉格大学,澳大利亚的新南威尔士大学,日本的明治大学,韩国的首尔大学,伊朗的伊玛目霍梅尼大学,乌兹别克斯坦的铁尔梅兹大学,土耳其的晔迪特派大学等地或讲学,或参加国际会议,并和法国国家科学研究中心的东西方考古研究所(巴黎高师)、哈佛大学希腊研究中心、牛津大学古典艺术研究中心等科研机构保持了持久的合作关系。这些年所取得的成果与这些国际联系是分不开的。能和国际一流学者合作、交流,尤其是向他们学习,真是人生一大乐事,也是自我提高的关键。

从 2005 年以来,我先后承担了两个国家社科基金项目,一个是一般项目《希腊化文明与古代诸文明的互动》,另一个就是前面提到的重大项目《希腊化文明与丝绸之路》,还承担了一个教育部人文社科基地重大项目《丝路古国文明研究》。本书就是这些研究成果的汇编。教育部项目最后成果《古国文明与丝绸之路》已经出版(中国社会科学出版社,2021 年),现在就剩下重大项目还没有全部完成,正在做最后的努力。研究愈深入,发现的问题愈多。虽然年近古稀,但老骥伏枥,志在千里,至于能否再有些许贡献,就不得而知了。但结项在即,多卷本成果的出版指日可待,庶几可告慰人生,或作为对南开历史学院和所有支持、帮助过自己的国内外学者及学生、家人的一种回报,对二位导师的一份献礼。

杨巨平

2020 年 5 月 2 日初稿于南开

2022 年 8 月 26 日改定

绪论　希腊化文明与丝绸之路关系研究的回顾与展望

　　"希腊化文明"（Hellenistic Civilization）是希腊化世界的文明，是亚历山大帝国的遗产。"希腊化"（"Ελληνίζω", to speak Greek；"Ελληνισμοs", imitations of the Greeks；Hellenism）一词，最早出现于公元前 3 世纪托勒密二世在位时组织编译的希腊语《圣经》中，指非希腊人说希腊语，过希腊人的生活。但将此词赋予一个时代，则始于19 世纪德国历史学家德罗伊森。他在煌煌三大卷《希腊化史》中首次使用"Hellenismus"来描述亚历山大及其后继者们创立的这个时代。他的"Hellenismus"一词，既是指这个时代，更是指这一时期希腊文化的传播及其与东方文化的融合。这个词一出现，就被西方学术界所接受。但由于英语中"Hellenism"更多的是指古典时代的希腊文化特征，后来就用另外一个形容词"Hellenistic"作为对希腊化时代的专用称谓。现在通行于英语世界的"Hellenistic Civilization"翻译成中文就是"希腊化文明"。强调时代的"Hellenistic Age"（希腊化时代）和强调地域的"Hellenistic World"（希腊化世界）都是由此而来。其覆盖范围西起东地中海，东到印度河，其起止时间，大致从公元前334 年亚历山大东征开始，到公元前后希腊化王国的统治在埃及和印度西北部的大约同时结束。

　　丝绸之路一般是指古代从中国到地中海、横跨欧亚大陆的交通要道。虽然早有"草原丝绸之路"（the Steppe Silk Road）的存在①，但一般认为，丝绸之路真正的全面开通是在汉武帝与张骞的时代。这条始于长安，经中亚内陆，通向东地中海的道路系统被称为"绿洲丝绸之路"（the Oasis Silk Road）。东汉后期，从地中海经红海或波斯湾、印度洋到中国的"海上丝绸之路"（the Maritime Silk Road）也全线开启，来自大秦（罗马帝国）的商人在桓帝延熹九年（公元166年）从南海来到了中国最南端的日南郡。② 由此可见，不论从时间还是空间上，希腊化文明与丝绸之路都出现了一定的交集，二者之间有可能存在着一种联系。事实果真如此吗？

从欧亚大陆文明格局而言，希腊化文明是继波斯帝国之后出现的又一个横跨欧亚非三大洲的文明。亚历山大帝国的建立，希腊化世界的形成，事实上奠定了后来绿洲丝绸之路和海上丝绸之路的基础。波斯帝国时期，从地中海到印度的道路已经连通。③ 亚历山大就是沿着这条路线一直征服印度，并从印度河南下，分兵海陆两路沿阿拉伯海岸回到波斯湾。这说明，当时从地中海到印度的海陆两路都是存在的。

亚历山大死后，各希腊化王国虽呈对立之势，但它们之间是相通的。正是希腊化世界道路系统的存在，使得张骞一旦进入阿姆河流域，就意味着从中国到地中海的联系得以沟通，同时也决定了未来丝路的基本走向。从这个意义上说，亚历山大在丝绸之路的开通上发挥了与张骞同样重要的历史作用。

公元前2世纪末到公元前后，虽然希腊人在中亚、西亚的统治逐渐萎缩，但丝路所经过之处，都是原来希腊人的控制之地，希腊化文

---

① 最近，宾夕法尼亚大学的梅维恒教授等主编出版了论文集《重构丝绸之路：古代东西方交流的新研究》，其主旨就是论证"丝绸之前的丝绸之路"（the Silk Roads before Silk），实际上就是草原丝绸之路的存在。依据的主要材料是近年在中国新疆小河墓地发现的公元前2000年以前印欧人的遗存。Victor H. Mair, Jane Hickman, Colin Renfrew, eds., *Reconfiguring the Silk Road: New Research on East-West Exchange in Antiquity*, Philadelphia: University of Pennsylvania Press, 2014.

② 《后汉书·西域传》，中华书局，1965年，第2920页。

③ 波斯国王大流士一世曾派希腊人斯库拉克斯（Scylax，约公元前510年）沿印度河南下，寻找河口。Herodotus, *The Histories*, 4. 44, with an English translation by A. D. Godley, Cambridge, Mass.: Harvard University Press, 1921.

明的遗产随处可见。张骞出使西域,首次带回的信息中就包含了希腊化文明的因素。

公元之后,贵霜、帕提亚和罗马的东方在原来希腊化世界的废墟上并立崛起,它们都不同程度地接受了希腊化文明的遗产。丝绸之路的延续意味着这些希腊化文明遗产影响的传播和扩大。丝路沿线各国发行的具有希腊化特征的钱币,各地出现的反映佛教犍陀罗艺术特征的雕塑、壁画,以及仍然流行于丝路中心地带的希腊文字①,都是这种希腊化遗产传播和影响的证明。

因此,不论从丝路的开通,还是从丝路经过的地区和丝路传递的文化信息来看,希腊化文明或希腊化世界及其遗产都与丝绸之路有着一种必然的、内在的、不绝如缕的联系。可以这么说,没有早已存在的希腊化世界,从中国到地中海的丝绸之路的全面贯通不可能在汉武帝和张骞的时代得以实现,中国文明与希腊化文明也就不可能首先在中亚相逢。如果没有丝绸之路,希腊化文明的遗产也就不可能在以中亚为中心的地区传播、接受、改造、模仿,并最终传至遥远的中国,融入中国传统文化的主流之中。

所以,将希腊化文明与丝绸之路的关系作为一个研究课题是可行的。为此,我们必须对前人的研究进行认真系统的梳理、总结,并在此基础上提出我们的研究目标。

据笔者所知,目前国内外学术界还未出现专门论述希腊化文明、希腊化世界与丝绸之路关系的专著和专题论文。但就希腊化与丝绸之路各自而言,从 19 世纪起,专门的研究著作可谓汗牛充栋。就笔者的语言解读能力和研究经历,很难对二者的整体研究做到全面把握,但总的研究趋势、特点和目前所能达到的水平还是大致清楚的。

关于希腊化文明的研究,笔者曾在《世界历史》上发表过一篇文章《近年国外希腊化研究略论(1978—2010)》(2011 年第 6 期),简略

_____

①　印度—斯基泰人、印度—帕提亚人、贵霜早期的钱币都继承了印度—希腊人的钱币传统,发行希印双语币;帕提亚的钱币一直使用单一的希腊语铭文(极个别例外)。贵霜自迦腻色伽开始,使用希腊字母拼写当地的巴克特里亚语(中伊朗语)。玄奘 7 世纪路经吐火罗地区,看到当地仍然使用 25 个字母拼写,事实上是希腊语的 24 个字母加上一个贵霜人自己创造的字母"Þ"。参见(唐)玄奘、辩机原著,季羡林等校注:《大唐西域记校注》,中华书局,2000 年,第 100 页。

概括了 19 世纪以来欧美学界的研究成果，重点分析了 20 世纪 80 年代以来国际研究的进展，特别是对与丝绸之路直接相关的巴克特里亚和印度的希腊人定位归属问题研究作了详细评述。以下将主要就丝绸之路本身的研究及其与希腊化文明的交叉研究谈谈自己的看法。

关于丝绸之路的研究

丝绸之路的研究最早始于 19 世纪后期。1877 年，德国学者李希霍芬在其著作《中国》一书中用"丝绸之路"这一名称来统称从中国到地中海之间的东西方交通主干道。虽然最近的研究证明，这一术语或类似的说法在他之前已经出现，但"丝绸之路"（Seidenstraße，the Silk Road）这一术语的通用则由他肇始。李希霍芬作为"丝绸之路"术语的倡导者和丝绸之路研究的创始人的地位还是可以肯定的。①

丝绸之路的实地研究首先由一批来自法国、英国、俄罗斯、日本

①　最近比利时的一位独立学者在美国 The Silk Road 杂志上发表了一篇文章，表示德语中的"丝绸之路"，不论是单数的"die Seidenstrasse"（the Silk Road），还是复数的"Seidenstrassen"（the Silk Roads），都不是李希霍芬始创。在他之前，已经有几位学者提出此词或类似术语，如"费尔干纳之路"（"the great road of Fergana" [die große Straße von Ferghana]，从撒马尔罕到苦盏[Khujand]），"赛里斯之路"（Straße der Seren，or "road of the Seres"，从中国到中亚），北方大陆丝绸之路（"northern continental route of the silk road [nördliche continentale Weg der Seidenstraße]，从中国西部到里海），丝绸之路（Seidenstraße，从中国到西方或欧洲）。其中德国地理学家卡尔·里特尔（Carl Ritter，1779—1859）可被称为真正提出"丝绸之路"（Seidenstraße）全程概念的第一人。他在 1838 年出版的八卷本《地理学》（Die Erdkunde）中提出这一概念，早于李希霍芬 39 年。但他的概念相对模糊。正是李希霍芬给了"Seidenstraße"一词比较明确的时间和空间定义（汉代中国与西域），"丝绸之路"（Silk Road）才成为专用术语，表示中国与西方之间以丝绸为中介形成的道路系统。（Ferdinand von Richthofen，China：Ergebnisse Eigener Reisen und darauf gegründeter Studien，Bd. 1，Berlin：Reimer，1877，454 ff.）也正是在此基础上，它的内涵不断丰富、扩大，以至于在国际上被广泛接受。可见，全球性的"丝路热"与李希霍芬还是分不开的。详见 Matthias Mertens，"Did Richthofen Really Coin 'the Silk Road'?" The Silk Road，Volume 17（2018），pp. 1-9. 徐朗博士在《西域研究》2020 年第 1 期上发表的《"丝绸之路"概念的提出与拓展》一文，对李希霍芬以来丝路内涵和外延的变化、发展做了系统的梳理分析，认为丝绸之路成为一个古代中西或欧亚大陆东西方交往的道路体系的统称，并沿用至今，李希霍芬的首创作用不可忽视。

的所谓探险家们在中国境内展开。对于他们的政治背景和文化动机,国际国内近百年来已有公论,毋庸置疑的是,这些所谓的汉学家、探险家在我国西北的考察、发掘活动拉开了丝绸之路研究的序幕。事实上,早在 18 世纪末 19 世纪初,西方学者就开始对近东、中亚、印度等古老文明之地产生了浓厚的兴趣。古代埃及、两河流域、伊朗、帕提亚、巴克特里亚、印度的历史逐渐进入了西方学者的视野,古老的中国自然也不例外。在这股东方学热潮中,古代东西方文明之间的往来及其交通网络自然成为重点关注的对象之一,丝绸之路的历史也就成为近东史、中亚史和印度史研究的一个组成部分。我国学者 20 世纪 20—30 年代参与的中瑞西北合作考古考察活动,40 年代设立的国立敦煌艺术研究所,都表明了国人对丝路研究重要性认识的提高。向达先生《唐代长安与西域文明》(1933 年)、张星烺先生的《中西交通史料汇编》(1930 年)、冯承钧先生的多卷本《西域南海史地考证译丛》①(第一编出版于 1934 年),都是享誉一时、影响至今的代表作。冯先生的诸多译作介绍了欧洲汉学家对丝绸之路问题的最新研究成果,是特别值得重视的。国内对法国汉学家伯希和、沙畹、烈维等关于西域史地研究的了解,冯承钧先生的翻译当推首功。

新中国成立以来,国内对丝路的研究一直没有中断,尤其是改革开放以来,随着对外交往的扩大,全球化浪潮的到来,不论国际还是国内,对丝绸之路的研究出现了前所未有的进展,"丝路热"一路升温。从国际国内研究的趋势来看,可以分为一般性的综合研究和专题性研究两大方面。

一般性的综合研究立足于前期专题研究的基础之上。专题研究不论国外还是国内,都是集中于对丝路沿线的城市遗址、遗迹和遗物的研究。加强国际合作是近年丝路研究中的一个突出特点。如敦煌学(中英、中日)、吐鲁番文书(中德)、龟兹壁画(中德)、丝路

---

①　冯承钧先生的译作很多,大部分收入《西域南海史地考证译丛》。该丛书自 1934 年由商务印书馆陆续出版,到 1941 年出到第四编。第五至九编于 1956—1958 年间出版。所收录篇目有的已经单独出版,如沙畹的《中国之旅行家》(1926 年)、《摩尼教流行中国考》(1931 年)等,或收入其他文集,如《佛学研究》(1930 年)、《史地丛考》(1931 年)、《史地丛考续编》(1932 年)等。商务印书馆 1962 年出版、1995 年重印的三卷本《西域南海史地考证译丛》,系将此九编以及其他相关译作汇集而成。

服饰（中德）等研究都有国际合作项目。对于国外部分的丝路研究，主要是由西方和本土学者合作研究，中国学者近年来也参与了中亚地区的考古发掘，但还处于起步阶段。中外合作研究成果中，最为著名的是中国文物出版社和日本株式会社平凡社合作出版的大型彩色系列丛书——《中国石窟》。该图册共 17 卷，从 1980 年起，在东京和北京陆续出版日文和中文版。其中包括《敦煌莫高窟》5 卷①，《巩县石窟寺》1 卷，《克孜尔石窟》3 卷，《库木吐喇石窟》1 卷，《永靖炳灵寺》1 卷，《天水麦积山》1 卷，《龙门石窟》2 卷，《云冈石窟》2 卷，《安西榆林窟》1 卷。该丛书图文并茂，尽管还不是中国全部佛教石窟的汇编，但主要的、有代表性的、在中国佛教传播史和佛教艺术史上具有划时代意义的石窟都有收录，堪称中国石窟的精华与瑰宝，是研究犍陀罗艺术在中国传播的最有价值的参考文献。就普及性的知识而言，中央电视台与日本 NHK（放送协会）合作拍摄的"丝绸之路"大型纪录片，既是对一个世纪以来国际丝路研究成果的展示，也是国际合作研究的一个典范。境外丝路部分，据目前所知，日本 NHK 电视台已经斥巨资拍摄了多部丝路系列的电视片（其中涉及国内丝路的两部《丝绸之路》《新丝绸之路》是和中央电视台合作），其学术和资料价值都堪称国际一流。尤其是 NHK 电视台单独拍摄的 18 集特辑《丝绸之路》（An NHK Special: the Silk Road），令人震撼。这部电视片拍摄于 20 世纪 70 年代末 80 年代初（1983 年播放），历时 5 年，行程 30 万公里，途经中国、巴基斯坦、印度、苏联时期的中亚共和国、伊朗、伊拉克、叙利亚、土耳其、希腊、意大利等十多个国家。从帕米尔高原到罗马，摄制组对中国境外古代丝路的主要路线及重要城市、历史文化遗产等都做了详细的考察。他们耐心寻找丝路遗迹，走访专家学者和当地居民，有时这种交流要经过三四种语言的转译才能实现。这部电视片以纪实视觉艺术的形式给我们打开了一扇了解国际丝绸之路研究新进展、新成果的窗口。尽管从摄制完成到现在三十多年过去了，但今天看来仍然具有很高的参考价值。

　　在与国际合作的同时，国内的丝路研究立足于丰富的本土资源，

---

　　① 已出第 2 版，见敦煌文物研究所编：《中国石窟·敦煌莫高窟》，文物出版社，2011 年。

进展迅速，令世人瞩目。国内的著名石窟都成立了自己的专门研究机构，如敦煌研究院就蜚声海内外。该院主编的《敦煌石窟全集》，汇集了几代敦煌人的研究成果，2011 年开始出版，预计要出 100 卷。笔者 2013 年 8 月到敦煌研究院考察时，承蒙樊锦诗院长厚赠，获得首批出版的《莫高窟第 266—275 窟考古报告》1 部 2 册。其中含有希腊化柱式的图片，是犍陀罗艺术传入中国的有力证据。

　　西域是丝路经过的地区，不论是广义还是狭义的西域历史，事实上都包含了对丝路的研究。余太山先生主编的《西域通史》（中州古籍出版社，1996 年）是国内第一部以今日中国新疆地区为研究对象的通史性著作。余先生多年致力于古代西域诸民族、国家的源流和历史研究，曾出版过《嚈哒史研究》（齐鲁书社，1986 年）、《塞种史研究》（中国社会科学出版社，1992 年）、《两汉魏晋南北朝与西域关系史研究》（中国社会科学出版社，1995 年）、《两汉魏晋南北朝正史西域传研究》（中华书局，2003 年）以及《两汉魏晋南北朝正史西域传要注》（中华书局，2005 年）等重要的学术著作。但这些研究主要基于中国古代文献和早期汉学家的著述，对最新的考古资料似乎没有给予应有的关注。[①] 王治来先生的《中亚通史》（新疆人民出版社，2007 年）是国内学者的首部多卷本中亚通史著作。这套书的古代史卷（上）与本课题的研究有关，但它涉及的区域仅限于现在的中亚五国。国内学者关于丝绸之路的著作中，赵汝清先生的《丝绸之路西段历史研究》（甘肃文化出版社，1999 年）与本课题的研究范围基本吻合。本书主要使用汉文史籍，重墨叙述中国与这些西段国家的关系以及西段国家之间的政治外交关系，关于丝路西段对于东西方和中外文化交流、文明互动的重要性涉及较少。新疆人民出版社推出的大型《丝绸之路研究丛书》，可以说是目前国内丝路研究的集大成之作，囊括了考古、历史、民族、宗教、文化、艺术多学科的丝路研究成果，但该丛书仍然是以本土的西域研究和境内丝路为重点。正在陆续出版的余太山先生主编的

---

　　① 这一点余先生在《两汉魏晋南北朝正史西域传要注》一书的后记中也有所说明。余先生谦称自己没有很好地解决"二重证据法"的方法论问题，所以无意采用。详见该书中华书局 2005 年版，第 742 页。

《欧亚历史文化文库》也属于类似的丛书，主要收录 1978 年以来我国内陆欧亚诸方面研究的代表性成果，计划出书 100 种。相信它们的出版将会有助于国内丝路研究的深入。季羡林先生任总主编的《中外文化交流史丛书》（湖南教育出版社，1998 年），巫新华主编的《丝绸之路流散国宝》（山东美术出版社，2013 年），也颇有参考价值。前者涉及丝路文化的传播，后者集中展示了我国新疆地区流失海外的丝路珍品，包括雕塑、壁画、绘画、钱币等。这里值得一提的是方豪先生的《中西交通史》。此书 1954 年首先在台湾出版，1987 年（岳麓书社）和 2008 年（上海人民出版社）在大陆重版。这是一部真正的中西交通通史，从中国的史前时代直到清代中叶，所有关于中西关系的历史，尤其是文化交流史都囊括其中，正如该书前言所说，举凡"民族之迁徙与移植；血统、语言、习俗之混合；宗教之传布；神话、寓言之流传；文字之借用；科学之交流；艺术之影响；著述之翻译；商货之贸易；生物之移植；海陆空之特殊旅行；和平之维系；和平之破坏"①均在其关注之下。他特别提到了亚历山大东征对中西文化交流的推动作用，谓其"征服亚洲之好梦，虽未持久，但所造成之新希腊，即亚洲之希腊，竟使'希腊色彩'长留其地，达千年之久"。② 正是亚历山大东征，使希腊、印度、中国三地的人文主义相逢。"希腊发现印度，印度又挟其佛教，而以希腊文物传于中国，其所经之路线正昔日中国之丝绸传往于西方之旧道。但希腊文化之所以能东传，当上溯其历史于亚历山大时代。"他注意到犍陀罗艺术的基本特征："内为印度佛教精神，外型则为希腊式。"对于张骞之后传入中原的希腊语植物名称如苜蓿、葡萄、胡荽，地方名称如大夏、大宛、骊靬、大秦之名的来历都有考证，发前人之所未见。③ 该书尤其重视中外史料的互证，如对希腊罗马古典作家关于 Seres 的记述，都一一摘录，重新翻译，以作对照。④ 此书的第一篇《史前至秦汉魏晋南北朝》对于研究丝路文明互动交流有特别的参考价值。

虽然由于语言和资料的原因，我们对国外丝路研究的了解难免挂

① 方豪：《中西交通史》，岳麓书社，1987 年，第 3 页。
② 方豪：《中西交通史》，第 73—76 页。
③ 方豪：《中西交通史》，第 133—144、152—159 页。
④ 方豪：《中西交通史》，第 173—185 页。

一漏万,但不论是早期汉学家、探险者的著作,还是近年来的研究之作,大都有汉文译本,这无疑方便了国内学者的使用。其中与本课题研究有关的著作主要有英国斯坦因的《古代和田》(1907 年)、《塞林底亚:中亚与中国西陲探险的详细报告》(1921 年)、《亚洲腹地考古记》(1928 年)①,德国夏德的《中国与罗马东部》(1885 年)②,法国沙畹的《中国之旅行家》(1926 年)③,美国学者劳费尔的《中国伊朗编》(1919 年)④,日本白鸟库吉的《粟特国考》(1924 年)⑤、《乌孙考》(1900—1901 年)、《大宛国考》(1916 年)、《月氏国的兴亡》(1904 年)、《罽宾国考》(1917 年)、《塞民族考》(1917—1919 年)、《大秦国及拂菻国考》(1904 年)、《条支国考》(1926 年)、《见于大秦传中的西域地理》(1931 年)、《见于大秦传中的中国思想》(1931 年)、《拂菻问题的新解释》(1931—1932 年)⑥,藤田丰八的《西域研究》(1935 年)⑦、《西北古地研究》(1935 年)⑧,桑原隲藏的《张骞的远征》(1916 年)⑨等。以白鸟库吉为代表的日本学者在研究重点上大致步欧洲汉学界后尘,但急起直追,后来也能成一家之言。这些著作虽然时过百年或大半个世纪,仍

---

① Aurel Stein, Ancient Khotan: Detailed Report of Archaeological Explorations in Chinese Turkestan, 2 vols., Oxford: Clarendon Press, 1907([英]奥雷尔·斯坦因著,巫新华等译:《古代和田——中国新疆考古发掘的详细报告》全二册,山东人民出版社,2009 年); Aurel Stein, Serindia: Detailed Report of Explorations in Central Asia and Westernmost China, 5 vols., London & Oxford: Clarendon Press, 1921([英]奥雷尔·斯坦因著,中国社会科学院考古研究所译:《西域考古图记》全五卷,广西师范大学出版社,1998 年); Aurel Stein, Innermost Asia: Detailed Report of Explorations in Central Asia, Kan-su and Eastern Iran, 5 vols., Oxford: Clarendon Press, 1928([英]奥雷尔·斯坦因著,巫新华等译:《亚洲腹地考古图记》全四卷,广西师范大学出版社,2004 年)。

② Friedrich Hirth, China and the Roman Orient: Researches into Their Ancient and Medieval Relations as Represented in Old Chinese Records, Leipsic & Munich: Georg Hirth; Shanghai & Hongkong: Kelly & Walsh, 1885;[德]夏德著,朱杰勤译:《大秦国全录》,商务印书馆,1964 年。

③ [法]沙畹著,冯承钧译:《中国之旅行家》,商务印书馆,1926 年。

④ Berthold Laufer, Sino-Iranica: Chinese Contributions to the History of Civilization in Ancient Iran, Chicago: Field Museum of Natural History, 1919;[美]劳费尔著,林筠因译:《中国伊朗编》,商务印书馆,2001 年。

⑤ [日]白鸟库吉著,傅勤家译:《康居粟特考》,商务印书馆,1936 年。

⑥ [日]白鸟库吉著,王古鲁译:《塞外史地论文译丛》(上、下),山西人民出版社,2015 年。

⑦ [日]藤田丰八著,杨炼译:《西域研究》,商务印书馆,1935 年。

⑧ [日]藤田丰八等著,杨炼译:《西北古地研究》,商务印书馆,1935 年。

⑨ [日]桑原隲藏著,杨炼译:《张骞西征考》,商务印书馆,1934 年。

是我们今天研究的起点。他们涉及的问题主要有：中国史籍中提到的西域国家、地区、城市、部族之名称的由来与定位，这些地区的宗教、物产、语言，特别是在中国西北地区发现的佛教遗址遗迹。其中不乏与希腊化国家、希腊人所建城市、希腊化文明遗产有关的信息，如斯坦因在尼雅木牍文书封泥上发现的希腊罗马神话人物形象，在米兰发现的有翼天使；夏德、伯希和、沙畹、白鸟库吉、桑原隲藏等汉学家关于大宛、大夏、月氏、贵霜、康居、粟特、安息、黎轩、犁靬、大秦、乌弋山离、罽宾、木鹿、番兜、和椟、阿蛮、斯宾、于罗、斯罗、海西、条支、安谷、安都、葡萄、苜蓿等的考证。这些问题虽然有的至今仍然悬而未决，有的结论已经被新的资料推翻，但它们都仍然是我们借鉴与获取启示的源泉。

近年来国内注重了对国外丝路研究专著的译介。在译介西方古代文献资料方面，耿昇翻译的戈岱司的《希腊拉丁作家远东古文献辑录》（中华书局，1987年），张绪山译注的裕尔的《东域纪程录丛》（中华书局，2008年）与张星烺的《中西交通史料汇编》（朱杰勤校订，中华书局，2003年）可以相互对照和补充。在丝路研究方面，除了再版旧译之外，日本学者长泽和俊的《丝绸之路史研究》（天津古籍出版社，1990年）、法国学者阿里·马扎海里的《丝绸之路：中国—波斯文化交流史》（中华书局，1993年）等也有一定的参考价值。值得一提的是斯坦因有关中国西域考古著作的翻译。其中前注中提到的中国社会科学院考古研究所译的《西域考古图记》、巫新华等译的《亚洲腹地考古图记》，部头宏大，内容丰富，为研究外来文化，尤其是希腊化文化遗产在中国的传播提供了珍贵的第一手资料。由联合国教科文组织编撰的六卷本《中亚文明史》由于其特定的时空范围，正好涵盖了丝路中心路段与丝路的千年发展史，因此是丝路研究者的必读之作。第二卷《定居文明与游牧文明的发展：公元前700年至公元250年》又正好涵盖了中亚希腊化世界存在和丝绸之路正式开通的关键时期，涉及亚历山大在中亚的征服、中亚的希腊化王国以及受希腊化文化影响的帕提亚、塞人、贵霜等。由于国内缺乏中亚考古方面的第一手资料，也缺乏对中亚古文字的解读能力，因此，该书提供的资料尤为重要。此卷1992

年出版英文版,2002 年汉译本问世。①

　　国外近期新出的丝路著作(含译作)还是以通史性为主。主要有:弗兰克和布朗斯通的《丝绸之路史》②,贝克威斯的《丝路帝国:青铜时代至今的中部欧亚大陆研究》③,刘欣如的《世界历史中的丝绸之路》④,韩森的《丝绸之路新史》⑤。这些著作各有侧重,涉及丝路贸易、丝路大国的兴衰、丝路主要城镇和丝路发展的世界历史背景。乔纳森·塔克的《丝绸之路:艺术与历史》以丝路艺术为主,虽为通俗之作,但内含很多国内少见的珍贵图片,也有较高的参考价值。在开篇一章《丝绸之路的先行者》中,作者注意到了亚历山大帝国对丝绸之路的奠基作用。⑥ 韩森精通汉语,她的《丝绸之路新史》利用近代以来在中国西部地区发现的文字资料,对公元 200 年—1000 年间从长安到撒马尔罕的七个丝路重镇和商贸中心(其他五个是楼兰、库车、吐鲁番、敦煌、和田)作了重点研究,对一些传统的观点提出了挑战。她认为,没有一条人为修建的直达地中海的道路,所谓的丝路实际是各段的连接;丝绸只是丝路转输的商品之一,甚至也是丝路货币之一;出产于中国的纸也是丝路的主要商品;罗马帝国初期并没有和中国发生直接的丝绸贸易,现在中国境内发现的罗马钱币都是从公元 6 世纪及其后的墓葬中出土的。该书重点还是在中国境内,但其研究方法值得借鉴。最近由美国"中亚文明与丝绸之路协会"组织出版的系列丛书《丝绸之路:纵横交织的历史》也引起了学界的重视。据该协会的执行主任暨丛书的第一主编介绍,该丛书目前准备出版四

---

①　J. Harmatta, ed. , *The History of Civilizations of Central Asia* , Vol. II , *The Development of Sedentary and Nomadic Civilizations* , Paris: UNESCO, 1994. [匈牙利]雅诺什·哈尔马塔主编,徐文堪、芮传明译:《中亚文明史》(第二卷),中国对外翻译出版公司,2002 年。

②　I. M. Franck and D. M. Brownstone, *The Silk Road: A History* , New York: Facts on File Publications, 1986.

③　Christopher I. Beckwith, *Empires of the Silk Road: A History of Central Eurasia from the Bronze Age to the Present* , Princeton: Princeton University Press, 2009.

④　Liu Xinru, *The Silk Road in World History* , New York: Oxford University Press, 2010.

⑤　Valerie Hansen, *The Silk Road: A New History* , New York: Oxford University Press, 2012; [美]韩森著,张湛译:《丝绸之路新史》,北京联合出版社,2015 年。

⑥　Jonathan Tucher, *The Silk Road: Art and History* , London: Philp Wilson Publishers, 2003, p. 23.

卷。第一卷《长距离的贸易、文化和社会》已经于 2015 年出版。第二、三、四卷正在准备之中。它们的主题分别是"中亚的佛教""中亚的伊斯兰社会""中亚的语言"。该丛书的主要特点：其一，各卷都是集体之作，不同领域的作者根据自己的专长选题撰写。因此，此书不是传统意义上的综合之作，而是专题研究。从第一卷的内容来看，涉及早期丝绸之路与希腊化文明的专题有丝路的走向，帕提亚帝国与丝路上的罗马人、希腊人、游牧民族和中国人，巴克特里亚的希腊人，巴尔米拉的长途贸易，木鹿的音乐等。由于该丛书希望走进社会和大学课堂，被一般读者所接受，因此配备了一些必要的照片、地图和注释。其二，面向世界遴选作者，而且主要是青年学者。因此，该丛书既反映了最前沿的研究成果，也发现、成就了新一代的丝绸之路专业研究人才，同时扩大了世界各国关于丝路，尤其是中亚历史与文化研究的交流。[①] 近年在国内翻译出版的由意大利考古学者卡列宁和多米尼克·法切那等为首编著的《犍陀罗艺术探源》《犍陀罗石刻术语分类汇编》，汇集了他们在斯瓦特地区 60 年来的考古成就，对犍陀罗佛教艺术的研究提供了最新的、最可靠的实地发掘材料。他们的研究结论有可能推翻以前学界对犍陀罗艺术起源的成说。在此地的早期佛教遗址表明，似乎印度式的佛像首先出现于北部印度的秣菟罗（Mathura，一译马图拉），然后才在希腊文化影响较深的犍陀罗地区被接受改造，成为"希腊化"的佛像。这一发现为研究犍陀罗艺术的起源提供了一个新的视角。但无论如何，希腊化的艺术（含罗马艺术）对当地佛教建筑和人物造型艺术的影响是显而易见的，如这两部书图片中所显示的阿波罗式的佛陀头像，科林斯式柱头，希腊式的装束与丰饶角，扛花纲或飞行的小爱神，手持狮皮、肩扛木棒的赫拉克勒斯，还有在此地发现的具有希腊神话与希腊化艺术特征的化妆盘和希腊式钱币。这两部书对于研究丝路佛教艺术及其与希腊化文化

---

① Mariko Walter & James P. Ito-Adler, eds., The Silk Road: Interwoven History, Vol. Long-distance Trade, Culture and Society, Cambridge, Mass.: Cambridge Institutes Press, 2015. 关于该丛书的宗旨和出版计划，详见 pp. xi-xii: "Series Forward"。

的关系具有很高的参考价值。①

　　国外对中国史书的翻译，近年来也有新作出现。前四史，特别是涉及西域的传记，由于关系到张骞之后丝路的发端与发展，所以更是得到学者的青睐。② 影响较大的大致有三部：其一是伯斯顿·沃森翻译的二卷本《史记：汉代》③，其中收录了与丝路开通有关的《大宛列传》。虽然该译本很少有考证性的注释，但对涉及的西域国家、地名作了一些简单的说明，实际上反映了作者的认同。如他把大宛比定为"费尔干纳"，把大月氏比定为"印度—斯基泰人"（Indo-Scythians，此说显然与史实不符，二者是不同的游牧民族——笔者注），把康居比定为"河中"（Trans-Oxiana），把大夏比定为"巴克特里亚"（Bactria），把条支比定为"两河流域"（Mesopotamia），把黎轩比定为"赫卡尼亚"（Hyrcania），把西海比定为"波斯湾"（Persian Gulf），把蓝市城比定为巴克特拉（Bactra），把身毒比定为"印度"（India）。作者也知道这些比对争论颇多，故择一从之。④ 本传译文比起百年前夏德的译本《张骞的故事》当有进步，吸收了最新的研究成果，总体上看，是一个高水平的译本。其他与丝路有关的《匈奴列传》《卫将军骠

---

　　① ［意］卡列宁、菲利真齐、奥里威利编著，魏正中、王倩编译：《犍陀罗艺术探源》，上海古籍出版社，2015 年；［意］多米尼克·法切那、安娜·菲力真齐著，魏正中、王姝婧、王倩译：《犍陀罗石刻术语分类汇编》，上海古籍出版社，2014 年。关于"印度式"佛像与"希腊式"佛像的关系，详见《犍陀罗艺术探源》，第 161—164 页。其余相关图片见二书中插图和图录。

　　② 早在 19 世纪末 20 世纪初，西方汉学家就开始翻译《史记》《汉书》中有关西域的部分。A. Wyile 在 1881—1882 年连续发表了关于《汉书·西域传》和其他相关人物（张骞、陈汤）的英文译本，详见 A. Wylie，"Notes on the Western Regions，"translated from the "Tseen Han Shoo，"Book 96，Part 1，*The Journal of the Anthropological Institute of Great Britain and Ireland*，Vol. 10（1881），pp. 20-73；Part 2，Vol. 11（1882），pp. 83-115. 有关陈汤和张骞的译文在 Part 1 之附录中。夏德首先把《史记·大宛列传》译为英语，另名为《张骞的故事》。详见 Friedrich Hirth，"The Story of Chang K'ién，China's Pioneer in Western Asia：Text and Translation of Chapter-123 of Ssï-Ma Ts'ién's Shï-Ki，"*Journal of the American Oriental Society*，Vol. 37（1917），pp. 89-152. 据夏德所述，此前曾有法国学者 M. Brosset 发表此传的法文译文（"Relation du pays de Ta-ouan，"the *Nouveau Journal Asiatique*，tome 2，Paris，1828，pp. 418-450），但认为已经过时，遂有他的英文重译。

　　③ Sima Qian，*Records of the Grand Historian：Han Dynasty* I-II，revised version，trans. Burton Watson，Hong Kong，New York：Columbia University Press，1993.

　　④ Sima Qian，*Records of the Grand Historian：Han Dynasty* II，pp. 231-235，231 n. 1.

骑列传》《西南夷列传》等也都收入其中，为国外学者研究丝绸之路的历史提供了资料解读的便利。二是何四维和鲁惟一的《中亚的中国（早期阶段：公元前 125—公元 23 年）》。[①] 这是对班固《汉书》卷 96《西域传》和卷 61《张骞李广利传》的译注。作者考虑到汉学家、汉代历史研究者之外读者的需求，对原文中所有可能有疑问的地方，都作了详细的注释。严格来说，这部译作事实上就是一部研究之作，反映了夏德一代之后的西方汉学界在西域史地研究方面的进展。三是澳大利亚独立学者希尔关于《后汉书·西域传》的注释。此书最后的全名是《穿过玉门关：从中国到罗马——公元 1—2 世纪丝绸之路研究》[②]，2009 年出第一版，2015 年出版修订增补版。该书的价值不仅仅在于对《后汉书·西域传》文本的翻译，而且汇集了欧美学界几乎全部的对该文本内容的研究成果。新版分为上下两卷，信息量巨大，以一人之力，做出如此成绩，令人敬佩之至。

纵观百年来国内外学术界对丝绸之路的研究，可谓硕果累累，叹为观止。它们不仅涉及丝路的诸多方面，而且对丝路的历史作用认识也趋于一致，认为它不仅是东西方或中西之间的一条商贸之路，也是一条文化交流之路。但也有明显的不足：一是研究分散，以文献、遗址、遗物为主，对丝路诸文明各自的内涵及相互的联系还缺乏系统深入的整体研究；二是国内研究注重境内的考古发现，忽视对国外研究成果的吸收和利用；三是没有把希腊化文明遗产在丝路的传输作为研究的重点。

关于希腊化文明与丝绸之路的交叉研究

虽然很少有学者专门撰文或著书探讨希腊化文明与丝绸之路之间的关系，但涉及二者范围的多学科交叉研究成果还是相当可观。这主要集中在希腊化城市的兴衰变迁及其向丝路商贸中心的转变，希腊式钱币对丝路钱币的影响，希腊化艺术与佛教犍陀罗艺术的关系及其在丝路的发展三个方面。

---

① Anthony F. P. Hulsewé, *China in Central Asia: the Early Stage: 125B. C. -A. D. 23*, Leiden: E. J. Brill, 1979.

② John E. Hill, *Through the Jade Gate-China to Rome: A Study of the Silk Routes 1st to 2nd Centuries CE*, San Bernardino: John E. Hill, 2015.

　　关于亚历山大建城,国外研究比较深入。有的是从古典文献中寻找亚历山大建城的蛛丝马迹,有的是从考古发掘的城市遗址中去寻找。主要关注的问题是:第一,他在东征过程中到底建立了多少城市,尤其在中亚和印度? 第二,这些城市如何定位? 关于这方面的研究,西方学者弗雷泽和科恩的研究最为深入,也最有价值。弗雷泽的观点比较极端,他根据各类史料比定的最后结果是,亚历山大仅仅建立了 6 个有据可证的亚历山大里亚。其余都难以证明,可视为虚构。[①] 科恩认定,从美索不达米亚南部、波斯湾到中亚、印度,有 13 个城市被古典作家归于亚历山大名下。其余还有 15 个左右也有可能由他所建,但不能证实。[②] 塔恩认为,总的数目不会超过 13 个,其中 6 个尚存可辨,7 个难以定位。[③] 塔恩的研究结论由于时间久远,学界一般仅作参考。弗雷泽的观点也难以得到普遍接受。因为即使没有古典作家普鲁塔克说的 70 个之多,也不会少到只有 6 个。科恩是希腊化城市研究的著名学者。他一生先后写过四本专著,对希腊化时期希腊人从小亚、埃及到印度建立的所有城市做了详细的定位研究。他把这些城市统称为"settlements",以此来概括各种不同类型的希腊人或马其顿人集居地。出版于 2013 年的《东方希腊化殖民地:从亚美尼亚、美索不达米亚到巴克特里亚、印度》与本课题的研究最为直接,对那些希腊人的"settlements"分地域逐一作了研究。此书的价值不在于它的结论,而在于它对所有的古典记载、现在的研究状况(包括各种不同观点)和相关的考古材料都作了详细的梳理和全面的总结,这就为进一步的研究提供了可靠的资料来源。

　　关于亚历山大之后希腊人在中亚、印度建立的城市,塔恩、科恩、纳拉因的著作都有涉及,但最主要的证据还是来自考古发掘。从 20

　　① 　P. M. Fraser, *Cities of Alexander the Great*, Oxford: Clarendon Press, 1996, p. 201, Maps 1-2, "Table of Alexander-foundations".

　　② 　Getzel M. Cohen, *The Hellenistic Settlements in the East from Armenia and Mesopotamia to Bactria and India*, Berkeley and Los Angeles: University of California Press, 2013, pp. 335-338.

　　③ 　W. W. Tarn, *Alexander the Great*, II: *Sources and Studies*, London: Cambridge University Press, 1948, pp. 232-259.

世纪 30 年代开始，法国、苏联和英国的考古学家就在乌兹别克斯坦、土库曼斯坦、塔吉克斯坦、阿富汗、巴基斯坦等地对古代城市遗址进行了发掘，成绩斐然，震惊世界。主要发掘的城市遗址有塔克西拉（Taxila）、贝格拉姆（Begram）、坎大哈（Kandahar）、巴克特拉（Bactra）、铁尔梅兹（Termez）、撒马尔罕（Samarkand）和阿伊·哈努姆（Ai Khanoum）、木鹿（Merv）等。这些城市都和希腊化时期的希腊人有关。它们中的大部分都建于或重建于亚历山大帝国和塞琉古王国初期，只有塔克西拉的一处遗址属于印度—希腊人时期。这些发掘报告用不同的文字写成，是应该特别注意搜集、解读的第一手资料。近年出版的英国著名学者克里布和赫尔曼主编的《亚历山大之后到伊斯兰之前的中亚》深入分析了此类遗址内含的历史、文化信息。[1] 其中，法国考古学家勒里什教授在《巴克特里亚：千城之地》一文中，根据他自己的考察和考古实践，对以阿姆河为中心的巴克特里亚地区的希腊式城市作了系统的论述，对古典作家关于巴克特里亚王国是个"千城之国"的说法作了客观的分析，认为这个地区城市的大批建立和繁荣可能出现于希腊人之后。[2] 这种现象表明，丝绸之路的出现与这些商贸中心城市的兴起显然有关。他主编的《十字路口的巴克特里亚与中亚文明：铁尔梅兹和巴克特里亚—吐火罗斯坦的城市》收录了29 篇论文，全面反映了以法国中亚考古队为首的国际考古学界对巴克特里亚地区希腊化时期和贵霜时期的城市遗址的发掘结果和研究结论，其中特别强调了二者的延续。[3] 此外，像库特和舍文—怀特主编的《希腊化在东方——亚历山大之后从叙利亚到中亚希腊人与非希腊人的互动》[4]，惠勒的《波斯波利斯上空的火焰：历史的转折

---

① Joe Cribb and Georgina Herrmann, eds. , After Alexander: Central Asia before Islam, Oxford University Press, 2007.

② Pierre Leriche, " Bactria, Land of One Thousand Cities, " in Joe Cribb and G. Herrmann, eds. , After Alexander: Central Asia before Islam, pp. 121-153.

③ Pierre Leriche, ed. , La Bactriane au carrefour des routes et des civilisations de l'Asie centrale: Termez et les villes de Bactriane-Tokharestan, Paris: Maisonneuve et Larose, 2001.

④ A. Kuhrt and S. Sherwin-White, eds. , Hellenism in the East: The Interaction of Greek and Non-Greek Civilizations from Syria to Central Asia after Alexander, Berkeley: University of California Press, 1987.

点》①,舍文—怀特和库特合著的《从撒马尔罕到撒尔迪斯》②也都对希腊化时期东方的城市有所涉及。但这些城市都被纳入不同历史时期来研究,如亚历山大时期、塞琉古时期、巴克特里亚希腊人时期、贵霜时期,很少将其作为丝路城镇或中心来研究。这些作者虽然注意到了城市的延续,但在一定程度上忽视了它们的性质和功能的演变。

关于希腊化时期和丝路钱币的研究,资料相对丰富,这主要归功于两百多年来希腊化钱币研究的发展。1738 年,提奥菲罗斯·拜尔出版了他的《巴克特里亚希腊人王国史》。③ 此书利用文献资料和两枚巴克特里亚希腊人国王的钱币,给出了 6 位希腊人国王的名字,可以说是巴克特里亚—印度—希腊人钱币研究之滥觞。此后,随着钱币资料的增多,钱币在希腊化远东的研究中越来越居于至关重要的位置,因为关于这一时期的希腊人,西方古典文献中仅仅提到了 7 位国王,其余的都要靠钱币来确认。到现在为止,已经有 44 或 45 位巴克特里亚和印度—希腊人国王的钱币被发现。但是,如何利用这些钱币建立这些国王的世系、在位时间和统治区域,成为一大难题。考古、历史、钱币、碑铭学领域都有专家介入,但难以取得共识。从目前的总体趋势看,法国钱币学家波比拉赫奇的年代学体系获得了较大程度的认可。他致力于古代中亚和印度钱币研究数十年,出版关于巴克特里亚希腊人、印度—希腊人和印度—斯基泰人、印度—帕提亚人钱币的专著十多部,发表论文上百篇,是国际公认的钱币学专家。他在 1991 年出版的《巴克特里亚和印度—希腊人的钱币:法国国家图书馆馆藏分类目录》④是目前最权威的著作。这本书以巴黎国家图书馆钱币部收藏的丝路钱币为主,同时还利用了世界其他各大博

————————

① Mortimer Wheeler, *Flames Over Persepolis*, New York: Reynay & Company, Inc, 1968.

② S. Sherwin-White and A. Kuhrt, *From Samarkhand to Sardis: A New Approach to the Seleucid Empire*, Berkeley: University of California Press, 1993.

③ Theophilus Bayer, *Historia Regni Graecorum Bactriani*, St. Petersburg: Academia Scientiarum, 1738.

④ Osmund Bopearachchi, *Monnaies gréco-bactriennes et indo-grecques*, Catalogue raisonné, Paris: Bibliothèque Nationale, 1991.

物馆的收藏，收录了 1127 枚巴克特里亚和印度—希腊人的钱币①，并从历史学和钱币学的角度对这些钱币作了整体的分析，对这些钱币的类别、归属、图像特征和铭文、符号都作了详细的说明。特别值得注意的是，他依据这些钱币对巴克特里亚和印度的 44 个希腊人国王的在位时间和统治区域作了新的界定。这对于我们研究后来丝路钱币的流通和演变非常重要。近年来，他受世界各大博物馆之邀，单独或与他人合作整理它们的馆藏钱币，主要著作有：《美国史密斯学会馆藏印度—希腊人、印度—斯基泰人和印度—帕提亚人钱币目录》②，《巴基斯坦前贵霜钱币》③，《古代印度钱币》④和《希腊钱币总集：巴克特里亚和印度—希腊人的钱币——美国钱币学会收藏》⑤。这些著作不仅奠定了他本人在国际钱币学界的权威地位，而且更重要的是为研究希腊化钱币与丝路钱币的承继关系提供了最基本的资料和源头。另外，米奇纳和西尼尔关于印度—希腊人、印度—帕提亚人钱币的研究也很有参考价值。米奇纳的《印度—希腊人和印度—斯基泰人钱币》⑥共九卷，前四卷是关于印度—希腊人的钱币，后五卷是关于印度—斯基泰人的钱币，既有基于钱币学研究基础之上的历史背景分析，也有竭泽而渔式的图录和详尽的图像、币文、币值、材质、标记等方面的说明。特别是该书收录了同时代或者前后时期与之有关联的其他钱币，可以说一书在手，可以获取波斯帝国，尤其是亚历山大帝国以来一直到贵霜时期甚至萨珊波斯时期的伊朗、中亚、印度地区钱币的基本信息以及各地各类钱币之间的

---

① 该书提供的收录钱币数目 1227 枚有误，应为 1127 枚。已经和作者核实（个人通讯，2015 年 10 月 18 日）。见 Olivier Guillaume 的书评：*Studies in History*，9，2（n. s），1993，pp. 292-294.

② Osmund Bopearachchi，*Catalogue of Indo-Greek*，*Indo-Scythian and Indo-Parthian Coins of the Smithsonian Institution*，Washington D. C. ，1993.

③ Osmund Bopearachchi，*Pre-Kushana Coins in Pakistan*，Karachi（Pakistan）：Mughal Print. & packaging（Pvt）Ltd. ，1995.

④ Osmund Bopearachchi，*Ancient Indian Coins*，Brépols，Turnhout：Belgique，1998.

⑤ Osmund Bopearachchi，*Sylloge Nummorum Graecorum*，*Graeco-Bactrian and Indo-Greek Coins*，*The Collection of the American Numismatic Society*，Part 9，New York：The American Numismatic Society，1998.

⑥ 参见 Machael Mitchiner，*Indo-Greeks and Indo-Scythian Coinage*，London：Hawkins Publications，1975-1976.

联系。西诺尔的《印度—斯基泰人钱币与历史》（四卷本）[①]是在个人收藏的基础上编写而成，也是历史背景和图录的结合。该书对印度—斯基泰人的迁徙路线、王朝演变以及所伴随的钱币类型的变化和影响都作了详尽而独特的描述、分析。很显然，面对同样的钱币资料和文献，二人对于斯基泰人的迁徙路线有不同的解释。米奇纳认为他们是从西部，即从阿富汗方向入侵（他忽略了中国史料中的记载），而西尼尔则认为他们是从西北方向经索格底亚那（Sogdiana）和巴克特里亚（Bactria）入侵。但两人都指出，印度—斯基泰人有诸多分支，各有自己的迁徙路线、活动区域和王朝世系。印度—斯基泰人钱币图像与我国《汉书·西域传》中提到的罽宾、乌弋山离钱币有极大的相似性，对于丝路南道国家和地区的历史研究可以提供钱币学方面的证据。

关于地处丝路要道的贵霜、帕提亚（安息）、萨珊波斯和粟特的钱币，也都有一些专门的图录和研究著作出版。其中最著名的是塞尔沃德的《帕提亚钱币》。[②] 这部书是帕提亚钱币研究的基础。www. parthia. com 网站上的钱币就是以此分类和定性为基础，同时补充了最新的钱币资料。这个网站是研究帕提亚钱币的权威数据库。此外，大英博物馆汪海岚的《丝路钱币》[③]，依据斯坦因在中国西北部发现的钱币资料，主要探讨了在中国古代西域（新疆为主）发现的各种钱币及其使用情况，也能为丝路钱币的研究提供新的思路。她认为丝绸（纺织品）不仅是交易的物品，也可以作为货币使用。其他各种与丝路有关的网站以及各种钱币拍卖行、博物馆的网站，都有大量图文并茂、信息详实的钱币介绍，是国内获取钱币图样标本的重要途径。

由于丝路热的持续升温，国内也有一些钱币爱好者投身于丝路钱币的搜集、整理之中。李铁生先生积累的钱币资料尤为丰富。

---

　　① R. C. Senior，*Indo-Scythian Coins and History*，Lancaster，PA：Classical Numismatic Group，2001-2006.

　　② D. Sellwood，*An Introduction to the Coinage of Parthia*，2nd rev. ed.，London：Spink & Son Ltd.，1980.

　　③ Helen Wang，*Money on the Silk Road：The Evidence from Eastern Central Asia to c. AD 800*，London：British Museum Press，2004.

20世纪90年代以来，他多次到国外考察，访问钱币拍卖行和各大博物馆、图书馆，搜集国外钱币学家的著作，然后分析整理，汇集成书，先后在北京出版社出版了丝路钱币系列丛书7部。其中《古中亚币》（2008年）、《古波斯币》（2006年）、《古印度币》（2011年）与本课题的研究直接相关。上海博物馆2006年组织召开了"丝绸之路古国钱币暨丝路文化国际学术研讨会"，邀请国内外著名的钱币学家参加，会后出版的论文集（上海书画出版社，2011年）展示了国际丝路钱币研究的最新成果。此外，杜维善的《丝绸之路古国钱币》（上海博物馆《中国钱币馆》编，1992年），张忠山的《中国丝绸之路货币》（兰州大学出版社，1999年）、上海博物馆主编的《上海博物馆藏丝绸之路古代国家钱币》（上海书画出版社，2006年）的先后出版，反映了国内丝路钱币研究的不断发展。这些钱币学著作虽然以介绍为主，但开启了国内丝路钱币研究之先河。

关于希腊化艺术与丝路艺术的联系，最典型的例证就是著名的犍陀罗艺术。犍陀罗地区位于古代印度的西北部，是亚历山大曾经占领过、印度—希腊人主要活动的地区。孔雀王国时期，佛教传到此地。后来从巴克特里亚侵入的希腊人在此地与佛教相逢。他们逐渐接受了佛教，其中最有名的就是印度—希腊人国王米南德（约公元前165/155—前135年在位）。根据现在的一般研究结论，皈依了佛教的希腊人将希腊的神人同形同性观念和希腊的雕塑艺术带入了佛教，从而创立了以希腊艺术之形表现佛教精神的所谓的"犍陀罗艺术"（the Gandhara Art），或称"希腊—佛教艺术"（Greco-Buddhist Art）。随着丝路的开通，佛教与犍陀罗艺术也传向中亚、东亚。本文所说的丝路艺术主要指以犍陀罗佛教艺术为中心的宗教艺术。围绕这一文化现象，诸多问题随之产生，且争论不休。首先是关于犍陀罗艺术的起源。它是受到希腊艺术的影响才产生的？还是它本来就是印度本土的产物，是佛教自身发展的结果，如与大乘佛教的出现有关？印度佛教艺术有两个中心，一个是马图拉，一个是犍陀罗。两地的艺术风格有所不同。前者印度成分居多，本土特征明显；后者希腊艺术因素居多，希腊的神话人物如阿波罗、赫拉克勒斯、阿特拉斯、狄奥尼苏斯的形象，希腊的科林斯柱式、希腊式服饰、装饰图案等，虽然都经过改造，但清晰可辨。

二者到底是并列还是先后关系？此外，犍陀罗艺术何时产生也是争论的焦点。主张起源于希腊艺术影响的一派坚持始于印度——希腊人时期，也即公元前2至前1世纪，主张源于来自罗马影响的一派认为应在贵霜时期。各家主张各有根据，前者从印度——希腊人钱币上的佛教特征（如佛塔、菩提树、大象、法轮）和公元前后比马兰（Bimaran）遗物盒上的佛陀肖像上，看到了希腊人对佛教的影响；后者从贵霜第四位国王迦腻色伽的钱币上找到了标有"Boddo"字样的佛陀立像。关于佛教传播的路线，也有不同的看法。总之，关于这一问题的讨论方兴未艾，但莫衷一是。近年来，随着阿伊·哈努姆遗址的发现，有的学者根据在这个希腊人城市遗址中出土的希腊雕塑（石雕与泥塑）、神像、希腊柱式、剧场、体育馆、希腊语铭文等，认为在希腊化的东方，应该存在着一个"巴克特里亚艺术流派"。此地的希腊人被迫撤退时，把这一艺术流派带到了印度西北部，从而孕育或催生了犍陀罗艺术。关于这一方面的研究，代表性的著作有：福歇《佛教艺术的起源》《犍陀罗希腊佛教艺术》[①]；马歇尔《塔克西拉》（1951年）[②]，《犍陀罗佛教艺术》（1960年）[③]；格鲁塞《从希腊到中国》（浙江人民美术出版社，1985年）；穆罕默德·瓦利乌拉·汗《犍陀罗艺术》（商务印书馆，1997年）；塔恩《巴克特里亚和印度的希腊人》（1938年第1版，1952年第2版，1984年补充版）；艾林顿和克里布等主编的《亚洲的十字路口：古代阿富汗和巴基斯坦艺术中肖像和象征符号的转化》（1992年）[④]；库勒米诺斯等主编的《从

---

①　Alfred Foucher，*Beginnings of the Buddhist Art*，Paris：Paul Geuthner，1914；Alfred Foucher，*L'Art gréco-bouddhique du Gandhāra*，3 volumes，Paris：Imprimerie Nationale，1905，1918 & 1922；［法］福歇著，王平先、魏文捷译：《佛教艺术的早期阶段——印度和中亚学考古论文集》，甘肃人民出版社，2008年。

②　J. Marshall，*Taxila：An Illustrated Account of Archaeological Excavations Carried out at Taxila under the Orders of the Government of India between the Years 1913 and 1934*，Vol. I-III，Cambridge University Press，1951；［英］约翰·马歇尔著，秦立彦译：《塔克西拉》（三卷本），云南人民出版社，2002年。

③　J. Marshall，*The Buddhist Art of Gandhara*，Cambridge University Press，1960；［英］约翰·马歇尔著，许建英译：《犍陀罗佛教艺术》，新疆美术摄影出版社，1999年。

④　Elizabeth Errington and Joe Cribb with Maggie Claringbull，eds.，*The Crossroads of Asia：Transformation of Image and Symbol in the Art of Ancient Afghanistan and Pakistan*，Cambridge：The Ancient India and Iran Trust，1992.

佩拉到犍陀罗：希腊化东方艺术与建筑风格的混合与认同》（2011年①；博德曼的最新著作《亚洲希腊人》（2015年）。② 这些贯穿一个世纪的研究成果体现了学界对以犍陀罗艺术为代表的希腊与东方文化相结合的认识过程，对于我们理解这种文化交融、文明互动现象在丝绸之路沿线国家和地区的延续很有启示意义。事实上，在阿富汗的哈达（Hadda）、阿姆河畔的铁尔梅兹（Termez）以及佛教在中亚传播的最西界木鹿发现的佛教雕塑，已经证明了这种结合仍然在延续。③

希腊化文明与丝绸之路关系研究的重点和意义

综上可知，希腊化文明与丝绸之路各自的研究都富有成果，但对二者之间是否存在着一种既先后承继又相互影响的互动联系，学界仍然缺乏深刻的认识。

从历史发展的长河来看，丝绸之路的真正意义不在于它转输的商品，而在于它传递和传播的思想和文化，在于它是古代欧亚大陆东西方诸文明相互交流、融合的大通道。文明互动交融是丝路永恒的主题。希腊化文明就是在这样的背景之下和丝绸之路发生了关系。但遗憾的是，百年来，学术界对二者的关注并没有产生应有的交集，独立的研究对象、独立的研究队伍在两条平行线上运动。当然由于希腊化文明与丝绸之路的开通有时间上的一段重合，希腊化文明的遗产在丝路上流传，丝路横贯于原来希腊化世界的故地，因此，即使对二者独立的研究，也难免发生联系和对接，但也只是在边缘相切，没有把二者之间的历史逻辑关系真正建立起来。

亚历山大帝国的建立和希腊化世界的形成为未来丝绸之路的

---

① Anna Kouremenos, Sujatha Chandrasekaran and Roberto Rossi, eds., *From Pella to Gandhara: Hybridisation and Identity in the Art and Architecture of the Hellenistic East*, Oxford: Archaeopress, 2011.

② John Boardman, *The Greeks in Asia*, London: Thames & Hudson, 2015.

③ ［法］R. 格鲁塞著，常书鸿译：《从希腊到中国》，浙江人民美术出版社，1985 年，第 33—36、68—71、89、91—92 页；Pierre Leriche and shakir Pidaev, "Termez in Antiquity," in J. Cribb and G. Herrmann, eds., *After Alexander: Central Asia before Islam*, pp. 179-211, Fig. 8-9；Jonathan Tucher, *The Silk Road: Art and History*, pp. 230-231, Fig. 292.

全线贯通奠定了地理空间的基础。如果不是这个希腊化世界的存在，不是这个从印度经中亚到地中海的水陆道路体系的存在，张骞的西域凿空也只能到阿姆河一线为止。但很快南到"身毒"（印度），西到"海西"的西域世界为中国方面所知。中国的使者甘英之所以能"抵条支而历安息，临西海以望大秦"，就是利用了原来希腊化世界道路体系所提供的便利。关于这一问题还需要深入研究，比如各希腊化王国与印度孔雀帝国、帕提亚王国并立时期，这条道路是如何保持畅通的？当时从印度到地中海之间到底有多少条道路相通？它们都通过哪些地区？此外，在丝路开通之前，东西方有哪些物产的交换？是否存在着一条香料之路？当时海陆两路是如何衔接的？推动这些道路存在的动力到底是什么？是政治利益还是经济利益？这种交往的后果是什么？对后来的丝绸之路有什么影响？

希腊人在中亚、西亚、印度西北部的统治和影响延续了三个世纪之久（帕提亚王国确实占领了塞琉古王国的一大部分，但其建立者是斯基泰人的一支，其国王自称"希腊人之友"，从文化上看属于半希腊化国家），他们到底留下了哪些遗产？在帝国统治的机制框架之外，从文明遗产的角度看，至少有三个方面值得注意，即希腊人原来的城市、希腊式的钱币、希腊人的雕塑与建筑艺术。这些遗产前人都有研究，且成果丰富，有的非常深入系统。但新的遗址、新的考古材料不断发现，预示了这些领域的研究需要不断的开拓和深化。对于我们而言，主要关注的是希腊化文明遗产如何通过丝绸之路延续和传播。

其一，不论是亚历山大还是塞琉古王国的钱币，也不论巴克特里亚希腊人国王的纯希腊铭文的钱币还是印度—希腊人的双语币，它们都被后来的其他民族的统治者使用、仿造或改造。钱币的"希腊性"虽然越来越少，但希腊式钱币的影响至少一直延续到了阿拉伯人到来之前。即使是后来的阿拉伯帝国，甚至蒙古汗国也都沿用了这种钱币的基本形制。这些国家和地区都位于丝路沿线，这些形形色色的钱币是如何通过文化的过滤而被制造出来？发行者采用此类钱币的动机如何？钱币上的希腊化文化信息又是如何潜移默化地影响了这些钱币的使用者？它们作为一种文化的载体对于丝路文化交流起了什么样的作用？这些都是我们应该回答的问题。

其二，希腊人撤走或消失之后，他们城市的命运如何？前人确实不论从古典文献还是从考古发掘上，都证明了从亚历山大开始以来希腊人的建城活动的存在，也对其中的一些给予了准确的定位。但它们在后来的历史进程中扮演了什么样的角色呢？它们中有多少成为了丝路重镇？它们的变迁、兴衰与丝路的走向和发展密切相关，后来的结局如何？要回答这些问题，就需要和正在丝路沿线国家合作发掘的考古机构和当地的科研单位建立联系，既吸收他们的最新研究成果，同时实地考察或参加田野考古活动，以便获得第一手资料。

其三，希腊化艺术在中亚和印度西北部影响最深远的遗产就是犍陀罗艺术。应该说，不论是具有文化扩张情结的西方学者，还是捍卫民族文化原创性的印度本土学者，都对犍陀罗地区出现的佛教艺术保持了持续的热情，对它的研究付出了巨大的努力。共识是有的，分歧也明显，但这些分歧并不仅仅存在于西方学者与本土学者之间。事实上，大多数学者还是本着客观、实事求是的立场来从事这一研究，他们的分歧主要是学术之争。我们可以根据中外历史文献和考古资料的互证，对一些有争议的问题发出中国学者自己的声音。比如，关于犍陀罗佛教雕塑，或者更确切一点，佛陀形象的出现时间，中国的史书实际已经给出了一个大致的界限。既然汉明帝时期派人到西域请回佛像，那至少在明帝在位之时（公元 58—75 年），即公元 1世纪中期佛陀的形象已经被塑造出来，这是一个最迟的下限，但上限可以推到何时，就得靠当地考古学和钱币学的资料了。另外，关于犍陀罗艺术传播的路线及其在传播过程中的演变，我们也可以借助于汉文资料进行重点研究。阿伊·哈努姆遗址的出土同样给犍陀罗艺术的起源提供了新的可能。巴克特里亚是否存在着一个艺术流派，它和为帕提亚宫廷服务的那些希腊艺术家是否属于同一个流派？只有对犍陀罗、阿伊·哈努姆遗址、尼撒遗址三地的艺术形式和特点进行比对后，才能对此作出回答。除了犍陀罗艺术之外，希腊化的建筑技术、装饰艺术以及希腊的神话人物、传说也都在丝路上传播，尽管已经改头换面。希腊化艺术与丝路宗教艺术有着千丝万缕的联系，如何对这种联系条分缕析，正本清源，既是研究的重点，也是难点之一。

关于希腊化遗产到底与中国古代文明有无接触和联系,研究者已经给出了肯定的回答。但如何接触、如何联系,就需要通过对丝绸之路中介作用的深入研究来解决。正是通过丝绸之路,佛教经中亚首先传入了中国的塔里木盆地,并由此传向中原。但它在传播的过程中,如何一步步与中原文化相结合,最后使印度佛教变成了汉地佛教,从犍陀罗出发的具有希腊化艺术特征的佛教人物雕塑如何渐渐褪掉了他们的"胡人"外表,变成了汉人模样的三世佛、菩萨和四大天王等,是一个涉及历史、文化、艺术、宗教等领域的非常复杂的问题。但佛陀形象的存在,就意味着犍陀罗艺术影响的存在,希腊式样的棕榈枝、葡萄纹,甚至龟兹壁画中的裸体人物[1],敦煌石窟中的爱奥尼亚式和多利亚式柱头,麦积山具有赫拉克勒斯特征的天王形象都暗示着希腊化文化因素潜移默化的影响。此外,与贵霜钱币有明显渊源的新疆和田马钱,尼雅木牍文书上的希腊神像印记,山普拉的希腊马人(Centaur)和持矛王者形象,宁夏固原李贤墓鎏金银壶上的特洛伊神话故事,山西太原虞弘墓中石雕上的酿造葡萄酒的场面和来通形象,新疆巩乃斯河地区出土的希腊—马其顿式头盔,内蒙古博物馆收藏的马其顿式桃金娘金冠等近年来发现的具有外来文化特征的遗物,无不蕴含着一定的希腊化文化因素。至于中国古代文献中关于西域的记载,其实早就包含了希腊化文明遗产的信息。[2] 我们应该依据文献和考古资料,将事实上已经存在的希腊化文明与中国古代文明的关系重新连接起来。

此外,对希腊化文明与丝绸之路二者关系的研究具有重要的借鉴意义。对于古代丝路文明互动历史的了解无疑可以加深我国与沿线国家人民的友谊,拓宽中国和相关国家在政治、经济、文化领域的合作。古代丝路沿线国家和希腊化世界覆盖了现在中亚、南亚、西亚的大部分国家和地区,如中亚五国、阿富汗、巴基斯坦、

---

[1] 也有学者否认希腊的影响,见苏北海:《丝绸之路——龟兹研究》,新疆人民出版社,2010年,第333—346页。

[2] 参见 Yang Juping,"Some Clues of the Hellenistic World and the Roman East Hidden in China's Early Four Historical Books,"*Talanta. Proceedings of the Dutch Archaeological and Historical Society*,46/47(2014/2015),pp. 121-143.

印度、伊朗、伊拉克、叙利亚、埃及等，正是"一带一路"的主要涵盖
之地。在历史与现实之间架起一座桥梁，使古代中国与古代西域
国家、民族和地区的文化交流、友好往来在千年后的今天继续延
续、扩大、深入，就是本研究的现实意义之所在。

（原载《北京师范大学学报（社会科学版）》2016 年第 6 期，略有
改动）

第一编　希腊化世界形成与丝绸之路贯通

引　言

　　本编主要从源头上探讨希腊化世界与丝绸之路的关系。中国作为丝绸的原产地,丝绸之路始于中国,这是不容置疑的历史事实。但丝绸之路之所以如此著名,在欧亚非大陆文明交往中发挥了唯一的、巨大的、延续千年之久的主干道和桥梁作用,是与它将中国到地中海的道路连成一体分不开的。然而,在张骞通西域之前,中国的疆域也只到了甘肃河西走廊一带。古老的玉石之路曾把中原和塔里木地区相联系,但要借助于当道的其他民族的中介转输。至于葱岭之外,或有所闻,但还处于朦胧、虚幻的想象之中。事实上,中亚、西亚、南亚次大陆早就通过陆路或海路建立了直接的联系。在波斯帝国时期,葱岭、印度河以西直到埃及、巴尔干半岛一线,都已经置于同一个帝国之下,帝国的东西两大驿道系统已经把帝国境内的各地联系在一起。亚历山大征服了波斯帝国,也就接受了这一道路系统,并有所拓展,比如从印度到波斯湾、阿拉伯半岛的海路。亚历山大帝国转瞬即逝,但帝国的疆土由他的部将瓜分,希腊化世界的格局基本奠定。此后的两三个世纪内,三大希腊化王国及从其分裂出去的巴克特里亚和帕加马王国,以及所谓的"爱希腊"王国帕提亚之间,也都保持了道路的畅通。一位希腊人能把希腊德尔斐神庙的格言带到远在三千英里之外兴都库什山下的希腊人城市哈伊·哈努姆遗址,就是很好的证明。因此,张骞一旦进入大宛、康居、大月氏、大夏之地,实际上就踏上了通往地中海的道路。他在这些地方的所见所闻,事实上就难免含有希腊化世界的信息,因为这些地方都是原来亚历山大帝国和塞琉古王国、巴克特里亚王国的故地。他所见到的诸多城市有的无疑就是亚历山大及其后继者所建,他所听到的语言也有可能就是当时的普通希腊语,他见到听到的钱币信息"以金银为钱,钱如其王面"就是典型的希腊化钱币特征。因此,丝路的全线贯通与此前波斯帝国的存在,尤其与亚历山大帝国的建立、希腊化世界的形成密切相关。后来的丝路向印度方向的延伸也得益于此前巴克里亚—印度—希腊人的遗产——城市、道路、钱币。犍陀罗艺术在贵霜帝国时期的飞跃式发展,也与海陆两路与罗马帝国的相通有关。丝路沿线的那些著名的商业和文化中心,像撒马尔罕、木鹿、塞琉西亚、安条克、亚历山大里亚(埃及)、迦毕试(贝格拉姆)、坎大哈、塔克西拉等也都是在原来希腊—马其顿人所建城市的基础上发展起来的。特别值得注意的是,正是由于希腊人巴克特里亚王国和印度—希腊人王国的长期存在,以阿姆河和印度河为中心的远东希腊化文明圈形成。除了与其他希腊化地区具有共性之外,远东希腊人的独特贡献在于,其一,与当地文化的交融深入,唯有他们发行了希印双语币;其二,他们留下了影响深远的文明遗产,即希腊式钱币和奠定了以希腊艺术之形表达佛教精神之实的犍陀罗艺术。

第一章　亚历山大东征与丝绸之路开通

　　丝绸之路在汉武帝之时开通,张骞功不可没。但张骞通西域的目的并非打开丝绸贸易的大门,而是为了实现汉武帝联合月氏、合击匈奴、开拓西部疆土、建立强大汉帝国的雄心壮志。同样,希腊—马其顿国王亚历山大在公元前 334 年大规模向东方进军,也并非为了得到遥远的、朦胧的所谓"赛里斯人"(Seres)的丝绸,而是为了征服波斯帝国,并进而征服整个世界。[①] 但历史的结局往往和历史创造者的主观愿望不相一致。汉代对西域的控制时断时续,亚历山大帝国昙花一现,他的部将们所建立的希腊化王国在公元前 1 世纪末之前都陆续衰落,不复存在。唯有丝绸之路仍然作为历史的见证,继续发挥着沟通东西方物质与文化交流的重要作用。国内外学者在论及丝绸之路开通时,大多只强调张骞的西域凿空,而忽略了亚历山大及其后继者所开创的希

---

　　① 关于亚历山大东征的最终目标,古典作家阿里安有较为明确的记载。伊苏斯之战后,大流士三世曾写信给亚历山大,愿让与幼发拉底河以西的土地以换取亚历山大的停战。亚历山大的回答是,他要的是整个波斯帝国,而非其中的一部分。占领印度河上游后,亚历山大执意要向恒河流域和东边的大海进军。他误以为,这个东海是和赫卡尼亚海(Hyrcanian Sea,即里海)连在一起的,他所知的整个大地都由海洋所环抱,因此,可从印度湾到波斯湾,或从波斯湾绕过利比亚(Lybia,当时指非洲)到达赫拉克勒斯石柱(the Pillars of Heracles,今直布罗陀海峡)。这样他就会征服全世界。Arrian, Anabasis of Alexander, Indica, 2. 25. 3, 5. 25. 3-26. 2, with an English translation by P. A. Brunt, Cambridge, Mass. : Harvard University Press, 1983;[古希腊]阿里安著,李活译:《亚历山大远征记》,商务印书馆,1985 年,第 79、185—186 页。

腊化世界在其中所发挥的客观作用。为此,本文试图从丝绸之路的另一端,逆向考察希腊—马其顿人的东进是如何推动了丝绸之路的开通、延伸与延续,希腊化文明的信息是如何通过张骞传入中原的。

第一节　亚历山大之前东西方文明之间的接触与传闻

亚历山大东征之前,即到公元前4世纪之时,古代世界各主要文明区域之间应该说都有了一定的、直接或间接的经济或文化上的接触。即使远在欧亚大陆两端的两大文明中心——希腊和中国也都有了相互的传闻。"赛里斯"就是当时的希腊人对东方一个可与北印度相提并论的国家的称谓。[①] 尽管古典作家关于它的具体地理位置说法不一,但位于遥远的东方且是产丝之国则渐成共识。[②]"赛里斯"后来也就成了西方传说中对中国的代称。希罗多德曾记载了一位名叫阿里斯铁阿斯(Aristeas)的希腊人的远东之游,他穿过斯基泰人(Scythian)的活动区域,最远曾至伊塞顿人(Issedones)之地。[③] 据学者考证,所谓的伊塞顿人活动区域大致应在乌拉尔以东,直至天山、阿尔泰山之间,也

---

① 此名称是生活于公元前5—前4世纪之交的希腊医生兼史家克泰西亚斯(Ctesias)首先提出的。他曾担任波斯宫廷御医,可能是在波斯听到了关于赛里斯的传闻。虽然这一资料的可靠性受到西方学者 H. 裕尔、戈岱司和我国学者张星烺的质疑,裕尔特别指出原因在于其仅见于《福尔提乌斯文库》(Bibliotheca of Photius)一处。但希腊人的赛里斯之名由此出现,则可备一说。详见[英]H. 裕尔撰、[法]H. 考迪埃修订,张绪山译:《东域纪程录丛》,云南人民出版社,2002 年,第 21 页注 27;张星烺编注,朱杰勤校订:《中西交通史料汇编》(第一册),中华书局 1977 年,第 17 页;[法]戈岱司编,耿昇译:《希腊拉丁作家远东古文献辑录》,中华书局,2001 年,第 1 页。

② 参见[法]戈岱司编、耿昇译:《希腊拉丁作家远东古文献辑录》,"导论"以及正文中摘录的维吉尔(Vigile)、霍拉塞(Horace)、普罗佩塞(Properce)、奥维德(Ovide)、斯特拉波(Strabo)、塞内科(Seneque)、梅拉(Pomponins Mela)、普林尼(Pliny)、卢坎(Lucan)、佚名的《厄立特里亚航海记》及托勒密(Ptolemy)、鲍萨尼亚斯(Pausanias)、阿米安·马尔塞林(Ammianus Marcellinus)等的相关记述(第 1—54、71—72 页)。裕尔在整理分析了这些相关的史料后也得出了同样的结论。详见[英]H. 裕尔撰、[法]H. 考迪埃修订,张绪山译:《东域纪程录丛》,第11—12 页。但事实上,当时的中国是唯一的产丝之国,西方所知道的 Seres 是否就是中国,仍然存在。笔者倾向于把这个传说中的 Seres 视为从事丝绸贸易的中介民族,大致活动于中亚、印度和中国西北部之间的某一地区。

③ Herodotus, The Histories, 4. 13,16,25. [古希腊]希罗多德著,王以铸译:《历史》,商务印书馆,1985 年,第 270、272、275 页。

有的学者推测他们曾到达塔里木盆地或楼兰以东、敦煌一带。[①] 20 世纪，考古学者在德国的一座克尔特人首领墓葬（公元前 6 世纪）中发现了丝绸织物残片[②]，在阿尔泰巴泽雷克古墓（公元前 1000 年代中叶至前 3 世纪）发现了保存完好的中国凤凰刺绣和山字纹铜镜。[③] 中国中原的物品在远及西欧的出现，说明上古时期欧亚草原之路的存在。游牧于黑海、里海、咸海一线的斯基泰人和其他的游牧民族无疑是欧亚草原之路的开拓者、先行者。但这条交通线是游移不定的，时断时续的。由于游牧民族的流动性和游牧文明相对于农耕文明发展的滞后性，这条道路没有、也不可能成为东西方文明交流的主渠道。

　　文明的交流是以文明的互动为前提。早在爱琴文明时期，希腊地区的居民就与相邻的埃及、小亚、西亚等地区的古老文明有了接触。但作为一个独立成熟的文明与东方文明对等交往则是在波斯帝国时期。公元前 6 世纪中期，波斯帝国崛起于伊朗高原，并很快向外（主要是东西两面）扩张。小亚沿岸的希腊殖民城邦沦陷，希腊本土面临生死存亡的考验。然而正是这种对立和交往，使希腊人对波斯人有了进一步的了解，从而揭开了希腊文明与东方文明实质性交流的新篇章。有的希腊人到巴比伦考察游历，如希罗多德；有的希腊人到波斯的宫廷服务谋生，如担任御医的克泰西亚斯和受波斯国王之命考察印度河，并环航阿拉伯半岛的斯库拉克斯（Scylax，约公元前510 年）。[④] 还有的希腊人自愿或被迫移民到了巴克特里亚和索格底

---

　　① 参见孙培良：《斯基泰贸易之路和古代中亚的传说》，载《中外关系史论丛》第一辑，世界知识出版社，1985 年；[法]保罗·佩迪什著，蔡宗夏译：《古代希腊人的地理学》，商务印书馆，1983 年，第 22 页；王治来：《中亚史纲》，湖南教育出版社，1986 年，第 53 页注 1；G. F. Hudson, Europe and China, London: Arnold & Co. , 1931, pp. 37, 39; 马雍、王炳华：《公元前七至二世纪的中国新疆地区》，载《中亚学刊》第三辑，中华书局，1990 年，第 1—16 页。

　　② Jorg Biel, "Treasure from a Celtic Tomb," National Geographic, Vol. 157, No. 3, March 1980, pp. 428-438.

　　③ C. И. 鲁金科：《论中国与阿尔泰部落的古代关系》，《考古学报》1957 年第 2 期。

　　④ Herodotus, Histories, 4. 44; [古希腊]希罗多德著，王以铸译：《历史》，第 282 页。

亚那地区。[①] 波斯帝国的版图西起埃及，北到黑海、里海一线，南到阿拉伯半岛，东到印度西北部。为了巩固对各地的统治，大流士一世在原来道路的基础上，修筑了覆盖全帝国的驿道网（The Imperial Roads）。其中最著名的是帝国西部的"王家大道"（The Royal Road）。它从都城之一的苏萨（Susa），经美索不达米亚，到达小亚的以弗所（Ephesus）或撒尔迪斯（Sardis），全长两千多公里，沿途设有驿站（现在已确认的有 22 个）。帝国东部的一条主要交通干线是沿着古老的美索不达米亚—米底（Media）之路，进而经巴克特里亚抵达印度。[②] 出产于巴克特里亚东部山区的名贵石头——天青石（lapis lazuli）就沿此路线而输送到美索不达米亚和印度。[③] 亚历山大之前希腊的钱币已在巴克特里亚流通，也说明波斯帝国时期从东地中海到兴都库什山之间有可能存在着长途商贸活动。[④] 这条路线连通中亚和南亚次大陆，实际上成为未来丝绸之路的西段。大流士一世还开通了埃及二十六王朝法老尼科（Necho II，公元前 609 年—前 593 年在位）未完成的连接尼罗河与红海的运河。[⑤] 这些驿道和水路加强了各地的联系。应该说在波斯帝国统治范围之内，各地交往的渠道是畅

---

①　如希罗多德提到的被波斯人俘虏的非洲希腊人殖民者——巴尔卡人（the Bar-caeans），他们被大流士一世强迫移居到巴克特里亚。见 Herodotus, Histories, 4. 204；[古希腊]希罗多德著，王以铸译：《历史》，第 344 页。或如斯特拉波提到的布兰开德人（the Branchidae），他们因为曾背叛祖国，甘愿随薛西斯（Xerxes）回到波斯，而后被安置到索格底亚那（Sogdiana）地区。见 Strabo, Geography, 11. 11. 4, with an English translation by Horace Leonard Jones, Cambridge, Mass.：Harvard University Press, 1997.

②　详见 Josef Wiesehofer, Ancient Persia: From 550BC to 650AD, London: I. B. Tauris Publishers, 1996, pp. 76-77.

③　Frank L. Holt, Alexander the Great and Bactria, Leiden：E. J. Brill, 1989, p. 28.

④　1966 年，在阿富汗巴尔赫（Balkh）附近发现了一罐钱币，其中绝大多数是希腊古典时期雅典的四德拉克马（tetradrachms），总数不详，但可以公开见到的至少有 150 枚。这些钱币在亚历山大之前很可能在巴克特里亚以银块的形式流通。此前的 1933 年，在喀布尔东面也发现了一处相似的古代窖藏，其中至少有 1000 枚属于希腊城邦的钱币。参见 Frank L. Holt, Into the Land of Bones: Alexander the Great in Afghanistan, Berkeley: University of California Press, 2005, p. 141.

⑤　Herodotus, Histories, 4. 39；[古希腊]希罗多德著，王以铸译：《历史》，第 280 页。

通的。①

希波战争以希腊人的胜利而告终，但这并不意味着希波对立的结束。相反，双方都在利用一切机会插手对方的内部事务。希腊城邦之间的争斗和波斯帝国的王位之争均提供了这样的可能。著名的两例就是公元前401—前400年间应小居鲁士之邀深入波斯腹地的希腊万人雇佣军和公元前387年由波斯国王宣布的旨在解决希腊内部矛盾的"大王条约"（The King's Peace）。半个多世纪之后亚历山大在战场上还碰到了波斯军队中多达数万的希腊雇佣军。② 希腊与波斯之间在政治、军事斗争上的相互介入从另外一个侧面证明了两个文明之间联系的进一步加强。

公元前4世纪时，欧亚大陆还存在着一些其他的古老文明或正在兴起的文明，但它们或由于地理阻隔的原因，或由于自身发展的原因，与其他文明真正接触和交流的历史机遇似乎还未来临。西地中海的罗马人正在为统一意大利而向南部发展，他们或许通过大希腊地区的希腊人对东方有所知晓，但他们的视野还没有超出半岛之外。此时的印度尚处于列国时代，逐渐强盛起来的摩揭陀王国的统治区域尚在恒河流域一带，佛教也未向西大规模传播，但西北部因受波斯帝国统治已与外部世界有所接触。此时的中国正处于战国时期，七雄争霸，逐鹿中原，根本无暇也无力西向。

总之，到公元前4世纪时，欧亚大陆诸文明之间有的已有所接触，有的也有所耳闻，但一条连接东西方两端的纽带或通道还未形成。相互间的了解难免肤浅、偏颇甚至谬之千里。中国对西方世界的想象大概不会超出《山海经》《穆天子传》内容的范围。希腊方面虽通过波斯帝国对埃及、巴比伦、印度等东方古老文明地区都有所知晓，但对真正的中国，似乎仍一无所知。亚历山大只知印度之外是大洋，是东方大地的尽头，并不知锡尔河（Syr Darya, the Jaxartes）之外

---

① 公元前480年侵入希腊的波斯军队中就有来自波斯各地，甚至从巴克特里亚、印度远道而来的参战者（Herodotus, Histories, 7. 64, 65；［古希腊］希罗多德著，王以铸译：《历史》，第494页）。这些驿道发挥作用由此可证。

② 在格拉尼卡斯（Granicus）、伊苏斯（Issus）、高加米拉（Gaugamela）三次战役中，波斯军中都有希腊雇佣军助战。详见 Arrian, Anabasis of Alexander, 1. 12-16, 2. 8-11, 3. 11-15；［古希腊］阿里安著，李活译：《亚历山大远征记》，第26—33, 59—63, 94—99页。

的东方还有一个大国的存在。他对远东世界的认识与一个多世纪以前希罗多德时代的希腊人并无多大区别。①

第二节　亚历山大之后东西方交往的扩大和东部希腊化世界的形成

公元前 334 年,亚历山大以希腊—马其顿联军统帅的身份开始了对波斯帝国的征服。十年征战,亚历山大不仅将原来波斯帝国的版图据为己有,而且有所扩大。从地中海到印度河,从黑海、里海、咸海到阿拉伯海、波斯湾、红海,几乎被囊括于亚历山大的帝国之下。虽然亚历山大于公元前 323 年突然病逝,他的帝国迅即崩溃,被他的部将们瓜分一空,但希腊—马其顿人对当地民族的统治格局并没有改变。希腊文化成为凌驾于当地文化之上的强势文化,希腊化的进程加快了,与东方文化的交流融合日益广泛深入。希腊化世界②的形成,大大便利和促进了各希腊化王国之间,以及它们与周边地区的交往。由于经济、文化的交流往往大大超出政治统治的区域,在希腊化世界及其周边地区实际上形成了以两河地区为中心、以地中海和中亚印度为两端的新的交通体系。

当时的东西方商路主要有三条。北路连接印度、巴克特里亚与黑海(the Black Sea,Euxine Sea)。来自印度的货物可经巴克特里亚沿阿姆河(Amu Darya,the Oxus)而下,进入里海(the Caspian Sea),再转运至黑海。中路连接印度与小亚,有两条支路:一条先走水路,从印度由海上到波斯湾,溯底格里斯河(the Tigris)而上,抵达曾为塞琉古王国都城之一的塞琉西亚(Seleucia on Tigris);一条全部走陆路,从印度经兴都库什山、阿富汗的巴克特拉(Bactra)、伊朗高原到塞琉西亚城,至此,水陆两路会合,由此跨过幼发拉底河,西达塞琉古王国的另一都城,即叙利亚的安条克(Antioch on the Orontes),再转向西北到达小亚的以弗所(Ephesus)。南路主要通过海路连接印度与埃及,从印度沿海到南阿拉伯,经陆路到佩特拉(Petra),再向北转到大马士革(Damascus)、安条克,或向西到埃及的苏

---

① 参见 Herodotus,Histories,4.40;[古希腊]希罗多德著,王以铸译:《历史》,第 280 页。

② 本文的"希腊化世界"既包括亚历山大及其后继者所直接控制的地区,也包括受希腊或希腊化文化深刻影响的地区。

伊士（Suez）、亚历山大里亚等地。① 托勒密王朝一直致力于寻求绕过阿拉伯半岛南部，经红海直达埃及的海上通道。托勒密二世重新开通了二十六王朝法老尼科时开凿的连接尼罗河与红海的沙漠运河，这样来自印度的货物就可经运河，沿尼罗河而下，最终抵达地中海的亚历山大里亚。公元前 1 世纪前后，印度洋上季风的发现使海上商路更加便利和安全。② 这些商路与后来丝绸之路西段（自帕米尔以西）的海陆走向大致吻合。从中亚通往丝绸产地中国，中间地带也就只剩下从河西走廊到帕米尔高原这一段了，而且这一段的距离也在双方的无意识努力下不断地缩小。

据斯特拉波，大约在公元前 2 世纪前后，中亚的希腊人王国巴克特里亚的统治者欧泰德姆斯（Euthydemus）及其儿子德米特里（Demetrius）曾向东面的赛里斯（Seres）和弗利尼（Phryni）扩张。③ 这时西方人心目中的赛里斯估计还是模糊的产丝之地，并非指汉代的中国，至于弗利尼，学界有匈奴说④，不过此时匈奴的势力还未到达与巴克特里亚相邻的地区。⑤ 既然该父子向东面扩展，那东面最相邻的地区也就只能是帕米尔高原（葱岭）和塔里木盆地了。纳拉因（Narain）接受坎宁安（A. Cunningham）的建议，将 Seres 和 Phryni 比附为《汉书·西域传》中的"疏勒"和"蒲犁"确有一定的道理⑥，因为汉时疏勒、蒲犁恰恰位于帕米尔东侧的今新疆喀什和塔什库尔干地区。

由此可见，在张骞到达中亚之前的公元前 2 世纪中后期，后来丝绸之路的西段实际上已经开通。而且此时距亚历山大东征已经两个世纪

---

① 详见 W. W. Tarn，*Hellenistic Civilisation*，London：Edward Arnold，1952. pp. 241-245；F. W. Walbank，*The Hellenistic World*，Glasgow：William Collins Sons & Co. Ltd. ，1981，pp. 199-200；Strabo，*Geography*，2. 1. 11，15；11. 7. 3；Pliny，*Natural History*，6. 52，Cambridge，Mass. ：Harvard University Press，1949. 关于北路，斯特拉波的记述最为明确详细，但塔恩（Tarn）断然否认它的存在。本文采用古典作家的记述。不过，他们以为阿姆河注入里海，与现在注入咸海不一致，应予注意。

② 参见 F. W. Walbank，*The Hellenistic World*，pp. 200-204.

③ Strabo，*Geography*，11. 11. 1.

④ G. F. Hudson，*Europe and China*，p. 58.

⑤ 据《史记·匈奴列传》，匈奴前虽击败月氏，但"夷灭月氏……定楼兰、乌孙、呼揭及其旁二十六国，皆以为匈奴"，是在汉文帝前元四年（公元前 176 年），此前巴克特里亚希腊人不可能越过月氏远至匈奴。

⑥ 参见 A. K. Narain，*The Indo-Greeks*，Appendix II，Oxford：Clarendon Press，1957，pp. 170-171.

之久,东部希腊化世界的政治格局和文化面貌也发生了巨大的变化。

亚历山大的亚洲遗产最终几乎全被他的后继者之一的塞琉古一世(Seleucus Nicator,约公元前312—前280年在位)所独吞。但好景不长,由于孔雀王国的兴起,塞琉古王国恢复对印度西北部统治的努力落空,只得于约公元前305—前303年间签约放弃。[①]公元前3世纪中叶,巴克特里亚的希腊人总督宣告脱离塞琉古王国独立。紧接着,帕提亚的当地人也独立建国(即张骞后来所说的"安息")。塞琉古王朝无力东顾,逐渐承认了这些既成事实,统治的重心转向两河以西以叙利亚为中心的濒地中海地区。公元前2世纪以后,巴克特里亚王国曾越过兴都库什山向印度西北部发展,约半个世纪之后,迫于帕提亚[②]和北方游牧民族的压力,此地的希腊人开始从阿姆河撤退到印度。[③] 当张骞辗转10年大约于公元前129—前128年之间抵达巴克特里亚时,此地已被来自中国西北的月氏人所征服。[④] 张骞称其为"大夏"。

这就是张骞进入大夏时西亚、中亚和印度的政治格局。希腊人

---

①　塞琉古一世以同意联姻和接受500头大象的回赠为条件放弃了对印度西北部的统治权。见 Strabo, Geography, 15. 2. 9.

②　在欧克拉提德(Eucratides,约公元前175—前145年在位)及其后继者统治时期,帕提亚曾夺取了巴克特里亚西部的两个行省。见 Strabo, Geography, 11. 9. 2, 11. 11. 2.

③　他们在印度西北部一直残存到公元前30年左右才彻底消失,被印度学者纳拉因称为"印度—希腊人"(Indo-Greeks),认为"他们的历史是印度历史的一部分,而非希腊化国家的一部分;他们来了,他们看见了,但印度人胜利了"。(A. K. Narain, The Indo-Greeks, p. 11.)此说值得商榷。这些希腊人后来确实被印度的文化同化了,但他们在当地维持了长达一个多世纪的统治,留下了影响至今的、最大的希腊化文化遗产之一——键陀罗佛教艺术,他们的存在与活动应该被视为希腊化世界历史的一部分。

④　关于巴克特里亚王国的灭亡者,古代中西记载并不一致。据《史记·大宛列传》,大月氏人"西击大夏而臣之",巴克特里亚被大月氏所灭。据斯特拉波,巴克特里亚的希腊人王国亡于来自锡尔河彼岸的 Asii、Pasiani、Tochari 和 Sacarauli 四个部落(Strabo, Geography, 11. 8. 2)。本文主要采用司马迁说,因为张骞在巴克特里亚希腊人王国刚刚被征服就来到此地,这是他的实地考察结论,应该更为可靠。斯特拉波所说也有一定的可能性,但前提是要像塔恩、纳拉因那样,把 Tochari(吐火罗)比附为大月氏。若此,则中外记载趋于接近(见 W. W. Tarn, The Greeks in Bactria and India, Cambridge: Cambridge University Press, 1951, pp. 285-286; A. K. Narain, The Indo-Greeks, p. 132)。至于这个大夏在大月氏人到来之前是否被塞人中的一支首先征服,尚难以定论。但塞人从北方草原南下印度和今阿富汗南部则是事实,塞人,至少其中的一支经过巴克特里亚地区是有可能的。他们可能是匆匆过客,在给了巴克特里亚希腊人王国重重一击之后离去。大夏希腊人王国最后应该灭亡于紧随塞人之后的大月氏人之手。

在这些地区的控制范围确实比亚历山大帝国时大为缩小，但希腊文化的影响却呈现出另外一番景象。希腊人所到之处，都要建立希腊式城市或殖民地。据统计，亚历山大及其后继者在东方建城（包括殖民地）至少在 300 个以上，其中保留下名称者约 275 个。它们主要分布在东地中海沿岸（约 160 个），其余的则在幼发拉底河中下游及其以东地区，在巴克特里亚及其相邻地区有名可据者有 19 个（其中亚历山大建了 8 座①），在印度有 27 个。② 这类希腊式城市的基本特征已被 20 世纪 60 年代在阿富汗阿伊·哈努姆遗址（Ai Khanoum）的考古发掘所证实。③ 它们通常建于统治的中心地区、交通要道或军事要塞，是希腊—马其顿人统治网络的核心组成部分。城中一般建有希腊式的神庙、体育馆、剧场，居民也以希腊人为主。城中充溢着浓厚的希腊文化气息，希腊语、希腊钱币、希腊的神祇、希腊的戏剧、希腊的习俗使远在东方的希腊人有一种生活在故国家园之感。相对于广袤的东方之地，这些城市犹如沙漠中的绿洲。它们力图维护希腊文化的纯洁性、统一性，并试图对周围的世界施加影响，但由于处于当地民族、当地文化的汪洋大海之中，这些城市中的希腊殖民者也难免吸收一些东方文化的因素。因此在希腊人控制与影响的地区，就逐渐形成了一种以希腊文化因素为主，同时融合其他东方文化因素的多元混合文化，即近代学术界所称之的"希腊化文化"（Hellenistic Culture）或"希腊化文明"（Hellenistic Civilization）。

　　就张骞所耳闻目睹的巴克特里亚及其周边地区而言，其文化面

① Strabo，*Geography*，11. 11. 4.

② M. Cary，*A History of the Greek World*，London：Methuen & Co. LTD. ，1959，pp. 244-245.

③ 关于这一遗址的希腊式特征，详见主持发掘的法国考古队负责人保罗·伯纳德（Paul Bernard）的三篇文章："An Ancient Greek City in Central Asia,"*Scientific American*，Vol. 246，Jan. 1982，pp. 148-159. "Ai Khanum on the Oxus：A Hellenistic City in Central Asia,"*Proceedings of the British Academy*，Vol. 53，1967，pp. 71-95.《中亚的希腊王国》（与 A. H. 丹尼合作），载[匈]雅诺什·哈尔马塔主编，徐文堪、芮传明译：《中亚文明史》（第二卷），第 67—93 页。该书第 3 章《亚历山大及其在中亚的后继者》也有若干关于该遗址的介绍。1979 年以后，该遗址的大规模发掘由于战乱而中断，但近年来此地仍出土了一些希腊化的艺术品，如赫拉克勒斯和雅典娜的雕像。见 Frank L. Holt，*Into the Land of Bones：Alexander the Great in Afghanistan*，pp. 162-163. 也可参见杨巨平：《阿伊·哈努姆遗址与"希腊化"时期东西方诸文明的互动》，《西域研究》2007 年第 1 期。

貌的变化尤为明显。据斯特拉波，亚历山大时代的巴克特里亚人和索格底亚那人的生活方式、风俗习惯与游牧民族并无多大区别①，但在希腊人统治之下，巴克特里亚人的定居和城镇化进程加快，成了所谓的"千城之国"。②帕提亚虽然政治上脱离了塞琉古王国，但在文化上却长期以效仿希腊为荣。它采用塞琉古朝的历法，仿造希腊式的钱币，雕塑希腊的神像，上演希腊的戏剧③，宫廷还附设体育馆。④印度的那些希腊人小王国虽然受印度文化的影响较深，有的希腊人（如著名的米南德国王）皈依了佛教⑤，有的国王开始打造标有印度文字的双语币，但其钱币形式仍保持着希腊式钱币的基本特征，如正面是国王头像、希腊语的国王名字与荣誉称号，反面以希腊神祇为主，但出现了当地的佉卢文。由于受巴克特里亚希腊化艺术流派的影响，佛教犍陀罗艺术也有可能在这时萌芽。

　　张骞就是在这样的政治和文化背景下来到了东部希腊化世界，

---

　　① 比如，巴克特里亚人虽然比索格底亚那人稍微文明一些，但他们都将无可救助的老年人或有病者活活地扔出，让专门为此而养的狗吃掉。巴克特里亚人的城外看上去倒还整洁，但城内的许多地方却白骨累累。亚历山大到此地后，废除了这种陋习。斯特拉波此说来自亚历山大的随行者、传记作家奥内西克里特（Onesicritus），他认为后者并未报道巴克特里亚人最好的特征，似有以偏概全之嫌。见 Strabo，Geography，11. 11. 3.

　　② 据斯特拉波，巴克特里亚希腊人国王欧克拉提德在位时统辖着一千个城市。其资料来源于 Apollodorus 的《帕提亚史》（The Parthica）。详见 Strabo，Geography，15. 1. 3. 据查士丁，巴克特里亚是个拥有一千个城市的帝国，他甚至提到，在巴克特里亚希腊人国王狄奥多托斯（Theodotus，Diodotus）任总督时就统治着一千座城市。Justin，Epitome of the Philippic History of Pompeius Trogus，41. 1. 8，41. 4. 5，trans. J. C. Yardley，Atlanta，GA．：Scholars Press，1994.

　　③ 据普鲁塔克，帕提亚国王许罗德斯（Hyrodes，或 Orodes）曾和亚美尼亚国王阿塔瓦斯德斯（Atarvasdes）在后者的王宫一道观看希腊悲剧家欧里庇得斯（Euripides，约公元前480—前406年）的剧目——《酒神的伴侣》（Bacchae）。普鲁塔克还特别提到这位亚美尼亚国王不仅能和帕提亚国王一样通晓希腊语，熟读希腊文学，一起观看希腊戏剧，还能用希腊语写作悲剧、演讲词和历史。希腊语流传范围之广，希腊化文化渗透力之强由此可见一斑。参见 Plutarch，Crassus，33。

　　④ 关于上述帕提亚的希腊化文化表征，也可参见 R. L. Fox，Alexander the Great，London：Futura Publications Limited，1975，pp. 492-493；Josef Wiesehofer，Ancient Persia：From 550 BC to 650AD，pp. 124-129.

　　⑤ 见《那先比丘经卷下》，《大正新修大藏经》第 32 卷《论集部》，台北市佛陀教育基金会 1990 年版；Plutarch，"Precepts of Statecraft，"Moralia，821D-E，with an English translation by Harold North Fowler，Cambridge，Mass．：Harvard University Press，1936.

来到了中亚，确切地说是来到了以锡尔河和阿姆河为中心的巴克特里亚希腊人王国的昔日所在地。那他在此地看到和听到了什么呢？

第三节　张骞西域凿空与希腊化文化信息的随之传入

据《史记·大宛列传》，张骞曾受汉武帝之命，先后两次出使西域，第一次是在公元前139/138年—公元前126年间。除匈奴外，他先后经过了大宛、康居、大月氏、大夏四个地区，另外还听到了关于乌孙、奄蔡、安息、条支、身毒等其他五个大国的传闻。第二次出使是在元狩四年（公元前119年）—元鼎二年（公元前115年）间，他先到乌孙，然后分遣副使到"大宛、康居、大月氏、大夏、安息、身毒、于窴、扜罙及诸旁国"。张骞之行，标志着后来所称之的"丝绸之路"的全线贯通，西域的信息首先传入内地中原。第一次出使归来，张骞就向汉武帝详细报告了他在西域的所见所闻。从司马迁的记述看，张骞对各地的介绍内容大致一致，只不过有详略之分而已，这大概是根据对它们了解的多少而定。但无论如何，这是张骞对希腊人所曾控制过、影响过的地区实地考察之后带回的第一手资料，是迄今为止中原汉地得到的关于西域诸国的第一份报告。其中蕴含的信息不能不详加分析，尤其需要注意的是，其中是否传递了一些当地留存下来的希腊化文化信息？

从《大宛列传》有关记载看，除了乌孙、康居、奄蔡、大月氏四个"行国"外，司马迁对其余的农耕、定居国家记述都比较详细，大致包括方位（包括道里、邻国）、物产、城邑、人口、统治形式、商贸等情况。

从方位上看，康居、乌孙、奄蔡都是活动于里海、咸海、天山、阿尔泰山一线的游牧民族，远在巴克特里亚希腊人王国控制范围之外。据司马迁，大月氏始"居敦煌、祁连间"，后定居于阿姆河之北，是它征服了大夏。它虽然占据了原来巴克特里亚王国的一部分，但刚刚立足，游牧民族传统浓厚。司马迁称其"行国"，在当时是恰如其分的。大宛一般被认为是现在乌兹别克斯坦、塔吉克斯坦、吉尔吉斯斯坦三国交界的费尔干纳及其周边地区。此地属于亚历山大时代的索格底亚那（Sogdiana），后来纳入巴克特里亚希腊人王国的统辖范围①，或者至少是受其强烈影响的地区。安息（帕提亚，Parthia）希腊化程度较深，是个典型的"爱希腊帝国"（Philhellenic Empire）。② 它的许多国王在钱币铭文中也都自称为"爱希腊者"（ΦΙΛΕΛΛΗΝΟΣ）。至于大夏、条支以及身毒的一部分（印度西北部）则都是亚历山大帝国的故地。张骞抵达时，条支（安条克，Antioch，仍是塞琉古王国的首都，故以此代之），即塞琉古王国仍然残存；大夏，即巴克特里亚希腊人王国，则刚刚灭亡，残余退往印度。因此，张骞在这些地方获得的印象，完全有可能包含着希腊化文化的信息。

从物产上看，这些地区大多既产粮食（稻、麦），也种植葡萄，且善于酿制和保存葡萄酒。葡萄并非起源于希腊半岛。据考证，它的种植以及葡萄酒的酿造始于今日小亚土耳其的东部，时间大致在公元前 8500 年—前 4000 年间，而后向东西方向传播。③ 希腊人得地利之先，克里特文明时期已知种植葡萄，酿造葡萄酒，到荷马时代，葡萄和葡萄酒成为他们经济生活和文化生活的重要组成部分。酒神崇拜是希腊神话传说和宗教信仰的主题之一，希腊的悲剧就是从酒神大节的祭仪中发展而来。因此，希腊人在他们统治的地区种植或扩大种植葡萄，并传来先进的葡萄酒酿造技术是完全可能的。他们在两河流域南部的巴比伦（Babylon）和苏西斯（Susis）地区首次引入了自己当地的葡萄种植技术（不挖地沟，用带有铁尖的木棒在地上直接穿洞，然后把葡萄苗植入其中）。④ 另据斯特拉波，与巴克特里亚毗邻的阿利亚（Aria）和马尔吉亚那（Margiana）地区也都适于种植葡萄，阿利亚尤盛产葡萄酒，此酒能保存三代而不变质。⑤ 这一现象在中国方面的记载中也得到了证实，据《史记·大宛列传》，安息的特产之一

①　据斯特拉波，巴克特里亚希腊人曾统治了索格底亚那东面，位于阿姆河与锡尔河之间的地区（Strabo，Geography，11. 11. 2）。此方位应包括费尔干纳盆地。

②　汤因比认为它是希腊文化的"保护者、赞助者"。Arnold J. Toynbee, *Hellenism: The History of a Civilization*, London: Oxford University Press, 1959, p. 183.

③　William Cocke, "First Wine? Archaeologist Traces Drink to Stone Age," *National Geographic News*, July 21, 2004. http://news. nationalgeographic. com/news/2004/07/0721_040721_ancientwine. html.

④　Strabo, Geography, 15. 3. 11.

⑤　Strabo, Geography, 11. 10. 1-2.

就是"蒲陶酒"，大宛及其周围地区也是"以葡萄为酒，富人藏酒至万余石，久者数十岁不败"。由此可见，至少在张骞到达西域之前，葡萄种植以及葡萄酒的酿造在此地已非常普遍。东西两方对中亚地区盛产葡萄及葡萄酒的相似记载，绝非历史的巧合，而是对同一地区同一物产的真实反映。张骞之后，葡萄栽培技术首先通过丝路传入中原汉地。① 汉语中"蒲陶"一词的发音与希腊语表示"葡萄串"和复数"葡萄"的 βοτρυς（botrus）发音相近，有可能是音译而来。②

城邑众多、人口繁盛也是这些地区的一大特点。大宛"有城郭屋室。其属大小七十余城，众可数十万"；安息"城邑如大宛。其属大小数百城，地方数千里，最为大国"；大夏"有城屋，与大宛同俗。无大君

---

① 《史记·大宛列传》中记载："汉使取其实来，于是天子始种苜蓿、蒲陶肥饶地。及天马多，外国使来众，则离宫别观旁尽种蒲萄、苜蓿极望。"

② 参见 Henry George Liddell and Robert Scott, *A Greek-English Lexicon*, with a revised supplement, Oxford: Clarendon Press, 1996, "βοτρυς", p. 323. 据伯希和，此种说法早在 1837 年就由一位名为里特尔（Ritter）的学者提出，其后被金斯米尔（Kingsmill）和夏德（Friedrich Hirth）所主张。但他本人对此表示怀疑（见冯成钧译：《西域南海史地考证译丛》第一卷，商务印书馆，1995 年，第 82—83 页）。据劳费尔，提出这种比对的第一人是 Tomascheck（1877 年），随后得到金斯米尔（1879 年）和夏德（1917 年）的支持。他对此持不同意见，认为"蒲桃"（"蒲陶"）一词是伊朗语 budawa 的对音，与希腊语的"βοτρυς"无关。但他也承认，这个词是由词干 buda 加上后缀 wa 或 awa 构成，budawa 可能与新波斯语的 bada（"葡萄酒"）和古波斯语的 βατιάκη（wine-vessel，酒器，相等于中波斯语的 batak，新波斯语的 badye）相联系。这个由汉语撰写的伊朗词也可以看作是《阿维斯塔》经中 Madav（浆果制的酒）的方言形式。可见这个 budawa 原意也不是直接指葡萄，而是指葡萄酒或酒具。他还有一个理由，就是葡萄早在希腊—马其顿人到来之前已经引入，大宛人不可能接受一个新的名称来命名一个常见的植物。见［美］劳费尔著，林筠因译：《中国伊朗编》，第 49—51 页；B. Laufer, Sino-Iranica: Chinese Contributions to the History of Civilization in Ancient Iran, Chicago: Field Museum of Natural History, 1919, pp. 225-226. 但此书出版于 20 世纪早期，其中有些结论显然已经过时。如他说，"没有证据可以证明在张骞游历的时代大宛有人懂得或能讲希腊语，希腊语在伊朗地区的影响是微而又微的；突厥斯坦的古代文稿里也未曾发现过任何与希腊有关的事物"，并以此为据推断葡萄和 βοτρυς 没有关系。但近百年来的考古发现和研究成果已经证明，希腊语在这些地区不仅通行，而且留下了不少相关的碑铭、钱币和纸草文献等实物资料。值得注意的是，随葡萄同时传入的"苜蓿"一词与希腊语表示苜蓿的"Μηδικος"一词的谐音也似乎有关（劳费尔对此也持否定意见，认为它与伊朗语的 buksuk 或 buxsux、buxsuk 有关。详见《中国伊朗编》，第 35—37 页）。据斯特拉波，米底（Media）地区有一牧场，盛产苜蓿。这是马最爱吃的一种草。因产于米底，故被希腊人称为"米底草"（Medic，Μηδικη ποια），参见 Strabo, Geography, 16. 13. 7; Henry George Liddell and Robert Scott, *A Greek-English Lexicon*, "μηδιξω", p. 1125.

长,往往城邑置小长……大夏民多,可百余万"。这些地方如此众多的城邑是否与亚历山大倡导的建城运动有关呢? 答案是肯定的。如前所述,希腊人每到一地欲长期定居,一般都要建立与本土相似的城市或殖民地。对于希腊人而言,城市是城邦的中心和载体。城市不仅是生活居住之地,更重要的是政治、文化、教育、宗教活动的中心,他们对城市生活有着无比深厚的情感寄托和难以割舍的精神联系。在远离祖国数千公里的遥远东方,他们或为保持民族文化特征,或为更好地对当地进行统治,必然更加倾向于建城而居。从阿伊·哈努姆遗址能容纳 5000 名观众的剧场规模来看[1],希腊人不仅是希腊式城市中居民的主体,而且为数不少。希腊化的当地人一定也可光临剧场。[2] 这是迄今为止在东方所发现的最大的希腊式剧场。[3] 张骞在此时此地发现如此众多的城邑应在情理之中。他的报告也从另一个侧面证实了西方古典作家笔下的那些关于希腊统治者热心建城的记载。希腊人虽然是统治民族,但他们毕竟是外来移民,在这些地方数十万、上百万居民中只能是很少的一部分。难以设想原来的为数不多的希腊驻军[4]能够在二百年间繁衍出如此多的人口。我们也不能设想这些城市都是希腊式城市,不能设想这几十万、上百万人口都居住于城市之中。城邑的周围一定是种植着小麦、水稻、葡萄的乡村,这些劳作者也一定是当地人为主。但希腊式城市的存在是事实,

---

① Paul Bernard, "An Ancient Greek City in Central Asia," *Scientific American*, vol. 246, Jan. 1982, pp. 148-159.

② 普鲁塔克曾在《论亚历山大的幸运或美德》(*On the Fortune or the Virtue of Alexander*)一文中写道:"当亚历山大使亚洲文明化之时,荷马的诗作被广泛阅读,波斯、苏西亚那人(Susianian)、格德罗西亚人(Gedrosian)的孩子们都学习并能够谈论索福克里斯和欧里庇得斯的悲剧。"(Plutarch, *Moralia*, 328D, with an English translation by Frank Cole Babbitt, Cambridge, Mass.: Harvard University Press, 1959.)看来普鲁塔克的说法还是有一定的根据,并非无中生有的想象。

③ Frank L. Holt, *Into the Land of Bones: Alexander the Great in Afghanistan*, Berkeley: University of California Press, 2005, p. 156.

④ 亚历山大离开此地进军印度前留下 13500 名士兵(Arrian, *Anabasis of Alexander*, 4.22.3;阿里安著,李活译:《亚历山大远征记》,第 147 页),但这个数字到底包括不包括已经安置在城镇中的那些希腊人和老弱伤残、不能再服役的马其顿人,不得而知。但公元前 323 年亚历山大逝世后,在帝国东部诸行省的殖民地中,至少还有 23000 名希腊—马其顿军人存在。参见 Frank L. Holt, *Alexander the Great and Bactria*, pp. 81,88。

"千城之国"的说法也并非漫无边际的夸张。张骞的有关记述间接证明了各希腊化地区城市的数量之多，阿伊·哈努姆遗址则直接证实了至少有一部分城市具有希腊式特征。

这些地区的政治统治形式，也同其他希腊化王国一样，实行君主制，但贵族、地方首领、城市首脑似乎在关键时刻也会发挥重要作用。大宛拒绝献马，并令"攻杀汉使"，在被汉军围困时又"相与谋"杀国王毋寡①，集体与汉议和，宛贵人几乎是整个事件的主谋。② 这些宛贵人遇事能"相与谋"，且达成共识，并敢弑杀其王，这是否可理解为在大宛，有类似于其他主要希腊化王国的宫廷议事会这样的机构存在呢？这些贵人是否就是这种议事会的成员呢？张骞到达大夏时，此地"无大君长，往往城邑置小长"，这可否理解为巴克特里亚王朝已经退到印度，这里只剩下一些城市和地方的首领在维持着一方平安呢？

张骞在介绍安息和大夏时，提到这两地"有市"，"善贾市"，还提到大夏的都城蓝市城，"有市贩贾诸物"。此外还向汉武帝提到他在大夏见到了来自中国西南地区的邛竹杖和蜀布。这一事例证明了此时以中亚巴克特里亚为中心连接西亚、南亚、东亚地区的商贸网络的存在。属于这一时期的大量希腊钱币的出土说明货币交换在希腊化王国及其周边地区已经广泛流行。③ 张骞的报告中也特别提到了这一点，因为他所见到的钱币与中原汉王朝的圆形方孔钱大不相同。他在关于安息的报告中特别提到了此地"以银为钱，钱如其王面，王死辄更钱，效王面焉"。④ 这里传递了几个与希腊化王国钱币相似的

① "毋寡"之名，似与希腊化时期钱币铭文中流行的国王赞词"伟大的"（ΜΕΓΑΛΟΥ）有关。古钱币学资料证明，贵霜时期有一无名王（Nameless King，即币上无其本人名字，这是一种罕见的现象），其赞词为"ΣΩΤΗΡ ΜΕΓΑΣ"（Soter Megas，伟大的救世主），可见 Megas 或可代称王名（参见上海博物馆编：《上海博物馆藏丝绸之路古代国家钱币》，上海书画出版社，2006 年，第 211—212 页，No. 1224-1228）。《史记》中的"毋寡"是否即 Megas 之转音，仍难以确定。

② 《史记·大宛列传》，第 3174—3177 页。

③ 自从 1735 年第一枚属于巴克特里亚希腊人国王欧克拉提德的银币（ΒΑΣΙΛΕΩΣ ΜΕΓΑΛΟΥ ΕΥΚΡΑΤΙΔΟΥ）面世以来，不计其数的希腊式钱币在这一带出土。最为典型的是 1992 年在阿富汗 Mir Zakah 村发现的一座钱币窖藏，出土总数约 55 万枚，几乎是所有已发现的希腊和马其顿窖藏总量的 6 倍。这些钱币均流向日本和欧美。详见 Frank L. Holt，*Into the Land of Bones: Alexander the Great in Afghanistan*，pp. 125-148.

④ 《史记·大宛列传》，第 3162 页。

信息。一是钱币是银制的，二是钱上有国王的头像，三是王死则换钱，正面的头像随之更换，继位者取而代之。王像打压于币是希腊化时期造币的通行方式。亚历山大东征之初，就在埃及的孟菲斯（Memphis）发行过一种有自己肖像的铜币①，征服印度回到巴比伦后，他还发行过一种大徽章，上有自己骑马与乘象的印度国王作战、站立接受胜利女神呈献花环的图案。② 亚历山大死后，托勒密一世在公元前 318 年也发行过上有亚历山大头像的钱币，但真正创制亚历山大头像标准币的是他的另外一位部将吕西马库斯（Lysimachus，公元前 323—前 281 年在位，约公元前 297 年开始发行）。③ 亚历山大的其他后继者纷纷效仿，他们自立为王后，一般也将自己的头像置于币上，成为王权的一种象征。这种钱币不只在希腊人统治的地区流行，在那些相邻的由当地人统治的地区，如帕提亚，也都坚持发行和使用这样的钱币。

从目前所能搜集到属于这些地区的希腊式钱币资料上看，它们从成色上可分为金、银、铜、铁、铅数种，以重量或币值可主要分为德拉克马（Drachm）、四德拉克马（Tetradrachm）、奥波尔（Obolos）三种。但就帕提亚而言，现在发现的几乎全是银币，金币极为罕见，可能只用于纪念性的馈赠，并不流通。铜币由地方打造。帕提亚银币的正面是在位国王的头像，反面一般是一持弓而坐的弓箭手形象（有学者认为此为开国君主阿尔萨息④），或命运女神（Tyche）、胜利女神（Nike）、农业女神（Demeter）、赫拉克勒斯（Herakles）等希腊神祇的形象。帕提亚钱币上的铭文通常都是希腊语，内容包括开国君主阿尔萨息（ΑΡΣΑΚΟΥ，Arsaces）的名字（也可视为王朝名），以及对发行者国王本人的赞语，如"伟大的国王"（ΒΑΣΙΛΕΩΣ ΜΕΓΑΛΟΥ）、"王中王"（ΒΑΣΙΛΕΩΣ ΒΑΣΙΛΕΩΝ），

---

① Ian Carradice and Martin Price, *Coinage in the Greek World*, London：B. A. Seaby Ltd. ，1988，p. 109.

② Ian Carradice and Martin Price, *Coinage in the Greek World*, p. 116；Margarete Bieber, "The Portraits of Alexander,"*Greece and Rome*, 2nd Ser. ，Vol. 12，No. 2，Alexander the Great（Oct. 1965），p. 185，Fig. 12.

③ Ian Carradice and Martin Price, *Coinage in the Greek World*, p. 120；Margarete Bieber, "The Portraits of Alexander,"*Greece and Rome*, 2nd Ser. ，Vol. 12，No. 2，p. 186，Fig. 13a.

④ Josef Wiesehofer, *Ancient Persia：From 550BC to 650AD*, p. 128.

"正义者"（ΔΙΚΑΙΟΥ）、"神显者"（ΕΠΙΦΑΝΟΥΣ）、"爱希腊者"（ΦΙΛΕΛΛΗΝΟΣ）①等。但值得注意的是，这些铭文中并无正面在位国王的名字，从而给后人增加了辨认的困难。在四德拉克马币上还有造币年代和月份的标记，以塞琉古纪年的开始——公元前312 年来计算。② 前述张骞对安息（帕提亚）钱币的介绍虽然简单，寥寥数语，但其基本特征完全可以得到考古学、古钱币学的证实。张骞所闻所见的这种钱币一定是希腊式的钱币，这也是当时当地唯一通行的货币。后来由月氏人建立的贵霜王国也采用了这种钱币的样式。《汉书·西域传》中在记述罽宾、乌弋山离、安息、大月氏时，仍提到了类似的钱币，充分说明了希腊式钱币影响范围的扩大和持久。可以说，关于安息钱币的描述是张骞带回中原的最确切无疑的希腊化文化信息。

此外，在关于安息的报告中，张骞还带回了一则非常重要但又长期以来不为人所注意的与希腊化文化有关的信息，即安息人"画革旁行以为书记"。以皮革作为书写的材料，据考证，在埃及第四王朝法老时期（约公元前 2750 年）就已开始使用③，如用于墓中的陪葬品"死人书"。希罗多德在《历史》中也说过，希腊的爱奥尼亚人在未得到埃及的纸草纸以前，是在山羊和绵羊的皮子上书写的，并说甚至在他的时代，还有许多外国人是在这样的皮子上写字的。④ 可见，用皮革作为书写材料由来已久。但后来的羊皮纸（希腊文 πεγαμηνη；拉丁文 pergamena；英文 parchment）一词却来自小亚的另外一个希腊化王国的国名帕加马（Pergamum）。据说，为了打破托勒密埃及对纸草纸出口的封锁，帕加马的国王欧墨涅斯二世（Eumenes II，公元前 197 年即位，死于公元前 160 或 159 年）创制出了羊皮纸。⑤ 但实际上，可能是

---

① 关于帕提亚钱币上的希腊语铭文，详见 http://www.parthia.com/parthia_inscriptions.htm# Greek；http://www.parthia.com/scripts/url.asp. 这些铭文的语法多为属格。

② 关于此类希腊式钱币，国外各大博物馆和私人收藏为数颇丰，钱币学家、历史学家甚至可以据此复原各地王朝的世系。详见相关网站的实物图像资料：http://parthia.com/parthia_coins.htm；http://www.grifterrec.com/coins/coins.html.

③ Meir Bar-Ilan，PARCHMENT，http://faculty.biu.ac.il/~ barilm/parchmen.htm.

④ Herodotus，The Histories，5.58；[古希腊]希罗多德著，王以铸译：《历史》，第 370 页。

⑤ Pliny，Natural History，13.21.

帕加马人改进了以前的工序，造出了另外一种光滑洁白、可双面书写的皮革纸。安息与小亚和塞琉古王国相邻，首先得到这种羊皮纸也有可能。20世纪考古学者在阿伊·哈努姆遗址内发现了书写有希腊诗文的羊皮纸的遗迹①，在另外一地还发现了一张属于巴克特里亚希腊人王国时期（约公元前180—前160年）Asangorna城的希腊语羊皮纸收据②，证明羊皮纸也早已传入张骞所亲临的大夏。因此，张骞有可能亲眼看到了这种羊皮纸以及上面从左向右横写的文字，并对此大感惊讶。因为当时中原还是用竹简作为书写材料，且是上下竖写。此外，这些书写于帕提亚（安息）羊皮纸上的文字也有可能是希腊语，这是当时希腊化各地通行的语言，也是帕提亚上流社会的时髦语言。司马迁在《大宛列传》中曾说到，"自大宛以西至安息，国虽颇异言，然大同俗，相知言"。这相互知晓的语言大概除了当地原来的伊朗语之外，还应该包括这种通用希腊语（κοινή，common tongue）。③ 张骞应该是亲耳听到过这种语言的，不然怎么会将βοτρυς（botrus）音译成"蒲陶"呢？

应该说，张骞确实进入了一个和中原汉地完全不同的文化环境之中。他的所见所闻，确实包含着希腊化文化的信息。从这个意义上看，张骞不仅是出使西域、由中原走向世界的第一人，而且是把希腊化文化信息带回中原的第一人。他的西域凿空与亚历山大的东征，从不同的方向沟通了欧亚大陆古代诸文明之间的文化交流和经济联系。从此，中国的丝绸、漆器、铁器（Seric iron，实则钢铁合成的制品，包括炼钢术）、皮制品，甚至杏树、桃树的种植术都开始向西传

---

① 参见 Josef Wiesehofer，Ancient Persia：From 550BC to 650AD，p. 114；Frank L. Holt，Into the Land of Bones：Alexander the Great in Afghanistan，p. 160.

② Frank L. Holt，Thundering Zeus：The Making of Hellenistic Bactria，Berkeley：University of California Press，1999，p. 176.

③ 参见 W. W. Tarn，"Notes on Hellenism in Bactria and India，"The Journal of Hellenic Studies，Vol. 22，1902，p. 278. 他在肯定伊朗语是当地流行语言的同时，也提到了希腊语在城市中的使用，但他认为无据可证。这种情况在其后一个世纪以来的考古发掘资料中已得到有力的证实，如希腊语的钱币、铭文、羊皮纸、纸草纸文献残片等。

去，有的很快就传到了罗马。① 而西域的各种特产、奇物、乐舞、宗教也源源不断地传入中原。其中最具有希腊化文化明显特征的就是融佛教精神和希腊造型艺术为一体的印度犍陀罗艺术。这是继张骞之后通过丝绸之路传入中原的唯一的、也是最可以明确辨认的希腊化文化信息。

综上所述，丝绸之路的开通，既要归功于中国方面汉武帝的经略西域，张骞的万里凿空，也与希腊方面亚历山大东征以及希腊化世界的形成密切相关。正是这种中希方面的相向而进才"无心插柳柳成荫"，最终贯通了这条连接中西、影响深远的千年之路。

（原载《历史研究》2007 年第 4 期，略有补充改动）

---

① 参见《史记·大宛列传》，第 3174 页；Pliny, Natural History, 34. 145. 来自中国的丝绸实物残片已在公元 1 至 3 世纪的叙利亚帕尔米拉古城遗址中发现。见美国斯坦福大学教授 Albert E. Dien 在《丝绸之路》(The Silk Road) 2004 年第 2 卷上发表的 Palmyra as a Cara-van City 一文。(http://www.silk-road.com/newsletter/2004vol2num1/Palmyra.htm)，也可参见 Josef Wiesehofer, Ancient Persia: From 550BC to 650AD, p. 147.

第二章 两汉中印关系与丝路南道的开通

古代中国与印度何时开始发生关系，又通过何种方式发生关系，确实是个老问题。季羡林先生曾对此做过比较详密的考证，在他看来，至少在孔雀王朝建立时，专指中国的"Cina"（脂那、支那）和"中国丝"之意的复合词"cinapatta"已经在印度出现。[①] 可见在公元前 4 世纪与前 3 世纪之交，中国及其特产"丝"已经被印度人所知晓。但中国方面对印度的了解始于何时呢？除了佛教文献中的夸大讹传之词以外[②]，真正有根有据的记载实际上始于汉代张骞通西域之时。虽然张骞本人没有到过印度，但他曾派使者出使身毒。在他之后的两个世纪内，印度西北部的罽宾、高附、天竺以及与之相邻的乌弋山离和其后征服印度的贵霜（月氏）先后与汉代中国发生了这样或那样的直接联系。它们中的大部分曾经是亚历山大的征服之地，也是印度—希腊人的长期控制之地。因此，两汉中印关系实际上也包括了中国和当时尚存的印度—希腊人小王国的关系，中国使者、商人、佛僧在此地有可能接触到远东希腊化文明的遗产。丝路南道的开通和

---

① 参见季羡林：《中印文化关系史论文集》，生活·读书·新知三联书店，1982 年，第 74—78、113—114 页。

② 汤用彤先生认为，佛教的真正传入，始于东汉永平求法。关于此前的种种说法，均为后世"转相滋益，揣测附会"，均为无稽之谈。详见汤用彤：《汉魏两晋南北朝佛教史》，北京大学出版社，1991 年，第 3—22 页。

发展是中印两大文明接触、交往的结果和见证，当道的那些印度—希腊人王国无疑也发挥了一定的作用。虽然有关的记载在《史记》的《大宛列传》和《汉书》与《后汉书》的《西域传》中多有反映，但它们往往语焉不详。如何揭开汉代中印关系史上的种种谜团，仅仅依靠汉文记载显然难有大的突破。近代以来西方汉学家利用其语言优势，确实在人名、地名的考订上很有贡献，但涉及复杂的中国历史背景和艰深的古汉语文献，他们也有力不从心之处，甚至以讹传讹。笔者试图借助西方古典文献中有限的证据和新的考古资料，以及近年来国际学术界的最新研究成果，对两汉三史中所反映的中印关系，尤其是与印度—希腊人及其遗产有关的信息做出进一步的证实和解读。

第一节　《史记》《汉书》中的中印关系

《史记·大宛列传》中有关"身毒"的传闻应是中国史书中对印度的最早记载。在张骞向汉武帝汇报他耳闻目睹的诸国中，他没有单独介绍身毒，但却向汉武帝提到，他在大夏惊讶地发现了来自中国蜀地的"邛竹杖"和"蜀布"。问从何而来，答曰身毒。他借大夏人之口，对身毒做了简单描述："身毒在大夏东南可数千里。其俗土著，大与大夏同，而卑湿暑热云。其人民乘象以战，其国临大水焉。"[1]这里的介绍与前面对大宛、大月氏、安息、条枝、大夏的记载不大相同：其一，是间接而为，说明只是偶尔传闻所知；其二，内容简单，只提到其大致方位、民俗。但其他的内容却真实地反映了印度的特征：气候湿热，产大象，有大河为界。大河当指印度河。既然蜀物是经身毒而来，那就意味着身毒与蜀地之间可通。根据张骞的建议，汉武帝令他在蜀地犍为郡发四道使者，欲通西南夷，由此进入身毒，但均无果而还。但张骞并没有放弃通身毒的想法，他在第二次西域之行时，坐镇乌孙，派遣副使到包括身毒在内的西域诸国。[2] 张骞之后，汉武帝为了扩大在西域的影响，更是多次派遣汉使到身毒。[3] 可见，至少在汉武帝之世，中国和身毒已经发生了直接的接触。张骞二次出使西域时，

---

① 《史记·大宛列传》，第3166页。
② 《史记·大宛列传》，第3169页。
③ 《史记·大宛列传》，第3170页。

就派遣副使前往身毒,但身毒的使者是否来朝奉献,《史记》中记载并不明确。"其后岁余,骞所遣使通大夏之属者皆颇与其人俱来,于是西北国始通于汉矣"①,不知这些大夏之属者中有无身毒,来人中有无身毒人。而且"西北国"是否包括身毒,从地理方位上看也似有疑问。《史记》完成于公元前 91 年,此后直到班固之时,中国与身毒有无来往就不得而知了。

班固(公元 32—92 年)的《汉书·西域传》可以说是司马迁《史记·大宛列传》的延续和补充。班固的弟弟班超经营西域三十一年,应该给班固提供了不少西域方面的第一手资料。在他的笔下,身毒消失了,葱岭之外的印度出现了一个新的国家——罽宾。该传对罽宾的记载极为详细,其中包含了对其国都、方位、人种、地理、气候、物产、建筑、织造、饮食、市场、钱币、家畜、奇物等方面的介绍。此外还特别对罽宾与汉廷的政治外交关系做了重点梳理。②

司马迁对罽宾没有记载,说明至少在《史记》完成时,中国方面对它还知之甚少,甚至无从知晓。罽宾与汉廷之关系,始于武帝(公元前 141—前 87 年在位),几经反复,大致可分为四个阶段。

罽宾王乌头劳之时:自以绝远,数次剽杀汉使。

乌头劳之子之时:愿意修好,遣使贡献,汉关都尉文忠受命送还其使。但该王欲加害文忠,文忠发觉,与容屈王子阴末赴合谋,攻罽宾,杀其王。立阴末赴为罽宾王,授印绶。

阴末赴之时:拘禁汉使军侯赵德,杀副使以下七十余人,然后遣使谢。元帝(公元前 48—前 33 年在位)因其绝远,遣其使者于悬度,断绝关系。

汉成帝(公元前 32—前 7 年在位)之时:罽宾复遣使者来献谢罪,但仍因绝远,道路艰难,其归属与汉无直接利害关系而谢绝。汉廷送其使节到皮山而还。其实,罽宾人通汉的根本目的是获得赏赐和与中国从事商贸的机会("实利赏赐贾市")。因此,后来虽无政治从属关系,但其使仍数年一至。

《汉书·西域传》记载了罽宾的一个属国——难兜国。此国"王

---

① 《史记·大宛列传》,第 3169 页。
② 《汉书·西域传》,中华书局,1962 年,第 3884—3887 页。

治去长安万一百五十里。东北至都护治所二千八百五十里，西至无雷三百四十里，西南至罽宾三百三十里，南与婼羌、北与休循、西与大月氏接。种五谷、蒲陶诸果。有银铜铁，作兵与诸国同"。① 在罽宾东北方向 330 里（约合今 130 公里），应该不算遥远。位置大致在罽宾与大月氏接壤之地，可能是一葱岭绿洲国家。出产与罽宾相似，可种五谷，可产葡萄瓜果，也有金银铜铁，可以铸造兵器，无疑也可打造钱币。既然归属罽宾，大概也用罽宾钱币。此处虽然没有提到难兜的东邻，但在对乌秅国的介绍中却说它西邻难兜。难兜之东即乌秅可证。

据《汉书·西域传》，"乌秅国，王治乌秅城，去长安九千九百五十里……东北至都护治所四千八百九十二里，北与子合、蒲犁，西与难兜接。山居，田石间。有白草。累石为室。民接手饮。出小步马，有驴无牛。其西则有縣度，去阳关五千八百八十八里，去都护治所五千二（百）〔十〕里。縣度者，石山也，溪谷不通，以绳索相引而度云。"② 这个乌秅显然是个山区之国，很可能位于现在中巴边境巴基斯坦一侧的罕萨地区（Hunza）。③ Hunza 或与乌秅古代读音相近（据唐颜师古注，乌音古读一加反，秅音直加反）。④ 乌秅之西数百里，就是縣度。这个"縣"就是古代的"懸"，縣度是"悬绳而度"的意思，现代汉语写为"悬度"。而悬度是丝路南道通往罽宾的必经之地。正是由于悬度路程艰险，难以通行，所以汉廷往往送其使者至悬度而还。罽宾也借此天险之利，多次杀辱汉使，"自知绝远，兵不至也"。汉成帝时，大臣杜钦力劝与罽宾断绝关系，也是以此为理由，"今縣度之厄，非罽宾所能越也。其乡慕，不足以安西域，虽不附，不能危城郭"。⑤ "縣度"应是丝路南道最艰难的一段，大概即今中巴公路从红其拉甫山口经 Hunza 到吉尔吉特（Gilgit）这一段。

《汉书·西域传》在紧接罽宾之后，提到了另外一个与其西邻的

---

① 《汉书·西域传》，第 3884 页

② 《汉书·西域传》，第 3882 页。

③ 余太山：《两汉魏晋南北朝正史西域传要注》，中华书局，2005 年，第 98 页。

④ 《汉书·西域传》，第 3882 页。

⑤ 《汉书·西域传》，第 3886—3887 页。

国家——乌弋山离。① 该国与罽宾的不同之处在于后者的气候可能更热一些(地暑热莽平),有"桃拔、师子、犀牛"等特产。钱币亦不同,"其钱独文为人头,幕为骑马"。此地是丝路南道的终点。"绝远,汉使希至。自玉门、阳关出南道,历鄯善而南行,至乌弋山离,南道极矣。"据其四至,一般认为是今日阿富汗喀布尔以南和伊朗西南部以塞斯坦(Seistan)、坎大哈为中心的地区,即古代的阿拉科西亚(Arachocia)和塞斯坦。此地在古代史上,也可归入一般意义上的印度西北部。

从罽宾及其属国"难兜"以及东西相邻地区乌秅、縣度和乌弋山离的大致方位来看,它们皆可归为古代印度或身毒的一部分。《汉书·西域传》不提身毒,大概是把罽宾之属视为它的替代。至于此传中偶尔提及的那个位于疏勒西北方向的塞种国家"捐毒"②,尽管"捐毒"古通"身毒",但此"捐毒"显然不是《史记·大宛列传》中那个临水之大国"身毒"。乌秅、縣度都在葱岭之中,是从塔里木盆地抵达罽宾的必经之地。《汉书·西域传》对罽宾、乌弋山离、乌秅、縣度的记载之所以如此详细,应归因于它们与汉廷的直接关系。罽宾虽然时绝时通,但它一度接受汉廷的印绶,应该说也是汉帝国的属国之一。正是由于汉廷与这些沿路国家和地区建立了不同程度的外交关系,丝路南道得以开通,从而大大加强了古代印度与中国的联系,为后来佛教的传入和贵霜—印度文化进入塔里木盆地奠定了基础。

第二节　《后汉书》中的中印关系

东汉时期,由于贵霜帝国的建立和海上丝路的逐渐开通,中国与印度交往的范围扩大了,印度文化对中国的影响加深了。交流的方式由原来的单向转为双向,交往的途径也由陆路变为海陆并行。这一切都在范晔的《后汉书》,尤其是在《西域传》《班超传》中得到了反映。《后汉书·西域传》记载的是东汉建武以后西域诸国的情况,材料主要来自班超之子班勇。③ 班勇子承父业,曾在延光二年(公元

---

① 关于该国的记载,详见《汉书·西域传》,第3888—3889页。
② 《汉书·西域传》,第3884页。
③ 《后汉书·西域传》,第2912—2913页。

123 年)到永建二年(公元 127 年)担任西域长史。他对西域的了解既有其父亲的遗教，也有本身的观察以及各方的传闻，属于耳闻目睹的第一手资料，可信度较高。其中关于汉地与印度诸国的关系，由于其父班超是主要的当事人，更为详实可靠。根据《后汉书·西域传》，与东汉王朝有外交关系的印度国家主要是大月氏、高附、天竺三地。

此时(灭大夏之后"百余岁")的大月氏已经由五部翖侯之一的贵霜所统一。贵霜开国君主丘就却"侵安息，取高附地，又灭濮达、罽宾，悉有其国"。贵霜帝国的版图扩至印度西北部。丘就却死后，其子阎膏珍代为王。复灭天竺，置将一人监领之。

高附是一个新出现的国家，"在大月氏西南，亦大国也。其俗似天竺，而弱，易服。善贾贩，内富于财。所属无常，天竺、罽宾、安息三国强则得之，弱则失之，而未尝属月氏……后属安息。及月氏破安息，始得高附。"高附位于天竺、罽宾、安息之间，大月氏西南，与《史记》中"身毒"处于同一方位，应在兴都库什山以南，与原来的罽宾相邻。安息盛时，曾扩张至兴都库什山以南至阿拉科西亚一带。高附与喀布尔(Kabul)发音相近，似乎应是以今喀布尔为中心的地区。[①]虽然《汉书·西域传》未有提及，但它所说的乌弋山离似乎应该包括此地。该地是亚历山大进入印度的必经之地，先后受孔雀帝国、巴克特里亚希腊人王国、印度—希腊人王国和印度—斯基泰人王国统治，也一度受帕提亚人控制，是安息的属地。所以月氏只有破安息后才能取得高附。

至于天竺，方位与司马迁笔下的身毒相似。它位于月氏东南数千里，"俗与月氏同，而卑湿暑热。其国临大水。乘象而战"[②]，应在

---

① 喀布尔是印度的一个古老地名，在《梨俱吠陀》中就已出现。其名 Kabul 可能来自梵语的 Kamboja(Kamboj)。一些古典作品中称其为"Kophes or Kophene"。见 http://en. wikipedia. org/wiki/Kabul# Antiquity(2013/3/14). 此发音与汉语的"高附"(Kaofu, Gaofu)相近。汉语古无轻唇音，"附"fu 可读为"bu"，"高附"也可读为"Gaobu, Kaobu"，因此将高附比定于兴都库什山以南的喀布尔河流域地区还是比较可行的。

② 此处沿袭张骞说，但大夏改为月氏，因大夏已被月氏所灭。

古代印度境内。天竺是一大国,西邻月氏、高附,南至海,东至磐起国。[①] 未提到北邻,但显然是指帕米尔以东的中国西域都护辖地。因非外国,不必提及。天竺(身毒)"有别城数百,城置长。别国数十,国置王。虽各小异,而俱以身毒为名,其时皆属月氏。月氏杀其王而置将,令统其人"。[②] 罽宾当不是此别国之一,应是一独立国家,如在前汉之时。它曾与天竺、安息争夺高附,但终被月氏所征服。天竺、罽宾、高附最终皆归于贵霜。对于东汉时期中国西域的官员而言,贵霜(大月氏)就是原来的身毒、罽宾之地新的统治者。身毒(天竺)在《汉书·西域传》未出现,大概是当时的西汉政府只和罽宾发生了外交关系而忽略了它的存在。此时出现,是因为贵霜征服其地,且与中国的西域发生了关系,所以顺便对贵霜征服的身毒加以说明。身毒既然有"别国数十",其地理意义大概要超过其政治含义。身毒应是印度诸国的一个统称,是虚称,而非实国。

但《后汉书》中关于天竺的记载,还是提供了许多重要的、有迹可查的信息。

它首次提到佛教在印度的流行:"修浮图道,不杀伐,遂以成俗。"[③]佛教的发祥地在印度的恒河流域,在孔雀王朝阿育王之时已传入包括今阿富汗南部在内的印度西北部。佛教戒杀生,阿育王接受佛教后,对以前的征服杀伐行为极为懊悔,不仅在国内到处勒石刻铭,宣扬佛法,以正法治国,而且派出传教僧团远到东地中海的五个希腊化王国或地区去弘扬佛法。[④] 尽管结果不详,但其精神可嘉。为使印度境内滞留的希腊人能够接受佛教,他甚至命人将其宣扬佛

---

① "磐起国"的方位说法颇多,印度学者穆克吉(Mukherjee)主张在印度河下游东部或者在东信德附近。沙畹认为是指印度南端的 Pandya 王国。希尔(Hill)倾向于在孟加拉或印度河口;国内余太山说位于今缅甸。窃以为,既然是"东至磐起国,皆身毒之地",恒河中游的 Panchalas 也有可能。各家说法参见:J. E. Hill, *Through the Jade Gate to Rome: A Study of the Silk Routes during the Later Han Dynasty 1st to 2nd Centuries CE*, Lexington KY, 2010, pp. 359-260;余太山:《两汉魏晋南北朝正史西域传要注》,第 288 页。Panchalas 的方位见 W. W. Tarn, *The Greeks in Bactria and India*, Map 2.

② 《后汉书·西域传》,第 2921 页。

③ 《后汉书·西域传》,第 2921 页。

④ Ven. S. Dhammika, *The Edicts of King Ashoka*, Kandy, Sri Lanka:Buddhist Publication Society (The Wheel Publication No. 386/387), 1993, "the Fourteen Rock Edicts": No. 13.

法的诏令用希腊语译出发布。[①] 到公元前后贵霜人统治之时，佛教再次得到弘扬，犍陀罗艺术迅速兴起。因此，这里所反映的应是佛教在印度广泛传播、深入人心的实际情况。汉明帝永平年间（公元58—75 年）"遣使天竺问佛道法"就是在这样的背景下产生的。佛教传入中土，当然非明帝为始。汉哀帝时（元寿元年，公元前 2 年），"博士弟子景卢受大月氏王使伊存口授浮屠经"。[②] 楚王英（与明帝同为光武帝刘秀之子）曾"学为浮屠斋戒祭祀"[③]，由于他"始信其术，中国因此颇有奉其道者"。[④] 明帝夜梦金人，以问群臣，有大臣（傅毅）向他介绍"西方有神，名曰佛"[⑤]，说明中原内地对佛教已有所知晓。关于永平求法，汤用彤先生有详细考证。他认为大致可信，应有其事。[⑥]

东汉和帝（公元 88—105 年在位）时，天竺数遣使贡献。后因西域反叛而绝。桓帝（公元 146—167 年在位）时，多次从日南徼外来献[⑦]，与海上前来的大秦商人大约同时（桓帝延熹九年，公元 166 年）。[⑧] 此时的天竺商人或从印度的恒河口、印度河口或南部港口起航。可见，由埃及、印度到中国的海上丝绸之路最迟在公元 2 世纪中期就已经开通。

贵霜取得高附、罽宾、天竺（身毒）之后，势力达到极盛，成为中亚、南亚地区可与东汉帝国抗衡的大国，同时也就自然与汉朝发生了密切的接触。班超在西域期间，除了设法控制、羁縻葱岭以东的西域

---

① 这些希腊语石刻诏令发现于今阿富汗的坎大哈。见 Mortimer Wheeler, *Flames over Persepolis*, pp. 65-69；Susan Sherwin-White and Amelie Kuhrt, *From Samarkand to Sardis: A New Approach to the Seleucid Empire*, pp. 101-102. 其 一 英 译 文 见 S. M. Burstein, *The Hellenistic Age from the Battle of Ipsos to the Death of Kleopatra VII*, Cambridge: Cambridge University Press, 1985, pp. 67-68.

② 见《三国志·魏书·乌丸鲜卑东夷传》，裴松之注引鱼豢《魏略·西戎传》，中华书局，1982 年，第 859 页。

③ 《后汉书·光武十王列传》"楚王英"，第 1428 页。

④ 《后汉书·西域传》，第 2922 页。

⑤ 《后汉书·西域传》，第 2922 页。

⑥ 汤用彤：《汉魏两晋南北朝佛教史》，第 3—22 页。

⑦ 《后汉书·西域传》，第 2922 页。从日南徼外来中国发生于东汉桓帝延熹二年（公元 159 年）、四年（公元 161 年）。

⑧ 《后汉书·西域传》，第 2920 页。

诸国,遏制匈奴势力的渗入之外,就是对付贵霜的介入。《后汉书·班超传》中详细记述了班超与贵霜的交往与抗衡。

班超与贵霜的关系,实则利用与被利用的关系,双方都没有多少诚信可言。贵霜建国之初,还是愿意和汉朝建立友好关系。章帝建初三年(公元 78 年),班超曾上疏说,"今拘弥、莎车、疏勒、月氏、乌孙、康居复愿归附"。章帝元和元年(公元 84 年),班超攻打疏勒王忠,康居派兵救援。由于月氏当时刚与康居联姻,班超就派使者带着大批丝绸给月氏王,求其转告康居王勿进兵。月氏果然出手帮忙,劝退康居兵。班超遂攻克疏勒王固守的乌即城。此为汉廷与月氏的合作。此前,月氏还帮助汉军攻打过车师,但具体时间不详。章帝章和二年(公元 88 年),月氏遣使贡奉珍宝、符拔、狮子,向汉公主求婚。班超谢绝,并拒还其使,由此引起月氏怨恨。和帝永元二年(公元 90 年),月氏派遣一位名为"谢"的副王率兵七万攻打班超。班超知其越葱岭千里而来,难以持久,故据城坚守,以逸待劳,并在中途截杀了向龟兹求援的月氏使者。谢王大惊,遣使请罪,愿得生归。班超允准,月氏大兵退回。从此慑于大汉雄威,岁奉贡献。这是目前所知月氏大兵翻越葱岭侵入塔里木盆地的唯一记载,说明当时月氏与东汉政府的关系依双方在此地的实力而定。[①]

需要说明的是,天竺虽被月氏(贵霜)所灭,但月氏显然未能占领天竺全境,所以和帝时还能独立遣使来献,桓帝时也有海上来献。但是否商人诈称(像大秦商人那样自称是安敦王所遣[②])不得而知。月氏的统治区域显然是在古代印度西北部,以犍陀罗为中心。贵霜统治之地大致上是原来巴克特里亚希腊人、印度—希腊人以及随后而来的印度—斯基泰人和印度—帕提亚人的故地,贵霜王朝文化具有强烈的多元性特征应该与此有关。

第三节　印度与西方古典资料的佐证

众所周知,印度没有留下像中国正史那样系统的历史记载。但

---

① 《后汉书·班梁列传》,第 1575—1580 页。
② 《后汉书·西域传》,第 2920 页。大秦,学术界一般将其比定为罗马帝国;安敦一般比定为当时在位的罗马皇帝 Marcus Aurelius Antoninus(AD. 161-180)。

这并不是说，印度的古代文献中没有历史信息的反映。近代以来，经过国际上，包括印度本土学者在内的几代学者的努力，古代印度的历史还是越来越清晰地显示出其基本的轮廓和发展的路径。而且就两汉时期的印度而言，由于有钱币、碑铭资料和西方古典文献的参照，它的历史面貌要更为清晰一些。

这一段的印度历史是与一位远道而来的不速之客，即希腊—马其顿的亚历山大分不开的。他率军于公元前 327 年侵入印度西北部，前 325 年离开。之后，印度孔雀王朝（约公元前 321—前 185 年）崛起。公元前 305 年，已经成为亚洲主人的亚历山大的部将塞琉古一世，从巴克特里亚越过兴都库什山，试图收复原来亚历山大帝国的属地，但中途而返。① 但对印度的放弃并不意味着希腊人的完全撤离。由于巴克特里亚希腊人王国的存在，希腊人与印度的联系并未中断。相反有不少的希腊人定居于印度，以至于阿育王（Ashoka，约公元前 273—前 232 年在位）在刻石勒铭弘扬佛法时，也没有忘记用希腊语向这批希腊人传教。公元前 250 年左右，巴克特里亚的希腊人总督狄奥多托斯（Diodotus）独立建国，大约与此同时，帕提亚人也宣告独立。塞琉古王国的国王安条克三世挥师东进，先后进入帕提亚和巴克特里亚境内，并于公元前 206 年再次进入印度宣示主权，但同样无功而返。② 此时，统治巴克特里亚的希腊人王朝已经易主，取而代之的是欧泰德姆斯（Euthydemus）家族。据斯特拉波，在此人及其儿子德米特里（Demetrius）统治之时（约公元前 2 世纪初），巴克特里亚的希腊人侵入印度，不仅攻占了原来亚历山大征服过的印度河流域，甚至还有可能向恒河流域进发。③ 他们还一度向巴克特里亚以东的 Seres 和 Phryni 扩张。④ 如果此说属实，他们很可能进入了塔

---

① 据说是塞琉古一世与孔雀王朝达成协议，双方联姻，放弃了对印度的领土要求，孔雀王朝则送给他 500 头大象作为回报。Strabo, Geography, 15. 2. 9.

② 据说，安条克三世仅在一位印度王公那里获得 150 头大象和一些金银财宝。Polybius, The Histories, 11. 34, with an English translation by W. R. Paton, Cambridge, Mass.: Harvard University Press, 1922.

③ Strabo, Geography, 11. 11. 1.

④ Strabo, Geography, 11. 11. 1.

里木盆地。德米特里甚至获得了"印度王"的称号。[①] 他的钱币上的头像戴上了表示印度的大象头皮盔。这是继亚历山大之后出现的第二位戴此类头盔的希腊人国王。[②] 印度西北部从此成了巴克特里亚希腊人王国的一部分。公元前 170 年左右，巴克特里亚的欧泰德姆斯家族被另外一个名为欧克拉提德（Eucratides，约公元前170—前 145 年在位）的希腊人所取代。此人也曾向印度进军[③]，大概目的是征服那些仍然忠于欧泰德姆斯家族的将领。这些将领早就开始割据称王，这从他们独立发行的有国王本人头像的钱币就可以看出。根据法国钱币学家波比拉赫奇的研究，在从今日阿富汗南部到印度的旁遮普地区，都有印度—希腊人国王在统治。其中最有名的是米南德（Menander，约公元前 165/155—前 130 年在位）。他在势力全盛时几乎占领了整个印度西北部。[④] 他的大本营应该是在犍陀罗地区。[⑤] 张骞大约是在公元前 128 年左右抵达大夏，他所耳闻的"临大水"之国"身毒"应该就是米南德王国全盛时期的印度西北部。

　　大约在米南德在位之时，巴克特里亚的欧克拉提德王朝受到来自北方游牧部落南下的威胁。根据西方古典作家斯特拉波的说法，从希腊人手中夺取巴克特里亚的游牧民族是来自锡尔河北岸与萨迦人（the Sacae）和索格底亚那人相邻的地区的四个最著名部落，他们是 Asii、Pasiana、Tochari、Sacarauli。根据《史记·大宛列传》的记载，是来自中国敦煌、祁连山一带的大月氏部落辗转迁徙至阿姆河北岸，臣服了"大夏"即巴克特里亚。有学者认为大月氏就是四部落之一的

---

　　① Marcus Junianus Justinus，*Epitome of Pompeius Trogus' "Philippic Histories"*，41. 6. 4，translated，with notes，by Rev. J. S. Watson，London，1853. 这个 Demetrius 是一世还是二世学术界仍有争论，但 Eucratides 遭到来自一位印度国王"Demetrius"的长期围攻有明确的记载。（Ibid. ）

　　② Osmund Bopearachchi，*Monnaies gréco-bactriennes et indo-grecques*，Catalogue raisonné，PL. 4（Demetrios Ⅰ，Série 1）；I. Carradice，M. Price，*Coinage in the Greek World*，p. 116；M. Bieber，"The Portraits of Alexander，"*Greece and Rome*，2nd Ser. ，Vol. 12，No. 2，p. 185.

　　③ Marcus Junianus Justinus，*Epitome of Pompeius Trogus' "Philippic Histories"*，41. 6. 1-5.

　　④ Osmund Bopearachchi，*Monnaies gréco-bactriennes et indo-grecques*，Catalogue raisonné，p. 453.

　　⑤ Plutarch，"Precepts of Statecraft，"*Moralia*，821D-E.

吐火罗人——"Tochari"。① 但游牧民族对此地的占领似乎经历了一个较长的过程。在游牧民族的冲击下，大约在公元前 145 年，欧克拉提德家族退至东面的巴达赫尚山区（Badakhshan），偏安一隅。原来的大部分国土沦为大月氏的藩属。各地"无大君长，往往城邑置小长。其兵弱，畏战"②，这就是张骞当时所看到的大夏（巴克特里亚）。也就是在这里，张骞见到了来自中国蜀地的竹杖和布，听到了关于身毒的传言。应该说，此时的张骞对印度的了解是肤浅的，但关于其地理、气候、出产等方面的特征还是比较准确的。

　　大约在米南德之后不久，印度就迎来了两次大的外来民族入侵浪潮。一次是所谓的印度—斯基泰人（Indo-Scythians）或曰"塞人"，一次是所谓的"印度—帕提亚人"（Indo-Parthians）。关于塞人南下印度，《汉书·西域传》中有记载。他们可能与波斯帝国时期的萨迦人（Sakas）有渊源关系，活动于里海以东直到今日新疆伊犁一带。③ 公元前 2 世纪前半期，这批塞人受到大月氏迁徙的影响，被迫南迁，一部分可能经锡尔河南下索格底亚那（Sogdiana），再经巴克特里亚，最后定居于现在伊朗东南部的塞斯坦地区。这批塞人可能就是斯特拉波所说灭亡了巴克特里亚希腊人王国的北方四部落之一的 Sacarauli 人。④ 他们的南下无疑给了巴克特里亚希腊人王国致命的一击。张骞所见证的大月氏应该是尾随其后而来。据中国方面记载，还有一批塞人向西南越悬度，进入印度的罽宾地区，这就是前面《汉书·西域传》中所说的罽宾。其余塞人小国则散居于葱岭之中。⑤

　　此传中关于罽宾与汉廷关系的几个关键人物引起了一些西方学者的注意。他们的观点在塔恩的《巴克特里亚和印度的希腊人》一书中得到了进一步的发挥。其一，所谓的罽宾国王"乌头劳"，并非他的

　　① A. K. Narain, The Indo-Greeks, p. 132. 塔恩认为，中国方面所说的月氏由 Asii 和 Tochari 二部合并而来，而且这种合并早在月氏人离开中国的甘肃时已经完成。W. W. Tarn, The Greeks in Bactria and India, pp. 286-287.

　　② 《史记·大宛列传》，第 3164 页。

　　③ 《汉书·西域传》，第 3901 页。

　　④ Machael Mitchiner, Indo-Greeks and Indo-Scythian Coinage, Vol. 5, London: Hawkins Publications, 1975-1976, pp. 391-393.

　　⑤ 《汉书·西域传》，第 3884、3901 页。

本名，他应是此地的塞人国王斯帕莱利斯（Spalyrios，Spalyrises），他曾在钱币上自称"国王的兄弟"（"αδελφου του βασιλεωs"）[①]。结果汉关都尉文忠把其中希腊语的"αδελφου"（"兄弟"）错译为国王之名，"乌头劳"的音译即由此而来。其二，文忠结盟的那位"容屈王子阴末赴"也与印度—希腊人有关。容屈是"Yonaki"的音译，意为"希腊城"。此城即 Alexanderia-kapisa 城。阴末赴就是这个希腊城主之子 Hermaeus（Hermaios）。[②] 一般认为，他是巴克特里亚希腊人欧克拉提德家族在印度西北部残留的最后一位国王。如果接受此论，那 Hermaeus 就成为历史上第一个，也是最后一个被中国中原王朝"授印绶"的希腊人了，希腊人的罽宾王国也就成了中国的藩属。但塔恩等的比附不仅在 20 世纪 50 年代就遭到另外一位著名学者纳拉因的断然否认[③]，而且也受到当代印度—希腊人钱币学家波比拉赫奇的反对。根据后者的研究，Hermaeus 的在位年代是公元前 90—前 70 年[④]，这样就与汉元帝（公元前 48—前 33 年在位）之时阴末赴"遣使者上书"的时间不符。但无论阴末赴是否 Hermaeus，公元前 1 世纪的中国西汉王朝与印度西北部的印度—希腊人肯定有过接触，此地的希腊化信息还是被较为清晰地传到了中国。《汉书·西域传》说，罽宾"民巧，雕文刻镂，治宫室，织罽，刺文绣"，似乎反映了希腊人的雕塑造型艺术和中国的丝绸织造技术在此地的流行。班固还注意到了罽宾钱币的特征，"以金银为钱，文为骑马，幕为人面"。[⑤] 这是比较典型的希腊式钱币，与曾经统治此地的印度—斯基泰人国王的钱币相似，其特征是"文为骑马"，幕为站立之希腊神，惟反面与班固的

---

①　此人在位时间大约是公元前 1 世纪中期，有公元前 60—前 57 年、前 50—前 47 年多说。可能曾担任过印度—斯基泰人国王 Vonones 的副王。钱币铭文见 R. C. Senior, Indo-Scythian Coins and History, Vol. II, Lancaster, PA: Classical Numismatic Group, 2001, p. 29 (69. 1-3).

②　见 W. W. Tarn, The Greeks in Bactria and India, pp. 339-342, 418.

③　但纳拉因并没有解决"阴末赴、乌头劳"的所指问题。见 A. K. Narain, The Indo-Greeks, pp. 154-155.

④　Osmund Bopearachchi, Monnaies gréco-bactriennes et indo-grecques, Catalogue raisonné, p. 453.

⑤　《汉书·西域传》，第 3885 页。

描述稍有不同。① 但不管怎样，印度西北部希腊式钱币的信息还是传到了中国。乌弋山离或是塞斯坦都城"Alexandria Prophthasia"的汉文音译。② 此地的钱币在班固看来也比较特殊："其钱独文为人头，幕为骑马。"③其实，这种钱币恰恰是巴克特里亚—印度—希腊人钱币的类型之一④，也是贵霜无名王（The Nemeless King）钱币的基本类型。⑤ 这说明班固的信息来源还是注意到了罽宾和乌弋山离钱币的不同。这些信息有可能来自与罽宾打交道的文忠等汉使者，也可能是驻守边境的将军带回来的。班固的弟弟班超在西域 30 年，他把有关贵霜及其以前的印度—斯基泰人的钱币信息传回内地也是可能

---

① 关于印度—斯基泰人钱币的基本特征，详见 R. C. Senior, *Indo-Scythian Coins and History*, Vol. II, pp. 1-122；上海博物馆编：《上海博物馆藏丝绸之路古代国家钱币》，第 194—204 页（No. 1111-1176）；李铁生编著：《古中亚币》，北京出版社，2008 年，第 118—127 页。关于贵霜无名王 Soter Megas 的钱币，国外的钱币网站收录颇多。上海博物馆也有收藏，见《上海博物馆藏丝绸之路古代国家钱币》，第 211—212 页（No. 1224-1229）。

② 孙毓棠：《安息与乌弋山离》，《文史》第 5 辑，中华书局，1978 年；余太山：《塞种史研究》，中国社会科学出版社，1992 年，第 168—171 页。

③ 《汉书·西域传》，第 3889 页。

④ 巴克特里亚希腊人国王欧克拉提德发行的"国王头（胸）像/狄俄斯库里兄弟"型钱币就是此类钱币的典型。见 Osmund Bopearachchi, *Monnaies gréco-bactriennes et indo-grecques, Catalogue raisonné*, pp. 16-22（Eucratides：Série 1-2, 4-8, 11, 19-21）。印度学者 Banerjee 就认为，这种钱币的信息在公元前 1 世纪传到了中国，并留下了记载。（Gauranganath Banerjee, *India as Known to the Ancient World*, Oxford University Press, 1921, p. 21.）但 Eucratides 是公元前 2 世纪前半期的巴克特里亚国王，与公元前 1 世纪后期的罽宾王不可混同。

⑤ 无名王钱币是贵霜钱币的一种，因其铭文没有国王名而得名。关于"无名王"的归属，学界过去常将其与贵霜第二王 Wima Takto 认同，但也有不同看法。详见本书第二编第六章。根据英国钱币学家克里布的最新研究结论，所谓的无名王"Soter Megas"钱币实际上是贵霜钱币的一种类型，始于第一位国王丘就却（Kujula Kadpheses，公元 50—90 年在位）统治后期，终于 Wima Takto 时期。依此结论，无名王作为一个历史人物并不存在。详见 Joe Cribb, "The Soter Megas Coins of the First and Second Kushan Kings, Kujula Kadphises and Wima Takto," *Gandhāran Studies*, Vol. 8, 2014, pp. 110-111. 克里布本来是无名王即 Wima Takto 认同的提出者，此文可视为对自己观点的修正。

的。① 但提供者似乎对各种钱币类型的归类和发行地、发行人还是不太清楚，所以才会有时间和空间的错位。

公元前 2 世纪后期和前 1 世纪，印度—希腊人王国分崩离析，各自为政。这给塞人的南下和东来，以及随后帕提亚人的侵入创造了有利的时机。当时的印度西北部，实际上成了三个外来民族的角逐之地。随着印度—希腊人势力的衰落以及本身印度化程度的加深，他们逐渐退出了历史舞台。取而代之的除了早就从悬度而来的罽宾之属外，还有从塞斯坦—阿拉科西亚（Seistan-Arachosia）西来的另外一支"印度—斯基泰人"。② 公元前 2 世纪末期，他们从伯朗关（Bolan Pass）进入信德地区，由南向北向东逐步推进，将印度—希腊人小王国压缩于西北部的一些地区。这时，帕提亚人的势力也扩张到了阿富汗和伊朗的西南部。当地的斯基泰人小王国也成了帕提亚的属国，但享有高度的自治。公元前 1 世纪末，这些帕提亚—斯基泰人也进入印度，夺取了对信德地区、印度河口的控制权，并占领了印度西北部的高附，将原来塞人的地盘纳入了自己的版图。他们就是历史上所称之的帕拉瓦人（Palava），即"印度—帕提亚人"（Indo-Parthians），他们在此地的统治大约延续到公元 1 世纪末。可惜的是，中国的记载却对这时印度的复杂政治格局缺乏明确的、及时的反映。但幸运的是，公元 1 世纪后期出现的由一位佚名希腊航海家兼商人所写的《厄立特里亚航海记》，却对这一时期的南亚次大陆的政治地理记述颇详。

根据他的记述，从波斯湾国家波西斯（Persis）往东前行，就进入了印度—帕提亚国王的统治区域，此地由西向东有两个地区，先是

---

① 根据《后汉书·班超传》，班超于汉明帝永平十六年（公元 73 年）使西域，到汉和帝永元十四年（公元 102 年）归来，先后达 30 个年头。班固（公元 32—92 年）在其父班彪建武三十年（公元 54 年）殁后就开始续写《汉书》，永平五年（公元 62 年）担任兰台令史，继续编史二十多年，直到章帝建初中叶。他生前并未完成全书，志表部分由其妹班昭和同乡马续补写（见《汉书》"出版说明"）。由此可见，《西域传》是经他之手完成的，他完全有可能从班超那里获得一些有关西域钱币的信息。

② 对于这一支印度—斯基泰人的迁徙，钱币学家西尼尔近年提出新的路线图，即他们直接从中亚南下，经巴克特拉、喀布尔进入犍陀罗地区。参见 R. C. Senior, Indo-Scythian Coins and History, Vol. I, Lancaster, PA: Classical Numismatic Group, 2001, p. 13（map 2）. 作为一说，本书第三编第九章第二节对此有所提及。

Parsidai 人之地，接着是斯基泰人（即 Saka 人）之地。后者的大致方位就是现在巴基斯坦的信德地区，印度河口的 Barbarikon 是当地的主要港口。其都城是内陆的 Minnagar（可能也是印度—帕提亚人的都城①）。从 Little Rann 和 Kurtch 湾起，进入作者所谓的印度本身。当时由 Saka 人（另外一部）实际统治。以前他们的王国包括从印度河三角洲东到乌贾因（Ujjain）的印度西北部，但被入侵的帕提亚人驱逐出印度河三角洲地区。他们向印度的西南方向转移，到达以孟买为中心的地区，原来此地的 Andhran 王国被迫向南退却。这个 Saka 王国拥有印度主要的港口 Barygaza（位于今坎贝湾），都城 Minnagara 位于其东北方向。Saka 人之北是贵霜人之地，即作者所说的巴克特里亚人之地。南面是强大的 Andhras，两国经常交战。Andhras 之南的半岛南部有三个大国，分别是 Chera、Pandya、Chola。前两个位于印度半岛的西南，后一个位于东南。恒河地区，也应有国家，但未说明。② 看来，《后汉书·西域传》所记天竺"有别城数百，城置长。别国数十，国置王"，确非虚饰之词。由此也可知，此时的贵霜人大概进入印度西北部不久。该作者提到北方的巴克特里亚而未明确提及贵霜（Kushan），或可为证。③

《后汉书·西域传》曾经介绍了天竺的出产与对外贸易："土出象、犀、玳瑁、金、银、铜、铁、铅、锡，西与大秦通，有大秦珍物。又有细布、好毾𣰆、诸香、石蜜、胡椒、姜、黑盐。"④但这些物产哪些是本地出产，哪些是外来"珍物"，似乎语焉不详。《厄立特里亚航海记》对于这一时期印度进出口物品记载颇详，可资比较。丝绸南路与海上国际贸易关系之紧密也由此可见一斑。

据该书第 6 节，印度的铁和钢、棉布都被贩运到了红海沿岸。据第 39 节，当时从埃及、阿拉伯运入印度河口 Barbaricum 地区的商品

---

① Lionel Casson，*Periplus Maris Erythraei: Text with Introduction*，*Translation and Commentary*，Princeton：Princeton University Press，1989，p. 185.

② Lionel Casson，*Periplus Maris Erythraei: Text with Introduction*，*Translation and Commentary*，pp. 46-47.

③ Lionel Casson，*Periplus Maris Erythraei: Text with Introduction*，*Translation and Commentary*，pp. 81（no. 47），91（no. 64）. 也不排除这两处提到的巴克特里亚、巴克特里亚人实际指的是占据此地的贵霜、贵霜人。

④ 《后汉书·西域传》，第 2921 页。

有：细布（thin clothing）、华丽的亚麻布（figured linens）、黄玉（topaz）、珊瑚（coral）、苏合香（storax）、乳香（frankincense）、玻璃器皿（vessels of glass）、金银盘（silver and gold plate）、葡萄酒（wine）。由此出口的物品有：香草（costus，又译"生姜"）、没药树脂（bdellium）、枸杞（lycium）、甘松香（nard）、绿松石（turquoise）、天青石（lapis lazuli）、中国皮革（Seric skins）、棉花布（cotton cloth）、丝线（silk yarn）、靛蓝色染料（indigo）。据第 49 节，当时输入印度 Barygaza 港（今布罗奇，Broach，位于坎贝湾）的外来物品包括：葡萄酒、铜、锡、铅、珊瑚、黄玉、细布、腰带、苏合香、草木樨（sweet clover）、无色玻璃、雄黄（realgar）、锑（antimony）、金银币、油膏。专卖国王的商品有：银器、歌童（singing boys）、少女、美酒、精品服装、上等的油膏。此地的出口物则有甘松油、没药树脂、象牙、玛瑙、红玉髓、枸杞（lycium）、各种棉布、丝绸、麻布、纱（yarn）、长辣椒等。据第 56 节，在印度西南端的 Muziris、Nelcynda 等城镇，出产胡椒、三条筋树叶（malabathrum）。进口物品有钱币、黄玉（topaz）、细布、华丽的亚麻布、锑、珊瑚、天然玻璃（crude glass）、铜、锡、铅、葡萄酒、雄黄、雌黄（orpiment）、小麦。出口的有：胡椒（pepper）、珍珠（pearls）、象牙（ivory）、丝绸、各种水晶、宝石、玳瑁（tortoise-shell）、甘松香等。第 63 节还提到恒河地区有一个金矿，可以铸币。[1]

　　从这几份进出口物品清单[2]中可以看出，它们与《后汉书·西域传》所列举的物品种类差异较大。可以证明的印度本地产品也不多，只有各种香料（"诸香"）、胡椒和铁、金、大象、玳瑁等。但《厄立特里亚航海记》清单的真实性和准确性要大于前者。其中提到的从印度出口的棉布、象牙、玛瑙等宝石、珍珠、甘松油、没药树脂、枸杞、玳瑁、胡椒、香草（姜）等肯定出自印度本土，但像丝线、丝绸织品、皮革、水

---

　　① 　W. H. Schoff（tr. & ed.），The Periplus of the Erythraean Sea：Travel and Trade in the Indian Ocean by a Merchant of the First Century，London，Bombay & Calcutta 1912，Chap. 6，39. 49，56，63. 关于这些进出口物品清单，也可见 Lionel Casson，Periplus Maris Erythraei：Text with Introduction，Translation and Commentary，pp. 55，75，81，85，91. 二者在个别物品的译名上稍有不同。

　　② 　卡森（Casson）对各地的出产与物品做了详细的分地区和分类，详见 Lionel Casson，Periplus Maris Erythraei：Text with Introduction，Translation and Commentary，pp. 16-17.

晶石、绿松石、天青石各种宝石的原产地显然非印度，而是中国、今阿富汗和中亚草原。进口的商品主要来自西方和海上。苏合香、乳香等应该来自阿拉伯半岛。像葡萄酒就来自意大利半岛和叙利亚地区的劳狄凯亚（Laodiceia，今贝鲁特，Beirut）。金银币、粗玻璃、珊瑚、亚麻布等显然也是从地中海、埃及等地运来。至于从海外输入的"细布"（疑为一种"丝绸"制品）大概是埃及商人与安息人"交市于海中"①获得，再转运至印度的。

《后汉书·西域传》中只记载了贵霜的两位国王，丘就却和其子阎膏珍。但新的钱币资料和新出土的拉巴塔克铭文（Rabatak Inscription）证明，在迦腻色伽（Kanishka）之前，实际上存在三位国王，分别是丘就却（Kujula Kadphises）、威玛·塔克图（Vima Taktu，阎膏珍？）、威玛·卡德菲塞斯（Vima Kadphises）。至于贵霜钱币中那位匿名的"Soter Megas"，如果确有其人，有可能就是中国史书中所说的"监领"印度的那位将军。他的钱币具有明显的希腊化特征，使人推测他有可能就是一位当地希腊人的后裔。② 那个率 7 万军队逾葱岭而来的王"谢"是否与他有关还不得而知。贵霜前期诸王的在位时间仍是国际贵霜史研究领域中的难点和热点。但大致可定在公元 1 世纪初到 2 世纪中期之间，也就是中国的东汉时期。贵霜王朝时期是中国与印度政治、经济、文化关系最为紧密的时期，不论是海上还是陆地的丝绸之路，贵霜帝国都发挥了关键的枢纽作用。印度的佛教在贵霜帝国时期开始传入中国，以贵霜文化为代表的印度本土和希腊化文化也是在这一时期开始进入中国的塔里木盆地。斯坦因在和阗等地发现的佉卢文木牍，希腊式的人物形象，犍陀罗风格的器物，含有中、希、印三种文化因素的和阗马钱（汉佉二体钱）就是最好的证明。

纵览两汉三史，可见中国对印度由耳闻到目睹，再到发生密切的

---

① 《后汉书·西域传》，第 2919 页。

② 关于近代以来各家对 Soter Megas 钱币的考证，详见 Joe Cribb, "The Soter Megas Coins of the First and Second Kushan Kings, Kujula Kadphises and Wima Takto, "pp. 79-140. 克里布在此文中也修正了自己的观点。笔者本人的观点详见：《"Soter Megas"考辨》，《历史研究》2009 年第 4 期（收入本书，见第二编第六章）。

政治、商贸和文化关系的大致过程。中国方面在其中始终处于主动地位,这是以汉武帝为肇始的开边拓土、开发经营西域的必然结果。印度作为中国的近邻,与不断西扩的中国发生这样或那样的关系,是不可避免的。西方古典学者的记述和印度本土的考古资料证明了二者之间文化与经济上的联系,事实上也就证实了丝绸之路南道和海上丝绸之路的存在。正是随着丝路的延伸,印度的物产、佛教,以及当地的希腊化文化信息传到了中国,从而实现了古代希腊、印度和中国文化的三流合一。这是人类文明交流史上的奇迹,这样的结果是亚历山大、张骞以及班超父子他们所绝对想不到的。

（原载《西域研究》2013 年第 4 期,略有补正）

第三章　远东希腊化文明的基本特征及其历史定位

远东希腊化（Hellenism in the far east）或希腊化远东（Hellenistic Far East）是近年来在希腊化研究领域开始流行的专业术语。[①] 远东在这里

[①] 　其实，对远东希腊人的研究早在 18 世纪就已经开始。1738 年提奥菲罗斯·拜尔在圣彼得堡出版的《巴克特里亚希腊人王国史》（Theophilus Bayer, Historia Regni Graecorum Bactriani, St. Petersburg: Academia Scientiarum）可以看作是滥觞之作。19 世纪 30 年代，德国历史学家德罗伊森（J. G. Droysen）开创了希腊化史的研究。此后，亚历山大对东方的征服、塞琉古王国对东方行省的控制，特别是希腊人在巴克特里亚和印度先后长达三个世纪之久的统治，一直是希腊化时代或希腊化世界研究领域关注的重点之一。1909、1912 年，罗林森先后出版了《巴克特里亚：从早期时代到巴克特里亚希腊人在旁遮普的消失》和《巴克特里亚：一个被遗忘的帝国的历史》（H. G. Rawlinson, Bactria: From the Earliest Times to the Extinction of Bactrio-Greek Rule in the Punjab, Bombay: The "Times of India" Office, 1909; Bactria: The History of a Forgotten Empire, London: Probsthain & Co. , 1912），对巴克特里亚和印度希腊人王国的兴衰做了系统的论述（后一部书实际上是前者的扩充版）。1938 年塔恩出版的《巴克特里亚和印度的希腊人》（W. W. Tarn, The Greeks in Bactria and India, Cambridge: Cambridge University Press, the first edition, 1938; the second edition, 1951; the third edition, edited by Frank Lee Holt, Chicago: Ares Publishers Inc. , 1984），利用文献和最新的钱币资料，试图全面重建巴克特里亚和印度的希腊人（主要是公元前 2 世纪前半期）的历史，将其纳入希腊化文明史的整体研究之中。此书堪称划时代之作，奠定了远东希腊化研究的基础，至今仍有不可替代的参考价值（参见 Frank Lee Holt, "Preface", pp. i-ii; "Introduction to Ancient Bactrian Studies", pp. iii-iv, in W. W. Tarn, The Greeks in Bactria and India, 1984）。他的"远东"（the Farther East）包括从伊朗东部到北印度的希腊人统治之地（"Introduction", in W. W. Tarn, The Greeks in Bactria and India, 1951, p. xix）。（转下页）

不是纯粹的近代地理学意义上的远东,而是指希腊化世界最东面的部分。希腊化时期的希腊人对东方的认识尽管已经大为扩大,但还是非常有限,印度就是他们心目中的东方极限之地。亚历山大当年试图抵达的大地最东边的尽头就是印度的恒河及其以东的大海。[①]本文的"远东"是指以巴克特里亚(Bactria)为中心的希腊人活动或直接影响的区域。大致范围西起伊朗高原,东至兴都库什山,北达里海、咸海、锡尔河一线,南抵印度洋或阿拉伯海,东南以印度河流域为界。这一地区大致相等于现在的中亚腹地(Inner Asia,内亚)和南亚次大陆的西北部。其中,阿姆河和印度河流域是两地的核心地区。该区域曾归波斯帝国所有,后来被亚历山大征服,成为希腊化世界的一部分。"希腊化的远东"即由此而来。

　　长达三个多世纪的希腊人统治和影响,加之帕提亚帝国在伊朗高原和两河流域的崛起,使这个地区成了一个相对独立的希腊化文明的子区域。此地的希腊人虽然是外来的殖民者,人数不多[②],但他们是当地的实际统治者。他们带来了自己的文化并竭力保持其传统,但也不可避免地受到当地文化的影响。所谓

(接上页)20世纪50年代以来,由于新的城市遗址、钱币、碑铭材料的发现,巴克特里亚和印度—希腊人王国的研究取得了前所未有的突破,远东希腊化问题受到越来越多的关注。西方古典文献中的"千城之国",巴克特里亚和印度—希腊人王国的王位世系,犍陀罗艺术的希腊渊源等都得到了进一步的证实。但"远东希腊化"或"希腊化的远东"作为一个学术研究术语的提出和应用应归于英国雷丁大学的雷切尔·梅尔斯博士。她在《希腊化的远东:希腊中亚的考古、语言与身份认同》(Rachel Mairs, The Hellenistic Far East: Archaeology, Language and Identity in Greek Central Asia, Oakland: University of California Press, 2014)一书的"前言"中介绍了这一术语的内涵和希腊化远东的地域范围,即包括北边的巴克特里亚、索格底亚那(Sogdiana)地区(今乌兹别克斯坦、塔吉克斯坦和北阿富汗)和南边的阿拉科西亚(Arachocia,今阿富汗南部)及犍陀罗地区(Gandhara,今巴基斯坦西北),也就是当年亚历山大所征服的波斯帝国的最东部(p. 2 & n. 2.)。本文采用"远东希腊化"这一概念,旨在强调它的区域文明特征,而且涵盖的地区有所扩大,包括该文明的直接影响之地。

　　①　Arrian, Anabasis of Alexander, 5. 26. 1-2.

　　②　据查士丁,亚历山大在巴克特里亚和索格底亚那建城的目的之一就是安置那些他认为心怀不满的士兵。(Justin, Epitome of the Philippic History of Pompeius Trogus, 12. 5. 13.)公元前327年,亚历山大离开巴克特里亚赴印度时,曾在此地留下3500名骑兵和10000名步兵。(Arrian, Anabasis of Alexander, 4. 22. 3-4.)公元前325年,他在印度负伤,驻守在巴克特里亚和索格底亚那的23000名希腊士兵闻讯哗变,要返回希腊。(转下页)

"希腊化"，就是希腊文化为主导，东方各地文化自觉或不自觉参与的一个特殊的文化互动融合过程。那些继希腊人之后统治此地的民族大多是来自北方草原的游牧部落（如帕提亚人、斯基泰人、大月氏—贵霜人、嚈哒人）。他们自身没有带来与定居文明相等的文化，只好对原来的希腊化文化遗产采取了拿来主义的态度，所以，希腊化文明的薪火并未随着希腊人的消失和游牧民族的到来倏然熄灭，而是得到了意想不到的传承和改造利用。远东希腊人的历史贡献就是在远离地中海的中亚腹地和印度西北部，竟然孕育了一个为古代历史文献记载所遗漏、几乎被世人所遗忘的文明。它的迷人风采只是在近代考古学家、钱币学家、碑铭学家和历史学家的共同努力之下，才逐渐显露出来，尽管其上的历史尘埃与迷雾还远没有拂去。就现在所知来看，这个子文明本质上属于希腊化文明的范畴，但具体来看，却又有着更为鲜明的地域特征。张骞通西域来到中亚耳闻目睹的就是这个文明的遗产。这里同时也是连接中国和地中海的丝绸之路的核心地区，草原丝绸之路、绿洲丝绸之路和海上丝绸之路的汇合之地。我们所说的远东希腊化文明遗产主要就是通过这一地区与当地或周边的文明发生接触、交融并传输至欧亚大陆的东西两端。

第一节　希腊式城市的延续与影响

城市是文明的主要载体，也是文化交流传播的中心。正是巴克特里亚这个希腊人统治下的所谓"千城之国"①确立了该区域希腊化

（接上页）这批人最后在亚历山大死后被其部将披松（Pithon）率领的马其顿人截杀。（Diodorus Siculus, *The Library of History*, 17. 99. 5-6；18. 4. 8；18. 7. 1-9, with an English translation by C. H. Oldfather et al. , Cambridge, Mass. : Harvard University Press, 1933.）也有说他们最后安全逃脱。（Quintus Curtius, *History of Alexander*, 9. 7. 1-11, with an English translation by John C. Rolfe, Cambridge, Mass. : Harvard University Press, 1946.）塞琉古统治之时和巴克特里亚王国独立之后，有多少希腊人移民于此不详。

① 　Justin, *Epitome of the Philippic History of Pompeius Trogus*, 41. 1. 8, 41. 4. 5；Strabo, *Geography*, 15. 1. 3.

文明的基本特色。①

希腊人素有建城殖民的传统,古风时期长达两个世纪之久的大规模海外殖民建城运动,使希腊人的活动范围从爱琴海扩大到了黑海与东西地中海。亚历山大东征可谓是希腊人新的一轮建城运动的开始,但这次殖民运动却把希腊人带到了遥远的东方。公元前 331 年,亚历山大在埃及尼罗河口建立了第一座以他命名的城市——亚历山大里亚。此后他所建立的城市,绝大多数也是以自己名字命名。他一路上到底建立了多少亚历山大里亚,古典作家说法不一,少则几个,多则 70 个左右②,今人也莫衷一是。但大致可以认定的至少在 10—20 个之间。③ 这些城市并非都是完全新建,有的就是以原来的城市为依托,在其旁重建一个军营或希腊人聚居地。它们大多分布在中亚和印度西北部(至少在 10 个左右)。据阿里安,亚历山大分别在高加索山(兴都库什山)、锡尔河畔和印度河流域建立了 5 座城市④;据斯特拉波,他在巴克特里亚建立了 8 座城市⑤;据查士丁,他

----

① Bactria 在古典作家的笔下,一般是指阿姆河之南,兴都库什山以北的地区。也有用此词来表示一个行政区域,或一个王国,或仅仅一个绿洲。但从地缘政治和文化归属上看,从亚历山大帝国到贵霜帝国时期,巴克特里亚都应包括阿姆河中游两岸的支流地区,南达兴都库什山,北达希萨尔山(Hissar 或 Gissar Range)。亚历山大、塞琉古王国、巴克特里亚的希腊人王国甚至一度控制了远到锡尔河流域的索格底亚那地区。参见 Pierre Leriche,"Bactria, Land of One Thousand Cities," in Joe Cribb & Georgina Herrmann, eds., After Alexander: Central Asia before Islam, pp. 123-127.

② 古典作家关于亚历山大的建城地点和数目,说法颇多。其中普鲁塔克的数字最多,在 70 个以上,这是指他一路上在所谓的"蛮族部落"中建城的总数。(Plutarch, "On the Fortune or the Virtue of Alexander," Moralia, 328E.)其余的数目少,是说他在中亚、印度及其某地的建城,这是需要注意的。见下文。

③ 现代史家对这些记载持谨慎态度。塔恩认为,总的数目不会超过 13 个,其中 6 个尚存可辨,7 个难以定位。(W. W. Tarn, Alexander the Great, II: Sources and Studies, pp. 232-259.)弗雷泽的观点比较极端,他根据各类史料比定的最后结果是,亚历山大仅仅建立了 6 个有据可证的亚历山大里亚,其余都难以证明,可视为虚构。(P. M. Fraser, Cities of Alexander the Great, p. 201, Maps 1-2, "Table of Alexander-foundations".)科恩认定,从美索不达米亚南部、波斯湾到中亚、印度,有 13 个城市被古典作家归于亚历山大名下。其余还有 15 个左右也可能由他所建,但不能证实。(Getzel M. Cohen, The Hellenistic Settlements in the East from Armenia and Mesopotamia to Bactria and India, pp. 335-338.)

④ Arrian, Anabasis of Alexander, 3. 1. 5-2. 1; 3. 28. 4; 4. 1. 3, 4. 4. 1; 5. 1. 5, 5. 19. 4; 6. 15. 2.

⑤ Strabo, Geography, 11. 11. 4.

在巴克特里亚和索格底亚那建立了 12 座城市，还有 1 座在锡尔河畔①；据普林尼，他分别在马尔吉亚那（Margiana）、阿里亚（Aria）和锡尔河畔建立了 4 座城市。② 据库尔提乌斯，他在马尔吉亚那城周围还建立了 6 座城镇，其中 2 个面南，4 个面东。③ 托勒密提到在索格底亚那地区还有一座亚历山大的同名城市"Alexandria Oxiana"。④ 这些数字虽有重复，也并不准确，即使名为亚历山大里亚也不一定真正为其所建，但反映了亚历山大对此地的重视和在此建城之多。这些城市有的历经沧桑，存在至今，如土库曼斯坦的木鹿（Merv, Alexandria in Margiana），塔吉克斯坦的苦盏（Khujand，最远的亚历山大里亚，Alexandria Eschate）、阿富汗的赫拉特（Alexandria in Aria）⑤、贝格拉姆（Alexandria of the Caucasus，高加索的亚历山大里亚）、坎大哈（Alexandria in Arachosia）。⑥ 有的史有记载，但不知其确切位置，如他在印度河上游希达斯皮斯河（Hydaspes）岸边建立的胜利之城尼凯亚（Nicaea）和以他的战马命名的城市布西法拉斯（Bucephalas），以及在阿塞西尼斯河（Acesines）与印度河交汇处建立的一座亚历山大里

①　Justin, *Epitome of the Philippic History of Pompeius Trogus*, 12. 5. 12-13.

②　Pliny, *Natural History*, 6. 18. 47-49; 6. 21. 61.

③　Quintus Curtius, *History of Alexander*, 7. 10. 15-16.

④　Claudius Ptolemy, *The Geography*, 6. 12, trans. and ed. by Edward Luther Stevenson, New York, 1932 (the Dover Edition, 1991). 关于该城市，由于仅有托勒密提及，位置不详。目前有阿伊·哈努姆、铁尔梅兹和塔赫特—伊·桑金三说。

⑤　斯特拉波、普林尼、伊西多尔、托勒密都提到这个位于 Ariana 的名为"Alexandria"的城市。见 Strabo, *Geography*, 11. 8. 9, 11. 10. 1; Pliny, *Natural History*, 6. 21. 61; Isidore, *Parthian Stations*, The Greek text with a translation and commentary by Wilfred H. Schoff, London edition, 1914; Claudius Ptolemy, *The Geography*, 6. 17. 阿里安提到亚历山大路经此地，但没有建城的记载。（Arrian, *Anabasis of Alexander*, 3. 25. 1.）因此，该城或如斯特拉波、普林尼所说，以建立者亚历山大命名（Strabo, 11. 10. 1），或继承者以亚历山大的名义而建。

⑥　亚历山大是否在现在的坎大哈地区建立过一个同名城市，学界尚有争议。但由于在此地发现了一些希腊语铭文，倾向性的意见还是将伊尔多西提到的"Alexandropolis"（Isidore, *Parthian Stations*, 19）与"Alexandria of Arachosia"相认同。详见 Getzel M. Cohen, *The Hellenistic Settlements in the East from Armenia and Mesopotamia to Bactria and India*, pp. 255-260.

亚。[1] 还有一些或许就是他命人所建，如著名的阿伊·哈努姆遗址[2]，遗憾的是这一城市在公元前 2 世纪中期被巴克特里亚希腊人遗弃了。

亚历山大的后继者们继承了他的建城传统，以此安置希腊军人和移民，作为统治的中心和基地。塞琉古王朝几乎控制了原来亚历山大帝国的全部亚洲领土。面对如此广袤庞大、民族众多、文化差异巨大的帝国，塞琉古王朝只能沿袭亚历山大的传统，在交通要道、中心区域建立希腊人城市或移民地，进行由点及面的控制。从塞琉古一世起，建城活动就如火如荼地开展起来。[3] 该王朝的建城主要集中于小亚、叙利亚和两河流域一线，但在伊朗高原以东的地区，他们还是新建或是重建了一些城市[4]，这些城市大多难以定位[5]，但阿里亚的 Achais、马尔吉亚那的 Antiocheia、阿姆河以北的铁尔梅兹（Termez，《后汉书·西域传》中的都密）、Maracanda（马拉坎大，"石头城"之意，即后来的撒马尔罕，Samarkand）、斯基泰的 Alexandreschata 等还是有迹可寻。[6] Achais（Achaia）本名 Heraclea，由亚历山大所建，安

---

① Arrian, Anabasis of Alexander, 5. 19. 4, 6. 15. 2. 具体方位考证见 Getzel M. Cohen, The Hellenistic Settlements in the East from Armenia and Mesopotamia to Bactria and India, pp. 317-318, 308-312, 291-293.

② Ai Khanoum 遗址中有一个纪念建立者 Kineas 的英雄祠，但他受命于哪位国王，史无记载。有学者认为这就是亚历山大在阿姆河畔建立的以他命名的殖民地"Alexandria on the Oxus"。（Klaus Karttunen, India and the Hellenistic World, Helsinki: The Finnish Oriental Society, 1997, p. 279. ）但该城（Alexandria Oxiana）仅仅在托勒密的《地理志》中提到，且将其定位于索格底亚那地区，似乎与位于阿姆河以南巴克特里亚地区的 Ai Khanoum 遗址难以勘同。参见 Claudius Ptolemy, The Geography, 6. 11-12.

③ 据说仅塞琉古一世本人就建立了总数达 59 个之多的希腊人城市。其中可能有夸大附会，但他建城之多是肯定的。见 Appian, Roman History, 11. 57, with an English translation by Horace White, Cambridge, Mass. : Harvard University Press, 1999.

④ 如位于帕提亚境内的 Soteira, Calliope, Charis, Hecatompylos, Achaia, 印度的 Alexandropolis, 斯基泰的 Alexandreschata. Appian, Roman History, 11. 57.

⑤ 见 Getzel M. Cohen, The Hellenistic Settlements in the East from Armenia and Mesopotamia to Bactria and India, pp. 203, 205-206, 211-215, 216, 252-255, 271, 286, 301.

⑥ 关于这些希腊式城市，科恩有详细的定位研究，参见 Getzel M. Cohen, The Hellenistic Settlements in the East from Armenia and Mesopotamia to Bactria and India, pp. 335-338, 349-359.

条克一世重建，改为此名。^① 马尔吉亚那的亚历山大里亚不久即被蛮族（the Barbarians，指游牧民族）摧毁，安条克一世将其重建，以自己的名字命名。^② 铁尔梅兹位于阿姆河右岸，在今乌兹别克斯坦境内，隔河与阿富汗相望，在古代是一个渡口。铁尔梅兹古城下游约30公里的坎培尔（Kampyr Tepe）遗址发现有希腊人的哨所和城堡遗址。亚历山大可能路经此地，也可能在此建城。有学者认为这个遗址很有可能就是托勒密所提到的 Alexandria Oxiana。^③ 马拉坎大是索格底亚那地区的首府，曾被亚历山大占领^④，但在塞琉古王国时期开始繁盛起来。在撒马尔罕的阿弗拉西亚卜（Afrasiab）遗址上，考古学者发现了希腊化时期的城堡和巴克特里亚国王欧泰德姆斯（Euthydemus，约公元前230—前200年在位）、其子德米特里（Demetrius，约公元前200—前190年在位）和欧克拉提德（Eucratides，约公元前170—前145年在位）的钱币以及一些具有希腊化特征的陶器和高脚杯。^⑤ Alexandreschata 这个斯基泰地区"最远的亚历山大里亚"应该就是亚历山大以前在锡尔河畔建立的那个同名城市，塞琉古一世可能对它重建，仍称原名。^⑥

公元前3世纪中期，塞琉古王国东部分别被希腊人的巴克特里亚王国和帕提亚人的安息王国瓜分，但前者的建立者是塞琉古王国

---

① Pliny，Natural History，6. 18. 48. 斯特拉波也提到这座城市，见 Strabo，11. 10. 1. 关于其位置的考证，见 Getzel M. Cohen，The Hellenistic Settlements in the East from Armenia and Mesopotamia to Bactria and India，pp. 274-276.

② Pliny，Natural History，6. 18. 46-47.

③ Pierre Leriche，"Bactria，Land of One Thousand Cities，" in Joe Cribb & Georgina Herrmann，eds.，After Alexander：Central Asia before Islam，p. 133. 笔者2014年9月曾到铁尔梅兹地区残存的哨所和城堡遗址（Kampyr Tepe）考察，参观了当地的博物馆，见到了发掘出来的希腊式的陶器、钱币、雕塑、科林斯柱式等。关于该城遗址的发掘和研究，详见 P. Leriche & S. Pidaev，"Termez in Antiquity，" in Joe Cribb & Georgina Herrmann，eds.，After Alexander：Central Asia before Islam，pp. 179-181；Getzel M. Cohen，The Hellenistic Settlements in the East from Armenia and Mesopotamia to Bactria and India，pp. 277-278.

④ Arrian，Anabasis of Alexander，3. 30. 6-7；4. 3. 6；4. 6. 3.

⑤ 笔者2014年9月在该遗址博物馆见到了这个城堡的模型和希腊化时期的钱币、陶罐等。

⑥ 关于二者的认同，详见 Getzel M. Cohen，The Hellenistic Settlements in the East from Armenia and Mesopotamia to Bactria and India，pp. 252-255.

的总督,本质上是一个自行独立的希腊人王国;后者虽是外族建立,但由于统辖区域都是原来的希腊人统治之地,作为游牧民族出身的统治阶层对希腊化文化又钦羡之至,并以"爱希腊者"或"希腊人之友"自诩①,境内的希腊人城市非但没有受到大规模的破坏,反而得到了一定的利用和发展。伊西多尔在其《帕提亚驿程志》(Parthian Stations,写作于公元前后)就提到了马尔吉亚那的安条克、阿拉科西亚的亚历山大里亚、德米特里亚(Demetrias)等希腊人原来建立的城市。② 这些希腊式城市虽然后来或被遗弃,或被改建,但它们都在不同的历史时期发挥了政治、经济或文化中心的作用。在它们的废墟下,或现代城市的地层下,大量的历史遗迹遗物近年被清理出来,证明了它们曾经作为希腊人或希腊式城市的存在。其实,这些现代城市在原址上的建立,就足以证明这些希腊式城市的历史价值之所在。

从这些城市遗址中,可以看到不同的文化景象。阿伊·哈努姆到底建于亚历山大时期还是之后,似乎并不重要。关键是这座城市遗址的希腊化风格非常明显。它位于阿姆河畔今日阿富汗东北部一侧。城市有卫城,有希腊城市中最基本的建筑——体育馆、剧场。神庙从外观上看是东方式的,但其中安放的却是希腊神的雕塑。建城者的墓基石座上镌刻着来自希腊德尔斐神庙的人生格言。此外,柱廊式的宫殿建筑群,以科林斯式为主的希腊式柱头,希腊式钱币,希腊语的纸草文献,陶制的希腊喜剧人物面具的出水口等,也都说明这不是一座一般的城市,或许就是巴克特里亚王国的都城之一。③ 近年来在巴克特里亚地区其他城市遗址上也新发现一些希腊化时代的

① 关于帕提亚与希腊文化的关系,参见杨巨平:《帕提亚王朝的"爱希腊"情结》,《中国社会科学》2013 年第 11 期(也见本书第二编第八章)。

② Isidore,Parthian Stations,14,18,19. Demetrias 城是公元前 2 世纪初侵入阿拉科西亚地区的巴克特里亚国王德米特里所建。详见 Getzel M. Cohen,The Hellenistic Settlements in the East from Armenia and Mesopotamia to Bactria and India,p. 272;W. W. Tarn,The Greeks in Bactria and India,p. 94.

③ 参见 Paul Bernard,"Ai Khanum on the Oxus:A Hellenistic City in Central Asia," Proceedings of the British Academy,Vol. 53 (1967),pp. 71-95;Paul Bernard,"An Ancient Greek City in Central Asia," Scientific American,Vol. 246,Jan. 1982,pp. 148-159.

遗存，如巴克特拉（Bactra）遗址的科林斯式和爱奥尼亚式的柱头[①]，塔赫特—伊·桑金（Takht-i Sangin）遗址的爱奥尼亚式柱头，希腊语铭文，献给阿姆河神的希腊森林之神马尔绪阿斯（Silenus-Marsyas，一个裸体光头老头，正在吹奏双管长笛）的青铜雕像，太阳神阿波罗（仅存大腿以上部分）等石雕，"塞琉古式"希腊统治者的泥塑头像，剑柄或刀鞘上的赫拉克勒斯（Heracles）与森林之神西勒诺斯（Silenus）（二者在搏斗，前者显然已经将后者制服在地），戴狮子头皮盔的亚历山大牙雕形象等。[②] 虽然有些城市早期的希腊化遗迹难以寻觅，但从此地出土的时间稍后的文物来看，这些城市的希腊化特征在延续。在这方面，贝格拉姆、铁尔梅兹、坎大哈、木鹿等主要的几个遗址都可以提供一些补充性的信息。贝格拉姆即"高加索的亚历山大里亚"所在地，虽然由亚历山大所建，但其出土物品主要出自公元 1 世纪的贵霜时期，其中不仅有来自印度的牙雕、中国的漆器，还有希腊罗马世界的玻璃器皿和灰泥圆形浮雕，上面有反映特洛伊故事中赫克托尔（Hector）和阿喀琉斯（Achilles）战斗的场面，也有典型的希腊神话人物形象，如美神阿芙洛狄特（Aphrodite）、美少年伽尼墨德斯（Ganymede）与化作老鹰的宙斯、有翼小爱神阿摩尔（Amor，Cupid，希腊神话中的 Eros）、月神塞勒涅（Selene）与美少年恩底弥翁（Endymion）。此外值得注意的是在此地发现了作为秤砣使用的希腊神雅典娜和赫尔墨斯胸像，以及具有埃及萨拉皮斯神特征的赫拉克勒斯神像（Serapis-Heracles）和手持火炬的有翼爱神厄洛斯（Eros）青铜雕像。希腊青年埃弗比（Ephebe）、青年骑手"亚历山大"、希腊音乐家的形象也以不同的艺术形式出现。[③] 这些艺术品不论是出自本地的艺术家之手，还是从地中海的罗马世界运来，都反映了此地浓厚的希腊化文

---

① Pierre Leriche，"Bactria，Land of One Thousand Cities，" in Joe Cribb & Georgina Herrmann，eds.，*After Alexander：Central Asia before Islam*，pp. 131-132.

② 参见 B. A. Litvinskii and I. R. Pichikian，"The Hellenistic Architecture and Art of the Temple of the Oxus，" *Bulletin of the Asia Institute*，New Series，Vol. 8（1994），pp. 47-66. 图片也可见 http://www. afc. ryukoku. ac. jp/tj/tajikistanEnglish/C-ancienttime/C-04SouthernBC1-AD1/C-4. html.

③ 有关图片参见 *Hidden Afghanistan*，under the direction of Pierre Cambon in collaboration with Jean-François Jarrige；with scientific contributions by Paul Bernard and Véronique Schiltz，Amsterdam：Nieuwe Kerk，2007，pp. 228-275（catalogue：nos. 147-228）.

化氛围。铁尔梅兹—坎培尔遗址出土的科林斯柱头[1]，虽然属于贵霜时期，但它显然与犍陀罗佛教艺术的传播有关。科林斯式柱头在远东希腊化建筑中最为流行，尤其是在犍陀罗艺术中，几乎所有佛教雕刻中或作为两个叙事场面的间隔，或表示佛教建筑，都采用了这种柱式，但对其进行了重大改造。其一，柱头简单化，我们还能够看到类似阿堪突斯（Acanthus）的叶形花饰，但只是象征性的点缀而已；其二，柱身大多由圆形变为方形，呈半柱式。但在铁尔梅兹，柱头的花丛中出现了佛教人物。这固然反映了佛教犍陀罗艺术的变化与发展，但也反映出希腊化艺术的影响在当地的长久不衰。20世纪以来，坎大哈的发掘由于战乱虽然没有能够持续进行，仅有的出土物也难以证明该城具有明显的"希腊性"，但近年来在当地发现的一块墓碑上的希腊语铭文证明此地具有深厚的希腊化文化底蕴。公元前2世纪的一位名叫索菲托斯（Sophytos）的当地人（印度人）用希腊离合诗（藏头诗）的形式，以典雅的希腊语叙述他的家世，其中特别提到了希腊复仇女神、太阳神阿波罗、文艺女神缪斯等。[2] 这说明他受到良好的、系统的希腊语训练和希腊文化的熏陶。这块墓碑立于大路之旁，目的是让路人阅读，可见当地人希腊化程度之高。木鹿的希腊人遗址也已经发现，它是在原来波斯时代的一个城堡的基础上发展起来的。原来的城堡仅仅是希腊化时期木鹿的一个很小的组成部分。[3] 公元前53年卡莱（Carrhae）战役之后，帕提亚人曾经把2万罗马战俘关押于此。[4] 此时城市的规模之大可以想见。此地也出土了

---

[1]　P. Leriche and S. Pidaev, "Termez in Antiquity," in Joe Cribb & Georgina Herrmann, eds. , After Alexander: Central Asia before Islam, pp. 190-191, Fig. 9.

[2]　关于此碑文的历史信息和文化内涵，见 Rachel Mairs, The Hellenistic Far East: Archaeology, Language and Identity in Greek Central Asia, pp. 106-117, 190; Rachel Mairs, "The places in Between: Model and Metaphor in the Archaeology of Hellenistic Arachosia," in Sujatha Chandrasekaran, Anna Kouremenos and Roberto Rossi, eds. , From Pella to Gandhara: Hybridisation and Identity in the Art and Architecture of the Hellenistic East, Oxford: Archaeopress, 2011, pp. 177-189.

[3]　P. Leriche and S. Pidaev, "Termez in Antiquity," in Joe Cribb & Georgina Herrmann, eds. , After Alexander: Central Asia before Islam, p. 313, Fig. 1.

[4]　Pliny, Natural History, 6. 18. 47.

科林斯式的柱头。中国史书中把木鹿称为小安息[①]，也可见木鹿在丝路中的中枢作用。

总之，现在可以确定为亚历山大及其后继者在远东建立的这些城市一部分湮没无闻，大部分都有迹可寻。它们初期由于是希腊人的殖民地而保持了较多的希腊化特征，但随着希腊人在当地的消失，这些特征逐渐失色、模糊。新的统治者由于自己没有带来成熟的本民族文化，大多延续了这些城市的文化传统，同时也注入了新的文化因素。本来这些城市在建立之初就自觉或不自觉地接受了一定程度的当地文化的因素，即使像阿伊·哈努姆这样希腊化特征极为明显的城市，东方的因素也随处可见。神庙中供奉的神可能是宙斯，但神庙却绝非希腊的柱廊式建筑，而是立于土台之上，四壁支撑着平面屋顶，外墙上嵌有壁龛。剧场整体上是希腊式的，半扇形依山坡而建，但却在中间设立了包厢式的看台（loggias），显然是供王公显贵等特权阶层使用；宫殿、庭院有希腊式的石头柱廊，但总体上是当地的平顶土砖结构。[②] 塔赫特—伊·桑金遗址是一座小城，但上述主要的具有希腊化特征的遗存均发现于一座设有琐罗亚斯德教祭火坛的阿姆河神庙（the temple of the Oxus）之中。类似情况在其他城市比比皆是。因此，这些城市，即使在希腊人掌控之时，也只能称为希腊化或希腊式的城市。不论从市政建设还是从内部管理，它们都不过是远东希腊人的栖身之所。它们中的一部分后来继续存在、发展，成了著名的丝路重镇，如撒马尔罕、木鹿、贝格拉姆（迦毕试）、铁尔梅兹（都密、怛密、怛满、怛没）、坎大哈。有的则消失于历史的长河之中，如 20 世纪后半期才发现的阿伊·哈努姆遗址。

第二节　希腊式钱币在远东的流通、传播与模仿

钱币也是希腊化文明的一个重要载体，同时也是希腊化文明信

---

①　《后汉书·西域传》，第 2918 页。

②　参见 Paul Bernard, "An Ancient Greek City in Central Asia," Scientific American, Vol. 246, Jan. 1982, pp. 148-159.

息的主要传播媒介。今天我们对远东希腊化文明及其影响的了解在很大程度上要归功于这些钱币的发现和解读。

巴克特里亚希腊人王国的钱币是在亚历山大和塞琉古王国钱币的基础上发展而来，具有鲜明的区域特色，蕴含着更为丰富的历史文化信息。其一，统治者的正面肖像根据发行者自己年龄的增长与相貌的变化而变化，反面铭文的内容和保护神之类的设计与时俱进，不仅根据发行者的血统，而且根据其功绩、信仰来确定。这就为确定王位的世系更替和国王的在位时间提供了一定的依据。其二，在整个希腊化世界，唯有他们在印度发行了希腊语铭文与地方语言相对应的双语币，同时在反面增添了印度的神或其他具有地方特色的标记。其三，他们的钱币被后来的印度—斯基泰人（Indo-Scythians，塞人）、印度—帕提亚人（Indo-Parthians）、月氏—贵霜人、嚈哒人（Hephthalite）、粟特人、花剌子模人所模仿，从而形成了希腊与远东地方文化相结合的希腊式钱币系列。这些钱币主要在巴克特里亚为中心的区域流通，事实上担当了文化传播和文明传承者的角色。

希腊钱币源于小亚的吕底亚和波斯钱币。小亚的希腊人首先接触到这种有标记的硬币，然后传回希腊本土，各城邦结合自己的需要，开始发行式样不一、图案各异的城邦钱币。但在形制上，它们有共同特征：银币为主；圆形；正面是城邦的保护神，反面是保护神的标志，或是与城邦有关的动物或图案。马其顿王国的钱币可能是个例外。早在亚历山大东征之前，帕狄卡斯二世（Perdiccas II）、阿刻劳斯一世（Achelaus I）、阿门塔斯三世（Amyntas III）的钱币上都出现了赫拉克勒斯戴狮皮盔的头像。亚历山大的父亲腓力二世（Philip II，公元前359—前336年在位）曾经发行过一种钱币，正面是带月桂冠的宙斯头像，反面是腓力骑在马上伸手致意的形象。[①] 小亚的一些

---

① 笔者2018年11月在希腊马其顿都城培拉（Pella）遗址博物馆看到了这些钱币，并由此意识到马其顿钱币是希腊化钱币的主要源头，或者是源头之一。故此处稍作补充。"戴狮皮盔的赫拉克勒斯头像"见Barclay V. Head, *A Catalogue of the Greek Coins in the British Museum, Macedonia, Etc.*, London: printed by Order of the Trustees, 1879, pp. 163（Perdiccas II, no. 3）、165-167（AcheLaus I, nos. 10-13）、171-176（Amyntas III, nos. 1-13,17-23）、175-176（Perdiccas III, nos. 1-8）；腓力二世的骑像见李铁生编著：《古希腊币》，北京出版社，2013年，第45页图4—6。

波斯总督也发行过有自己头像的钱币，但希腊化时期王像钱币盛行，成为一种惯例，显然与亚历山大有关。① 他在东征开始前后首先发行"赫拉克勒斯/宙斯"（Heracles/Zeus）、"雅典娜/胜利女神尼科"（Athena/Nike）型钱币，上面有他的名字。其后（约公元前 332 年）他在埃及发行了一种青铜币，正面是他戴头盔的形象。② 公元前 326 年征服印度河流域后，他发行了一种纪念币或徽章，正面是他纵马持矛击退乘象的印度国王波鲁斯（Porus）的场景，反面显示他像宙斯一样，一手发出雷电，一手持权杖，头上方飞翔的胜利女神向他敬献花环。③ 亚历山大死后，最早为他造币的是其部将托勒密一世（Ptolemy I）和吕西马库斯（Lysimachus），主要有"头戴象头皮盔的亚历山大/王位上的宙斯"和"头戴公羊角的亚历山大/手托胜利女神坐着的雅典娜"两种类型。④ 从此以后，"王像现于币"就成了希腊化钱币的主要特征。不仅各个王国的统治者发行有自己头像的钱币，就是一些地方总督也开始发行类似的钱币。钱币的正面一般是国王头像，反面是其保护神或其他特殊的象征物，并附有表示国王头衔及其名字的希腊语铭文。⑤ 这类钱币还有一个特点，就是在重量和面值上以阿提卡制为基础⑥，这样做的目的显然是为了便于在整个希腊化世界流通。巴克特里亚的希腊人虽然在公元前 250 年左右脱离塞琉古王国宣告独立，但为表示自己统治的合法性和正统性，仍然继续发行这

---

① Otto Mørkholm, *Early Hellenistic Coinage from the Accession of Alexander to the Peace of Apamea*, Cambridge: Cambridge University Press, 1991, p. 27. 小亚波斯总督的个人头像钱币图片见李铁生编著：《古希腊币》，第 89 页图 8—10，第 90 页图 8—12，第 108 页图 9—9，第 111 页图 9—16，9—17。

② Ian Carradice & Martin Price, *Coinage in the Greek World*, pp. 106-107, 109.

③ F. L. Holt, *Alexander the Great and the Mystery of the Elephant Medallions*, Berkeley: University of California Press, 2003, Plate: 2-5; John Boardman, *The Greeks in Asia*, p. 57, illus. 28.

④ Ian Carradice & Martin Price, *Coinage in the Greek World*, pp. 116（pl. 220），120（pl. 234）; Otto Mørkholm, *Early Hellenistic Coinage from the Accession of Alexander to the Peace of Apamea*, pp. 63（pl. 90），81(pls. 178-179, 181-182).

⑤ 一般是属格，如 ΒΑΣΙΛΕΩΣ ΣΕΛΕΥΚΟΥ，意思是"国王塞琉古的钱币"。

⑥ 古典时期的希腊流行阿提卡（Attic Standard）、厄基纳（Aeginetan Standard）、科林斯（Corinthian Standard）三种币制。币值以一德拉克马（drachm）和四德拉克马（tetradrachm）为主。阿提卡制：1 drachm = 4.25g，1 tetradrachm = 17g。

种钱币。第一任国王狄奥多托斯(Diodotus)及其作为共治者(co-regent)的同名儿子甚至在他们最初的钱币上仍然保留着塞琉古国王安条克二世(Antiochus II)的名字。① 正是由于巴克特里亚希腊人对这种钱币传统的执着坚持，并因地制宜，因时而异，从而奠定了这种钱币传统延续千年之久的基础。

公元前3世纪末，巴克特里亚的希腊人王朝改朝换代，一个名为欧泰德姆斯的国王出现。在他与儿子德米特里统治时期，巴克特里亚王国的势力达到极盛，一度越过兴都库什山，深入印度西北部。欧泰德姆斯发行了"国王头像/呈休息状的赫拉克勒斯坐像型"钱币，影响深远，后来被索格底亚那和锡尔河之北的许多游牧民族统治者模仿采用。② 德米特里发行了头戴象头皮盔的钱币，表示自己和亚历山大一样是印度的征服者。取代这个家族统治巴克特里亚的是欧克拉提德，他的钱币反面的保护神是希腊神话中的狄奥斯库里兄弟(the Dioscuri)。大约在公元前2世纪中期，迫于北方游牧民族南下的压力，巴克特里亚希腊人退入印度西北部。王朝的更替导致了希腊人内部的分裂，这时的印度西北部由不同希腊人家族所控制。公元前1世纪，随着斯基泰人和帕提亚人侵入，这些希腊人小王国的地盘逐渐缩小。到公元前后，所有的希腊人王国都悄然消失。希腊人作为一个外来民族也融入印度人之中。在这二百年间，希腊人实际上成了印度—希腊人(Indo-Greeks)，他们的血统逐渐和当地的民族混合，他们的文化也不得不向印度转向。反映在钱币上就是希印双语币(正面希腊文，反面佉卢文或婆罗米文)的出现以及一些佛教的标志和地方神形象被吸纳于钱币的图案之中。双语币是希腊化钱币向希腊式钱币转化的分水岭，此后进入印度的斯基泰人、帕提亚人以及后来的贵霜人，都采用了这种双语币。

印度—斯基泰人主要活动区域在犍陀罗地区，也就是《汉书·

① Otto Mørkholm, *Early Hellenistic Coinage from the Accession of Alexander to the Peace of Apamea*, p. 120（pls. 374-375）; Osmund Bopearachchi, *Monnaies gréco-bactriennes et indo-grecques*, Catalogue Raisonné, Pl. 1（Diodote I et 2, Série 1-4）.

② Otto Mørkholm, *Early Hellenistic Coinage from the Accession of Alexander to the Peace of Apamea*, p. 121（pls. 383-386）.

西域传》首次提到的罽宾。① 他们的钱币正面以全身披甲的国王骑马前行形象取代了印度—希腊人钱币上的国王头像，这与他们的游牧民族传统明显有关。与《汉书·西域传》关于罽宾钱币的记载"文为骑马，幕为人面"②相比，正面相似，反面则是全身的希腊神或印度神。《汉书·西域传》中的乌弋山离很可能是阿拉科西亚地区首府 Alexandria 的谐音。③ 此地曾被另外一支印度—斯基泰人占领。《汉书·西域传》称其钱币"其钱独文为人头，幕为骑马"④，与罽宾的钱币正好相反，可能是传闻有误。但此地从亚历山大到孔雀帝国阿育王时期，再到印度—希腊人时期一直是希腊人的聚居地。印度—斯基泰人来到此地后，开始接受、仿造希腊式钱币。公元前后紧随其后进入阿拉科西亚和犍陀罗地区的印度—帕提亚人，也接受了印度—希腊人钱币的基本式样，仿造了印度—斯基泰人的钱币。⑤ 公元 1 世纪，贵霜帝国建立。前期钱币以仿制巴克特里亚希腊人、印度—希腊人钱币为主。从第三王（Vima Kadphises，约公元前 113—前 127 年在位）开始，金币出现，钱币风格发生较大变化，国王形象中的贵霜民族特征趋于明显。⑥ 希腊文变形错讹现象严重。迦腻色伽（Kanishka I，约公元 127—151 年在位）时期，铭文改为用希腊语拼写的巴克特里亚语。反面除了希腊的神之外，

① 据《汉书·西域传》："乌孙国……本塞地也，大月氏西破走塞王，塞王南越悬度。""塞王南君罽宾。""罽宾国，王治循鲜城，去长安万二千二百里。不属都护。户口胜兵多，大国也。东北至都护治所六千八百四十里，东至乌秅国二千二百五十里，东北至难兜国九日行，西北与大月氏、西南与乌弋山离接。"（《汉书·西域传》，第 3901、3884 页）可知，塞人的一支翻越帕米尔高原，南下犍陀罗地区，建立了"罽宾国"。

② 《汉书·西域传》，第 3885 页。

③ Anthony F. P. Hulsewé and Michael Loewe, *China in Central Asia: the Early Stage: 125 B. C.-A. D. 23*, p. 112, n. 250.

④ 《汉书·西域传》，第 3889 页。

⑤ Osmund Bopearachchi, *From Bactria to Taprobane*, Vol. I: *Central Asian and Indian Numismatics*, New Delhi: Manohar Publishers, 2015, pp. 528-529, 547-548（nos. 1-9）。

⑥ 关于贵霜诸王的钱币图像及其特征，参见上海博物馆编：《上海博物馆藏丝绸之路古代国家钱币》，第 208—232 页（No. 1200-1352）；也可见杨巨平：《"Soter Megas"考辨》，《历史研究》2009 年第 4 期，第 140—152 页及封三图版。

其余多为印度和波斯的神。① 这些现象反映了迦腻色伽时期希腊、印度、波斯三种文化交融的深入。

　　贵霜之后出现于中亚和印度西北部的王朝先后是印度—萨珊王朝（公元 230—360 年）、寄多罗王朝（公元 360—460 年）和嚈哒王朝（公元 450—542 年）。它们都吸收了希腊式钱币的基本要素，但从外观上看，主要采用了萨珊王朝和贵霜王朝的钱币类型，纯粹的希腊语铭文完全消失，但变形的希腊字母还在使用，如嚈哒王朝使用草体希腊文，印度—萨珊王朝的一些国王使用希腊语字母拼写的贵霜文。② 粟特地区（Sogdiana，以泽拉夫善河流域为中心）先后处于亚历山大帝国、塞琉古王国、巴克特里亚希腊人王国、帕提亚王国、贵霜帝国、萨珊帝国的控制或影响之下，钱币以仿制为主，呈现出多元文化的特征，有的钱币后来甚至受到中国中原王朝钱币的影响，出现了方孔和汉字。③ 地处阿姆河下游的花剌子模（Khwarezm）虽然一直没有受到希腊人的直接统治，但由于周边希腊化文化的影响，从公元前 1 世纪起也开始发行自己的仿希腊式钱币。正面是国王头像，反面是欧克拉提德钱币上的狄奥斯库里兄弟骑像和单人骑马型，环以希腊语铭文。④ 公元 1—3 世纪出现于中国和田地区的"汉佉二体钱"（Sino-Kharosthi）实际上也是希腊式钱币的影响的结果。这种钱币圆形无孔，大小钱的重量比例是 4 ∶ 1（廿四铢与六铢），相当于希腊钱币的四德拉克马与一德拉克马之比。钱币的形制、佉卢铭文的书写形式和"王中王"称号等显然与印度—斯基泰人、印度—帕提亚人和贵霜

---

① 详见 M. K. Thakur, *India in the Age of Kanishka*, Delhi：Worldview Publication，1999，Pls. 1-10；pp. 43-46，134-140.

② 关于这三个王朝的钱币式样及其特点，参见李铁生编著：《古中亚币》，第 196—247 页。

③ 关于粟特钱币的演变，详见 http：//www. sogdcoins. narod. ru/english/sogdiana/coins. html. 参见 Institute of Archeology of the UzSSR Academy of Sciences etc.，Culture and Art of Ancient Uzbekistan：Exhibition Catalogue，Vol. 1，Moscow，1991，pp. 156-164（nos. 205-245）；Vol. 2，pp. 34-39（nos. 405-415，419）.

④ Institute of Archeology of the UzSSR Academy of Sciences etc.，Culture and Art of Ancient Uzbekistan：Exhibition Catalogue，Vol. 1，pp. 192-193（nos. 306-307）.

早期钱币的直接影响有关。①

由此可见，在公元前后的几个世纪中，在中亚和印度存在着一个以巴克特里亚希腊化钱币为源头的货币演变系列。中亚既是起点，也是终点。巴克特里亚、印度—希腊人王国的钱币与印度—斯基泰人王国、贵霜帝国、嚈哒王国，以至于粟特、花剌子模地区的钱币之间实际上存在着一种不绝如缕的传承关系。尽管经过一代一代的模仿、改造，希腊语铭文、希腊的神也都遗失殆尽，正反面的图案早就面目全非，但基本的特征如形制、币值、币材等至少延续到了阿拉伯人到来之时，甚至从其后的阿拉伯钱币和中亚蒙古汗国钱币的轮廓中也都隐约感受到它的影响（圆形无孔，正反面各种图案）。

第三节　犍陀罗艺术与远东希腊神话的巴克特里亚起源

犍陀罗艺术（Gandhara Art）在印度西北部的起源、形成和希腊神话传说在希腊化远东地区的广泛传播是巴克特里亚文明圈中一个特殊的文化现象。由于有关的文献记载严重缺乏，所以这一地区具有犍陀罗艺术特征的文化遗存以及其他壁画、雕塑、钱币、器物、饰品上所反映的希腊神话素材就显得尤为珍贵。正是它们再现和凸现了巴克特里亚希腊化文明的基本特征：希腊文化与印度、波斯、草原游牧文明的深度互动与融合。

犍陀罗艺术包含西方古典因素，是在外来文化的参与或推动下出现的，这一点在学术界似乎没有异议。但它到底是与希腊化时期来到印度的希腊人有关，还是与罗马帝国时期通过海路而来的罗马人有关，也就是说这些古典因素是希腊人还是罗马人带来的，学术界存在争议。其实，如果我们承认犍陀罗艺术中的西方古典因素，事实上就等于承认了希腊文化的作用，因为这些古典艺术

---

① 详见 Joe Cribb, "The Sino-Kharosthi Coins of Khotan. Their Attribution and Relevance to Kushan Chronology," Part 1, *The Numismatic Chronicle*, Vol. 144 (1984), pp. 128-152；参见夏鼐：《"和阗马钱"考》，《文物》1962 年第 7、8 合期；林珠村：《再论汉佉二体钱》，《中国钱币》1987 年第 4 期。此类钱币国内大连旅顺博物馆和新疆钱币博物馆、甘肃钱币博物馆也有收藏，笔者 2013 年夏曾专程考察，拍有实物照片。

因素本质上源于希腊文明，罗马人不过是它的继承者和发扬者而已。而且帝国东部（埃及、叙利亚一带）的罗马人相当一部分实际上就是以前的希腊人或其后裔，政治上他们是罗马帝国的臣民，但在血缘上，尤其在文化上他们还是希腊人。他们可能是最早来到印度的所谓"罗马人"。所以，有学者将犍陀罗艺术称为"希腊佛教艺术"（the Greco-Buddhist Art）①是有道理的。

　　佛教与希腊人的相遇发生在阿育王时期。亚历山大死后，印度的希腊—马其顿驻军最迟于公元前 316 年全部撤走。公元前 305—前 303 年，远征印度的塞琉古一世和当时印度孔雀王朝的统治者旃陀罗笈多（Chandragupta）达成妥协，放弃对印度西北部（原来是亚历山大帝国的一部分）的控制权。② 但这并不意味着希腊人与印度关系的中断。20 世纪 50—60 年代，在今日阿富汗的坎大哈发现了两块刻有孔雀王朝第三位国王阿育王（Ashoka，约公元前 270/269/260—前 232/218 年在位）发布的希腊语石刻敕令。③ 这就说明，此地仍有希腊人居住，而且人数可观，否则国王没有必要颁布希腊语敕令，而且也不可能找到如此谙熟希印两种语言和文化内涵的翻译者。他还派人到印度之外的西部五个希腊化王国去宣扬佛教。④ 这是他的自我吹嘘，还是确有其事，已不可考，但表明佛教在印度西北部的广泛传播，巴克特里亚的希腊人对佛教应该有所耳闻。

　　公元前 2 世纪初，巴克特里亚的希腊人大举进入印度西北部，与此地的佛教开始了直接的接触。印度—希腊人国王阿伽托克勒斯（Agathocles，约公元前 190—前 180 年在位）的钱币上出现了表示覆钵状的佛塔和围栏中的菩提树。⑤ 著名的印度—希腊人国王米南德

---

　　①　参见 Alfred Foucher，L'Art gréco-bouddhique du Gandhāra.

　　②　Strabo，Geography，15. 2. 9.

　　③　分别发现于 1958、1963 年（公布于 1964 年），详见 M. Wheeler，Flames over Persepolis，pp. 65-69；S. Sherwin-White and A. Kuhrt，From Samarkand to Sardis：A New Approach to the Seleucid Empire，pp. 101-102.

　　④　Ven. S. Dhammika，"the Fourteen Rock Edicts，" The Edicts of King Ashoka，nos. 5，13.

　　⑤　Osmund Bopearachchi，Monnaies gréco-bactriennes et indo-grecques，Catalogue raisonné，PL. 7（Agathcles，9-11）.

（Menander，约公元前 165/155—前 130 年在位）可能皈依了佛教。[①]
他的钱币上出现的表示八正道的法轮，似乎就是他信仰、弘扬佛教的
证据，表明他是一位转法轮王（the cakravartin，the king who makes the
wheel of law turn），也即最高的统治者。[②] 佛教既然如此流行，在当
时的文化氛围中，希腊人皈依佛教似乎也在情理之中。随从米南德
听经的 500 希腊人（the five hundred Yonakes，非确数）应该在国王的
带领下也成了佛教的信徒。[③]

　　一般认为，犍陀罗艺术的繁荣和传播是在贵霜迦腻色伽时期，但
它的萌芽却无疑是在印度—希腊人统治时期。正是他们把希腊的神
话故事、神人同形同性观念（anthropophuism）和雕塑造型艺术带入印
度。当释迦牟尼的崇拜者们试图用一个人物形象表现他们的佛祖
时，印度—希腊人中的佛教徒以及受雇于创作佛陀形象的希腊雕塑
家首先想到了他们熟悉的希腊神。相当一部分学者把希腊的阿波罗
神（Apollo）视为佛陀的原型，认为雕塑家们由此获取了创作的灵感。
这种说法应该说有一定的合理性。[④] 当然，我们从早期犍陀罗艺术
那些佛教人物雕塑和建筑艺术中所感受到的希腊化因素，不仅仅有
类似于阿波罗式的希腊神像，还有经过改造的科林斯式柱头和各种
具有希腊艺术风格的装饰性纹饰（如葡萄纹、蔷薇花饰、连珠纹、忍冬
纹、棕榈枝等）。这些希腊化因素应该首先来自巴克特里亚的希腊人
王国，阿伊·哈努姆遗址的发现提供了有力的证据。此地出土的希

---

　　① 　T. W. Rhys Davids，trans. ，*The Questions of King Milinda*，Part II of II，Oxford：The
Clarendon Press，1894，pp. 373-374（no. 420）；I. B. Horner，trans. ，*Milinda's Questions*，Volume
II，London：Luzac & Company，Ltd. ，1964，pp. 304-305（no. 420）；《大正新修大藏经·论集部》
第 32 卷 No. 1670（A，B）《那先比丘经卷下》，第 703、719 页。

　　② 　关于该钱币图案及其寓意，见 Osmund Bopearachchi，*From Bactria to Taprobane*，
Vol. I：*Central Asian and Indian Numismatics*，Pl. I. no. 14；p. 197。

　　③ 　Yonakes，即 Yonas，是印度—希腊人 Yavanas 的巴利文复数形式。汉译为"臾那"，
首先出现在巴利文的《米南德问经》中。其中提到米南德的五百希腊随从（The five hundred
Yonakes）或宫廷议事会成员（counselors），见 T. W. Rhys Davids，trans. ，*The Questions of King
Milinda*，Part I of II，pp. 8，30，33，37（nos. 4，19，20，23）。在汉文《那先比丘经》中译为"五百
伎"或"五百骑从"，《大正新修大藏经·论集部》第 32 卷 No. 1670（A，B）。

　　④ 　参见［法］R. 格鲁塞著，常书鸿译：《从希腊到中国》，第 27-29 页；R. A. Jairazbhoy，
Foreign Influence in Ancient India，Bombay，New York：Asia Pub. House，1963，p. 145；Alfred
Foucher，*Beginnings of the Buddhist Art*，p. 128.

腊式雕塑，钱币上强烈的现实主义人物形象，希腊式柱式，以及它们精巧的制作工艺（如泥塑①），说明在巴克特里亚存在着一个艺术流派②，它的成员可被视为犍陀罗艺术创造者的先驱。

希腊神话是古希腊文明的精神的一种体现，是古希腊人对自身以及自身与自然万物关系的拟人化想象。所谓希腊的神，以及关于这些神的传说，不过是古希腊人民族性和人性的展现。希腊人"神人同形同性"的观念可能即由此而来。像世界上其他民族一样，他们的神和关于神的传说与他们如影相随，无处不与他们同在。亚历山大的征服在某种意义上，就是传播希腊神话的过程。他声称，他是宙斯和赫拉克勒斯的后裔，认为自己就是荷马史诗中阿喀琉斯式的英雄。③　他到了埃及又认为自己是"阿蒙（Amon）—宙斯"之子。④　吕西马库斯发行亚历山大头戴公羊角的钱币就来源于此，因为公羊是阿蒙神的标志。当他经过兴都库什山进入中亚的时候，他把这座山当成是希腊神话中囚禁普罗米修斯（Prometheus）的高加索山。⑤　当他进入印度的时候，在一座名为奈撒（Nysa）的城市，碰到了自称是酒神狄奥尼苏斯（Dionysus）追随者后裔的希腊人。他们对他的到来表示了真诚的欢迎。但这个偶遇反而激发了他的征服欲。他要比酒神走得更远，要和他一比高低。⑥　巴克特里亚希腊人相对于当地民族，自然是少数。但他们在自己建立的城市里，则是居民的多数和社会上

---

①　这种泥塑艺术在同时期的塔赫特—伊·桑金遗址也有发现。B. A. Litvinskii and I. R. Pichikian，"The Hellenistic Architecture and Art of the Temple of the Oxus，" Bulletin of the Asia Institute，New Series，Vol. 8，1994，pp. 47-66.

②　有的学者根据在帕提亚尼撒遗址发掘出的具有希腊神话人物形象的来通（rhytons）以及希腊式大理石雕像等艺术品，认为在此地存在着一个希腊—帕提亚艺术家群体，他们或专门制作来通。但也有的学者提出，这些艺术品可能来自地中海或亚洲的其他地方，如从巴克特里亚进口而来。若此，巴克特里亚希腊化艺术流派的假设可得到进一步佐证。参见 Carlo Lippolis，"Parthian Nisa：Art and Architecture in the Homeland of the Arsacids，" in Pierre Leriche，Art et Civilizations de L'orient Hellénisé，Paris：Picard，2014，pp. 223-230.

③　亚历山大从小就崇拜阿喀琉斯，东征路过特洛伊（Troy）旧址时，还向其墓献了花环。见 Arrian，Anabasis of Alexander，1. 12. 1；7. 14. 4-5.

④　Arrian，Anabasis of Alexander，3. 3. 1-2；4. 9. 9；Strabo，Geography，17. 1. 43.

⑤　Arrian，Anabasis of Alexander，3. 28. 4；5. 3. 1-4；5. 5. 3.

⑥　Arrian，Anabasis of Alexander，5. 1-2.

层。在这些希腊式城市的公共活动空间随处可见的各种希腊神的雕像，无不唤起希腊人对远祖神话英雄的记忆。这些神话故事随着希腊人代代口传而延续，也随着他们的统治的加强而深入人心。普鲁塔克曾说到，荷马的诗在亚洲得到广泛的阅读。[①] 希腊化钱币上的各种希腊保护神，无疑也推动了希腊神话的传播。

希腊神话在中亚和印度流传的结果就是在一定程度上逐渐被非希腊的民族所接受。帕提亚人和后来的印度—斯基泰人、贵霜人、嚈哒人、粟特人在接受希腊式钱币的同时，也接受了其上的希腊神。犍陀罗艺术中各种希腊神话人物的出现，尤其赫拉克勒斯形象的出现和变异就充分反映了希腊神话传播之深远。在犍陀罗艺术出现的初期或之前，在印度西北部出现了一种类似于化妆盘（toilet tray，palette）的石盘[②]，其中的许多人物形象和故事情节都取材于希腊神话，如太阳神阿波罗与神女达芙妮（Daphne），美神阿芙洛狄特与特洛伊王子帕里斯（Paris），仙女宁芙（Nymph）和酒神随从萨提尔（Satyrs），狩猎女神阿尔特米斯（Artemis）和猎人阿克泰翁（Actaeon），阿芙洛狄特与小爱神厄洛斯，骑在海马背上的海中神女涅瑞德斯（Nereides），醉酒的狄奥尼苏斯，以及希腊传说中的英雄赫拉克勒斯、墨勒阿革洛斯（Meleagros）或美少年阿多尼斯（Adonis）等。一个石盘全景式地展示了狄奥尼苏斯与妻子阿里阿德涅（Ariadne）正在饮酒作

---

① Plutarch, "On the Fortune or the Virtue of Alexander," *Moralia*, 328D.

② 关于这些"化妆盘"出现的时间，学术界的争论主要在于它们出现在印度—希腊人时期还是在印度—帕提亚人和贵霜迦腻色伽时期。详见 Ciro Lo Muzio, "Gandharan Toilet Trays: Some Reflections on Chronology," *Ancient Civilization from Scythia to Siberia*, Vol. 17, 2011, pp. 331-340. 该作者持后一种观点，认为它们应该出现在公元 1 世纪，或者 2 世纪早期，与犍陀罗艺术的发展同步而非之前或在它的最早阶段。根据法兰克福的研究，这些所谓的化妆盘依其风格和内容可分为"希腊化式""帕提亚式""印度式"三个类型，他所搜集的 97 个石盘中仅有两个与佛陀有关（nos. 96-97）。可见这些化妆盘经历了一个漫长的演变过程，它们中的那些希腊化风格尤为突出的，显然属于印度—希腊人时期，后来那些属于帕提亚式和印度式的石盘，则是对以前题材的模仿或改造。参见 Henri-Paul Francfort, *Les Palette du Gandhara*, Paris: De Boccard, 1979, pp. 5-7; Pls. I-XLVII (Palette nos. 1-97).

乐(或正在举行婚礼)以及葡萄酒制作等场面。[①] 还有一块石板上雕刻的是特洛伊的故事:特洛伊人想把木马拉回城里,但在城门口遭到女祭司卡珊德拉(Cassandra)和拉奥孔(Laocoon)的全力阻挠。[②] 希腊巨神阿特拉斯(Atlas)力扛天宇的形象也出现于犍陀罗地区的佛教雕刻中。[③] 在犍陀罗佛教艺术中,赫拉克勒斯变成了护法金刚(Vajrapani)。[④] 但他的基本特征仍然保留:头戴狮子头皮盔,裸体,手持由木棒变形的金刚杵。[⑤] 这种形象一直东传到中国,麦积山石窟中的泥塑金刚[⑥]、隋唐墓中出土的护墓武士陶俑[⑦]、唐三彩武士俑[⑧]都或多或少反映了赫拉克勒斯的某些特征。值得注意的是,除了赫拉克利勒斯之外,希腊幸运女神(Tyche)的形象与印度女神 Hariti 合二

①　John Marshall, *Taxila*, Vol. 2, pp. 494-495, Pl. 144. nos. 62, 65; Henri-Paul Francfort, *Les Palette du Gandhara*, Pls. I-X, XII-XIII, XIX, XXI-XXII(Palette nos. 1-3, 6, 8-9, 12-17, 19, 24-26, 37, 41-44);洛·穆兹奥:《印度—希腊、塞人和帕提亚时期西北印度的化妆盘》,载[意]卡列宁、菲利真齐、奥里威利编著,魏正中、王倩编译:《犍陀罗艺术探源》,第74—83页。

②　现藏大英博物馆,编号 1990, 1013. 1. 图片、说明详见该馆网页:http:// www. britishmuseum. org/research/collection_online/collection_object_details. aspx? objectId= 223566&partId= 1&searchText= troy+ horse&images= true&page= 1.

③　Harald Ingholt, *Gandharan Art in Pakistan*, New York: Pantheon Books, 1957, "Descriptive Catalogue" & Pls: 382-387.

④　参见谢明良:《希腊美术的东渐?——从河北献县唐墓出土陶武士俑谈起》,《故宫文物月刊》1997 年 15 卷第 7 期,第 32—53 页;邢义田:《赫拉克勒斯在东方》,荣新江、李孝聪主编:《中外关系史:新史料与新研究》,科学出版社,2004 年,第 15—48 页。

⑤　参见 W. Zwalf, *The Shrines of Gandhara*, London: British Museum Publications Limited, 1979, p. 23(Pl. 21); Christian Luczanits, *Gandhara: Das Buddhistische Erbe Pakistans: Legenden, Klöster und Paradiese*, Mainz: Verlag Philipp von Zabern, 2008, p. 319(abb. 3); Francine Tissot, *The Art of Gandhara*, Paris: Librairie Adrien Maisonneuve, 1986, Fig. 102. 柏林亚洲艺术博物馆也有一类似石刻收藏,名为"Buddha and Vajrapani",编号:I 58,出自犍陀罗地区,公元前 1 世纪,个人拍摄(2014-2-7)。见本书第十一章图 17. 3。

⑥　身着铠甲,怒目前视,头戴虎头帽,右手施无畏印,左手持一木棒下垂于双腿间,脚踏小鬼。麦积山第四窟殿前泥塑,个人实地拍摄(2007-8-18)。见本书第十一章图 19。

⑦　王敏之等:《河北献县唐墓清理简报》,《文物》1990 年第 5 期,第 28—33、53、101页;山西省文物管理委员会、山西省考古研究所:《山西长治北槽唐墓》,《考古》1962 年第 2期,第 63—68 页,图 8。

⑧　身着铠甲,头戴虎头或狮头皮盔,胸前两条前腿打结,与西方古典艺术中的赫拉克勒斯形象和犍陀罗艺术中的护法金刚颇有相似之处。现藏西安博物院,个人拍摄(2013-7-24)。见本书第十一章图 20。

为一，也进入了犍陀罗艺术的殿堂，在哈达的一组佛教雕塑中，她的位置紧靠佛陀的身旁。[①]

公元以后，佛教开始经中亚向东亚传播，也就意味着犍陀罗艺术的东传。中国境内图木舒克的飞天形象，龟兹的裸体壁画、日天月天形象[②]，敦煌石窟中的爱奥尼亚和多利亚柱式[③]，都反映了犍陀罗艺术中希腊化因素的强烈影响。可以毫不夸张地说，包含着希腊神话因素的犍陀罗艺术是远东希腊化文明留给后世影响最为深远的一份遗产。

第四节　远东希腊化世界与丝绸之路

远东希腊化地区处于从中国到地中海丝绸之路的核心地段，是丝路由中亚通往西亚和南亚次大陆的起点。因此，在对远东希腊化文明做出历史定位之时，我们有必要简略考察二者之间的关系。

两汉之际，从中国方向进入中亚和印度的主干线主要有三条。一条史称"北道"，从疏勒"西逾葱岭则出大宛、康居、奄蔡"，一条史称"南道"，从莎车"西逾葱岭则出大月氏、安息"。北道沿泽拉夫善河行进，南道沿阿姆河行进，最后在安息的木鹿汇合，向西进入伊朗高原。南道还有一条延伸线，即从中国越帕米尔南下，经悬度，进入犍陀罗地区，由此西南行进入乌弋山离，即今日阿富汗的南部，自此"南道极矣"。[④] 三路所经之地(焉蔡除外)，都是原来巴克特里亚和印度—希腊人统辖之地。不论从中国西到伊朗、两河地区和地中海，还是从北方草原南下至印度河口，巴克特里亚及其属地都是必经之地。如果说中亚是亚洲的心脏，远东希腊化的核心地区——巴克特里亚王国

---

① John Boardman, *The Greeks in Asia*, p. 189, illus. 123.

② ［法］R. 格鲁塞著，常书鸿译：《从希腊到中国》，第 118 页；吴焯：《克孜尔石窟壁画裸体问题初探》，《中亚学刊》第 1 辑，中华书局，1983 年，第 116—143 页。关于龟兹壁画中的希腊化文化因素，见韩翔、朱英荣：《龟兹石窟》，新疆大学出版社，1990 年，第 206—208、334—341 页，图八十、八十一。

③ 爱奥尼亚柱式出现于 268 窟，见敦煌研究院：《敦煌石窟全集》第一卷《莫高窟第 266—275 窟考古报告》，文物出版社，2011 年，第 96、249 页，图 34（第 56 页），图版：29—31、38；多利亚式柱式出现于 254 窟壁龛，图片见敦煌文物研究所著：《中国石窟·敦煌莫高窟》第 1 卷，文物出版社，1982 年，图版 26。爱奥尼亚柱式也可见该书图版 6。

④ 《汉书·西域传》，第 3872、3889 页。

的所在地就是丝绸之路的十字路口和交通枢纽。丝路的开通不仅推动了希腊化世界内部的文化交流，而且打开了巴克特里亚希腊化文明信息通往中国的大门。这一历史性的壮举有赖于张骞的西域凿空，更有赖于亚历山大帝国和希腊化世界的建立，特别是巴克特里亚希腊人在此地长达两个世纪的统治。

巴克特里亚是亚历山大由西而东和张骞由东而西的中亚极限之地，也是希腊化文明与中国文明的首次接触交流之地。汉代中国方面通过丝绸之路所获悉的西域"风土人俗"①，在很大程度上就是远东希腊化文明遗产的反映。

当张骞公元前128年风尘仆仆地来到阿姆河畔之时，巴克特里亚的希腊人大部分已经南撤至印度西北部。他所见到的是一个臣服于大月氏部落的大夏。这个大夏是否就是西方古典作家所记载的巴克特里亚希腊人王国，学界存在争议。从张骞的记述看，"大夏在大宛西南二千余里妫水南"，这个大夏所据之地与巴克特里亚的地理位置吻合。据斯特拉波，阿姆河是索格底亚那和巴克特里亚的分界线。② 阿姆河的中游是东西流向，大夏位于"妫水南"，就是位于阿姆河之南。"其俗土著，有城屋，与大宛同俗。无大君长，往往城邑置小长。其兵弱，畏战"③，说明这是个定居的农业国家，有不少城镇，各地自治。国王已不存在，兵弱怯战。这可视为对希腊人王朝弃国而去，当地处于分裂割据状态的反映。美国学者勒纳认为，阿伊·哈努姆遗址直到公元前1世纪中期才最后被希腊人遗弃。④ 如果此论属实，张骞抵达大月氏、大夏之时，希腊人王朝可能还保有巴克特里亚

---

① 《后汉书·西域传》，第2913页。

② Strabo，Geography，11.11.2.

③ 《史记·大宛列传》，第3164页。

④ Jeffrey D. Lerner，"The Eastern Baktria under Da Yuezhi Hegemony，" in Vidula Jayaswal，ed.，Glory of the Kushans：Recent Discoveries and Interpretations，New Delhi：Aryan Books International，2012，pp. 79-86. 一般认为，阿伊·哈努姆遗址在公元前145年被遗弃。（Paul Bernard，"An Ancient Greek City in Central Asia，"Scientific American，Vol. 246，Jan. 1982，pp. 148-159.）波比拉赫奇根据钱币资料，推定最后一位希腊人国王Heliocles一世对巴克特里亚东部的控制延续到公元前130年前后。（见Osmund Bopearachchi，Monnaies gréco-bactriennes et indo-grecques：Catalogue raisonné，p. 453.）这大概是为了与汉文资料关于张骞抵达大夏的时间相吻合。

东部的山区。张骞"并南山"而归时，极有可能会溯阿姆河而上，经过这个城市，然后沿瓦罕通道进入塔里木盆地。但无论如何，张骞所经过的大宛、康居、大月氏、大夏之地都是原来亚历山大帝国、塞琉古王国和巴克特里亚希腊人的统治区域。此地的希腊化文化遗产一定给他留下了深刻的印象。像他提到的这些地方的城市众多，种植葡萄，"相知言"，以及传闻中的安息的"如其王面"的钱币和"画革旁行以为书记"①的书写材料与方式，都似乎与所谓的巴克特里亚"千城之国"，通用希腊语（κοινη, common tongue），帕加马的羊皮纸和希腊语的书写规则，希腊人带来的葡萄种植技术有关。②

希腊化远东地区也是后来丝路文明的汇聚与辐射之地。张骞之行，标志着远东希腊化文明遗产通过丝路传播的开始。但以这一地区为中心的大规模的文明交流要到公元之后希腊人从印度彻底消失之后。不论是在印度西北部取代印度—希腊人王国的印度—斯基泰人王国、印度—帕提亚人王国，还是在中亚取代巴克特里亚王国，其后崛起于从阿姆河到印度河的贵霜帝国，还是在中亚、西亚取代塞琉古王朝统治的帕提亚帝国以及后来曾经统治过中亚甚至印度一部的萨珊帝国，希腊人当初在远东建立的城市有相当一部分相继被新的统治者所利用，有的成为丝路重镇和文化中心。希腊式钱币也被这些后起王国所接受、改造、利用。佛教的希腊—犍陀罗艺术也经由贵霜传到中亚、中国。希腊神话人物的形象也随之传播，尽管本身已经发生了巨大的变异。

远东希腊化文明的遗产之所以能产生如此深刻和深远的影响，与继希腊人之后入主此地的民族本身的文明发展程度有关。不论是来自里海沿岸的帕提亚人，来自北方的斯基泰人，还是从中国西北而来的大月氏人、嚈哒人，他们都是游牧民族，背负的是草原文化。从游牧到定居，他们对当地的文化有一个接受适应的过程。面对文明程度大大高出他们的被统治民族，他们别无选择，只好接受当地的文化。这就是远东希腊化文明遗产之所以能够被普遍接受的历史和文化背景，

---

① 《史记·大宛列传》，第 3160、3162、3174 页。

② 详见杨巨平：《亚历山大东征与丝绸之路开通》，《历史研究》2007 年第 4 期。也见本书第一编第一章。

也是后来这些统治民族的文化中包含大量希腊化因素的原因。当然，这是一个潜移默化的渐进过程。不可否认的是，他们在接受希腊化文明遗产的同时，也接受了其他民族的文化，特别是印度、波斯的文化，同时注入了自己的游牧文化元素。印度—斯基泰人钱币上的国王戎装骑马形象，贵霜钱币上的国王身着本民族的皮袍皮靴，向琐罗亚斯德教（Zoroastrianism）的火坛献祭，同时又将印度和波斯的神视为自己的保护神，就是这种多元文化相结合的见证。希腊、印度、波斯、中国、草原五大文明能够在原来希腊化的远东地区互动交流，以巴克特里亚为中心的丝路交通体系无疑发挥了至关重要的作用。

结　　论

总之，希腊化文明本质上是一个既多元又统一的混合文明。究其整体上的构成和影响而言，实际上有两个中心，一个是东地中海地区，一个是巴克特里亚地区。前者的文明传承作用显而易见，有目共睹，后者则长期湮没在历史的失忆与尘封之中。然而，正是巴克特里亚的希腊人在中亚地区和印度西北部长达约三个世纪的统治，才使得这一区域的希腊化文明在孤悬远东的困境下，能一花独放，得以延续。此地的希腊人坚持他们的文化传统、生活方式、宗教信仰，坚持使用他们自己的语言，但同时也在不断地调适自我，有选择地接受当地的文化，所以才能在这样的多元文化环境中创造出这样一个独特的以阿姆河流域为中心，地跨中亚、印度西北部的"希腊—巴克特里亚文明圈"（或曰"远东希腊化文明圈"）。生活于其中的民族，不论是外来的，还是本土的，都不同程度地受到了这一文明直接或间接的影响。可以毫不夸张地说，它们的文化正是在吸收远东希腊化文化遗产的基础上发展起来的，它们的文明在某种意义上就是远东希腊化文明的延续和扩展。巴克特里亚是丝绸之路的枢纽地区，同时也是希腊罗马、波斯、印度和中国文化的汇聚之地。远东希腊化文明的遗产及其信息正是由此传到了中国，并融入了中华文化的传统之中。在我国提出"一带一路"倡议的今天，远东希腊化文明的内涵及其历史定位确实值得重新审视。

（原载《历史研究》2016 年第 5 期，略有改动）

第二编　希腊化世界与丝路沿线文明的互动

引　言

希腊化世界是希腊化文明的载体，也是丝绸之路西线的必经之地。这个世界并非一个政治统一体，而是一个文化集合体。其中占主导地位的是希腊文化与东方文化交融而成的具有多元统一特征的希腊化文化，其余也包括各地原来的固有文化和由于民族迁徙带来的新的游牧文化。在这个以希腊化王国为主体的世界中，有的王国疆域变化不大，自始至终保持了完整，像埃及的托勒密王国；有的很早就亡于罗马人之手，如亚历山大帝国的发祥地马其顿王国；也有的虽然残存于希腊化时代之末，如塞琉古王国，但早在公元前 3 世纪中期就开始丧失对远东地区的控制。那里有两个行省几乎同时独立建国，一个是里海东南的帕提亚，一个是阿姆河流域的巴克特里亚。前者由斯基泰人的一支帕尔尼人（阿帕尔尼人）所建立，后者由原来的希腊—马其顿人总督所建立。原来亚历山大帝国在印度西北部的地盘早在亚历山大死后就被新兴的孔雀王国所占领。但从理论上，这也是亚历山大的遗产，归塞琉古王国继承所有。对其而言，当然不愿意接受领土的丧失。于是在公元前 4 世纪末和前 3 世纪末两次出兵印度，但最后都大失所望，无奈放弃。对于已经宣告独立，且经营半个多世纪的帕提亚和巴克特里亚行省，塞琉古王国还是坚持要收复失地，但几经反复之后，不仅不得不承认既成事实，而且面对帕提亚的西扩，步步退却，以至于到公元前 2 世纪后期，两河领域及其以东的领土几乎全部沦陷于帕提亚之手。从公元前3世纪后期起,塞琉古王国也失去了对小亚的控制,一个新的王国——帕加马王国于此独立,并于公元前133年自赠罗马。曾经最为庞大的塞琉古王国现在只能偏安于叙利亚一带,等待罗马军团结束它的命运。但与此同时,远东的希腊人王国则显示了顽强的生命力。他们虽然不得不与当地的民族和文化相结合,但仍然竭尽全力保持他们的希腊性(Greekness)。该王国经历了三个家族的统治,他们不仅抵御住了帕提亚的东扩和北方游牧民族的压力,而且在公元前2世纪初进入印度西北部,开辟了新的生存之地。半个世纪之后,他们终于不堪北方游牧民族的侵扰进逼,退入印度。他们及其后裔就是历史上的"印度—希腊人"。正是在印度—希腊人时期(至公元前后),希印民族和文化的融合大大深入,希腊人的钱币上接受了印度的神和语言,有的希腊人甚至皈依了佛教,最典型的例子就是名为米南德的印度—希腊人国王。

塞琉古王国虽然由于内乱外患,鞭长莫及,失去了大部分领土,但它毕竟是统治西亚、中亚唯一的时间最长的希腊化王国。因此,借助于亚历山大帝国的遗产,该王国还是在希腊化文明形成的过程中发挥了关键作用。帕提亚王国虽然是非希腊人政权,但它地处希腊化世界的中心,东西两面受到巴克特里亚王国和塞琉古王国的影响,加之原为塞琉古王国故地,境内还有诸多希腊城市,所以,从地缘政治的角度来看,他们奉行"爱希腊"的原则也不失为一种明智的文化选择和政治自保措施。巴克特里亚王国孤悬远东,此地的希腊人唯有保持他们的文化传统才能保证民族的延续,所以他们是远东希腊化文明的真正开创者,也是与丝绸之路最先接触的希腊人后裔。他们的遗产被新来的斯基泰人(塞人)、大月氏—贵霜人所接受,从而在中亚、印度西北部率先实现了从希腊化城市向丝路城市,希腊化钱币向丝路希腊式钱币,希腊化艺术向佛教犍陀罗艺术和其他丝路宗教艺术的过渡。

第四章　娜娜女神的传播与演变

——一项关于多元文化背景下宗教认同现象的个案研究

　　宗教认同是指不同地区的民族宗教信仰或崇拜的对象被其他的地区或民族所接受，并将其与自己相似的神祇混同为一。比如，希腊人的神就得到罗马人的认同，将其大部分改换名称后变成为自己的神。希腊人也是如此，他们所到之处，总是愿意将当地的神与自己的神等同，这样就出现了像宙斯—阿蒙（Zeus-Amen）、瑞亚—库柏勒（Rhea-Cybele）这样的混合神。当然，宗教认同并非希腊罗马人所独有，在古代的西亚、中亚和印度，这样的现象也很普遍。本文所重点考察的娜娜女神在这一区域的广泛认同和持久传播就是典型的一例。也正是由于这一原因，娜娜女神的研究近年来得到国内外学术界的重视，相关的碑铭、钱币、雕塑、墓葬、城市遗址的出土也为研究的深入提供了可能。鉴于国内有关考古资料的匮乏，本文将在前人

---

　　①　国外主要有 Guitty Azarpay，"Nana，the Sumero-Akkadian Goddess of Transoxiana，" *Journal of the American Oriental Society*，Vol. 96，No. 4（Oct. -Dec. 1976），pp. 536-542；"Nine Inscribed Choresmian Bowls，" *Artibus Asiae*，Vol. 31，No. 2/3，1969，pp. 185-203；*Sogdian Painting：the Pictorial Epic in Oriental Art*，Berkeley：University of California Press，1981；Erich Reiner，"A Sumero-Akkadian Hymn of Nana，" *Journal of Near Eastern Studies*，Vol. 33，No. 2（Apr. 1974），pp. 221-236；B. N. Mukherjee，*Nana on Lion：A Study in Kushana Numismatic Art*，Culcutta：The Asiatic Society，1969；F. Grenet and B. Marshak，"Le mythe de Nana dans l'art de la Sogdiane，" （转下页）

研究的基础上①,对她在不同历史时期和不同地区、不同文化环境
中的身份、职能、形象的演变进行一番追踪溯源式的考察,旨在说
明:只有在多元文化背景下,宗教认同才有可能实现,但随着这一
进程的深入,被认同对象的变异似乎也在所难免。

第一节　娜娜的起源及其与伊南娜
—伊什塔尔的认同

娜娜女神是西亚两河流域南部最古老的神祇之一,其源头最早
可以追溯到苏美尔—阿卡德时期(约公元前 4000 年代末—前 3000
年代)。在乌尔第三王朝时期(约公元前 2112—前 2000 年),这位女
神具有了苏美尔神话中的性爱、丰产和战争之女神伊南娜(Inanna)
的特征。伊南娜的本意是"天之女王"(Queen of Heaven),苏美尔神
话中她以"天地之女王"(the Queen of Heaven and Earth)而著名,掌管
万物的生长和人类的繁衍。①她是月神南那(Nanna,即阿卡德语中的
辛,Sin)和芦苇女神宁伽尔(Ningal)的女儿,太阳神乌图(Utu,即阿卡
德语中的沙马什,Shamash)的妹妹,早在乌鲁克文化期(约公元前
4000—前 3100 年)就已出现。值得注意的是,她的早期形象与狮子
相联系,可能是她力量的象征。她也是乌鲁克城(Uruk)的保护神,是
金星神,常常被表现为站在两个雌狮子背上。根据苏美尔神话故事,
她曾经下到地府,但死而复生,返回人间。②因此,她的雕像以及与她
有关的象征符号和形象(如玫瑰或圆形花饰、八角星、头巾、狮子、红
玉髓等)也常会在死者的墓中出现,以护佑死者在冥界过上好的生
活。③伊南娜有许多苏美尔语的名字,娜娜是其中之一。伊南娜在阿

(接上页)Arts Asiatiques 53,1998,pp. 5-18;Madhuvanti Ghose, "Nana:the Original Goddess on
the Lion,"Journal of Inner Asian Art and Archaeology, Vol. 1,2006,pp. 97-112. 国内见姜伯勤:
《中国祆教艺术史研究》第六、十二、十六章(下),生活·读书·新知三联书店,2004 年。

①　Diane Wolkstein and Samuel Noah Kramer, Inanna:Queen of Heaven and Earth,New
York:Harper & Row Publisher,1983,p. xvi.

②　详见"伊南娜下地府"("The Descent of Inanna"),Diane Wolkstein and Samuel Noah
Kramer, Inanna:Queen of Heaven and Earth,pp. 51-73.

③　详见 Caitlin E. Barrett, "Was Dust Their Food and Clay Their Bread? Grave Goods,the
Mesopotamian Afterlife,and the Liminal Role of Inana/Ishtar," Journal of Ancient Near Eastern
Religion,Vol. 7(2007),pp. 7-65. (此文的 Inana 比通常的 Inanna 省略了一个"n",原文如此,
特此说明)

卡德语中的对应神是伊什塔尔（Istar，Ishtar）。因此，娜娜可以和伊南娜、伊什塔尔相联系，可被视为不同名称下的同一位神，伊南娜—伊什塔尔的狮子也就成了娜娜的标志。但娜娜与伊南娜—伊什塔尔就个体而言，都还是独立的神，分别有自己的祭所，娜娜只是吸收了她们的职能和特征才与其相联系和认同。①

娜娜的身世也体现了她与其他美索不达米亚神的认同。一首古巴比伦时期的赞美诗显示，娜娜的父亲是天空之神安（An，Anu），他赋予了她最高女神的地位。② 但在新发现的属于后期亚述时期（公元前 744—前 734 年以前）一首献给娜娜的赞美诗中，娜娜的父亲仍然是月神辛（Sin）。这显然是由于娜娜与伊南娜—伊什塔尔认同的结果。该诗的主要内容是将娜娜视为两河流域南部诸多城市的保护神，描述她在这些城市、神庙的不同名称、身份、地位以及她的不同丈夫的名字③。该诗前两节保存比较完整，可以看出她与美索不达米亚诸神的联系。

第一节：

（1）我的神母（My Lady），辛（Sin），伊南娜，生于……同样地（？）/我是同样的一个（？）

（2）我是辛的智慧的女儿，沙马什（Samas）深爱的姐妹，我是博斯帕（Borsippa）城的强者，

（3）在乌鲁克，我是一位神奴（神妓），在达都尼（Daduni），我有丰满的双乳，

（4）在巴比伦，我长着胡子，但我仍是娜娜。

第二节：

（1）乌尔（Ur），乌尔，伟大的诸神的庙堂，同样地（？）

（2）他们称我乌尔的女儿，乌尔的女王，尊贵的辛的女儿，她到处行走，进入每一个家庭。

---

① G. Azarpay, "Nana, the Sumero-Akkadian Goddess of Transoxiana," p. 536；Madhuvanti Ghose, "Nana: the Original Goddess on the Lion," p. 97；Mary Boyce, A History of Zoroastrianism, Vol. II, Leiden：E. J. Brill, 1982, pp. 30-31.

② G. Azarpay, "Nana, the Sumero-Akkadian Goddess of Transoxiana," p. 536.

③ 详见 Erich Reiner, "A Sumero-Akkadian Hymn of Nana," pp. 221-236；参见 G. Azarpay, "Nana, the Sumero-Akkadian Goddess of Transoxiana," pp. 536-537.

（3）她是一位神圣的女神，掌握着人们的命运；她诱拐走了那位风华正茂的青年男子，

（4）她把那位青春少女赶出了闺房——但我仍是娜娜。

这两节诗文透露的信息非常明确：到后亚述时期，娜娜已经在两河流域地区得到了普遍的接受。由一位乌鲁克的城市女神变成了地区性的女神，可以和博斯帕、达都尼、巴比伦、乌尔等城市的许多女神相认同，但她从伊南娜—伊什塔尔崇拜那里接受过来的基本特征并未改变。作为太阳神的妹妹、月神的女儿，她仍然是各个城市的保护神，为人们带来胜利、情爱和丰饶。

第二节　波斯、希腊化时期的娜娜与伊朗、希腊女神的认同

波斯王国公元前 6 世纪中期以后兴起于伊朗高原，很快就发展为横跨欧亚非三大洲的大帝国。帝国的核心区域是以美索不达米亚为中心的西亚地区。波斯人虽然奉琐罗亚斯德教（Zoroastrianism，即汉文史料中的祆教、拜火教）为国教，但并不排斥各地原有的宗教。他们将史称"巴比伦之囚"的犹太人释放回去，在耶路撒冷建立政教合一的神权政体，就是很好的说明。对于在两河地区普遍流传的娜娜女神崇拜，波斯人也欣然接受，并将其与伊朗掌管水、星星和命运的女神（Water Goddess）阿纳希塔（Anahita）相认同。[1] 据古典文献记载，波斯人曾在米底都城埃克巴坦那（Ecbatana）建有一座名为"Aene"或"Nanaea"的女神庙。该庙富丽堂皇，金砖银瓦，柱子上也镀着黄金。塞琉古国王安条克三世（公元前 222—前 187 年在位）洗劫了该神庙，所得金银用以造币竟达 4000 塔兰特（talent）。[2] 普鲁塔克明确提到这座神庙属于阿奈提斯（Anaitis）女神[3]，而 Anaitis 就是波斯语 Anahita 的希腊语形式。可见，娜娜—伊什塔尔—阿纳希塔

---

[1] Madhuvanti Ghose，"Nana：the Original Goddess on the Lion，"pp. 97-98.

[2] Polybius，*The Histories*，10. 27；参见"The second book of the Maccabees"，1. 13，*The New English Bible with the Apocrypha*，Oxford University Press，1970.

[3] Plutarch，*Artaxerxes*，27. 3，with an English translation by Bernadotte Perrin，Cambridge，Mass. ：Harvard University Press，1926.

的认同在波斯帝国时期已经出现并享有盛名，Aene、Nanaea 或从Anahita、Nana 转化而来。

亚历山大帝国的建立，使希腊人第一次如此大规模、大范围地面临东方各地的宗教崇拜。对于这些形形色色的东方神，奉行泛神论的希腊人采取了一贯的拿来主义，将他们尽可能地与本民族的神相认同。对于娜娜这一在以美索不达米亚为中心的地区流传数千年，且具有明显外在特征和多种职能属性的女神，希腊人自然会在自己的诸神中找到一个可以与之对应的女神。希腊的月神与狩猎之神阿尔特米斯（Artemis）成为首选，一个与月神相关的混合神"阿尔特米斯—娜娜"（Artemis-Nana）随之出现。原来波斯帝国四都城之一的苏萨（Susa）首先成为两位女神的结合地。

苏萨是伊朗西南部的埃兰（Elymais，Elam）地区的首府，娜娜早在公元前 3000 年代就已传入。① 公元前 2000 年代中期，埃兰的一位国王甚至把两河南部埃里克（Erech）城内的娜娜神雕像抢到苏萨，作为崇拜的对象，直到公元前 7 世纪才被亚述人夺回。但当地的波斯人对娜娜的崇拜延续不绝，他们把娜娜、伊什塔尔与伊朗女神阿纳希提（Anahiti，即《阿维斯塔经》中的 Anahita）等同起来，还以"娜娜"（Nana）作为这位神的别名。② 塞琉古王国时期，希腊人开始在苏萨殖民。这批殖民者可能来自小亚的希腊城邦以弗所（Ephesus），于是将该地的娜娜女神认同为他们原来的城市保护神阿尔特米斯，将娜娜神庙视为他们的城市神庙，并将以弗所阿尔特米斯的蜜蜂标志作为阿尔特米斯—娜娜的标志。③ 公元前 3 世纪希腊人殖民城市杜拉—欧罗普斯（Dura-Europos，位于幼发拉底河上游西岸）神庙的一处铭文也将娜娜称为 Nanaia 和 Artemis。④ 叙利亚巴尔米拉

---

① G. Azarpay, "Nana, the Sumero-Akkadian Goddess of Transoxiana," p. 537.

② Mary Boyce, A History of Zoroastrianism, Vol. II, p. 31.

③ W. W. Tarn, The Greeks in Bactria and India, pp. 6, 29, 464. 关于这个神庙的存在，可见 Polybius, The Histories, 31. 9; Strabo, Geography, 16. 1. 18.

④ Doris Meth Srinivasan, ed., On the Cusp of an Era: Art in the Pre-Kushana World, Leiden: Brill, 2007, p. 257.

(Palmyra)遗址①的一个镶嵌图案上,有一身穿希腊服装的阿尔特米斯形象,被认同为娜娜(Nanaia,NNY,即 Nana)。可见塞琉古王国时期,娜娜与阿尔特米斯的相互认同已经比较普遍。

公元前 3 世纪中期,塞琉古王国东部的巴克特里亚和帕提亚两个行省先后宣布独立,但因前者仍是希腊人统治的王国,后者是非希腊人的所谓"爱希腊"王国,阿尔特米斯—娜娜的崇拜仍在流行。帕提亚在米特拉达特一世(Mithradates I,约公元前 171—前 138 年在位)时扩张至两河地区,有可能于此时开始接受对这位混合神的崇拜。阿尔特米斯—娜娜的蜜蜂标志首先出现在国王弗拉特斯二世(Phraates II,约公元前 138—前 127 年在位)的钱币上②,紧接着,头戴放射光芒的圆柱形(polos)王冠的阿尔特米斯—娜娜肖像也出现在米特拉达特二世(Mithradates II,公元前 123—前 88 年在位)的钱币上。③（见图 1）④公元 1 世纪埃兰地方统治者的钱币上也显示了头戴光圈、身穿希腊女猎手服装的阿尔特米斯—娜娜的正面或侧面形象。有时在她的身边还会出现新月的标志。⑤

同样的新月标志也在今天阿富汗的阿伊·哈努姆城市遗址中发现。该城位于巴克特里亚东部阿姆河与科克查河(Kokcha)交汇之处,亚历山大或塞琉古一世时期所建,遗弃于大约公元前 145 年。该遗址是远东希腊人社会生活的缩影,虽然在文化特征上以希腊为主,但也显示出东方的强烈影响。⑥ 考古学者在此地早期的地层中发现了一枚圆形的银质镀金饰片(a silver gilt plaque)。（见图 2）上面的图像可分为三部分。上方似乎是三联

①　原属塞琉古王国,公元前 1 世纪成为连接东方与地中海商路的重要中转站,前 1 世纪中期被罗马人占领。公元前后,此地是帕提亚—波斯和希腊罗马多种文化的汇合之地。

②　W. W. Tarn, *The Greeks in Bactria and India*,p. 464.

③　G. Azarpay, "Nana, the Sumero-Akkadian Goddess of Transoxiana," pp. 537-538, fig. 2. http://www. parthia. com/mithradates2. htm(Sellwood 26. 31).

④　G. Azarpay, "Nana, the Sumero-Akkadian Goddess of Transoxiana," pp. 537-538, fig. 2. http://www. parthia. com/mithradates2. htm(Sellwood 26. 31).

⑤　G. Azarpay, "Nana, the Sumero-Akkadian Goddess of Transoxiana," pp. 536-542.

⑥　参见杨巨平:《阿伊·哈努姆遗址与"希腊化"时期东西方诸文明的互动》,《西域研究》2007 年第 1 期。

神的标志：头上放射光芒的太阳神头像、一弯新月和闪光的星星。下方左侧是一辆由几头（可以明确分辨出的有两头）狮子拉的两轮车在高低不平的山路上前行，车上正面站着头戴圆柱形高冠、身穿希腊式长衣的弗里吉亚（Phrygia）大母神库柏勒（Cybele），驭手则是希腊的有翼胜利女神，车子后面一位女仆（女祭司？）为库柏勒打着遮阳伞。右侧是一座可以拾阶而上的城墙或祭坛，上面站立着一位女祭司，面向车子前来的方向。[1] 对于这样的场面，如何解读？ 该遗址发掘负责人伯尔纳（P. Bernard）从中看到了希腊美术传统和东方艺术的结合，认为其中的"胜利的隐喻性显示、赫利俄斯胸像表示的太阳的人格化、库柏勒所穿的长袍以及胜利女神"等都受到了希腊美术传统的启示。[2] 另外一位学者戈斯（M. Ghose）则看到了库柏勒和娜娜的结合，认为太阳神、新月、星星都与娜娜—伊什塔尔有关。因为伊什塔尔是太阳神的妹妹，月神的女儿，金星是她的标志。娜娜既与伊什塔尔相等同，伊什塔尔的特征也就是娜娜的特征。这些特征与库柏勒同置于一个画面，就形成了一个"东方化"的库柏勒混合形象。[3] 这样的解释应该说有可取之处。但对于太阳神形象，我倾向于伯尔纳的观点，即把他看作是希腊的赫利俄斯（Helios）。当然以此形象表示希腊和美索不达米亚太阳神的双重意义也未尝不可。至于下方的库柏勒，古希腊人此前早就将她与他们的母神瑞亚（Rhea）合而为一，称为"瑞亚—库柏勒"（Rhea-Cybele）。经常随侍瑞亚—库柏勒的动物是狮子，她的形象通常是头戴锯齿状冠，手持板鼓，坐在狮子拉的车上。[4] 此饰片车上的女神虽然站立，但是库柏勒无疑。狮子既与库柏勒有关，也是娜娜的坐骑，似可以看作是二者的又一个结合点。总之，如果上述推论成立，阿尔特米斯—娜娜崇拜和瑞亚—库柏勒崇拜在希腊化时期

①　Madhuvanti Ghose，"Nana: the Original Goddess on the Lion," p. 98，Fig. 1.

②　Paul Bernard，"The Greek Kingdoms of Central Asia,"in Janos Harmatta et al. ed. ，The History of Civilizations of Central Asia Vol. II，The Development of Sedentarg and Nomadic Civilizations，Paris: UNESCO，1994，p. 122. 参见 Paul Bernard，"An Ancient Greek City in Central Asia," p. 158.

③　Madhuvanti Ghose，"Nana: the Original Goddess on the Lion," p. 98.

④　［苏］M. H. 鲍特文尼克等编著，黄鸿森、温乃铮译：《神话词典》，商务印书馆，1985年，第 261 页。

都已经传到了巴克特里亚地区,而且二者大有潜移默化合流之势。这一崇拜甚至传回到了此时的雅典。今人在雅典的比雷埃夫斯港(Piraeus,又译庇里犹斯)发现了由一位来自东地中海沿岸的推罗人献给阿尔特米斯—娜娜女神的石刻铭文。[①] 可见阿尔特米斯—娜娜的形象在希腊化世界得到了广泛的认同和传播。

第三节　贵霜时期娜娜与伊朗、希腊、印度宗教因素的混合

　　贵霜王朝的建立者是来自中国西北部的游牧部落的大月氏人之一部。他们和帕提亚人一样,有感于自身的落后,对被征服者的先进文化采取了兼收并蓄的开放政策,对统治区域内的宗教全盘接受,为己所用,并根据需要赋予其特殊的意义。贵霜人及其祖先月氏人不仅占领了原来巴克特里亚和印度希腊人王国的统治区域,而且也夺取了西邻帕提亚帝国的一部分。这样,原来流行于此地的娜娜女神崇拜就自然进入了月氏和贵霜人的视线,并得到了他们的倾心接纳。[②] 娜娜的标志首先出现在月氏王公的钱币上,自迦腻色伽一世(Kanishka I)起,开始将娜娜的形象打压在他们的钱币上。但此时的娜娜似乎不再与希腊的阿尔特米斯相混同,其相貌和标志以美索不达米亚的娜娜为原型。

---

①　Jon D. Mikalson,*Religion in Hellenistic Athens*,Berkeley:University of California Press,1998,p. 278,n. 101.

②　关于贵霜与娜娜崇拜的关系,印度学者 A. C. D. 芒什提出了一个假说:由于亚述人的入侵,一部分苏美尔人,特别是从月神崇拜的中心城市乌尔出走的苏美尔人,向东逃亡到中亚,给当地的游牧部落带去了月亮崇拜,从而在此地长期保持了对他们最崇敬的月神南那及其子太阳神乌图、其女月亮女神伊南娜(塞姆神话中的娜娜)的记忆。他还从司马迁《史记·大宛列传》中"大月氏"的英文意译"Lunar Race"来猜测月氏和月亮崇拜的关系。但他也知道,这样的假说欠缺证据,他无法解释为什么贵霜前期 Kadiphises 王族对娜娜似乎无所知晓这一事实。见 Arun Chandra Deb Munshi,"The Origin and Development of Nana-The Popular Kusana Mother-Goddess," *Journal of the Oriental Institute*,Vol. XXXV,1986,Nos. 3-4,pp. 249-256. 笔者以为,根据月氏意译推测与月亮崇拜有关有失轻率,因为月氏之名的前身"禹知""禹氏"等在先秦典籍中早已出现(详见余太山:《塞种史研究》,第 52—69 页)。娜娜崇拜在贵霜建国之前几个世纪传到中亚确是事实,但是否东迁的苏美尔人所传,史无明确记载,也是作者的推测。月氏人应该在公元前 2 世纪中期到达巴克特里亚地区后才有可能对娜娜崇拜有所接触。

　　这种向美索不达米亚娜娜的回归始于月氏王公 Sapadbizes（约公元前 40—公元 20 年在位），他的钱币中已经包含美索不达米亚女神娜娜的因素。其背面狮子面右站立，狮子上方有新月，旁边有希腊语铭文 NANAIA，表明狮子、新月都是娜娜的标志。[①] 这位前贵霜王公的统辖地很可能就是《后汉书·西域传》中的"都密"[②]，包括巴克特里亚西部今巴尔赫和希比尔干绿洲（the Balkh and Shiberghan oases）和铁尔梅兹以西的阿姆河流域，与帕提亚接壤。他可能一度是印度—帕提亚人的附庸。[③] 美索不达米亚娜娜在该地的再现，显然与它邻近帕提亚统治下的伊朗和两河流域，易于受到包括娜娜在内的这些地方宗教的影响有关。但其币上的狮子的具体形象或许受到此前印度—希腊人国王阿伽托克勒斯（Agathocles，公元前 190—前 180 年在位）和潘塔勒翁（Pantaleon，公元前 190—前 185 年在位）钱币上的狮子形象的启示。[④] 贵霜时期，狮子和娜娜的形象首先出现在迦腻色伽一世（约公元 127/128—152 年在位）及其之后几位国王的钱币上。[⑤] 甚至早期笈多王朝的国王们仍然继续沿用。[⑥]

　　为什么迦腻色伽之前的几位贵霜国王没有采用狮子和娜娜的形象？原因还得从贵霜的历史中探寻。贵霜本属大月氏，是其五翎侯之一。大约公元 1 世纪初贵霜翎侯丘就却攻灭其他四部，"自立为王，国号贵霜（王）。侵安息，取高附地。又灭濮达、罽宾，悉有其国。"

<hr />

① Doris Meth Srinivasan, ed., *On the Cusp of an Era: Art in the Pre-Kushana World*, p. 256; Fig. 9. 81.

② 《后汉书·西域传》，第 2921 页。

③ Madhuvanti Ghose, "Nana: the Original Goddess on the Lion," p. 98.

④ Osmund Bopearachchi, *Monnaies Gréco-Bactriennes et Indo-Grecques: Catalogue Raisonné*, pp. 176, Pl. 7; 182, Pl. 9.

⑤ 据统计，大约有 20 种以上的娜娜形象出现在贵霜迦腻色伽王系的钱币上，并有 Nan, Nana, Nano, Nanaia, Nanasao 等铭文。Arun Chandra Deb Munshi, "The Origin and Development of Nana-The Popular Kusana Mother-Goddess," p. 249; Madhuvanti Ghose, "Nana: the Original Goddess on the Lion," p. 99.

⑥ B. N. Mukherjee, *Nana on Lion: A Study in Kushana Numismatic Art*, Figs. 1, 10, 26, 28-31.

其子阎膏珍①时,"复灭天竺".② 说明贵霜向东西两面的大规模扩张是在丘就却父子在位之时。这样,贵霜王首先接触到的,也不得不接受的就是以前帕提亚人、印度—希腊人、印度—斯基泰人在这些地区留下的文化遗产。从迦腻色伽之前的几位贵霜王的钱币也可看出这种影响。丘就却,即 Kujula Kadphises 的钱币主要有国王/赫拉克勒斯(Heracles,或 Zous、Nike)型和公牛/骆驼型两大类。威玛·塔克图(Vima Taktu,阎膏珍?)的钱币虽然很少发现,但从仅存的几枚也可看出它主要是公牛/骆驼型和国王/骑马型。所谓"无名王"Soter Megas(身份有争议)的钱币则几乎全是国王头像/骑马型。威玛·塔克图之子 Vima Kadphises 的钱币主要是国王/湿婆与公牛。除了无名王的钱币之外,其他几位的钱币都使用希印两种文字。从整体上看,这四种钱币受印度—希腊人钱币、印度—斯基泰人钱币和印度文化的影响比较深,说明这时的贵霜王朝统治的中心在印度西北部,他们主要吸收的是此地的文化因素和钱币遗产。从迦腻色伽一世开始,贵霜的钱币风格大变③,反面的图案除了希腊的太阳神(Helios)、月神(Selene,可与阿尔特米斯混同)、火神(Hephaistos)和印度的佛陀(Boddo)、湿婆(Siva)之外,其余多为来自西亚波斯的神,其中就有生命女神娜娜。④因此,娜娜形象的出现与迦腻色伽一世时期贵霜的疆土和国力进入全盛阶段有关。拉巴塔克铭文也证明娜娜在迦腻色伽一世即位之初就受到贵霜人的崇拜。该铭文发布于迦腻色伽即位第一年,其中说到,迦腻色伽得到了娜娜和所有神的眷顾,成了伟大的

---

①　近年有学者根据钱币铭文和 1993 年在阿富汗出土的拉巴塔克铭文(Rabatak In-scription),认为阎膏珍的发音与贵霜第二王 Vima Tactu 不太吻合,但与第三位国王 Vima Kadphesis 的发音比较吻合,故提出一种假说:中国史书中的阎膏珍或许是丘就却的孙子,《后汉书》的记载或有误。详见余太山:《新发现的腊跋阆柯铭文和〈后汉书·西域传〉有关阎膏珍的记载》,《新疆文物》2003 年第 3—4 辑,第 43—47 页。

②　《后汉书·西域传》,第 2921 页。

③　本文对贵霜前期的王系排序依据的是拉巴塔克铭文。关于贵霜前期国王名称与汉文记载的对应,以及贵霜诸王钱币的具体特征,可参见杨巨平:《"Soter Megas"考辨》,也可见本书第二编第八章。

④　此时的娜娜(Nana/Nania)具有植物生长(vegetation)、丰饶之水(fertile water)、生育(generation)、出生(birth)等功能,故统译为"生命之神"。这里对迦腻色伽钱币上诸神的归属主要依据 M. K. 萨克尔的分类。Manoj K. Thakur, *India in the Age of Kanishka*, Plates 1-10;pp. 43-46,134-140.

救世主,正确的、正义的君主,值得作为神来崇拜。他命人在此地为娜娜和其他数位神建了一座神庙,将他们的雕像置于其中敬奉。[①]看来,贵霜人对娜娜的接受经历了一个较长的过程,到迦腻色伽一世时,才是水到渠成。从此后,娜娜成了贵霜王权的象征和赠予者。迦腻色伽之子胡维斯伽(Huveska)的钱币上甚至出现了国王跪在娜娜面前接受权杖的场面。[②]

从迦腻色伽及其以后几位国王的钱币看,娜娜的形象基本保持了一位身着希腊式服饰的女神的模式。她或单独出现,或与狮子同时出现。在一个比较典型的迦腻色伽钱币图像上,娜娜女神正面坐在狮子背上,右手持束发带(fillet),左手持权杖,头上和肩上有两个新月形,脚下是莲花。左方有希腊字母拼写的 NwNA SAO 字样,意思是"娜娜王"(NANA SHAO),表示娜娜具有王一样的高贵地位。[③]在一枚胡维斯伽的钱币反面,也出现了类似的图案,但狮子与其上的娜娜均面左,娜娜右手持权杖,左手持碗,头上有光圈(halo,或译头光)、新月。[④] 单独出现的娜娜一般呈面右侧身行走状,右手持权杖(或带有狮头),左手持碗,头上有头带、光圈和新月。[⑤] 由此可见,贵霜时期的娜娜既保持了美索不达米亚娜娜—伊什塔尔的基本特征——狮子、新月,也保持了与希腊瑞亚—库柏勒的联系——狮子和祭酒杯。狮子、新月、权杖、碗成为此时娜娜的基本外在标志。[⑥]

[①]   J. Cribb, "The Early Kushan Kings: New Evidence for Chronology. Evidence from the Rabatak Inscription of Kanishka I," in *Coins, Art and Chronology: Essays on the Pre-Islamic History of the Indo-Iranian Borderlands*, edited by Michael Alram and Deborah E. Klimburg-Salter, Vienna: Sterreichischen Akademie der Wissenschaften, 1999, p. 180.

[②]   Madhuvanti Ghose, "Nana: the Original Goddess on the Lion," p. 100, Fig. 7d.

[③]   详见 B. N. Mukherjee, *Nana on Lion: A Study in Kushana Numismatic Art*, p. 10, Fig. 1A. 该书第 109 页的此图说明中,还提到娜娜手中持丰饶角(cornucopia),但图像不清,难以辨认。

[④]   Madhuvanti Ghose, "Nana: the Original Goddess on the Lion," p. 99, Fig. 8.

[⑤]   Madhuvanti Ghose, "Nana: the Original Goddess on the Lion," p. 99, Figs. 5-6, 7a, 7b; B. N. Mukherjee, *Nana on Lion: A Study in Kushana Numismatic Art*, p. 111, Fig. 11.

[⑥]   关于贵霜时期钱币上的娜娜形象,也可见 Elizabeth Errington and Joe Cribb with Maggie Claringbull, eds., *The Crossroads of Asia: Transformation of Image and Symbol in the Art of Ancient Afghanistan and Pakistan*, Cambridge: The Ancient India and Iran Trust, 1992, pp. 67-68, no. 37.

第四节　萨珊波斯时期娜娜与伊朗女神的认同
以及与希腊、印度宗教因素的融合

萨珊波斯(公元 226—651 年)以波斯帝国的恢复者和正统继承者自居,大力倡导琐罗亚斯德教,古老而又常新的娜娜崇拜也就融入了该教系统之中。但此时的娜娜既不是娜娜—伊什塔尔或娜娜—阿尔特米斯的再现,也非含有多种文化成分的贵霜"娜娜王"的延续,而是一位美貌端庄的四臂女神。类似的形象可在花剌子模发现的一批属于公元 6、7 世纪的银碗上①和公元 7—8 世纪的粟特沙赫里斯坦(卡赫卡哈)遗址(Shahristan,Kahkakha)壁画中看到。其中一个银碗上的图案(PL. 2)最清晰,也最有代表性:女神头戴锯齿状冠(the colonnaded or serrated crowns,the crenellated crown,也称雉堞形冠),佩戴耳饰、项链或璎珞,身穿希腊—印度式三件套服装(长裙、有袖的束腰外衣和披肩),正面坐于卧狮背上,上方右手持圆盘(Phiale,或是太阳的标志),左手持弯弯向上的新月,下方右手持权杖,左手端碗。很显然,与贵霜时期的娜娜相比,两臂成了四臂,手中所持之物多了日(圆盘)和月,服饰也变化较大。②

那么,两臂的娜娜是通过何种途径变成了如此装束的四臂娜娜呢? 一般认为这是她与伊朗水神阿纳希塔混合的结果。③ 如前所述,阿纳希塔早在波斯帝国之时就取得了与伊什塔尔—娜娜的认同;钱币资料也证明,在希腊化时期的巴克特里亚,阿纳希塔也已经开始

---

① 这批银碗中的四个有花剌子模纪年,分别对应于公元 538(可能是 638,作者正文中误为 938,其后的 PL. 3 注为 638,此为是)、658,667,672 年(?)。Guitty Azarpay,"Nine Inscribed Choresmian Bowls,"p. 185;PL. 1-4,7.

② 关于这些四臂女神的形象和解读,详见 Guitty Azarpay,"Nine Inscribed Choresmian Bowls,"pp. 185-203;PL. 1-5;"Nana,the Sumero-Akkadian Goddess of Transoxiana,"pp. 539-540,Fig. 5-6.

③ S. P. Tolstov 首先提出花剌子模的四臂女神是伊朗女神 Anahita 的当地版。其他学者再根据贵霜钱币中的娜娜形象将二者联系起来。详见 Guitty Azarpay,"Nine Inscribed Choresmian Bowls,"pp. 197-199. B. N. Mukherjee 的论证更为精细,见 Nana on Lion:A Study in Kushana Numismatic Art,pp. 89-90.

与希腊狩猎女神和月神阿尔特米斯混同①，实际上也与娜娜相联系。只是在萨珊波斯时期，娜娜—阿纳希塔（Nana-Anahita）的结合才最终完成，娜娜也由此获得了新的职能和形象。但对娜娜神颇有研究的学者阿扎佩（G. Azarpay）对此提出质疑，认为"阿纳希塔在伊朗众神中是明显从属于主神阿胡拉·马兹达（Ahura Mazeda）的，如果把娜娜的职能严格限于与阿纳希塔的结合，娜娜崇拜在粟特地区的发展和重要地位以及它在河中和中国新疆地区的传播就难以得到解释"，为此他提出，伊朗的另外一位与阿胡拉·马兹达相对应的女神阿尔迈提（Armaitis，Armatai）可作为娜娜结合的对象。她是大地女神，曾是前者的配偶和女儿，作为大地神灵（spirit）在各地受到崇拜，从而有可能把她的创造性和神秘性、阴间性（chthonic）传给娜娜，使其与粟特的葬礼和王朝崇拜联系起来。② 这样的解释固然有它的合理性，也容易使人想起娜娜所认同的美索不达米亚女神 Inanna/Ishtar 的阴间护佑功能。四臂娜娜确实不仅开始出现在粟特的丧葬艺术中③，也在中国祆教徒的墓中图像中出现。④ 但就伊朗神话和《阿维斯塔》中对二者的描述而言，阿纳希塔的形象显然更接近现在的四臂娜娜，她的职能也与娜娜相近。⑤

在琐罗亚斯德教文献中，阿尔迈提有时是一位少女，身穿闪光发亮的长袍，腰束金色的带子。但她的图像在波斯艺术中却没有出现。⑥ 据此象征性的描述似乎难以将其与银碗上的女神联系起来，

---

① 巴克特里亚希腊人王国都城巴克特拉就有阿纳希塔的神庙，国王狄奥多托斯（Diodotus）和德米特里一世（Demetrius I）的钱币上都出现了阿尔特米斯—阿纳希塔（Artemis-Anahita）的形象。Doris Meth Srinivasan，ed. ，On the Cusp of an Era: Art in the Pre-Kushana World，p. 242；参见 W. W. Tarn，The Greeks in Bactria and India，p. 115；W. W. Tarn，"Notes on Hellenism in Bactria and India，" Journal of Hellenic Studies，Vol. 22，1902，p. 270. 钱币图像见 Osmund Bopearachchi，Monnaies gréco-bactriennes et indo-grecques，Catalogue raisonné，1991，Pl. 1-2（Diodotus，Série 8-11），Pl. 5（Demetrius，Série 4）.

② Guitty Azarpay，"Nine Inscribed Choresmian Bowls，" p. 199；"Nana，the Sumero-Akkadian Goddess of Transoxiana，" pp. 540-542.

③ Guitty Azarpay，Sogdian Painting: The Pictorial Epic in Oriental Art，pp. 132，137-139，Figs. 49，56.

④ 姜伯勤：《中国祆教艺术史研究》，第 79—81 页，图 6—2.

⑤ G. Azarpay，"Nana，the Sumero-Akkadian Goddess of Transoxiana，" p. 541.

⑥ G. Azarpay，"Nana，the Sumero-Akkadian Goddess of Transoxiana，" p. 541.

而《阿维斯塔》"阿邦·亚什特"中的阿纳希塔形象则清晰饱满，与那些四臂女神相似之处颇多，她的职能也与娜娜相近。她的全名是阿雷德维—苏拉—阿纳希塔（Aredvi-Sura-Anahita），意思是"纯洁而强大的河流"。阿纳希塔在波斯文中是"纳希德"（Nahid），含有"金星"之意。她既是江河的庇护神，也是一位丰产之神，能够"令牲畜增殖，财源充盈；使国家和世界繁荣富强"。她是一位"美妙绝伦的年轻女郎"，"体态轻盈，丰姿秀逸，充满活力"，"身材欣长，阿娜多姿"，"亭亭玉立"，"雍容大雅，纯洁而善良"。"她紧束细腰，脚穿系着金带的闪光秀鞋"，"身披金黄色的帕纳姆（铠甲或战袍）"或"身着华贵多褶的衣裳"。她的手臂"丰美、白皙，佩戴着珍贵耀目的饰物"。她"头戴八角形的车轮状金冠，一个圆环突出在顶端，上面镶有百颗明星"。① 虽然这些诗句充满了丰富的想象力，但还是凸现了阿纳希塔的基本特征——美貌、长衣、束腰、佩戴首饰、波斯式王冠。除了不是四臂、没有狮子坐骑、没有说明手中所持之物之外，与上述的娜娜形象基本无异。

　　尽管阿纳希塔和阿尔迈提的特征都有可能在不同程度上与娜娜融合，但娜娜的基本特征——狮子、日、月还是源自美索不达米亚。现在狮子成了 Nana-Anahita 所对应的动物标志。② 一尊雕像上显示出她有两个小狮子贴身相伴。③ 娜娜手中的日月，显然也是受到了伊什塔尔的强烈影响。④ 不过此时娜娜—阿纳希塔的整体形象与美索不达米亚的娜娜相去甚远。原因就是娜娜在向萨珊时期河中地区

---

　　① ［伊朗］贾利尔·杜斯特哈赫选编，元文琪译：《阿维斯塔——琐罗亚斯德圣书》，商务印书馆，2005 年，第 106—143 页（详见"阿邦·亚什特"第一、三、四、十六、十九、三十章）。也可见魏庆征编：《古代伊朗神话》，北岳文艺出版社、山西人民出版社，1999 年，第 304、423 页。但据英译"Aban Yast"，Anahita 头缀一顶缀有百颗星星、八道光芒的金冠（"a golden crown with a hundred stars, with eight rays"），与元文琪译文稍有不同。见 B. N. Mukherjee, Nana on Lion: A Study in Kushana Numismatic Art, p. 90, n. 17.

　　② 荣新江：《中古中国与外来文明》，生活·读书·新知三联书店，2001 年，第 340 页。

　　③ 雕像资料来自网页 http://www.pantheon.org/articles/a/anahita.html，但未注明其制作年代。

　　④ 黎北岚（Penelope Riboud）：《祆神崇拜：中国境内的中亚聚落信仰何种宗教？》，荣新江等主编：《粟特人在中国》（《法国汉学》第十辑），中华书局，2005 年，第 419 页；有学者甚至称银碗上的娜娜为 Nana-Anahita-Ishtar。B. N. Mukherjee, Nana on Lion: A Study in Kushana Numismatic Art, p. 89.

的传播过程中，还吸收了这一地区留存的、或经由贵霜王朝传递过来的希腊和印度的宗教文化遗产。

其一，希腊的瑞亚—库柏勒崇拜。河中地区曾是巴克特里亚希腊人王国的中心区域，虽然希腊人早已消失，但希腊化文化的影响犹存。如前所述，狮子本来也是娜娜和希腊瑞亚-库柏勒的结合点，娜娜—阿纳希塔借此吸收或延续这一传统也是可能的。库柏勒的圆柱型高冠与此时娜娜的锯齿状冠或雉堞形冠或许也有联系。手中端碗的娜娜在贵霜时期的钱币和印章中早已出现，也可能与库柏勒的祭酒杯有关。[1] 四臂女神手中的碗或是由此而来。

其二，贵霜钱币上的"狮子上的娜娜"。萨珊王朝曾经与贵霜为邻，全盛时还囊括了一部分贵霜的故地，所以受贵霜的影响比较明显。贵霜钱币上娜娜正面坐于卧狮之上的形象显然是萨珊波斯银碗上四臂女神坐于卧狮之上的原型，只是两臂变成了四臂，手中所持物由束发带和权杖变成碗、权杖、日、月了。[2]

其三，印度的四臂神和朵尔加（Durga）。贵霜是印度宗教因素进入萨珊波斯的一个中间环节。印度教中具有多臂或四臂特征的主神是毁坏之神湿婆（Siva，Shiva）和宇宙的保护神毗湿奴（Vishnu）。很可能是从他们这里，娜娜取得了四臂的特征。但手中所持之物似与毗湿奴和湿婆无关。在印度教造像中，湿婆通常手持三叉戟、斧头、手鼓、棍棒、神螺、水罐等。湿婆的形象在贵霜钱币中虽然多为双臂，但四臂湿婆与其标志公牛的形象也已出现，只不过是作为贵霜王朝

---

[1] Madhuvanti Ghose，"Nana: the Original Goddess on the Lion，" pp. 99-100，Figs. 7a，8，10a，10b.

[2] 公元 6 世纪旁遮普地区匈人王（Hun king）的铜币上也出现了正面坐在卧狮背上，手持丰饶角和头戴表示王权头带的女神，这似乎也是从贵霜钱币演变而来。见 Elizabeth Errington and Joe Cribb with Maggie Claringbull, eds., The Crossroads of Asia: Transformation of Image and Symbol in the Art of Ancient Afghanistan and Pakistan，p. 87，no. 94.

保护神 Wesho 的替身而已。① 这说明萨珊银碗上的四臂特征既有可能直接来自印度的影响,也有可能经过贵霜的中介。但不论毗湿奴还是湿婆,他们都是男神。而且湿婆神的坐骑是公牛,这与以狮子为坐骑的娜娜女神显然不同。看来河中地区的娜娜女神只吸收了四臂这一因素,其他还是保持原来贵霜时期的基本传统。值得注意的是印度教的母神、湿婆的妻子朵尔加也是以狮子为坐骑,多臂,手持各种武器,包括莲花。"狮子上的朵尔加"(Durga on lion)这一形象在贵霜帝国时期即已出现,此时的四臂娜娜形象也有可能受此影响。②

总之,河中地区的四臂娜娜是多种宗教因素相结合的产物,是混合基础上的混合,认同基础上的认同,是一种文化在与不同的异质文化环境中辗转传播和长期延续的必然结果。

第五节　娜娜在中国的传播与变异

娜娜神入华,当在萨珊波斯时期,来华的粟特商人带来了他们信仰的祆教(琐罗亚斯德在中国的称谓),自然也带来了早已融入祆教神祇之列的娜娜神。现在所能看到的关于娜娜神的最早记载,可能是吐鲁番北凉写本《金光明经》题记,其中提到"高昌城东胡天南太后

---

① Wesho 因与伊朗风神瓦由(Vayu)有相似性也获得了风神之名。其实,迦腻色伽钱币上的风神瓦多(Oado,Vado)也与伊朗有关。贵霜人同时把 Wesho 认同于印度的湿婆和希腊的赫拉克勒斯。这种以湿婆形象来表现 Wesho 的四臂神首先出现在迦腻色伽一世的钱币中。Elizabeth Errington and Joe Cribb with Maggie Claringbull, eds., The Crossroads of Asia: Transformation of Image and Symbol in the Art of Ancient Afghanistan and Pakistan, pp. 68,86,nos. 89-90; Sharada Srinivasan,"Shiva as 'Cosmic Dancer':On Pallava Origins for the Nataraja Bronze," World Archaeology, Vol. 36, No. 3, The Archaeology of Hinduism, 2004 Sep., p. 434. 但也有学者对此提出异议,认为"OHÞO(Wesho)/Siva 说"不成立,OHÞO所表示的那个神就是伊朗的风神 Vayu,而非湿婆,但他也承认,不能排除此类具有 OHÞO 铭文的钱币受到湿婆的影响。Katsumi Tanabe,"'Shiva' Has 'Gone With the Wind'-OHÞO= Vayu Restated," AL-RAFIDAN(Journal of Western Asiatic Studies), Vol. XVIII,1997,pp. 263-280.

② 关于四臂娜娜和 Durga 的关系,参见 B. N. Mukherjee, Nana on Lion: A Study in Kushana Numismatic Art,pp. 13-20,Figs. 35,43-47.

祠"。① 如何理解这"胡天南太后祠"，学界意见不一。据王丁考证，此"南太后"即是娜娜女神在汉文化语境下的中国名称。"南"取其音，"太后"取其义，即"女主"之谓。此题记写于庚午年，应为北凉承玄三年（公元 430 年）。由此说明娜娜崇拜至少在公元 5 世纪初已传入高昌。② 但即使这里的"南太后"就是娜娜，但祠内是否供奉有娜娜的塑像或画像也不得而知。由于佛教的大规模传入，后来的祆教神祇就有可能被当成佛教人物而进入了佛寺的殿堂。斯坦因在和阗丹丹乌里克的佛教寺庙遗址中发现了一组三联神人物木版画（D. X. 3. 正面），中间一位是四臂神。与其旁两位神相比，这位四臂神显然是一位女性神（脸上无胡髭）。③ 根据德国学者莫德（Markus Mode）的考证，这位四臂神就是祆教的娜娜神。④ 但由于学者们把古代和阗发现的这批木版画的时间大致定于 7—8 世纪⑤，因此，即使我们认同莫德所说，娜娜形象在此地的出现还是晚于中国北周时期（公元 557—581 年）石棺床上的四臂女神。这是目前在中国内地出土的祆教徒墓图像中唯一能够认定的娜娜，现存于日本 Miho 博物馆。该女神"二手臂举日月，二手臂放置在装饰着狮子头的神坛上"⑥，与前述粟特艺术中娜娜的形象和特征极为吻合，可以说是中亚娜娜女神的中国版，但时间上先于河中地区发现的四臂娜娜。因此，阿扎佩关于四臂娜娜这样的偶像崇拜一度受到萨珊波斯正统祆

① 新疆维吾尔自治区博物馆编：《新疆维吾尔自治区博物馆》，文物出版社，1991 年，图版 84"《金光明经》残卷（局部）"；吴震：《吐鲁番晋—唐墓葬出土文书概述》，《文物》1977 年第 3 期，第 26 页，所引"城南太后祠下胡天"有误。

② 王丁：《南太后考》，荣新江等主编：《粟特人在中国》（《法国汉学》第十辑），第 430—456 页。

③ M. Aurel. Stein, *Ancient Khotan*, Vol. III. New Delhi: Cosmo Publications, 1981, Plate LXIV. 斯坦因在丹丹乌里克和安得悦（Ebdere）还发现了三幅单独的四臂神图像，但他均为男性，服饰各异，手中所持物也不相同，其中一幅（D. VII. 6 正面）与 D. X. 3. 正面右边的神一样，是三头神。他们或与娜娜无关。见前引书，Plates LX，LXI，LXXVIII.

④ Markus Mode, "Sogdian Gods in Exile. Some Iconographic Evidence from Khotan in the Light of Recently Excavated Material from Sogdiana," *Silk Road Art and Archaeology* (Kamakura [Tokyo]), vol. 2, 1991/1992, pp. 179-214. 关于这组人物的归属认同，学术界意见不一。相关讨论详见姜伯勤：《中国祆教艺术史研究》，第 196—198 页。

⑤ 姜伯勤：《中国祆教艺术史研究》，第 199 页。

⑥ 姜伯勤：《中国祆教艺术史研究》，第 79—81、318、320 页。

教的压制,只是在该王朝强大影响力消失后的 7—8 世纪才得以出现的论断显然有误。①

近年在西安出土的具有祆教文化特征的史君墓也属于北周时期。据墓中题刻,大象元年(公元 579 年)墓主人"薨于家",大象二年(公元 580 年)与妻子合葬。该墓应于此时建成。墓主人曾任凉州粟特人首领萨保,显然是一名虔诚的祆教徒。与中原内地其他大致同时期的祆教徒类似墓葬相比,此墓有两个突出的特点:一是墓中的题刻分别用粟特文和汉文写成,内容大致相同。国内唯此一例。二是墓中图像除了一般的祆教内容外,出现了四位四臂神。其中一位在墓门门楣上,两位在石堂南壁左右两侧,还有一位在石堂北外壁下方的基座上。这些四臂神虽然或蹲或坐或站,姿态各异,但有几个共同的特征非常明显。其一,看上去不像女神,而是面目粗犷的男神。其二,头戴萨珊式王冠(石堂北外壁底座的那位受空间限制,未显示王冠)。其三,均屈臂上举两手,但手中是否持物或所持何物难以辨认。另外两手下置,手势不一,均未持物。其四,他们与狮子的联系紧密,可谓形影相随。墓门门楣上的四臂神右侧有面向他的狮子头像;石堂南壁紧靠两位四臂守护神的门槛两端有两对狮子和四个童子相互嬉戏;石堂北外壁的四臂神居中正面而坐,左面则有向他奔跑而来的狮子。② 种种迹象表明,这些四臂神既与中亚河中娜娜的部分特征(四臂、狮子)相联系,也与其有根本的区别。

对于这四位四臂神,特别是对于石堂南壁大门两侧的两位守护神如何定性?国外有学者认为他们具有佛教守护四方之神四大天王的特征。③ 但据我实地观察④,这两尊四臂神与一般的护法金刚、四大天王有所不同。其一,金刚、天王都是两臂而非四臂,其二,金刚神

① Guitty Azarpay,"Nine Inscribed Choresmian Bowls," pp. 198,203.

② 西安市文物保护所:《西安北周凉州萨保史君墓发掘简报》,《文物》2005 年第 3 期。

③ Mariko Namba Walter,"Sodians and Buddhism," Sino-Platonic Papers,174,2006 November,p. 56. http://sino-platonic. org/complete/spp174_sogdian_buddhism. pdf.

④ 史君墓石椁现展出于西安市博物院,承蒙西安市文物考古研究所杨军凯先生现场介绍赐教,特此致谢。

一般是踏在小鬼的身上①，而四臂神脚下的小人却是用手托足。因此，将其定性为佛教守护神似证据不足。② 姜伯勤先生在《北周粟特人史君石堂图像考察》一文中虽然未给这些四臂神明确定性，只以"四臂神""四臂天神""护法神"称之③，但在谈到石堂北外壁基座上的四臂神及其右边的狮子时特别提到了狮子与娜娜女神（Nana-Ana-hita）的对应关系。④ 此外，这两尊神的服饰十分罕见，他们身着短袖上衣与短裤，袖口和裤口都装饰着张开大口的象头，四臂和双腿从象口中伸出。这样的服饰寓意何在？不能排除印度或佛教的因素。但如果将其放在祆教徒之墓的意境中审视，似乎可以找到一种解释。因为大象也是阿胡拉·马兹达的动物特征⑤，这是否表明这两尊四臂神也具有祆教神祇的性质呢？

这些四臂神之所以突然出现在北朝时期内地中原祆教徒的墓中，与当时当地的历史和文化背景显然有关。如前所述，类似的具有祆教文化因素的墓葬近年来在西安、太原等地多处出土。这些墓主人都是自己或祖上来自中亚粟特地区的某个小国，如太原虞弘来自鱼国，西安安伽（先祖）来自安国，史君来自史国。他们本人都曾担任过管理入华粟特人教俗事务的萨保。这些粟特人均生活于北朝与隋唐之际。虞弘死于隋开皇十二年（公元592年），安伽与史君均死于北周大象元年（公元579年），Miho博物馆的石棺床虽然具体年代不详，但属于北朝时期无疑。⑥ 此时萨珊王朝（公元226—651年）仍然统治着中亚，萨珊波斯奉琐罗亚斯德教为国教，其统辖或影响下的粟特人信仰祆教也是自然的，他们沿丝绸之路把祆教的神带入中国也

① 新疆维吾尔自治区博物馆编：《新疆维吾尔自治区博物馆》，图版118"彩绘天王踏鬼木俑"。此天王脚踏于倒地之小鬼肚子上。

② 但此墓图像中似乎也包含了一定的佛教因素。见杨军凯：《西安北周史君墓石椁画像初探》，荣新江等主编：《粟特人在中国》（《法国汉学》第十辑），第5页。

③ 笔者曾就史君墓四臂神的宗教属性请教过姜先生。他的看法是，这些四臂神肯定不是娜娜神，因娜娜是女神；石堂正门两侧站立的两位四臂神非佛教的护法神，而是中国式祆神。姜先生的指教对笔者颇有启示，谨此致谢。

④ 姜伯勤：《北周粟特人史君石堂图像考察》，《艺术史研究》（第7辑），中山大学出版社，2007年，第281—298页。

⑤ 荣新江：《中古中国与外来文明》，第340页。

⑥ 姜伯勤：《中国祆教艺术史研究》，第93页。

是必然的。① 尽管这些神祇在传入中国内地后，其形象、甚至神性都出现了不同程度的中国化或汉化现象，但他们一般都还会保留自己的一些本质特征。当然，就 Miho 博物馆石棺床和史君墓石堂的四臂神而言，虽然都有四臂，都与狮子相联系，但前者可以明确无误地认定为娜娜，后者则只能另当别论。考虑到史君墓的四臂神在充满祆教文化气息的诸多幅图像中居于突出地位，且多次出现，还有娜娜的象征动物——狮子相伴随；再考虑到他们以祆教护法神形象出现于墓中有可能与娜娜—阿尔迈提和丧葬相联系的特性有关；因此，即使他们的形象或多或少受到佛教或其他宗教的影响，也不能断然排除他们与四臂女神娜娜之间可能存在着某种潜移默化的联系，甚至就是后者的异化形式。外来神祇在本土化的过程中发生一定的变异也是可以理解的，这是所有古代入华宗教的一般归宿，祆教也不可能例外。

综上可知，娜娜之所以能在长达数千年的时间内，在如此广袤的区域内得到广泛的传播和认同，主要原因在于娜娜本身特有的包容性和多元文化背景所提供的可能性。她从伊南娜—伊什塔尔那里，获得了性爱、丰产和战争之神的称号，获得了狮子、新月等外在特征。以此为基础，她先后和希腊的阿尔特米斯、瑞亚—库柏勒，伊朗的阿纳希塔，甚至阿尔迈提，印度的朵儿加相认同。这是因为不同的地方、不同的民族都能从她这里得到自己需要的赠予、庇护和安慰。娜娜数千年来传播和流行的地区，属于多元文化区域，宗教上以自然崇拜和多神崇拜为主。各民族的神话体系中，虽然有至高无上的神灵，但也有基

---

① 法国学者黎北岚、美国学者韩森（Valerie Hansen）、日本学者吉田丰、北京大学荣新江教授在其论著中都提到在中国境内发现的与祆教神祇有关的粟特人名字，其中有的就以娜娜命名。如斯坦因 1907 年在敦煌发现的粟特人信札（写于 4 世纪初）中的那宁畔陀（Nanai-vandak，意为"娜娜女神的仆人"）以及其后的吐鲁番、敦煌文献中出现的汉化名字"那宁""那你""宁宁"等。这种现象间接说明了娜娜信仰在粟特社会的普遍存在和深入人心。见黎北岚：《祆神崇拜：中国境内的中亚聚落信仰何种宗教？》，韩森：《丝绸之路贸易对吐鲁番地方社会的影响：公元 500—800 年》，荣新江等主编：《粟特人在中国》《法国汉学》第十辑），第 416—429 页，第 113—140 页；荣新江：《中古中国与外来文明》，第 288，291—293 页。许多粟特人的名字与娜娜有关的现象也引起了英国著名祆教史家博伊斯的注意。见 Mary Boyce, A History of Zoroastrianism, Vol. II, p. 30。

于自然崇拜基础之上的对各种不可理解的自然力的崇拜，如太阳、月亮、星星、水等，甚至一些动物如狮子、大象也可成为崇拜的对象。这些崇拜对象被拟人化后成为部落、城市、国家的保护神，崇拜者希望他们能带来战争的胜利、丰饶的物产和人类的繁衍。因此，娜娜所到之处，人们总能在她的身上看到与当地的某一位或某几位神灵相似的特征，于是将其与他们相混合，或相认同。当然，这种混同现象总是受到特定的政治背景和宗教环境的制约，统治者的选择利用和民间的固有传统都有可能促使宗教认同对象本身发生变异。娜娜就是如此。等她传到中国的时候，已经是一位祆教的四臂女神，或者也有可能被改造成了一位男神，但其基本特征仍然得以保留①，她仍然是"娜娜"，这不能不说是多元文化背景下宗教认同的一个特例。

（原载《世界历史》2010 年第 5 期，略有改动）

---

① 一幅敦煌白画（10—11 世纪）中的四臂女神也显示了与河中娜娜的密切联系。她的上方两手分别持日、月，但下方两手持蛇、蝎，坐骑变为犬，衣冠也完全汉化。即使如此，姜伯勤先生仍然认定她就是娜娜，且得到了学术界的认可。详见姜伯勤：《中国祆教艺术史研究》，第 237—270 页。

图 1　米特拉达特二世（Mithradates II，公元前 123—前 88 年在位）
钱币上的阿尔特米斯—娜娜肖像

图 2　阿富汗阿伊·哈努姆遗址出土饰片，
笔者 2017 年 4 月 27 日摄于故宫博物院"浴火重光
——来自阿富汗国家博物馆的宝藏"

第五章　希腊式钱币的变迁与古代东西方文化交融

　　"希腊式钱币"（Greek-style coins）①是亚历山大东征之后在希腊
化世界流行并对以西亚、中亚和印度西北部为主的东方地区产生了
深远影响的一种钱币类型。它创始于亚历山大东征之初（公元前 4
世纪末），消失于萨珊王朝与阿拉伯帝国之交（公元 7 世纪），主要创
制、流通于古代丝绸之路沿线国家和地区。因此它的历史变迁又和
丝绸之路的命运兴衰紧紧地联系在了一起。其间，由于各地政治、经
济格局的变化和历史文化传统的影响，这类钱币以马其顿王朝钱币
为源头，以希腊古典钱币，尤其是雅典的阿提卡币制为基础，以亚历

①　关于"希腊式钱币"的内涵，笔者也有一个不断深化的认识过程。2006 年我开始
撰写这篇文章时，把希腊化时期亚历山大帝国和各希腊化王国的钱币以及受其影响、具
有希腊化特征的钱币归为一类，统称为希腊式钱币，以与希腊古典时代的城邦钱币相区
别。但从现在的研究来看，这个"希腊式钱币"的概念过于宽泛，其实就钱币的发行主体而
言，将其分为"希腊化钱币"与"仿希腊化钱币"两类比较妥当。前者是指亚历山大及各希
腊化王国统治者自己发行的钱币，此类钱币已经包含了一定的东方因素，最典型的是印
度—希腊人的印希双语币。后者是指非希腊统治者发行的仿希腊化式钱币。阿拉伯帝国
兴起之前在中亚、印度、西亚丝路沿线国家流行的钱币，不论是改造还是仿造，一般可归入
此列。但不排除有的丝路钱币只有一定的希腊化因素，在式样上与希腊化钱币相去甚远，
尤其是在萨珊波斯时期。我们在行文时，也可以将这些仿造币单称为"希腊式钱币"，以
突出它们与希腊化钱币的渊源关系和受影响的程度。这些钱币主要包括印度—斯基泰
人、印度—帕提亚人、贵霜人、帕提亚人、萨珊波斯、粟特人、花剌子模、嚈哒、寄多罗等王朝
的钱币。我们平常所说的丝路钱币（the Silk Road Coins）中的相当一部分就属于这一范畴。

山大及其后继者发行的钱币为原型，既有继承，又各有变化，但总体上呈"去希腊化"趋势。特别是公元以后，随着希腊人在西亚、中亚、印度、埃及等地统治的最终结束，希腊化文化影响的逐渐衰退，希腊式钱币的基本特征也越来越模糊，以至最后面目全非。为什么亚历山大在征服波斯的过程中，要以个人名义发行新的突出自己形象特征的钱币，为什么这些钱币又被他的继承者仿而效之？为什么在各希腊化王国不复存在，希腊—马其顿人的后裔从血统上和文化上都融入东方当地民族的汪洋大海后，希腊式钱币仍能以顽强的生命力存在、延续下去，其基本形制、币值等特征仍然被当地形形色色的统治者所接受？但最后又为什么会蜕化变异，悄然消失了呢？本文试图通过对这一类型钱币的兴衰演变及其动因背景的分析，尽可能对上述问题做出一些回答。

第一节　亚历山大帝国的建立与希腊式钱币的创始

"希腊式钱币"与我们通常所说的"希腊钱币"（Greek Coins）有何区别？这是必须首先回答的问题。按照一般的钱币学常识，都把希腊化时期由希腊—马其顿各王国统治者发行的钱币归入希腊钱币的类型。[①]　就钱币的主要发行者希腊—马其顿人而言，这种归属无疑是成立的，但从钱币本身的时代特征和文化内涵而言，这样的归属似乎忽略了希腊古风、古典时期的本土（包括希腊人殖民地）钱币和希腊化时期亚历山大及其后继者在东方发行的具有当地文化色彩的钱币的明显区别。因此，本文以亚历山大东征为界，此前的称为"希腊城邦钱币"或"希腊古典钱币"，其后的称为"希腊式钱币"，其中包括"希腊化钱币"与"仿希腊化钱币"两个类型。前

---

① 参见李铁生编著：《古希腊罗马币鉴赏》，北京出版社，2001年，第3页。但他在该书第4章《希腊化时代希腊币鉴赏》中，仍把帕提亚、贵霜、萨珊的钱币，甚至阿拉伯—萨珊型钱币归入这一类型（第63～96页），可见李先生注意到了它们之间"币风的转变和币系的嬗变"（第63页），以及它们之间的联系或共同点。李先生在新近出版的《古波斯币》中，虽然将波斯帝国、帕提亚王国和萨珊帝国三类钱币归入古波斯币的范畴，但仍明确指出它们受到希腊钱币的影响："阿契美尼德币以小亚细亚吕底亚币为范本，基本上属于希腊币系；帕提亚币也深受希腊罗马币影响；萨珊币独树一帜，自成体系，但面值仍沿用希腊德拉克马。"李铁生编著：《古波斯币》，北京出版社，2006年，第1—2页。

者指希腊化时期希腊—马其顿统治者发行的钱币，后者指西亚、中亚、印度各地非希腊人统治者所发行的具有希腊化钱币基本特征的钱币。

本文的"希腊式钱币"与古典时期希腊城邦钱币在形制上的最主要区别，在于国王头像出现于钱币之上。这不仅仅是图像设计的表面变化，也是希腊钱币史上一次具有革命意义的变革，是对古希腊人所经历的一次历史巨变的反映。首先，从钱币属性上来看，前者是希腊各城邦的钱币（马其顿王朝钱币是个例外），体现的是城邦的独立精神和民主共和理念。如钱币上标志性图案是各城市的保护神①，钱币的发行者是城邦，也即公民集体而非某位个人。后者则是帝国或王国的钱币，发行者是统治者本人。上面有国王的形象、名字、称号和保护神，表明是某某国王的钱币②，体现的是王权神授、帝王独尊和家天下的君主制观念。其次，从文化内涵上来看，前者是纯粹的希腊传统和风格，而后者则是多元文化的混合。

王像出现于币在腓力二世时就已出现端倪。他在位时就已经发行有自己骑马图案的钱币，但正面一般还是宙斯或赫拉克勒斯。③真正把自己的肖像打压在钱币正面，还是始于亚历山大。他在东征过程中，大概是为了支付雇佣兵和士兵的薪饷，在公元前330年就开始打造自己的钱币。这些钱币依图形可分为两种。一种是雅典娜（Athena）/胜利女神尼科（Nike）型。正面：雅典娜头像，戴头盔，面右；反面，尼科全身站立像，面左。另一种是赫拉克勒斯（Heracles）/宙斯（Zeus）型。正面，赫拉克勒斯头像，戴狮头盔，面右；反面，宙斯面左而坐，左手持权杖，右臂伸出托一只鹰。铭文是"亚历山大"的希腊语属格字符（ALEXANDROU）。米利都

① 如雅典（Athens）钱币上的雅典娜及猫头鹰形象，厄基那（Aegina）钱币上的乌龟形象（美神、港湾之神阿弗洛狄特的象征），科林斯（Corinth）钱币上的双翼小公马珀加索斯（Pegasus）和戴科林斯式头盔的雅典娜形象。

② 这些钱币上的国王名字与称号，一般均用希腊语属格，如 ΑΛΕΞΑΝΔΡΟΥ（of Alexander），意即"亚历山大的钱币"。

③ 李铁生编著：《古希腊币》，第44—45页，图4—5，4—8，图4—6。笔者2018年11月到马其顿王国都城遗址培拉（Pella）考察，在博物馆看到了数十枚当地出土的马其顿王国的钱币。其中在归属于阿门塔斯三世（Amyntas III）和腓力二世的钱币上，正面多为赫拉克勒斯、宙斯的头像。

（Miletus）、西顿（Sidon）、亚历山大里亚（Alexandria）、巴比伦（Babylon）是这类钱币的主要制造地。亚历山大以希腊神作为他所发行的钱币的图案,原因可能有二:一是由于他本是希腊北部马其顿地区的国王,现在却一跃而为全希腊的主人,并代表希腊以报希波战争之仇的名义远征波斯,他要表明他是希腊文化的正统继承者,而且希望这些希腊神能保佑他成功;二是受王族传统的影响,他自认为是希腊神宙斯和赫拉克勒斯的后裔,以他们的形象表明自己统治的合法性和神圣性。与此同时,他也可能开始发行有他本人头像的钱币。有学者指出,早在公元前332年亚历山大在埃及访问孟菲斯(Memphis)时,就发行了一种正面有自己头像的铜币,以便将此前的波斯铜币驱逐出流通领域。① 他从印度返回巴比伦后,还发行了一种纪念徽章,正面是他骑马追击乘象的印度国王波鲁斯的场面,反面是他一手握权杖、一手持宙斯霹雳,站立着接受飘然而来的胜利女神敬献花冠。虽然这种徽章并不进入流通,但这是他个人形象的再现。② 亚历山大死后,他的部将们都以亚历山大的继承人自居。将亚历山大神化,发行带有他的头像的钱币就成了抬高自身地位的重要手段。从公元前318年起,统治埃及的托勒密一世(Ptolemy I)首先在孟菲斯发行了一种正面有亚历山大戴象头皮盔的钱币,纪念亚历山大在印度的胜利。③ 亚历山大的另一位部将吕西马库斯(Lysimachos)约公元前297年开始在色雷斯(Thrace)和小亚的马格尼西亚(Magnesia)大量发行有亚历山大头戴公羊角形象的钱币。公羊角是埃及阿蒙神的标志,亚历山大自称是宙斯—阿蒙神之子,头戴公羊角的只能是亚历山大本人。这是具有亚历山大本人真实头像的标准钱币的开始。④

国王头像出现于钱币正面这一希腊式钱币的基本特征由此确立。后来的希腊化王国诸王纷纷仿效,一时成为时尚。他们不仅

---

① Ian Carradice & Martin Price, *Coinage in the Greek World*, p. 109.

② F. L. Holt, *Alexander the Great and the Mystery of the Elephant Medallions*, Plate 2–5.

③ Ian Carradice & Martin Price, *Coinage in the Greek World*, p. 116; M. Bieber, "The Portraits of Alexander," *Greece and Rome*, 2nd Ser., Vol. 12, No. 2, p. 185.

④ Ian Carradice & Martin Price, *Coinage in the Greek World*, p. 120; M. Bieber, "The Portraits of Alexander," *Greece and Rome*, 2nd Ser., Vol. 12, No. 2, p. 186.

继续发行具有纪念意义的亚历山大钱币，也开始制造有自己头像的钱币。其中塞琉古王国在希腊式钱币的延续和演变中发挥了承前启后的关键作用。其一，塞琉古王国在三大希腊化王国中版图最大，几乎继承了亚历山大帝国在亚洲的全部遗产。后来的巴克特里亚王国、帕提亚王国都是在它的故地上独立发展起来的。这种特殊的地理政治环境提供了希腊式钱币继续使用和流通的可能。其二，它的钱币在坚持突出王像这一基本特征的同时，保留或创制了宙斯、阿波罗（Apollo）、雅典娜、阿尔特米斯（Artemis，狩猎女神）、赫拉克勒斯、尼科、狄奥尼苏斯（Dionysus，酒神）、命运女神（Tyche）、赫尔墨斯（Hermes）等希腊神祇的形象。它们成了后来本族或其他民族统治者仿制的依据。其三，除了王家造币场外，塞琉古王国也允许各地总督设场造币。这些早期造币场在各地易主后不仅继续生产，而且对新建的造币场起着示范作用。这对希腊式钱币传统的延续起了重要的作用，尤其在帕提亚和巴克特里亚王国时期。

可以说，到塞琉古王国分裂之前，希腊式钱币已完成了自身的过渡。但这种变化绝非源于亚历山大个人的一时兴致，而是有其深层次历史原因。

首先，这与马其顿的钱币传统有关。马其顿本来就是荷马式的王国，阿基德王朝（Argead Dynasty）早就把他们的祖先和宙斯、赫拉克勒斯联系在了一起。这两位神也就受到他们的崇拜，反映到钱币上就是这两位神的头像在钱币正面的出现，反面有的则是国王本人的形象，以骑马型为主，如腓力二世的钱币。这就是为什么亚历山大东征时将正面是赫拉克勒斯、反面是宙斯的钱币作为主要银币类型的原因。表面上看，他只不过在延续马其顿王朝钱币的传统。但他也有创新。以前这二位神，甚至还有其他的希腊神，如阿波罗神，都是单独出现于正面，但亚历山大将二者置于同一钱币的正反面，而且创制了一手持权杖，一手托鹰的宙斯坐像。因此，赫拉克勒斯/宙斯坐像型钱币既是继承，更是创新。

其次，与亚历山大在东征过程中所接受的东方的"王权神化"观念有关。希腊人受荷马（Homer）史诗和赫西阿德（Hesiod）《神谱》（*Theogony*）的影响，向来就有将自己的祖先追溯到神话传说中的某一位神或英雄的习俗。亚历山大和他的家族都自认为或被认为是希腊主神宙斯和希腊英雄赫拉克勒斯的后裔。① 征服埃及后,他被当地的祭司尊为宙斯—阿蒙神(Zeus-Ammon)。等到灭亡波斯进入印度后,他更感到自己就是神的化身,具有超人甚至超过其他神的力量。在他看来,只有像赫拉克勒斯、狄奥尼苏斯这样的希腊神才能征服到这里,而他甚至要比他们征服得更远。② 因此,他的形象像诸神一样出现在他所发行的钱币上也就理所当然了。

再次,王像出现于钱币之上在波斯素有传统,亚历山大有可能受其影响。③ 波斯的金币名大流克(Daric,重约 8.3 克),银币名西格罗斯(Siglos,重约 5.4 克)。正面一般是一个头戴王冠的弓箭手,左手持弓,右手持矛,呈半跪状;反面一般空白,个别有人骑马形。正反面都无铭文。这个弓箭手无疑就是国王。希腊人对此币并不陌生,因为他们与波斯帝国的接触已有两个多世纪之久。小亚的希腊城邦居民曾经沦为波斯人的臣民,不少的希腊人曾到波斯帝国任职、游历,有的希腊人充当波斯人的雇佣军。他们的服务报酬就是这种金币或银币。亚历山大和他的后继者既然取代波斯国王成了新的统治者,他们也就顺理成章地把自己的肖像打制到新的钱币上,表明自己的正统性。但需要注意的是,波斯钱币上的国王(弓箭手)是侧面全身像,而希腊化时期的钱币上则是国王的侧面头像。此外,小亚的一些波斯总督也发行过有自己头像的钱币。④ 希腊化时期王像币的出现是否也与此有关,尤其是宙斯的座椅与小亚总督和波斯国王的座椅相似,二者之间有无借鉴关系,都有待于进一步探讨。

---

① Arrian,Anabasis of Alexander,4. 10. 6-7;[古希腊]阿里安著,李活译:《亚历山大远征记》,第 133 页。伊索克拉底曾以赫拉克勒斯是亚历山大的父亲——腓力二世的祖先来呼吁他领导希腊人进攻波斯。见 Isocrates,To Philip,109-115,with an English translation by George Norlin,Cambridge,Mass. :Harvard University Press,1928. 也见 N. G. L. Hammond,A History of Greece to 322 BC,2nd ed. ,Oxford:Oxford University Press,1984,p. 576。

② Arrian,Anabasis of Alexander,5. 26. 5-6.

③ Ian Carradice & Martin Price,Coinage in the Greek World,p. 34.

④ Otto Mørkholm, Early Hellenistic Coinage from the Accession of Alexander to the Peace of Apamea,p. 27. 小亚波斯总督的个人头像钱币图片见李铁生编著:《古希腊币》,第 89 页图 8—10,第 90 页图 8—12,第 108 页图 9—9,第 111 页图 9—16,9—17;John Boardman,The Greeks in Asia,p. 36,illus. 14-16.

最后，还有一点也值得注意，就是不能忽视亚历山大从波斯王室的宝库中共劫掠了约 17 万塔兰特（Talent）（约合 4835 吨）的银子。[①]他把这些银子都铸造成货币，投入流通，从而促进了近东地区以及整个希腊化世界货币经济的发展。

因此，希腊式钱币的创制既是亚历山大征服波斯、建立帝国统治的需要，也是东方王权神授、帝王观念影响之下的产物。如果说原来的马其顿钱币和城邦钱币（主要是币制标准）奠定了新型钱币创制的基础，具有国王形象的波斯钱币则在某种程度上为亚历山大及其后继者提供了模仿的对象。

希腊式钱币流传甚广，影响深远，总体上看，它在东部希腊化世界有两个传播中心或两条传播路线：一是以帕提亚为中心的地区，一是以巴克特里亚（Bactria，中国史书中的"大夏"）为中心的地区。[②] 这两地都是亚历山大及塞琉古王国的故地。前者影响了帕提亚（安息）、萨珊波斯（Sassanian Persia）和阿拉伯帝国初期的货币；后者影响了印度—希腊人王国、印度—帕提亚人、贵霜帝国以及先后进入这一地区的斯基泰人部落（Scythians，中国史书中的"塞人"）、嚈哒人（The Ephthalites）、柔然人（Jouan-jouans）等游牧民族的钱币[③]；中国新疆地区的"和阗马钱"也与此有关。

第二节　希腊式钱币在巴克特里亚、帕提亚的延续与渐变

公元前 3 世纪中期，西亚、中亚的政治格局发生了巨大的变化。先是原为塞琉古王国巴克特里亚总督的狄奥多托斯一世（Diodotus I）独立称王，后是活动于里海附近的当地游牧民族帕尔尼人或阿帕尔尼

---

① 有学者估计，此数大约是伯罗奔尼撒战争前夕雅典整个国库储存量的 19 倍。Frank L. Holt, *Thundering Zeus: The Making of Hellenistic Bactria*, p. 30, n. 21. 参见［古希腊］修昔底德著，谢德风译：《伯罗奔尼撒战争史》，商务印书馆，1985 年，第 115 页及页下注③所提供的数据。

② 至于希腊钱币和希腊式钱币与罗马以及后来的拜占廷帝国钱币的关系，属于另外一个体系，本文暂不讨论。

③ 这些游牧民族的钱币基本上是对希腊式钱币的模仿，应该属于希腊式钱币的范畴，是希腊式钱币演变过程中值得注意的环节。但因资料有限，本文仅此提及。具体的类型、式样可参见上海博物馆编：《上海博物馆藏丝绸之路古代国家钱币》。

人（Parni 或 Aparni）首领阿尔萨息（Arsaces I，约前247—前211年在位）侵入帕提亚，起兵建国。政治格局的变化自然带来王权象征之一的钱币的变化。希腊式钱币进入了与东方文化因素明显交融的新阶段。

巴克特里亚希腊人孤悬亚洲腹地，难免受到当地东方文化的影响。1964年在阿富汗发现的阿伊·哈努姆古城遗址，尽管希腊式城市的特征非常明显，有希腊式的剧场、体育馆，有希腊语铭文、希腊神雕塑、希腊式钱币等，但东方文化的因素已比较浓厚，如东方式的宫殿布局、神庙建筑等。[①] 公元前2世纪中期，巴克特里亚的希腊人王国被来自中国西北部的大月氏人或其他北方游牧民族所灭，残部退往印度西北部。

巴克特里亚希腊人其实早在公元前2世纪初，就已经进入此地。与以往亚历山大和塞琉古一世的侵入不同，这次希腊人是长期立足，直到公元前后才消失于印度民族的汪洋大海之中。希腊人是外来民族，相对于当地的印度人，数量极少，且经过数代通婚，纯粹的希腊人后裔已难以寻觅。为了维护对当地人的统治，这些印度—希腊人加快了对当地文化的接受。这种民族融合和文化交流的最主要证据就是他们所发行的明显含有印度地方文化和宗教色彩的希腊式钱币。

首先是印度大象的标志出现在国王头像上。其实这一过程始于亚历山大。如前所述，他的大徽章上就有印度大象的形象。托勒密一世曾发行过一种亚历山大戴象头皮盔标志的纪念币。公元前2世纪初侵入印度的巴克特里亚国王德米特里的钱币上也采用了这种象头皮盔标志。[②] 不管这些希腊统治者的本意如何，印度的大象标志出现在希腊式钱币上，实际上反映了希、印两种文化的相互认同和融合。

其次是希印双语币的出现。这种钱币一面是希腊文，一面是印度佉卢文，语言不同，意思一致，后者基本是前者的翻译。希印双语币的发行既表示对当地语言的认可，也表示自己对当地统治的合法性，同时也方便了这种钱币在当地的流通。

---

① 详见杨巨平：《阿伊·哈努姆遗址与"希腊化"时期东西方诸文明的互动》，《西域研究》2007年第1期。

② A. K. Narain，The Indo-Greeks，Plate I. 5-6.

再次是佛教文化因素的吸收。著名的印度—希腊人国王米南德（Menander）曾发行的一种印度标准的四方形钱币，正面是八幅车轮——表示佛教八正道的法轮（Dharma-cakra）[①]，反面则是希腊表示胜利的棕榈枝。这种币虽然是两种文化的结合，但似乎印度的成分已占了主体。

最后，对印度的动物特产也多有显示，如印度的大象和犁牛（颈肉隆起）全身站立的形象就出现在阿波罗多托斯（Apollodotus，约公元前 180—前 160 年在位）的仿印式方形钱币上。但在希腊标准的椭圆形钱币上，印度的因素就相对少一些。这说明希腊式钱币对印度文化因素的吸收是个渐进的过程。

帕提亚曾经是希腊人统治的地区，独立后又处在东有塞琉古王国、帕加马（Pergamum）王国，西有巴克特里亚王国的包围之中，深受希腊化文化的影响。加之帕提亚人本身就是马背上的民族，自身的文化相对落后，因此，建国后的帕提亚人欣然接受了原来的希腊主人所带来的先进文化，帕提亚语和希腊语同时成为官方语言。希腊语的使用和普及程度超过了任何非希腊人建立的王国，这在帕提亚诸王发行的钱币上得到了充分的体现。这在希腊化历史上是极为罕见的文化现象。

从现在发现的帕提亚钱币来看，它经历了一个部分模仿、全盘

---

① 印度—希腊人国王 Agathocles 的双语钱币上的印度神黑天（Vasudera-Krishna，克利须那）也持有这样的八辐轮。可见此轮是印度宗教观念中的一个象征，任何宗教都可以赋予其特殊的含义。佛教将其视为法轮也是可以理解的。另外，仔细观察，两个八辐轮还是有所区别的。前者的八辐是交叉分布，中间相交于一点；后者则是从中间的一个车毂辐射而出。而且，虽然二者的外圈都有类似把手的突出部分，但前者明显，后者则似隐似现。详见 Osmund Bopearachchi，*Monnaies gréco-bactriennes et indo-grecques*，Catalogue Raisonné，Pl. 7（Agathocle，Série 9），Pl. 33（Menander，Série 37）. 图片来源：https://commons. wikimedia. org/wiki/File：Coin _ of _ the _ Bactrian _ King _ Agathokles. jpg. https：// commons. wikimedia. org/wiki/File：Menander_Soter_wheel_coin. jpg.

接受、逐渐本土化的过程。在阿尔萨息一世到米特里达特一世（Mithridates，约公元前 171—前 138 年）之间的大约一百年间，帕提亚钱币完成了第一阶段的过渡。这些钱币采用了希腊钱币的形制、材质和币值。如钱币外形呈圆形，打压而成；采用希腊阿提卡标准，主要是一德拉克马（约 4 克）和四德拉克马银币（约 16 克）两种；两面都有图案，正面是国王的侧面头像，反面是一个面右或面左，坐于无靠背王座，双手正在张弓的弓箭手形象。反面的左右两边是希腊语铭文，标有 ΑΡΣΑΚΟΥ、ΒΑΣΙΛΕΩΣ 以及各种赞语[①]，表明这是国王阿尔萨息（Arsaces）发行的钱币。但这类钱币仍保持了明显的波斯和游牧民族的特征。其一，国王头戴游牧人的平顶垂肩头套（Bashlyk，也有译为"波斯风帽"），这与希腊式钱币国王仅在头上扎一头带的形象迥然不同。其二，背面的弓箭手形象与波斯帝国钱币上的国王持弓形象似有先后继承关系。帕提亚人素以善于骑马打仗著名，特别擅长在佯装策马撤退时，突然回过头来开弓射箭，置追敌于死地。因此也就有了"帕提亚人的回射"（Parthian shot）这样的成语。这与希腊式钱币反面一般表现神的形象也极为不同。这种弓箭手形象实际上就是国王的化身[②]，是帕提亚本地造币场所出钱币的标志之一。此外，初期的钱币还形成了一个传统，就是几乎所有的钱币上只有开国君主阿尔萨息的名字，而无其他任何国王个人的名字。这是与以前的或其他的希腊式钱币极为不同的一点。

　　从米特里达特一世统治时期开始，帕提亚钱币图案发生了重大变化。原因是帕提亚的统治者利用了原来塞琉古王国的造币场为他制造新币，从而使帕提亚的钱币增添了更多的希腊化因素。如同以前希腊统治者的钱币，正面的国王头上也只扎表示王权的头带，反面呈坐姿（王座改成了希腊人视为"大地中心"的德尔斐

---

　　① 这些赞语言简意赅，内容丰富，几乎包含了希腊化时期所有国王的荣誉称号。如"伟大的国王"（ΒΑΣΙΛΕΩΣ ΜΕΓΑΛΟΥ）、"王中王"（ΒΑΣΙΛΕΩΣ ΒΑΣΙΛΕΩΝ）、"正义者"（ΔΙΚΑΙΟΥ）、"神显者"（ΕΠΙΦΑΝΟΥΣ）、"爱希腊者"（ΦΙΛΕΛΛΗΝΟΣ）等。详见 http://www.parthia.com/parthia_inscriptions.htm# Greek.

　　② 有学者认为此为开国君主阿尔萨息。见 Josef Wiesehofer，Ancient Persia：From 550BC to 650AD，p. 128.

"脐石"，Omphalos）的弓箭手外，还出现了希腊神祇如命运女神提刻（Tyche）、赫拉克勒斯、宙斯、胜利女神尼科、农业丰产之神德米特尔（Demeter）等的形象。有的钱币也依照塞琉古王国的惯例，打上了表示发行年代的希腊字母符号，并以塞琉古实际在位年代纪年。[①] 这或许为了表明他们也是塞琉古王国的正宗继承者。但也有例外，公元前1世纪初的两位国王（Gotarzes I，约公元前95—前90年在位；Orodes I，约公元前90—前80年在位）的钱币上就出现了头戴波斯王冠的形象。

公元以后，诸希腊化王国已不复存在，希腊化的影响逐渐减弱。钱币的总体面貌虽然没有大的改变，但希腊语铭文的字迹却变得越来越模糊或错讹，难以辨认，一些国王的名字也开始用帕提亚文字（阿拉米亚——Aramaic 字母，或帕拉维——Pahlavi 语）来表示。那些表示国王称号、功绩和荣誉的铭文慢慢也失去了原有的、特定的、富有个性的政治含义，变成了一种机械的模仿。但一直到帕提亚王朝终结，希腊式钱币——帕提亚类型的基本特征没有根本的变化。这是一个非常值得注意的事实，它说明希腊化文化、希腊式钱币在帕提亚统辖区域的影响颇深。

第三节　贵霜、萨珊波斯的崛起与希腊式钱币的变异及消亡

公元前后，西亚、中亚和印度的政治版图再次发生了变化。公元前1世纪后期，印度—希腊人的小王国逐渐退出历史舞台。从阿富汗南部和经葱岭悬度进入印度的斯基泰人（塞人）开始活跃于印度西北部。公元1世纪初，以大月氏王国为基础的贵霜帝国建立，囊括了中亚和印度的一部分。公元3世纪初，萨珊波斯帝国取代帕提亚称霸西亚和中亚的广大地区。由于希腊化影响的彻底消失，希腊式钱币失去了存在的文化基础和依托，成为无源之水，无本之木。贵霜和萨珊波斯的统治者虽然仍然采取了拿来主义，但他们所接受的希腊式钱币经过数百年、数代的模仿改造，在外观上

---

①　以公元前 312 年为始，以马其顿历 1 月，巴比伦历 7 月，公历 10 月为岁首。http://www. parthia. com/parthia_ calendar. html.

已与亚历山大时代的钱币相去甚远。他们在仿制这类钱币的同时，又注入了自己民族的文化因素，因此希腊式钱币的变异与消亡也就为时不远了。

从现在发现的萨珊钱币来看，它仍可属于希腊式钱币的范畴，是其变种或亚种之一。它的形制、材质和币值（重量）与帕提亚的钱币没有大的变化，币面呈圆形，银币为主，以德拉克马作为基本的重量单位。但正反两面的图像文字已完全波斯化、琐罗亚斯德教化。正面的国王一般都留着络腮大胡，头戴波斯式三重冠、雉堞形王冠，或高高耸起的日月冠，发辫下垂，头后有下垂或扬起的飘带，这似乎是从希腊式王带 Diadem 演变而来。背面是象征萨珊波斯国教——琐罗亚斯德教的祭火坛，祭坛两侧一般有两个祭司站立看护圣火。币上的铭文已完全变成了波斯帕拉维语，希腊语字符彻底消失。公元7世纪中期，随着阿拉伯人的征服，萨珊王朝的灭亡，萨珊型钱币渐渐退出了流通领域。

相对于萨珊波斯，贵霜帝国诸王的钱币上较多地保留了希腊式钱币的特征。从大月氏公元前2世纪中期灭掉巴克特里亚王国到公元4世纪最后被寄多罗王国（Kidarite Kingdom）所取代，月氏—贵霜人的统治在以印度西北部为中心的中亚和南亚地区延续了五六个世纪。这一地区恰恰是原来巴克特里亚希腊人和印度—希腊人的活动之地，希腊化程度较深，希腊人的文化遗存随处可见。贵霜人的祖先本来就是来自中国西北的游牧民族，他们在军事上可以征服巴克特里亚希腊人王国，但最终却不得不接受当地先进的希腊化文化遗产，或波斯文化、印度文化的影响。贵霜钱币基本上保持了希腊式钱币的特征，正面的国王头像仍然扎着亚历山大式头带，但也有国王骑象，或手持权杖站立，或向一小祭坛献祭的图像。反面有人骑马形，也有坐着的赫拉克勒斯，或手持丰饶角的伊朗的大地女神 Ardocksh（相当于印度的 Lakshmi），中亚的月亮女神（Mao），印度的湿婆（Siva）、公牛，波斯的娜娜神（Nanania）、风神（Vado），佛教的佛陀（Buddha）以及箭、雷电等图像。币上的铭文有希腊语，也有佉卢文（Kharosthi）或婆罗米文（Brahmi）。贵霜时期的钱币显然是多种文化的混合体，希腊、波斯、印度，甚至罗马的因素都有所反映。① 这是由贵霜人所处之地的地理环境和文化传统以及公元前后的东西方政治格局所决定的。

第四节　希腊式钱币与古代中国

　　既然希腊式钱币曾在塞琉古王国、巴克特里亚王国、帕提亚帝国、印度—希腊人王国、印度—斯基泰人、印度—帕提亚人和其他游牧民族建立的小王国、贵霜帝国和萨珊波斯帝国流通，这些帝国或王国的故地或曾经统辖的区域都曾在历史上通过丝绸之路与古代中国存在某种商贸和文化关系，那么，从公元前2世纪张骞通西域开始，这些形形色色的钱币到底有多少通过丝绸之路流入中国境内或中原内地呢？现在又有多少实物被发现了呢？据笔者所知，除了贵霜钱币、萨珊波斯银币、东罗马金币和和阗马钱外，此前的希腊式钱币目前在国内似乎罕有发现。② 但值得庆幸的是，我们的古人早在丝路开通之初就开始了对它们的观察和记载。

　　第一位明确把希腊式钱币的信息带入中原的是张骞。他在给汉武帝的报告中特别提到了安息即帕提亚的钱币：安息人"以银为钱，钱如其王面，王死辄更钱，效王面焉"。这和现在所能看到的帕提亚的钱币特征非常一致。对于他亲自到过的大夏（巴克特里亚），他虽然没有具体提到此地的钱币，但他提到大夏人"善贾市……其都蓝氏城，有市贩贾诸物"。③《史记·大宛列传》的另一处提到"自大宛以西至安息，国虽颇异言，然大同俗，相知言。其人……善市贾，争分

---

① 迦腻色伽的一枚钱币上就既有希腊式光轮和披衣的佛陀立像，也有希腊字母拼写的"佛陀"（BOΔΔO）字样。参见［法］雷奈·格鲁塞著，常任侠、袁音译：《东方的文明》，中华书局，1998年，第252页。图像见 http://www. coinindia. com/galleries-kanishka. html.

② 2013年8月4日，笔者在敦煌市博物馆发现了一枚印度—希腊人国王 Lysias（公元前120—前110年在位）的方形铜币，正面的希腊语铭文和头像都清晰可见。正面是赫拉克勒斯肩扛他的标志性武器——木棒，希腊语铭文是 ΒΑΣΙΛΕΩΣ / ΑΝΙΚΗΤΟΥ / ΛΥΣΙΟΥ。当时陈列的是正面，没有看到反面，但很显然，这是一个双语币，从钱币图谱可以看出，反面是侧身站立的大象，其三边是佉卢文铭文：maharajasa / apadihatasa / lisikasa，意思与希腊文基本一致。这是在国内发现的第一枚印度—希腊人钱币。但不知是当地出土，还是来自别处。http://coinindia. com/galleries-lysias. html；Osmund Bopearachchi, *Monnaies gréco-bactriennes et indo-grecques*, Catalogue Raisonné, Pl. 38-39（Lysias, Série 8）.

③ 《史记·大宛列传》，第3164页。

铢";而且说到"其地……得汉黄白金,辄以为器,不用为币"。① 由此可见,张骞之时,自巴克特里亚、索格底亚那(Sogdiana,即汉文中的"粟特"、大宛,曾为巴克特里亚希腊人王国的一部分)到帕提亚这一带商业发达,人们语言相通,善于经商,锱铢必争,但不用金币,可能都像安息那样主要用银币或铜币进行交易。考虑到希腊式钱币中还有大量的铜币奥波尔(obol),或其他小面值的辅币(半德拉克马等),我们不能把"争分铢"仅仅理解为一种赢利手段,而要看到它实际反映了民间交易时辅币或小币的存在。

《汉书》中的相关记载大致相同,但也有相异之处。其中提到安息时说:"亦以银为钱,文独为王面,幕为夫人面,王死辄更铸钱。"②这里说得更具体了,但"幕为夫人面"如何理解?帕提亚钱币对此做出了非常令人信服的回答。原来在公元前 2 年—公元 4 年在位的弗拉特斯五世(Phraates V,又称为弗拉塔克斯,Phraataces)的钱币反面一反常态地出现了一位女王的头像。此人名为穆萨(Musa,原名为Thusmusa),本是一意大利女奴,被罗马皇帝奥古斯都赠送给帕提亚国王弗拉特斯四世为妾,弗拉特斯五世为其所生。为了保证亲生儿子能继承王位,她先是劝诱弗拉特斯四世将其他王子送到罗马去做人质,再乘机把自己的儿子立为王位继承人,然后毒死弗拉特斯四世,把儿子扶上王位。自己则与儿子结婚,成为王后或女王。从钱币上看,她是以共治者的身份出现的。(见图 1)他们二人在位时间不长,六年后即被推翻。然而他们发行的这类钱币却被中国的西域使者所目睹,将此信息带回中国,并在班固的《汉书》中留下了记载。如果不是这种钱币的实物出现,真不知这段记载的真实性何时能得到世人公认。③

---

① 《史记·大宛列传》,第 3174 页。

② 《汉书·西域传》,第 3889 页。

③ 有关的钱币图像见上海博物馆编:《上海博物馆藏丝绸之路古代国家钱币》,第 27页第 84 图;http://www.parthia.com/phraataces.htm# Musa。女王穆萨的石雕头像也于 1939年在苏萨发现。见 Benjamin Rowland,"The Hellenistic Tradition in Northwestern India," *The Art Bulletin*, Vol. 31, No. 1, Mar. 1949, pp. 5-6;有关穆萨的记载见 Josephus, *Jewish Antiquities*, 18. 39-44, with an English translation by Ralph Marcus, Cambridge, Mass. ﹔ Harvard University Press, 1930.

《汉书·西域传》中还提到位于印度西北部的罽宾"以金银为钱，文为骑马，幕为人面"，乌弋山离"其钱独文为人头，幕为骑马"。[①] 这些也都与印度—希腊人王国和贵霜时期钱币上的国王形象、人骑马形极为吻合。甚至罽宾"出封牛"，也可从此地钱币上的瘤牛形象得到印证。

可见在汉代，希腊式钱币的基本特征和两大类型的信息都传到了中原。其中介绍过于简略和以偏概全（如女王或王后的头像出现于钱币是帕提亚钱币中的特例，而且仅此一例），甚至误传都是可以理解的。

此后的《魏书》《北史》在提到罽宾、康国、小月氏、粟特时，虽然都涉及这些地方用金银钱币交易、纳税，但未对其具体式样做过详细描述。特别是关于萨珊波斯的记载中，只有国王"戴金花冠，衣襟袍，织成帔，饰以真珠宝物"[②]的记述可与波斯钱币上的国王衣饰基本吻合，其他信息则阙如，不免令人遗憾。

但值得注意的是，贵霜钱币曾在中国的新疆塔里木盆地留下了它们的印记。被夏鼐先生称为"和阗马钱"的汉佉二体钱显然受到了来自贵霜钱币的影响。该币圆形无孔，上有汉文与佉卢文两种文字，汉文表明币值（如"六铢钱"，"重廿四铢铜钱"），佉卢文表示王名或王号，正面的图案为马或驼形。[③] 这种钱币显然是希、印（贵霜）、中三种文化因素的结合。（见图 2）

尽管关于希腊式钱币的中外文献十分缺乏，但现有的考古学和钱币学实物资料证明：流通于丝绸之路千年之久的希腊式钱币确实在古代欧亚大陆的历史上发挥了重要的作用。作为交换媒介和手段，它们直接推动了东西方物质文明的交流。安息之所以能在相当长的时间内控制中国与西亚、欧洲的丝绸贸易，可以与西面的其他希腊化王国，而后同占据东地中海的罗马帝国通商，它对希腊式钱币的接受无疑起了十分关键的作用。此外，这些希腊式钱币仿制、改造、流通的过程也是东西方文化交流融合的过程。它们既是多元文化的

---

① 《汉书·西域传》，第 3885、3889 页。

② 《魏书·西域传》，中华书局，1974 年，第 2271 页。

③ 关于汉佉二体钱的形制与分类，参见［英］克力勃撰，姚朔民编译：《和田汉佉二体钱》，《中国钱币》1987 年第 2 期。

载体,也是多元文化的传播者。希腊式钱币的影响远远超出了它们的发行地就是很好的证明。

（原载《北京师范大学学报（社会科学版）》
2007 年第 6 期,有修改）

图 1　Phraataces & Musa(c. 2 B. C. -A. D. 4)
图片来源:http://www. parthia. com/phraataces.
htm# Musa(Sellwood 58. 9)。

图 2　汉佉二体六铢钱
笔者 2013 年 6 月 2 日摄于大连旅顺博物馆

第六章 "Soter Megas"考辨

　　"Soter Megas"(希腊语"ΣΩΤΗΡ ΜΕΓΑΣ")意思是"伟大的救世主"(the Great Savior),是希腊式钱币铭文中常见的对钱币发行者——国王的一种赞誉之词。这些赞语也可视为王号或头衔(the epithet),意在宣扬国王的荣耀和伟大,特别是用来旌表国王的某些特殊功绩、德行和名声。它们一般都和国王的名字一起出现在钱币上,以表明由某位国王所发行。然而,在贵霜钱币系列中却出现了一种只有"Soter Megas"赞语而无王名的特殊钱币(图 1),国际钱币学界将其称为"无名王"(The Nameless King)类型。那么,这位自称"Soter Megas"的"王中王"(Basileus Basileon)真的就是贵霜的一位国王吗? 如果是,那他为什么不像其他所有国王那样在钱币上留下自己的名字呢? 他的真实名字到底是什么? 在文字资料中有无留下记载? 如果不是,他为什么敢于称王并独立发行钱币呢? 他与贵霜王朝到底是什么关系? 这些问题大概自这种钱币 1834 年在阿富汗首次发现以来就出现了[①],但一直悬而未决。1993 年,著名的拉巴塔克铭文(Rabatak Inscription,一译"腊跋闼柯")在阿富汗出土,上面明确提到了迦腻色伽以前三位贵霜

---

　　① 与此同时发现的还有贵霜王朝早期几位国王 Kujula Kadphises、Vima Kadphises、Kanishka 的钱币。Amal Kumar Jha, Sanjay Garg, eds. , *EX MONETA: Essays on Numismatics, History and Archaeology in Honour of Dr. David W. Macdowall*, New Delhi: Harman Publishing House, 1998, p. 516.

国王的名字，遗憾的是其中并无关于"Soter Megas"的任何记载。但它提到了一位新王的名字——Vima Taktu（或译 Takto，Takha），他是迦腻色伽的祖父，贵霜的第二任国王。① 这一发现让人似乎看到了"Soter Megas"问题解决的曙光。既然"Soter Megas"前无归属，Vima Taktu 前所未知，都属于贵霜前期，二者不就有可能是同一人吗？根据《后汉书·西域传》，贵霜的第二位国王是阎膏珍。以此而论，阎膏珍、Vima Taktu 与"Soter Megas"三者也就可视为同一人了。但问题并非如此简单。因为新的考古发现以及对现有文献、铭文和钱币图像的重新解读都会对此推论提出质疑和挑战，这一问题近年来再次引起国际贵霜钱币学界和历史学界的关注就证明了这一点。② 由于中国汉文史籍中对贵霜及其前身大月氏多有记载，且是世界上目前现存关于贵霜最早、最可靠的唯一文献资料，"Soter Megas"的身份认定与贵霜早期的历史又密切相关，所以，本文以此作为切入点，在对相关实证和研究成果进行梳理比对的基础上，试图为"Soter Megas"问题的解决提供一点新的思路或建议。

---

① 该铭文使用的是用希腊字母拼写的巴克特里亚语，即中伊朗语。铭文内容已释读并译成英文，但学者们对原巴克特里亚语铭文理解不一。英国学者尼古拉斯·西姆斯-威廉姆斯（Nicholas Sims-Williams）在铭文第 13 行读出了"Vima Taktu（Takto）"的名字，但印度学者穆克赫尔基（B. N. Mukherjee）却将此名读为 Saddashkana（Sadashkana）。详见 J. Cribb，"The Early Kushan Kings：New Evidence for Chronology. Evidence from the Rabatak Inscription of Kanishka I，" in Michael Alram and Deborah E. Klimburg-Salter，eds.，，Coins，Art and Chronology：Essays on the Pre-Islamic History of the Indo-Iranian Borderlands，Vienna：Sterreichischen Akademie der Wissenschaften，1999，p. 180. Nicholas Sims-Williams and Joe Cribb，"A New Bactrian Inscription of Kanishka the Great，" Silk Road Art and Archaeology，Vol. 4（1996），p. 80；B. N. Mukherjee，"The Great Kushana Testament，" Indian Museum Bulletin 30，Calcutta（1995），pp. 10，17. "Vima Taktu 说"目前得到国际学界普遍认可，本文采用此说。

② 如法国著名钱币学家波比拉赫奇对"Soter Megas-Vima Taktu 说"持有异议，并对 Soter Megas 的正统国王身份和地位表示怀疑。详见 Osmund Bopearachchi，"Some Observations on the Chronology of the Early Kushans，" Res Orientales，Vol. XVII，2007，pp. 41-53. 国内余太山先生虽然基本认可"Soter Megas—Vima Taktu 说"，但认为 Soter Megas 类型钱币可分为两类：一类是各地的封疆大臣代表中央政府打造发行的，上面的"Soter Megas"是指丘就却；一类是 Vima Taktu 即位后发行的，上面有"vi"字符号；Vima Taktu 就是丘就却之子，但阎膏珍究竟是 Vima Taktu 之译还是另一位贵霜王 Vima Kadphises 之译难以确定，因为"《后汉书·西域传》将丘就却和阎膏珍的祖孙关系误以为父子关系的可能性不能完全排除"。详见余太山：《新发现的腊跋冈柯铭文和〈后汉书·西域传〉有关阎膏珍的记载》，《新疆文物》2003 年第 3—4 辑，第 43—47 页。

第一节　大夏、大月氏、贵霜与"Soter Megas" 问题的由来

　　大夏、大月氏、贵霜是中国古代史籍中频频出现的三个西域国家。它们既有在一地先来后到（大夏、大月氏）、征服与被征服的关系（大月氏与大夏），也有自身发展壮大而名称先后变化的关系（从大月氏到贵霜）。"Soter Megas"问题实际上就是在这三者历史变迁的大背景下产生的。

　　关于贵霜史迹的明确记载最先出现在《后汉书·西域传》中。①据此，贵霜国家由大月氏五翎侯之一贵霜翎侯所建立，第一位国王丘就却，第二位即其子阎膏珍。至于阎膏珍的继位者，此后的汉文史料中再无记载。根据东晋僧人法显的《法显传》（又名《佛国记》）、唐玄奘的《大唐西域记》，贵霜还有一位著名的弘法国王——迦腻色伽，但未提及他与丘就却和阎膏珍的关系。

　　中国史料中最先记载大月氏的是司马迁的《史记·大宛列传》，其中说到他们始居"敦煌、祁连间，及为匈奴所败，乃远去，过宛，西击大夏而臣之，遂都妫水北，为王庭"。②月氏西迁之事发生在公元前 176 年（文帝前元四年）左右。③张骞公元前 139/前 138 年动身出使西域就是为了联合月氏，夹击匈奴。大月氏人到达锡尔河和阿姆河（妫水）之间的河中地区，首先征服的国家是大夏。而大夏所在之地原属公元前 3 世纪中期从塞琉古王国独立的巴克特里亚希腊人王国。那么，大月氏"西击"的大夏是否就是这个希腊人王国呢？学术界一直存在着两种不同的意见。一种持肯定说，根据是希腊古典作家斯特拉波曾提到：从希腊人手中夺取巴克特里亚的四个游牧部落是来自锡尔河彼岸的 Asii，Pasiani，Tochari 和 Sacarauli。④如果将四部落之一的 Tochari（吐火罗）比对于月氏，则此问题可以得到一定程度的解决。因为但凡月氏活动之地，中外史料都有吐火罗人存在过的证据。月氏在阿姆河地区的控制之

---

① 《后汉书·西域传》，第 2921 页。
② 《史记·大宛列传》，第 3162 页。
③ 《史记·匈奴列传》，第 2896 页。
④ Strabo，Geography，11. 8. 2.

地（包括此前的大夏），在后来的中国史书中统称为土呼罗①、吐火罗②，玄奘称为"睹货逻"③，中国的"月氏"很可能就是斯特拉波的"Tochari"。据此，大月氏灭掉的大夏应该就是巴克特里亚希腊人王国。④ 持否定说者则认为，斯特拉波的 Tochari 不是月氏，而是大夏。大夏是 Tochari 的对译。因此，巴克特里亚希腊人王国先亡于大夏，大夏复亡于大月氏。⑤ 近年来的考古发掘似乎证明巴克特里亚地区先后遭受了两批北方游牧民族的入侵。第一波是斯基泰人（Scythians），即中国史籍中的"塞人"或波斯史料中的"Sacas"。第二波才是月氏人，即希腊罗马史料中的"Tochari"（吐火罗人）。⑥ 笔者认为，这两种说法都有其合理性。而且不论大月氏到来之前当地大夏的统治民族是谁，是希腊人，还是"塞人"或"Sacas"，对于大月氏而言，都是他们的征服对象。但从后来大月氏—贵霜文化深受希腊化文化影响或浸染的情况以及阿富汗的阿伊·哈努姆希腊式城市遗址看，大月氏所征服的大夏应该是巴克特里亚的希腊人王国。南下的塞人部落一支可能只是这一地区的匆匆过客，他们一路推进到现在阿富汗西南部才定居下来（那里被称为 Sakastan 或 Seistan 可资佐证），后来或许还向东发展，进入印度河流域，建立了一些小王国。在大月氏的推进压力下，巴克特里亚（大夏）的希腊人余部被迫退到印度西北部，与此地原有的希腊人相汇合，形成了一些新的印度—希腊人王国，一直残存到公元前后之交。⑦ 这些印度—希腊人和印度—斯基泰人（塞人）是贵霜人

---

①　《魏书·西域传》，第 2277 页。

②　《隋书·裴矩传》，中华书局，1979 年，第 1853 页。

③　（唐）玄奘、辩机原著，季羡林等校注：《大唐西域记校注》，第 100 页。

④　参见 W. W. Tarn, The Greeks in Bactria and India, pp. 277, 286, 533；A. K. Narain, The Indo-Greeks, p. 129.

⑤　中外学者均有持此说者。国外学者观点参看 W. W. Tarn, The Greeks in Bactria and India, pp. 295-296，但 Tarn 对此持否定态度。国内详见余太山：《塞种史研究》，第 24—69 页；《两汉魏晋南北朝正史西域传要注》，第 9 页。

⑥　Claude Rapin, "Nomads and the Shaping of Central Asia: from the Early Iron Age to the Kushan Period," in Joe Cribb & Georgina Herrmann, eds., After Alexander: Central Asia before Islam, pp. 50, 60, 65.

⑦　与此同时，一部分归顺帕提亚的斯基泰人也从阿富汗南部进入印度，史称"印度—帕提亚人"。他们对贵霜钱币的影响甚微。

的先行者，他们的历史遗产被后来者所接受。其中钱币上的影响最为直接明显，"Soter Megas"类型实则希腊、斯基泰、贵霜三种文化因素的结合。这也是本文不得不回到巴克特里亚希腊人和大月氏时代的原因。

征服大夏之时的月氏人可能仍处于部落联盟阶段。根据《汉书》和《后汉书》的记载，他们将新征服的大夏之地分属休密、双靡、贵霜、肸顿、高附或都密①五部翕侯管辖。各翕侯虽然也有自己的治所或中心城市，但仍然"皆属大月氏"。《史记·大宛列传》无此内容。可见，到公元前128年张骞抵达大夏时，大月氏分其国为五部之事可能还未发生。此时大月氏只是占据了阿姆河之北的大夏故地（即西方古典史料中的索格底亚那）。②退居阿姆河之南的大夏虽处于臣服地位，但河南之地仍归其所属，分而治之的条件尚不成熟。张骞对此地的政治格局了解得非常清楚。他仍将大夏看作一个单独的国家或地区来叙述：此地"无大君长，往往城邑置小长……大夏民多，可百余万。其都曰蓝市城，有市贩贾诸物。"但其"兵弱，畏战"，所以，被大月氏"攻败之"，"而臣之"。③

但从班固（公元32—92年）的《汉书·西域传》来看，中亚和印度西北部的政治版图在其后的一百多年间发生了巨大的变化。④大月氏的国都已经南移至原来大夏的都城监氏城（即"蓝市城"），

①　《汉书》与《后汉书》所记五翕侯有所不同。前者包括"高附"，后者却以"都密"代之，并特别说明高附"未尝属月氏。《汉书》以为五翕侯数，非其实也。后属安息。及月氏破安息，始得高附"。详见《汉书·西域传》，第3891页；《后汉书·西域传》，第2921页。

②　西方古典作家将阿姆河和锡尔河之间的地区称为索格底亚那（Sogdiana），即后来中国史书上的"粟特"地区。《史记》中的大宛、康居也地跨此区域。从亚历山大帝国、塞琉古王国到巴克特里亚王国的强盛时期，索格底亚那都在希腊人的控制和影响之下。

③　《史记·大宛列传》，第3164、3162页。

④　据《汉书》中华书局1962年版点校本"出版说明"，班固在父亲班彪于建武三十年（公元54年）死后，继承父业开始编撰《汉书》。明帝永平五年（公元62年）任兰台令史，受皇帝委托专门撰史，直到章帝建初（公元76—83年）中叶。但实际上到他死时（公元92年）全书尚未完成。志表部分由他的妹妹班昭在同乡马续的帮助下完成。其父生前已完成后传65篇，但不知其中是否包括《西域传》。从《西域传》本身来看，其中记事的年代最晚到王莽新朝灭亡（地皇四年，公元23年），"西域因绝"之时。因此，从张骞返回到此时，西域发生重大变化是可以理解的。

大夏国不复存在。此时的大月氏进入了中央政权与五翎侯地方政权的并存期。《汉书·西域传》详细记载了大月氏与五翎侯距离汉西域都护治所乌垒城的里程。大月氏"东至都护治所四千七百四十里"。其余五部"去都护"的距离分别是：休密,二千八百四十一里；双靡,三千七百四十一里；贵霜,五千九百四十里；肸顿,五千九百六十二里；高附,六千四十一里。① 而且这五翎侯可以"共禀汉使者",说明当时的大月氏中央政权和所属的地方政权与西域都护均有直接的联系和交往。据《魏略·西戎传》,西汉哀帝元寿元年(公元前 2 年),博士弟子景卢受大月氏王使伊存口授《浮屠经》②,可见此时以大月氏王为代表的中央政权仍然存在。

　　然而,这种并存局面并未能长久维持下去。据《后汉书·西域传》,分为五部之后"百余岁",大月氏的中央政府似乎消失了。五部之一的"贵霜翎侯丘就却攻灭四翎侯,自立为王,国号贵霜(王)。侵安息,取高附地。又灭濮达、罽宾,悉有其国。丘就却年八十余死,子阎膏珍代为王。复灭天竺,置将一人监领之"。③"百余岁",即一百多年,按照汉文的习惯来理解,可以是一百零几年,也可以是

---

　　① 至于五翎侯的大致方位,学界说法颇多。纳拉因认为它们分布在阿姆河中游为中心的南北两侧主要支流谷地之中。A. K. Narain, "The Five Yabgus of the Yuech-Chih," in S. N. Mukherjee, ed., India: History and Thought, Culcutta: Subarnarekha, 1982, pp. 178-179. 余太山则认为"五翎侯治地均在吐火罗斯坦东部山区"。详见他对五翎侯位置的具体考定。余太山:《两汉魏晋南北朝正史西域传要注》,第 122—124 页诸注,第 283 页注 231。法国学者葛乐耐认同蒲立本的观点,认为五翎侯最初分布在阿姆河以北希萨尔山(Hisar)以南从瓦赫什(Wakhsh)河谷到铁尔梅兹(Termez)的弧形地带,后来才扩展到阿姆河以南。此说用《后汉书·西域传》中的都密替代了《汉书·西域传》中的高附。Frantz Grenet, "Nouvelles données sur la localisation des cinq Yabghus des Yuezhi. L'arrière plan politique de l'itinéraire des marchands des Maès Titianos," Journal Asiatique 294/2(2006), pp. 325-341; [法]F. 葛乐耐撰,王楠译:《关于月氏五翎侯地点的新材料》,《西域文史》第 7 辑(2012年),第 235—245 页。本人近期的观点是:五翎侯最初应该是大月氏部落的五个部落,它们的分布随着他们在中亚征服地的不断扩大而变化。月氏时期,五翎侯应在在阿姆河之北的直辖地之内,后来随着对大夏(巴克特里亚)的彻底吞并,统治重心的南移,阿姆河南之地也有可能在五翎侯中重新划分。详见 Yang Juping, "Some notes on Dayuezhi, Daxia Guishuang, and Dumi in Chinese Sources," The Silk Road, 14(2016), pp. 97-105.

　　② 《三国志·魏书·乌丸鲜卑东夷传》裴松之注引鱼豢《魏略·西戎传》,第 859 页。

　　③ 《后汉书·西域传》,第 2921 页。

一百一十几年或几十年。而且《后汉书·西域传》中特别提到："班固记诸国风土人俗，皆已详备《前书》。今撰建武以后其事异于先者，以为《西域传》，皆安帝末班勇所记云。"①因此，《后汉书·西域传》凡与《汉书·西域传》所记不同之事，可视为发生于东汉王朝公元25年建立之后。因此，公元1世纪初贵霜统一大月氏并建国称王之说是可以成立的。丘就却享寿八十余岁，儿子阎膏珍继位时，应该说也年事已高。但这样推理的前提是阎膏珍为长子，至少是丘就却壮年所生。但丘就却何时称王，是在他的青年、中年还是晚年，史无明确说明。他能攻灭其他翖侯，统一大月氏，建国称王，并西侵安息，东南扩张至印度，这样的征服事业不可能在数年内完成。他的崛起似乎应在青年或中年之时，也即20—50岁之间。这就给他后来的发展留下了一定的空间。但他的儿子阎膏珍是何时即位并在位多少年呢？

《后汉书·班超传》和《后汉书·西域传》中还记载了一些有关贵霜王的情况：其一，贵霜（月氏②）曾与康居联姻。章帝元和元年（公元84年）班超攻打疏勒王忠时，康居派兵前来增援。为了使康居退兵，班超不惜给贵霜王送厚礼（"超乃使使多赍锦帛遗月氏王"），通过他劝说康居王撤兵。其二，贵霜曾帮助中国方面打击车师，也曾遣使贡献珍宝、符拔、狮子，向汉廷求婚，但遭到班超拒绝，甚至不让其使回国（"拒还其使"）。贵霜因此怨恨，遂于和帝永元二年（公元90年）"遣其副王谢将兵七万攻超"。班超坚壁清野，以逸待劳，后又杀其求援使者。贵霜军走投无路，只好请罪投降。班超"纵遣之。月氏由是大震，岁奉贡献"。其三，安帝元初（公元114—119年）中，月氏王曾干预疏勒王位之争。此时班超已经返回内地（永元十四年，公元102年）。③

可见，汉文史料中除了丘就却和阎膏珍父子两位贵霜国王外，还提到了监领天竺④的一位将军，与班超打交道的"月氏王"以及干预

---

① 《后汉书·西域传》，第2912—2913页。

② 据《后汉书·西域传》，虽然其他诸国称月氏为贵霜，其王为贵霜王，但"汉本其故号，言大月氏云"。故中国史籍对贵霜建国之后仍称月氏。

③ 《后汉书·班超传》，第1579、1580、1586页；《后汉书·西域传》，第2927页。

④ 一名身毒，位于印度西北部，详见《后汉书·西域传》，第2921页。

疏勒内政的"月氏王",和越葱岭而来的副王谢。其中除谢(这一名字也值得怀疑)之外,那位将军和这两位"月氏王"的名字均未提及。那他们又是谁呢? 这两个月氏王是同一人吗? 他们有可能是丘就却父子以及著名的贵霜王迦腻色伽中的某一位或某两位吗? 那位将军在天竺有无其他的头衔? 这些疑问仅靠这些汉文史料显然难以做出回答。

迦腻色伽在位年代的史料来自唐玄奘(《法显传》仅提到他的在位建塔①)。玄奘虽然亲临贵霜故地,但毕竟年代久远,有关迦腻色伽的事迹也只是传说而已。据《大唐西域记》,迦腻色伽生活于佛涅槃后第四百年。② 一般认为,佛陀死于约公元前 486 年,与中国的孔子(公元前 551—前 479 年)大致同时。以此而论,迦腻色伽应是公元前 1 世纪之人了。但此说显然与《史记》《汉书》《后汉书》的记载不符。由于对相关资料的解读不一和新铭文的不断发现,关于迦腻色伽的在位年代从 19 世纪以来就一直争论不休。国际学术界先后于 1913、1960 年两次在伦敦召开会议对此进行专题讨论,虽然形成了一定的共识,将范围大致划在公元 78 到 144 年之间③,但确切的起始年代仍众说纷纭。④ 迦腻色伽是拉巴塔克铭文中提到的贵霜第四位国王,他的在位时间显然与"Soter Megas"问题也有关联。

---

① 《法显传》载:"后罽腻伽王出世,出行游观,时天帝释欲开发其意,化作牧牛小儿,当道起塔。王问言:'汝作何等?'答曰:'作佛塔。'王言:'大善。'于是王即于小儿塔上起塔。高四十余丈,众宝校饰。凡所经见塔庙,壮丽威严都无此比。"章巽校注:《法显传校注》,上海古籍出版社,1981 年,第 39 页。罽腻伽王即迦腻色伽一世。《大唐西域记》亦有类似记载。(唐)玄奘、辩机原著,季羡林等校注:《大唐西域记校注》,第 238—239 页。

② (唐)玄奘、辩机原著,季羡林等校注:《大唐西域记校注》,第 238—239、331 页。

③ 详见 Manoj K. Thakur, *India in the Age of Kanishka*, pp. 6-7.

④ 参见玄奘、辩机原著,季羡林等校注:《大唐西域记校注》,第 140 页注(二);Alexander Coburn Soper, "Reviews: Recent Studies Involving the Data of Kaniska [Continued]," *Artibus Asiae*, Vol. 34, No. 1, 1972, p. 104; J. Cribb, "The Early Kushan Kings: New Evidence for Chronology. Evidence from the Rabatak Inscription of Kanishka I," in Michael Alram and Deborah E. Klimburg-Salter, eds. , *Coins, Art and Chronology: Essays on the Pre-Islamic History of the Indo-Iranian Borderlands*, p. 188.

第二节 "Soter Megas"与贵霜前期诸王
钱币的比较

西方学者关于贵霜历史的知识主要来自汉文史料和钱币资料。从现在所能见到的贵霜钱币来看，在迦腻色伽一世之前，至少出现过四位统治者的钱币，他们分别是 Kujula Kadphises、Vima Kadphises、"Soter Megas"和近年发现的一位国王 Vima Taktu。依据前引汉文资料显然难以确定这些统治者在贵霜早期王系中的先后承继关系，尤其是这位"无名王"的位置。[①] 幸运的是，拉巴塔克铭文的发现为此提供了新的契机。该铭文镌刻于迦腻色伽在位第一年，上面明确显示：迦腻色伽以前有三位贵霜王，分别是他的曾祖父 Kujula Kadphises，祖父 Vima Taktu，父亲 Vima Kadphises。如前所述，由于 Vima Taktu 前所未知，而"Soter Megas"钱币上正好又无国王的名字，西方有的钱币学家就倾向于把"Soter Megas"比定为 Vima Taktu。[②]但这样的比定带来了新的问题。

其一，与汉文史料不符。《后汉书》明确记载贵霜的第一位称王者是丘就却，其子是阎膏珍。如果将丘就却比定为 Kujula Kadphises，依据"Vima Taktu—Soter Megas"说，无名王也可比定为其子阎膏珍，但为什么这位无名王没有像他的父亲或他的儿子 Vima Kadphises 和孙子迦腻色伽（Kanishka）及以后的贵霜国王那样，按惯例在钱币上留下自己的大名呢？国王头像和王名现于币是亚历山大以来希腊式钱币的传统，王名一般用属格，表示这是某某王所发行

[①] 即使是父子关系明确的丘就却与阎膏珍，也有与这些钱币上的王名如何对应的问题。

[②] 这种观点以克里布为代表。J. Cribb, "The Early Kushan Kings: New Evidence for Chronology. Evidence from the Rabatak Inscription of Kanishka I," in Michael Alram and Deborah E. Klimburg-Salter, eds., Coins, Art and Chronology: Essays on the Pre-Islamic History of the Indo-Iranian Borderlands, pp. 180-183. 此说虽然遭到一些学者质疑，但却被许多钱币拍卖行的目录单和钱币网站所接受。笔者所见到的几乎所有钱币资料，都将二者视为一人。值得注意的是，克里布在最近的一篇文章中，修正了自己观点，认为这类钱币是一个单独的类型，始于 Kujula Kadphises 在位末期，继续发行于其子 Wima Tacto 在位之时。Joe Cribb, "The Soter Megas Coins of the First and Second Kushan Kings, Kujula Kadphises and Wima Takto," Gandhāran Studies, Vol. 8, 2014, pp. 79-140.

的钱币。王名不仅是该钱币信用的凭证,更是国王个人权力的炫耀和象征。他既然在币上敢于自称"伟大的救世主""王中王",但又不愿坦然打上自己的名字。其中必有缘故。是不敢、不愿或认为没有必要如此,不得而知。他的国王身份值得怀疑。将"Soter Megas"比定为贵霜王朝的第二位国王证据显然不足。

其二,Vima Taktu 历史上确有其人,有以自己名字发行的钱币(图2)。拉巴塔克铭文明确提到他是 Kujula Kadphises 的儿子,是国王,个别新发现的钱币似乎也证明了他的国王身份。大约与拉巴塔克铭文面世的同时,标有 Vima Takto 或 Vima Takha 名字的钱币也在一个小型窖藏中发现。其中的一枚铜币正面中间是面右站立的公牛,周围是模糊不清的希腊文;反面中间是面右站立的巴克特里亚双峰骆驼,周围是佉卢文铭文:Maharajasa Rajadirajasa Devaputrasa Vima Takha。[①] 意思是:大王(Great King),王中王(King of Kings),神(The Divine;一译"神子"或"天子"[②],Son of God),Vima Takha。公牛/骆驼型是 Kujula Kadphises 钱币类型的一种,说明二者之间具有一定的继承关系。这或许也是父子关系的一种证明。还有两枚铜币上也有标示 Vima(Takha)的佉卢文字符"vi"。[③] 这些证据再次证明了贵霜国王 Vima Taktu(或 Vima Takha)的存在。这两枚钱币上的希腊文铭文分别是 BACIΛEWC BACIΛEWN CWTHP MEΓAC 和 BACIΛEV BACIΛEVWN CWTHP

---

① http://www.columbia.edu/itc/mealac/pritchett/00routesdata/0001_0099/kushancoins/kushancoins.html. 对于这些类似标有 Vima Taktu 名字的钱币,克里布在"The Early Kushan Kings:New Evidence for Chronology"一文中也有提及。这些佉卢文名号后来也传入了中国塔里木盆地的鄯善、龟兹一带,用来称颂当地的国王。详见林梅村关于且末出土佉卢文书(第782号)底牍正面第1、2行和克孜尔千佛洞佉卢文犍陀罗语4号文书正面第1行的释读。其中表示"大王、王中王、天子"的佉卢文与此类钱币上的佉卢文铭文基本吻合。林梅村:《松漠之间:考古新发现所见中外文化交流》,生活·读书·新知三联书店,2007年,第140—141、157、161页。

② 唐张守节《史记正义》所引万震《南州志》中提到,大月氏"在天竺北可七千里,地高燥而远,国王称'天子'"(《史记·大宛列传》,第3162页)。但这里的天子似乎是对 Devaputrasa 的汉译,并非像有学者认为的那样是从中国方面传来。见詹义康:《贵霜王衔研究》,《江西社会科学》1994年第9期。

③ http://grifterrec.rasmir.com/kushan/kushan2.html;http://coinindia.com/galleries-vima-takha.html. 此类钱币也可见上海博物馆编:《上海博物馆藏丝绸之路古代国家钱币》,第212页(No.1230)。

MEΓAC，虽有个别字母错讹，但意思都是"王中王，伟大的救世主"。如果这两枚币上的佉卢文字符"vi"确实是指 Vima Taktu，那表明他也自认为是一位"伟大的救世主"。[①] 他与"Soter Megas"称号虽同，但一有名有号，一有号无名，二者不可能是同一人。波比拉赫奇新近发现的 Vima Kadphises 为其父 Vima Taktu 发行的纪念币也提供了贵霜王系中确有其人的证据。[②]

当然，从钱币外形上看，"Soter Megas"型与前述的 Vima Taktu 型确实有所相似，如都出现过国王骑马的形象，都出现过三叉状符号"tamgha"。这是否意味着它们之间还是有一定的联系呢？

国王骑马形象与印度—斯基泰人钱币的影响有关。这些"塞人"是在印度—希腊人之后（公元前 1 世纪）进入印度的，并且逐渐取而代之，成了印度西北部的统治民族。[③] 他们受当地的印度—希腊人的影响要远比后来的贵霜人直接而强烈。这从他们留下的钱币上就可略见一斑。印度—斯基泰人的钱币很可能是由当地的印度—希腊人刻模师（celators）所设计，上面有希腊化时期钱币特有的字母组合符号，有希腊语铭文和非常精美的希腊神形象，如宙斯、胜利女神尼科、持盾牌和长矛的雅典娜、或手持棕榈枝的城市守护神提刻（Tyche，原为命运女神）等。[④] 从印度—斯基泰人国王 Azes 一世（约公元前 57—前 35 年在位）和二世（约公元前 35—公元 1—10 年[⑤]在位）的钱币（图 3）看，钱币的正面一般都是呈骑马状的国王，面右，右

---

① 关于这些标有 Vima Taktu 佉卢文字符的钱币信息，也可见 Joe Cribb，"The Soter Megas Coins of the First and Second Kushan Kings，Kujula Kadphises and Wima Takto，" p. 123；"Table 1：The recorded forms of the name of Wima Takto，" Figs. 22-25，27，29-31，34-36.

② 波比拉赫奇曾在上海"丝绸之路古国钱币暨丝路文化国际学术研讨会"上展示币图片，后又承蒙国内李铁生先生转赠，谨此一并致谢。此币图样和铭文释读也可见 Osmund Bopearachchi，"Some Observations on the Chronology of the Early Kushans，" pp. 43，53（no. 5）。克里布最近认定这枚钱币是赝品。Joe Cribb，"The Soter Megas Coins of the First and Second Kushan Kings，Kujula Kadphises and Wima Takto，" pp. 91-94，137（Figs. 38-40）.

③ G. M. Bongard-Levin，Ancient Indian Civilization，New Delhi：Arnold-Heinemann Publishers，1985，pp. 193-194.

④ 关于印度—斯基泰人的钱币，详见上海博物馆编：《上海博物馆藏丝绸之路古代国家钱币》，第 194—204 页（No. 1111-1176）.

⑤ 关于印度—斯基泰人国王的在位年代，各家估算不同，此处采用了 Micthiner 的说法。

手持长矛或马鞭(whip),也有权杖(scepter)说,系希腊式头带,且向后飘拂,周围是有错讹的希腊语铭文:BASILEWS BASILEWN MEGALOU AZOU(伟大的王中王 Azes);反面中间一般是站立的希腊神像,周围是与希腊语铭文同义的佉卢文:MAHARAJASA RAJADIRAJASA MAHATASA AYASA。[①] Azes 二世的统治中心是印度河流域的犍陀罗地区,在此地他有两个造币场,一个在犍陀罗,一个在塔克西拉(Taxila)。[②] 丘就却在位时就占领过这一地区,可能不久退出,所以才有其子阎膏珍"复灭天竺,置将一人监领"之举。阎膏珍受到此地塞人钱币的影响是完全可能的。这位将军接受这些造币场,并用来为自己造币,也是可能的。他们或许由此采用了国王骑马状的图案。"Soter Megas"有可能就是这位不知名的将军。

叉状符号或三叉,或四叉,在贵霜钱币中多次出现,似乎是该王朝的徽记(tamga)。[③] 这种符号可能源于游牧民族马上的印记(horse brand),是欧亚草原游牧部落、氏族或家族的象征之一。贵霜在钱币上保持此习俗是可能的。此外,希腊化时期的钱币上也常有一些特殊图形的符号(monogram),以表明发行者或发行地(造币场所在地)[④],贵霜由此受到影响也是可能的。"Soter Megas"的钱币上既然有与 Vima Taktu 同样,且与其他贵霜国王相似的徽记,它无疑可以归于贵霜钱币系列。但它和其他贵霜国王钱币的差别也是显而易见的。

首先,"Soter Megas"型钱币具有明显的独立特征,属于比较典型的希腊式钱币。

---

① 关于印度—斯基泰人的各种钱币类型,尤其是国王乘马/保护神型,详见 Machael Mitchiner, Indo-Greek and Indo-Scythian Coinage, Volume 6: The Dynasty of Azes, London: Hawkins Publications, 1975, pp. 491-579; R. C. Senior, Indo-Scythian Coins and History, Vol. II, pp. 31-111.

② 参见[匈]雅诺什·哈尔马塔主编,徐文堪、芮传明译:《中亚文明史》(第二卷),第148—147 页。

③ 这种叉状符号从开国君主 Kujula Kadphises 的钱币开始出现,一直延续到贵霜末期,只是图案的细节先后有所变化。参见上海博物馆编:《上海博物馆藏丝绸之路古代国家钱币》,第 208—232 页(No. 1200-1352)。

④ 这些符号(monogram,又译"花押")至少有 60 种。详见 S. N. Mukherjee, ed. , India: History and Thought, p. 27.

　　此类钱币的正反面图案基本一致，且造型优雅，制作精美，富有动感。正面一般是国王侧面头像，系头带，面右，头顶上有数目不等的光芒。[①] 手持权杖或箭头，[②]身着希腊式长衣（himation 或 chiton），右肩打结；国王面貌类似希腊人，清瘦，通鼻梁，深目，英俊，似乎正处于年富力强之时。反面：国王骑马前行，面右，头带飘拂，右手扬鞭（ankusa，赶象棒[③]，也有持权杖、斧、十字架等说）；马前有徽记，周围环以希腊语铭文。系头带是亚历山大之后希腊化国王的标志，是王权的象征。此人恪守这一传统，似乎表示他与贵霜人不是同一民族，而是印度—希腊人的后裔或残存的希腊人王公。贵霜钱币上的国王头后一般也有两条带子，但那只是王冠的一部分，与此纯粹的头带形象不同。单一希腊语，且只出现在反面，这是希腊式钱币中希印双语币出现以前的基本模式，从亚历山大、塞琉古王国到巴克特里亚王国前期统治者的钱币均如此，甚至帕提亚王国的钱币也基本如此。那么，在双语币已经成为巴克特里亚后期希腊人、印度—希腊人以及印度—斯基泰人国王们，特别是他之前和同时代（甚至其后的 Vima Kadphises 和迦腻色伽等）贵霜国王的选择时，他的钱币为什么要回归传统，只使用希腊语一种文字呢？ 这是否表明他在有意识地强调他的希腊民族属性，或表明他的钱币只在或主要在他的希腊人后裔臣民中流通呢？ 此外，此类钱币的铭文"Soter Megas"以主格形式出现，而不像一般希腊式钱币的王名和称号那样用属格[④]，也是一个值得注意的现象，其意可能在于突出自己的钱币与前不同。他的钱币的重量标准也与此前的 Kujula Kadphises 钱币不同，采用的是先前巴克特里亚希腊人王国通行的阿提卡制，而后者采用的是印度的当地

---

　　①　数目有 6、7、9、12、13、14 个不等。

　　②　"箭头说"见 Joe Cribb, "Money as a Marker of Cultural Continuity and Change in Central Asia," in Joe Cribb & Georgina Herrmann, eds. , After Alexander: Central Asia before Islam, Fig. 83, p. 353. 克里布还认为此头像属伊朗的太阳神密特拉（Mithra），此说存疑。

　　③　D. W. MacDowall, "Soter Megas, the King of Kings, the Kushana," Journal of the Numismatic Society of India, Vol. 30, 1968, p. 32.

　　④　参见 A. K. Narain, The Indo-Greeks, Plate I-V. Vima Taktu 钱币希腊语铭文中的"Soter Megas"也是主格，无名王或有借用、模仿之嫌。

标准。① 他的头像也可能以巴克特里亚希腊人国王头像为原型。②
这也可从一个侧面证明他的钱币具有较深的希腊渊源。

其次,贵霜前期几位国王的钱币虽然仍或多或少保留了一些希腊式钱币的特点,但总体上呈现出日趋强烈的民族化、多元化倾向。

Kujula Kadphises 钱币(图 4)最初模仿以前印度—希腊人国王Hermaios 的样式。这类钱币的正面一般仍使用 Hermaios 的肖像、名称和名号(希腊语),反面有带着木棒和狮子皮的赫拉克勒斯形象和Kujula Kadphises 的佉卢文名字,并自称"达摩(法)的追随者"(Dharmathidasa,也可译为"信法者"),这时他还未称王,自称 Yavugasa(Yabghus,chieftain,叶护,翎侯)。后来他也模仿过罗马奥古斯都金币的人物形象风格。这类钱币的正面是国王胸像,系头带,有希腊字母拼写的贵霜语(即巴克特里亚语)铭文。反面是戴贵霜式尖顶帽子,面右而坐的国王形象,佉卢文铭文意思与前一样,表明他是"法"的虔信者,贵霜的统治者。随着贵霜治权在印度西北部的深入,他在钱币上也开始以"伟大的国王、王中王"自居。③

Vima Taktu 钱币如前所述也是希印双语币,还有印度的公牛和巴克特里亚的骆驼形象。

Vima Kadphises 钱币(图 5)有三大特点:一是在印度首次引入金币,可能是将流入的罗马金币熔化后重新打造。这是贵霜统治力量强大、经济繁荣以及对外贸易扩大的标志。Vima Kadphises 也由此著名。二是贵霜民族的特征趋于明显。三是印度化的程度加深。他的钱币属于希腊文与佉卢文双语系列,国王形象基本可以分为胸像型、站立型两类。前者一般是金币,后者一般是铜币。不论哪一类,都体现了典型的贵霜民族特征:体形比较粗大,脸型宽阔,高颧骨,大鼻子,脸颊上似有小肉瘤。国王头戴贵霜式尖状王冠,身着宽大厚重

---

① D. W. MacDowall, "Soter Megas, the King of Kings, the Kushana," pp. 39-40; Osmund Bopearachchi, "Some Observations on the Chronology of the Early Kushans," pp. 41-53.

② Alexander Coburn Soper, "Reviews: Recent Studies Involving the Data of Kaniska [Continued]," p. 107.

③ 参见 Jason Neelis, Long-distance Trade and the Transmission of Buddhism through Northern Pakistan, Primarily Based on Kharoṣṭhī and Brāhmī Inscriptions, Dissertation (University of Washington, 2001), pp. 82-83.

的皮袍。反面一般是印度教的毁灭和再生之神湿婆或湿婆与公牛（Nandi，湿婆的乘骑）形象以及表示佛法僧三宝的 Nandipada 符号（一圆圈上有两叉或三叉）。站立的国王一般呈正面，但头向右摆，似乎在向侧下方的小祭坛献祭，这可能是受到波斯琐亚斯德教拜火仪式的影响。正面一般还有三叉戟、四叉族徽、木棒（club）等图案。一枚金币的铭文反映了国王称号的变化，正面的希腊文是："BACIΛEYC OOHMO KAΔΦICHC"（Basileus Ooimo Kadphisis），直译是"国王 Vima Kadphises"；反面的佉卢文是："MAHARAJASA RA-JADIRAJASA SARVALOGA ISVARASA MAHISVARASA VIMA KATHPHISASA TRADARA"，直译是："伟大的国王，王中王，世界的主宰，大地的主人，Vima Kathphisasa，保护者"。[①] 看来汉文史料中的"月氏自此之后，最为富盛，诸国称之皆曰贵霜王"[②]，确实名不虚传。

迦腻色伽钱币（图6）也有金、铜两种，正反面基本上都有三叉或四叉的徽记。正面的国王形象绝大多数与 Vima Kadphises 的站立型基本相同，胸像或头像比较少见。铭文主要是用改造后的希腊字母拼写的巴克特里亚语，也有的是用错讹较多的希腊语。[③] 为了便于拼写，巴克特里亚铭文中增加了希腊语字母中没有的" Þ "（发 sh 音）。从其中一枚钱币上的铭文：ÞAONANOÞAO KA ... NIÞKI KOÞANO（王中王，贵霜王迦腻色伽），可以清楚地看出这种拼写特征。[④] 反面的图案除了希腊的太阳神（Helios）、月神（Salene）、火神（Hephaistos）等外，其余多为印度和波斯的神，如印度的佛陀（Boddo）、湿婆（Siva-

---

① 图像铭文参见 https://en. wikipedia. org/wiki/Vima_Kadphises；相同的图像和铭文也可见 D. Jongeward and J. Cribb with Peter Donovan，Kushan，Kushano-Sasanian，and Kidarite Coins，New York：The American Numismatic Society，2015，p. 60（no. 268），Plate 11：268.

② 《后汉书·西域传》，第2921页。

③ 如将迦腻色伽一枚铜币上的希腊语铭文 BACILEYC BACI_LEwN KANHFKOY（王中王，迦腻色伽）与纯正的表示"王中王"的希腊语"BAΣIΛEΩΣ BAΣIΛEΩN"相比较，就可看出其中的差异。参见 http://www. beastcoins. com/Kushan/Kushan. htm. 来源（Mitchiner ACW 3071-3073）：Michael Mitchiner，Oriental Coins，Vol. 2：The Ancient and Classical World，London：Hawkins Publications，1978，nos. 3071-3073.

④ 另一枚迦腻色伽钱币上的巴克特里亚铭文是 ÞAO KANIÞKI（Shao Kanishki），即"国王迦腻色伽"的意思。由此联想到《后汉书·班超传》所记的那个越葱岭而来的贵霜"副王谢"，这个"谢"大概并非他本人的名字，或是从表示王的那个词" ÞAO"转译而来。

Oesho)、波斯的风神（Vado，Vayu）、水神（Lushr，Luhrasp）、火神（Pharro）、战神（Orlagno）、胜利之神（Mazdohano）、生命之神（Nanaia，Nana）、幸运女神（Ardoksho）、太阳神密特拉（Mihira）、月神（Manaobago，Mao）等。[①]这些现象既反映了迦腻色伽时期希腊、印度、波斯三种文化交融的深入，也是《大唐西域记》中所说迦腻色伽之时"应期抚运，王风远披，殊俗内附"[②]的证明。

由此可见，贵霜前期四位国王的钱币确实自成体系，具有广泛的文化包容性。与之相比，恪守希腊化传统的"Soter Megas"钱币显然成了贵霜钱币中的另类。就其本身类型而言，它既非 Kujula Kadphises 钱币的继承，更非其后其他贵霜国王的模仿对象。即使与明确标有 Vima Taktu 之名的钱币相比，二者的差异性也大大超过相似性。因此，"Soter Megas"钱币可能并非贵霜中央王朝钱币系列中一个承上启下的必然环节。他本人很可能不是贵霜人，更非贵霜王系成员。

第三节 "Soter Megas"身份的认定

既然"Soter Megas"型钱币可能不属于贵霜王系钱币之列，但又与贵霜王朝之间有着一定的联系，钱币主人身份的定位就应该在贵霜王朝的历史大背景之下来考虑。如果作为早期王系成员之一的地位难以成立，较为妥善的处理办法就是将他视为贵霜国王之下的一个地方王公或总督。[③] 他与贵霜朝有统属关系，但又能独立于一方，在所辖区域行使着类似"副王"或共治者的权力，这样他也就自认为拥有了货币发行权。阎膏珍即位后，曾置将一人监领天竺。这个"将"是否就是这个并非贵霜王系的"Soter Megas"呢？不能排除这种

---

① 这里对迦腻色伽钱币上诸神的归属主要依据 Manoj K. Thakur 的分类，详见 Manoj K. Thakur，*India in the Age of Kanishka*，Plates 1-10；pp. 43-46，134-140.

② （唐）玄奘、辩机原著，季羡林等校注：《大唐西域记校注》，第 331 页。

③ 据余太山：《新发现的腊跋阀柯铭文和〈后汉书·西域传〉有关阎膏珍的记载》，类似说法在 20 世纪初就有学者提出过。（补记：大英博物馆的钱币学家克里布先生 2012 年 4 月 1 日通信提示，早在 1904 年，Vincent Smith 就提出这个无名王是当地的总督之一，但未明确他就是中国《后汉书》中提到的那位将军。Vincent Smith，*The Early History of India*，Oxford：the Clarendon Press，1904，p. 222. ）

可能性。他的钱币主要分布于兴都库什山以北、阿富汗、印度西北部一带①，不是偶然的，是他治权或影响范围的一种反映。他以印度西北部（天竺）为统治重心是可能的。

那么，他为什么不要自己的名字呢？是否因为他作为"伟大的救世主"的声名如此之高，以至于以号代名？就像中国古代钱币那样，只铸皇帝年号而无其名字。但后者更多的是为了避讳，维护皇帝的尊严，而希腊化时期和贵霜朝的君主们却唯恐自己的大名为人不知。这位"无名王"一定另有隐情。

此外，根据拉巴塔克铭文的王序排列，如果"Soter Megas"与Vima Takto 不是同一人，那 Kujula Kadphises 就是《后汉书·西域传》中所说的贵霜王丘就却，Vima Taktu 就是丘就却的儿子阎膏珍了。但此前西方（包括国内）学者都将阎膏珍比定为 Vima Kadphises②，这样不就出现两个阎膏珍吗？当然我们可以根据此铭文推翻以前关于 Vima Kadphises 即阎膏珍的比定，而由 Vima Taktu 取而代之。但这在贵霜历史和钱币学上能解释通吗？

波比拉赫奇对上述问题提出了非常有趣的假说：Vima Taktu 不是所谓的"Soter Megas"，而是另外一位短命的国王。他的王位被他委派去镇守印度的将军所篡夺。篡位者隐匿了自己的名字，自称"伟大的救世主"。后来"Soter Megas"的统治被 Vima Taktu 的儿子 Vima Kadphises 所推翻。波比拉赫奇的根据是近年在巴基斯坦白沙瓦新发现了一批 Vima Kadphises 为其父发行的纪念币。（图7）这批钱币发行于他统治之初，与"Soter Megas"钱币显然有别，如上面有王名，王像上有肩焰（the flaming shoulders），仅有湿婆形象，其目的就是要表明他是印度神的崇拜者，与篡位者的宗教信仰完全不同；他是贵霜

① D. W. MacDowall, "Soter Megas, the King of Kings, the Kushana," pp. 28,32. 但需要注意的是，此文撰写时，拉巴塔克铭文还未发现。作者这里所讨论的"Soter Megas"钱币其中一部分被当代一些学者归于 Vima Taktu 的名下。笔者认为，作者在第32—33页介绍的"一般钱币类"才是真正的 Soter Megas 钱币；Jason Neelis, Long-distance Trade and the Transmission of Buddhism through Northern Pakistan, Primarily Based on Kharosthī and Brāhmī Inscriptions, p. 87.

② ［法］伯希和撰：《中亚史地丛考》，见冯承钧译：《西域南海史地考证译丛》第一卷第五编，商务印书馆，1995年，第110页。

王位的合法继承人，已经打败篡位者，成了贵霜帝国唯一的国王。他的一些钱币上也出现了"Soter Megas"的称号，可能要向世人表明他才是贵霜王朝的伟大救世主。波比拉赫奇的观点可称为"篡位说"①，但他未对"Soter Megas"的匿名之举做出解释。②

虽然波比拉赫奇的"Soter Megas"即那位将军，与笔者从"Soter Megas"钱币与其他贵霜国王钱币比较考察后得出的结论相吻合，但他的"篡位说"似乎令人难以信服。在我看来，"Soter Megas"不像是一位篡位者。因为篡位者为了表明自己王位的合法性，往往要极力保持前王的钱币传统和特征，而非处心积虑的标新立异。这样做不等于向世人明确宣布自己并非王室的正统吗？开国君主Kujula Kadphises（丘就却）是征服者，他统治前期仍极力模仿印度—希腊人的最后一位国王Hermaios的钱币，目的就是向他的臣民表明自己是印度—希腊人王朝的合法继承者。像"Soter Megas"这样大张旗鼓地发行新币，但又不愿显露真实名字的行为，较为合理的解释就是他不是一位篡位者，而是一位僭位者。他可能在印度自觉羽翼丰满，趁中央政权鞭长莫及之时，便据地称王，实际上脱离贵霜王朝而独立。但他毕竟是以贵霜将军的身份在自己的辖地称王，为了收买人心，仍保留了贵霜王朝的徽号，或者名义上仍然向贵霜中央政权称臣。但事实上，他的统治与贵霜王权并存。贵霜王的存在可能也是他不愿在钱币上显示自己的名字的原因之一。波比拉赫奇将他置于贵霜王系中显然缺乏有力的证据。③ 根据达希迪纳沃铭文和苏赫克特尔铭文，Vima Taktu 至少在位 20 年（纪元279—299 年）④。Vima Taktu 即使短命，也有自己的钱币⑤，死后有儿

---

① 这种"篡位说"在此前已有学者提出。见 G. Fussman，"L'inscription de Rabatak et L'origine de L'ere Saka，"*Journal Asiatique*，1998，p. 612. 转引自 Osmund Bopearachchi，"Some Observations on the Chronology of the Early Kushans，" p. 46.

② Osmund Bopearachchi，"Some Observations on the Chronology of the Early Kushans，" p. 49.

③ Osmund Bopearachchi，"Some Observations on the Chronology of the Early Kushans，" p. 50.

④ 详见[匈]雅诺什·哈尔马塔主编，徐文堪、芮传明译：《中亚文明史》第二卷，第340—344 页。这里的纪元应是所谓的"希腊—巴克特里亚纪元"，可能始于公元前 166 年。也有公元前 185/186 年说，见 Osmund Bopearachchi，"Some Observations on the Chronology of the Early Kushans，" pp. 49-50.

⑤ 但相对数量少、图案不固定，制作粗糙，也是事实。

子为他发行纪念币。因此，"Soter Megas"和 Vima Taltu 在称王或实际在位时间上可能有先后长短之别，但应该分属贵霜王室和地方割据两个统治系统。"Soter Megas"即使强大，甚至自称"王中王"①，领有印度大片地盘，但只是一个僭位称王者。贵霜王庭可能短期偏安一隅，但它毕竟延续下来了。正如拉巴塔克铭文所显示的那样，王祚未断，后继有人。

综上所述，贵霜建国初期这段历史可以大致还原如下：

Kujula Kadphises 即《后汉书》中的贵霜王国建立者丘就却，Vima Taktu 有可能就是丘就却之子阎膏珍（尽管译音上难以对应）。阎膏珍即位时可能年事较高（因父亲高龄去世），再次征服天竺后，委派一位将军去分治或共治，这或许暗示他已无力独自有效地统治日益扩大的帝国。"Soter Megas"很可能就是那位将军。此前他或是当地印度—希腊人的后裔或王公，与贵霜王朝有着密切的关系，否则不会被委以如此重任。他的钱币仍保留了贵霜王朝的族徽或标记，与归于 Vima Taktu 的国王骑马型钱币也有部分相似，表明他即使称王后表面上仍然维系着这种关系。但他的实际控制范围和统治能力，尤其是他的地位和声望使他足以自比于以前的那些印度的希腊人、斯基泰人和帕提亚人小国王，甚至可以和自己名义上的主人分庭抗礼，因此他像以前的统治者那样自称为"伟大的救世主""王中王"也就顺理成章、师出有名了。而且地方统治者发行自己的钱币也非他首创。以前塞人王国的行省总督就发行过自己的钱币，表示自己拥有较为独立的地位。② 先于贵霜统治犍陀罗东部地区的印度—帕提亚人地方总督或将军们（Strategoi）也都自行发行钱币称王。"Soter Megas"作为他们在此地的继承者，身在其地，仿而效之，也在情理之中。③ 作为僭位者，他在钱币上用以号代名这种模棱两可的方式为自己的匿名正名，也是可以理解的。可能在他眼里，当世真正能称得上"Soter Megas"的统治者非他莫属，"Soter Megas"就是他本人。

---

① 参见 D. W. MacDowall，"Soter Megas，the King of Kings，the Kushana，" pp. 28-48.

② 参见 Romila Thapar，*A History of India*，Volume I，London：Hazell &Viney Limited，1966，p. 97.

③ 参见 E. J. Rapson，ed. ，*The Cambridge History of India*，Vol. I，London：Cambridge University Press，1922，pp. 580-581.

既然贵霜的"最为富盛"是在阎膏珍之后,因此,"Soter Megas"的割据统治有可能始于 Vima Taktu(阎膏珍)在位之时,结束于其子 Vima Kadphises 即位之后。Vima Kadphises 和其子迦腻色伽在位之时是贵霜王朝最强大、繁荣、统一的时期,为什么《后汉书·西域传》对此二王没有记载呢? 最可能的原因是唯一为此传提供可靠文字记载的班勇在西域之时[①],Vima Kadphise 还未即位,或已即位而未闻,更遑论迦腻色伽了。班勇对名声远播的"Soter Megas"也未提及,或许认为他非正统,或许对他知之甚少或一无所知。他是否属于与班超有过交往和冲突的那些未留下名字的月氏王或副王谢中的某一位,鉴于目前早期(甚至整个)贵霜王朝的年代学系列还未取得一致的结论,仍难以推知。[②] 但可以明确的是,学术界目前流行的"Soter Megas—Vima Taktu—阎膏珍说"确实值得重新考虑。

补记:关于 Soter Magas 在贵霜王系中的定位,大英博物馆的克里布先生颇有研究,最近发表的长篇论文反映了他对这一问题的认识过程。在拉巴塔克铭文发现后,他主张把"Soter Megas"认同为 Vima Taktu,但后来他改变了自己看法,认为这是 Kujula Kadephises 在位后期发行的一种钱币,并在 Vima Taktu 时期继续发行。这实际上间接否定了"Soter Megas"和 Vima Taktu 的认同。根据他的认定,Kujula Kadphises 的在位年代是约公元 50—90 年,Vima Takto 是约公元 90—113 年,Vima Kadphises 是约公元 113—127 年。[③] 此文

---

① 班勇曾长期随父班超生活于西域,和帝永元十二年(公元 100 年)"随献物入塞",回到中原。23 年后(安帝延光二年,公元 123 年)任西域长史,4 年后(顺帝永建二年,公元 127 年)获咎返回。

② 关于 Soter Megas 在贵霜早期王系年代学中的位置,近年来主要有三类不同说法:第一类是将 Vima Taktu 与 Soter Megas 视为同一人,同意此说者比较普遍。在位时间从公元 1 世纪中期到后期,甚至 2 世纪初年不等,跨度在 20 年—55 年之间。第二类是将 Soter Megas 单列,纳入贵霜早期王系之中,在位时间暂定在公元 97—110 或 92—110 年之间。如前所示,此说由波比林奇提出。第三类不承认 Vima Takto 和 Soter Megas 的存在,而以 Sadashkana 代之,但又认为他未即位,或许担任过一段时间的共治者。见 B. N. Mukherjee, "The Great Kushana Testament," p. 88. 但依笔者愚见,"Soter Megs"不应被纳入贵霜王系之中,贵霜前期的王系应以拉巴塔克铭文提到的四位国王为序。

③ Joe Cribb, "The Soter Megas Coins of the First and Second Kushan Kings,Kujula Kadphises and Wima Takto," pp. 79-140.

中，他将笔者观点列为一说，并在撰写过程中与笔者多次通信讨论。笔者与他也有吻合之处，都认为 Soter Megas 钱币有其独特性，与贵霜前期诸王钱币相比，属于另外一个类型。不同之处是他放弃了以前将这位无名王与 Vima Taktu 的认同。笔者对他的追根溯源式的学术梳理、精湛细致的长篇论证和及时修正自己观点的勇气和坦诚极为钦佩。但就目前而论，笔者还是认为自己的观点或可有裨于学术交流，所以原文收入本书。当然，对于其中的不足亦争取以后有所补正。

（原载《历史研究》2009 年第 4 期，根据最新资料多有改动补充）

图 1　"Soter Megas"钱币

图 2 Vima Taktu 钱币,第一列为反面佉卢文铭文有其名的钱币,
第二列为用佉卢文"vi"表示其名的钱币

图 3 印度—斯基泰人国王钱币

图 4 Kujula Kadphises 钱币,左上为公牛/骆驼型,右上为赫拉克勒斯型,
下为仿罗马奥古斯都型

图 5　Vima Kadphises 钱币

图 6　迦腻色伽（Kanishka）钱币

图 7　Vima Kadphises 为其父 Vima Taktu 发行的纪念币，左、中为正反面，
右为希腊语铭文辨认（克里布认定此币为赝品）

第七章 希腊化还是印度化？

——"Yavanas"考

　　一般认为，Yavanas（Yonas）[①]是古代印度文献中对希腊人的统称。Yavanas（Yonas）即印度—希腊人。但实际上，这个称谓的内涵却是随着时代的变化而变化。它先是指小亚的希腊殖民者伊奥尼亚人（Ionians，亦译"爱奥尼亚人"），后来是指移居于中亚巴克特里亚的希腊人，再后来是指随着亚历山大侵入并定居于印度的希腊人，特别是指公元前2世纪初从巴克特里亚王国进入印度西北部的所谓"印度—希腊人"（Indo-Greeks）。虽然这些印度—希腊人公元前后消失于印度民族的汪洋大海之中，但Yavanas一词仍然在印度流行，只不

　　[①] Yavanas是梵语Yavana的复数形式。Yavana汉译佛经中一般为"耶婆那""耶盘那""耶槃那"等。Yavana的巴利语形式是Yona，佛经汉译为"臾那"。本文主要是以古印度语境下的希腊人为研究对象，故沿用原文，一般统称Yavanas，引文或特定情况下用Yonas。

过此后成了对西方外来民族的泛称。[①]关于 Yavanas 的研究，大概从1735 年第一枚巴克特里亚希腊人国王欧克拉提德（Eucratides）的银币在印度发现以来就开始了。[②]经过西方和印度本土学者的长期而艰苦的努力，可以说关于 Yavanas 的关键问题学界都有了一定的结论，但这些结论几乎无一幸免于新的材料和研究成果的挑战。[③]因此，笔者感到在相关的文献学、钱币学、碑铭学资料日益增多的今天，我们已经不仅有可能，而且有必要对 Yavanas 的历史进行一番实证

①　关于公元后的 Yavanas，奥托·斯坦因断言，他们都已被印度社会所吸收，希腊人的殖民地不可能再存在。见 Otto Stein,"Yavanas in Early Indian Inscription," *Indian Culture*, I(1934-1935), p. 356. 但也有学者对此提出商榷，认为即使在公元之初，Yavanas 一词也涵盖三种不同的外国人：希腊人、印度—希腊人、来自罗马东部的定居者。其中前两种人定居于南亚次大陆的西北部和西部，后一种殖民于印度半岛，主要从事商业贸易活动。（Himamshu P. Ray,"The Yavana Presence in Ancient India," *Journal of the Economic and Social History of the Orient*, Vol. 31, No. 3, 1988, pp. 311-325. ）本文探讨的 Yavanas 主要是指公元以前活动于印度西北部的印度—希腊人。

②　此银币为四德拉克马，上有希腊语铭文："ΒΑΣΙΛΕΩΣ ΜΕΓΑΛΟΥ ΕΥΚΡΑΤΙΔΟΥ"（"伟大的国王欧克拉提德"）。

③　1738 年，提奥菲罗斯·拜尔（Theophilus Bayer）出版了他的《巴克特里亚希腊人王国史》（*Historia Regni Graecorum Bactriani*）。此书利用文献资料和两枚巴克特里亚希腊人国王的钱币，给出了 6 位希腊人国王的名字，可以说开巴克特里亚—印度—希腊人研究之先河。此后，随着钱币、碑铭和其他考古资料的不断增多，研究的兴趣也主要由古物收藏向利用考古资料进行历史研究过渡，研究的对象也从整体的巴克特里亚希腊人转向印度的希腊人。1912 年罗林森的《巴克特里亚：一个被遗忘的帝国的历史》（*Bactria: The History of a Forgotten Empire*）仍然将巴克特里亚希腊人在印度的活动视为巴克特里亚历史的一部分，但 1938 年塔恩的《巴克特里亚和印度的希腊人》（*The Greeks in Bactria and India*）则把两地的希腊人有意识地区别开来，当然这种区别早在 1902 年塔恩的《论巴克特里亚和印度的希腊化》（"Notes on Hellenism in Bactria and India," *The Journal of Hellenic Studies*, Vol. 22, 1902, pp. 268-293）一文中就已经出现。1957 年纳拉因《印度—希腊人》（*The Indo-Greeks*）的出版，标志着印度—希腊人成为独立的研究对象。由于文献资料的严重缺乏，钱币、碑铭与其他历史遗迹罕有明确的年代记载，关于印度—希腊人的任何结论都难免受到质疑。其中关于对印度—希腊人历史地位和归属的争论尤其引人注目。塔恩的《巴克特里亚和印度的希腊人》（1951 年再版）是第一本系统研究印度—希腊人的学术专著，搜集了当时一切可以利用的文献和碑铭、钱币资料，吸收了最新的研究成果，可以说是两个世纪以来巴克特里亚—印度—希腊人研究的集大成之作，直至今日，仍具有重要的参考价值。1984 年美国学者霍尔特（Flank Lee Holt）主编出版了此书的第三版（Chicago: Ares Publishers Inc. ），对原作未作任何改动，但增加了"关于巴克特里亚研究的介绍"（"Introduction to Ancient Bactrian Study"）和"近期研究书目"（"Bibliography of Recent Research"），对塔恩之后出现的新材料新观点以及最新的研究成果做了补充。纳拉因的《印度—希腊人》一书最大的特点就是依据与塔恩相似的资料，但得出了与之相反（转下页）

性地回顾和考察,以弄清印度人和这个从地中海而来的民族以及他们所代表的两大文明是如何相知、相识,最后又是如何相互接受相互融合的。"希腊化"还是"印度化"是本文探讨的重点。

第一节　"Yavanas"在印度的出现

这里所说的"Yavanas"的出现有两层含义,一是指"Yavanas"称谓的由来,一是指亚历山大征服之后希腊人的存在。

应该说,作为 Yavanas 的希腊人在印度的大规模出现始于亚历山大入侵之时。但在此之前,印度人对东地中海的希腊人并不十分陌生。这主要得益于波斯帝国的中介。从波斯居鲁士时代(公元前559—前530年)开始,印度西北部(印度河以西)和小亚的希腊城邦都纳入了波斯帝国的版图。[①]印度人和希腊人尽管相距遥远,但相互之间不仅有信息的传闻,更有互临其地的偶然接触。[②]Yavanas 一词实际上就是这种传闻和接触的产物。但也正由于印度西北部曾是波斯帝国的一部分,所以才诱发了亚历山大的入侵,才会有 Yavanas 在印度辉煌而悲壮的传奇一幕。

(接上页)的结论。塔恩认为包括印度—希腊人在内的巴克特里亚希腊人的历史应该是希腊化历史的一部分,他们的王朝是堪与塞琉古、托勒密、安提柯(马其顿)、阿塔罗斯(帕加马)并列的希腊化王朝之一(p. xx)。纳拉因则认为"巴克特里亚不是第五个希腊化国家,遑论印度小小的 Yavana 王国了"。印度—希腊人的历史只能是印度而非希腊化国家历史的一部分。"希腊人来了,希腊人看到了,但印度人胜利了"(p. 11)。由于塔恩当年逝世,这场论战缺乏对手的回应而成了一方的宣示。纳拉因在 2003 年出版了《印度—希腊人》的修订扩充版(A. K. Narain, The Indo-Greeks: Revisited and Supplemented, New Delhi: B. R. Publishing Corporation, 2003)。1957 年的正文原文收入,另外加入了他为 1989 年版《剑桥古代史》第 8 卷撰写的一章:《巴克特里亚和印度的希腊人》("The Greeks of Bactria and India"),以及一本 1955 年就出版并多次重印的专著《印度—希腊人的钱币类型(公元前 256—前 54 年)》(The Coin Types of the Indo-Greek Kings, 256-54 BC)和后来的 9 篇论文。笔者的研究可以说主要是在这两位前辈的基础上起步的。

①　Herodotus, The Histories, 1. 177-178, 3. 94;[古希腊]希罗多德著,王以铸译:《历史》,第 89、238 页;Arrian, Anabasis of Alexander, "Indica", 1. 1-3;[古希腊]阿里安著,李活译:《亚历山大远征记》,第 260 页。

②　希腊人斯库拉克斯(Scylax,约公元前 510 年)曾受波斯国王大流士一世之命考察印度河口,此后大流士便征服了印度人;公元前 480 年薛西斯征伐希腊本土的大军中就有来自印度的士兵。Herodotus, The Histories, 4. 44, 7. 65;[古希腊]希罗多德著,王以铸译:《历史》,第 282、494 页。

  Yavanas 源于波斯语中的"Yauna"一词。此词首先出现于波斯国王大流士时期（公元前 522—前 486 年）的贝希斯顿三语铭文（刻于公元前 519 年）。他在历数其所征服和统治的 23 个地区时，提到了一个名为"Yauna"的波斯语地名，其对应的埃兰语和巴比伦—阿卡德语形式分别是"iyauna"和"ia-a-ma-nu"。① 这一地名显然和古希腊语表示伊奥尼亚人（Ionians）②的"Iáoνες"（Iā ones、Iā wones）或"Iωνες"和表示伊奥尼亚（Ionia）的"Iωνια"等词有关。③ 根据托尔曼的解释，"Yauna"既可作为形容词指"伊奥尼亚人的"（"Ionian"），也可作为名词指"伊奥尼亚人"（"Ionians"）。作为名词时，单数是 yauna，复数是 yaunā。因此，"Yauna"本身就含有伊奥尼亚人的土地（the land of Ionians）之意。④ 由于印度西北部和小亚伊奥尼亚希腊人殖民地早在居鲁士时代就被波斯征服，"Yauna"的称谓很可能先于贝希斯顿铭文传到了印度。

  "Yavanas"一词在印度文献中的最早出现，是在印度古代梵语语法家帕尼尼（Panini）的语法书 The Ashtadhyayi（《八章》）之中。帕尼尼生卒年代不详，一般认为早于亚历山大征服印度之时，他是印度西北部历史名城塔克西拉（Taxila）附近的萨拉图刺（Salatura）地方人。他在此书中首次提到了 Yavana 的阴性形式 Yavanānī（指"希腊女人"，"Greek woman"，或"希腊文字"，"Greek script"）。既然"Yauna"的最早传入只能在居鲁士或大流士在位期间，帕尼尼的生活年代也就必然在此之时或之后，但肯定大大早于亚历山大征服印度之前。⑤

---

  ① H. C. Tolman, Ancient Persian Lexicon and Texts, New York, Cincinnati, Chicago: America Book Company, 1908, pp. 2, 5, 119. 参见 A. K. Narain, The Indo-Greeks, pp. 165, 168. 纳拉因所引埃兰语与阿卡德语之名称构词有所不同，分别为："ia-u-na"和"ia-ma-nu"。

  ② "Ionians"的中文译名有基于古希腊语和英语发音的"伊奥尼亚人"和"爱奥尼亚人"两种。本文为了强调 Yavanas 与 Ionians 的关系，采用"伊奥尼亚人"之译名。Ionia 也同理译为"伊奥尼亚"。

  ③ "Iáoνες"最早出现在 Homer, Iliad, 13. 685, with an English translation by A. T. Murray, Cambridge, Mass. : Harvard University Press, 1976; Homer, Homeric Hymns, "Hymn 3 to Apollo", 147, edited and translated by Martin L. West, Cambridge, Mass. : Harvard University Press, 2003. 参见 Henry George Liddell and Robert Scott, A Greek-English Lexicon, "Iáoνες", p. 815; "Iων"（"Iωνια"）, p. 847.

  ④ H. C. Tolman, Ancient Persian Lexicon and Texts, p. 119.

  ⑤ A. K. Narain, The Indo-Greeks, pp. 1-2.

此外，帕尼尼对希腊人的了解不仅仅通过传闻，或许还有实际的接触，因为他的家乡——印度西北部与一部分小亚希腊人的迁居地巴克特里亚①并不遥远。希腊的钱币早就在波斯帝国的东部流行，雅典的猫头鹰式钱币和其他城邦的钱币在阿富汗已有发现。这一定是作为商人和移民的希腊人带来的。② 帕尼尼甚至可能见到了所谓"剃发的"（the "shaven headed"）Yavanas，因为在印度人看来，这些Yavanas留着短发。③ 根据阿里安记载，亚历山大征服印度时，在科芬河（Cophen）和印度河之间曾遇到一个名叫奈萨（Nysa）的城市，此地山上长满常春藤，当地人自称酒神狄奥尼索斯的后裔，很久以前追随他来到此地。④ 这虽然是个传说，不足为凭，但也暗示此前可能有希腊人小批次地进入过印度。⑤ 这些希腊人在印度的出现无疑增加了印度人与他们接触了解的机会。因此，我们有理由将帕尼尼生活的时代定于公元前6至前4世纪之间，他所说的Yavanas肯定是指在

---

① 据希罗多德，大流士一世曾把在利比亚俘虏的希腊人殖民者——巴尔卡人（the Barcaeans）强迫移居到巴克特里亚。（Herodotus, The Histories, 4. 204；［古希腊］希罗多德著，王以铸译：《历史》，第344页。）希罗多德还提到在希波战争初期，大流士一世恐吓小亚的伊奥尼亚人，如果不努力效忠，打了败仗，就把他们的男孩阉割，女孩发配到巴克特里亚去。（Herodotus, The Histories, 6. 9；［古希腊］希罗多德著，王以铸译：《历史》，第406页。）可见当时将小亚伊奥尼亚人强迁到中亚已成为波斯对付希腊人的惯例。但也有希腊人自愿前往，如斯特拉波提到的布兰开德族人（the Branchidae）。他们的家族本是米利都城邦狄底玛（Didyma）圣域阿波罗神庙的祭司，负责神庙的安全，但在希波战争中，他们背叛同胞，将神庙的财宝献给了波斯。波斯人战败后，他们害怕受到报复，请求国王薛西斯（Xerxes）将他们带走。国王满足了他们的心愿，将他们迁往中亚巴克特里亚—索格底亚那（Bactria-Sogdiana）地区，时在公元前479年之后。参见 Quintus Curtius, The History of Alexander the Great, 7. 5. 28；Plutarch, "The Divine Vengeance," Moralia, 557B, with an English translation by Philip H. De Lacy and Benedict Einarson, Cambridge, Mass. : Harvard University Press, 1959；Strabo, Geography, 11. 11. 4. 有关古典资料及考证也可见 N. G. L. Hammond, "The Branchidae at Didyma and in Sogdiana," The Classical Quarterly, New Series, Vol. 48, No. 2, 1998, pp. 339-344.

② A. K. Narain, The Indo-Greeks, p. 4.

③ A. K. Narain, The Indo-Greeks, pp. 1-2.

④ Arrian, Anabasis of Alexander, 5. 1-2, "Indica", 1. 4-5, 5. 8-9；［古希腊］阿里安著，李活译：《亚历山大远征记》（Vol. 1-2），第158-160、260、264页。原文将"ivy"译作"长春藤"，似应为"常春藤"。

⑤ 正如纳拉因所言："狄奥尼索斯可以是神话传说，但奈萨和它的希腊人却似乎是真实的。"A. K. Narain, The Indo-Greeks, p. 2.

他之前或之时进入印度或移居巴克特里亚—索格底亚那的希腊人。由于小亚的伊奥尼亚人是印度人首先知晓的希腊人，所以源于波斯语的"Yauna"的梵语"Yavana"及其变种"Yona"就成了印度人对希腊人的统称。

公元前327年亚历山大率军侵入印度西北部，开启了希印两个民族相互认知的新阶段。对于一般印度人而言，Yavanas已不再是遥远的传闻，反而成了闯进门来的不速之客。但遗憾的是，当时的古代印度文献中对这次征服竟然没有任何记载和反映。我们只能依据西方古典文献来还原亚历山大及其后继者在印度的活动。如同在帝国的其他地区，亚历山大采取分而治之的方式，委托原来的印度地方首领（如 Porus 和 Taxiles）来管理新征服的地区，但在战略要地仍然部署军队驻守，以防不测。亚历山大帝国崩溃后，驻守印度的将领欧德谟斯（Eudemus）和佩松（Peithon）率军于公元前316年撤出，印度西北部归于新兴的印度孔雀王朝的管辖之下。公元前305年塞琉古一世再次侵入印度，试图收回亚历山大帝国在印度的遗产，却未能如愿。但他得到了500头大象的回报，并使两个王朝联姻。① 两国建立了正常的外交关系，塞琉古朝在孔雀王朝的首都华氏城派有常驻使节。② 孔雀王朝还设立一个国家部门，专管希腊人和波斯人的事务。③ 但驻军的撤出和占领权的放弃，并不意味着这一地区希腊人的完全退出。幸运的是，这些仍然留居印度的希腊人在孔雀王国第三任国王阿育王（Asoka，约公元前270/269—前232年，或约公元前260—前218年在位）石刻诏令④中得到了证实。

阿育王首次使用"Yona"一词表示他治下和他所知道的希腊人。在第2号岩刻诏令（Rock Edicts）中，他提到自己给边境之外的希腊人国王（Yonaraja）安条克（Amtiyoka，Antiochos）及其相邻国王所统治

---

① Strabo，Geography，15. 2. 9.

② 塞琉古王国派往印度孔雀王朝都城华氏城的常驻使节有记载的有两位，分别是旃陀罗笈多在位时的麦伽斯提尼（Megasthenes）和其子宾头沙罗（Bindusara 或 Allitrochades）在位时的第马库斯（Deimachus）。Strabo，Geography，2. 1. 9.

③ A. K. Narain，The Indo-Greeks：Revisited and Supplemented，p. 363.

④ 这些诏令有的刻在岩壁上和石洞内，有的刻在石柱上，其主旨是向他的臣民弘扬佛法（巴利文：Dhamma，梵语为 Dharma，达摩），宣扬自己在佛法感召之下的德治善政（其中不乏对此前征服杀戮的反悔），提倡和平、宽容、博爱。

的地区送去了草药。在第 5 号诏令中，他提到在即位后的第 13 年，他委任宣教官员（Dhamma Mahamatras）到包括 Yona 人在内的西部边远地区去传播佛法。在 13 号岩刻诏令中，他明确列举了他用"达摩"（佛法）所"征服"的远在 600 yojanas（由旬）①之外的五位希腊人国王（Yonaraja）：Amtiyoko，Uramaye，Amtikini，Maka，Alikasudaro。据考证，他们就是与他同时代的塞琉古王国的安条克二世（Antiochos II，公元前 261—前 246 年在位）、埃及的托勒密二世（Ptolemy II，公元前 283—前 246 年在位）、马其顿的安提柯·贡那特（Antigonos Gonatos，公元前 283—前 239 年在位）、昔列尼（Cyrene）的马伽斯（Magas，公元前 276—前 250 年在位）、伊庇鲁斯的亚历山大二世（Alexander II，公元前 272—前 242 年在位）。在这份诏令中，他还特别提到，"除了希腊人之外，婆罗门和禁欲主义者无所不在，没有一个地区的人民不服膺于一个或另一个宗教"。② 可见，阿育王对当时的西亚、东地中海地区希腊化世界的政治格局和同时代的当政者还是比较了解的，对境内的希腊人的宗教信仰也是熟悉的，知道他们还没有皈依印度的宗教，因此有必要向这些希腊人宣扬佛法，表明自己的心愿和理想。所以，他的诏令中有的是用纯粹的希腊语，有的则是用阿拉米亚字母拼写的印度语和希腊语书写而成。1958 年和 1963 或 1964 年，两个有希腊语的石刻诏令在阿富汗的坎大哈被发现。③ 这些希腊语诏令的发现意义重大，它们不仅证实了希腊人在孔雀帝国境内的存在，而且证明这些希腊人仍然保持着自己的文化传统和宗教信仰。由于迄今发现的阿育王希腊语都在阿富汗，可以断定在当时的印度西北部，准确一点说是当时的孔雀帝国的西部边远地区，即今日的阿富汗东部地区，肯定有这么一批希腊人仍然在此居留。他们可能是以前的移民者，从事商业、手工业或农业等，而且可能是集中居住。

---

①　yojana 是古代印度的长度单位，各时期变化不等，一般在 4—9 英里之间。阿育王时期的 600 yojanas 约 3000 英里。见 N. A. Nikam and R. Mckeon，*The Edicts of Asoka*，Chicago：The University of Chicago Press，1959，p. 29.

②　Ven. S. Dhammika，*The Edicts of King Ashoka*，"the Fourteen Rock Edicts"：Nos. 2，5，13.

③　前者用希腊语和阿拉米亚语（Aramaic，波斯时期传入），后者仅用希腊语。Mortimer Wheeler，*Flames over Persepolis*，pp. 65-69；Susan Sherwin-White and Amelie Kuhrt，*From Samarkand to Sardis：A New Approach to the Seleucid Empire*，pp. 101-102.

坎大哈当时可能有一个希腊人社区。希腊人中应该不乏文人学者。因为阿育王要把这些佛教要义(尽管很简单，没有涉及佛教的深奥哲理)译成标准典雅的希腊语，就必须首先找到通晓这两种语言的译者，这样的人才恐怕只能从希腊人中寻找。坎大哈双语诏令用希腊语中具有虔诚、虔敬(Piety)之意的"ευσεβεια"(eusebeia)一词来表示佛法"Dharma"就非常传神。阿育王所希望的"虔诚"包括不杀生、节制，孝敬父母，尊敬长者。还承诺，如此坚持下去，就能在将来生活得更加幸福。① 这样的教义对于远在异国他乡的希腊人来说，无疑具有一定的亲和力和感召力。他在诏令中特别提到派人到远到东地中海的希腊化王国去传教，实际上也有向他治下的希腊人主动示好之意，希望他们通过皈依佛教在印度有一种回归家园之感。可以想象，这些印度的希腊人中一定有一些新的移民来自这些希腊化国家。但同样遗憾的是，阿育王在西亚、地中海传教的效果如何，印度当地的希腊人是否接受了他的劝谕，都缺乏明确的记载。或许这只是阿育王本人的美好理想而已。但可以肯定的是，在他统治时期，孔雀王朝和印度之外的希腊化世界仍然保持着密切的关系②，两地希腊人的接触和文化上的流通并未中断。尤其值得注意的是，阿育王的诏令中使用的"Yona"包括远到地中海的所有希腊人，而非仅限于印度的希腊人。Yona 范围的扩大，意味着印度人对希腊人的认识在扩大，在加深。

第二节　巴克特里亚 Yavanas 的入侵

巴克特里亚希腊人进入印度发生在公元前 2 世纪初。此前不久(公元前 206 年)，塞琉古王国的安条克三世曾乘阿育王之后孔雀帝国内乱分裂之际，率军越过兴都库什山，进入印度，与一位名为索法伽撒努斯(Sophagasanus)的印度地方王公重叙旧谊，获得大象和其他馈赠后，就转身而归。③ 这次入侵从表面上看，似乎只是一次象征

---

① 　S. M. Burstein, *The Hellenistic Age from Battle of Iposos to the Death of Kleopatra VII*, pp. 67-68.

② 　埃及托勒密二世曾派使者 Dionysius 前往阿育王的宫廷。Pliny, Natural History, 6. 21.

③ 　此前，巴克特里亚的国王 Euthydemus 也曾赠送给他若干大象，二者加起来有 150 头之多。Polybius, *The Histories*, 11. 39.

性的武力威胁或主权宣示，在印度的文献中同样没有留下任何记载，但它实际上是此后巴克特里亚希腊人进入印度的预演。它说明，尽管印度已经脱离希腊人的统治一个世纪之久，但塞琉古王国和巴克特里亚的希腊人对亚历山大的印度遗产仍然念念不忘，一有机会，就想卷土重来。然而，也正是巴克特里亚希腊人对印度的入侵，才使得印度人第一次对 Yavana 或 Yona 有了更为深入和全面的了解。这次入侵的希腊人不是匆匆过客，而是要寻找新的生存空间。在长达约两个世纪的统治期间，他们不仅完成了自己身份的转换，从巴克特里亚希腊人变成了印度—希腊人——Yavanas，而且在印度的历史和文化上留下了深刻的印记。

　　然而，关于这批 Yavanas，不论是印度还是西方的古典文献，记载都极为贫乏。可能西方古典作家对这批远离希腊化世界中心的希腊人所知实在太少了。提及他们比较多的主要是斯特拉波（Strabo，公元前 63/64—约公元 24 年）的《地理志》，但他的材料间接来自巴比伦地区阿尔特米塔（Artemita）城的希腊作家阿波罗多洛斯（Apollodorus，主要活动于公元前 100—前 70 年）的《帕提亚史》（The Parthica）。此外，公元 2 世纪罗马作家查士丁（M. Justinus）的《庞培乌斯·特洛古斯〈菲利普史〉摘要》（Epitome of Pompeius Trogus' "Philippic Histories"）第 41 卷和特洛古斯（Pompeius Trogus，公元前 1 世纪人）原著第 41 卷的"序言"中也提到 4 位巴克特里亚国王和 3 位印度—希腊人国王。[①] 巴利文的 Milindapanha 和汉文的《那先比丘经》都提到了一位皈依佛教的印度—希腊人国王米南德（Milinda, Menander）或"弥兰"。这些零散的记载显然不足以使我们完整地还原这批 Yavanas 的历史。但近代以来在古代印度西北部和巴克特里亚地区发现的希腊式钱币以及与他们有关的碑铭，特别是印度—希腊人的希印双语币，为我们提供了极为重要的研究依据。它们的分布地虽然与印度希腊人的实际统治区域不可能完全吻合，但发现比

---

　　① 　这四位巴克特里亚国王是 Theodotus 父子、Eucratides 父子，三位印度—希腊人国王是 Demetrius I、Apollodotus I 和 Menander I。见 Marcus Junianus Justinus, Epitome of the Philippic History of Pompeius Trogus, 41. 4. 5, 8-9; 41. 6. 1-5; Justin, translated by J. C. Yardley, Epitome of the Philippic history of Pompeius Trogus, "prologe 41", p. 285. G. R. F. Assar, "Artabanus of Trogus Pompeius' 41st Prologue," ELECTRUM, Vol. 15（Kraków, 2009）, p. 124.

较集中的区域还是可以视为希腊人政治、经济活动的范围。此外，从一些仅存的印度文献中，也可以看出当时他们对 Yavana 人的熟悉与关注。可能对于他们而言，这些希腊人只不过是一批新来的 Yavanas。

印度古代两大史诗《摩诃婆罗多》(Mahabharata)和《罗摩衍那》(Ramayana)出现的时间说法不一，一般认为前者出现于公元前 4 世纪至公元 4 世纪之间，后者出现于约公元前 4 世纪到公元 2 世纪之间。二者中均有 Yavanas 的身影。《摩诃婆罗多》常常把他们和 Kamb(v)ojas[①]、Sakas 这些部落相提并论。[②] 他们一般被置于今巴基斯坦与阿富汗交界的卡菲里斯坦(Kafiristan)地区。[③]《罗摩衍那》也提到了 Yavanas、Sakas、Kambojas、Pahlavas 这些好战的蛮族部落。[④] 既然二者都把 Yavanas 人与公元前 2 世纪以后进入印度西北部的 Sakas(萨迦人，塞人，或 the Indo-Scythians，印度—斯基泰人)以及 Pahlavas(the Indo-Parthians，印度—帕提亚人)联系在一起，说明两部史诗成型的时间当在公元前 2 世纪以后，其中所说的 Yavanas 应该是指从西北方向巴克特里亚而来的希腊人。

帕拉萨剌(Parasara)被认为是印度最古老的天文学家，后人对其知之甚少，甚至他生活的时期也没有明确的记载，只知他与吠陀书的编撰有关。现存归于他名下的《帕拉萨剌经典》(Parasara Tantra)将 Yavanas 的活动范围置于西部印度，因此该书定型的时间不会早于公元前 2 世纪太多。[⑤]

---

① 印度西北部的一个部落，在梵语文献中，常常和 Yavanas、Sakas 等并列提及。G. A. Grierson, "The Birthplace of Bhakti," *Journal of the Royal Asiatic Society of Great Britain and Ireland*, Jul. 1911, pp. 800-801.

② 详见 *The Mahabharata of Krishna-Dwaipayana Vyasa*, translated by K. M. Ganguli at the Internet Sacred Text Archive, Biblio Bazaar, 2009, Book 7: pp. 21, 37, 64, 248, 339, 340, 341, 345.

③ E. H. Johnston, "Demetrius in Sind?" *Journal of the Royal Asiatic Society of Great Britain and Ireland*, No. 2, Apr. 1939, pp. 217-240.

④ *Valmiki Ramayana*, 1. 54, 55.《罗摩衍那》的英译或梵英对译本较多，虽然关于 Yavanas 内容的英译字面上不太一致，但基本意思相同。汉译本见季羡林译：《罗摩衍那(一)》，《季羡林文集》第十七卷，江西教育出版社，1995 年，第 296—298 页。但季译本的章与英译不同，分别是 1. 53, 54。季羡林译名对应如下："耶婆那"(Yavanas)、"释竭"("Sakas"或"Shakas")，甘谟惹(Kambojas)、波罗婆(Pahlavas)。

⑤ G. N. Banerjee, *Hellenism in Ancient India*, Delhi: Munshiram Manoharlal Publishers Pvt. Ltd, 1920, p. 121.

另外一位提到 Yavanas 的印度古代天文学家是伽尔吉（Garge）。他生活的具体时间不详，但肯定在帕拉萨刺之后，有公元 1—3 世纪之间之说。[①] 他对 Yavanas 并无好感，贬称他们是野蛮的外国人（Mlechchhas），但对希腊人中那些有学问的人还是心存敬意，把他们尊称为具有圣者、哲人、诗人、预言者之意的"Rishis"，并认为印度的天文学是靠这些希腊人的帮助才得以建立。[②] 归于他名下的占星学著作《伽尔吉本集》（The Gargi Samhita，又译《揭路迦文集》）中，含有一部古代印度最重要的史诗《瑜伽往事书》（Yuga Purana，"the Story of the Ages"）。此书以所谓的"Kali"时代为界（约公元前 3000 年左右），此后的历史用预言的形式（使用将来时态）来描述，但实际是对以前的回忆，将其附会于古人。其中个别段落比较明确地提到 Yavanas 对印度中北部的入侵。尽管由于手稿版本的差异，以及译者和引用者理解的不同，各家译文稍有出入，但都证实了一个基本的事实，即 Yavans 的入侵曾远抵恒河中游的华氏城下。不论攻克此城与否，最后因内讧撤回。[③] 这里有两个问题值得注意。一是 Yavanas 到底攻克了华氏城没有，这是决定这次他们远途奔袭成败的关键。二是他们在此地停留的时间长短，这与他们在印度的统治范围有关。根据米奇纳（Mitchiner）的最新英译本，《瑜伽往事书》的相关段落可以汉译如下："那时，和 Panchalas、Mathuras 一起逼近 Saketa 后，在战场上表现英勇的 Yavanas 就会到达 Kusumadhwaja（the town of the flower-standard，花座之城，Pataliputra，即华氏城）。一旦兵临 Paspapura（华氏城的另一名称）城下，它那著名的土墙就会轰然倒坍，整个国家将会陷入一片混乱。"此后，一场全面的社会动乱来临，婆罗门和首陀罗的位置颠倒了，那些最敬畏正法的长老们也敢无所顾忌

---

① 　W. W. Tarn，*The Greeks in Bactria and India*，p. 453.

② 　G. N. Banerjee，*Hellenism in Ancient India*，p. 121.

③ 　有关译文及讨论主要见：W. W. Tarn，*The Greeks in Bactria and India*，pp. 452-456；A. K. Narain，*The Indo-Greeks*，pp. 174-179，82-83；D. C. Sircar，"The Account of Yavanas in the Yuga-Purana，"*Journal of the Royal Asiatic Society of Great Britain and Ireland*，No. 1/2，Apr. 1963，pp. 7-20；E. Mitchiner，*The Yuga Purana*，Calcutta，India：Asiatic Society，1986，pp. 91-92（Paragraph 47-58）；Osmund Bopearachchi，*Indo-Greek*，*Indo-Scythian and Indo-Parthian Coins in the Smithsonian Institution*，Washington：National Numismatic Collection，Smithsonian Institution，1993，p. 16 & n. 1.

地剥削人民了。"在城市中，那些 Yavanas，那些王公们，会使人民与他们熟悉相处，但好战的 Yavanas，将不会停留在 Madhyadesa（中部国家）"。他们一致同意离开，因为在他们自己的统治区域爆发了一场可怕的战争。Yavanas 于是就在这一地区消失了。① 可见，Yavanas 人不仅攻克了华氏城，而且颠覆了当地原有的统治秩序。他们究竟统治了多长时间，不得而知，但能引起一场社会动乱，使当地人民与他们熟悉相处，估计为时不短。不过最终他们还是因后院起火撤离而去，致使长期占领北印度中部和都城华氏城的计划夭折。此则史料中提到的 Mathura（马图拉，位于今印度北方邦，朱木那河上游）、Panchala（般遮罗，恒河与朱木那河相邻与交汇处）、Saketa（恒河中游）几个地方都在北印度的中部和东部②，由此可知这些 Yavanas 是从印度西北部方向而来，他们先征服恒河上游地区，然后顺流而下，直抵华氏城。

关于 Yavanas 的这次军事行动，古代印度的梵语语法家帕尼尼的注释者帕檀贾利（Patanjali）在其著作《大疏》（Mahābhāsya，形成于约公元前 150 年前后）中也有所提及，只是语焉不详。他在解释梵语的未完成过去时态时，以最近的事件为例句：（1）"Yavanas 那时正在围攻 Saketa"（"Arunad Yavanah Sāketam"，英译："The Yavanas［Greeks］were besieging Saketa"）。（2）"Yavanas 那时正在围攻 Madhyamika"（"Arunad Yavano Madhyamikām"，英译："The Yavanas were besieging Madhyamika"）。③ 两次提到 Yavanas 的围攻，说明这次军事行动给作者留下了深刻的印象。这一间接资料的价值在于可以和《瑜伽往事书》相互对照，证明 Yavanas 确实在公元前 2 世纪初

① E. Mitchiner，The Yuga Purana，pp. 91-92（Paragraph 47-58）。
② 参见 A. K. Narain，The Indo-Greeks，Map II；W. W. Tarn，The Greeks in Bactria and India，Map 2。
③ Osmund Bopearachchi，Indo-Greek，Indo-Scythian and Indo-Parthian Coins in the Smithsonian Institution，p. 16；W. W. Tarn，The Greeks in Bactria and India，pp. 145-146，Map 2；A. K. Narain，The Indo-Greeks，p. 82，Map II. Madhyamika 位于今印度拉贾斯坦邦南部。

期或中期在印度的中部和北部有较大的军事扩张行动。① 另外一部名为《摩罗维迦和火友王》(Malavikagnimitra)的梵语剧中也暗示:公元前 2 世纪中期 Yavanas 与印度一位国王发生过战争。这是一部反映巽加国王与女仆的宫廷爱情剧,剧作者是古代印度著名的剧作家迦梨陀娑(Kalidasa)。其中保留了一段记忆:巽加王朝开国君主普沙密多罗(Pushyamitra)在位时(生年不详,公元前 185—前 181 年在位,死于约公元前 151/150/148 年),一支 Yavanas 的军队在信度河(Sindhu)岸被他的孙子(剧中的男主角 Agnimitra 之子)婆苏密多罗(Vasumitra)击败。② 这似乎与《瑜伽往事书》中的 Yavanas 入侵是同一事件。但一般认为迦梨陀娑是笈多王朝时期人,约生活于公元 4—5 世纪(有公元 300—470 年之说),而且这只是一部剧本,其中提供的有关 Yavanas 的信息能否作为信史还值得考虑。

从上述印度方面的资料来看,Yavanas 的这场扩张行动很可能是一次真实的历史事件。那么,这次事件的主角 Yavanas 又是何许人也? 他们到底是何时而来,为何而去? 简言之,他们与巴克特里亚或印度的希腊人王国到底是一种什么关系呢? 由于对《瑜伽往事书》有关文本的解读不一,对于这次入侵的主导者,学术界有不同的两种观点。一种是像上述贾亚斯瓦尔和塞卡尔那样,将文本中的"Dharmamita"看作是印度化的希腊人名 Demetrius,并以此为根据,将这次事件归于巴克特里亚国王德米特里首次入印之时(约公元前 2 世纪初),Yavanas 征服的对象是孔雀王朝。③ 另一种否定这一认同,认为应是在印度—希腊人米南德国王(Menander,约公元前 165/155—前 130 年在位)之时,征服的对象是呈现出分裂迹象的巽

---

① 有学者认为关于 Saketa 的围攻与《瑜伽往事书》所记吻合,想把 Yavanas 此次的入侵归于印度—希腊人国王米南德。但 Madhyamika 离米南德征伐的路线之南很远,可能是指另外一场战斗。(George Woodcock, The Greeks in India, London: Faber and Faber Limited, 1966, p. 101.)塔恩将这次围攻归于另一印度—希腊人国王阿波罗多托斯。(W. W. Tarn, The Greeks in Bactria and India, pp. 150-151.)

② Osmund Bopearachchi, Indo-Greek, Indo-Scythian and Indo-Parthian Coins in the Smithsonian Institution, p. 16; A. K. Narain, The Indo-Greeks, p. 82.

③ W. W. Tarn, The Greeks in Bactria and India, pp. 453-455; D. C. Sircar, "The Account of Yavanas in the Yuga-Purana," pp. 7-20.

加王朝。① 为此，我们不妨把目光转向这一时期的西方古典作家的记载。从中可以看出，这两个希腊人国王都有可能是这次入侵的始作俑者，但米南德的可能性要大于德米特里。

根据斯特拉波对阿波罗多洛斯的转述，巴克特里亚希腊人在印度征服的部落比亚历山大还要多，米南德尤甚。这些部落一些是被米南德个人征服，其余的是被巴克特里亚国王欧泰德姆斯之子德米特里征服。② 言外之意，米南德的征服的部落不仅比亚历山大多，也比德米特里多。斯特拉波对此说法似乎有所保留，转述至此，突然插入了自己的一个假设："如果他确实向东跨过希帕尼斯河（Hypanis），远达伊毛斯（Imaus），情况至少是如此"（11. 11. 1）。这就是说，在斯特拉波看来，相信阿波罗多洛斯这一说法的前提是米南德的确"东跨希帕尼斯河，远达伊毛斯"，因为希帕尼斯河是亚历山大印度征服的东界。③ 只有突破了这一界限，征服的地方才能超过亚历山大。斯特拉波在另外一处也特别提到，阿波罗多洛斯所说的"那些巴克特里亚国王在印度比马其顿人征服的还多；欧克拉提德无论如何统治着一千个城市"，有悖常识，因为"据其他作家说，从希达斯皮斯河（Hydaspes④）到希帕尼斯河仅仅才九个部落，就有 5000 个城市，而且没有一个小于墨洛庇亚人（Meropian）的科斯（Cos）岛；亚历山大征服了整个地区，把它给予了波鲁斯（Porus）"（15. 1. 3,33）。这里斯特拉波再次提出了自己的逻辑推理，既然亚历山大已经征服了如此广大的地区、部落和城市，要想超越，就必须突破这一范围。那么，这两位到底在印度都征服了哪些地方呢？特别是在哪些方向突破了亚历山大的征服范围呢？斯特拉波接着转述了阿波罗多洛斯的回答："他们不仅占领了 Patalene，而且在沿岸其他地区占领了所称之的 Saraostus 和 Sigerdis 王国。"（11. 11. 1）在另一处，斯特拉波还提到，亚历山大征服的最东界是希帕尼斯

① A. K. Narain, *The Indo-Greeks*, pp. 82-83, 87, 177.

② Strabo, *Geography*, 11. 11. 1.

③ 希帕尼斯河（Hypanis），即亚历山大历史家们所说的希发西斯河（Hyphasis），今比亚斯河（Beas）。见 Arrian, *Anabasis of Alexander*, 5. 24. 8, 5. 29. 2; "Indica", 2. 8, 4. 1; [古希腊]阿里安著，李活译：《亚历山大远征记》，第 184、191、261、262 页。

④ 印度河的一条支流，今名杰拉姆（Jhelum）。

河,但他之后的希腊人却越过此河,远达恒河和华氏城。正是这些人扩大了人们对希帕尼斯河以东地区的了解(15.1.27)。应该说,这两处记述是非常重要的。前一个提供了希腊人的另外一个扩张的方向和路线,就是南下印度河,夺取沿海地区。后一条记述实际是对米南德东进说的补充,他明确交代了希腊人扩张的路线和最后所达到的目标。

为了确定印度—希腊人或米南德和德米特里各自的征服地,有几个关键的地理名词需要澄清。

其一,"Imaus"的定位,这关系到米南德的东扩的路线和范围。根据纳拉因的理解,斯特拉波的"Imaus"或"Isamos"是一条河流,通常被认同为现在的朱木那河(the Jamuna, Jumna)或是宋河(the Song)。[①] 但塔恩对"朱木那河说"表示怀疑。[②] 从古典作家的记载来看,这里的"Imaus"似乎是指印度北方的一座大山,而非河流。[③] 它是陶鲁斯山脉(Taurus)的一部分,是它的东端。据斯特拉波,陶鲁斯山脉横亘亚洲的中部,从罗德斯海岸延伸到印度、斯基泰的东端,将亚洲南北一分为二。陶鲁斯山脉从阿里亚那(Ariana)到东边大海的这一部分,在当地有好几个名称,除了 Imaus 以外,还被称为 Paropamisus、Emodus等,马其顿人则称其为"Caucasus"。他特别指出,印度河是印度的西界(11.1.2-3; 15.1.11),Imaius(即 Imaus)是陶鲁斯山脉的最后一部分,濒临印度海,是印度的东界(11.11.7)。[④] 普林尼在其《自然史》中也对陶鲁斯山脉及 Imaus 山的称谓和位置有类似的描述。他说:陶鲁斯山脉是一座蜿蜒横贯于从小亚到印度洋的大山系,在不同的地区有不同的名称。从印度洋开始,首先是 Imaus,其次是 Emodus,

---

①　A. K. Narain, The Indo-Greeks, p. 82.

②　W. W. Tarn, The Greeks in Bactria and India, p. 144.

③　根据 Loeb Classical Library 希腊语版本的注释(11.11.1; Vol. 8, p. 280, n. 1),"Iμαου"("Imaus"的希腊文属格形式)来自 Meineke 版本(1852年初版),但也指出,此为 Casaubon 版本(1587年或 1620 年初版)中对"Iσαμου"(Isamus)本来之名的猜测。关于近代学者对"Iσαμου"的猜测,参见 Strabo, Strabonis Rerum Geographicarum, Wilhelm Xylander, Johann Philipp Siebenkees, Lipsiae:Libraria Weidmannia, 1806, Vol. 4, p. 510, n. 4; Strabo, Strabonis Geographica, recogn. Augustus Meineke, Lipsiae:Aedibus B. G. Teubneri, 1877, vol. 2, p. 725.

④　类似的说法也可见 Arrian, Anabasis of Alexander, 2.1-4; [古希腊]阿里安著,李活译:《亚历山大远征记》(Indica. 2),第 261 页。

Paropanisus，Circius，Cambades，Paryadres（Pariades），Choatras，Oreges，Oroandes，Niphates，Taurus 和 Caucasus 等。① 根据这样的地理位置，Imaus 当指现在兴都库什山以东的喜马拉雅山。② 既然米南德是在印度中北部扩张，所以，跨过希帕尼斯河再往东的 Imaus 地区，就只能是喜马拉雅山之南的恒河流域了（希腊人显然不可能向终年积雪、没有人烟的山区进发）。所以，将 Imaus 视为印度中北部地区虽然有点宽泛，但大致方位不会有错。纳拉因所说的朱木那河或宋河，虽然也在此范围之内，但显然与可作为山脉名称的 Imaus 无关。Imaus 是当时当地人对他们北面的这一部分陶鲁斯山脉的称呼，事实上也根本不可能与当地的朱木那河或宋河混同。③ 但希腊人在此二河地区有军事征服活动则是可能的。前述的印度文献也证明了这一点。

其二，归于米南德和德米特里名下征服的地区：Patalene、Saraostus 和 Sigerdis。按照斯特拉波的说法，Patalene 由印度河的两条入海的支流环绕，形成一座岛，岛上有一座城市 Patala，此岛因此而命名（15. 1. 13，32，33）。Saraostus（古代又名 Surestrene，现名 Saurashtra），位于印度河口东南的濒海地区（今印度古吉拉特邦南部）。公元 1 世纪的西方古典文献《厄立特里亚航海记》对此有较为详细的介绍。④ Sigerdis 则是指今日巴基斯坦南部的信德地区，位于印度河下游。以此而论，他二人的南部征服只不过是重走当年亚历山大的老路，但却奠定了印度—希腊人长期统治的基础，而且统治的范围要远远超过亚历山大仅仅经过的印度河两岸，包括了

---

① Pliny，Natural History，5. 27. 此处的 Paropanisus 与斯特拉波的 Paropamisus 实为一地。

② 也可见 Strabo，Geography，Vol. VII，Map XII（p. 380）. 该图将现在称为喜马拉雅山的印度北部山脉注为 Imaus"。

③ 关于 Imaus 的方位，还可见 John Lemprière，Lemprière's Classical Dictionary of Proper Names Mentioned in Ancient Authors：with a Chronological Table，London：Routledge & Kegan Paul，1949，p. 295. 该书 1788 年出版，至今多次再版，在"Imaus"词条中这样解释："它是斯基泰地区的一座大山，是陶鲁斯山脉的一部分，它将斯基泰地区分为 Intra Scythia 和 Extra Scythia，向东延伸远至东面的大洋。"也可参见波德纳尔斯基编，梁昭锡译：《古代的地理学》，商务印书馆，1986 年，第 201、204、336 页以及第 452、473 页注释词条"伊马""套鲁斯"。托勒密在其《地理学》中，对此山脉也有提及，他的 Imaus 山似乎是指兴都库什山和帕米尔高原以北方向的山脉。详见 Claudius Ptolemy，The Geography，6. 14-16.

④ W. H. Schoff（tr. & ed.），The Periplus of the Erythraean Sea：Travel and Trade in the Indian Ocean by a Merchant of the First Century，Chap. 41.

整个印度河中游（旁遮普）以下直到河口三角洲的广大周边地区。就这一方向而言，说他们征服的部落比亚历山大多也是符合事实的。

其三，亚历山大之后希腊人进军远至恒河和华氏城。恒河之名沿用至今，华氏城即今印度比哈尔邦首府巴特纳（Patna），位于恒河包括朱木那河和宋河在内的各条支流的汇合处。从摩揭陀王国（公元前 5 世纪）起，就一直作为印度诸王朝的都城。公元前 2 世纪初巽加王朝（约公元前 185 年—前 78 年）推翻了孔雀王朝后，也是以此为都。德米特里一世入侵印度，按照法国钱币学家波比拉赫奇确定的在位年代，至少在公元前 190 年之前，米南德即位约在前 155 年。[①] 就事件本身来说，二者都有可能，只不过若是前者，征伐的对象是孔雀王朝，若是后者，则是巽加王朝。考虑到前述印度文献中对 Yavanas 入侵地区的记忆，可以证明希腊人的这次远征在历史上是存在的。Yavanas 所征服的或联盟的地区 Saketa，Panchalas 人之地、Mathura 都在 Imaus 山之南的恒河及朱木那河流域，都有可能是从印度西北部出发远征华氏城的路经之地。但斯特拉波的记述中也没有明确攻取华氏城的说法。可见，兵临城下是事实，破城与否，古代即无定论。从斯特拉波的记述看，德米特里和米南德都有南进之举。东进似乎非米南德莫属，但由于斯特拉波的将信将疑和含糊其辞，这一问题

---

① 纳拉因否认拉普森（Rapson）和塔恩的"米南德与德米特里是同代人"观点，认为不应以阿波罗多洛斯二人并提为据。若此，则米南德还应在德米特里之先。因为根据斯特拉波的转述，阿波罗多洛斯在谈到这二人对印度的征服时，先提到米南德，后提到德米特里。他接受了马歇尔对米南德钱币上相貌的观察结论：认为他即位时非常年轻。二人显然不可能是同代人。他将米南德即位的时间定于欧泰德姆斯家族的统治结束之时，即约前 155 年。详见 A. K. Narain, The Indo-Greeks, pp. 75-77；［英］约翰·马歇尔著，秦立彦译：《塔克西拉》（J. Marshall, Taxila, Cambridge：Cambridge University Press, 1951），云南人民出版社，2002 年，第 37 页。这一观点被学者们普遍接受，见 Osmund Bopearachchi, Indo-Greek, Indo-Scythian and Indo-Parthian Coins in the Smithsonian Institution, p. 32& n. 2.（Bopearachchi 已经改变了这一定年，见下注）虽然拉普森把德米特里和米南德视为同代人，但他把 Yavanas 的东进归于米南德。见 Edward James Rapson, The Cambridge History of India, Volume I, London：Cambridge University Press, 1922, pp. 543, 551.

在学术界也引起了争议。① 这就需要对这二位在印度的活动进行一个简单的回顾和澄清。

巴克特里亚—印度—希腊人国王的世系顺序以及相互间的关系主要依靠他们发行的钱币来确定。根据波比拉赫奇的权威意见，在巴克特里亚—印度—希腊人的历史上先后出现过三位同名的德米特里。他们的在位年代分别是约公元前 200—前 190 年、公元前 175—前 170 年、公元前 100 年。② 第三个由于是在米南德之后，可以忽略不计，前两位德米特里都有可能是征服印度的人选。但从钱币上看，作为欧泰德姆斯（约公元前 230—前 200 年在位）之子的德米特里一世应该是征服印度的第一人，因为他是巴克特里亚—印度—希腊人中第一个发行头戴象头皮盔型钱币的国王。③ 这样的图像只在托勒密一世公元前 318 年以亚历山大名义发行的钱币上出现过。④ 德米特里一世如此而为，显然是自比亚历山大第二。他的统治范围似乎没有超出印度西北部之外。他在阿拉科西亚（Arachosia，今阿富汗境

---

① 塔恩主张"德米特里说"，米南德只是以将军身份随他进入印度。（W. W. Tarn, The Greeks in Bactria and India, pp. 132-135.）这种说法显然与斯特拉波的资料相抵牾。斯特拉波转述阿波罗多洛斯的记载时，明确把二人并列，分明是说两个国王，而且说米南德征服的地盘要比德米特里多。如果把这次东进归于德米特里，那阿波罗多洛斯此说就难以成立。但他是离此事件时间最近的西方古典作家，他的记述应该有极大的可靠性。巴利文《米兰陀问经》中说米南德的出生地是高加索的亚历山大里亚（Alasanda，兴都库什山南），可见米南德非来自于巴克特里亚。他有可能先参与了另外一位德米特里（即所谓的德米特里二世，公元前 175—前 170 年在位）在印度的征服，后来独立称王。纳拉因主张"米南德说"，认为是奔袭而非征服或占领。他甚至否认德米特里一世征服印度，认为有两个德米特里，阿波罗多洛斯把两个德米特里（即同名的欧泰德姆斯之子和所谓的"印度的国王"）混为一谈。实际上征服印度的可能是德米特里二世。（A. K. Narain, The Indo-Greeks, pp. 34-45, 81.）波比拉赫奇也持此说。（Osmund Bopearachchi, Indo-Greek, Indo-Scythian and Indo-Parthian Coins in the Smithsonian Institution, pp. 15-16.）需要指出的是，此说早在 1916 年就被英国学者罗林森提出，但他承认，这只是一般的想当然之见，没有得到证明。而且他认为米南德并未攻克华氏城。（H. G. Rawlinson, Intercourse between India and the Western World from the Earliest Times to the Fall of Rome, Cambridge: Cambridge University Press, 1916, pp. 78 &n. 1, 82.）

② Osmund Bopearachchi, Monnaies gréco-bactriennes et indo-grecques, Catalogue raisonné, p. 453.

③ Osmund Bopearachchi, Monnaies gréco-bactriennes et indo-grecques, Catalogue raisonné, Pl. 4（Demetrios I, Série 1）.

④ I. Carradice & M. Price, Coinage in the Greek World, London: B. A. Seaby Ltd, 1988, p. 116; M. Bieber, "The Portraits of Alexander," Greece and Rome, 2nd Ser., Vol. 12, No. 2, p. 185.

内)建立了一座以他名字命名的城市 Demetrias。① 在印度河口的 Patalene 地区,有一座名为 Demetrias 的希腊人城市,可能也是由他所建,说明他的征服实际上是沿着当年亚历山大的路线展开。②

米南德是自德米特里之后大约 30 个印度—希腊人国王中最著名的一位,在位时间大约为公元前 2 世纪中期,约公元前 165—前 130 年之间。③ 他到底属于巴克特里亚狄奥多托斯(Diodotus)家族还是欧泰德姆斯家族,仍有争论。但他很可能不是来自巴克特里亚的国王,而是出生于印度本土希腊人城市"阿荔散"(Alasanda)的王族后裔抑或平民。④ 他的王国以舍竭(Sagala,亦译"沙竭"⑤)为都城,全盛时统治了整个印度西北部。他崇尚佛法,"以正法治国",是唯一在佛教经典中留下名字的印度—希腊人国王。而当时以华氏城为都的巽加王朝则支持婆罗门教,压制佛教,迫害佛教徒。巽加王朝同时向旁遮普地区扩张,这就与米南德王国以印度河流域为中心的统治区域形成对峙之势。因此,米南德王国与巽加王朝发生冲突是完全可

---

① Isidore, *Parthian Stations*, 19.

② W. W. Tarn, *The Greeks in Bactria and India*, p. 142, Map 2.

③ 波比拉赫奇最近修正了米南德的在位时间,改为始于公元前 165 年,见 Osmund Bopearachchi, *From Bactria to Taprobane*, Vol. I: *Central Asian and Indian Numismatics*, pp. 222, 410.

④ 关于他的出生地,汉译《那先比丘经》和巴利文的英译本都涉及一个地名 Alasanda,但对此地名的方位理解差异很大。巴利文中说从都城 Sagala 到他出生地 Alasanda 的距离是 200 yojanas,但在汉译本中改为 2000 由旬(yojanas),并将"阿荔散"(Alasanda)置于所谓的八万里之外的大秦国(《大正新修大藏经·论集部》第 32 卷 No. 1670[A, B]《那先比丘经卷下》,第 702、717 页)。汉译本显然有误(相关论证参见杨巨平:《弥兰王还是米南德?——〈那先比丘经〉中的希腊化历史信息考》,《世界历史》2016 年第 5 期。也可见本书第二编第十章)。学界一般认为 Alasanda 就是亚历山大所建的高加索(希腊人对兴都库什山的称谓)的亚历山大里亚(Alexandria-under-the-Caucasus),即今阿富汗喀布尔附近的贝格拉姆(Begram)。参见 I. B. Horner, trans., *Milinda's Questions*, Vol. I, p. 114 & n. 2.

⑤ Sagala 也被称为 Euthymedia(见 Claudius Ptolemy, *The Geography*, 7. 1),其地理位置一直未确定,因被初步推测的锡亚尔科特城没有很多遗址,也没有出土一枚米南德的钱币。但据波比拉赫奇,1993 年当地的村民在一个位于 Gujranwala 和 Sialkot 之间的 Siranwali 村发现了一处钱币窖藏,其中有米南德一世的钱币。这是一个特别值得重视的发现,为 Sagala 一度作为米南德的都城提供了新的佐证。(Osmund Bopearachchi, "Recent Discoveries of Coin Hoards from Central Asia and Pakistan: New Numismatic Evidence on the Pre-Kushan History of the Silk Road," *Unesco Knowledge Bank*, p. 6.)而且从巴利文经文上看,那个都城应该在山区,而非平原。J. Marshall, *Taxila*, Vol. II, p. 863;[英]约翰·马歇尔著,秦立彦译:《塔克西拉》,第 1252—1253 页。

能的。而且印度—希腊人本来就是外来征服者，富庶的恒河下游应该是他们在站稳脚跟后觊觎的目标。米南德东侵的可能性要大于德米特里。此外，二者的征服目标和统治环境有所不同。其一，德米特里在希腊军队撤出一百多年之后重新入主印度西北部，他首先要恢复过去亚历山大的遗产，在印度西北部建立和巩固希腊人的统治，不可能在短时间内深入印度中部。其二，他是巴克特里亚—印度的希腊人国王。北面的游牧民族，西邻的帕提亚人，以及境内的当地被征服民族，特别是希腊人内部的王位与权力之争，都是他要面对的潜在威胁。这些内忧外患无疑分散了德米特里的精力，使得他不可能向印度东部扩张。事实也确实如此，可能就是在他或他的后继者在印度之时，后院起火，一个新的强大的篡位者——欧克拉提德（Eucratides，约公元前170—前145年在位）出现在巴克特里亚的政治舞台上。据查士丁，一位"印度人国王"德米特里[①]曾回军征讨，以6万之众将其围困于仅有300驻防兵的一个据点。他竟然能坚持5个月之久，最后突围脱险，然后征服了印度。[②] 但欧克拉提德显然与这次东扩没有关系。他在位之时，印度的犍陀罗和旁遮普地区先后经历了三位印度—希腊人国王的统治。他们分别是阿波罗多托斯（Apollodotos，公元前180—前160年在位）、安提马科斯（Antimachos II，公元前160—前155年在位）和米南德。他不可能越过他们去征服异加王朝。而且他在印度的时间可能不长，返国后就被儿子弑杀。[③] 与巴克特里亚本土的日渐衰微相比，此时印度的米南德王国却进入了

---

① 这里的德米特里可以有两种可能。一是纳拉因、波比拉赫奇所说的德米特里二世。二是只有一个德米特里，即斯特拉波将其与米南德并提的那个欧泰德姆斯之子德米特里。有学者据此将这位德米特里在位时间的下限定于公元前170年。但不论到底出现过几个德米特里，巴克特里亚王位的更迭，以及随之引起的战乱，使他们无暇也无力东进，大概是历史的事实。

② 欧克拉提德被围的时间，两个英译本表述不同，但意思接近，分别见 Marcus Junianus Justinus, *Epitome of the Philippic History of Pompeius Trogus*, 41. 6. 4.（https://www. forumromanum. org/literature/justin/english/index. html）；Justin, translated by J. C. Yardley, *Epitome of the Philippic History of Pompeius Trogus*, 41. 6. 4. 关于他对印度的征服，他所发行的大量希印双语币也可资证明。Osmund Bopearachchi, *Indo-Greek, Indo-Scythian and Indo-Parthian Coins in the Smithsonian Institution*, pp. 26-29.

③ Justin, translated by J. C. Yardley, *Epitome of the Philippic History of Pompeius Trogus*, 41. 6. 5.

它的强盛时期。他的都城是如此繁荣富足①，足以证明他的国力强大，他不仅有可能，也有条件，更有必要南下扩大和巩固德米特里以前的征服成果，东征以建立超过亚历山大的伟业。公元 1 世纪的印度西南部沿海地区仍然流通着米南德的钱币②，这或可证明米南德曾对此地的统治，至少说明他的影响在此地的深入。他若东进，也是天时地利人和。首先，他有可能和佛教联盟，师出有名。他们有共同的敌人——巽加王朝。③　其次，军力雄厚，步、骑、车、象兵皆有。④　本人热衷征战，戎马一生，最后死于军营。⑤　再次，已据有印度河流域，挥师东下恒河平原，犹如高屋建瓴，势不可挡。因此，不论从米南德王国的国力，还是从其政治宗教取向和地理位置，米南德侵入恒河流域，远至华氏城都是极为可能的。印度文献中入侵华氏城的

---

①　《大正新修大藏经·论集部》第 32 卷 No. 1670（B）《那先比丘经卷上》云："今在北方大秦国，国名舍竭。古王之宫。其国中外安隐，人民皆善。其城四方，皆复道行，诸城门皆雕文刻镂。宫中妇女各有处所。诸街市里，罗列成行。官道广大，列肆成行。象马车步，男女炽盛，乘门道人，亲戚工师，细民及诸小国，皆多高明。人民被服五色焜煌，妇女傅白，皆著珠环。国土高燥，珍宝众多。四方贾客卖买，皆以金钱。五谷丰贱，家有储畜，市边沽卖诸美羹饭，饥即得食，渴饮蒲萄杂酒，药不可言。其王字弥兰以正法治国。"No. 1670（A）《那先比丘经卷上》也有类似经文，个别词句有所不同（第 705、695 页）。巴利文版英译与此也相似，见 T. W. Rhys Davids, trans. , The Questions of King Milinda, Part I of II, pp. 2-3（no. 1-2）；I. B. Horner, trans. , Milinda's Questions, Volume I, pp. 1-3（no. 1-2）.

②　W. H. Schoff（tr. & ed. ）, The Periplus of the Erythraean Sea: Travel and Trade in the Indian Ocean by a Merchant of the First Century, Chap. 47.

③　J. Marshall, Taxila, Vol. I, p. 42；［英］约翰·马歇尔著，秦立彦译：《塔克西拉》，第 51 页。

④　"那先言譬如王将四种兵出行战斗，象兵、马兵、车兵、步兵皆导引王前后。"（《大正新修大藏经·论集部》第 32 卷 No. 1670［B］《那先比丘经卷上》）也可见巴利文版的英译本：（1）I. B. Horner, trans. , Milinda's Questions, Volume I, pp. 6, n. 1（no. 4）；51（no. 37）；（2）T. W. Rhys Davids, trans. , The Questions of King Milinda, Part I of II, p. 59（no. 37）。但"四兵种"的英译二者稍有不同，前者译为"elephants, horses, chariots, foot-soldiers"（象、骑、车、步兵），后者译为"war elephants, cavalry, war chariots and bowmen"（象、骑、战车、弓箭兵）。

⑤　Plutarch, "Precepts of Statecraft," Moralia, 821D-E.

Yavanas 国王应是米南德，而非德米特里。[①]

第三节　Yavanas 的统治与印度化进程

从所谓的"印度人国王"德米特里开始，Yavanas 开始了在印度西北部或部分地区长达近两个世纪的统治和居留。对于他们在此地的活动，文献记载仍然极为缺乏，所能依靠的主要是钱币和碑铭资料。

作为一个外来民族，这些 Yavanas 对印度采取了类似于波斯帝国、亚历山大时期、塞琉古王朝的统治方式，一方面在交通要道、战略要地建立或扩大希腊人的集聚地，作为统治、移民的中心，另一方面对当地的部落采取分而治之的办法，设置总督进行管理。

这些城市应该数目不少，有据可查的却不多。但它们的分布却大致覆盖了希腊人统治的区域。旁遮普之南、印度河口沿海地区有前面提及的德米特里亚斯（Demetrias）和泰菲拉（Thephila）两座城市，此地东南方向还有一个希腊人的中心，可能是港口城市巴里加扎（也译"婆卢羯车"，Barygaza）。[②]《弥兰陀问经》中提到了两个希腊人的城市——高加索的亚历山大里亚（"Alasanda"，阿荔散）和米南德王国的都城舍竭（Sagala）。犍陀罗地区有布色羯逻伐底（Pushkalavati，the"city of lotuses"，莲花城，今白沙瓦），狄奥尼索波利斯（Dionysopolis）。塔克西拉城斯尔卡普（Sirkap）遗址已经被发掘，这是一座根据希腊"希波达姆斯式"（"Hippodamian-plan"）的棋盘状样式建造的希

---

① 近年一位匈牙利学者对华氏城的占领者提出了新的看法；他不否定印度—希腊人对华氏城的占领，但把时间提前到公元前 180 年之前，也即最后一个孔雀王朝国王之死前的某个时期。这样就排除了米南德或德米特里攻占该城的可能性。孔雀王朝之后的巽加王朝与希腊人也发生过冲突，但那是印度—希腊人历史的另一篇章了。详见 Gyula Wojtilla, "Did the Indo-Greeks Occupy Pataliputra," Acta Ant, Hung. 40, 2000, pp. 495-504.

② W. H. Schoff（tr. & ed.）, The Periplus of the Erythraean Sea: Travel and Trade in the Indian Ocean by a Merchant of the First Century, Chap. 47.

腊人城市，也是一个巨大的军事要塞①，可能做过印度—希腊人国王
阿伽托克勒斯（Agathocles，约公元前 190—前 180 年在位）的都城。
在希达斯皮斯河（Hydaspes）以东，有名的城市除舍竭外，还有布西发
拉（Bacephala，亚历山大所建）、伊奥穆塞（Iomouse）、马图拉
（Mathura），在西部，米南德王国仅有戴达拉（Daedala）、萨拉吉萨
（Salagissa）两个军事移民地可以认定。在阿拉科西亚，如前所提，还
有一座名为德米特里亚斯的城市。② 亚历山大时期建立的位于今日
坎大哈、加兹尼和喀布尔附近的几座亚历山大里亚城一定还在发挥
着希腊人集聚地的作用。

　　希腊人在印度到底设立了多少行省，在不同的历史时期和不同
的国王管理之下，这些行省的名称、管辖的范围以及实际数目的变
化，今天已难以得出准确详细的结论。据塔恩，在兴都库什山以南的
帕拉帕米萨代（Paropamisadae），有 4 个行省的名称和范围可以确定。
其中 3 个是卡皮塞涅（Kapisene，以 Kapisa 为首府），奥皮亚尼
（Opiane，以 Alexandria 为首府），科芬尼（Kophene，以 Kophen 为首
府，《汉书·西域传》的罽宾之名可能由此而来），第 4 个行省名称不
详，位于戈尔班德河（Ghorband）流域，与巴克特里亚相邻。③ 帕拉帕
米萨代以东以及南到印度河口，有 9 个行省可以确定，其中 7 个来自
托勒密的《地理志》，1 个来自普林尼的《自然史》，还有 1 个来自阿里

---

① J. Marshall，Taxila，Vol. I，pp. 12，39，198；Vol. III，Plate 24；[英]约翰·马歇尔著，秦
立彦译：《塔克西拉》，第 16—17、48、286—287 页，图版 24。[巴基斯坦]艾哈默德·哈桑·
达尼著，刘丽敏译：《历史之城塔克西拉》，中国人民大学出版社，2005 年，第 152—161 页。
但据古典作家菲罗斯特拉图斯（Philostratus，约公元 170—245 年）记载，活动于大约公元 1
世纪的希腊人、新毕达哥拉斯学派哲学家阿波罗尼乌斯（Apollonius）曾远游印度，到过塔
克西拉。根据他的描述，此城以希腊城市的方式加强了防卫，有城墙，但街道像雅典城那
样狭窄、不规整，房子建造样式奇特，有地上地下两层，大小一致。此说与马歇尔的考古报
告有吻合之处，也有抵牾之处。如说街道与雅典一样，显然与所谓的"Hippodamian"棋盘状
样式相悖。或许他所说的城区是今日的皮尔山丘（Bhir Mound）遗址，此处的街道确实"曲
折拥挤"。参见 Philostratus，The Life of Apollonius of Tyana，2. 20，23，with an English transla-
tion by Arthur Fairbanks，Cambridge，Mass. ：Harvard University Press，1912；J. Marshall，Taxila，
Vol. I，pp. 63-64；[英]约翰·马歇尔著，秦立彦译：《塔克西拉》，第 77—78 页；[巴基斯坦]艾
哈默德·哈桑·达尼著，刘丽敏译：《历史之城塔克西拉》，第 151 页。

② W. W. Tarn，The Greeks in Bactria and India，pp. 234，243-252；Map 2.

③ W. W. Tarn，The Greeks in Bactria and India，pp. 96-97.

安的《亚历山大远征记》。它们分别是：帕塔勒涅（Patalene）、苏拉斯特瑞涅（Surastrene）、阿比利亚（Abiria）、普拉西亚涅（Prasiane）、苏亚斯特涅（Souastene）、格鲁埃亚（Goruaia）、普科莱提斯（Peucelaitis）、卡斯佩利亚（Kaspeiria），库林多勒涅（Kulindrene）。在沿海的卡奇（Cutch）地区，可能也有一个行省，但名称不详。① 至于阿富汗南部的阿拉科西亚地区，既然也长期处于希腊人的控制之下，应该也有一些地区性的管理体制。总之，希腊人在他们的统治范围内，普遍实行了有效的分区管理制度。但在具体操作上，这些印度—希腊人国王没有像塞琉古王国那样，采取省（Satrapy）、府（Eparchy）、县（Hyparchy，或译"区"）三级管理的模式，而是在省下设州，或以州代省的方式，也就是说是用一级或二级管理的模式对当地民族进行统治。行省设有总督（Satrap）或将军（Strategos），大权独揽，只对国王负责，下设名为Meridarchs 的"州长"或民事官员分区管理。② 但不论这些省份或州的管理范围大小，这些国王、将军、州长一般都以不触动当地原有的社会结构、生活习俗、宗教信仰为前提，而且努力地去迎合当地的文化传统，维护当地原有的社会秩序，这是印度—希腊人王国在印度能够长期残存的主要原因。

但 Yavanas 对印度的统治并不稳定，大约从德米特里一世死后，Yavanas 的分裂就开始了。米南德只是其中最有名、最具实力的一位。他的王后阿伽托克里娅（Agathocleia）可能是德米特里一世之女或孙女。③ 这样，他的称王也就取得了一定的合法性。他的王国极盛时实际就是整个印度的 Yavanas 王国，囊括了旁遮普以西、兴都库

---

① W. W. Tarn，*The Greeks in Bactria and India*，pp. 232-240，445. 塔恩依据的资料分别见 Claudius Ptolemy，*The Geography*，7. 1；Pliny，*Natural History*，6. 23；Arrian，*Anabasis of Alexander*，4. 22；"Indica"，1. 4. 那个名称不详的印度河口沿海地区可能是 Sigerdis. 见 Strabo，*Geography*，11. 11. 1.

② W. W. Tarn，*The Greeks in Bactria and India*，pp. 240-242；［英］约翰·马歇尔著，秦立彦译：《塔克西拉》，第 49—50 页。

③ W. W. Tarn，*The Greeks in Bactria and India*，p. 225. 纳拉因认同米南德与德米特里家族有关。他的王后 Agathocleia 可能属于希腊人国王 Pantaleon 和 Agathocles 的家族，而这二人有可能是德米特里一世之子。若此，Agathocleia 就有可能是德米特里一世的孙女。但纳拉因也不排除塔恩提出的她是德米特里一世之女的可能。见 A. K. Narain，*The Indo-Greeks*，pp. 75，58-59.

什山以南所有的希腊人活动区域。① 但他死后,统一的局面不复存在,继位的儿子尚幼,由母后摄政,孤儿寡母终究难以控制那些割据一方的趄趄武夫。Yavanas 的统治再次四分五裂,据地称王者或发行钱币者在米南德死后的一个多世纪中竟然达 30 位之多。西方钱币学家力图根据这些钱币的类型、铭文、图像甚至字体将他们按照不同的地区进行分类,确定他们的先后承继关系。根据波比拉赫奇最新的分类,这些 Yavanas 国王大致分布于帕拉帕米萨代、阿拉科西亚、犍陀罗、东西旁遮普地区。他们在这些地区的统治由西向东,由北向南,先后消失于公元前 70 年、前 55 年和公元 10 年。② 由此看来,Yavanas 在印度整体沦陷的主要原因是外部斯基泰人(塞人)、帕提亚人甚至大月氏人的入侵,但实际上内部的分裂争夺也难脱其咎。公元前 2 世纪中期斯基泰人(塞人)与大月氏人从中亚草原先后南下,首先削弱,最后占领了印度—希腊人的后方——巴克特里亚王国。印度的 Yavanas 这时不仅直接面临着新来者的威胁,而且失去了和东地中海希腊化王国的联系。他们成了无所归属的游离分子,为了维持自己的生存和统治,只好接受印度的文化,特别是语言和宗教,Yavanas 的本土化进程加快了,希腊化世界最为戏剧性的一幕出现了——不是印度人的希腊化,而是希腊人的印度化。

这一进程大概自德米特里一世发行象头皮盔型钱币之时就已经开始。虽然巴克特里亚的希腊人是以征服者、胜利者的身份进入印度,但他们在人数上远远少于当地的民族,统治的触角不可能深入到印度的村社。而且他们发现印度人并非是未开化的蛮族,而是拥有着足以使希腊人惊叹的文明。此时的印度西北部,经过大一统的孔雀帝国的统治,特别是阿育王的弘法运动,其政治格局和文化面貌已经和亚历山大时代不可同日而语。阿育王的双语诏令在某种意义上就是希印双语币的前身,只是发布者的主体和对象不同而已。既然

---

① 关于米南德的统治范围,参见 Osmund Bopearachchi, *Monnaies gréco-bactriennes et indo-grecques*, *Catalogue raisonné*, p. 453(Tableau 5); W. W. Tarn, *The Greeks in Bactria and India*, pp. 227-230;据纳拉因,米南德也可能在一段时间内统治过巴克特里亚(A. K. Narain, *The Indo-Greeks*, p. 27)。

② Osmund Bopearachchi, *Monnaies gréco-bactriennes et indo-grecques*, *Catalogue raisonné*, p. 453.

印度—希腊人与地中海的正常联系受到阻隔，西归之路也已经被帕提亚人和月氏人截断，所以他们名为征服者，实为偏安一隅的避难者。这种政治和文化格局决定了他们必须在生存还是死亡、希腊化还是印度化之间做出抉择。结果，生存的欲望战胜了文化上的自信，统治的需要迫使他们开始了自身的印度化进程。双语币的出现就是这一趋势不可逆转的标志。

首先发行双语币的 Yavanas 国王是阿伽托克勒斯和潘塔勒翁（Pantaleon，约公元前 190—前 185 年在位）。他们的双语币采用了不规则的印度形制——矩形或方形，正面是希腊语，反面是婆罗米字母（Brahmi）或佉卢文（Kharoshthi），两面铭文意思一致。重量上采取印度标准，在阿伊·哈努姆遗址发现的阿伽托克勒斯双语币的重量就在 2.32—3.30 克之间。[①] 钱币上的图案也开始向本土化转化，印度传统神祇的形象和佛教的标志被这些印度—希腊人国王所接受。阿伽托克勒斯的一种双语币正反面都是印度的男性神大力罗摩（Samkarsana）和黑天（Vasudera-Krishna，克利须那），二者都是印度主神之一的毗湿奴（Vishnu）的化身。前者持一犁和棒杵（pestle，Musala），故也译"持犁罗摩"，后者手持八辐轮和贝壳或海螺壳。克利须那的妹妹、毗湿奴的妻子、肥沃和丰饶女神、自然保护神拉克希米（Lakshmi，也译"吉祥天女"）也出现在这二位国王的钱币上。她身着东方式的裤子，戴长垂的耳环，亭亭玉立，婀娜多姿，手持莲花或小三叉戟（trisula）翩翩起舞，给人以美感和动感。与这位女神出现于同一币反面的是无鬃毛的狮子形象，狮子是印度主神因陀罗（Indra）的坐骑，后来也是释迦牟尼的象征。佛教标志的出现意义重大。在阿伽托克勒斯的一类钱币上，正面的图案是六个拱形或半圆形的小山丘，其上端有星，用来表示佛教初期覆钵状的佛塔（Stupa），反面是长方形网格状围栏，其中有一棵树，这显然是佛教中的菩提树。在米南

---

① Osmund Bopearachchi, *Indo-Greek*, *Indo-Scythian* and *Indo-Parthian Coins in the Smithsonian Institution*, pp. 22-23.

德的钱币上,表示八正道的法轮赫然出现。① 菩提树、法轮、佛塔都具有特定的含义,分别象征佛陀的成道、传道和涅槃。② 印度语、吠陀神和佛教的象征物此时出现在印度—希腊国王的钱币上,说明这些希腊人已经自认为不是匆匆过客,而是这块土地上的主人,但面对人数远胜于自己,文明程度与自己相当的印度民族,他们要在这块用长矛打下的土地上生存,就必须努力地适应新的文化环境。他们不仅在语言和钱币的类型上考虑到了印度人的需要和习惯,而且在文化传统和民族心理上逐渐向当地的印度人接近和认同。在这些印度—希腊人国王的影响下,后来统治印度的斯基泰人、帕提亚人甚至月氏—贵霜人都自觉延续了这一传统。双语币甚至成了当时及以后直到贵霜时期流行的钱币式样,那些偶尔出现的单一希腊语钱币倒成了例外。③ 这些钱币主要在兴都库什山以南的希腊人控制地区流行。值得注意的是,这种希腊语与当地语言出现于同一钱币,当地人的神祇进入希腊人的钱币,是所有希腊化王国中的唯一现象。

双语币的出现也反映了希腊人对印度宗教观念的接受,他们有意识地把印度的神与自己民族的神相混同,从而使不论希腊人还是印度人都能从钱币上找到自己心灵上的安慰。其实这种认同是从亚历山大开始的。他当年进入印度后,就领略了大象的厉害。大象作为印度的特产和象征,给他留下了深刻的印象,以致于在他发行的纪念性大徽章和钱币中,出现了他骑马追赶乘象的印度国王波鲁斯(Poros)的场面和单独的印度大象形象。④ 那时可能还没有把大象与印度的宗教观念联系起来。但等一个多世纪之后德米特里一世进入

---

① 关于这几位国王的双语币及其图形与解读,详见 A. K. Narain, *The Coin Types of the Indo-Greek Kings*, Chicago: Ares Publishers Inc. , 1976, pp. 7-8, 15; Osmund Bopearachchi, *Indo-Greek, Indo-Scythian and Indo-Parthian Coins in the Smithsonian Institution*, p. 23; Osmund Bopearachchi, *Monnaies gréco-bactriennes et indo-grecques*, *Catalogue raisonné*, Pl. 7(Agathcles, 9-11), 9(Pantaleon, 6), 33(Menandre[1]Soter, 37); Doris Meth Srinivasan, edited, *On the Cusp of an Era: Art in the Pre-Kushana World*, p. 244. 关于 Agathocles 和 Menander 钱币上的八辐轮的区别,参见本书第五章相关部分。

② J. Marshall, *Taxila*, Vol. II, p. 762;[英]约翰·马歇尔著,秦立彦译:《塔克西拉》,第 1102 页。

③ 如贵霜初期的无名王 Soter Megas 的钱币。

④ Frank L. Holt, *Alexander the Great and the Mystery of the Elephant Medallions*, Plate 2-13.

印度西北部之时，佛教在此地已经深入人心，大象作为释迦牟尼和佛教的象征（佛陀的化身、坐骑和保护神）一定得到普遍的认可。因此可以推定，此时的希腊人中出现的大象崇拜现象，除了他们自认为是亚历山大的后继者，正在恢复和进行着与亚历山大同样的征服事业，会有模仿亚历山大头戴象皮盔型钱币的冲动之外，这里面一定还有别的动机。这就是表示对佛教的亲近和接受，从而唤起印度佛教徒的好感。从现在所能得到的钱币资料看，德米特里之后大象的形象不断出现，但常常与印度的封牛（humped bull，或译"瘤牛"）或公牛形象在同一币上的正反面同时出现，通称为"大象/公牛型"。如在阿伽托克勒斯和潘塔勒翁的继任者阿波罗多托斯（Apollodotus）一世的钱币上，就有三种类型采用了这样的图案。[1] 把大象和公牛置于一起，应该还是与印度的传统宗教有关。

　　大象是早期印度钱币上的一般形象，特别流行于厄兰（Eran，位于中部印度）和塔克西拉地区。它除了与佛陀有关外，也是印度诸神之王因陀罗的坐骑。因陀罗如同希腊的宙斯一样，以雷电掌控权力，所以在欧克拉提德三世或一世的钱币上就出现了王座上的宙斯身旁有一大象前半身的图案[2]，在安提亚尔吉达斯（Antialcidas）的钱币上，宙斯站立于一大象之前[3]，这是希腊主神与印度主神的结合和认同。封牛是印度的特产，《汉书·西域传》"罽宾国"中就有记载。[4] 它可能与犍陀罗首府布色羯逻伐底（Puskalavati）有关，或是犍陀罗地区的保护神。[5] 公牛是吠陀神系中毁灭和再生之神湿婆的坐骑（the

---

① Doris Meth Srinivasan, edited, On the Cusp of an Era: Art in the Pre-Kushana World, pp. 244-245, fig. 9. 28, 29; Osmund Bopearachchi, Monnaies gréco-bactriennes et indo-grecques, Catalogue raisonné, Pl. 11(Apollodote, 2-4).

② Doris Meth Srinivasan, edited, On the Cusp of an Era: Art in the Pre-Kushana World, pp. 246-247, Fig. 9. 37. 但波比拉赫奇将其归于 Eucratides I, 见 Osmund Bopearachchi, Monnaies gréco-bactriennes et indo-grecques, Catalogue raisonné, Pl. 22(Eucratide I, 24).

③ Doris Meth Srinivasan, edited, On the Cusp of an Era: Art in the Pre-Kushana World, p. 249, Fig. 9. 39; Osmund Bopearachchi, Monnaies gréco-bactriennes et indo-grecques, Catalogue raisonné, Pl. 39(Antiacidas, 6).

④ 《汉书·西域传》，第3885页。

⑤ Doris Meth Srinivasan, edited, On the Cusp of an Era: Art in the Pre-Kushana World, p. 247.

vahana），名为"南迪"（Nandi），而犍陀罗地区是阿波罗多托斯王国的重要省份，由此可见，他采用这种"大象/公牛型"可能有两层含义：一是表明自己对这些地区的占领，二是表明对这些地方的保护神的尊敬。他向钱币使用者传递的信息就是，自己的统治也会受到这两位印度神的眷顾。

类似的认同在米南德的钱币上也有反映。他的币上除了单独的大象之外，还有象头/木棒（club，有枝桠疤痕的大头棒）、公牛头/三角架（tripod）这样的正反面类型。木棒是赫拉克勒斯的标志，三角架是德尔斐阿波罗神的标志，这里传递的信息显然是对因陀罗与赫拉克勒斯、湿婆和阿波罗的认同。他的八正道法轮钱币的反面是一个棕榈枝，也表明佛教教义与希腊文化中胜利、和平理念的结合。[1] 米南德之后，至少有5位国王的双语币中出现了希腊语的"正义的"（DI-KAIOY，属格）及其相应的佉卢文"Dharmikasa"，即"达摩的追随者"（follower of the Dharma）。唯一例外的是在米南德的王后与其子共同发行的钱币上，希腊铭文并无"DIKAIOY"的字样，但在佉卢文铭文中却出现了"Dharmikasa"的字符。[2] 这是希腊人国王自称"Dharmikasa"的开始。"达摩"主要指佛法，阿育王就有"法王"（Dharmaraja，King of the Dharma）之称。希腊人就这样将自己的神灵、文化精神与佛教、湿婆和因陀罗崇拜潜移默化、自然而然地结合起来了。

论及印度—希腊人的印度化，不能不再次提到 Yavanas 的著名国王米南德。他是唯一在佛教经典中留下记载的希腊人国王。按照巴利文和汉文经典，米南德最后服膺了那先比丘所宣讲的佛教教义，大彻大悟，皈依了佛教。或许他并没有像巴利文和汉文经典所说的那样，脱离家庭，退出王位，出家为僧[3]，而是做了在家的居士。据普

---

① 图案见 Osmund Bopearachchi，*Monnaies gréco-bactriennes et indo-grecques*，*Catalogue raisonné*，Pl. 3（Menandre［1］Soter，28-29）；Pl. 33（Menandre［1］Soter，37）.

② Osmund Bopearachchi，*Monnaies gréco-bactriennes et indo-grecques*，*Catalogue raisonné*，pp. 387-389.

③ T. W. Rhys Davids，trans.，*The Questions of King Milinda*，Part I of II，pp. 373-374（no. 420）；I. B. Horner，trans.，*Milinda's Questions*，Volume II，pp. 304-305（no. 420）.《大正新修大藏经·论集部》第 32 卷 No. 1670（A. B）《那先比丘经卷下》均有弥兰王"欲弃国去而行学道"之语（第 703、719 页）。

鲁塔克，他最后的归宿是死于军营，他治下的城市都愿意为他举行隆重的葬礼，以至于为获取他的骨灰争论不休，结果只好平分，带回各城纪念供奉。① 他既有阿育王式的"法王"之美称，也有释迦牟尼涅槃后之哀荣，可见其德善并举，颇得人心。根据现有资料看，他堪称Yavanas 印度化的标志。

从他的钱币看，他主要崇拜的希腊神是雅典娜·阿尔基德摩斯（Athena Alcidemos），即人民的捍卫者或救世主，这是马其顿都城培拉（Pella）的城市保护神。形象是一身戎装，一臂持盾牌，一手发雷电。② 米南德采用这样的雅典娜形象显然要将自己与马其顿王朝，特别是要与亚历山大相联系，表明自己是亚历山大在印度的真正传人。但他的双语币却显示了他对印度语言和宗教，尤其是佛教的倾心接受。文献与考古资料都似乎证明了米南德时期佛教的盛行。据斯里兰卡公元 6 世纪的文献《大史》（Mahavamsa），在米南德统治时期（约公元前 130 年），Yona 人的一位长老（the elder）、大护法者（Mahadharmarakkita，Great Protector of the Dhama）曾带领三万佛教徒（bhikkhus，比丘），从 Yona 人的城市 Alasanda（高加索的亚历山大里亚）来到斯里兰卡，参加由该国国王建造的大佛塔（Maha Thupa，Great Stupa）的奠基仪式。③ 三万比丘之数可能有所夸张。他们是否都是 Yona 人，也不得而知。但此时佛教在米南德王国大倡，影响远播，由此可见一斑。此时，可能也掀起一股对释迦牟尼遗物的崇拜之风。据发现于今巴基斯坦的"巴焦尔圣物盒铭文"（the Bajaur casket inscription of the reign of Menander），在米南德大王（Maharaja Minadra）统治时期的（某年）Kārrtika 月的第 14 天，佛陀释迦牟尼的肉身遗物（The corporeal relic，舍利子？）被赋予生命，并予以安放。④ 大约与此同时或以后，一位担任郡守或州长或民事长官（Meridarch）

---

① Plutarch,"Precepts of Statecraft,"*Moralia*，821D-E.

② 除此之外，还有其他的雅典娜形象，详见 Osmund Bopearachchi, *Monnaies gréco-bactriennes et indo-grecques*, *Catalogue raisonné*, Pl. 26-33（Menandre［1］Soter，1-21，23-24，27，31-32，39）.

③ *Mahavamsa*, XXIX, translated from Pali by Wilhelm Geiger, Colombo: Ceylon Government Information Dept. , 1912.

④ Osmund Bopearachchi, *Indo-Greek, Indo-Scythian and Indo-Parthian Coins in the Smithsonian Institution*, p. 19, n. 4.

的希腊人提奥多罗斯（Theodorus），也在斯瓦特的一座佛塔中安放了一个装有释迦牟尼遗物的瓶子，此人与该塔的建立应该有关，建塔的目的显然就是为了保存佛陀的遗物。[①] 据一部印度古代经典 Stupa-vadana（关于纪念性佛塔）的预言，米南德将会在华氏城建立一座佛塔。[②] 究竟到底建了没有，不得而知，但能有这么一个预言，或许像前述的《瑜伽往事书》的预言一样，反映了一个模糊但不失真实的历史事实。当然，米南德在华氏城的停留时间不长，当时可能还没有皈依佛教，建造佛塔于此的说法似乎缺乏有力的证据。不过，将米南德与建佛塔联系起来，本身就反映了他和佛教的密切关系得到了这位经典编撰者的注意。

米南德之后，希腊人与巽加王朝的关系有所缓和。希腊人受印度文化的影响日益加深。大约在希腊人国王安提亚尔吉达斯在位之时（约公元前 115—前 95 年），他派驻巽加王朝的使者赫里奥多罗斯（Heliodorus）在中印度的毗底沙（Vidisha）立了一个石柱，因发现地得名"贝斯纳加尔石柱"（Besnagar Pillar）。该石柱有两处铭文，用婆罗米文写成。其一："这个万神之神 Vasadera（Krishna，克利须那神或Vishnu，毗湿奴）的金翅鸟（Garuda[③]）石柱，是由虔信者、狄昂（Dion）之子、塔克西拉人赫里奥多罗斯所立。他是来自伟大的国王安提亚尔吉达斯宫廷的使者，前来晋见 Kasino 之子、救世主 Bhagabhadra。时在其在位第 14 年。"[④]其二："节制（Restraint）、克己（Renunciation）、正直（Rectitude），只要奉行这三条不朽的格言就可通向天堂。"[⑤]从这个石柱及其铭文可以看出，希腊人已经对印度的神祇和文字非常熟悉，而且对印度的神顶礼膜拜，这里既无希腊语，也无须将印度神与希腊神认同，大概在赫里奥多罗斯眼里，印度的神就是自己的神，尽管他对自己的希腊人身份仍然念念不忘。当然，塔恩估计这个石柱

---

①　W. W. Tarn, *The Greeks in Bactria and India*, p. 388. 也见 J. Marshall, *Taxila*, Vol. I, p. 41; [英]约翰·马歇尔著，秦立彦译：《塔克西拉》，第 50 页。

②　Ksemendra, *Stupavadana*, Chapter 57, v. 15. 见 E. Seldeslachts, "The End of the Road for the Indo-Greeks?" *Iranica Antiqua*, Vol. XXXIX, 2004, pp. 249-296.

③　其实 Garuda 也是佛教中不空成就如来佛（Amoghasiddhi）的坐骑。

④　S. M. Burstein, *The Hellenistic Age from the Battle of Iposos to the Death of Kleopatra VII*, p. 72.

⑤　W. W. Tarn, *The Greeks in Bactria and India*, p. 380.

是赫里奥多罗斯的印度书吏以他的名义而立的，也不无道理。但他能允诺此事，实际上就是对另外一种文化的默认。塔恩还采纳其他学者的观点，认为这三条格言是对《摩诃婆罗多》中两段话的概括。① 但此说值得商榷。因为塔恩之后，考古学者在阿伊·哈努姆遗址发现的来自希腊本土德尔斐神庙的格言内容就与此相似，都是劝人适度、自制、正直，都给人指出了恪守这些格言的美好前景，或"死而无憾"，或"通向天堂"。② 或许巴克特里亚的希腊人把这些格言带到了印度，从而使希腊的人生道德理念与印度宗教伦理精神合二为一。

希腊人在不可避免地被印度化的同时，仍然念念不忘自己的文化传统，并力图使它们与印度的本土文化结合起来。从这个意义上，印度化的过程也是希腊化的过程。犍陀罗艺术就是希印两个民族、两种文化长期共存，相互影响的结果。③ 首先，希腊人对印度神的认同，尤其对佛教的皈依，奠定了犍陀罗佛教艺术产生的基础。只有这种认同，才能促使印度—希腊人的艺术家（他们或许已经对印度的各种宗教观念和人物比较熟悉，或许已经像米南德那样皈依了佛教）在表现他们心目中的佛陀或其他佛教人物时，用可以认同的希腊神来表现仍然处于象征意义阶段的印度的对应神。其次，希腊神人同形同性的观念对于佛教崇拜对象的人形化也起到了一定的促进作用。既然佛陀是如此伟大，为什么就不能用人形来表现呢？何况佛陀本身就是现实中的人，并非像希腊神那样虚无缥缈。因此，犍陀罗佛教艺术的诞生的前提是对佛教的信仰，对佛教人物和希腊神的认同。所以后来才会有类似太阳神阿波罗的佛陀，类似于赫拉克勒斯的护法金刚（Vajrapani）的出现。④

---

① W. W. Tarn, *The Greeks in Bactria and India*, pp. 380-381.

② 原文依据英译翻译如下："少年时，举止得当；年轻时，学会自制；中年时，正义行事；老年时，良言善导；寿终时，死而无憾。"但英译版本颇多，笔者主要参照以下两处译成：（1）M. M. Austin, *The Hellenistic World from Alexander to the Roman Conquest*, *A Selection of Ancient Sources in Translation*, No. 192, p. 315.（2）Paul Bernard, "An Ancient Greek City in Central Asia," *Scientific American*, Vol. 246, Jan. 1982, p. 157.

③ 关于犍陀罗艺术的源流、成因、时间，学术界争论颇多。本文仅就印度—希腊人在其中所起的作用做一些说明，但并不排除它的印度本土文化渊源和其他外来文化因素的影响与加入。

④ 参见本书第三编第十一章。

希腊人对印度神和宗教观念的认同,从钱币上看可以分为两个阶段。第一阶段以阿伽托克勒斯和潘塔勒翁为代表,是对印度神或宗教崇拜对象的认可。但有的宗教人物或观念仍以隐喻的形式出现。如用狮子、菩提树、佛塔表示佛陀或佛教。[①] 第二阶段以米南德为代表,除了继续使用单一隐喻性符号表示对印度神和宗教观念的接受外,他的钱币上开始出现希印对应的隐喻符号,如象头/木棒型(表示佛陀与赫拉克勒斯)、公牛头/三脚架(表示湿婆与阿波罗)、法轮/棕榈枝(表示佛法与胜利、和平)[②],这就表明,这时的希腊人不仅接受了印度的神和宗教观念,而且有意识地把他们与希腊的神和宗教观念相认同。虽然佛陀的形象还没有出现,但佛法已经和希腊表示胜利、和平的标志物等同对应,这说明佛教已经深入印度—希腊人的心中。他们既然能够在钱币上显示印度其他神的形象,那佛陀形象的出现也就会为时不远。虽然在钱币上有铭文"BODDA"和图像能够明确认定的佛陀形象出现在贵霜时期迦腻色伽时期(说法颇多,大致在公元 78 年到 150 年之间),但并不能排除此前佛陀形象的出现。贵霜人之前在犍陀罗地区出现的盥洗石盘(toilet tray,或译化妆盘)上已经出现了佛陀的坐像。[③] 有学者注意到,印度—斯基泰人国王毛伊斯(Maues,约公元前 85—前 60 年在位)的钱币上已有疑为佛陀的坐姿(一人直身端坐,呈单跏趺坐状)。[④] 在阿富汗贾拉拉巴德

---

① Osmund Bopearachchi, *Monnaies gréco-bactriennes et indo-grecques*, Catalogue raisonné, p. 381; Pl. 7, 9 (Agathocle, 9-11, Pantalena, 6); Osmund Bopearachchi, *Indo-Greek, Indo-Scythian and Indo-Parthian Coins in the Smithsonian Institution*, p. 23.

② Osmund Bopearachchi, *Monnaies gréco-bactriennes et indo-grecques*, Catalogue raisonné, p. 381; Pl. 31-33 (Menandre[1] Soter, 25, 28-30, 36-37).

③ 参见 Henri-Paul Francfort, *Les Palette du Gandhara*, pp. 70-71, Pl. XLVII (Palette nos. 96-97); Claude Rapin, "The Gandharan Toilet Trays and the Central Asian Roads of Commerce," nos. 15-16, http://claude. rapin. free. fr/5Gandhara7% 20images_fichiers/5GandharaCLR7. htm.

④ 参见 W. W. Tarn, *The Greeks in Bactria and India*, pp. 399-404. 也有学者认为毛伊斯钱币上的人物是国王,但承认这是佛陀坐像的原型。(Elizabeth Errington and Joe Cribb with Maggie Claringbull, eds., *The Crossroads of Asia: Transformation of Image and Symbol in the Art of Ancient Afghanistan and Pakistan*, pp. 47, 63; [巴基斯坦]穆罕默德·瓦利乌拉·汗著,陆水林译:《犍陀罗艺术》,商务印书馆,1997 年,第 96—98 页。) 马歇尔则全然否定 Maues 钱币上有佛陀的形象(J. Marshall, *Taxila*, Vol. I, pp. 79-80; [英]约翰·马歇尔著,秦立彦译:《塔克西拉》,第 94—95 页)。

（Jalalabad）附近的比马兰（Bimaran）村一座佛塔中发现的圣物盒（relic casket）上也有佛陀的立像，造型精致逼真，身穿僧衣（僧伽梨，sanghati），右手施无畏印，有头光、头髻。这说明此前已有较为成熟的佛陀形象出现。与此同时出土的还有斯基泰国王阿泽斯的钱币。尽管它们属于阿泽斯二世（Azes II，约公元前 35/前 30—前 12/公元 10 年在位）或是后人仿制发行（约公元 60 年），学术界尚有争论[①]，但可证明最迟到公元 1 世纪中期时佛陀的完整形象已经出现。因此，我们可以把从毛伊斯钱币到比马兰圣物盒的这一段时间视为佛陀形象的形成期，视为犍陀罗艺术的开端。当然，佛陀形象的出现只是犍陀罗艺术形成的主要标志之一，一般认为，他的原型是希腊的阿波罗神。[②] 从阿波罗到佛陀，这个革命性的变化应该经历了一个漫长的渐变过程。[③] 但无论如何，这么一个由象征符号到具体人物的教主形象在此时已经出现了。围绕他的生前身后的故事成为犍陀罗艺术的主要题材，希腊的建筑风格、服饰特征，以及神话人物形象都在佛教艺术中得到反映。从现在的考古资料和学术界公认的观点看，犍陀罗艺术的繁荣和传播是在贵霜迦腻色伽时期（公元 2 世纪），但它的源头却无疑是在印度—希腊人统治时期。阿伊·哈努姆遗址的发现也提供了间接的证据，如希腊爱奥尼亚式、多利亚式和科林斯式柱头，各种希腊神人的石头雕像。特别是他们创造了一种在希腊本土罕见的泥塑艺术，即先用铅杆或木棒组成骨架，然后在上面涂上泥或者灰泥，塑成神像。[④] 这些艺术形式后来都成为犍陀罗佛教艺术，尤

---

① Elizabeth Errington and Joe Cribb with Maggie Claringbull, eds., The Crossroads of Asia: Transformation of Image and Symbol in the Art of Ancient Afghanistan and Pakistan, pp. 186-192.

② 参见［法］R. 格鲁塞著，常书鸿译：《从希腊到中国》，第 28 页；Rafique Al Jairazbhoy, Foreign Influence in Ancient India, p. 145.

③ 马歇尔虽然把犍陀罗艺术的第一个繁荣期归于公元 1—2 世纪，但把该艺术流派的形成归于印度—斯基泰人统治印度西北部之时，即公元前不久，认为印度—希腊人的文化遗产是犍陀罗艺术形成的因素之一，希腊人对它的影响可以追溯到公元前 2 世纪。参见 J. Marshall, The Buddhist Art of Gandhara, pp. xv, 5-6, 17-25; J. Marshall, Taxila, Vol. I, pp. 42-43;［英］约翰·马歇尔著，秦立彦译：《塔克西拉》，第 51—52 页。

④ Paul Bernard, "An Ancient Greek City in Central Asia," Scientific American, Vol. 246, Jan. 1982, pp. 148-159.

其是印度—阿富汗艺术流派的特征①，进而影响到中亚和中国的佛教雕塑艺术。结合巴克特里亚和印度—希腊人的钱币图像所具有的强烈现实主义风格，可以说，在希腊人统治的巴克特里亚地区，曾经存在着一个独具特色的艺术流派。随着他们进入印度，这种艺术流派及其风格也就随之而来，通过与印度佛教文化和宗教传统的融合，从而孕育了传播于南亚、中亚和东亚并影响至今的犍陀罗艺术。

公元以后，随着印度—希腊人王国的消失，作为希腊人的Yavanas 也逐渐融入了印度民族的汪洋大海。但这并不等于两个民族、两种文化的长期共存和交融成果的消失。除了犍陀罗艺术之外，印度的天文学、医学、文学、文字、戏剧、钱币、城市规划等也都或多或少地受到了 Yavana 或 Yona 人带来的和在印度所创造的希腊化文化的影响。② 这种外来文化已经融入了印度文化之中，成了印度历史文化的有机组成部分。文化的影响是双向的，希腊化与印度化的成分兼而有之，只是在不同的领域程度不同而已。后来进入印度的斯基泰人、帕提亚人、贵霜人都程度不同地接受了这一混合文化的影响，并在模仿的同时增加了新的多元文化的因素（如钱币上的图像）。因此，单纯讨论这些 Yavana 的历史是希腊化王国的历史还是印度古代史的一部分是没有意义的。实际上，就文明的属性而言，印度—希腊人在巴克特里亚和印度所创造的文明当然可以属于希腊化文明的范畴，但就地区史、国别史而言，他们活动的地区毕竟在古代印度西北部，将他们的历史归入今日印度、巴基斯坦、阿富汗的古代史中也在情理之中。纳拉因的"希腊人来了，希腊人看见了，但印度人胜利了"的结论有其合理之处。从整个希腊化世界的发展趋势来看，这似乎也是所有希腊化王国，所有在东方之地上曾经作为统治民族的希腊人的共同宿命之所在。但这样的结局并不能否认希腊化王国在东方大地上的长期存在，不能否认一度盛行于这些王国的，以希腊文化

---

① 前者主要是石雕，后者主要是泥塑。J. Marshall，Taxila，Vol. I，p. 75；［英］约翰·马歇尔著，秦立彦译：《塔克西拉》，第 90—91 页。

② 详见 Rafique Al Jairazbhoy，Foreign Influence in Ancient India，pp. 48-109. 但该作者认为犍陀罗艺术是罗马影响的结果，故在"希腊文化对印度的影响"一章中未予涉及。

为主，同时融合其他当地文化因素的希腊化文化或文明的存在。从这个意义上，塔恩把包括印度—希腊人在内的巴克特里亚王国视为第五个希腊化王国也有一定的道理。而且就希印文明的交流融合而言，印度—希腊人的消失并不意味着印度人的胜利，而是二者在文化上乃至民族上的成功融合。

（原载《历史研究》2011 年第 6 期，略有改动补充）

第八章　帕提亚王朝的"爱希腊"情结

　　"爱希腊"是帕提亚钱币铭文上常见的国王名号之一，在一些石刻铭文中也有发现。[①] 其希腊语原文是"ΦΙΛΕΛΛΗΝΟΣ"，系阳性名词 φιλ ἑλλην 的单数属格，philhellene 是它的拉丁化形式，字面意思是"希腊人的朋友"或"爱希腊者"，在古代既可专指爱好希腊文化的非希腊人，也可泛指爱国的希腊人，但主要用来指那些热爱希腊文化的外族统治者，尤其是帕提亚的国王。[②] 综览帕提亚的钱币，事实确实如此。从国王米特里达特一世（Mithridates or Mithradates I，约公元前 171—前 138 年在位）到该王朝之末，"ΦΙΛΕΛΛΗΝΟΣ"的头衔几乎为历代国王所采用。[③] 帕提亚人本来是以希腊—马其顿人统治的反抗者自居，他们的王国就是在塞琉古王国东部失地的基础上发展起来的。那么，这些帕提亚国王为什么在大业底定之后反而会认敌为友了呢？而且在塞琉古王国不复存在之后，他们仍然乐此不疲，继

---

　　① 　G. R. F. Assar，"Parthian Calendars at Babylon and Seleucia on the Tigris，" Iran，Vol. 41，2003，p. 177.

　　② 　Henry George Liddell & Robert Scott，A Greek-English Lexicon，p. 1932.

　　③ 　只有极个别国王没有采用这一头衔，如米特里达特一世的继任者弗拉特斯（Phraates II，约公元前 138—前 127 年在位），这显然与此时美索不达米亚的希腊人城市两度支持塞琉古王朝的反攻有关，见下文。还有一些国王的钱币铭文漫漶不清，难以确定是否有此名号。详见 http://www. parthia. com/parthia_inscriptions. htm# Vologases6.

196/ 互动与交流：希腊化世界与丝绸之路关系研究

续以"爱希腊者"为荣。这里到底隐藏着怎样的玄机？他们真的是与希腊人为友，诚心服膺希腊化文化，还是为了便于接受塞琉古王国的遗产，取得遗留希腊人的好感，或为了和罗马人争夺两河一线希腊人城市的支持而采取的权宜之计呢？

从百年以来的帕提亚史研究来看①，在帕提亚人与希腊人、希腊文化关系的问题上，存在着两种颇为对立的观点，即乔治·罗林森首倡的"反希腊说"和阿诺德·汤因比的"爱希腊说"。罗林森是近代帕提亚史研究的创始人，他在新版《帕提亚》中指出，与同样从塞琉古王国独立出来的巴克特里亚相比，帕提亚是"完全反希腊的"（thoroughly anti-Hellenic）。帕提亚人正是出于对本民族的热爱和对外族的仇恨，才推翻了希腊人的统治。"亚洲是亚洲人的"就是他们的呼声。② 但他也坦承，就语言、艺术、钱币诸方面而言，帕提亚人还是不可避免地受到希腊化文化的影响。③ 汤因比是希腊文化的推崇者，他在1959年出版的《希腊主义》一书中，将帕提亚视为三大爱希腊帝国之一，称赞它采取了"爱希腊主义"（philhellenism），"是希腊文化的好心赞助者"。④ 汤因比的这一观点得到了一些学者的认同。费耐生（Richard N. Frye，一译理查德·N. 弗莱）认为，帕提亚王朝不仅对被征服的希腊化的民族实行"爱希腊"政策，而且在艺术上也是如此，统治前期主要依赖希腊文化，后期才逐渐形成自己独特的文化风格。他以帕提亚人在钱币上坚持使用"Philhellene"赞语以及尊重塞琉西亚和苏萨城自治制度为例，论证帕提亚人绝非像现代学者

---

① 目前所知最早关于帕提亚的通史著作，是乔治·罗林森1873年出版的《七大君主国》卷六《帕提亚》（*The Seven Great Monarchies of the Ancient Eastern World*, Vol 6: Parthia）。以下提到的他的《帕提亚》一书，初版于1893年，1903年再版，内容大致相同。

② George Rawlinson, *Parthia*, New York: G. P. Putnam's Sons, 1903, p. 47.

③ George Rawlinson, *Parthia*, pp. 112, 393, 400, 407-408, 415, 418.

④ 汤因比之所以持此观点，是因为帕提亚尊重原来塞琉古王国遗留下来的希腊殖民城市的自治，成功遏制了来自中亚腹地操伊朗语的游牧民族，如萨迦人（Sakas）和吐火罗人（Tokharians）的冲击。他虽然将帕提亚与罗马帝国、贵霜帝国并列为"爱希腊帝国"（philhellene empires），但在对于希腊文化的关系上，三者仍有区别。在他看来，罗马人是希腊生活方式的倾心接受者，贵霜人是希腊人的继承者，帕提亚人"是希腊文化的好心赞助者"。详见 Arnold J. Toynbee, *Hellenism: The History of a Civilization*, London: Oxford University Press, 1959, pp. 179, 182-183.

通常认为的那样,是塞琉古王朝希腊化遗产的破坏者,而像罗马人一样是希腊文化的捍卫者。[①] 近年来的讨论更加深入,焦点已由是否"爱希腊"转为对其动机的探讨,即它是一种有目的的政治宣传还是确实对希腊人真诚相待?[②] 对于这些观点究竟应该如何评价,对帕提亚与希腊人的关系到底应该如何定性?对"爱希腊"的本质应该如何认识?我们大概只能回到双方发生关系的场景——希腊化世界和帕提亚自身历史文化的变迁中去寻找答案。[③]

第一节　帕提亚人与希腊化世界的接触

帕提亚本土位于里海东南,曾是波斯帝国的 23 个行省之一。[④] 公元前 330 年之后,此地先后归于亚历山大帝国和塞琉古王国的统治之下,公元前 3 世纪中期独立建国。[⑤] 它与同时期其他希腊化王国的明显不同在于,它不是希腊—马其顿人内部统治范围重新划分的结果,而是崛起于希腊化世界内部并不断开拓出自己发展空间的一个新型的多民族国家。它能与希腊人、希腊化文化亲密接触,地缘政治的变化显然起了关键的作用。

早期帕提亚人的成分比较复杂。从时间上有建国之前和之后之分,从身份上有本土与外来之分。随着帝国的扩大,境内的其他民族特别是伊朗人也都成了帕提亚人。对于建国前帕提亚本土的原住民和后来迁入的阿尔萨息家族与其他部落的区别与融合,西方古典作

---

① Richard N. Frye, *The History of Ancient Iran*, Munchen: Beck, 1984, pp. 244-246.

② Edward Dabrowa, *Studia Graeco-Parthica : Political and Cultural Relations between Greeks and Parthians*, Wiesbaden: Otto Harrassowitz GmbH & Co. KG, 2011, p. 83.

③ 由于有关帕提亚的文献资料严重缺乏,本文将主要依靠近代以来在城市遗址、钱币、碑铭、建筑、雕塑艺术等方面的考古研究成果展开论证。

④ H. C. Tolman, *Ancient Persian Lexicon and Texts*, New York, Cincinnati, Chicago: America Book Company, 1908, pp. 2, 5(Col. 1. 6), 10-11(Col. 2. 2), 16-17(Col. 2. 16).

⑤ 关于帕提亚脱离塞琉古王国独立的起始时间,学术界有上限与下限两种说法。前者在安条克二世之时(公元前 261—前 246 年),后者在塞琉古二世之时(公元前 246—前 226/225 年)。根据帕提亚纪年,应在公元前 247 年。但这个过程可能历时数年,在安条克二世在位末年与塞琉古二世、安条克·希尔拉克斯(Antiochus Hierax)战争之间,即约公元前 250—前 237 年间。参见 F. W. Walbank, Astin, M. W. Frederiksen & R. M. Ogilvie, eds., *The Cambridge Ancient History*, Volume VII, part I: *The Hellenistic World*, Cambridge: Cambridge University Press, 1984, pp. 219-220; "Chronological Table".

家还是比较清楚的。① 据斯特拉波，帕提亚土地狭小，且森林密布，山脉纵横，十分贫困。② 当塞琉古王国出现内乱，东邻巴克特里亚的欧泰德姆斯（Euthydemus）发动起义之后，一位名叫阿尔萨息（Arsace，约公元前247—前211年在位）的斯基泰人联合达海人（Daae，Dahae）的一支，即活动于奥库斯河（the Ochus）一带的游牧民族阿帕尔尼人（Aparnians，Aparni）或帕尔尼人（Parni），侵入帕提亚。③ 斯特拉波还提到另外一种说法：阿尔萨息是巴克特里亚人，因希腊人总督狄奥多托斯（Diodotus）势力扩大而逃亡帕提亚，从而领导了当地的起义。④ 据查士丁，帕提亚人最初是斯基泰人中的逃亡者，因"Parthi"在斯基泰语中是"逃亡者"之意，但何时移居此地不详。但可以确定的是，他们曾是波斯帝国和马其顿人的属民。然而就是这样"一群一文不名的乌合之众"，原来的"奴隶"，现在却成了统治这

---

① 关于早期帕提亚人的历史，主要有两种资料。一是斯特拉波的《地理志》（Strabo, Geography，11. 9. 1-3)，一是查士丁的《庞培乌斯·特洛古斯〈菲利普史〉摘要》（Marcus Junianus Justinus, Epitome of the Philippic History of Pompeius Trogus，41，translated，with notes，by the Rev. John Selby Watson，London：Henry G. Bohn，1853)，但更早的资料应该是生活于帕提亚帝国境内的希腊人阿波罗多罗斯的著作《帕提亚史》（Apollodorus of Artemita, Parthika)，此书已亡佚。斯特拉波的《地理志》中有对该书的大量摘引，庞培乌斯·特洛古斯也可能引用此书（见查士丁《摘要》的另一英译本：Justin, translated by J. C. Yardley, Epitome of the Philippic History of Pompeius Trogus, p. 253, n. 1. 此译本与 J. S. Watson 译本个别地方不尽一致，系所据拉丁文版本不同导致）。

② Strabo, Geography，11. 9. 1.

③ Strabo, Geography，11. 9. 2.

④ Strabo, Geography，11. 9. 3. 这里斯特拉波留下一个疑团，即阿尔萨息到底是在欧泰德姆斯还是在狄奥多托斯之时进入帕提亚？钱币学研究证明，巴克特里亚希腊人王国伊始，应该有两个狄奥多托斯先后称王，两王大约公元前250—前230年在位（也有始于公元前256年之说）。欧泰德姆斯约公元前230—前200年在位（也有始于公元前223/221年之说）。按照帕提亚纪年，阿尔萨息一世应在约公元前247年即位。因此他可能在狄奥多托斯一世称王后进入帕提亚。出现不同说法的原因可能是，欧泰德姆斯原来是索格底亚那地区的官员，当时和狄奥多托斯一道脱离塞琉古王国。他先是以行省总督，或一国之主的身份统治索格底亚那，后来杀死狄奥多托斯二世，夺取了巴克特里亚的王位。由于他的特殊身世和身份，后来的古典作家就把他与狄奥多托斯一世、阿尔萨息视为或混为同代人了。参见：Osmund Bopearachchi, Monnaies gréco-bactriennes et indo-grecques, Catalogue Raisonné，p. 453，Pl. 1-2；Jeffrey D. Lerner, The Impact of Seleucid Decline on the Eastern Iranian Plateau，Stuttgart：Steiner，1999，p. 84.

些地区的主人。① 这里没有提到阿尔萨息，说明他与帕提亚人早期的历史无关。只是在塞琉古王朝派驻帕提亚的总督安德拉戈拉斯（Andragoras）宣告独立后，这位身份不明、靠劫掠为生的阿尔萨息才带着他的同伙侵入帕提亚。② 尽管斯特拉波和查士丁在帕提亚人的起源和成分构成上说法有所不同，但提供的线索还是大体一致的：最初的帕提亚人很可能是来自黑海、里海一带的斯基泰人的一支，建国之前的帕提亚人实际上是这批斯基泰人的后裔，阿尔萨息及其部落（Aparnians，Aparni 或 Parni）是帕提亚的后来者。他们和本地区原有居民构成了所谓帕提亚人的主体。但不论是原来的本土帕提亚人，还是后来的阿尔萨息部落，在建国之前，他们事实上都活动于希腊—马其顿人的统治区域之内，已经开始了与希腊化世界的接触。

　　建国之初的帕提亚社会仍然具有明显的原始部落制遗风和游牧民族特征。王权已经确立，但受到所谓"人民阶层"（the order of the people）或"议事会成员"（a class of councilors）的制约。③ 根据斯特拉波，宫廷议事会由王族成员和贤人（the wise men）、祭司（Magi）阶层组成，国王从这两部分人中产生。④ 估计是王族提供国王人选，贵族和祭司集团选举确认。这显然是部落民主制的残存。帕提亚人是马背上的民族，宗教信仰和生活习俗还比较原始，民风粗犷强悍，尚武好战。⑤ 斯特拉波在分析帕提亚帝国建立的原因时，特别提到他们的生活方式、习俗中所包含的诸多蛮族和斯基泰人因素。⑥ 总之，在

---

　　① 　Marcus Junianus Justinus, *Epitome of the Philippic History of Pompeius Trogus*, 41. 1. 1-6.

　　② 　Marcus Junianus Justinus, *Epitome of the Philippic History of Pompeius Trogus*, 41. 4. 6-7.

　　③ 　Marcus Junianus Justinus, *Epitome of the Philippic History of Pompeius Trogus*, 41. 2. 1；Justin, translated by J. C. Yardley, *Epitome of the Philippic History of Pompeius Trogus*, p. 254(41. 2. 1).

　　④ 　Strabo, Geography, 11. 9. 3 & n. 2-3.

　　⑤ 　根据查士丁，帕提亚人以马为生，出征、赴宴、履行公私职责、出国、会客、交易、会谈，无不乘马而行。他们迷信，信仰多神，尤其敬畏河流（J. C. Yardley 译本此处是"所有帕提亚人都非常虔信宗教，崇拜多神"）。这个民族自尊心强，争雄好斗，傲慢骄横，视行为粗鲁者为男人，温文尔雅者为女人。不论在国内还是国外，都难以安分守己，喜欢惹是生非。他们沉默寡言，行动敏于言辞，不论成功失败，皆漠然处之。他们服从国王，但非出于谦恭，而是恐惧。他们好色，但饮食简朴。他们向来言而无信，除非符合他们的利益。Marcus Junianus Justinus, *Epitome of the Philippic History of Pompeius Trogus*, 41. 3.

　　⑥ 　Strabo, Geography, 11. 9. 2.

古典作家的眼里，阿尔萨息一世之时的帕提亚人还是属于未开化的"蛮族"之列。但他们所面临的和即将统治的却是一个既有深厚悠久的东方文化传统，又被来自东地中海的希腊—马其顿人统治了一到两个世纪的新世界。

从表面上看，这个世界的统治框架似乎与以前的波斯帝国没有什么大的区别，仍然实行行省制的管理，中央和地方只不过是换了主人而已。但实际上，政治格局和文化面貌都已经发生了根本性的变化。除了流行于境内的通用希腊语和希腊式钱币之外，最触目可及的一点就是散布各地的希腊式城市和移民地。它们相对于当地广袤的原野和众多的乡村，犹如沙漠中的绿洲，但由于这些新城市的主体居民是希腊—马其顿人，它们也就自然成了希腊化世界的政治和文化中心。据罗马史家阿庇安，仅塞琉古一世就建立了 34 个分别以他父母、自己和王后命名的城市，其中 16 个安条克（Antioch），5 个劳狄西亚（Laodicea），9 个塞琉西亚（Seleucia），3 个阿帕米亚（Apamea）、1 个斯特拉东尼凯亚（Stratonicea）。[①] 另外他还建立或重建了若干城市，或以希腊、马其顿地名命名，或为纪念他自己的胜利和亚历山大而命名。这样的城市共有 25 个，主要分布在叙利亚和上亚细亚地区（regions of upper Asia）、帕提亚本土，甚至远到印度、斯基泰地区，仅在帕提亚行省就有 5 个。[②] 加上亚历山大时期和塞琉古一世之后其他国王建立的城市，这些城市当有上百个之多。[③] 这些城市大都在后来的帕提亚帝国范围之内，即使一部分因为希腊—马其顿人的撤

---

① Appian, Roman History, 11. 57. 有学者认为此数有所夸大，把塞琉古一世的后继者所建立的同名城市也都归之于他的名下了。见 Susan Sherwin-White & Amelie Kuhrt, From Samarkhand to Sardis: A New Approach to the Seleucid Empire, p. 20.

② 这 25 个城市是：Berrhoea, Edessa, Perinthus, Maronea, Callipolis, Achaia, Pella, Orophus, Amphipolis, Arethusa, Astacus, Tegea, Chalcis, Larissa, Heræa, Apollonia（in Syria and upper Asia）；Sotera, Calliope, Charis, Hecatompylos, Achaia（in Parthia）；Alexandropolis（in India）；Alexandreschata（in Scythia）；Nicephorium（in Mesopotamia）and Nicopolis（in Armenia）。Appian, Roman History, 11. 57.

③ 关于塞琉古王国建城（或殖民地）的规模、数目和分布，也可参见 M. Cary, A History of the Greek World, pp. 244-245；Susan Sherwin-White & Amelie Kuhrt, From Samarkhand to Sardis: A New Approach to the Seleucid Empire, pp. 20-21；Getzel M. Cohen, The Seleucid Colonies: Studies in Founding, Administration and Organization, Wiesbaden: Steiner, 1978, pp. 2, 14-19 & "Map of Hellenistic Asia".

离而消失，但遗留的希腊人城市为数不少，据说至少有 70 个之多①，其中著名的有底格里斯河畔的塞琉西亚、苏萨的塞琉西亚（Seleucia-Eulaeus），苏西亚那的塞琉西亚（Seleucia-Hedyphon，Susiana），波西斯的安条克（Antioch-Persis），马尔吉亚那的安条克（Antioch-Margiana，在今土库曼斯坦梅尔夫以东 39 公里），拉盖（Rhagae，在今伊朗德黑兰附近），"里海之门"（the Caspian Gate）附近的百门城（Hecatompylus）等。如何对待这些希腊人城市，成了帕提亚王国统治者面临的首要问题。从现有材料看，帕提亚不仅没有毁灭这些城市，反而对其加以利用，保留其自治权，而且还从中选择了一些地位重要的城市作为王室的驻跸地或都城，如拉盖、百门城、底格里斯河畔的塞琉西亚等。这几个城市的建立者或重建命名者都是塞琉古一世（约公元前 312—前 281 年在位）。拉盖改名为欧罗普斯（Europus），后来帕提亚人将其重建，命名为阿尔萨西亚（Arsacia）。②百门城位于帕提亚本土，之所以如此取名，是因为其处于交通要道，周围地区的道路都交汇于此。③ 塞琉西亚曾作为塞琉古王国的都城，虽然该王国在叙利亚另建新都安条克，但它仍具有东部首府的地位，是塞琉古王国东部地区行政管理的中心。这些希腊式城市的存在，意味着大量的希腊人不仅生活在帕提亚帝国境内，而且依然保留了自己的生活方式和文化活动。可见，塞琉古王国从东部地区的退却，并不表明希腊人的全部离去和希腊化文化影响的衰竭，帕提亚的扩张反而将自己从希腊化世界的边缘带入了它的腹地。面对这个并不陌生的世界，刚刚脱离游牧部落文化阶段的帕提亚人，大概除了接受其政治和文化遗产之外别无选择。这与他们以塞琉古王朝的继承人身份来统治这个世界的意图显然是吻合的。

　　虽然帕提亚人与希腊人、希腊化文化的真正接触始于亚历山大时期，但两个民族早在波斯帝国时期就已经彼此知晓。公元前 480 年薛西斯入侵希腊的大军中，就有帕提亚人参与其中。④ 可能还有

---

①　George Rawlinson，Parthia，p. 82.

②　Strabo，Geography，11. 9. 1，13. 6.

③　Polybius，The Histories，10. 28.

④　Herodotus，The Histories，3. 93，7. 66.

一位名为阿尔萨息（Arsaces，captains of the horse）的骑兵统帅在希腊阵亡。① 此人与后来在帕提亚建国的阿尔萨息同名，不能说仅仅是一种巧合。二者有无族源关系，值得怀疑。公元前 331 年高加米拉战役时，帕提亚人站在波斯一方参战。此后，帕提亚成为亚历山大帝国的一个行省。亚历山大先后任命帕提亚人阿明那斯皮斯（Amminaspes）、波斯人弗拉塔佛涅斯（Phrataphernes）为帕提亚的总督。② 亚历山大死后，他的部将多次划分辖地，帕提亚的总督也几易其人。公元前 321—前 318 年总督是一位名为菲利普（Philip）的马其顿人，其后是大将佩松（Peison）的弟弟欧达马斯（Eudamas）。两年后，帕提亚归于巴克特里亚总督管辖，但后来又分而治之。安德拉戈拉斯是塞琉古王国在帕提亚的最后一位总督，大约于公元前 247—前 245 年间宣告独立。此时塞琉古二世与其兄弟"强夺者"安条克（Antiochus Hierax，the Grabber）陷入王位之争（约公元前 240—前 236 年），无力东顾。阿尔萨息乘机而入，于前 238 年杀死了安德拉戈拉斯，并很快夺取了西邻赫卡尼亚。他还与巴克特里亚狄奥多托斯之子结盟，打败了前来征讨他的塞琉古二世。③ 虽然此后帕提亚曾遭受过安条克三世的大规模讨伐（公元前 209/208 年），也一度表示作为藩属归顺，但它的崛起已成必然之势。到公元前 2 世纪中期，包括美索不达米亚（两河流域）在内的原来塞琉古王国的大部分领土已经归帕提亚所有，其都城先迁至底格里斯河畔的塞琉西亚城，后来又在河对岸建立新都泰西封（Ctesiphon），表明统治重心的东移。自此，帕提亚帝国的疆域大致确定，东抵巴克特里亚④，西达幼发拉底河，北到里海，南濒

① Herodotus, *The Histories*, 7. 66; Aeschylus, *Persians*, 995, with an English translation by Charles Darwin Adams, Cambridge, Mass. : Harvard University Press, 1995.

② Arrian, *Anabasis of Alexander*, 3. 11, 22-25; 5. 20.

③ 参见 Marcus Junianus Justinus, *Epitome of the Philippic History of Pompeius Trogus*, 41. 4. 1-10; 41. 5. 1; Strabo, *Geography*, 11. 9. 2.

④ 据狄奥多洛斯（Diodorus），米特里达特一世曾经东扩至印度，未经一战，就占领了原来由印度国王波鲁斯（Porus）统治的地盘（Diodorus Siculus, *Bibliotheca Historica*, 33, 18, with an English translation by C. H. Oldfather et al. , Cambridge, Mass. : Harvard University Press, 1984）。但这是孤证，不足为据。帕提亚人进入印度西北部应在公元 1 世纪前后，所谓的印度—帕提亚人王国的建立者是贡达法勒斯一世（Gondophares I）。

波斯湾,成了雄踞西亚、中亚的大帝国。① 以后的辖地虽有所变化,但大致在此范围之内,直到公元 224/226 年被萨珊波斯取代。这一点从中国方面的记载中也可看出,其中提到的安息,学界公认即帕提亚。

根据《史记·大宛列传》,安息"在大月氏西可数千里","其属小大数百城,地方数千里,最为大国。临妫水","其西则条枝"。② 妫水即今日之阿姆河,月氏位于妫水北,此时已经占领了原来巴克特里亚希腊人王国的故地。条枝则指塞琉古王国,应是其都城安条克城(位于叙利亚奥龙特斯河畔)的谐音③。张骞公元前 126 年抵达月氏、大夏,始闻安息。他所描述的应是米特里达特一世及其继任者之时帕提亚的疆域。《汉书·西域传》反映的是公元 25 年前中国方面对安息的了解。④ 由于相互之间已有使者来往,此时帕提亚(安息)的方位更为明确:东面是大月氏(巴克特里亚)、乌弋山离(阿拉科西亚,Arachocia)和塞斯坦(Seistan)地区,西面是条支,但原来条支的一些"小君长",已经成为帕提亚的藩属。⑤ 王都"番兜城"(Parthaunisa,今

---

① 具体包括:帕提亚本土、赫卡尼亚(Hyrcania)、米底(Media)、巴比伦尼亚(Babylonia)、亚述(Assyria)、埃兰(Elymais)、波西斯(Persis,波斯本土,今伊朗南部法尔斯省)以及塔普利亚(Tapuria,位于里海之南,厄尔布尔士山脉南北麓)和特拉克西亚纳(Traxiana,即后来的呼罗珊)地区。Neilson C. Debevoise, *A Political History of Parthia*, Chicago: The University of Chicago Press, 1938, p. 27.

② 《史记·大宛列传》,第 3162 页。

③ 参见余太山:《两汉魏晋南北朝正史西域传要注》,第 17 页注释 79。详见余太山:《塞种史研究》,第 184—192 页。有学者认为"条枝"在波斯湾(J. E. Hill, *Through the Jade Gate to Rome: A Study of the Silk Routes during the Later Han Dynasty 1st to 2nd Centuries CE*, pp. 216-220),但实际上此时波斯湾已在安息帕提亚的控制之下。

④ 《后汉书·西域传》:"班固所记诸国风土人俗,皆已详备《前书》。今撰建武以后其事异于后者,以为《西域传》,皆安帝末班勇所记云。"(第 2912—2913 页)可见《汉书·西域传》所记安息之疆界,属东汉光武帝建武元年(公元 25 年)以前。

⑤ 此处反映的应是卡莱(Carrhae)战役之后帕提亚对叙利亚、巴勒斯坦沿东地中海一带的占领。参见 George Rawlinson, *Parthia*, pp. 191-196.

尼萨遗址）。① 《后汉书·西域传》中的相关记载大致相同,但提到安息西部有藩属阿蛮国、斯宾国、于罗国,自此"安息西界极矣"。安息的都城也移至"去洛阳二万五千里"的"和椟城"。② 该传的资料主要来自公元1世纪到2世纪初经略西域的班超、班勇父子。塞琉古王国早已于公元前64年灭亡,此时与安息对峙于两河一线的是罗马帝国。可见,自西汉张骞之后到东汉班勇之时,安息的版图没有太大的变化。③ 这与西方古典作家的记载基本一致,再次证明帕提亚人的统治区域,数百年来大致都在原来波斯帝国、亚历山大帝国、塞琉古王国的范围之内。帕提亚人可以脱离塞琉古王国而独立,取其疆土而建国,但却不得不接受塞琉古王国的遗产,即希腊人殖民城市的大量存在以及触目可及的希腊化文化。与此前的希腊—马其顿统治者一样,帕提亚人也不得不面对人口占绝对多数的伊朗各地的部族和古老的波斯文化传统。面对这样的民族格局、历史遗产和文化氛围,帕提亚人要想进行有效的统治,达到长治久安的目的,就必须首先去蛮族化,文明化,也就是使自己在一定程度上希腊化或伊朗化,消除与被统治民族之间的文化隔膜。究竟是回归波斯帝国传统,还是继承希腊化遗产,延续塞琉古王国的统治方式,是建国之初的帕提亚统治者所面临的艰难抉择。事实证明,他们在恪守自己游牧民族文化特点的同时,对二者兼容并包,但首先向希腊化文

---

① 关于"番兜"的对音,有学者认为可能来自贝希斯敦铭文上的帕提亚的波斯语名称"Parθava"。但最为可能的是伊西多尔在《帕提亚驿程志》中提到的王城"Parthaunisa"。希腊人将此城称为 Nisaea。其遗址位于今土库曼斯坦境内。现代考古证明,Nisa(尼萨)确是早期帕提亚的一座王城。米特里达特一世时曾改名为"Mithradatkirt",但旧名应该还在使用。随着丝绸之路的开通,安息与汉王朝已有使者往来,"番兜"之名应由此传来。参见 H. C. Tolman, Ancient Persian Lexicon and Texts, pp. 2(Col. 1. 6), 10(Col. 2. 2), 16(Col. 2. 16); Isidore, Parthian Stations, 12;《汉书·西域传》,第3889—3890页;余太山:《两汉魏晋南北朝正史西域传要注》,第115页。

② 《后汉书·西域传》,第2918页。"和椟"一般被认为是帕提亚都城之一 Hecatompylos(百门城)的对音,遗址在今伊朗塞姆南省(Semnan Province)。有关讨论详见 J. E. Hill, Through the Jade Gate to Rome: A Study of the Silk Routes during the Later Han Dynasty 1st to 2nd Centuries CE, pp. 233-238.

③ 在米特里达特二世时期(公元前123—前91年),帕提亚版图最大,从幼发拉底河到阿姆河。他是第一个与罗马接触并自称"王中王"(ΒΑΣΙΛΕΩΣ ΒΑΣΙΛΕΩΝ)的帕提亚国王。

化表达了欣赏仰慕之情。

第二节 帕提亚帝国对希腊化
文化遗产的接受

据普林尼,帕提亚帝国有 18 个王国(省区),分布在里海至红海之间。其中 11 个属于上王国或上省地区(the Upper kingdoms,the Higher provinces),从亚美尼亚边界到里海沿岸、斯基泰人之地;其余 7 个属于下王国或下省(the Lower kingdoms,the Lower provinces)。[①]这些省区在历史上往往就是一个地理、人文环境相对独特的民族或部族所在地。与以前的波斯帝国、亚历山大帝国、塞琉古王国一样,帕提亚对各地的统治实行比较松散的中央与地方分级管理体制。[②]中央政权君临天下,委派总督管理地方。他们要的是倾心的归附,而非形式上的划一。对于希腊人城市,他们采取攻心为上的特殊策略,在对方表示臣服的前提下,允许其保持原来的自治地位,甚至允许个别城市拥有造币权。[③] 底格里斯河畔的塞琉西亚就是这样一个典型城市。它不仅可以自行造币,而且一直到塔西佗(公元 56—117 年)时代,都保持着自治传统。城中有依据个人财产或才能选举产生的300 人元老院[④],有享有特权的所谓"人民",二者合作管理城市。但在元老院与"人民"发生冲突时,国王往往会借机介入。[⑤] 普林尼也有类似的记载:塞琉西亚人口达 60 万,是一个自由和独立的城市,仍然保持了马其顿人的生活方式。[⑥]

---

① 参见普林尼《自然史》的两种英译本:Pliny, Natural History, 6. 29, with an English translation by H. Rackham, Cambridge, Mass. : Harvard University Press, 1949; Pliny, Natural History, 6. 29, translated by John Bostock and H. T. Riley, London: George Bell & Sons, 1856.

② 塞琉古王国和巴克特里亚王国在 satrapy(总督区或大省区)或 eparchy(可译为省或州,地位在 satrapy 之下)设置名为 hyparcheia(hyparchy)的县或下一级政权。帕提亚是否也采取这种制度,现有证据并不充分。据出自杜拉·欧罗普斯(Dura-Europos)的一份羊皮纸希腊语文件显示,美索不达米亚地区有 hyparcheia 的设立。Richard Tada, Apollodorus of Artemita and the Rise of the Parthian Empire, Dissertation: Ph. D, University of Washington, 2008, p. 51.

③ Neilson C. Debevoise, A Political History of Parthia, "Introduction", pp. xl-xli.

④ 普鲁塔克也提到塞琉西亚的元老院。见 Plutarch, Crassus, 32.

⑤ Tacitus, The Annals, 6. 42, with an English translation by John Jackson, Cambridge, Mass. : Harvard University Press, 1937.

⑥ 这里的"马其顿人"实则是希腊人的统称。Pliny, Natural History, 6. 30.

　　为了与境内外的希腊人和希腊化的其他民族沟通，帕提亚人采用希腊语作为官方语言①，宫廷中也以说希腊语为荣。帕提亚人的民族语言是帕提亚语（Parthian），也是官方语言之一，但很少用于书面文件。② 它用阿拉米亚字母（Aramaic）拼写而成，即后世所称的"帕拉维语"（Pahlavi）。有学者认为，帕拉维语的出现应在帕提亚的势力扩展到伊朗之时，至少不会迟于他们占领美索不达米亚。③ 但阿拉米亚语铭文在阿尔萨息一世的钱币上与希腊语铭文同时出现，说明这时的帕提亚人已经开始借用阿拉米亚字母来拼写自己的民族语言。不过直到帕提亚王朝结束，钱币上的铭文几乎都是纯粹的希腊语，只是到了公元 1 世纪之后，尤其是帕提亚统治末期，阿拉米亚语铭文才在个别钱币上再现。④ 像塞琉古王朝一样，帕提亚国王给城市的指示或命令，也使用希腊语，由信使或国王的代表来传达。据《巴比伦天文日志》记载，在公元前 141、前 125 年就有来自国王的信件在巴比伦城的剧场向公众宣读。⑤ 公元前 53 年，卡莱战役捷报传

---

① Edward Dabrowa, *Studia Graeco-Parthica*：*Political and Cultural Relations between Greeks and Parthians*, pp. 153-163.

② 在萨珊王朝之前，没有任何帕提亚语的文献流传下来。现在仅有的文字证据是在尼萨遗址发现的陶片和个别契约、商业文件的残部。据考古发掘资料，在尼萨和其他地方出土的约 3000 块陶片上的文字都是帕提亚语，其中大部分陶器制作的时间在公元前 2—前 1 世纪。Edward Dabrowa, *Studia Graeco-Parthica*：*Political and Cultural Relations between Greeks and Parthians*, p. 159.

③ Neilson C. Debevoise, *A Political History of Parthia*, pp. 27-28.

④ 除了阿尔萨息一世之外，钱币上有阿拉米亚语铭文的国王有：Mithradates IV（c. A. D. 129-140）, Vologases IV（c. A. D. 147-191）, Osroes II（c. A. D. 190）, Vologases V（c. A. D. 191-208）, Vologases VI（c. A. D. 208-228）, Artabanus IV（c. A. D. 216-224）。详见 http://www. parthia. com/parthia_inscriptions. htm.

⑤ A. Sachs and H. Hunger, *Astronomical Diaries and Related Texts from Babylonia*, Volume III：*Diaries from 164B. C. to 61B. C*, "Texts", no. -140A, "Rev. 5-6"；no. -124A, "Obv. 6-7"；no. -124B, "Rev. 17", Wien：Verlag der Osterreichischen Akademie der Wissenschaften, 1996. 该日志原文并没有直接说这些信件是用希腊语写成。但从其发信的对象——该城的首脑（governor）、公民（citizens）和信件宣读的地点——剧场（the house of observation）来看，这些信件肯定是写给巴比伦的希腊人社区或新建城市的。此外，希腊语国王信件铭文的残片已经在巴比伦发现。其中一个刻于塞琉古纪年（SEM, 以公元前 312 年 10 月为始）191 年，即公元前 122/121 年；另一个是帕提亚纪年（以公元前 247 年 4 月为始）137 年，塞琉古纪年 202 年，即公元前 111/110 年。（G. R. F. Assar, "Parthian Calendars at Babylon and Seleucia on the Tigris," *Iran*, Vol. 41, 2003, pp. 171-191.）因此，我们有理由推断日志中的国王信件是用希腊语写成。

来之时,帕提亚国王奥罗德斯二世(Orodes II,又名 Hyrodes,公元前57—前38年在位)和亚美尼亚的国王阿塔瓦斯德斯(Artavasdes)正一道欣赏由希腊艺人演出的希腊悲剧家欧里庇得斯(Eurypides)的作品《酒神的伴侣》(The Bacchae)。这二人都熟悉希腊的语言文学,作为帕提亚藩属的亚美尼亚国王居然还用希腊语写过一些悲剧、演说词和历史。[1]国王瓦尔达尼斯一世(Vardanes I,公元40—47年在位)能与来访的希腊哲学家阿波罗尼乌斯(Apollonius,约公元15—100年)用希腊语流利交谈,并自诩他精通希腊语犹如他的本地语一样。[2] 直到公元1世纪初,国王的信件仍用标准的希腊语写成。[3] 公元151年,帕提亚国王沃洛格塞斯四世(Vologeses IV,公元147—191年)在一座赫拉克勒斯的雕像上,用希腊语和阿拉米亚语铭文纪念他对美塞尼(Mesene,即卡拉塞尼,Characene)的征服。[4] 在杜拉·欧罗普斯这样的希腊人城市,希腊语的使用至少一直延续到阿尔萨息王朝统治之末。[5]

　　帕提亚本土原来处于波斯帝国的边缘,缺乏深厚的琐罗亚斯德教(Zoroastrianism)背景和基础。帕提亚人信仰多神,崇尚自然力,与希腊人的宗教观念有所契合。因此,阿尔萨息王朝在面对希腊人的神祇时,能够做到来者不拒,坦诚相待。他们首先表示了对希腊神的好感。钱币上的国王持弓坐像,实际上就是从塞琉古王朝钱币上持弓的阿波罗形象转化而来。或许他们也自比阿波罗再世,认其为保护神,后来的王座也一度改成了希腊德尔斐阿波罗神庙的"肚脐石"(Omphalos)。[6] 他们对希腊神话英雄赫拉克勒斯尤其崇拜。他是古

　　①　Plutarch,Lives,"Crassus",33.

　　②　Philostratus,The Life of Apollonius of Tyana,1. 31-32.

　　③　Richard Tada,Apollodorus of Artemita and the Rise of the Parthian Empire,pp. 43-45. 该信件写于公元21年,铭文的希腊语原文和译文,详见 C. Bradford Wells,Royal Correspondence in the Hellenistic Period,New Heaven:Yale University Press,1934,pp. 299-301.

　　④　D. S. Potter,"The Inscriptions on the Bronze Herakles from Mesene:Vologeses IV's war with Rome and the Date of Tacitus''Annales',"Zeitschriftfiir Papyrologie und Epigraphik,Bd. 88,1991,pp. 277-279.

　　⑤　Richard Tada,Apollodorus of Artemita and the Rise of the Parthian Empire,pp. 48-56.

　　⑥　参见 Ehsan Yarshater, ed. ,The Cambridge History of Iran,Volume 3(2):The Seleucid,Parthian and Sasanian Periods,Cambridge:Cambridge University Press,2000,pp. 686,1030;Trudy S. Kawami,Monumental Art of the Parthian Period in Iran,Leiden:E. J. Brill,1987,p. 3.

代伊朗艺术中唯一认可的裸体人物，其外在特征木棒、狮子皮，在帕提亚时期现存的雕塑中或多或少都有保留。贝希斯顿有一座赫拉克勒斯正在侧面倚坐休息的岩刻雕像，虽然是公元前149—前148年间的作品，即帕提亚人占领此地之前，但能完整保存下来，说明随后而来的帕提亚人对其的接受和尊重。① 塔西佗提到，帕提亚国王戈塔尔泽斯二世（Gotarzes II，约公元40—51年在位）曾在亚述地区的萨姆布罗斯山（Sambulos）向赫拉克勒斯献祭。② 位于伊朗西南的埃兰（今伊朗胡齐斯坦省）是发现赫拉克勒斯雕像比较集中的地区，著名的有"持苹果的赫拉克勒斯"，"斜倚于长榻上的赫拉克勒斯"，"制服狮子的赫拉克勒斯"，以及赫拉克勒斯的两个头像。这可能与公元前3世纪驻守于此的希腊—马其顿军队有关。③ 贝希斯顿的另外一处浮雕上，显示戈塔尔泽斯二世骑在马上，用长矛刺倒一个敌人，希腊的胜利女神尼科向他敬献花冠。④ 这说明他们像希腊人一样，把自己的胜利视为该女神护佑的结果。当然，琐罗亚斯德教的神祇也在流行，尤其在原来波斯帝国的腹地——伊朗高原和两河流域。帕提亚人在接受这些伊朗神的同时，把他们与希腊的神相认同。如将琐罗亚斯德教的最高神阿胡拉·马兹达（Ahura Mazda）认同为宙斯，将太阳神密特拉（Mithra）认同为阿波罗（Apollo）或赫尔墨斯（Hermes），将女神阿娜希塔（Anahita）—娜娜（Nanai，Nana）认同为赫拉（Hera）、阿芙洛狄特（Aphrodite）或阿尔特米斯（Artemis）⑤，将战神和胜利之神韦勒斯拉格纳（Verethragna）认同为赫拉克勒斯等。⑥ 总之，帕提亚帝国没有统一的国教，没有唯一的主神。帕提亚人对于这个新征服的希腊化世界充满了好奇，对各地形形色色的神祇和宗教信仰都兼

---

① 参见 Richard N. Frye，The History of Ancient Iran，pp. 210，230.

② Tacitus，The Annals，12. 13.

③ 详见 Trudy S. Kawami，Monumental Art of the Parthian Period in Iran，pp. 73-74，111-117；Cat. nos. 44-48；Pls. 52-56；figs. 21-24.

④ Ehsan Yarshater，ed. ，The Cambridge History of Iran，Volume 3（2）：The Seleucid，Parthian and Sasanian Periods，p. 691.

⑤ 关于娜娜与伊什塔尔的对应，与阿娜希塔、阿尔特米斯的认同，参见杨巨平：《娜娜女神的传播与演变》，《世界历史》2010 年第 5 期，也见本书第二编第四章。

⑥ Ehsan Yarshater，ed. ，The Cambridge History of Iran，Volume 3（1）：The Seleucid，Parthian and Sasanian Periods，p. xxvi.

容并包,为己所用。佛教流行于安息东部,这在中国的佛教文献中也有反映。[①] 考古发掘证明,帕提亚境内的梅尔夫古城(Merv,Margiana,另译"谋夫""木鹿")是佛教西传的最后一站,当地的佛教雕塑深受犍陀罗艺术的影响。[②]

帕提亚钱币也是在希腊式钱币的基础上发展而来。帕提亚最初几位国王的钱币虽然采用了此类钱币的基本式样,圆形,正面为国王无须头像,反面有希腊语铭文,但还保留了帕提亚游牧民族的特征。如正面的国王头戴斜顶有护脸的皮风帽(bashlyk),反面一人身披斗篷,戴同样的风帽,持弓,坐在一个无背座椅上,旁边有开国国王阿尔萨息的名字 ΑΡΣΑΚΟΥ。这个弓箭手应是国王无疑。这是对帕提亚人以弓箭为主要武器的反映,也是其尚武好战的象征。从米特里达特一世开始,帕提亚的钱币开始发生明显变化。正面的国王头上开始像希腊化君主一样,系上了表示王权的头带,反面弓箭手的座椅也恢复为阿波罗的肚脐石。希腊的神祇如胜利女神尼科、命运女神提刻(Tyche)、骑马并行的狄奥斯库里兄弟(Dioscuri)、太阳神阿波罗,以及其他的象征性形象,如马、大象、蜜蜂等,都出现在米特里达特一世的钱币上。公元前 141 年之后,米特里达特一世利用塞琉西亚的造币场,发行较为纯粹的希腊式钱币。在正面,国王系头带,面右,反面是裸体站立的赫拉克勒斯或王座上的宙斯。国王自我标榜的名号、赞语也开始在钱币上大量出现,"Philhellene"就是其中之一。尽管此后国王的头像有向波斯式王冠(tiara)发展的趋向,反面弓箭手(国王)也有回归王座的现象(始于米特里达特二世,公元前123—前 91 年),但希腊语铭文的主导地位却没有改变。[③] 从米特里达特一世起,帕提亚人开始将塞琉古朝的纪年(以公元前 312 年塞琉古一世重返巴比伦为始)用缩写的铭文置于钱币上。这是他们

---

① 据中国佛教史料记载,东汉桓帝建和二年(公元 148 年),安息王子安世高曾来洛阳译经。("有菩萨者安清,字世高,安息王嫡后之子,让国与叔,驰避本土,翔而后进,遂处京师。")见康僧会:《安般守意经序第二》(《出三藏记集》卷第六,中华书局,1995 年);关于其生平,详见(梁)释僧祐撰:《安世高传第一》(《出三藏记集》卷第十三)。

② Jonathan Tucker, *The Silk Road: Art and History*, London: Philip Wilson Publishers, 2003, p. 230.

③ 有关钱币图像、铭文详见 http://www.parthia.com/parthia _ coins. htm; http://www.parthia.com/parthia_inscriptions. htm; http://www.grifterrec.com/coins/parthia/parthian4.html.

以塞琉古王朝继承者自居的标志。帕提亚的钱币大多为银币，与塞琉古、巴克特里亚王国比较相似。司马迁记其"以银为钱，钱如其王面，王死辄更钱，效王面焉"，又说"自大宛以西至安息……得汉黄白金，辄以为器，不用为币"[①]，反映了帕提亚钱币真实的一面。

关于帕提亚文化艺术方面的文献记载极为匮乏，对它的了解主要依靠近代以来的考古发掘。但无可否认的是，这些发掘主要是在原来希腊式城市的遗址上进行，如著名的杜拉·欧罗普斯以及新近发现的费拉卡（Failaka，位于波斯湾科威特境内）。对于帕提亚人自己建立的城市，目前遗存比较完整、发掘比较系统的是位于今土库曼斯坦与伊朗交界处的尼萨古城。[②] 至于另一著名的哈特拉（Hatra）遗址（位于今伊拉克北部），虽然也曾在帕提亚帝国的范围之内，但它最初可能是阿拉伯人所建。此城在公元1世纪以后才繁荣起来，既是丝绸之路的重要商贸中心，也是帕提亚和罗马抗争的前哨。它的文化实际上包含了希腊、美索不达米亚、叙利亚和阿拉伯的因素。因此，就文化取向而言，尼萨更有资格作为帕提亚与希腊化文化关系的一个例证。

从尼萨的发掘结果并结合其他遗址遗物来看，帕提亚艺术对希腊化因素的接受，主要体现在建筑式样和人物雕塑两个方面。尼萨出土文物中给人印象最为深刻的是希腊式人物雕塑或形象。如希腊式的女神半裸体雕像，其上身的衣服褪至臀部，腹部以上裸露，两臂

---

① 《史记·大宛列传》，第3162、3174页。

② 尼萨遗址分为新尼萨（Novaia Nisa）和老尼萨（Straia Nisa）两处。其实二者都是约公元前2世纪建立的。只是前者是城市，一直存在到17世纪，后者是王家城堡（the royal-fortress），公元3世纪随着帕提亚王国的灭亡被遗弃。

抬起,一伸一屈,头微微前倾左转下视,几乎是"断臂的维纳斯"的再现。[①] 一泥塑武士头戴马其顿式头盔,两边护脸上有宙斯的霹雳图案。还有一尊当地女神的雕塑,其服饰类似于希腊式的 chiton(无袖通体长衣)和 pelos(女式外套,上衣,穿在 chiton 之上),胸前有希腊蛇发女妖戈耳工(Gorgon,或美杜莎,Medusa)的正面头像。在大概是祭祀堂或"宝库"的地方,还发现了约四十个大型的角形饮器——象牙来通(ivory rhyton)。上面的图像显示了希腊的神话主题和艺术风格,如奥林帕斯山诸神、马人(Centaus,人首马身)、格里芬(Griffin,狮身鹰头)以及其他传说中的野兽等。建筑上的希腊化特征也值得注意,如新尼萨的爱奥尼亚柱头,老尼萨的列柱式走廊,仿科林斯式的柱头,模制的仿半柱式爱奥尼亚柱头,墙面陶板(metope tiles)上赫拉克勒斯的木棒、弓、箭筒和塞琉古王朝的象征物——锚的形象,棕榈叶形的饰板等。[②] 当然,这些雕塑并非纯粹希腊式样或风格,其中都加入了本土的因素。特别是所谓的科林斯式柱头,已非石雕,而是将叶形饰板与涡旋体分别模制烧成,然后用灰浆砌在一起,纯粹成了一种装饰。[③] 这既与当地的建材有关,也与帕提亚人的模仿不到位有关,说明他们对希腊化建筑、雕刻技术还只是粗略的了解和接受,

---

[①] 据说这是米特里达特一世女儿罗多古娜(Rodoguna)的雕像。根据传奇故事,她正在沐浴化妆,忽闻敌人来袭,遂弃妆披甲,率军上阵。雕像可能表现她浴后整理头发的瞬间。还有一尊希腊古典式的全身雕像,被称为"尼萨女神",据说表现的也是罗多古娜。当地还出土了一个阿芙洛狄特的头像,是对希腊古典雕塑大师普拉克西特勒斯(Praxiteles,约公元前 400—前 330 年)作品"克尼多斯的阿芙洛狄特"(Aphrodite of Knidos)的模仿。(Jonathan Tucker, The Silk Road: Art and History, Figs. 296, 297; p. 234.)事实上,这尊裸体雕像的原型可以追溯到公元前 4 世纪中叶的同类雕像"卡普亚的阿芙洛狄特"。"断臂的维纳斯"外形上也与它极为接近,但因二者时间相近(公元前 2 世纪下半期),地理上相距遥远,后者模仿前者的可能性不大。但二者无疑都从前人同类主题的作品那里获得了灵感。或许这尊雕像的制作者就是一位来自希腊本土的艺术家。参见[英]苏珊·伍德福德著,钱乘旦译:《剑桥艺术史:古希腊罗马艺术》,译林出版社,2009 年,第 60—63,66—69 页,图 74,79。

[②] 关于尼萨遗址,详见 Ehsan Yarshater, ed., The Cambridge History of Iran, volume 3 (2): The Seleucid, Parthian and Sasanian Periods, pp. 1037-1041, pl. 63; V. N. Pilipko, "Excavations of Staraia Nisa," http://www.cais-soas.com/CAIS/Archaeology/Ashkanian/excavation_staraia_nisa.htm.

[③] Richard Tada, Apollodorus of Artemita and the Rise of the Parthian Empire, p. 36.

也或许是他们的有意改造。在尼萨还发现木胎泥塑①，可能是从巴克特里亚传来。② 在尼萨还发现了三十多枚希腊式钱币，除了帕提亚自己打造的之外，还有属于塞琉古王朝、巴克特里亚、索格底亚那甚至黑海本都（Pontus）国王阿米索斯（Amisos）的钱币，说明尼萨与当时的希腊化世界有着密切的商贸、文化联系。

在帕提亚人接受希腊文化影响的同时，那些先前由希腊人建立或改造的城市也开始对帕提亚人的艺术创新做出回应。在这些城市遗址中，既可以看到爱奥尼亚式（哈特拉、廓尔赫、khorhe）、科林斯式柱头（尼尼微，Nineveh）、赫拉克勒斯（尼尼微）、赫尔墨斯（尼尼微）、命运女神提刻（杜拉·欧罗普斯）的雕像，也可以看到帕提亚式的正面人物形象，拱形建筑及穹顶式厅堂"iwan"（eyvan），特别是嵌置于墙体上的灰泥塑像。③ 这些都显示了帕提亚艺术的多元因素特征。④

根据帕提亚艺术自身的演变，学术界一般将其划分为两个阶段。其一是希腊化，或者至少是受希腊化深刻影响的阶段。其二是有自己强烈个性、特殊风格的阶段。也有学者将其分为三个时期：首先是"进口的"希腊艺术时期，即亚历山大及其继承者统治时期。其次是"希腊—伊朗"艺术时期。这是希腊化王国衰落之后，当地人的王朝不断取得权力的时期。最后是完美的"帕提亚艺术"时期，即公元 1

---

① Amélie Kuhrt & Susan Sherwin-White, *Hellenism in the East: The Interaction of Greek and Non-Greek Civilizations from Syria to Central Asia after Alexander*, Plate Ⅷ.

② 参见杨巨平：《阿伊·哈努姆遗址与"希腊化"时期东西方诸文明的互动》，《西域研究》2007 年第 1 期。

③ A. D. H. Bivar, "Review: [untitled]," *Bulletin of the School of Oriental and African Studies*, University of London, Vol. 35, No. 1, 1972, pp. 170-171.

④ 关于这些希腊式建筑和雕塑，除网络上的图片外，还可参见：J. E. Reade, "Greco-Parthian Nineveh," *Iraq*, Vol. 60, 1998, pp. 65-83; Amélie Kuhrt & Susan Sherwin-White, *Hellenism in the East: The Interaction of Greek and Non-Greek Civilizations from Syria to Central Asia after Alexander*, pp. 132-162, Plate Ⅱ; Susan Sherwin-White & Amelie Kuhrt, *From Samarkhand to Sardis: A New Approach to the Seleucid Empire*, pp. 171-180; Henri Seyrig, "Palmyra and East," *The Journal of Roman Studies*, Vol. 40, part 1 and 2, 1950, pp. 1-7; Malcolm A. R. Colledge, *The Parthians*, London: Thames and Hudson, 1967, Pls. 20, 28-31, 39, 54, 57, 59-60, 62, 64, 66-68, 72.

世纪以后。这一时期相当于通常说的"第二阶段"。① 两种分期虽然稍有不同,但都强调了希腊化文化的影响和帕提亚人的接受与创新。从现有资料看,帕提亚艺术受希腊化文化的影响贯穿于它的整个历史时期,只是因时因地程度不同而已,实际上经历了由"希腊—伊朗"艺术向"伊朗—希腊(罗马)"艺术的转变。大致可将公元前后视为一个转折点。

第三节　帕提亚王朝"爱希腊"情结的由来与实质

从以上考察可以看出,帕提亚人与希腊人、希腊化文化确实有着不解之缘。正如罗马诗人贺拉西所感叹的,他那些"野蛮的"同胞可以在军事上征服希腊人,最终却被希腊文化所俘虏。② 阿尔萨息部落与希腊化世界在文明发展程度上的巨大反差使得他们在取代希腊—马其顿人政治统治的同时,不得不向先进的希腊化文化遗产甘拜下风。"爱希腊",似乎就是帕提亚王朝在面对这一政治、文化困境时欲拒还迎、爱恨交集心态的反映。

从帕提亚帝国的发展轨迹和统治基础来看,该王朝的"爱希腊"情结并非一日形成,也非一成不变。其变化的动力还是自身利益的最大化。如果说出于政治动机的"爱希腊"始于帝国形成之后,文化上的"爱希腊"早在建国之初就已启动。

建国之初,面对亚历山大帝国、塞琉古王国的政治、文化遗产,帕提亚王朝别无选择。武力固然可以很快夺得天下,但要在东、西、北三面强敌压境的环境中生存、发展,内部的稳定就极为重要。这需要高超的政治智慧,其中就包括对多元文化的接受和包容。从钱币的图案和建筑的结构和服饰上看,帕提亚人确实在竭力维护自己民族的特色。初期的钱币虽然采用了希腊化的式样,但努力加入了本民

---

① A. D. H. Bivar, "Review: [untitled]," *Bulletin of the School of Oriental and African Studies*, University of London, Vol. 35, No. 1, 1972, pp. 170-171. 类似的分期也可见 Trudy S. Kawami, *Monumental Art of the Parthian Period in Iran*, p. 143.

② 原文见 Horace, *Satires*, *Epistles and Ars poetica*, "To Augustus," in *Epistles*, II. 1. 156, with an English translation by H. Rushton Fairclough, Cambridge, Mass. : Harvard University Press, 1929.

族的元素。例如，正面国王的斜顶皮帽，反面弓箭手的服饰和所持的
弓，都体现了帕提亚作为一个游牧民族的特征。老尼萨的整体建筑
布局、宫殿房屋的构造也显然是当地的风格，即使是那些具有希腊造
型艺术特征的柱头、雕塑，也都融入了一定的东方因素。这些所谓的
科林斯式、爱奥尼亚式柱头只是一种改造后的模仿，一些塑像的外
观，包括面孔、身材、衣饰清晰地显示出帕提亚人的特征。形似而非
神似，有选择地吸收、改造、利用希腊化文化的因素是这一时期帕提
亚艺术的基本特点。只是到了米特里达特一世时期，帕提亚钱币上
的国王图像才与希腊式钱币大体一致，铭文上首次出现了
"philhellene"的字样。这样的变化其实并不突然。因为，在前一阶
段，帕提亚人的目标是推翻希腊—马其顿人的统治，扩大自己的地
盘，这就必然引起塞琉古王国和巴克特里亚王国这两个近邻的巨大
反弹。塞琉古二世和安条克三世都先后进兵帕提亚，试图夺回失地，
恢复他们对帕提亚的统治。① 巴克特里亚的狄奥多托斯一世也是帕
提亚的对手，只是在他儿子狄奥多托斯二世在位时（约公元前 239—
前 223 年），才与帕提亚签订了和平条约。② 在这种生死存亡的关键
时期，帕提亚人是不可能去"爱希腊"的。反之，当安条克三世攻陷赫
卡尼亚的首府西林克斯（Sirynx）时，帕提亚守军在撤退前首先杀掉
了城内的希腊人。③ 帕提亚与希腊—马其顿人的战争之惨烈由此可
见。而且，这时帕提亚的领土主要包括本土和赫卡尼亚地区，这些都
是希腊化世界的边缘地带。此时的帕提亚人对希腊化文化的了解还
很有限。建国之初的帕提亚人试图在文化上有所建树，但苦于自身
的落后，只好将接触到的希腊化文化改头换面加以利用。

到公元前 2 世纪中后期，中亚、西亚的政治格局已经大为改观。
东面的希腊人巴克特里亚王国受到大月氏人的进逼，不得不退缩到

---

① 这两次所谓的远征（Anabasis）分别发生于约公元前 230—227 年间和约公元前 209
年。第一次，塞琉古二世无果而还，帕提亚人大获全胜。第二次，安条克三世进入帕提亚
的腹地，占领了百门城和赫卡尼亚，帕提亚国王阿尔萨息二世被迫与之结盟。

② 关于这一时期帕提亚与塞琉古王朝和巴克特里亚之间的关系，见 Marcus Junianus
Justinus, *Epitome of the Philippic History of Pompeius Trogus*, 41. 4. 8-5. 7；Polybius, *The Histo-
ries*, 10. 28-31.

③ Polybius, *The Histories*, 10. 31.

最东面的山区和兴都库什山之南。西面的塞琉古王国内有犹太人的起义,外有罗马东进的威胁,此时无暇东顾,事实上放弃了对伊朗高原的宗主权。米特里达特一世及其后继者的扩张使帕提亚由地区性的王国变成了后来可与罗马、贵霜和汉王朝并列的大帝国。它的统治区域基本都是原来塞琉古王国的故地,境内尚存的希腊人城市与塞琉古时代相比,并没有成批地减少。这些城市像以前一样,继续发挥着经济、文化甚至政治中心的作用,成为帕提亚人接受希腊化文化影响的辐射源。经过一个多世纪的接触,帕提亚统治阶层希腊化的程度也大为提高。尤其是夺得原来塞琉古王国的腹地伊朗南部、美索不达米亚之后,帕提亚人对希腊人、希腊文化的了解更为深入。米特里达特一世选择在塞琉西亚造币,并创制新型的希腊式钱币,既是因地制宜、就地取材,也说明他对希腊化文化的向往。作为一种政治口号,"爱希腊"实际上是对希腊人、希腊化文化在帕提亚帝国影响的承认。① 此后"爱希腊"成为帕提亚国王钱币铭文的一种定式,尽管这些钱币上的赞语或名号渐渐形式大于实际,与该国王的功绩德政已无多大关联,但在帕提亚钱币的国王形象越来越伊朗化(如戴波斯式王冠,长须髯)的背景下,这一称号能够保留下来,说明在塞琉古王国灭亡、希腊化时代也已结束之后,帕提亚王朝还是要把"爱希腊"这张牌打下去。这与境内的希腊化城市、希腊人依然存在有关,也与和罗马人竞相争取希腊人或希腊化的当地人的支持有关。

罗马与帕提亚人的对立是二者相向扩张的结果。从时间上看,帕提亚人大约先于罗马人一个世纪抵达两河地区。罗马与帕提亚的大规模直接冲突始于公元前 64 年罗马大将庞培占领小亚,并灭亡偏安叙利亚的塞琉古王国之后。公元前 53 年卡莱一役,帕提亚人挫败了罗马人的东进锋芒,并于约公元前 40—前 38 年间挺进叙利亚、腓尼基和巴勒斯坦,迫使安条克和阿帕米亚二城投诚。虽然帕提亚人旋即退出,但从此与罗马结为世仇,双方相持于两河一线。对亚美尼亚的宗主权成为双方争夺的焦点。从奥古斯都时代(公元前 27—公

---

① 有学者就此推测,认为米特里达特一世可能是在帝国的这一特殊地区需要希腊人的支持,才提出了这样的口号。Vesta Sarkhosh Cutis and Sarah Stewar, eds. , *The Age of the Parthians*, New York: I. B. Tauris & Co Ltd, 2007, p. 11.

元 14 年）开始，幼发拉底河成为双方都认可的天然界河，但只具有象征意义，并非不可逾越的天堑。两国的关系错综复杂，时好时坏，总的形势是罗马处于攻势，帕提亚处于守势。罗马人还插手帕提亚的宫廷斗争，帕提亚的王子有时被派往罗马做人质，接受罗马的教育。① 公元前后在帕提亚篡位的女王穆萨（Musa 或 Thesmusa），就是奥古斯都赠给帕提亚国王的一位意大利女奴。② 双方在两河一线的拉锯战一直延续到帕提亚王国的灭亡。其间，罗马皇帝图拉真曾一度占领了直到波斯湾的整个两河地区（公元 114 年）。帕提亚人也曾在沃罗伽塞斯四世统治时期（Vologases IV，约公元 147—191 年）攻进叙利亚（公元 161 年），占领了除安条克之外的东地中海沿岸地区。③ 但对于交战双方，这些都是短暂的胜利，难以改变以幼发拉底河为界的相持格局。

在这场旷日持久的争夺中，这些地区希腊人城市的向背就成为双方决胜的关键因素之一。尽管帕提亚王朝在占领两河地区之初，对当地的希腊人城市采取了宽容的自治政策，但由于它们与罗马控制下的希腊人以及接受了希腊文化的罗马人之间存在着天然的亲缘关系，因此一有机会就想脱离帕提亚的控制。塞琉古国王德米特里二世（Demetrius II，公元前 146—前 139 年，前 129—前 126 年在位）和其弟安条克七世（Antiochus VII，公元前 138—前 129 年在位）曾分别于公元前 139—前 138 年、前 130 年进入两河地区，试图收复失地，起初都受到当地希腊人城市的支持和欢迎，并获大胜。但后来均告失败，原因之一就是这些城市不堪驻军重负转而反目。米特里达特一世甚至将被俘的德米特里二世在各城市中巡游示众，以儆效尤。但令人奇怪的是，他对德米特里进行一番羞辱之后，反而将其视为座上宾，待之以君王礼遇，将女儿嫁给他，但将他安置到遥远的赫卡尼亚，

---

① 帕提亚的弗拉特斯四世（Phraates IV）就将其四个儿子交给奥古斯都做人质，以确保与罗马的友谊和免于宫廷内乱。Strabo，Geography，16. 1. 28；6. 4. 2.

② 这位穆萨就是弗拉特斯四世将儿子送往罗马的幕后推手。关于其人其事，详见 Josephus，Jewish Antiquities，18. 39-44.

③ 参见 George Rawlinson，Parthia，pp. 321-324. 罗林森认为此沃罗伽塞斯是三世，在位时间是公元 148/149—190/191 年，与现今通行的帕提亚王位纪年稍有不同。

防止他逃回。① 这似乎也可看作是安抚境内的希腊人之举。此外，这些城市并没有因此受到任何惩罚，依然享受着特殊的地位和尊荣。同样的一幕在罗马将军克拉苏入侵美索不达米亚时再次发生。当克拉苏渡过幼发拉底河时，当地的希腊人城市纷纷向他投降。卡莱之役克拉苏兵败被杀后，帕提亚将军苏雷那（Surenas）专门在塞琉西亚这座美索不达米亚最大的希腊人城市举行了盛大的庆祝游行，嘲弄罗马人和克拉苏。这实际上是向希腊城市宣示帕提亚王朝的强大，恩威并重，迫使他们就范。② 可见这些城市的归属对于帕提亚王朝在两河地区的统治何等重要。塞琉西亚即使一直受到帕提亚王朝的尊重，没有在城中驻军，但也不愿接受这些"野蛮人"的统治。公元 1 世纪中期，帕提亚王国内部起义频发，内战不断，显露出分裂瓦解之象，塞琉西亚城的希腊人乘机宣布独立，在孤立无援、力量悬殊的困境下，仍然坚持约七年之久（公元 40—46 年）。③ 起义虽被镇压，境内的其他希腊城市也没有群起反抗，但如何安抚和拉拢这些希腊人城市，确实关系到帝国的生死存亡。④

　　帕提亚王朝坚持"爱希腊"的名号，还有一个重要的原因，就是表明其统治的正统，是塞琉古王国的合法继承人。这在当时各地独立性、离心力较强的大背景之下显得尤为重要。因为相对于原来的波斯人或伊朗人，帕提亚人也是外来民族。波斯帝国的统治腹地是以巴比伦为中心的美索不达米亚和伊朗西南部的波西斯、埃兰地区。当塞琉古王国对这些地区的统治被帕提亚人取代之后，这些波斯帝国发祥地的王公们就以波斯帝国的继承人自居，伺机恢复他们昔日的荣光。从钱币资料中可以看出，在埃兰、波西斯，当地独立或半独立的小君主都自己发行钱币。埃兰钱币的发展变化基本与帕提亚王朝同步，初期较多地保留了希腊式钱币的特征（正面的国王系头带，反面有阿波罗、宙斯、阿尔特米斯等形象，有"伟大的国王""救世主"

---

① Josephus，*Jewish Antiquities*，13. 184-186，249-253；Marcus Junianus Justinus，*Epitome of the Philippic History of Pompeius Trogus*，36. 1. 3-5，38. 10. 参见 Edward Dabrowa，*Studia Graeco-Parthica：Political and Cultural Relations between Greeks and Parthians*，p. 154.

② Plutarch，*Lives*，"Crassus"，17. 32.

③ Tacitus，*The Annals*，11. 8-9.

④ 参见 George Rawlinson，*Parthia*，pp. 258-259.

等希腊语铭文），后来则逐渐伊朗化。但大部分钱币上都有锚、新月、星的图案，表明他们不仅与塞琉古王朝，同时也与波斯帝国阿黑门尼王朝有关。[1] 波西斯是原来波斯帝国的发源地，波斯的传统文化根深蒂固，影响深刻。从亚历山大帝国开始，此地一直保持着半独立的地位。帕提亚时期，当地的钱币虽然也属于仿希腊化式样，但上面仍然保留了阿拉米亚语铭文和琐罗亚斯德教的祭火坛形象。[2] 最后推翻帕提亚王朝的王公就是来自波西斯地区的阿尔达希尔一世（Ardashir I，公元 224—242 年在位）。他们采用这种形式作为国家钱币的固定模式，就是要宣示波斯王朝的延续和波斯文化的复兴，以证明自己改朝换代的合法性。帕提亚王朝既然无法与阿黑门尼王朝在政治上、血统上拉近关系，就只好借助于塞琉古王朝。脱胎于塞琉古王国的帕提亚不仅取得了塞琉古王国大部分领土，而且也接受了塞琉古王国的统治机制和宗教文化，所以统治者有可能自认为是该王国的继承者。尤其在夺取塞琉古王国故都塞琉西亚，占领了希腊人和希腊城市比较集中的美索不达米亚后，这种合法性的需求就显得更为迫切，"爱希腊"的口号于是应时而生。很显然，这一口号的提出绝非米特里达特一世心血来潮，也不仅仅是帕提亚王朝安抚希腊人的权宜之计，而是一种政治宣言，意在表明自己是塞琉古王国的当然继承人。[3] 像亚历山大及其后继者一样，他们的天下也是用长矛打下的。

诚然，帕提亚王朝对希腊化文化的接受只是特殊统治环境下的一种顺势而为。它对希腊化文化的遗产也未全盘接受，而是根据本民族的需要对其加以改造利用。事实证明，从希腊化到伊朗化是帕提亚文化发展的必由之路。帕提亚帝国统治的核心地区毕竟有着数千年的文化传统，波斯帝国在此地的统治也延续了两个多世纪之久，

---

① http://www. parthia. com/parthia_coins_elymais. htm.

② 关于这些地方钱币式样，可参见李铁生编著：《古波斯币》，第 135—148 页；http://www. wildwinds. com/coins/greece/persis/t. html.

③ 这种继承人心态在帕提亚国王阿尔塔巴努斯二世（Artabanus II，约公元 10—38 年在位）那里表现得极为自然，也极为强烈。他在与罗马人争夺亚美尼亚时，不仅坚持原来波斯帝国和马其顿帝国（应指"塞琉古王国"——笔者注）的界限，而且威胁要夺回先后属于居鲁士和亚历山大的疆土。Tacitus，*The Annals*，6. 42.

帕提亚地区在亚述帝国、米底王国时期就已经在巴比伦文化的影响之下，因此，帕提亚的文化无论吸收多少希腊文化的因素，它的主体和基础都是以东方文化，或更明确一点是以波斯—伊朗文化为主。他们的希腊化或所标榜的“爱希腊”都是暂时的、表面的，而且随着公元前1世纪各希腊化王国的相继覆灭（希腊本土甚至先于东方的希腊化王国成为罗马的行省），帕提亚境内的希腊人城市和希腊化文化成了无源之水，无本之木。希腊化世界的衰落，希腊化文化的悄然消退，为帕提亚人的伊朗化创造了有利的文化环境，提供了强大的政治动力。

　　值得注意的是，从罗林森以来的一些西方学者之所以认为帕提亚统治者在政治上、情感上是反希腊的，唯恐帕提亚人受到希腊人和希腊化的影响，是因为他们还发现了一个反常的现象，即帕提亚人从建国之日起，就愿意自己建立都城，而不愿利用现有的希腊人城市为都，即使利用，也是暂时的。帝国的主要中心城市和都城，如达拉（Dara）、阿尔萨克（Arsak，即前述的阿尔萨西亚）、百门城、泰西封、尼萨、沃罗噶西亚斯（Vologasias），都是帕提亚人自己新建或在原来希腊人城市基础上重建的，其中泰西封就是为使帕提亚人免受塞琉西亚影响的产物。[①] 从现有资料看，这个情况确实存在。但这种政治上的分离政策显然是失败的。在自治的希腊人城市仍然长期存在，它们的向背有可能决定着帕提亚帝国安危的特殊环境下，在帕提亚的社会上层以会说希腊语为荣，对希腊化的艺术品和戏剧诗歌倾心爱慕的文化氛围中，要减少或消除希腊人和希腊化文化的影响显然是不可能的。

　　因此，就帕提亚人与希腊人、希腊化文化的整体关系而言，不论

---

　　① 参见 George Rawlinson，*Parthia*，pp. 57-58；R. James Ferguss，“Rome and Parthia：Power Politics and Diplomacy across Cultural Frontier，”*Center for East-West Cultural and Economic Studies*（CEWCES）Research Paper，No. 12，December 2005，Bond University，p. 8 & n. 66. 据斯特拉波，泰西封既是国王的冬宫，也是军队的营地，这就使塞琉西亚人避免了驻军的骚扰。（Strabo，Geography，16. 1. 16.）据普林尼，帕提亚国王建立泰西封旨在吸引塞琉西亚人迁居新城，就像塞琉西亚曾吸引了巴比伦城居民大批迁来一样。但计划落空。国王沃罗格苏斯（Vologesus，即 Vologases I，公元51—78年在位）不甘心，在泰西封附近又建了一个以他命名的新城（Vologescerta）。（Pliny，Natural History，6. 30.）不管这些国王最初的动机如何，宁愿在塞琉西亚附近另建新都，本身就说明他们对希腊人城市心存戒备。

是出于政治统治的需要，还是宫廷生活的附庸风雅，帝国的那些国王（尤其是在公元以前）确实曾是希腊化文化的爱好者、模仿者、改造者或保留者。在这个意义上，他们自称"爱希腊"，"希腊人之友"，并非矫情和自诩。汤因比称帕提亚是"爱希腊帝国"，也非空穴来风，尽管这样的定性确有片面武断之嫌。罗林森说帕提亚"彻底的反希腊"也只是就其推翻希腊—马其顿人的统治而言。而且他也承认，帕提亚人对希腊人城市自治权的尊重虽是出于政治的考虑，但他们在钱币上自称的"Philhellene"确实并非虚言。①

结　　论

总之，帕提亚王朝与希腊人、希腊化文化、希腊化世界的关系始终处于微妙的状态。在亚历山大帝国和塞琉古王国时期，帕提亚本土曾一度处于希腊—马其顿人的直接统治之下，帕提亚人对希腊人及其文化特征当已有所了解。尽管阿尔萨息部落来源不定，但其活动过的巴克特里亚和里海东南地区，当时也在亚历山大帝国和塞琉古王国的范围之内。帕提亚人建国后对希腊化文化的接受、利用表明他们对这一文化是熟悉的、认可的。

从古代欧亚大陆游牧世界与农耕文明整体关系上看，游牧民族由于地缘政治的变化、文化环境的变迁，从而引起本身文化的本质性变化，最后融入农耕文明之中，历史上并不乏其例，甚至可以说是一种普遍现象，但由于每个游牧民族自身传统和社会发展阶段的不同，特别是所进入的新的文化环境不同，这种民族融合与文化认同的过程和结果也不太相同。游牧部落起家的帕提亚王朝就是一个特例。它不是希腊化世界的外来者、闯入者，而是在这个世界内部发展起来的，它的发祥之地本来就是这个世界的一部分。正是由于具有这种特殊的身份和文化特征，它才能够在推翻希腊人统治的同时，顺便接受了他们的政治和文化遗产。但是，帕提亚人面临的是个多民族的世界，他们接受的遗产也并非成分单一，而是既有包含东方文化因素的希腊化文化，也有原来的波斯文化传统。随着希腊化王国的灭亡，希腊化世界的不复存在，希腊化文化影响的式微，帕提亚人的文化取

———————

① George Rawlinson，*Parthia*，p. 82.

向逐渐转向波斯传统,也在情理之中。对于一个游牧民族而言,地缘政治的变化与自身的文化更新,甚至民族的融合之间,确实存在着某种必然的联系,帕提亚王朝的"爱希腊"情结不过是这种联系的一种特殊彰显而已。

（原载《中国社会科学》2013 年第 11 期,略有修改）

第三编　丝路希腊化文明遗产的传入

引　言

　　古代希腊和中国作为欧亚大陆东西方的两个伟大文明,在古代有无接触,是学术界长期关注的一个问题。从现有文献与考古资料来看,二者最早有可能通过中亚获得一些相似的传闻。[①] 但古代希腊与中国之间真正意义上的接触与交流要到亚历山大东征之后与张骞通西域之时。

　　张骞西域凿空,所经历之地,都是原来巴克特里亚希腊人王国的故地,他所耳闻的安息、条支、黎轩、身毒等国,也都是在原来的希腊化世界范围之内。他第二次出使派出的副使们所抵达的区域,也都在他认知的世界之内。即使后来的文忠出使罽宾、甘英出使大秦,也都没有超出原来的希腊化之地。因此,他们带回的传闻难免与希腊化世界的遗产有关。张骞之时,巴克特里亚的希腊人王国已经灭亡,其残余退居兴都库什山以南,与公元前2世纪初先期进入的希腊人汇合,从而开启了希腊文化与印度文化直接并深度融合的时代。其标志就是希腊人皈依佛教和犍陀罗艺术的诞生。佛教就是由此出发,经中亚进入中国,从而使得其经典中的印度—希腊人信息无声无息地保存于汉译佛经之中,其艺术中的希腊化因素能够沿着丝绸之

---

　　① 详见杨巨平:《公元前4世纪以前希中文明有联系吗?》,载《碰撞与交融——希腊化时代的历史与文化》,中国社会科学出版社,2018年,第267—275页。

路一步步融入了中国传统文化的主流之中。随着丝路大开,来自中亚、波斯等地的宗教和艺术也传到了内地中原,山西出土的北朝隋唐文物就显示了其中蕴含的希腊化因素。

第九章　传闻还是史实？

——汉史记载中有关西域希腊化国家与城市的信息

中国文献关于西域的确切记载始于司马迁的《史记·大宛列传》，此后，正史中含有西域的内容成为定制。其主要原因还是中原与西域关系一直在延续，在变化。历朝历代对西域的了解也越来越深入，越来越清晰。本文之所以聚焦于《史记》《汉书》《后汉书》，是因为这些史书关于西域的记载所涉及的时间、空间与希腊化时代（公元前 334 年至公元前后）、希腊化世界（最大时从东地中海到印度河）最为接近，甚至重合，因而有可能留下关于这些曾经在西域地区存在的希腊化王国及其城市，乃至它们的政治影响和文化辐射之地的记忆或传闻。

第一节　《史记·大宛列传》中的
"远东希腊人王国"①

汉代以后中国方面关于葱岭之外西域各国的记载，大致以司马迁《大宛列传》为基础。《史记·大宛列传》的资料主要来自张骞归来

---

① 这里的"远东希腊人王国"主要指伊朗高原至中亚、印度河流域曾经存在过的希腊人王国，包括亚历山大帝国、塞琉古王国、巴克特里亚希腊人王国、印度—希腊人王国曾经控制和影响的区域。

给汉武帝的报告，是第一手实地考察的结果，可信性、准确性最大。张骞辗转十余岁抵达中亚腹地之时（约公元前128年），希腊—巴克特里亚王国显然已不存在，但他经过的大宛、康居、大月氏、大夏事实上就是原来的亚历山大帝国、塞琉古王国和巴克特里亚王国的控制或影响之地，境内的那些著名城市多与原来统治此地的希腊人有关，也可以说这些城市本身就是希腊化世界的遗产。

　　大宛的大致方位在今费尔干纳盆地，是张骞趁匈奴内乱出走之后的第一站。大宛国王早就知道中国，欲通而不得。今日汉使来临，自然十分高兴，愿意与汉廷建立友好关系，于是派向导带张骞去康居。张骞应该到了大宛的都城。遗憾的是，《史记·大宛列传》中多次提到大宛，却没有提到都城的名字，只用"王城"代之。但在《汉书·西域传》中，明确提到大宛的都城是贵山城。[①] 可见这个贵山就是那个"王城"，就是大宛国王接待张骞的地方，也就是李广利后来征伐大宛时断其水源的那个国王所在地——"宛城"。[②] 那么，这个贵山又在何处呢？学界一般认为，贵山就是现在塔吉克斯坦的苦盏（Khojent，一译"俱战提"）之名的谐音。根据苦盏所处的位置，它很可能就是或接近于亚历山大在锡尔河南岸建立的"最远的亚历山大里亚"（Alexandria Escate）。[③] 此城位于费尔干纳盆地的西端，建于公元前329年，主要是为了防范河对岸的斯基泰游牧民族。临河而建似乎也与宛"城中无井，汲城外流水"的记载暗合。亚历山大攻打的居鲁士城也是从城外引水[④]，但这座亚历山大里亚是否就在居鲁士城的基础上重建，没有明确记载，但在其附近则确定无疑。此城应该是一座新城，后来在塞琉古一世时得到重建，称为斯基泰的最远的

---

　　① 《汉书·西域传》，第3894页。关于这个贵山城的来历，有一种新的观点，可供参考：康居部落从锡尔河下游向南迁移时，发生分裂，分别归属于萨迦联盟和月氏。归属月氏的这一部分就是贵霜部落，他们征服了费尔干纳，建立新都，依其王室取名贵山（Kuei-shan）。也许公元前130年南下阿姆河的大月氏就是这个贵霜部落。见 R. C. Senior, *Indo-Scythian Coins and History*, Vol. I, p. 11.

　　② 《史记·大宛列传》，第3177页；《汉书·张骞李广利传》，第2700—2701页。

　　③ 关于此城的建立，阿里安记载得最为详细，见 Arrian, *Anabasis of Alexander*, 4. 1. 3-4, 4. 4. 1.

　　④ Arrian, *Anabasis of Alexander*, 4. 3. 1-4.

亚历山大里亚城（Alexandreschata in Scythia）①或"斯基泰的安条克"（Antioch in Scythia）。遗憾的是该城的早期遗址还没有完全发掘出来，但希腊化时期的钱币和陶器已经有所发现。②

第二站是康居。张骞见到的康居本是个逐水草而居、迁徙不定的"行国"，即游牧民族。但此时应该已经定居，有了固定的方位："在大宛西北可二千里……与大宛邻国。国小，南羁事月氏，东羁事匈奴。"③不知当时大宛与康居、大月氏之间的关系有什么微妙之处。就张骞的直接目的地而言，大宛王应该直接送他去西（南）④面的大月氏，但却舍近求远，先到大宛西北方向的康居，然后由康居"传致大月氏"。或如余太山先生所言，当时索格底亚那役属康居，故先遣张骞到康居。⑤后来汉军围攻宛都城时，康居就驰援而来。⑥两国或为友邦，但未必是"役属"关系。另外，既然康居"南羁事月氏"，那先把张骞送往大月氏的属国，再由其转送大月氏也有可能。但在笔者看来，这也可能与张骞之时康居的都城所在地有关。⑦如果我们认同今日之苦盏即大宛的王城、最远的亚历山大里亚所在地，那它西面的最大城市应该就是波斯帝国时期索格底亚那的首府撒马尔罕（Samarkand，"石头城堡"之意，此城名沿用至今），希腊人称之为马拉坎大（Maracanda）。张骞提到的康居应来自 Maracanda 或 Samarkand 的

---

① Appian，Roman History，11. 57.

② 关于此城的基本史料、综合研究和结论，详见 Getzel M. Cohen，The Hellenistic Settlements in the East from Armenia and Mesopotamia to Bactria and India，pp. 252-255.

③ 《史记·大宛列传》，第 3161 页。

④ 此时大月氏已经臣服大夏，"都妫水北，为王庭"。根据地理位置，"妫水北"的大月氏应该在费尔干纳的大宛西南。大月氏在迁徙过程中，无疑曾从大宛西进，然后南越希萨尔山脉抵达妫水（阿姆河）流域。张骞说大月氏在大宛西可能就是基于这一段历史。《汉书·西域传》说大宛"西南至大月氏……南与大月氏接"，可以视为对《史记》的一个补正。

⑤ 余太山：《两汉魏晋南北朝正史西域传要注》，第 5 页注 20。

⑥ 《史记·大宛列传》，第 3177 页；《汉书·张骞李广利传》，第 2701 页。

⑦ 至于《汉书·西域传》中提到的康居冬都乐越匿地、夏都蕃内以及卑阗城、康居五小王的治所，无一能与撒马尔罕对音。司马迁之后到班固之时，又过了一个多世纪，康居的属地、都城发生变化也是可能的。它能分封诸王，有冬都夏都，说明国土扩大。但撒马尔罕在其境内应该没有疑问，很可能是它的冬都，至少是都城之一。

谐音，或取二者的后半部分发音，以城代国。① 亚历山大曾在此驻跸，酒后刺死好友克雷塔斯（Creitus）的事件就发生在这里。② 他在此地建立城堡，驻军设防。城堡有城墙、城门，还有一个大粮仓，储有小米和大麦。这些粮食或从当地居民中征收而来。法国考古学家葛乐耐认为，希腊人在此地的存在可分为两个阶段，第一阶段从亚历山大时期到前 3 世纪中叶，第二阶段是欧克拉提德统治时期（约公元前 170—前 145 年）。③ 但也有学者否认希腊人统治的断层。④ 无论如何，张骞抵达康居都城的时间应该离希腊人的撤出并不遥远。他抵达的应该是泽拉夫善河（Zarafshan River）畔的撒马尔罕。如果要从大宛去大月氏，撒马尔罕是必经之地，因为通向大月氏所在地"妫水北"的铁门关（Iron Gate）就位于撒马尔罕以南的 Hisar-Kugitang 群山之中。这是古代连通索格底亚那与巴克特里亚的主要关隘，由此南下，最为便捷。张骞从大宛经康居去大月氏，必然要经过康居的管控之地。所以先到康居，再到大月氏。当然，三地之间能够互相联系，说明彼此之间不仅毗邻接壤，而且关系密切。这或与它们曾是巴克特里亚希腊人王国的一部分有关，也或与它们曾被大月氏借道或征服有关。张骞的这条路线应该与大月氏"过宛，西击大夏而臣之"的路线相似。张骞后来抵达的大夏显然不在大宛的西面，而在西南。

---

①　余太山先生认为康居可能是 Sacarauli（Sacaraucae）的略译，或者是 Saka（Sacae）的对译；康居人应该是留在锡尔河北岸的塞人。可备一说。余太山：《塞种史研究》，第 170 页。

②　Arrian，Anabasis of Alexander，4. 8-9；Quintus Curtius，History of Alexander，8. 1. 19-8. 2. 12.

③　详见 Frantz Grenet，SAMARQAND i. HISTORY AND ARCHEOLOGY，last updated：July 20, 2002. http://www. iranicaonline. org/articles/samarqand-i；Frantz Grenet，"Maracanda/Samarkand，une métropole pré-mongole. Sources écrites et archéologie，" Annales. Histoire，Sciences Sociales 2004/5（59e année），pp. 1056-1058. https://www. cairn. info/revue-annales-2004-5-page-1043. htm. 参见 Getzel M.Cohen，The Hellenistic Settlements in the East from Armenia and Mesopotamia to Bactria and India，pp. 255-260. 2014 年 9 月，笔者到撒马尔罕阿弗拉西亚卜（Afrasiyab）遗址考察，看到了希腊人的城堡遗址及其复原模型，以及一些希腊—巴克特里亚王国的钱币、希腊式的陶制器皿和高脚杯。这些遗址和遗物证明了希腊—马其顿人在此地的长期存在。

④　参见 Getzel M. Cohen，The Hellenistic Settlements in the East from Armenia and Mesopotamia to Bactria and India，pp. 255-260.

这里的"西击大夏"实际暗示了西面的康居当时也是巴克特里亚——大夏的一部分。康居"南羁事月氏"当与此有关。

第三站是大月氏。此时的大月氏已经在妫水北定居建都，张骞在此见到月氏女王。但这个都城或王庭位于何处、什么名称，张骞均未提及。有的学者将《史记·大宛列传》中的这个王庭所在地与《汉书·西域传》中的大月氏都城监氏城相等同，提出了多种假设，其中认同度最高的有三个城市：阿姆河北岸的坎培尔，距离阿姆河之北约 120 公里的帕永库尔干（Payonkurgan，西距铁门关 12 公里）和苏尔汉河上游、距阿姆河之北约 120 公里的卡尔恰扬（Khalchayang）。[①]相比之下，坎培尔似乎可能性较大。此城位于今日乌兹别克斯坦南端，与阿富汗隔河相望，是亚历山大当年从巴克特拉出发到索格底亚那的渡河之处，现存有希腊驻防军的城堡遗迹。有学者认为它有可能就是奥克苏斯河（即阿姆河）上的亚历山大里亚（Alexandria Oxiana）。[②] 大月氏人要征服大夏的全部领土，就必须渡河向南；而且要统治阿姆河两岸，选择临河之地作为都城也符合常理。或许，此地就是希腊——巴克特里亚王国的都城之一。大月氏当时位于"妫水北"的王庭如果在此，那张骞也一定是由此渡河去大夏的。但是，当时附近同为希腊军队驻地和阿姆河渡口的还有一处，即铁尔梅兹（Termez）古城。该城在月氏——贵霜时期发展迅速，建有大型的宫殿、城堡、佛教的寺庙，离坎培尔仅 30 公里。从城址的成倍扩大和出土的宫殿遗迹来看，此处也存在作为大月氏王庭所在地的可能性[③]，至少作为贵霜帝国时期的都城之一是可以肯定的。考古证明，在铁尔梅兹城繁

① 详见 C. Benjamin, The Yuezhi: Origin, Migration and Conquest of Northern Bactria, Turnhout: Brepols, 2007, pp. 191-200. 本杰明认为卡尔恰扬最有可能是监氏城。

② 此城仅在托勒密的《地理志》中提到，且说是在索格底亚那（Claudius Ptolemy, The Geography, 6. 12），因此关于它的定位说法不一。近年在乌兹别克斯坦铁尔梅兹古城遗址发掘的勒里什认为，Kampyr Tepe 可能就是这个"阿姆河上的亚历山大里亚"（Alexandria of the Oxus）。见 P. Leriche, "Bactria, Land of One Thousand Cities," in Joe Cribb & Georgina Herrmann, eds., After Alexander: Central Asia before Islam, p. 133.

③ 这里很可能就是《后汉书·西域传》中提到的都密翖侯所在地，都密即 Termez 的谐音。

盛的同时，坎培尔城却衰落了。[1] 这似乎也反映了月氏—贵霜人统治中心的转移。

　　大夏是张骞西域之行的最后一站。当时的大夏都城是蓝市城。大夏此时虽然已经被大月氏征服，但还是保持了藩属的地位。根据张骞亲眼所见，它"无大〔王〕〔君〕长，往往城邑置小长"，说明此时大夏不仅失去独立，也失去统一的王权，处于据城自守、分裂割据的局面。虽有都城，但无王庭。所以，张骞"从月氏至大夏，竟不得月氏要领"，只好"留岁余"后返回。张骞一定去过大夏的都城蓝市城。他注意到了大夏人"善贾市"，特别提到蓝市城"有市贩贾诸物"，在市场上还见到了来自中国西南地区的"邛竹杖、蜀布"。[2] 可见他观察得很仔细，很深入。这个妫水南的大夏实际上就是阿姆河以南的巴克特里亚。希腊人的巴克特里亚王国此时不复存在，但一些希腊人城市或小城主残留，也是可能的。张骞应该是和他们有过接触的。至于这个蓝市城，学界一般认为应该就是巴克特里亚地区的首府巴克特拉（Bactra），也就是今日阿富汗北部的巴尔赫城所在地。此地确实有古代城堡的遗迹，而且近年在附近的扎尔伽兰（Zargaran Tepe）发现了希腊科林斯式、爱奥尼亚式柱头等。[3] 但张骞在东返途中，是否经过巴克特里亚希腊人王国的另外一个城市（阿伊·哈努姆遗址）呢？这是一座典型的希腊化城市，城中有希腊式的体育馆、剧场、柱头、雕塑和造币场，还有希腊语石刻铭文和希腊语文献的遗迹。[4] 此城位于阿姆河与科克查河（Kokcha）的汇合处，是从大夏通往帕米尔

---

　　[1]　详见 P. Leriche & Shakir Pidaev, "Termez in Antiquity," in J. Cribb & G. Herrmann, eds., *After Alexander: Central Asia before Islam*, pp. 179-211. 也可见 P. Leriche, "Bactria, Land of One Thousand Cities," ibid, pp. 137, 146.

　　[2]　《史记·大宛列传》，第 3158、3164—3166 页。

　　[3]　P. Leriche, "Bactria, Land of One Thousand Cities," in J. Cribb & G. Herrmann, eds., *After Alexander: Central Asia before Islam*, pp. 131-132.

　　[4]　详见杨巨平：《阿伊·哈努姆遗址与"希腊化"时期东西方诸文明的互动》，《西域研究》2007 年第 1 期。Paul Bernard, "An Ancient Greek City in Central Asia," *Scientific American*, Vol. 246, Jan. 1982, pp. 148-159; Frank L. Holt, *Lost World of the Golden King*, Berkeley: University of California Press, 2012, pp. 118-120.

高原和塔里木盆地的必经之地。① 张骞是从大夏启程"并（傍）南山"而归，由于古代山区的道路一般都是沿河道而行，张骞沿阿姆河东行经过今阿伊·哈努姆是完全可能的。此城当时虽然也被希腊人王朝遗弃，但直到公元前1世纪中期，可能还有希腊人居住。②

第二节 《汉书·西域传》中的印度—希腊人、
印度—斯基泰人王国

《汉书》是东汉时班固所著，所记年代下限是公元25年，其中《西域传》所记最后的年代是公元23年（地皇四年，"西域因绝"之时）。此时距张骞出使和司马迁《史记》成书已经过去了一百多年，西域的政治格局和文化面貌已发生了变化。中原内地与西域的了解范围大为扩大，也更为详细。张骞之时的传闻之国，这时有的与西汉政权建立了明确的外交关系，有的则是汉使或中国商人的亲临之地。西域的信息随之而来。由于弟弟班超长期经营西域（明帝永平十六年至和帝永元十四年，公元73—102年），班固有机会获取第一手的资料。所以，《汉书·西域传》的信息量大大超过了《史记·大宛列传》。其中值得注意的是，他提到了两个重要的国家——罽宾和乌弋山离。

按照班固的记述，罽宾"王治循鲜城"，大致方位在葱岭以南的犍陀罗地区③，但要超过这一地区，应是以犍陀罗为中心的印度西北部，包括今日阿富汗的喀布尔地区。也有"克什米尔说"，此说受到钱币学家西尼尔（R. C. Senior）的支持。④ 但克什米尔是个相对封闭的地区，只有一面与犍陀罗地区相通。因此，笔者倾向于将罽宾泛指为

---

① 勒里什认为此城远离贸易大道，不能发挥重要的经济作用，所以希腊人放弃之后就失去了存在的必要。（P. Leriche, "Bactria, Land of One Thousand Cities," in J. Cribb & G. Herrmann, eds., After Alexander: Central Asia before Islam, pp. 143-144.）此说值得商榷。从现在的道路系统看，确实远离主干道，但在古代可能并非如此。希腊人不会选择一个偏僻的地方作为军事和行政中心东都的所在地。后来的月氏—贵霜人没有在此建都，大概与他们的统治重心在巴克特里亚中西部和阿姆河以北有关。

② Jeffrey D. Lerner, "The Eastern Baktria under Da Yuezhi Hegemony," in Vidula Jayaswal, ed., Glory of the Kushans: Recent Discoveries and Interpretations, pp. 79-86.

③ A. F. P. Hulsewe, China in Central Asia: the Early Stage: 125 B. C. -A. D. 23, p. 104, n. 203.

④ R. C. Senior, Indo-Scythian Coins and History, Vol. I, pp. 9, 29.

犍陀罗地区。当时的汉代使节不可能像现在的地理学家对地域划分那么精细，但克什米尔谷地属于大犍陀罗地区的范畴，是印度—希腊人或印度—斯基泰人控制或影响之地，这个应该也没有问题。至于循鲜之方位，有学者认为是塔克西拉。[①] 更早有学者认为是喀布尔或加兹尼（Ghazni）。[②] 这主要取决于罽宾方位的最终确定。如果定位于犍陀罗地区，那塔克西拉就最有可能。此地的斯尔卡普（Sirkap）遗址就有印度—斯基泰人的地层。[③] 但不管怎样，罽宾及其都城都在印度西北部，也就应当在原来印度—希腊人控制的范围之内。

按照《汉书·西域传》，罽宾本是被大月氏驱逐的塞人所建，但它却有可能与当地的印度—希腊人王国发生关系。他们的钱币"文为骑马，幕为人面"[④]就是希腊式钱币的一个变种，与曾经统治此地的印度—斯基泰人国王的钱币相似。[⑤] 由于其特殊的地理位置，罽宾和西汉政府、印度西北部的印度—希腊人之间保持着一种微妙的地缘政治关系。据班固，"自武帝通罽宾，自以绝远，汉兵不能至，其王乌头劳数剽杀汉使。乌头劳死，子代立，遣使奉献。汉使关都尉文忠送其使。王复欲害忠，忠觉之，乃与容屈王子阴末赴共合谋，攻罽宾，杀其王，立阴末赴为罽宾王，授印绶"。[⑥] 这段记载信息量很大，首先，就罽宾与汉廷关系而言，可谓由来已久，至少可以追溯到汉武帝时期，但这种关系变化莫测。中国方面积极介入罽宾事务，但往往不

① 余太山：《两汉魏晋南北朝正史西域传要注》，第 105 页。

② A. Wylie，"Notes on the Western Regions，" *The Journal of the Anthropological Institute of Great Britain and Ireland*，Vol. 10(1881)，p. 34.

③ 马歇尔把塞人（Sakas），即印度—斯基泰人的地层确定为第四层和第三、二层（与印度—帕提亚人混合），时间定为公元前 90—公元 25 年。关于斯尔卡普遗址的详情，见 John Marshall，*Taxila*，Vol. I，pp. 112-216；[英]约翰·马歇尔著，秦立彦译：《塔克西拉》第一卷，第 164—313 页。

④ 《汉书·西域传》，第 3885 页。

⑤ 印度—斯基泰人的钱币类型并非完全统一，但"国王骑马/希腊保护神"型比较普遍、典型，详见 R. C. Senior，*Indo-Scythian Coins and History*，Vol. II，"Maues"，p. 5，(no. 22. 1-23. 1)；"Azilises"，pp. 7-10（no. 31. 1T-37. 14T），13-26（no. 50. 1T-60. 2）；"Vonones Group"，pp. 27-30(no. 65. 1T-75. 1)；"Azes"，pp. 33-118(no. 80. 10-125. 10)；李铁生编著：《古中亚币》，第 113—128 页。

⑥ 《汉书·西域传》，第 3885—3886 页。

得好报，原因就在于其地"绝远"，有恃无恐。其次，就罽宾本身而言，先是内部发生王位更替，随后又因新王谋害汉使，促成汉使与另一位容屈王子联合，杀其王，夺其地，致使江山易主，罽宾成为汉属国。这三者中只有这位容屈王子阴末赴的身份是个难解之谜。据塔恩等考证，这个"容屈王子"是希腊人城主赫尔迈欧斯（Hermaeus，Hermaios）。理由是：罽宾是兴都库什山以南以喀布尔为中心的地区，容屈是"Yonaki"的音译，"希腊城"之意。此城即 Alexandria-kapisa 城。阴末赴是此城国王之子赫尔迈欧斯。乌头劳是公元前 1 世纪中期在印度西北部称王的塞人（Sacas，印度—斯基泰人）斯帕莱利斯（希腊语名 Spalyris，佉卢文名 Spalahores）。他在钱币上曾自称"国王的兄弟"（"αδελφου του βασιλεωs"）。乌头劳之名当由"αδελφου"（adelphou）误译而来。[①] 若此，印度西北部的希腊人王国则和中国的汉朝政府建立了正式的藩属关系。但这只是一种解释，其中到底有多少合理性呢？

首先，乌头劳之名不论是否被文忠误读，塞人在公元前 1 世纪进入印度西北部确是事实。根据现有的钱币资料可知，塞人可能分两支进入，一支是中国史书所说的南越悬度进入罽宾地区的塞人，首领是毛伊斯（Maues，约公元前 95/85—前 60/57 年在位），他和他的家族统治的地区初期大致在今克什米尔、斯瓦特（Swat）、哈扎拉（Hazara）一带。大约与此同时，另一支塞人从西北方向经喀布尔进入印度河地区[②]，首领是沃诺尼斯（Vonones，公元前 85—前 65 年在位），他们的活动区域主要在犍陀罗和旁遮普。他的钱币有个特点，就是与家族成员共同发行，因此，在他的钱币上，他的兄弟、侄子都留下了名字，

---

① 关于乌头劳和阴末赴的身份认同，在塔恩之前，已有多种说法，但塔恩仅接受了 von Gutschmid 和 A. Wylie 的意见，并做了进一步的发挥。塔恩的认同遭到印度裔学者纳拉因的否定，但遗憾的是他并没有就这二人的身份提出自己的认同。对此，笔者在《西域研究》发表的《两汉中印关系考——兼论丝绸南道的开通》（2013 年第 4 期）也有提及，并依据新的钱币资料对二者的身份认同做了补充论证（参见本书第一编第二章）。塔恩和纳拉因以及其他前人的观点详见 W. W. Tarn, *The Greeks in Bactria and India*, Cambridge：Cambridge University Press, 1951, pp. 469-473, 418, 339-343; A. K. Narain, *The Indo-Greeks*, pp. 154-155.

② 这支斯基泰人也有可能是从今日阿富汗南部的塞斯坦地区而来。参见本书第一编第二章第三节。

他们也或是他的副王。① 这个自称国王兄弟的 Spalyris 的名字首先就出现在沃诺尼斯的钱币上。因此，Spalyris 在位的时间应该在此之后。这个时间与《汉书·西域传》记述的乌头劳及其子与汉发生关系的时间大致吻合。但这时还有一位同时代的印度—斯基泰人国王 Spaliris 在其钱币中也自称国王的兄弟(βασιλεωs αδελφου)，他的名字也出现在沃诺尼斯的钱币上。因此，如果我们认可塔恩等人的"乌头劳—Adelphou"说，那实际上乌头劳对应的国王就多了一个选项。他们中有的也独立称王，如 Spaliris 就自称"大王""王中王"。可能正是在沃诺尼斯家族统治时期(下迄约公元前 45 年)，罽宾和汉朝发生了直接的关系。② 这与《汉书·西域传》所记"塞王南君罽宾"，"武帝始通罽宾"还是比较吻合的。

其次，容屈王子阴末赴与赫尔迈欧斯的认同似乎也有可能，二者的希腊语发音(Eρμαιοs)和汉语发音(Yin-mo-fu)的确有近似之处，但由于汉与罽宾的官方接触主要发生在元帝(公元前 48—前 33 年)、成帝(公元前 32—前 7 年)时期，因此与法国钱币学家波比拉赫奇确定的赫尔迈欧斯在位年代(约公元前 90—前 70 年③)似乎不符。但根据钱币资料，赫尔迈欧斯当时是印度西北部统治时间较长、控制区域较大的一个印度—希腊人国王。一般认为，他属于欧克拉提德家族，控制着兴都库什山以南的帕罗帕米萨代(Paropamisadae)地区，首府是"高加索的亚历山大里亚(Alexandria of the Caucasus)"，即《大唐西域记》中的迦毕试(Kapisa)④，今阿富汗的贝格拉姆。欧克拉提德发行过一种钱币，正面是国王的胸像，反面是一位戴塔楼状王冠的女神坐像，两边的佉卢文铭文是"Kavisiye nagara devata"，即 "Kapisa"的城市神(the City-Deity of Kapisa)⑤，这枚钱币显然表明了他对该城的

① 这里主要采用了西尼尔的新观点。详见 R. C. Senior, Indo-Scythian Coins and History, Vol. I, pp. 13(map 2)、25,39-43,45; Vol. II, pp. 27-30(Vonones Group: issue 65-75).

② 有关这几位国王的钱币、铭文及在位年代，详见 R. C. Senior, Indo-Scythian Coins and History, Vol. II, pp. 27,29-30(nos. 65,69-73); Vol. IV,2006, pp. xxxix, xl(table a7).

③ Osmund Bopearachchi, Monnaies gréco-bactriennes et indo-grecques, Catalogue raisonné, p. 453.

④ (唐)玄奘、辩机原著，季羡林等校注:《大唐西域记校注》，第 137 页注释 1.

⑤ A. K. Narain, The Indo-Greeks, plate IV. 8; Osmund Bopearachchi, Mannaies gréco-bactriennes et indo-grecques, Catalogue raisonné, p. 216, Pl. 22(Eucratides I, 24).

占领。此城位于喀布尔以北六十多公里，是大犍陀罗地区的一部分，或属于罽宾，或与罽宾为邻。赫尔迈欧斯在位时如果确实还控制着此城，他与罽宾发生交集并控制该地区是有可能的。他的钱币被这批印度—斯基泰人在喀布尔河流域仿制并带到犍陀罗地区应该与此有关。① 而且他是帕拉帕米萨代地区最后一位印度—希腊人国王，如果我们承认这个容屈王子是位希腊人，那赫尔迈欧斯就是可能的人选之一。不论文忠扶植他还是别的印度—希腊人国王占据罽宾之地，公元前 1 世纪的中原王朝无疑和印度—希腊人、印度—斯基泰人控制下的印度西北部有了直接的接触，只是对于对方的真正身份还不十分了解而已。

乌弋山离是班固提到的丝路南道终端的一个国家，一般认为位于今阿富汗喀布尔以南和伊朗东南部以塞斯坦（Seistan）、坎大哈为中心的接壤地区，即古代的阿拉科西亚（Arachosia）和塞斯坦。乌弋山离或为塞斯坦都城"Alexandria Prophthasia"中"Alexandria"的汉文音译。② 阿拉科西亚也有一座名为 Alexandropolis 的通都大邑，是希腊式的城市，应该就是亚历山大在此地建立的亚历山大里亚。③ 在伊西多尔的时代（公元前 1 世纪末期），它属于帕提亚人管辖。④ 如果乌弋山离是 Alexandria 的谐音，这个 Alexandropolis 更有可能是乌弋山离的来源，因为它更接近于东北方向的罽宾，也是《帕提亚驿程志》中的终点站。此地的钱币在班固看来，比较特殊，与罽宾的"文为骑马，幕为人面"钱币恰恰相反："独文为人头，幕为骑马。"⑤其实，这种钱币恰恰是巴克特里亚—印度—希腊人钱币的类型之一。希腊—巴克特里亚钱币中最典型的是"国王头像/骑马的狄奥斯库里兄弟"类型，出现于欧克拉提德一世（Eucratides I，约公元前 170—前 145 年在位）和狄奥米德斯（Diomedes，约公元前 95—前 90 年在位）的钱币

---

① R. C. Senior, *Indo-Scythian Coins and History*, Vol. I, p. 43.

② 参见孙毓棠：《安息与乌弋山离》，《文史》第 5 辑，中华书局，1978 年，第 14—19 页；余太山：《塞种史研究》，第 252 页。

③ 见 Getzel M. Cohen, *The Hellenistic Settlements in the East from Armenia and Mesopotamia to Bactria and India*, pp. 255-260.

④ Isidore, *Parthian Stations*, 19.

⑤ 《汉书·西域传》，第 3889 页。

上。这两个国王的统治范围都包括阿拉科西亚。① 另外还有"国王头像/国王骑马"型，出现在菲罗克塞诺斯（Philoxenos，约公元前100—前95年在位）和希波斯特拉图斯（Hippostratos，约公元前65—前55年在位）的钱币上。② 菲罗克塞诺斯时期统一了包括阿拉科西亚在内的印度西北部。西尼尔认为，《汉书·西域传》关于乌弋山离钱币的描述很可能来自菲罗克塞诺斯的钱币。③ 希波斯特拉图斯的统治区域在西旁遮普，可以排除。这些钱币类型中，有的发行于汉武帝即位之前或即位后不久，与汉廷和罽宾、乌弋山离频繁交往的时期相距较远，但钱币一旦发行出来，就会长期流通，因此，这种"国王头像/骑马"型钱币有可能被后来的汉使所知，"文为人头，幕为骑马"的说法看来并非空穴来风。④

第三节　《后汉书·西域传》中的"希腊化"远国与近邻

关于《后汉书·西域传》的记事原则，作者范晔（公元398—445年，南朝宋人）有一段话说得很清楚："班固所记诸国风土人俗，皆已详备《前书》。今撰建武以后其事异于先者，以为《西域传》，皆安帝末班勇所记云。"⑤班勇子承父业，于安帝永初元年（公元107年）、安帝元初六年（公元119年）至顺帝永建二年（公元127年）两度进入西域。他对葱岭之外西域各国的情况的了解程度可能不如其父，但还是补充了不少新的见闻。公元1世纪至2世纪之交，西域的政治格局与公元前1世纪已经大为改观。其一，东地中海的塞琉古王国和

---

① 见 Osmund Bopearachchi，*Mannaies gréco-bactriennes et indo-grecques*，Catalogue raisonné，Pl. 16-19（Eucratides I，1-2，4-9），45（Diomedes，1-7）；p. 453.（所引国王名为与正文一致，采用英文译名。原文为法文译名，拼写稍有不同。以下皆同。）

② 见 Osmund Bopearachchi，*Mannaies gréco-bactriennes et indo-grecques*，Catalogue raisonné，Pl. 43-44（Philoxenos，1-9），Pl. 64-65（Hippostratos，3-7），p. 453.

③ R. C. Senior，*Indo-Scythian Coins and History*，Vol. I，pp. 9，19.

④ 贵霜无名王"Soter Megas"的钱币也是"文为人头，幕为骑马"，出现于公元1世纪后期，与班超在西域和其兄班固撰写《汉书》的时间比较接近，班超把这种钱币信息传回中原内地，班固将其归于乌弋山离，也有可能。参见本书第一编第二章第三节、第二编第六章。

⑤ 《后汉书·西域传》，第2912—2913页。

埃及托勒密王国都被罗马吞并。幼发拉底河一线成了罗马帝国与帕提亚(安息)帝国的相持之地。其二,印度西北部的希腊人、斯基泰人和帕提亚人建立的小王国被来自巴克特里亚的贵霜人(大月氏五翕侯之一,后统一其他四部,国号贵霜)所取代。罗马、帕提亚、贵霜成为欧亚大陆和汉代中国比肩并立的四大帝国。除汉帝国之外,帕提亚、贵霜和罗马帝国都包括了以前希腊化王国的属地。因此,有关的信息在《后汉书》中还是有所体现。

比如,它提到"其条支、安息诸国至于海濒四万里外,皆重译贡献"。[1] 条支首次出现于《史记·大宛列传》,位于安息以西。当时安息以西只有塞琉古王国,所以,将条支视为塞琉古王国都城安条克(Antioch)的谐音也比较合理。这时作为塞琉古王国转称的"条支"国已不存在,它的国土或归于安息,或归于罗马,但作为城市的"条支"(安条克,Antioch)依然存在。[2] 这两地以远的所谓"四万里外"诸国,只能是东地中海沿岸国家。这些都在原来希腊化世界的范围之内。他们不远万里,前来贡献,难免带来当地的出产。至于"皆来归服,遣使贡献"的所谓"远国蒙奇、兜勒"[3],学术界说法颇多。争论的焦点集中于两点:一是蒙奇、兜勒是一国还是二国,二是它或它们位于何方?《后汉书·孝和孝殇帝纪》说是二国。多数学者同意此说。主张一国者认为蒙奇、兜勒应是 Macedonia 的对音,即马其顿。二国

---

[1] 此处记载有无史家夸大虚饰之词,值得怀疑,但有联系应是事实。"贡献"大概也是一种相互的交往,非称臣纳贡。

[2] 《后汉书·西域传》称其"条支国城"就如实反映了这一变化。详见《后汉书·西域传》,第 2918 页。关于条支国或条支城的具体位置,学界说法不一。国内目前多以孙毓棠和余太山二者的意见为主。二人都认定条支是安条克(Antioch)的谐音,但这个条支到底是在波斯湾(Characene,孙毓棠),还是在叙利亚(余太山),各持一说。详见龚缨晏:《20世纪黎轩、条支和大秦研究述评》,《中国史研究动态》2002 年第 8 期;孙毓棠:《条支》,《文史》第 6 辑,中华书局,1979 年;余太山:《两汉魏晋南北朝正史西域传要注》,第 113 页注 276。"Characene 说"最早由法国汉学家沙畹提出,得到日本学者白鸟库吉的支持。孙毓棠在此基础上做了进一步的论证。国外有学者甚至将条支城的范围扩大为包括 Characene、Susiana 甚至法尔斯省在内的波斯湾以东地区。见 John E. Hill, Through the Jade Gate-China to Rome: A Study of the Silk Routes 1st to 2nd Centuries CE, New Updated and Expanded Edition, Vol. I, pp. 227-230.

[3] 《后汉书·西域传》,第 2910 页。

实为二区,是马其顿境内的两个地区(杨共乐)。① 主张二国者说法较多,有马其顿、推罗说(林梅村)②,有马尔吉亚那(Margiana)和大夏(Tukhara,吐火罗)说(余太山)③;有"濛池、怛罗斯(Taras/Taraz)说"(John Hill)④,兜勒还有"色雷斯(Thrace)说"(莫任南)⑤。如果依据马其顿、推罗、色雷斯等说,它们就有可能是所谓的"四万里外"之远国。但若依从他说,则是指中国西域周边地区的国家。据《后汉书·孝和孝殇帝纪》,这二国曾"遣使内附,赐其王金印紫绶"。⑥ 就其请求内附,并接受表示臣属、封国的金印紫绶而言,它们应离中国不远。否则,如何内附?葱岭之外,汉代有记载的被"授印绶"的西域国家仅罽宾一例。⑦ 但罽宾与汉西域都护辖地是近邻,由汉使扶立。以此而论,蒙奇、兜勒应是周边小国,在中国政治势力影响范围之内。因此,其方位不可能远在地中海地区。有的学者以"远国"作为"蒙奇、兜勒"为"马其顿、推罗、色雷斯"的依据,但"远国之说"值得探讨。且不说本传并未明确说这二国是在"海濒四万里之外",就是所谓的"远国"也不一定就是在条支、安息以远。《汉书·西域传》中把汉帝国近邻的"康居、大月氏、安息、罽宾、乌弋之属"都列入"绝远"之国⑧,可见,远国的概念是相对于中原而言,汉帝国辖地之外的葱岭以西以南,大概都属"远国"。这些远国大多都在原来希腊化世界的范围

① 杨共乐:《"丝绸之路"研究中的几个问题》,《北京师范大学学报(社会科学版)》1997年第1期。此种说法由来已久。国内最早提出"蒙奇"译音为"马其顿"的是张星烺先生,见张星烺编著,朱杰勤校注:《中西交通史料汇编》第一册,中华书局,2003年,第126页。此书早在1930年就由辅仁大学出版。林梅村也同意此说。张绪山基本认同"马其顿"说,但否认二国或二自治区说,见《关于"公元100年罗马商团到达中国"问题的一点思考》,《世界历史》2004年第2期。

② 林梅村:《公元100年罗马商团的中国之行》,《中国社会科学》1991年第4期。

③ 余太山:《两汉魏晋南北朝正史西域传要注》,第245页。

④ John E. Hill, *Through the Jade Gate-China to Rome: A Study of the Silk Routes 1st to 2nd Centuries CE*, New Updated and Expanded Edition, Vol. I, pp. 132-134.

⑤ 莫任南也持"蒙奇—马其顿"说,见《中国和欧洲的直接交往始于何时》,载《中外关系史论丛》第一辑,世界知识出版社,1985年,第26—31页。

⑥ 《后汉书·孝和孝殇帝纪》,第188页。

⑦ 据《汉书·西域传》,乌孙国王也被汉廷"赐印绶"(第3907页)。但乌孙与汉廷关系紧密,为和亲之国,且属地在今伊犁河流域一带。

⑧ 《汉书·西域传》,第3928页。

之内。

本传关于安息的记述中，有一个甘英西行抵条支临大海欲度，被安息西界船人劝阻的故事，学术界颇为重视。这是汉代中国使者西行的极限。所谓"甘英乃抵条支而历安息，临西海以望大秦"①，尽管"条支"的方位还不确定，但位于安息以西、临海无疑。甘英西行之时（和帝永元九年，公元97年）的安条克只是罗马叙利亚行省的一个大城市或首府而已，已非独立之国。传文称"条支国城在山上。周回四十余里。临西海，海水曲环其南及东北，三面路绝，唯西北隅通陆道"②，反映的恰恰是一个临海城市的地理位置，非深入其地，难以有如此详细的描述。

据斯特拉波，奥龙特斯河（the Orontes）上的安条克城是一个海滨城市，奥龙特斯河沿城而过，向南流向大海。出海口附近有一个港口城市，也名塞琉西亚（Seleucia）。此城距出海口40 stadia（1 stadia约合185米），约7.4公里，距安条克城120 stadia，约22.2公里，从海口溯流而上到安条克，也就一天的航程。安条克城由胜利者（Nicator）塞琉古一世首建，后来发展为tetrapolis，由四部分组成，每个部分都有自己的内墙和共同的外墙。这就意味着，城市有不同的街区，既相对独立，又浑然一体。它是国王的王宫所在地，在地位或规模上与底格里斯河上的塞琉西亚和埃及的亚历山大里亚相差无几。③ 根据现有的考古资料，安条克的主城区在奥龙特斯河东岸的台地上，包括河中心的小岛。罗马时代虽几经扩大重建，但总的格局没有变化。小岛上的宫殿始建于塞琉古一世时期，还是罗马帝国时代，难以确定，但岛上有该城唯一的竞技场。公元115年大地震时，图拉真皇帝曾从附近的一个屋子逃到竞技场避难④，可见此时岛上还有宫殿存在。三座桥跨河而过，将小岛与主城区连接起来。⑤ 安

---

① 《后汉书·西域传》，第2931页。

② 《后汉书·西域传》，第2918页。

③ 参见 Strabo, Geography, 16. 2. 4-7.

④ Dio Cassius, Roman History, 68. 25. 5, with an English translation by Earnest Cary, Cambridge, Mass. : Harvard University Press, 1925. 有关讨论详见 C. Downey, A History of Antioch in Syria from Seleucus to the Arab Conquest, Princeton University Press, 1961, pp. 643-647.

⑤ C. Downey, A History of Antioch in Syria from Seleucus to the Arab Conquest, Fig. 11.

条克地区属于地中海型气候,冬季多雨,夏季干旱,空气湿润,年平均气温在15—20 摄氏度之间,有利于农作物和经济作物的生长。奥龙特斯河的右岸是肥沃的阿穆克(Amuk)平原,种植小麦、大麦、橄榄和葡萄,橄榄油、葡萄酒也就成了此地的特产。此地也是动物的乐园,出产狮子、老虎、鹿、鸵鸟和犎牛(humped oxen)①。

这些文献与考古结论显然与《史记》《汉书》和《后汉书》中关于条支的记载接近。据《史记》,条支"临西海。暑湿。耕田,田稻。有大鸟,卵如瓮",据《汉书》,条支"国临西海。暑湿。田稻。有大鸟,卵如瓮"。《汉书》相关文字或许照搬自《史记》,但也说明信息来源没有变化,而且这些地理位置、环境气候、出产等在一般情况下,短期内也不可能发生突变。《后汉书》的描述最为详细,且和该城的地理位置、地形地貌比较相似。安条克依山沿河而建,最初的城小一些,周长仅有 7.5 公里,但后来城区扩大,周回 40 里也有可能。② 河中有小岛,岛上有王宫,有桥通对岸陆地,也与"三面路绝,唯西北隅通陆道"有暗合之处,"土地暑湿"与当地的地中海气候显然有关。当地的动物新加了"师子、犀牛、犎牛、孔雀",不知是野生还是驯养。这些似乎都是古代印度的特产,《汉书·西域传》中的"罽宾"、"乌弋山离"篇,本传的"天竺"篇中都有所记载。③ 此处信息混淆也是有可能的。但无论如何,这些新加的信息是如此详细、具体,一定来源于转述者的亲身观察或耳闻。甘英有可能到达了条支城。此时的安条克城虽然早已不是塞琉古王国的都城,但它还是罗马叙利亚行省的首府,称其为条支国城也有情可原。他所面临的西海应该是地中海。

该城"波斯湾—条支说"也有一定道理,因为这时的波斯湾确实可以看作安息的西界。此西海也就只能是波斯湾及其以西的大海了。更为重要的是《后汉书·西域传》提供了一条丝路南道向西南方向的延长线,即自乌弋山离(时改名排持)"复西南马行百余日至条支"。尽管古代马行一日与人行一日有多大区别不详,但人行的代步

---

① C. Downey, *A History of Antioch in Syria from Seleucus to the Arab Conquest*, pp. 15-23.

② C. Downey, *A History of Antioch in Syria from Seleucus to the Arab Conquest*, pp. 78-79, Figs. 10, 11.

③ 见《汉书·西域传》,第3885、3889 页;《后汉书·西域传》,第2921 页。

工具也可能是马。这个资料的关键词是西南行。乌弋山离，前文已知是在现在的坎大哈一带，由此西南行的终点只能是波斯湾。《汉书·西域传》也说，乌弋山离"西与犁靬、条支接"，"行可百余日，乃至条支"，但又说乌弋山离"绝远，汉使希至……至乌弋山离，南道极矣"。可见，班固之时，对条支的大致位置还是了解的，但如何抵达语焉不详。《后汉书》的材料来自班勇，那至少在班超、班勇父子的时代，他们已经获悉了抵达条支的路线。这是否与甘英西行大秦的实际路线一致，不得而知。不过，如果这个"西南马行百余日"可至的"条支"确实是在波斯湾，那甘英原计划出波斯湾绕阿拉伯半岛进入红海再经陆路到大秦（犁靬），也有可能。但这一线要经过德兰吉亚那（Drangiana），卡尔马尼亚（Carmania）和波斯本土（Persia）。当年亚历山大军队的一支从印度返回时就采取的这条路线。[①] 伊西多尔的《帕提亚驿程志》没有提到这条路。由乌弋山离到波斯湾，还有一个合理的选择就是绕道而行：由此北上，沿伊朗高原北缘的丝路主干道向西到塞琉西亚，再南下波斯湾。

　　如果认定条支即 Antioch 的谐音，那在波斯湾的诸城国中，应该就有一个安条克城或国的存在。结果我们发现，此地历史上真还出现过一座名为"安条克"的城市，不过那座城建于公元前 3 世纪与前 2 世纪之交，而且存在时间不长，不到百年就被毁、重建易名了。这座城市可能就是普林尼提到的波斯湾的 Charax 城。它位于底格里斯河与 Karun 河的汇合处，建在一块人造台地之上，根据拉丁原文，此城（或两河之间）有 2 罗马里宽。[②] 一罗马里一般折合 1481 米，2 罗马里就是 2962 米，接近 3 公里，折合汉里约 7.2 里。[③] 但长度多少，没有提到，因此周长无从计算，与"周回四十余里"是否相符也就难以确定。希尔引用索马（Takashi Soma）的意见，把这 2 罗马里视为周长，从而认为此城太小，与"周回四十余里"不符，符合此条件的应

---

　　① 　Arrian, Anabasis of Alexander, 6. 17, 27.

　　② 　Pliny, Natural History, 6. 31. 138, with an English translation by H. Rackham, Cambridge, Mass.: Harvard University Press, 1942.

　　③ 　汉代一里合 415.8 米。

是附近的苏萨城。① "罗叶布古典丛书"普林尼《自然史》的译者
(H. Rackham)认为这个数据应该修订为 3 英里或 6 英里。② 若此,以
宽度为 3 英里计算,再加上一个同样的宽度和比此更长的两个长度,
那么周长就至少在 12 英里即 19 公里以上,这与周回 40 里就比较接
近了。此城原是亚历山大所建,主要是为了安置已被毁掉的都林
(Durine)皇城的居民和那些伤残的马其顿人。此城以他命名,称为
亚历山大里亚,但马其顿人的聚居区则特别以他的出生地 Palla 命名
为 Pellaeum。此城后来毁于河水的冲击,曾被叙利亚的第五个国王
重建,并以自己的名字命名(Antioch)。③ 这第五个国王应是塞琉古
王国的安条克三世(Antiochus III Megas,公元前 223—前 187 年)。④
"条支"之说或来源于此。

　　此城后来再次被毁,安条克七世(公元前 138—前 129 年在位)死
后,原来此地的总督,当时的阿拉伯人国王 Spaosines 将其重建,并以
他命名,称为"Charax Spaosinou",即"Spaosines 之城"。他还为城市
修了防护堤,抬高了相邻的土地,其长为 6 英里,宽稍短一些。⑤ 如
果甘英抵达的是这座城市,那此城的周长已经大大超过了"周回四十
里"的范围。当然,这些数据都是模糊的估计,只有参考价值,不能当
作实数。但有两个疑点需要注意,其一,《后汉书》中的"条支国城在山
上",显然是一个山城,但这个城自始至终都在人工建造的台地上修
建,充其量是个土丘而已,地形地貌难以吻合;其二,此城早已易名,距
甘英抵安息西界之时已有两个世纪之久。此时该城是否还有 Antioch

---

　　① 参见 John E. Hill, *Through the Jade Gate-China to Rome: A Study of the Silk Routes 1st to 2nd Centuries CE*, New Updated and Expanded Edition, Vol. I, p. 230.
　　② Pliny, *Natural History*, 6. 31, 138 n. a(p. 442).
　　③ Pliny, *Natural History*, 6. 31, 138-139.
　　④ 普林尼说此安条克城是叙利亚王朝的第五个王所建,似有误,应为第六王。但如
果以希腊化三大王国三分天下格局已定,塞琉古王国控制亚洲为始,普林尼将安条克一世
(公元前 281—前 261 年在位)视为罗马人所谓的叙利亚王国的第一位国王,并以此排序,
也通。
　　⑤ Pliny, *Natural History*, 6. 31, 139. 普林尼特别说明阿拉伯人国王 Spaosines 并非塞
琉古七世的总督,但《牛津古典辞书》第四版坚持这一说法。参见 Simon Hornblower, et al.,
eds., *The Oxford Classical Dictionary* (Fourth Edition), Oxford University Press, 2012, "Mesene"
(p. 936).

之名，已不可考。因此，波斯湾"条支"之说，又略显证据不足。

此外，就甘英出使的目的地而言，从叙利亚的安条克到大秦（不论是埃及的亚历山大里亚还是意大利本土的罗马[①]），都要比波斯湾—红海—尼罗河—地中海线要便捷得多。而且，既然出使大秦，总是要见大秦王，这时的罗马还是唯一的都城，因此，如果甘英对大秦的方位和抵达大秦都城的路线有所了解的话，那他很可能选择陆路，直达叙利亚的安条克城。由此可出海直航罗马或亚历山大里亚。他在这里碰见安息西界船人也有可能。《魏略·西戎传》说，条支被安息"役属之，号为安息西界"。[②] 尽管此时叙利亚、安条克都在罗马的管辖之下，但此地曾为安息西界，称当地的船人为"安息西界船人"也在情理之中。如果此条支是指叙利亚的安条克城，甘英抵达地中海边说可以成立。当然，甘英功亏一篑，大秦在望却望而却步，确实遗憾。但无论如何，甘英西行是古代中西交通史上的一个标志性事件，也是丝绸之路延伸至东地中海地区的证明。不论我们将他所抵达的"条支"归于何处，波斯湾和叙利亚都是原来希腊化世界的中心地区。

综上所述，不难看出，随着希腊化王国的消失、希腊化时代的结束，尽管中国方面对远到地中海的大西域地区的了解由于丝绸之路的开通愈来愈深入，愈来愈清晰，但有关原来希腊化王国及其城市的信息还是越来越少，这不是史家的疏忽，而是历史的必然，说明希腊化文明的遗产已经完全融入了其他文明之中。但历史不会中断，现在一带一路沿线的许多国家、城市，在某种意义上，不就是这些古老的丝路国家和城市的延续吗？

（原载《西域研究》2019 年第 3 期，略有补充）

---

① 关于大秦所指，学界倾向性的意见有三：一是埃及或罗马的东方，既然"大秦一名犁鞬"，犁鞬或是埃及亚历山大里亚的谐音；二是泛指罗马帝国；三是罗马本土，意大利半岛。本文主要关注罗马帝国初期的东方，这是原来希腊化王国的核心地区。有关大秦的考证，可参见龚缨晏：《20 世纪黎轩、条支和大秦研究述评》；张绪山：《百余年来黎轩、大秦研究综述》，《中国史研究动态》2005 年第 3 期。

② 见《三国志·魏书·乌丸鲜卑东夷传》裴松之注引鱼豢《魏略·西戎传》，第 860 页。叙利亚的安条克此前也确实偶尔被安息人短暂占领，如卡莱战役（公元前 53 年）之后的一段时间。

第十章 弥兰王还是米南德?

——《那先比丘经》中的希腊化历史信息考

　　米南德是印度—希腊人中最为著名的国王(约公元前 165/155—前 130 年在位),是唯一在西方古典文献和印度文献中都留下名字的印度—希腊人国王,也是唯一在佛教经典中出现的希腊人国王,同时也是唯一有明确记载皈依佛教的希腊人国王。从现在所出土的巴克特里亚和印度—希腊人王国时期的钱币可知,他的钱币不仅数量最大,而且类型众多。[①] 历史上确有其人,已成定论。对于他的国王身份、他在印度的征服、他死后的礼遇,以及他的钱币数百年之后仍在印度流通使用等,在西方古典作家斯特拉波、查士丁、《厄立特里亚航海记》佚名作家、普鲁塔克的笔下,都有零星的记载。[②] 但对于他的出生地、都城和他的王国,特别是他皈依佛教的原因和过程却没有多少直接的信息。可喜的是,汉译本《那先比丘经》和巴利文的《米兰陀问经》却对这些方面有所透露。虽然语焉不详,且不乏抵牾之处,但

---

　　① 其中奥斯蒙德·波比拉赫奇将米南德的钱币归纳为 39 个类型,可参见 Osmund Bopearachchi, *Monnaies gréco-bactriennes et indo-grecques*, Catalogue raisonné, pp. 226-247, Pl. 26-33.

　　② Strabo, *Geography*, 11. 11. 1; Justin, translated by J. C. Yardley, *Epitome of the Philippic History of Pompeius Trogus*, 41; L. Casson, *Periplus Maris Erythraei: Text with Introduction, Translation and Commentary*, p. 77; Plutarch, "Precepts of Statecraft," *Moralia*, 821D-E.

毕竟提供了第一手的资料和研究的基础。

按照世传佛教经典的说明，《那先比丘经》是"失译人名附东晋录"。大意是译者失传，但归于东晋时期，也就是说此经的译出不会晚于东晋时期。在现存汉文佛典中，此经有二卷本和三卷本之分。但究其内容，实则一繁一简，并无大异，仅问题推理之比喻多寡不一，译文亦有雷同。[①] 此经有世传巴利文本。汉译本内容与巴利文本前三卷大致相似。它之所以引起国内外学界注意，一是因其可与巴利文本对照研究，尤其对其中的译名进行考证。二是其中与那先对话的主角——北方大臣国（或"大秦国"）国王弥兰与著名的印度—希腊人国王米南德能否勘同事关重大。若此，印度—希腊人皈依佛教则是事实；古典作家普鲁塔克关于他死后许多城市以安葬他的骨灰为荣的说法也可得到间接证明，他的钱币上的法轮也可解释为他对佛法的接受。三是其中提到弥兰王的出身和出生地、他的都城、他的随从及其统治。这些信息对于研究印度—希腊人及其王国的历史，尤其是希腊人和印度人之间在特定历史背景下的文化融合和认同具有十分重要的意义。本文的研究就是由此入手。[②] 自 1890 年巴利文《米兰陀问经》(*The Milindapanha*)的第一个英文译本 *Questions of Milinda* 问世到现在，已有多种英文、德文、法文、日文的全译或节译本出版。巴利文的汉译本也有两种问世。[③] 多种现代语言的译本，

---

① 此经收入《大正新修大藏经》第 32 卷《论集部》，编号为 No. 1670(A,B)。

② 早在 20 世纪初，法国汉学家伯希和就对该经中对话的主角之一国王"弥兰"及其都城"舍竭"、出生地"阿荔散"等进行了初步的论证。（伯希和：《那先比丘经中诸名考》，《亚洲报》1914 年 9、10 月刊，收入普鲁吕斯基著，冯承钧译：《佛学研究》，商务印书馆，1935 年，第 101—118 页；伯希和：《犁轩为埃及亚历山大城说》，《通报》1915 年，收入冯承钧译：《西域南海史地考证译丛》第 2 卷第 7 编，商务印书馆，1995 年，第 34—35 页。）此后，对此经研究比较深入的是英国希腊化史专家塔恩。他在《巴克特里亚和印度的希腊人》一书中专设附录"The Milindapanha and Pseudo-Aristeas"，详细分析了该文本的源流及其内涵的历史文化信息。尽管多半个世纪过去了，他的诸多论证与推理仍然不失合理，且启示良多。(W. W. Tarn, *The Greeks in Bactria and India*, pp. 414-436.) 近年国内余太山、杨共乐二位学者对其中的"大秦""阿荔散"方位也有所思考。（余太山：《〈那先比丘经〉所见"大秦"及其它》，《欧亚学刊》总第 9 辑，2007 年；杨共乐：《〈那先比丘经〉中的"大秦国"和"阿荔散"考》，《世界历史》2004 年第 5 期。）

③ 巴宙译：《南传弥兰王问经》，中国社会科学出版社，1997 年；郭哲彰译：《南传大藏经(63)弥兰王问经》(上)，高雄元亨寺妙林出版社，1997 年。

尤其是两种主要的巴利文英译本（里斯·戴维斯译本和霍纳译本①）为本文提供了可资比对的宝贵资料。这两个译本的英译者在《前言》中都对米南德其人的历史真实性做了一定的考证，虽受时代局限，但也颇有参考价值。

第一节　《那先比丘经》中的米南德及其王国

为便于分析，此处先将《那先比丘经》二卷本（1670A）中几段重要的译文摘录出来：

1. 关于其出生地

生于海边为国王太子，字弥兰。

那先问王。王本生何国。王言我本生大秦国。国名阿荔散。那先问王。阿荔散去是间几里。王言。去是二千由旬合八万里。

2. 关于其都城舍竭城

北方大臣国名沙竭。古王之宫。其国中外安隐人民皆善。其城四方皆复道行。诸城门皆刻镂。及余小国皆多高明。人民被服五色焜煌。国土高燥珍宝众多。四方贾客卖买皆以金钱。五谷丰贱家有余畜乐不可言。

都城距罽宾："去七百二十里。"

3. 关于国王之才能

弥兰少小好读经学异道。悉知异道经法。异道人无能胜者。

其王弥兰以正法治国。高才有智谋明于官事。战斗之术无不通达。能知九十六种道。所问不穷。人适发言，便豫知其所趣。

① T. W. Rhys Davids, trans. , *The Questions of King Milinda*, translated from Pali, Oxford: The Clarendon Press, 1890-1894; I. B. Horner, trans. , *Milinda's Questions*, translated from Pali, London: Luzac & Company, Ltd. , 1964.

4. 关于国王之随从

王即乘车与五百伎（骑）共行到寺中。与野和罗相见。前相问讯就坐。五百骑从皆坐。

5. 关于国王的信仰归宿

王言譬若师子在金槛中。由为拘闭常有欲望去心。今我虽为国官省中。其意不乐。欲弃国去而行学道。

三卷本（1670 B）对都城的描述大同小异，内容稍有增多。个别字词应为笔误或同名异译，诸如"大臣国"改为"大秦国"，"沙竭"（Sagala）改译为"舍竭"。方括号中为其多出部分。

今在北方大秦国。国名舍竭古王之宫其国中外安隐人民皆善。（此处标点有缺，照录原文——笔者注）其城四方皆复道行。诸城门皆雕文刻镂。【宫中妇女各有处所。诸街市里罗列成行。官道广大列肆成行。象马车步男女炽盛乘门道人亲戚工师细民。】及诸小国皆多高明。人民被服五色焜煌【妇女傅白皆着珠环】。国土高燥珍宝众多。四方贾客卖买皆以金钱。五谷丰贱家有储畜。【市边罗卖诸美羹饭饥即得食。渴饮蒲萄杂酒】乐不可言。①

---

① 鉴于《大正藏》中《那先比丘经》两个译本此处有所不同，为便于对比，笔者试从霍纳的新英文译本译出，供参考。"据所闻：此地有一城，名为Sagala，为巴克特里亚希腊人中之最大商贸中心。它依山傍水，风景宜人，有花园、游乐场、小树林、湖泊和莲花池之属。河流、山坡、小树林构成一幅美景，令人赏心悦目。此城出自能工巧匠之手。敌人、对手已被摧毁，城市无外患之虞。瞭望塔、城楼坚固多样。拱形城门高大雄伟。宫殿被深深护城河和灰白城墙所环绕。街道平整，十字交错，广场宽大，三或四条道路交汇于此。市场排列于道路两侧，货物琳琅满目。城中有百所施舍大厅，使其装扮一新；数十万豪宅广厦，宛若雪山之冠，令其辉煌壮丽。象、马、车、步四军，以及成群结队的俊男美女，招摇过市；平民、士兵、贵族、婆罗门、商人、工匠云集街头，对苦修者和婆罗门致敬之声此起彼伏。这是一个博学之士荟萃之胜地。城中有一些专营布店，出售贝拿勒斯（Benares）精细棉布和Kotumbara布料以及其他各种织物。有的商铺出售鲜花和香水，散发出沁人心（转下页）

三卷本对国王才能的文字描述略有不同，但意思无异，都是对他的颂扬。

> 其国王字弥兰以正法治国。弥兰者高才有智。明世经道能难去来见在之事。明于官事战斗之术。智谋无不通达。

其余都与前同。可见，三卷本以两卷本为依据，补译了遗漏的内容；或反之，二卷本是三卷本的节略。从巴利文译本看，三卷本与其更为接近。巴利文和汉文译本可能有一个共同的版本来源。[①]

（接上页）脾的甘甜和芳香。迷人的珠宝在城中也随处可见。店铺中陈列有序，四面开放。高雅的客商一群群出入其中，熙熙攘攘、摩肩擦踵。它是一座金光闪耀的宝库，钱币（Kahapanas，斯里兰卡的一种硬币——笔者注）、银器、青铜器和石瓷制品充盈其中。仓廪殷实，金银财宝粮食应有尽有。正如在俱卢洲（Uttrakuru），城中有诸多美食、醇酒、甜点、果汁、香薄荷。正如在天神提婆之城阿拉迦曼达（Alakamanda，俱卢洲的一个重要城市——笔者注），这里岁稔年丰。" I. B. Horner, trans., *Milinda's Questions*, Volume I, pp. 1-3（no. 1-2）. 译文也参考了另一英译本，可参见 T. W. Rhys Davids, trans., *The Questions of King Milinda*, Part I of II, pp. 2-3（no. 1-2）. 巴宙译本和郭哲璋之译文与此也大致相同，见巴宙译：《南传弥兰王问经》，第 2 页；郭哲彰译：《南传大藏经（63）弥兰王问经》（上），第 5—6 页。它们与两种英译本均出自巴利文佛经，只是抄本有所不同而已。

① 关于此经的最早版本，学术界争论颇多。一般认为先有一个印度方言的梵文版本，然后由此分别译为汉文和巴利文。汉文的两卷本与三卷本可能依据不同的版本（但在译文上，三卷本显然参考了两卷本——笔者注）。巴利文版本的 4—7 卷是后来在锡兰加上去的。可参见 I. B. Horner, trans., *Milinda's Questions*, Volume I, "Thanslator's Introduction," pp. 30-31. 塔恩以《伪亚里斯泰亚斯书信》（"The letter of Pseudo-Aristeas"）虚构的托勒密二世宴向犹太教长老请教犹太教和习俗的故事为例，证明米南德问经与此类似，应该先有一个希腊语原本（a Greek *Questions of Menander*），出现于其死后不久。巴利文版本的《弥兰陀问经》（*The Milindapanha*）在此基础上编成，吸收了其中包含的关于米南德和印度—希腊人的信息。详见 W. W. Tarn, *The Greeks in Bactria and India*, "The Milindapanha and Pseudo-Aristeas," pp. 414-436. 贡达对塔恩的观点提出质疑，认为塔恩过多地强调了"the letter of Aristeas"和 *Milindapanha* 的类似。虽然他并不全然否定一个希腊语的 *Milindapanha* 原型存在的可能性，但他认为，这位受人尊敬的英国学者所提出的论点并不能必然地证明希腊化的影响对这个印度版本产生了任何作用。J. Gonda, "Tarn's Hypothesis on the Origin of the Milindapanha," *Mnemosyne*, Vol. 2, Fasc. 1, 1949, pp. 44-62. 关于汉文版本的出处，可参见方广锠《汉译〈那先比丘经〉译本、译时考》，《世界宗教研究》1981 年第 3 期。他认为，"两卷本实际译于东汉，三卷本约译于三国迄梁陈之时。它们是依据略有差异的两个不同底本分别译出的不同译本，而三卷本译者曾参考过两卷本的译文"。虽然两卷本中提到的"大秦国"在中国古代史书中的首次出现是在南朝范晔（公元 398—445 年）所著的《后汉书·西域传》和鱼豢（生卒不详，曹魏末晋初人，约公元 3 世纪）的《魏略·西戎传》中，但东汉时"大秦"之名应该已经出现，因为范晔《后汉书·西域传》取材出自班勇："今撰建武以后其事异于先者，以为《西域传》，（转下页）

从汉译经文可知：弥兰王生于海边的大秦国阿荔散城，出身王族，继父为王。出生地距他的都城舍竭有八万里之遥。他以"正法治国"，国泰民安，都城一片繁荣景象。街道纵横宽广，城门"雕文刻镂"，城中商贾云集，人民锦衣足食，其乐融融。受那先启示，他曾有意出家为僧。

这些说法与巴利文经文一致吗？它们能够在其他中外文献和考古学、钱币学、碑铭学资料中得到佐证吗？种种争论由此而生。其中意见最为分歧、讨论最为集中的问题就是他的出生地"阿荔散"到底位于何处。

第二节 米南德的出生地

"我本生大秦国，国名阿荔散。"这是汉译《那先比丘经》中"弥兰王"对自己出生地的明确介绍。但这个"阿荔散"到底位于何处，与大秦国又是什么关系？大秦国又在何方？

根据巴利文英译本，这个"阿荔散"是巴利文 Alasanda 的同名异译。但 Alasanda 并非一座城市，而是两河之间的一块陆地或一个岛。[①]同时又说道，他出生地是 Kalasi 村。[②]"阿荔散"即 Alasanda，亦即 Alexandria（亚历山大里亚），二者均为同一地名的音译，目前学界对此没有异议。但希腊化时期同名的亚历山大里亚甚多，亚历山大到底建立了多少以他命名的城市，古典作家记载不一，至今也难有定

（接上页）皆安帝末班勇所记云。"（《后汉书》，第 2913 页）该传记载，和帝永元九年（公元 97 年）甘英奉班超之名出使大秦。大秦之名此前或首次被汉人知晓，东汉时汉地僧人翻译此经也是可能的。

① T. W. 里斯·戴维斯译为"一个岛"，可参见 T. W. Rhys Davids，trans.，The Questions of King Milinda，Part I of II，p. 127（no. 82）；I. B. Horner，trans.，Milinda's Questions，Volume I，p. 114（no. 82）。巴宙与郭哲璋的巴利文译本都将 Alasanda 译为一个名为"亚历山大"或"阿拉删达"的岛。见巴宙译：《南传弥兰王问经》，第 88 页；郭哲彰译：《南传大藏经（63）弥兰王问经》（上），第 145 页。

② T. W. Rhys Davids，trans.，The Questions of King Milinda，Part I of II，1894，p. 127（no. 83）；I. B. Horner，trans.，Milinda's Questions，Volume I，pp. 114-115（no. 83）。巴宙译为"卡拉西"，可参见《南传弥兰王问经》，第 88 页；郭哲彰译为"迦拉湿罗"，见《南传大藏经（63）弥兰王问经》（上），第 146 页。

论。据普鲁塔克,在 70 座以上。① 据阿里安,他在埃及、中亚、印度
建了 3 个亚历山大里亚和其他 3 个可能也有此名称的城市。② 仅在
巴克特里亚和索格底亚那,斯特拉波说他建城 8 座③,查士丁说 12
座。④ 据普林尼,他在马尔吉亚纳(Margiana)、阿里亚(Aria)、索格底
亚那(Sogdiana)建了 4 座城市,其中有 3 个命名为亚历山大里亚。⑤
托勒密也提到位于索格底亚那的一座名为 Alexandria Oxiana 的城
市,但未说明此城是否亚历山大所建。⑥ 这些记载显然有重复、混淆
甚至错误之处,但亚历山大在中亚、印度建立了诸多同名城市还是可
以肯定的。⑦ 在所有冠以亚历山大里亚之名的城市中,目前可以通
过文献与考古发掘互证的至少有:埃及的亚历山大里亚、马尔吉亚纳
的亚历山大里亚(Alexandria in Margiana,今土库曼斯坦的马里,中国
史 书 中 的 木 鹿)、位 于 锡 尔 河 畔 的 "最 远 的 亚 历 山 大 里 亚"
(Alexandria Eschate,今塔吉克斯坦的苦盏)、阿里亚的亚历山大里亚
(Alexandria in Aria,今阿富汗的赫拉特,Herat)⑧、高加索的亚历山大
里亚(Alexandria of the Caucasus,今阿富汗的贝格拉姆)、阿拉科西亚
的亚历山大里亚(Alexandria in Arachosia,今阿富汗的坎大哈)。托
勒密提到的阿姆河畔的亚历山大里亚(Alexandria Oxiana),究竟是巴
克特拉附近的 Alaxandria,还是著名的阿伊·哈努姆遗址(Ai Kha-
num),或铁尔梅兹附近的坎培尔遗址(在今乌兹别克斯坦),或塔赫

---

① Plutarch, "On the Fortune or the Virtue of Alexander," Moralia, 328E.

② Arrian, Anabasis of Alexander, 3. 1. 5-2. 1, 3. 28. 4; 4. 1. 3, 4. 4. 1; 5. 1. 5, 5. 19. 4;
6. 15. 2.

③ Strabo, Geography, 11. 11. 4.

④ Justin, translated by J. C. Yardley, Epitome of the Philippic History of Pompeius Tro-
gus, 12. 5. 12-13.

⑤ Pliny, Natural History, 6. 18. 47-49, 6. 21. 61.

⑥ Claudius Ptolemy, The Geography, 6. 12.

⑦ 关于这些城市的考证,详见 Getzel M. Cohen, The Hellenistic Settlements in the East
from Armenia and Mesopotamia to Bactria and India, pp. 203-331, 335-338.

⑧ 斯特拉波、普林尼、伊西多尔、托勒密都提到这个位于 Ariana 的名为"Alexandria"
的城市。参见 Strabo, Geography, 11. 8. 9, 11. 10. 1; Pliny, Natural History, 6. 21. 61; Isidore,
Parthian Stations, 15; Claudius Ptolemy, The Geography, 6. 17. 阿里安提到亚历山大路经此
地,但没有建城的记载。Arrian, Anabasis of Alexander, 3. 25. 1. 因此,该城或如斯特拉波、
普林尼所说以建立者亚历山大命名,或继承者以亚历山大的名义而建。

特—伊·桑金（Takht-i Sangin）遗址（又译"塔克蒂桑金"，在今塔吉克斯坦），学界还在探讨之中。[①] 那么，这个"阿荔散"是哪一个亚历山大里亚呢？

法国汉学家伯希和在 20 世纪初撰文称，在他之前，学界有"阿荔散"为印度河一岛和位于印度河下游二说[②]，但都被他否定。他认为，这个"阿荔散"可能是埃及的亚历山大里亚，即中国史书中的"黎轩""犁鞬"和"犁轩"城。这样才可和八万里之遥相吻合。[③] 但据英译巴利文《米兰陀问经》，这个 Alasanda 和 Kalasi 的村庄（village）二者实为一地，距离米南德的都城 Sagala 都是 200 由旬（yojanas）。[④] 这就与汉文译本"二千由旬"相差了 10 倍。原因何在？是译者之误，还是底本不同所致？

从译文看，巴利文的前三卷与汉文译本的内容大致相同。这说明二者可能都译自同一个底本。这个底本只有二者共同的部分，巴利文的多余部分（第 4—7 卷）是后来加的。若此，这个底本应是一个梵语本。如果底本相同，两地的距离出现如此大的悬殊，这显然是汉译者的错觉所致。到东汉时，至少班超父子、甘英等边地将士已知"大秦国"及其别名"犁鞬"，也知其位于遥远的"海西"，班超甚至派甘英出使大秦。[⑤] 虽然未果，但他毕竟抵达安息西界，对大秦—犁鞬还

---

① Getzel M. Cohen, *The Hellenistic Settlements in the East from Armenia and Mesopotamia to Bactria and India*, pp. 269-271；B. A. Litvinskii and I. R. Pichikian, "The Hellenistic Architecture and Art of the Temple of the Oxus," *Bulletin of the Asia Institute*, New Series, Vol. 8, 1994, pp. 47-66.

② 两说分别出自 T. W. Rhys Davids, trans. , *The Questions of King Milinda*, Part I of II, "Introduction", p. 23；H. G. Rawlinson, *Bactria: The History of a Forgotten Empire*, p. 114.

③ ［法］伯希和：《那先比丘经中诸名考》，第 101—118 页；《犁轩为埃及亚历山大城说》，第 34—35 页。（后文云"《史记》《北史》《魏书》作犁轩"有误，应为"黎轩"。——笔者注）但伯希和也承认自己"未敢断言犁轩之必为亚历山大，顾此种考证，较前此诸说为完满，甚愿有人讨论也"。他虽然以《那先比丘经》为据，但也表示，"余对于此经之历史及地理亦无多大信用也"。塔恩早在 1938 年版的《巴克特里亚和印度的希腊人》中就否定此说。可参见该书第 421—422 页。

④ T. W. Rhys Davids, trans. , *The Questions of King Milinda*, Part I of II, p. 127(no. 83)；I. B. Horner, trans. , *Milinda's Questions*, Volume I, pp. 114-115(no. 83).

⑤ 前引《后汉书·西域传》材料皆出自"班勇所记"可为证。班勇是班超之子，长期随父生活于西域，公元 100 年"随献物入塞"，回到中原。公元 123 年任西域长史，公元 127 年返回。他所记西域之事，多发生于其父班超镇守西域之时（公元 73—102 年）。

是有了一定的了解。① 不论这个"大秦"是否就是罗马，这个"犁鞬"是否 Alexandria 的谐音，公元 1 世纪的安息以西，也只有罗马帝国的存在，也只有埃及亚历山大里亚这个城市的发音与"犁鞬"最为近似，因此，"犁鞬"应该是埃及亚历山大里亚的谐音。但甘英出使的这个"大秦"具体是指整个罗马帝国，还是罗马的东方属地，抑或意大利本土，学术界见仁见智，各有所据。根据班超父子之时中国方面对安息以西之世界的了解，这时的"大秦"，应该是指包括埃及在内的罗马帝国的东方辖地，犁鞬即 Alexandria，且位于大秦或等同于大秦。② 因此，汉译者将梵语中的 Alasanda（阿荔散）视为大秦国的一个"城国"，并由此衍生出"本生大秦国，国名阿荔散"的译文也就可以理解了。在汉译者看来，"阿荔散"即"犁鞬"，"犁鞬"即"大秦"，所以就顺便加了"大秦国"。

但汉文本又提到了北方"大秦国""大臣国"（"今在北方大秦国。国名舍竭"；"北方大臣国名沙竭"。"大秦""大臣"，音译不同而已），显然在汉译者看来，此"大秦"（"大臣"）非彼"大秦"。此"大秦"（"大

---

① 关于班超遣甘英出使大秦及大秦与犁鞬（犁轩）之记载，详见《后汉书·西域传》，第 2910、2918—2910、2931 页；《三国志·魏书·乌丸鲜卑东夷传》裴松之注引鱼豢《魏略·西戎传》，第 860—862 页。

② 关于《后汉书·西域传》的"犁鞬"具体方位，学界争议百年。目前流行的观点是：这个"犁鞬"是埃及亚历山大里亚城的谐音，是指罗马帝国统治之下的埃及，或是罗马的东方，包括埃及和东地中海地区，或者说是罗马帝国在亚洲的领土。白鸟库吉、伯希和主张此说。夏德虽将 Petra 视为"黎轩"（后来放弃了自己的这一观点），但也承认"黎轩"就是后来的大秦，大秦就是罗马帝国的地中海东部地区，即现在的叙利亚一带。"大秦为罗马帝国本土说"也影响较大。据说是德国学者李希霍芬首先提出，日本学者宫崎市定对此做了充分论证。国内学者孙毓棠、余太山支持"黎轩"是埃及亚历山大里亚城这种说法，岑仲勉、余太山支持大秦罗马本土说。详见龚晏缨：《20 世纪黎轩、条支和大秦研究述评》，《中国史研究》2002 年第 8 期；张绪山：《百余年来黎轩、大秦研究综述》，《中国史研究动态》2005 年第 3 期。就《后汉书·西域传》的"犁鞬"而言，本人倾向于接受"犁鞬"与"亚历山大里亚"、大秦与罗马的东方的认同。但学界对《史记·大宛列传》和《汉书·西域传》中的"黎轩""犁轩"做另外的解读或无不可。如莱斯利和加德纳认为"黎轩（犁轩）、条支"是把塞琉古王国最大的两个城市之名 Seleucia 和 Antioch 连读的结果。见 D. D. Leslie and K. H. J. Gardiner, "Chinese Knowledge of Western Asia during the Han," T'oung Pao, Second Series, Vol. 68, Livr. 4/5(1982), pp. 290-297. 此外，埃及的亚历山大里亚是希腊化时期东地中海地区最为著名的城市，其名称的谐音传到东方也是可能的。

臣"）是米南德统治的王国，国都是舍竭或沙竭（Sagala①）。但巴利文英译本根本没有提到任何一个"大秦国"。可见，此"大秦（大臣）"与彼"大秦"都是汉译者的杜撰，都是从 Alasanda 而来。或许汉译者也同时知道，当时在"弥兰王"的统治区域，的确还有一个"阿荔散"，也就是还有一个可译为"大秦"的"阿荔散"。事实上，正如巴利文本所证实的，梵文原文只提到一个距离 Sagala 仅 200 由旬的 Alasanda，这个 Alasanda（"阿荔散"），应在巴克特里亚—印度希腊人活动的范围之内，尤其是在米南德当时的统治范围之内。按照法国钱币学家波比拉赫奇的研究结论，米南德王国控制的版图最大时包括帕罗帕密萨代（Paropamisadae，即兴都库什山南麓）、阿拉科西亚、犍陀罗、旁遮普等地区。② 在这一范围有文献可查的亚历山大里亚城至少有 4座，它们是位于今坎大哈（Kandahar）的亚历山大里亚③，高加索（兴都

---

① Sagala 的遗址，学界一般认为是现代巴基斯坦旁遮普东北的 Sialkot，但是否就是印度—希腊人国王米南德的都城 Sagala，纳拉因表示存疑。他的理由是 Milindapanha 的开头就说，Milinda 前去 Sagala 会见那先，犹如恒河流向大海。（A. K. Narain，The Indo-Greeks，p. 81.）但从巴利文的两个英文译本看，其意都是说 Milinda 在 Sagala 去见那先；他在此城成了国王。T. W. Rhys Davids，trans.，The Questions of King Milinda，Part I of II，pp. 1,6（no. 1,4）；I. B. Horner，trans.，Milinda's Questions，Volume I，pp. 1,5（no. 1,4）. 波比拉赫奇根据巴利文原文的理解，反驳了纳拉因的观点，证明该城就是此时米南德的都城。详见 Osmund Bopearachchi，From Bactria to Taprobane，Vol. I：Central Asian and Indian Numismatics，pp. 193-196.

② Osmund Bopearachchi，Monnaies gréco-bactriennes et indo-grecques，Catalogue raisonné，p. 453.

③ 塔恩认为这只是一个希腊人的军事殖民地，而且非亚历山大所建，位置应该在坎大哈以北的加兹尼。W. W. Tarn，Alexander the Great，II：Sources and Studies，pp. 234,249；W. W. Tarn，The Greeks in Bactria and India，p. 470. 但 20 世纪中期在坎大哈发现的阿育王颁布的希腊语敕令和希腊语、阿拉米亚语的双语敕令铭文，以及另外两块希腊语铭文（其中一块是希腊化时代早期一座雕塑基座上的希腊语献词，一块是公元前 2 世纪后期一位名为 Sophytos 的希腊语墓志铭），有力地证明这里曾是希腊人的长期居留地。（Getzel M. Cohen，The Hellenistic Settlements in the East from Armenia and Mesopotamia to Bactria and India，p. 256.）莫蒂默·惠勒根据这些新发现的铭文否定了塔恩的观点，认为 Alexandria in Arachosia 就在今日的坎大哈地区。此城是一座希腊化的城市，尽管后来可能易名，但至少存在到公元 1 世纪。可参见 Mortimer Wheeler，Flames over Persepolis，pp. 65-70；Susan Sherwin-White and Amelie Kuhrt，From Samarkand to Sardis：A New Approach to the Seleucid Empire，pp. 101-102. 伊尔多西也提到此地有一座 Alexandropolis. Isidore，Parthian Stations，19.

库什山)的亚历山大里亚(Alexandria of the Caucasus)①,在印度河流域还有亚历山大为纪念其战马而设立的亚历山大里亚—布西法拉(Alexandria Bucephala on the Jhelum)、阿塞尼斯河与印度河交汇处的亚历山大里亚城。② 此外,Sagala 与 Alasanda 的距离也非常重要,需要审慎考虑。看来要确定这个"阿荔散"的准确位置,就必须对两种译文所提供的相关信息做进一步的比对分析,弄清二者到底有何不同,以及二者不同原因之所在。

其一,关于从 Sagala 到 Alasanda 的距离。巴利文英译本和中译本关于 Alasanda 与 Sagala 的距离都是 200 由旬。但《那先比丘经》汉译本是"二千由旬八万里",这显然是汉译者以每由旬 40 里换算的结果。但在问及从 Sagala 到罽宾的距离时,所有巴利文的中英译本中,米兰陀王的回答都是 12 由旬,但《那先比丘经》汉译本作"七百二十里"。以此而论,这里的每由旬等于 60 里。由旬与汉里③的折算在同一译文中长度不一,实在有些蹊跷。更为奇怪的是此处只说"七百二十里"而无由旬数目。所以难以证明是换算标准不一,还是底本有误,或译者自误? 难道二卷本与三卷本的译者都错了吗? 大概还是所据底本有误。当然,巴利文底本也会出现失误,将 18 由旬误为 12 由旬。不管是版本还是译者有误,问题确实存在。这是汉译本与巴利文本的一个明显不同。Yogana(由旬)本是牛车一天行走的路程,与今日长度单位之换算有多种方法,因时而异。大致在 4—9 英里,即 6—15 公里之间。但 1922 年版的《剑桥印度史》依据佛教经典的记载,推算出一个短距离由旬约等于 2.5 英里,根据地图上的直线距离加上适当的绕行距离,得出从 "Alasanda" 即喀布尔附近的"高加

---

① W. W. Tarn, *The Greeks in Bactria and India*, pp. 460-462. 塔恩认为所谓的"高加索的亚历山大里亚"应该位于 Kapisa 或 Begram,二者实为一地,是同地异名。前者是此地在中世纪的称谓,后者是近代地名。Alexandria-Kapisa 应是一座双城,其遗址在今日喀布尔之北 60 公里的 Charikar 附近。关于此城方位的争议,详见 Getzel M. Cohen, *The Hellenistic Settlements in the East from Armenia and Mesopotamia to Bactria and India*, pp. 267-269. 但大致位于兴都库什山南麓和喀布尔以北以今贝格拉姆为中心的地区应该是没有异议的。

② 这两处亚历山大里亚在印度河流域的具体方位迄今均未得到证实。

③ 汉代一里等于 1800 尺,一尺等于 0.231 米,一里合 415.8 米。

索的亚历山大里亚"（现在的 Charikar，Begram）到 Sagala（现在的
Sialkot①）的路程约 500 英里。这个数据与 200 由旬正好吻合，证明
这个 Alasanda 就是"高加索的亚历山大里亚"。② 希腊化城市研究专
家科恩也认为 Milindapanha 中的 Alasanda 就是 Alexandaria of the
Caucasus。③ 其余的几个亚历山大里亚都因距离不合或位置不符可
以排除。

其二，关于 Alasanda 的位置。汉译本有"弥兰王生于海边"之
说，巴利文英译本和中译本均无此。后者都提到一个他出生的村，名
为 Kalasi。汉译本亦无此。对 Alasanda 之具体地望，里斯·戴维斯
译本和两个巴利文中译本都说是一个"岛"（"There is an island called
Alasanda."），霍纳译本说是指两河之间的一块土地（"There is a land
between two rivers called Alasanda."）。④ 这种说法有点类似于《诗
经·关雎》中的"关关雎鸠，在河之洲"的"洲"，或希腊人所说的 meso-
potamia，两河之间的土地。前者或小，后者太大。但有可能是两河汇
合处形成的小岛。塔恩之所以认为这个 Alasanda 就是"高加索的亚
历山大里亚"，就是因为它位于 Panjshi-Ghorband 两河的汇合之处。
根据他的考证，此地为双城，希腊人的亚历山大里亚位于西岸，当地

① Getzel M. Cohen, The Hellenistic Settlements in the East from Armenia and Mesopota-
mia to Bactria and India, pp. 324, 325 n. 3.

② Edward James Rapson, The Cambridge History of India, Volume I, pp. 543, 551. I. B.
霍纳译本采纳了这一说法，见 I. B. Horner, trans., Milinda's Questions, Volume I, p. 114 n. 2-3
（no. 82）.

③ Getzel M. Cohen, The Hellenistic Settlements in the East from Armenia and Mesopota-
mia to Bactria and India, pp. 263, 26.

④ T. W. Rhys Davids, trans., The Questions of King Milinda, Part I of II, p. 127（no. 82）；
I. B. Horner, trans., Milinda's Questions, Volume I, p. 114（no. 82）；巴宙译：《南传弥兰王问
经》，第 88 页；郭哲彰译：《南传大藏经（63）弥兰王问经》（上），第 145 页。根据《剑桥印度
史》的解释，这两种说法都源于对"the dvipa of Alasanda"的不同理解。有的翻译者坚持将
梵文的"dvipa"译为一个岛。但此词也有"两河之间的土地"之意。因此，该作者倾向于后
者，认为有理由将"Alasanda-dvipa"视为 the Panjshir 与 Kabul 两河间之地，也即"高加索山
下的亚历山大里亚"（Alexandria-under-the Caucasus）。Edward James Rapson, The Cambridge
History of India, Volume I, p. 550.

人的 Kapisa 位于东岸,实为一城。^① 所谓的"两河之间"或"岛"似乎可以在此得到比较合理的解释。至于汉译"海边"说,如前所示,根源还在"阿荔散"的埃及"犁鞬"之定位。埃及的亚历山大里亚不就是海滨之城吗?《后汉书·西域传》:"大秦国一名犁鞬,以在海西,亦云海西国。"《魏略·西戎传》:"大秦国一号犁靬,在安息、条支西大海之西……其国在海西,故俗谓之海西。"这里的"犁鞬""大秦"不就是明确的"海西之国"吗?可见"海边说""大秦国说"都源于将"阿荔散"与海西的"犁鞬""大秦"的认同。至于那个小村 Kalasi,据法国学者波比拉赫奇考证,是当地人对"高加索的亚历山大里亚"这座城市的称呼,二者都是指这个城市。^② 看来汉译者省略掉这个 Kalasi 不译也有其道理,或许他看出二者实为一地。汉文译本的"二千由旬八万里"也是按照从犁鞬(埃及的亚历山大里亚)到印度的距离估算的。既然从中国的洛阳到大秦在"海濒四万里外"^③,那从印度的"舍竭"到大秦国的"阿荔散"(犁鞬)就应更为遥远。原来底本上的二百由旬显然不足以表示此距离,于是,汉译者就想当然地把"二百由旬"改成了"二千由旬"。^④ 对这种巨大的反差,有一些法国学者提出可能是巴利文版本的作者将最初文本的 2000 由旬改成了 200 由旬。^⑤ 这种说法令人费解。巴利文作者为什么要改动,原因何在?而且巴黎、斯里兰卡、暹罗三种抄本都如此,可见巴利文本是一致的。反之,汉译者改动说从词源和历史背景上都是可以解释通的。我们还可以想象,如

---

①　详见 W. W. Tarn, *The Greeks in Bactria and India*, pp. 460-462. 他在本书的再版"附记"中又说,此地也可能不存在"Alexandria-Kapisa"二城。但在他没见到法国考古队明确的结论前,他还是坚持以前的判断。见 ibid, "Addenda", p. 540.

②　Osmund Bopearachchi, *From Bactria to Taprobane*, Vol. I : Central Asian and Indian Numismatics, pp. 190-193.

③　《后汉书·西域传》,第 2910 页。

④　W. W. 塔恩早就提出过持类似的观点。他认为,中文翻译者从来不知高加索的亚历山大里亚,只知道埃及的亚历山大里亚,于是将原文的 200 由旬改成了 2000 由旬,并将其换算为中国的"八万里"以引人注意。W. W. Tarn, *The Greeks in Bactria and India*, p. 421. 余太山也认可弥兰王的出生地是高加索的亚历山大里亚之说,认为汉译者"可能为了极言弥兰王生地之远,修改了原文所载距离"。余太山:《〈那先比丘经〉所见"大秦"及其它》。

⑤　W. W. Tarn, *The Greeks in Bactria and India*, p. 421 & n. 4. 可参见[法]伯希和:《那先比丘经中诸名考》,第 115—118 页。

果米南德出生于埃及的亚历山大里亚，怎么能够辗转"八万里"，移民到印度西北部，还做了当地印度—希腊人的国王，建立起如此强大的王国呢？

如果说"高加索的亚历山大里亚"是米南德的出生地，但为什么他的都城 Sagala 又在远离此地的印度河流域呢？而且令人奇怪的是，为什么他的钱币在"高加索的亚历山大里亚"周边地区，也就是在 Paropamisadae 和犍陀罗地区被大量发现，而在被认为是 Sagala 的 Sialkot 遗址上却没有任何发现呢？[①] 波比拉赫奇对此的回答是：米南德确实出生于"高加索的亚历山大里亚"，是一贵族之子，在此建国，并长期统治这一地区。他曾率兵远征恒河流域[②]，但在巴克特里亚称王的欧克拉提德（Eucratides，约公元前 170—前 145 年在位）南下，侵入米南德的地盘，后院起火，他不得不回撤。一场恶战之后，国土大部沦陷，只好在王国的边地城市 Sagala 暂为栖身。高僧那先正好云游此地，二人才有机会相见，从而促成了这一历史性的奇遇。米南德在位时间大约是公元前 165/155—前 130 年。前 145 年，欧克拉提德被其子弑杀，米南德才得以恢复失地，成为印度—希腊人最强大的国王。[③] 这种说法有一定的道理，可备一说。[④]

第三节　米南德与佛教

米南德与佛教的关系，也是一个充满争议的问题。他到底皈依了佛教没有？是出家为僧，还是在家信佛的居士，或者只是佛教的支

①　但近年来在该地区发现了两处含有米南德钱币的窖藏（总数分别是 693 和 400 枚，其中明确知道有 90 枚四德拉克马钱币属于米南德，其余还有多少属于他本人不详），或许可以证明此地曾是米南德钱币的流通之地。参见 Osmund Bopearachchi，*From Bactria to Taprobane*，Vol. I：*Central Asian and Indian Numismatics*，pp. 400-401.

②　关于这次远征的主角，学界有两种说法，一是巴克特里亚国王 Demetrius I，一是印度—希腊人国王米南德。笔者与波比拉赫奇观点相同，均认为应该是米南德。详见杨巨平：《希腊化还是印度化——"Yavanas"考》，《历史研究》2011 年第 6 期，也可见本书第二编第七章。

③　Osmund Bopearachchi，*From Bactria to Taprobane*，Vol. I：*Central Asian and Indian Numismatics*，pp. 198-200.

④　笔者对米南德这次远征由于后方内讧匆匆收场也有论证，可参考杨巨平：《希腊化还是印度化——"Yavanas"考》，也可见本书第二编第七章。

持者、信仰者，或者像阿育王那样，是一个弘法王？

　　根据汉文译本，他本人"少小好读经学异道，悉知异道经法，异道人无能胜者"。当了国王后，"以正法治国，高才有智谋明于官事，战斗之术无不通达，能知九十六种道"。但他并不满足，而是寻求"明经沙门"，看看有何人"能与我共难经说道"。结果，与那先就佛教教理问题深入讨论之后，心悦诚服，皈依佛教，"譬若师子在金槛中，由为拘闭常有欲望去心。今我虽为国宫省中，其意不乐，欲弃国去而行学道"。"欲弃国"只是一种愿望，最后到底实现与否，汉译本没有进一步的说明。但巴利文第 3 卷却借国王之口对此做了否定性的回答："尊者啊，如果我出家为僧，我的生命将不会长久，因为我的敌人太多了。"[1]自称树敌太多，说明当时作为国王的他还是感到危机四伏。如果无人护卫，会有性命之虞。关于这一段经文，波比拉赫奇也有新的解释，认为这正是他远征归来，国土丧失，偏安一隅、陷入困境的反映。[2] 或许，这次问经改变了他的统治方式，就像孔雀王朝的阿育王一样，原来大事杀伐，接受了佛教影响之后，突然悔悟，倡导和平，实行仁政，成了一名弘法王。根据巴利文版的最后一卷（第 7 卷），米兰陀后来还是让位于儿子，自己出家当了和尚，智慧圆满，修成阿罗汉正果（Arahantship）。[3]

　　米南德与佛教的关系也可从他的钱币上看出。他的钱币基本上都是希印双语币，正面是国王的头像，反面是持有盾牌与雷电的雅典娜（Athena Alkidemos，"saviour of the people"），但也有一些钱币上出现了与佛教有关的图像。最为著名的就是他发行的那种呈现佛教法轮的钱币。这种钱币采用了印度钱币的方形，正面是八辐法轮

---

　　[1]　T. W. Rhys Davids，trans.，*The Questions of King Milinda*，Part I of II，p. 135（no. 88）；I. B. Horner，trans.，*Milinda's Questions*，Volume I，pp. 122-123（no. 88）；巴宙译《南传弥兰王问经》，第 95 页；郭哲彰译《南传大藏经（63）弥兰王问经》（上），第 163 页。

　　[2]　Osmund Bopearachchi，*From Bactria to Taprobane*，Vol. I：*Central Asian and Indian Numismatics*，pp. 208-211.

　　[3]　T. W. Rhys Davids，trans.，*The Questions of King Milinda*，Part II of II，p. 374（no. 420）；I. B. Horner，trans.，*Milinda's Questions*，Volume II，pp. 305（no. 420）；巴宙译《南传弥兰王问经》，第 408 页；郭哲彰译《《南传大藏经（63）弥兰王问经》（下），第 269 页。

(Chakra)，疑有表示佛教八正道之意，反面是表示胜利的橄榄枝。[①]
他的钱币上还出现了大象和公牛的形象[②]，这些都是印度文化的标
志。公牛是湿婆的坐骑，大象是佛陀的象征。在被界定为"米南德二
世"（Menander II，约公元前 90—前 85 年在位）的钱币上则出现了明
显的佛教特征，如法轮、狮子、佛教中祝福的手姿（the Buddhist
vitarka mudra），并自称"正义者""法王"（ΒΑΣΙΛΕΩΣ，ΔΙΚΑΙΟΥ
ΜΕΝΑΝΔΡΟΥ；MAHARAJASA DHARMIKASA MENADRASA）。[③]
他与米南德家族有无关系，不详。希腊人中同名现象很多，这里的
"二世"只是通常的译法，并非必然表示世系，也可译为"米南德第
二"。但他钱币上的佛教特征，可作为他接受佛教的证据。

其实，佛教的标志出现在印度—希腊人钱币上并非始于米南德。
早在阿伽托克勒斯（Agathocles，约公元前 190—前 180 年在位）的钱
币上，正面就出现了上端有星的六个拱形或半圆形的小山丘，表示佛
教初期覆钵状的佛塔（stupa），反面是网格状围栏，其中有一棵树，显
然表示释迦牟尼顿悟成佛的菩提树。[④] 在阿伽托克勒斯钱币上首次
出现了希腊语"正义者"（DIKAIOY）的名号，这时似乎与佛教还没有
直接的联系。但米南德之后，有 7 位国王的双语币中出现了希腊语
的 DIKAIOY 及其相应的佉卢文 Dharmikas，即"达摩（佛法）的追随
者"（follower of the Dharma）。奇怪的是在米南德王后作为摄政者发
行的双语币上，仅佉卢文铭文中出现了 Dharmikasa 的名号。[⑤] 这是
制模者的疏忽，还是另有它意，不得而知。但这无疑是印度—希腊人
国王在双语币中自称 Dharmikasa 的开始。"达摩"（the Dharma）即佛
法，应该说这是对米南德精神遗产的继承和光大，也是向印度当地人

---

① Osmund Bopearachchi, *Monnaies gréco-bactriennes et indo-grecques*, Catalogue
raisonné, Pl. 33(Menandre[1]Soter,Série 37).

② Osmund Bopearachchi, *Monnaies gréco-bactriennes et indo-grecques*, Catalogue
raisonné, Pl. 31-33(Menandre[1]Soter,Série 26,28,38).

③ Osmund Bopearachchi, *Monnaies gréco-bactriennes et indo-grecques*, Catalogue
raisonné, Pl. 49(Menandre[2]Dikaios,Série 4-6).

④ Osmund Bopearachchi, *Monnaies gréco-bactriennes et indo-grecques*, Catalogue
raisonné, Pl. 7(Agathcles,9-11).

⑤ Osmund Bopearachchi, *Monnaies gréco-bactriennes et indo-grecques*, Catalogue
raisonné, pp. 387-389.

表示自己接受佛教的宣示。

关于米南德的最后结局，西方古典作家普鲁塔克的说法有所不同，说他死于军营之中。他是巴克特里亚人公认的好国王，深受爱戴，各城市为他举行了隆重的葬礼，但为保存他的骨灰发生了激烈的争执，结果只好协商平分，在各自的城市建塔纪念。[1]　这个记载是否可信，值得考虑。但他所反映的事实却与佛陀死后的礼遇十分相似，也是骨灰被八个国王或城市争着保存，最后只好平分，带到各地建立佛塔保存。[2]　所谓佛塔和舍利子（sarira）的传说由此而生。普鲁塔克生活于罗马帝国初期（约公元前 46—125 年），他道听途说，张冠李戴，把佛陀的传说安插到米南德的身上，也并非没有可能。但他为什么会把佛陀和米南德联系在一起呢？看来，还是与米南德信仰佛教有关。如果塔恩所推测的 Minlindapanha 之前可能先有一个希腊类似文本可证，那普鲁塔克或许会读到这个希腊语文本而对米南德皈依佛教有所知晓。但历史上的米南德是著名的巴克特里亚国王，普鲁塔克在谈及米南德轶事时，既把他视为一个好国王，也暗示了他与佛教的联系。

米南德皈依佛教只是个人行为吗？从汉文译本和巴利文本都能看出，"弥兰王"或"弥兰陀"问经时，总是带着 500 名随从。关于这些人，汉译本译为"五百骑从"或"五百伎（骑）"。英译本则或直译为Yonakas，或意译为"巴克特里亚希腊人"（Bactrian Greeks）。看来，汉译本的译者对梵语或巴利文中表示印度—希腊人的"Yavanas""Yonas"和"Yonakas"不甚了了。其实，这三者都是印度人对外来希腊人的称谓。其词源是波斯语中对小亚沿岸希腊 Ionia 人的称谓"Yauna"，在波斯帝国时期已经传入。阿育王敕令中称希腊人为"臾那人"（Yonas）。公元前 2 世纪初巴克特里亚希腊人进入印度后，也被称为 Yavanas。巴利文中的"Yonakas"无疑还是指在印度的希腊人。[3]　因此，意译为"巴克特里亚希腊人"也未尝不可，但不太准确，似应译"印度—希腊人"（Indo-Greeks）。因为此时的巴克特里亚希腊

---

① Plutarch, "Precepts of Statecraft," Moralia, 821E.

② 参见《长阿含经·游行经·佛说长阿含经第四》，《大正新修大藏经》第 1 卷《阿含部上》（No. 1）。

③ 参见 W. W. Tarn, The Greeks in Bactria and India, pp. 416-419.

人已经迫于北方游牧民族（包括来自中国西北方向的大月氏人）的压力开始退入印度西北部。但无论如何，印度—希腊人在佛经中出现了，著名的米南德王成了"问经"的主角。有学者甚至从弥兰王的随从中看出了几个希腊人名。这些人名在汉译本中有"沾弥利望群"、"悭"，在英译本中有 Devamantiya，Anantakâya，Mankura 和 Sabbadinna。[①]《大正新修大藏经》汉译本的注释将"沾弥利望群"视为二人，"沾弥利"比定为 Devamantiya，"望群"比定为 Mankura。[②] 英译者里斯·戴维斯认为 Devamantiya 是希腊人名 Demetrius 的梵语化[③]，Anantakâya 可能是 Antiochos[④]，但 Mankura 和 Sabbadinna 何指就不清楚了。[⑤] 若此比对可信，汉文本中包括 Menander 在内至少就出现了三个希腊人名（"悭"在巴利文本中的人名对应仍不详）。其实，弥兰王既然有众多的"臾那"（Yonakas）侍从，这些近臣也应是希腊人出身。他们既然与国王一起聆听了高僧那先的高论，也一定随从国王皈依了佛教。其实，他的那位近臣"沾弥利望群"甚至比国王觉悟还早，听了那先的说教后，"心即开解，便做优婆塞，受五戒"，成了在家的居士（lay-follower 或 a supporter of the Order）。[⑥] 这也从侧面反映

① T. W. Rhys Davids，trans.，*The Questions of King Milinda*，Part I of II，1894，pp. 36，47-49（no. 22，29-31）；I. B. Horner，trans.，*Milinda's Questions*，Volume I，pp. 30，40-41（no. 22，29-31）；巴宙译本将此四个人名分别译为提婆曼谛耶、无边身、曼枯罗、一切施，见《南传弥兰王问经》，第 29 页；郭哲彰译为礼弥提耶、安达迦耶、曼具罗、娑婆陈那，见《南传大藏经（63）弥兰王问经》（上），第 47 页，第 317 页注释 12。

② 《大正新修大藏经·论集部》第 32 卷 No. 1670（A，B）《那先比丘经卷上》，第 695 页。

③ 巴宙译本也如此认为，见《南传弥兰王问经》，第 24 页注释 50。

④ 郭哲彰也认为安达迦耶 Antakaya（罗马字本 Anantakaya）是从希腊人名 Antiochos 转化而来。见《南传大藏经（63）弥兰王问经》（上），第 47 页，第 317 页注释 12。

⑤ 可参见 T. W. Rhys Davids，trans.，*The Questions of King Milinda*，Part I of II，"Introduction"，p. xix；A. K. Narain，*The Indo-Greeks*，p. 44。

⑥ 见《大正新修大藏经·论集部》第 32 卷 No. 1670（A，B）《那先比丘经卷上》，第 696、707 页。巴利文英译本也有此内容，见 T. W. Rhys Davids，trans.，*The Questions of King Milinda*，Part I of II，p. 49（no. 30-31）；I. B. Horner，trans.，*Milinda's Questions*，Volume I，p. 41（no. 30-31）。但那位居士是 Anantakâya（Antiochos），而非沾弥利望群。汉经文稍有异，意同。参见巴宙译：《南传弥兰王问经》，第 30—31 页；郭哲彰译：《《南传大藏经（63）弥兰王问经》（上），第 49 页。

了印度—希腊人对佛教的接受。①

综上所述，根据目前所掌握的相关资料和对汉文《那先比丘经》、巴利文 *Milindapanha* 各种译本的解读，尤其是在吸收国内外最新研究成果的基础上，我们还是可以对米南德（弥兰王，Milinda）其人及其所代表的印度—希腊人与佛教的关系，尤其是对经文中所隐含的希腊化历史信息作一些推论。

佛经中的弥兰王或 Milinda 就是历史上的印度—希腊人国王米南德（Menander）。他出生于"高加索的亚历山大里亚"（即今阿富汗的贝格拉姆），在位年代约公元前 165/155—前 130 年。② 他的统治范围与他的钱币的分布区域大体一致，囊括了传统上的整个印度西北部。他尚武好战，一度征服到印度中部的恒河流域。据斯特拉波，他在印度征服的地方比亚历山大还要大。③ 他在印度的统治深得人心，与佛教有着密切的关系。汉译《那先比丘经》和巴利文的中英文译本虽有不同，但基本反映了他作为佛教皈依者和支持者的历史事实。他之所以能被此经撰写者作为与佛教大师对话的主角，并对其出身王族、才华横溢、学识渊博、治国有方大加赞誉，正是由于他在佛

---

① 据斯里兰卡公元 6 世纪的文献《大史》（Mahavamsa）记载，在米南德统治时期（约公元前 130 年），Yona 人的一位长老、大护法者曾带领三万佛教徒从 Yona 人的城市 Alasanda（"高加索的亚历山大里亚"）来到斯里兰卡，参加一座大佛塔的奠基仪式。Maha-vamsa，XXIX，translated from Pali by Wilhelm Geiger，Colombo：Ceylon Government Information Dept.，1912. 三万之数肯定有所夸张，他们是否都是印度—希腊人也难以确定，但佛教在米南德王国流行，信仰者众多由此可证。在巴基斯坦发现的一个圣物盒上的铭文明确说，米南德在位期间的（某年）Kārttika 月的第 14 天，释迦牟尼的肉身遗物（The corporeal relic，舍利子？）被赋予生命，并予以安放。可见那时对佛陀遗物的崇拜开始盛行。Osmund Bo-pearachchi，*Indo-Greek，Indo-Scythian and Indo-Parthian Coins in the Smithsonian Institution*，p. 19 n. 4.
② 关于他的在位时间，说法颇多，大致在公元前 175—前 95 年之间。详见 I. B. Horner，trans.，*Milinda's Questions*，Volume I，"Translator's Introduction"，p. xxii. 这里采纳了波比拉赫奇的推定。见 Osmund Bopearachchi，*Monnaies gréco-bactriennes et indo-grec-ques*，Catalogue raisonné，p. 453. 但他最近对此作了修正，认为米南德在位的起始于"公元前 155 年"可能有点问题，可改为约公元前 165 年。参见 Osmund Bopearachchi，*From Bactria to Taprobane*，Vol. I：Central Asian and Indian Numismatics，New Delhi：Manohar Publishers，2015，pp. 222，408-410.
③ Strabo，Geography，11. 11. 1.

教徒中的崇高威望。他也因此被塑造为一个为求正法而质疑问难的弘法王形象，并借他之问宣扬了佛教关于人生、灵魂、轮回、业报等基本教义。① 《那先比丘经》与 *Milindapanha* 不仅是具有传奇性质的佛教经典，也是研究印度—希腊人命运沉浮的重要史料。

（原载《世界历史》2016 年第 5 期，略有改动）

---

① 根据 I. B. 霍纳的分析，此经几乎涉及了佛教的全部主题，但却没有谈到佛陀肖像问题，说明米兰陀的活动年代在佛陀的雕像出现之前。I. B. Horner, trans. , *Milinda's Questions*, Volume I, "Translator's Introduction", p. xxxi. 未提到，并不等于佛陀形象没有出现，霍纳的推理稍嫌武断。

第十一章　犍陀罗艺术中的"希腊神"及其在中国的演化

——一项基于图像的初步考察[①]

希腊神在古代是否进入中国,似乎从斯坦因在新疆和田地区发现木牍文书上的希腊神像印记以来,已成为不成问题的问题。类似的发现还有山普拉壁毯上的马人肯陶(Centau),甘肃靖远县鎏金银盘上的酒神狄奥尼苏斯,甚至宁夏固原李贤墓中鎏金银壶上的疑似特洛伊神话故事人物等。但这些都是零散的、外来输入的,或作为战利品,或作为商品,自身并没有带来系统性的文化内涵。然而,还有一些希腊神也来到中国,而且在中国扎下了根,并最终融入了中华文化的洪流之中。他们是以佛教神的名义和外貌,通过佛教犍陀罗艺术传过来的。但是,追根溯源,他们的原型或来自希腊,或与希腊的影响有关。正是亚历山大东征,把希腊的神以及希腊神人同形同性的宗教观念带到了中亚、印度,正是他的后继者——希腊—马其顿人的后裔在此地长达三个多世纪的存在,才使得这些希腊神被当地的佛教人士所熟悉,从而欣然接纳了他们,并根据其原来的属性、功能和外形做了一定或很大程度的改造,使他们摇身一变成了佛教中的

[①]　本文所涉及的犍陀罗艺术是国际难题,十分复杂,几乎无一定论。笔者只能在吸收前人研究成果的基础上,根据自己这些年在国外博物馆、国内石窟寺搜集到的图像资料,对犍陀罗艺术中具有希腊化特征的人物形象以及它们在中国的传播、演化做一点历时性的考察。

神灵。当然，这个过程是漫长的，至少要延续到公元4世纪的哈达时期。虽然犍陀罗艺术在贵霜时期也可能受到通过海陆丝路远道而来的罗马艺术的巨大影响①，但罗马艺术实际上是希腊艺术的延续和发展。罗马人几乎接受了希腊所有的神，只不过赋予其新的名称而已。因此，罗马艺术固然给犍陀罗艺术带来了新的形式和理念，但它传过来的神仍然保留了希腊神的基本特征。东汉时期，随着佛教的东传，这些隐身于犍陀罗艺术中的希腊神也逐渐传入中国。如果说，他们在刚开始时，尚能保持自身一定的"希腊性"（Greekness），但随着佛教的汉地化，他们也逐渐失去了自我，成了中国的佛、天王、菩萨、飞天、日神、月神，甚至走向民间，成了护墓的武士、顶天的力士。

第一节 阿波罗与佛陀

拟人化的佛陀形象从何而来，何时产生，如何创造，谁是佛陀的原型？这些问题已经争论了一个世纪之久。迄今为止，学界有三种假设：希腊的阿波罗（Apollo）②，罗马身着托加（toga）的人物雕塑，甚至来自罗马皇帝奥古斯都的雕像③，或者就是从印度的宗教和文化

---

① 参见 Joe Cribb, "Greekness after the End of the Bactrian and Indo-Greek Kingdoms," in Rachel Mairs, ed., The Graeco-Bactrian and Indo-Greek World, Abingdon, Oxon: Routledge, 2021, pp. 675-677. 克里布的证据就是在20世纪30年代出土于阿富汗贝格拉姆的大量罗马器物和艺术品。但也有学者对此提出质疑，认为这些罗马的舶来品仅仅是在此地集中发现，很难将其作为犍陀罗艺术起源于罗马艺术的见证。Lauren Morris, "Roman Objects in the Begram Hoard and the Memory of Greek Rule in Kushan Central Asia," in Rachel Mairs, ed., The Graeco-Bactrian and Indo-Greek World, pp. 581-584.

② 法国著名考古学家福歇率先提出，正是亚历山大之后希腊人对印度的统治，才导致了佛教与希腊艺术的结合，从而由当地的混血希腊人或在皈依佛教的希腊人（或欧洲人）指导下的当地人创作出了这种以阿波罗为原型的佛陀。A. Foucher, The Beginnings of Buddhist Art, Paris & London, 1917, pp. 111-137(especially see 128), Pl. XI-2. 本杰明·罗兰虽然坚持罗马的影响，但也承认最初的佛像是以阿波罗为原型（a Apollonian prototype）。后来虽有改变，但保持了基本的特征（同样无生气的年轻脸庞）。Benjamin Rowland, "The Hellenistic Tradition in Northwestern India," The Art Bulletin, Vol. 31, No. 1, Mar. 1949, pp. 1-10.

③ H. Buchthal, "The Foundations for a Chronology of Gandhara Sculpture," Trans. of the Oriental Ceramic Society, Vol. 19(London 1942-43), 1944, p. 30; "The Western Aspects of Gandhara Sculpture," Proc. of the British Academy of British, 1945, p. 10, E. C. 4.

传统中发展而来,没有固定的原型。[1] 这个问题其实和犍陀罗艺术的起源有关。这是学术界的热点问题,有很多假说和观点。[2] 目前在承认西方古典影响的前提下,主要有希腊起源说和罗马起源说两种。前者由福歇提出,"希腊—佛教艺术"("Greco-Buddhist art")这个术语就是他创造的。[3] 后者由前面提到的 H. 布弗塔尔以及惠勒、本杰明·罗兰、亚历山大·C. 索珀等提出。惠勒甚至提出了"罗马—佛教艺术"(Romano-Buddhist art)说以回应福歇的"希腊—佛教艺术"说。他把犍陀罗艺术的创造时间限定于公元 1 世纪贵霜人占领此地至公元 5 世纪白匈奴人入侵之间。此时正是罗马帝国时期。他特别强调了四个原因证明自己的理论,即:在迦腻色伽为代表的贵霜帝国的大力支持下,大乘佛教的出现和广泛流传;印度与西方,尤其是与亚历山大里亚的艺术品贸易;罗马艺术家或工匠被雇佣到印度从事他们熟悉的艺术创作;亚历山大里亚灰泥技术的偶尔进口,在当地受到欢迎,容易传播和模制。但他也承认希腊人统治时期至少使当地人对希腊罗马古典艺术有所熟悉,尽管这种作用对于犍陀罗艺术的诞生微乎其微。[4] 罗兰虽然没有否定犍陀罗艺术的希腊化艺术之根,但强调它在印度—帕提亚时期和贵霜时期受到罗马甚至罗马—帕尔米拉雕塑艺术的影响,在风格上发生了一些大的变化,但这不是再生,而是延续和发展。[5] 索珀主要从犍陀罗艺术中的小群像及其主题与同时期的罗马艺术相比较,发现了其中的相似之处,典型的有"小爱神与花纲"(Cupid-and-garland)和"小爱神与海马"(Cupid-

①　Ananda K. Coomaraswamy, "The Origin of the Buddha Image," *The Art Bulletin*, Vol. 4, 1927, pp. 287-329.

②　详见宫治昭著,李静杰译:《近年来关于佛像起源问题的研究状况》,《敦煌研究》2000 年第 2 期。

③　参见 A. Foucher, *L'art gréco-bouddhique du Gandhâra. Étude sur les origines de l'influence classique dans l'art bouddhique de l'Inde et de l'Extrême-Orient*, 2 t. [t. 1: 1905; t. 2 en trois fasc.: 1918, 1922, 1951], Paris: Imprimerie nationale.

④　Mortemer Wheeler, *From Beyond the Imperial Frontiers*, London: G. Bell & Sons, 1984, pp. 154-171. 主要观点见第 168、171 页。

⑤　详见 Benjamin Rowland, "A Revised Chronology of Gandhâra Sculpture," *The Art Bulletin*, Vol. 18, No. 3, Sep. 1936, pp. 387-400; "The Hellenistic Tradition in Northwestern India," pp. 1-10; "Gandhara and Late Antique Art: The Buddha Image," *American Journal of Archaeology*, Vol. 46, No. 2, Apr. -Jun. 1942, pp. 223-236.

and-seahorse)，并分析了罗马影响的两个主要来源，一是应邀西来的罗马艺术家，二是通过海上丝路输入的罗马艺术品。[①] 但如前所示，还有一种说法是印度起源说，认为应该从印度宗教与文化传统寻求佛陀形象的起源，如印度的自然精灵之神夜叉（Yaksha）和耆那教的人物形象（Jain images）；马图拉（Marthura）是佛陀形象的发源地，此地的佛像早于犍陀罗的佛像，而且佛陀形象的出现在迦腻色伽在位之时或之前；因此佛像起源于印度，与印度—希腊人无关。[②] 钱币学家克里布也持印度起源论，他对迦腻色伽有佛陀形象的钱币做了系统研究，得出了大致相似的结论。他特别推算出马图拉的佛像可能出现于约公元150年，犍陀罗的佛像出现于约公元220年；二者既然有如此紧密联系，讨论犍陀罗艺术的希腊化影响或罗马影响也就没有必要了。[③]

我知道自己无力对这些问题做出明确的回答，但是，我倾向于阿波罗—佛陀这一主流假说。因为，无论佛像最早出现在马图拉或犍陀罗，还是出现在印度—希腊人或印度—斯基泰人时期，或者出现在贵霜王迦腻色伽时期，一个不容置疑的事实是，希腊或古典元素在犍陀罗佛教艺术的起源中起着不可或缺的作用。众多的古典主题、故事、人物、神祇，科林斯柱式，希腊风格的服饰和纹饰，具有古典特征的雕像等都验证和证实了佛教艺术中希腊化元素的存在。即使是在犍陀罗地区发现的那些调色盘或化妆盘（palettes or toilet-trays）中，希腊化的题材和风格也很明显。其中有一个场景就与阿波罗

---

① Alexander C. Soper，"The Roman Style in Gandhāra，" *American Journal of Archaeology*，4(1951)，pp. 301-319.

② 也见 Ananda Coomaraswamy，"The Indian Origin of the Buddha Image，" *Journal of the American Oriental Society*，Vol. 46，1926，pp. 165-170；Ananda K. Coomaraswamy，"The Origin of the Buddha Image，" pp. 287-328.

③ 见 Joe Cribb，"The Origin of the Buddha Image—the numismatic evidence，" *South Asian Archaeology*，1981(Cambridge 1984)，pp. 231-244.

的神话故事有关。① 塞琉古王国钱币的背面以他们的保护神阿波罗神为主。从塞琉古王国独立出来的巴克特里亚希腊人王国和后来的印度—希腊人王国，也都发行过"国王/阿波罗型"的钱币。② 这些钱币的流通、延续无疑也加深了佛教徒对阿波罗神的熟悉和接受。诚然，如前所言，罗马帝国初期的艺术风格也随着海上丝绸之路的开通，传到印度、中亚，但罗马艺术如同罗马文化一样，都是对希腊化文化的继续、扬弃、改造和发展。因此，相对于东方艺术和宗教而言，来自地中海地区的希腊、罗马艺术都可以归入广义的希腊化艺术范畴。它们与当地文化、艺术的结合，是亚历山大时代以来数百年东西方文化交往互动的结果。因此，当我们观察到佛陀的形象与希腊的阿波罗神（图1—4），甚至罗马身着托加（toga）的人物雕塑有某些相似之时，没有必要感到突然和惊讶。③

　　这在某种意义上，是一种自然而然的文化融合，是佛教内部发展的需求与外部多元文化的氛围使然，并非刻意寻求的结果。随着大乘佛教的出现，佛陀由一个觉悟者、传道者、有生有死的凡人变成了一个无所不能的神。以前，佛教徒遵循佛陀的遗教，没有给佛陀以具象，仅仅用法轮、佛塔（stupa）、佛座、菩提树、大脚印等表示他的存在。但现在佛陀已经成神，就需要在现实中寻找或创造一个与信仰中的佛陀类似的人物形象。佛教在阿育王时期（公元前3世纪中期）就已经传到犍陀罗地区，甚至阿富汗的坎大哈地区。印度—希腊人

----

　　① 详见 H. P. Francfort, *Les Palettes du Gandhara*（MDAFA 23），Palette nos. 1，2，3，6，8，9，12-17，19，24-26，41-44. 布弗塔尔把这些主题与希腊罗马神话有关的化妆盘都归于罗马艺术的影响。（H. Buchthal, "The Western Aspects of Gandhara Sculpture," pp. 5-7，Fig. 2-15. ）显然，他当时还没有见到马歇尔关于塔克西拉的发掘报告。马歇尔把此地的化妆盘归于印度—斯基泰人和印度—帕提亚人时期，认为这些化妆盘的大部分主题是希腊化的，这种类型的石盘是与希腊化文化一起从西方输入的，在西方，尤其在埃及已经发现了这样的先例。见 J. Marshall, *Taxila*, Vol. II, pp. 493-494；Vol. III, Plate 144-146（no. 62-94）。

　　② 各种姿态（头像、胸像、站像）的阿波罗钱币形象，陆续出现在巴克特里亚和印度—希腊人的钱币上，一直到印度—希腊人末王斯特拉托二世之时（Strato II，约公元前25—公元10年在位）。其中欧泰德姆斯二世钱币上的阿波罗头像与后来的佛陀头像非常相似。详见 Osmund Bopearachchi, *Monnaies gréco-bactriennes et indo-grecques*, Catalogue raisonné, p. 377, Pl. 6（Euthydeme II, Série 6）。

　　③ 参见 H. Buchthal, "The Western Aspects of Gandhara Sculpture," Fig. 17-19.

的国王米南德和他的诸多希腊人随从已经皈依佛教。① 对于这些远东希腊人佛教徒或者或多或少受过希腊化文化影响的印度佛教徒而言，从他们所熟悉的希腊神中寻找一个佛陀的原型也就顺理成章了。当然，很遗憾，我们对这种从无形的佛陀到有形的神之间的转化过程并无实证资料，但考虑到自亚历山大以来印度人对希腊化文化的了解，印度—希腊人在印度西北部长达两个世纪的直接统治和存在，再考虑到印度—希腊人和印度人、希腊文化和印度文化的融合，尤其是印度—希腊人（至少部分）的皈依佛教，借用希腊神的原型同时用佛教神的要求对其加以改造，佛陀的神人形象也就有可能被创造出来。那么，为什么以福歇为首的学者从这些佛陀雕像上看到了阿波罗的影子呢？ 答案大概还是要回到佛陀形象的始创者那里。首先，大概在他们看来，既然希腊的神和人一样，同形同性，各有自己的形象，那佛教的神为什么就不能有一个看得见、摸得着的崇拜偶像呢？ 其次，既然阿波罗神是希腊人的太阳神、光明之神，形象英俊可亲，为什么就不能用它作为原型为佛陀造像呢？ 其实，我们与其说阿波罗有可能是佛陀的原型，不如说希腊的神人同形同性、神人合一的宗教理念为佛教艺术家们接纳希腊的神，并对其进行为我所需的改造敞开了大门。所以，不仅阿波罗神，其他诸如大力神赫拉克勒斯（Heracles）、胜利女神尼科（Nike）、命运女神提刻（Tyche）、酒神狄奥尼苏斯（Dionysus）、顶天巨神阿特拉斯（Atlas）、日神赫利俄斯（Helios）等都进入了佛教的殿堂。因此，当佛陀的形象随着佛教的传播出现在中国的时候，一个具有佛陀身份的"希腊神"也就来到了中国。

根据中国史书《后汉书》的记载，佛陀形象（image）的传入发生在汉明帝时期（公元58—75年）②：

① 关于印度—希腊人，尤其是米南德和佛教的关系，详见笔者《弥兰王还是米南德？——〈那先比丘经〉中的希腊化历史信息考》，《世界历史》2016年第5期；《希腊化还是印度化——"Yavanas"考》，《历史研究》2011年第6期。也可见本书第三编第十章、第二编第七章。

② 佛教何时入华，史料记载不一，学界也多有争议。笔者在拙文《两汉中印关系考——兼论丝路南道的开通》（《西域研究》2013年第4期；本书第一编第二章）中对此已有所说明，恕不赘述。关于永平求法，汤用彤先生经详细考证，认为大致可信，见《汉魏两晋南北朝佛教史》，北京大学出版社，1991年，第3—22页。

世传明帝梦见金人,长大,顶有光明,以问群臣。或曰:"西方有神,名曰佛,其形长丈六尺而黄金色。"帝于是遣使天竺,问佛道法,遂于中国图画形象焉。楚王英始信其术,中国因此颇有奉其道者。后桓帝好神,数祀浮图、老子,百姓稍有奉者,后遂转盛。[①]

这些佛陀雕像一定是他最先派去的那些使节或那些来自中亚和印度的外国佛教徒带来的。虽然由于佛教艺术在本土也几经变化,传到中国后又面临着"中国化"的挑战,后来在中国雕刻或绘画的佛陀的轮廓因时因地大为改观,与最初的形象相去甚远,但我们似乎仍能从中找到希腊式佛像的基本特征:高而直的希腊式鼻子,宽松的希腊式外套,具有湿衣贴体效果的希腊式衣褶[②],以及头上的希腊式波浪卷发型。如果我们对哈达的泥塑佛像多加注意(图5),就会发现,它们似乎更接近于希腊罗马古典艺术的风格。在那些中国早期最具代表性的佛像雕塑上,我们仍然可以明显感受到希腊—佛教艺术的特点。正是在这个意义上,犍陀罗艺术的传入意味着希腊化元素的传入,"阿波罗"形象的传入。至于这些佛像在中国的演变,尤其是被世俗统治者所利用改造的汉化过程,宜另文讨论。这里仅举出两例,一是大同云冈石窟最初的昙曜五窟中的佛像以北魏初期的五位皇帝为原型[③],洛阳龙门石窟的卢舍那大佛传说以唐代女皇武则天为原型。但不管如何改换容貌,佛陀的基本特征仍然保留。(图6)

---

① 《后汉书·西域传》,第 2922 页。

② 这种透明贴体的衣饰早在公元前 5 世纪雅典帕德嫩(Parthenon)神庙的群雕中就已经出现。实物见大英博物馆帕德嫩展厅东山墙的 K(Hestia)、L-M(Dione 和 Aphrodite)雕像。

③ 史载北魏文成帝即位后,"诏有司为像,使如帝身"。由僧人昙曜主持,"于京城西武周塞凿山石壁,开窟五所",史称"昙曜五窟"。详见《魏书·释老志》,中华书局,1974 年,第 3036—3037 页。

第二节　赫拉克勒斯与护法金刚[①]

赫拉克勒斯在古希腊神话中，是一个半人半神的英雄，他是宙斯和底比斯（Thebes）王后阿尔克墨涅（Alkmene）的儿子，以十二个伟大功绩、不屈不挠精神、最强健的体魄而闻名。他是一名勇士，是文明战胜野蛮的象征，死后成为奥林帕斯山诸神之一。在马其顿的传统中，马其顿人的祖先或阿基德家族（Argead）来自阿尔戈斯的泰门尼德斯家族（Temenides of Argos），即赫拉克勒斯的故乡，所以宙斯和赫拉克勒斯也自然成为亚历山大崇拜的祖先和偶像。在母亲的影响下，亚历山大甚至认为自己就是宙斯之子，而非父亲腓力亲生[②]，这就更加深了他和宙斯、赫拉克勒斯的血缘关系。在他征服期间发行的钱币上，正面是赫拉克勒斯头戴狮子头皮头盔的典型形象，反面是宙斯坐在王座上，一手持权杖、一手持鹰的形象。（图7）随着征服的扩大和帝国的建立，这种钱币在整个希腊化世界甚至更远的地方流通。

当然，还有其他的方式使赫拉克勒斯的形象更加深入人心，比如在亚历山大及其继承者新建的希腊式城市的神庙和体育馆里，一般都会有他的雕像；他的故事在远东的希腊人中一代又一代地流传，甚至被印度人和外来民族所接受。总之，当佛教徒需要一个佛陀的卫士、保护者时，大力神赫拉克勒斯就被选中，转而成了佛教的护法金刚。这种身份的变化可以从哈达佛陀身边的护法金刚塑像中看出。狮子皮仍然披在赫拉克勒斯的左肩上，并从其后背下垂重新出现在他的腿上，他的木棒已经变成了护法金刚的金刚杵。（图8）这一形象或许会受到印度—希腊人国王钱币的影响。（图9）从这两图看出，两个赫拉克勒斯的坐姿非常相似。后来，随着犍陀罗艺术的东

---

　　① 谢明良、邢义田二位先生在此问题上都做过深入的研究。多年前，笔者就是在读了他们的文章后，开始对赫拉克勒斯和护法金刚的关系产生兴趣，并得到进一步研究的灵感。参见谢明良：《希腊美术的东渐？——从河北献县唐墓出土陶武士俑谈起》，《故宫文物月刊》1997年第7期；邢义田：《赫拉克勒斯在东方》，载荣新江、李孝聪主编：《中外关系史：新史料与新研究》，第15—47页。

　　② Arrian, Anabasis of Alexander, 4. 9. 9, 4. 10. 2; Plutarch, Alexander, 2-3, with an English translation by Bernadotte Perrin, Cambridge, Mass. : Harvard University Press, 1919.

传,赫拉克勒斯—护法金刚的形象来到了中国,并经过改造进入了中国的佛教寺庙甚至隋唐时期的民间墓葬中。护法金刚和护墓的武士的形象能够发生如此大的变化,根本原因就是佛教的汉化和世俗化。在佛教与儒家相互兼容的大背景之下,护法金刚的功能被专用于一般的死者也是可以理解的。既然他可以保护佛陀,为什么就不能保护芸芸众生呢?

就赫拉克勒斯形象由西向东的演变而言,大致可以分为四个阶段。第一阶段是古典时代。赫拉克勒斯的形象是在有关他的传说或神话故事上创造出来的。头上戴着狮子头皮盔,手持留有疤痕的木棒,或者胳膊上搭着狮子皮,成为他的形象的基本特征。

在雅典国家考古博物馆里,有一组赫拉克勒斯的雕像,从童年到成年,有各种图案和姿势。这里只选取两例,来显示他的经典特征。一件是站立的赫拉克勒斯,头上戴狮皮头盔,狮子的两个前爪在胸前打了一个结,即所谓的"赫拉克勒斯结"(Heracles knot)。右手可能持他的木棒,左臂上搭着从背后缠绕而过的狮子皮。(图10)在另一座雕像中,宙斯坐在他的前面,赫拉克勒斯(右)披着狮皮面对宙斯站立,左手持木棒。(图11)

第二个阶段是希腊化时期。赫拉克勒斯的形象开始发生变化。其一来自阿伊·哈努姆遗址。毫无疑问,这是赫拉克勒斯的雕像,但头上没有狮头皮盔,取而代之的是一个花环,一根表面光滑的大棒靠在他的左臂上。(图12)另一来自塔赫特—伊·桑金遗址,剑柄上镶嵌着他戴狮皮头盔的头像。(图13)这应该是对希腊化钱币上亚历山大形象的模仿。这两件均无法确定具体年代,但应归于巴克特里亚希腊人王国时期(公元前3世纪中期至公元前2世纪中叶)。

此外,在伊朗贝希斯敦还发现了一座直身半卧姿的赫拉克勒斯雕像。身后的岩石上刻有木棒和箭袋,头上无冠,左手托着一个杯子。不过,他的身下是一个站立的狮子的浮雕。(图14)[1]此像雕刻于公元前148年,也就是塞琉古王国重新占领此地之时,是献给上省的希腊人总督的,或许为了纪念对帕提亚人的胜利。类似的赫拉克勒斯形象在雅典的埃琉西斯(Eleusis)也被发现。(图15)它的年代是

---

[1]　John Boardman, *The Greeks in Asia*, p. 78, illus. 38.

公元前 1 世纪，赫拉克勒斯似乎处于醉酒的状态，与贝希斯敦神情刚毅、昂首远望的形象显然不同。但二者都呈侧卧姿，都有赫拉克勒斯的基本标志——木棒和狮子（皮）。二者的身旁都有悬挂着的箭袋（Quiver），弓箭也是他的武器之一。他在贝希斯敦有可能被当地人视为琐罗亚斯德教的胜利之神或战争之神——韦勒斯拉格纳（Verethragna，Bahram），也有可能是旅行者的守护神，因为此地是丝绸之路主干道的必经之地。

在这一阶段，正如我们所看到的，赫拉克勒斯的形象在向东传播的过程中，已经失去了一些特征。但希腊—巴克特里亚国王钱币上的赫拉克勒斯却保持了原来的基本特征，比如欧泰德姆斯家族的钱币上就有各种赫拉克勒斯姿态的形象，裸体、木棒和狮子皮应有尽有。（图 16）他们之所以受到这些国王的青睐，还是因为他是亚历山大的祖先。正如波比拉赫奇教授所指出的，这些希腊巴克特里亚的国王正是希望通过这种风格的钱币来表明他们与亚历山大大帝的直接关系，使他们的统治更加合法。① 赫拉克勒斯就是在这样的背景下被带入佛教圈的。②

第三阶段属于犍陀罗佛教艺术早期，赫拉克勒斯与其他前面提到的希腊诸神一同出现在健陀罗艺术中。从图 17 这组雕像中，我们可以看到赫拉克勒斯已经被佛教所接受，成为佛陀的守护者——护法金刚。他不再全裸，似隐似现有衣服着身，有时戴着狮子头皮头盔，手持从木棒演变而来的金刚杵，有时则只有金刚杵在手。

第四个阶段是赫拉克勒斯—护法金刚形象在中国的演化。随着佛教的汉化，赫拉克勒斯这一金刚力士的形象逐渐变成了中国式的天王或武士。在敦煌石窟，我们看到了护法金刚已经成为站立一旁的身披虎皮的天王。（图 18）在麦积山石窟，他也成为石窟外的天王，头戴狮头或虎头皮盔，左手中握着一把向下的长剑。（图 19）他甚至进入了

---

① ［法］奥斯蒙德·波比拉赫奇撰，杨巨平、王杨译：《亚历山大大帝与印度—希腊君主们的钱币肖像》，《四川大学学报》2018 年第 3 期。

② 对于赫拉克勒斯在东方的传播和演变，捷克考古学者斯坦科有更为详细的介绍。Ladislav Stanco，*Greek Gods in the East*，Prague：Karolirnum Press，2012，pp. 137-157，232-234.

隋唐时期的民间墓葬中,成了护墓的武士俑。(图 20—23)①

从这些武士俑中,我们可以看到赫拉克勒斯的一些特征似乎还保留着。关于头盔,学术界有一些争议,是狮子的头皮还是老虎的头皮?虽然我不能确定它到底是什么,然而,根据它们之间的相似特征,并考虑到佛教和犍陀罗艺术已经渗入到中国人社会生活中的背景,我倾向于把它们看作是佛教汉化、佛教人物世俗化的一种反映。不论是狮子头还是虎头,这些护墓俑应该是从赫拉克勒斯—护法金刚转化而来。

第三节　尼科与飞天

阿普萨拉(Apsara)是印度神话中水和云的女精灵,在中国被转译为飞天。现在所知她的最早形象出现于印度中央邦萨特纳地区的巴尔胡特村的窣堵波(stupa,印度式佛塔)中,时间是约公元前 2 世纪。(图 24)当时佛陀的形象还没有被创造出来,所以两个有翅膀的阿普萨罗在窣堵波上方面对面地飞翔,手中分别持有花环和棕榈枝。我不能确定这对阿普萨拉的形象在印度是否属于最早的发现,但现在的定年将其置于印度—希腊人统治时期。从她们身上,特别是从犍陀罗艺术中那些不同的飞天身上,我们发现,她们的形象和希腊的胜利女神尼科之间有一些相似之处,一些证据似乎表明了她们之间的联系。②

从巴尔胡特的这尊石雕,我们一眼就回想起了古典艺术中尼科形象的基本特征:她有两只翅膀,在向其他希腊神祇如宙斯、德米特尔(Demeter)等献花时,习惯于单手或双手持花环。在希腊化时期,她经常被描绘成站在宙斯伸出的手上,手捧花环,跃跃欲飞,向他敬献花冠。我们可以在亚历山大及其继承者塞琉古一世,以及一些印

---

① 关于其他的武士陶俑,见信力行:《定县南关唐墓发掘报告》,《文物资料丛刊》1982年第 6 期,第 110—116 页,图版 14;安阳市博物馆:《唐杨偘墓清理简报》,《文物资料丛刊》1982 年第 6 期,第 130—133 页,图版 5.1。

② 约翰·博德曼也注意到了它们与胜利女神尼科的相似之处,并将其归结为来自西方的影响。John Boardman, The Greeks in Asia, pp. 132-133, illus. 70.

度—希腊国王发行的钱币上看到这样的例子。[①]（图 25—27）值得注意的是，犍陀罗艺术中的飞天扮演着同样的角色。一般来说，她飞翔于佛的头顶之上。原本她有两只翅膀，比如那些在犍陀罗和中亚发现的尼科（图 28），以及在中国新疆塔里木图木舒克的佛寺发现的飞天（图 29）。然而，随着犍陀罗艺术的东传，她的形象也发生了一些变化。比如，她变成了一个舞女或手持箜篌、琵琶、笙等乐器演奏的女乐师。她的双足甚至她的双腿渐渐消失，变成了一条长长的裙摆，在空中迎风飘曳。这种变化在敦煌石窟和云冈石窟中表现得尤为突出。（图 30—31）

尼科作为类似的有翼女神，是否影响了犍陀罗艺术中飞天形象的演变，当然值得进一步讨论。然而，她的形象首先出现在深受希腊化文化影响的印度西北部。即使是在贵霜时期，此地也有很多希腊化的遗产长期存在。因此，尼科等希腊神灵对佛教人物的影响应该是自然而然的。总之，飞天起源于印度，与希腊的胜利女神合二为一，最后成为中国的飞天，这一演化路径是有可能成立的。

从这些飞天可以看出，它们出现的时间有先有后，如果就其与犍陀罗艺术的关系而言，云冈的飞天雕像要比敦煌的飞天壁画更接近于最初的风格。其一，云冈的飞天都是石雕（深浮雕），在风格和取材上与早期犍陀罗的石雕艺术，尤其是与巴尔胡特的飞天比较接近。其二，云冈的飞天飞翔的姿态为横飞式，有头光，有飘逸的披帛，但手中没有花环。他们的体型一般呈浑圆形，立体感强烈，四肢基本保留，尤其是下肢的腿与足都清晰可见。简言之，云冈的飞天呈现的是一个个完整的正在飞翔的天人，性别区分不是那么明显。但敦煌的飞天某种意义上是对犍陀罗飞天的突破，其一，壁画与石雕截然不同，这就给佛教艺术家们留下了许多自由发挥的空间。于是飞天完成了由人形到半人形的转化，同时也突出了女性的灵性和柔美。她

---

① 在一些希腊—巴克特里亚和印度—希腊国王的钱币上，尼科手持花环站立。见 Osmund Bopearachchi, *Monnaies gréco-bactriennes et indo-grecques*, *Catalogue raisonné*, p. 379, Pl. 10(Antimaque I. 5)、14-15(Antimaque II. 1), 22(Eucratide I. 22-23), 31-33(Menandre I. 22, 27, 3134), 37(Straton I. 29-30), 44(Philoxene 12), 48(Epandre 2-3), 49(Menandre II 1-2), 50(Artemidore 5-6), 51(Archebios 11). 有的钱币显示尼科站在宙斯的右手上，见 p. 380, Pl. 26(Heliocles, 3. 4), 49(Menandre II, 4), 39-40(Antialcidas 1-5, 9, 12, 13).

们的上半身保持了正常的形态,但下半身基本被飘动的裙摆所代替,而且上下左右自由摆动。她们手中持的也不是花环,而是各种乐器,当然"伎乐"也是佛教精神世界的需要。这种乐师在中亚的佛教遗址中就有发现,一般出现于科林斯式柱头的叶饰之中,与敦煌的空中漫游有所不同。为什么云冈和敦煌的飞天会出现这些差异呢?我想,除了受石材的限制之外,有几点值得注意。第一,云冈是纯粹的石窟,其中的雕像是就地取材,是从石窟中开凿出来的;敦煌的石窟显然是先凿洞,然后在其中或泥塑或绘画。第二,也是最主要的原因,就是云冈石窟是中原内地最早开凿的石窟,是在来自凉州的僧人昙曜的主持下开凿的(公元 460 年之后)。北魏时期,是丝绸之路发展的又一个高峰,此时的都城"代"(平城)成为丝路的起点和终点。北魏的管辖区域扩展到葱岭以西的粟特地区。甚至领有印度犍陀罗地区的大月氏国商人也来到北魏的都城("其国人商贩京师")①,西域原生态的犍陀罗艺术传来应该与此有关。是否有来自中亚或印度的艺术家或工匠前来参与,不得而知,但担任雕凿的石工,多是太武帝拓跋焘平北凉后从凉州迁来的。凉州即现在的武威,与西域的联系显然要更为紧密。那里的粟特商人也被带到了京师。② 因此,云冈石窟的佛教艺术在汉化的同时,更多地保留了印度、中亚犍陀罗艺术的式样、风格和特征。飞天只是其中的一个类型而已。反之,敦煌石窟的开凿始于 366 年,但它的那些飞天壁画都出现于北魏之后的西魏时期或唐代,反映了佛教汉化的程度随着时间的推移逐渐深入,到隋唐时期,就飞天而言,已经完成了中国化的转变。

第四节　阿特拉斯与力士

阿特拉斯是希腊神话中的泰坦(Titians)之一。他曾经支持泰坦神与奥林帕斯诸神的战争。泰坦战败后,宙斯责罚他在大地(Gaia,盖亚)西端用肩膀撑起天空,防止两者拥抱在一起。所以在古典艺术中,他的背上常有一个地球仪或天球。(图 32)这种形象被犍陀罗艺

---

① 《魏书·西域传》,第 2275 页。

② 粟特国,"其国商人先多诣凉土贩货,及克故臧,悉见房。"《魏书·西域传》,第2270 页。

术采纳。在今阿富汗哈达的佛教雕塑中，出现了许多与他相似的形象，他蹲着用肩膀或两手向上支撑着佛塔，有时他的背上有两个翅膀。（图33—35）后来，他的形象随佛教传入中国。在敦煌石窟壁画中发现的一个阿特拉斯，基本上还保持了犍陀罗的风格。（图36）但在云冈石窟，他则成为一个强壮的佛教徒形象，可以支撑起多层级的中国式佛塔。（图37）随着佛教的汉地化、世俗化，他的形象也被借用在俗人的墓中。在云冈附近（今大同市石家寨）出土的北魏司马金龙墓中有一座石床，床足上就出现了疑似阿特拉斯的形象。这时，他变成了一个强壮的力士，用两只手顶起石床。（图38）司马金龙墓是司马金龙与其妻的合葬墓。两人分别卒于北魏太和八年（公元484年）、延兴四年（公元474年）。由此可见，云冈石窟开凿（始于约公元460年）之后不久，阿特拉斯的形象就被民间所接受。

第五节　赫利俄斯与苏利耶

赫利俄斯（Helios）和苏利耶（Surya）分别是希腊和印度的太阳神苏利耶（Surya）。他们的艺术形象都有驾车的场景。一些中国学者注意到敦煌石窟第285窟壁画中的驷马战车上的太阳神（图39），与克孜尔石窟第17窟的太阳神（图40）以及位于菩提伽耶（Bodh Gaya，佛陀在此处的菩提树下悟道）的驷马战车上的苏利耶（图41）有相似之处，并进一步认定它们与希腊的每天驾驭驷马战车从黎明到日落的太阳神赫利俄斯（图42）相吻合。[1] 在中国西北地区的一些隋唐时期的织锦上也发现了类似的人物形象。最具代表性的是青海省都兰热水地区发现的一尊戴冠的王者，他坐在六匹马牵引的战车上，两边各三匹，方向相反。（图43）有的学者也认为这种人物是希腊的"赫利俄斯"，可能是亚历山大带到中亚和印度的。在传入中国的途中，它受到了伊朗、印度和中国等其他文化元素的影响，并与之融合。[2] 这种联系似乎是合理的、合乎逻辑的，但我们需要更多的证据来验证这一假设，因为战车上的苏利耶和赫利俄斯的形象差异太明显了。

---

[1]　Zhang Yuanlin, "Dialogue among the Civilizations: the Origin of the Three Guardian Deities's Images in Cave 285, Mogao Grottoes," *The Silk Road*, 2(2009), pp. 33-48.

[2]　赵丰：《魏唐织锦中的异域神祇》，《考古》1995年第2期，第179—183页，图版4。

在公元 1—3 世纪的印度,也有类似的图案出现,可以视为太阳神乘坐马车的先驱或源头。马图拉的印度太阳神苏利耶正面坐在双马战车上,背后有光圈。(图 44)类似的苏利耶乘坐双马战车的形象也出现在一个"化妆盘"上(图 45)。它们与敦煌、克孜尔和青海都兰热水的苏利耶乘车形象非常相似。我们有理由推断,通过丝路,这些图案随着犍陀罗艺术一起传入中国,首先传入中国西北地区。事实上,它们在某种意义上也可以归入犍陀罗佛教艺术的范畴。但是,我们还发现,类似的图案早在印度—希腊人国王柏拉图(Plato)的钱币中已出现。(图 46)也许它们才是印度太阳神苏利耶乘车形象的原型。[①]当然,如果再往前追溯,希腊本土的太阳神赫利俄斯驾驭驷马战车的形象才是中国印度太阳神乘车图案的最终源头。[②]

结 论

通过以上考察可以看出,犍陀罗艺术中的希腊化因素确实存在,尽管学界对它们是何时通过何种途径输入印度西北部还有争议。但从亚历山大及其继业者以及巴克特里亚希腊人和印度—希腊人的钱币上的希腊神来看,印度的佛教徒熟悉或者接受希腊的神的进程至少在公元前 2 世纪印度—希腊人大规模进入印度西北部就已开始。佛教经典中的希腊人国王弥兰王(即米南德,Menander)皈依佛教并非虚构。[③] 巴尔胡特手持花环的飞天形象很难说与希腊胜利女神的形象无关,不论佛陀形象是否与阿波罗有关,希腊神人同形同性的宗教观念与大乘佛教需要一位完美的、人形的神佛来顶礼膜拜存在一定的关联。因此,正是希腊人及其文化遗产在此地长达数百年的存在与影响,催生了具有希腊化特征的犍陀罗艺术的萌芽,后来通过海陆两路传来的希腊化的罗马艺术正是在此基础上被中亚和印度的佛教徒以及当地的统治者所利用,从而大大推动了犍陀罗艺术的发展。也正是在这样的背景之下,这些"希腊神"随着佛教,尤其是犍陀罗艺

---

① John Boardman, The Greeks in Asia, p. 99.

② 许新国也注意到了青海都兰织锦上的太阳神与希腊太阳神在艺术形式上的联系,见《青海都兰出土吐蕃太阳神图案织锦考》,《中国藏学研究》1997 年第 3 期。

③ 参见杨巨平:《弥兰王还是米南德?——〈那先比丘经〉中的希腊化历史信息考》,《世界历史》2016 年第 5 期;本书第三编第十章。

术,通过丝绸之路,经中亚到达塔里木盆地,然后再逐渐传入到中原内地。在此过程中,他们与佛教的汉地化同步,最终成为中国式的佛教人物,融入中国的传统文化中。从赫拉克勒斯变身而来的护法金刚在隋唐之时成为民间的护墓俑就是最为典型的例证。

（原载《西域研究》2022 年第 1 期）

图 1　犍陀罗地区早期佛陀雕像之一,公元 1—2 世纪,现藏日本东京国家博物馆。图片来源：https://commons. wikimedia. org/wiki/File：Gandhara_Buddha_(tnm). jpeg

图 2　"望楼的阿波罗",原为青铜雕像,公元前 350—前 325 年希腊雕塑家莱奥卡雷斯（Leochares）制作。此为哈德良时期（约公元 120—140 年）罗马复制品。笔者 2014 年 1 月 17 日摄于梵蒂冈博物馆①

图 3　"奥林匹亚的阿波罗",约公元前 460 年。笔者 2009 年 2 月 16 日摄于希腊奥林匹亚考古博物馆

图 4　巴克特里亚希腊人国王欧泰德姆斯二世（约公元前 190—前 185 年在位）钱币上的阿波罗头像。图片来源：https://www. zeno. ru/showphoto. php? photo= 32071

————————

① 在印度西北部 Charsada 发现的类似的"望楼的阿波罗"陶像,见 Mortomer Wheeler,From Beyond the Imperial Frontiers,pl. XXXIIB.

图 5 阿富汗哈达的一组泥塑佛像，公元 3—4 世纪。笔者 2014 年 1 月 26 日摄于法国巴黎吉美博物馆

图 6 左 云冈石窟大佛（以北魏开国皇帝拓跋珪为原型），公元 471—494 年。笔者 2017 年 9 月 7 日摄

图 6 右 龙门石窟卢舍那大佛（以武则天为原型），公元 672—675 年。图片来源：https://commons. wikimedia. org/wiki/File：Longmen. Vairocana. jpg

图 7 亚历山大钱币，赫拉克勒斯/宙斯型。图片来源：https://commons.wikimedia. org/wiki/File：KINGS_of_MACEDON. _Alexander_III_the_Great_336-323_BC. jpg

图 8　赫拉克勒斯—护法金刚，哈达，阿富汗东部，公元 3 或 4 世纪。法国国家科学研究院奥斯蒙德·波比拉赫奇教授提供①

图 9　欧泰德姆斯一世（约公元前 230—前 200 年在位）的钱币反面：赫拉克勒斯坐在一块覆盖狮子皮的石头上休息，右手握木棒，置于右腿之上。图片来源：http://numismatics. org/collection/1995. 51. 28

图 10　赫拉克勒斯，公元前 350—前 325 年。笔者 2009 年 2 月 7 日摄于希腊雅典国家考古博物馆

图 11　赫拉克勒斯和宙斯，公元前 3 世纪上半叶。笔者 2009 年 2 月 7 日摄于希腊雅典国家考古博物馆

---

① 见 Zémaryalaï Tarzi，"Haḍḍa à la lumière des trios dernières campagnes de fouilles de Tapa-èShotor，" *CRAI*，1976，pp. 394-396，Figs. 9，10 & 11；此地还发现一个另外一个类型的 Vajrapani 泥塑，这是从正当年的、没有胡须的赫拉克勒斯形象演变而来（pp. 402-404，Figs. 16-17）。也见 John Boardman，*The Greeks in Asia*，illus. 122.

12

13

图 12　手持大棒的赫拉克勒斯，出土于阿富汗阿伊·哈努姆遗址，约公元前 150 年。笔者 2017 年 4 月 27 日摄于北京故宫阿富汗宝藏展

图 13　赫拉克勒斯的象牙头像，戴狮皮头盔，来自塔赫特—伊·桑金，公元前 3 世纪。图片来源：John Boardman，*The Greeks in Asia*，illus. 21

14

15

图 14　赫拉克勒斯/韦勒斯拉格纳（Verethragna，Bahram），贝希斯敦，伊朗，公元前 148 年。笔者 2017 年 5 月 14 日摄

图 15　雅典埃琉西斯（Eleusis）的赫拉克勒斯[①]，公元前 1 世纪。笔者 2009 年 2 月 7 日摄于雅典国家考古博物馆

---

① 赫拉克勒斯在这个雕像中被描绘成喝醉了的样子。他斜卧在树下铺着狮子皮的石头上，左手端着一个双耳酒杯（skyphos），抬起的右手为面前吹双笛的年轻萨提尔（Satyr）打节拍。他的木棒斜倚在树干上，箭筒挂在树枝。这幅浮雕可能是献给埃琉西斯的赫拉克勒斯圣殿的。摘自雅典国家考古博物馆这座雕像上的说明。

图 16　德米特里（Demetrius，约公元前 200—前 190 年在位），反面的赫拉克勒斯正面站立，为自己加戴花冠，手持木棒和狮皮。图片来源：https://commons. wikimedia. org/wiki/File：DemetriusCoin. jpg

图 17. 1　护法金刚—赫拉克勒斯，头戴狮皮头盔，身披狮皮，前爪胸前打结，右手持金刚杵，左手持剑。犍陀罗，公元 2—3 世纪。图片来源：http://www. britishmuseum. org/research/collection _ online/collection _ object _ details. aspx？objectId = 246720&partId= 1&searchText= vajrapani&page= 1

图 17. 2　手持金刚杵的护法金刚和佛教僧侣，犍陀罗，时间不详。图片来源：https://commons. wikimedia. org/wiki/File：VajrapaniAndMonks. jpg

图 17. 3　站在佛陀身后的护法金刚，犍陀罗，公元 1 世纪。笔者 2014 年 2 月 7 日摄于德国柏林亚洲艺术博物馆

图 17. 4　站在佛陀身旁的护法金刚，公元 2—3 世纪。笔者 2016 年 4 月 23 日摄于英国伦敦大英博物馆

18　　　　　　　　　　　　　　　19

图 18　披虎皮的天王,敦煌石窟第 205 窟,中唐时期。图片来源:刘永增主编《敦煌石窟全集:塑像卷》,香港:商务印书馆,2003 年,第 129 页图版 122

图 19　护法金刚泥塑,麦积山石窟,北周(公元 557—581 年)。笔者 2007 年 8 月 18 日摄

20　　　21

图 20　唐三彩武士俑,出土于西安灞桥区红庆村,唐代(公元 618—907 年)。笔者 2013 年 7 月 24 日摄于西安博物馆

图 21　护法金刚石雕,唐代(公元 618—907 年),发现于山西省左云县。笔者 2017 年 9 月 5 日摄于大同博物馆

22　　　　　　　　　　　　　　　23

图 22　唐墓中的武士陶俑。图片来源:山西省文物管理委员会、山西省考古研究所《山西长治北槽唐墓》,《考古》1962 年第 2 期,图版 8:1—2

图 23　唐墓中的武士陶俑。图片来源:王敏之等《河北献县唐墓清理简报》,《文物》1990 年第 5 期,第 29 页图版 4:1

图 24　手持花环和棕榈枝的有翼飞天（Apsara），公元前 2 世纪，印度巴尔胡特。笔者 2014 年 3 月 9 日摄于美国华盛顿弗里尔艺术馆

图 25　亚历山大发行的钱币徽章，尼科双手持花环，飞向站立着的亚历山大，为其加冕。图片来源：https://upload. wikimedia. org/wikipedia/commons/f/f8/ Alexander_the_Great_India_coin. jpg

图 26　塞琉古一世发行的亚历山大式钱币，反面为宙斯手托向他敬献花环的尼科。图片来源：http://fontes. lstc. edu/~ rklein/images/sel1. jpg

图 27 印度—希腊人国王米南德二世(Menander II，约公元前 90—前 85 年在位)钱币上的有头光的胜利女神。图片来源：https://commons. wikimedia. org/wiki/File：Menander_II_with_nimbate_Nike. jpg

28.

图 28 有翼飞天在佛陀头顶向他敬献花环，公元 4 世纪，现藏巴基斯坦拉合尔市中心博物馆。图片来源：Christian Luczantis，*Gandhara-Das Buddhistische Erbe Pakistans*：*Legenden*，Klöster und Paradiese. Mainz：Verlag Philipp von Zabern，2008，Kat. Nor. 204，p. 267

图 29 佛陀头顶的有翼天人，新疆图木舒克，公元 4—7 世纪早期。笔者2014 年 1 月 26 日摄于法国巴黎吉美博物馆

图 30　手持箜篌的飞天，敦煌莫高窟第 285 窟，西魏时期（公元 535—556 年）。图片来源：敦煌文物研究所编著《中国石窟：敦煌莫高窟》第一卷，图 138

图 31　飘动的飞天，云冈石窟第 9 窟，公元 484—489 年。笔者 2017 年 9 月 6 日摄

图 32　阿特拉斯，公元 2 世纪复制品，原作于公元前 1 世纪。笔者 2014 年 1 月 19 日摄于意大利那不勒斯博物馆

33　　　　　　　　　34　　　　　　　　35

图33　双手支撑佛教建筑物的阿特拉斯夜叉（Yaksa-atlante），约公元前2世纪或公元前1世纪初，巽加王朝时期。笔者2014年1月26日摄于法国巴黎吉美博物馆

图34　有翼阿特拉斯，犍陀罗，公元1—3世纪。笔者2014年1月26日摄于法国巴黎吉美博物馆

图35　双手支撑佛塔基座的一组阿特拉斯，此为其中之一，公元2—3世纪，出土于阿富汗哈达遗址。笔者2014年1月26日摄于法国巴黎吉美博物馆①

图36　阿特拉斯，敦煌莫高窟272号窟。图片承蒙奥斯蒙德·波比拉赫奇教授惠赠

---

①　注意旁边的科林斯式壁柱，这也是犍陀罗艺术中的希腊化因素之一，在犍陀罗艺术中常常出现。有的是圆形柱，柱顶的阿堪突斯（Acanthus）叶形比较逼真；有的则是方形柱，相应的柱顶的叶形也趋于简单，仅有轮廓而已。这实际上反映了犍陀罗艺术家们对古典的科林斯式柱式的改造或拙劣的模仿。巴克特里亚应是这些柱式的源头之一，阿伊·哈努姆遗址就出土了大量的科林斯式柱头。在印度西北部活动近两个世纪的印度—希腊人就是从巴克特里亚而来。

图 37　支撑中国式佛塔的阿特拉斯形象，公元 484—489 年。笔者 2017 年 9 月 6 日摄于云冈石窟 10 号窟

图 38　裸体力士支撑石床，出土于司马金龙墓。笔者 2017 年 9 月 5 日摄于大同博物馆

图 39　战车上的太阳神，敦煌莫高窟第 285 号窟。图片来源：敦煌文物研究所编著《中国石窟：敦煌莫高窟》第一卷，第 116 页

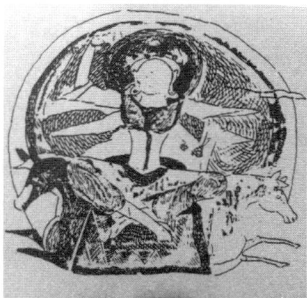

图 40　战车上的太阳神,克孜尔石窟第 17 号窟。图片来源:新疆维吾尔自治区文物管理委员会、拜城县克孜尔千佛洞文物保管所、北京大学考古系编《中国石窟:克孜尔石窟》第 1 卷,文物出版社,1989 年,第 177 页

41　　　　　　　　　　　42

图 41　驷马二轮战车上的苏利耶,菩提伽耶浮雕,约公元前 2—1 世纪,图片来源:https://commons. wikimedia. org/wiki/File:Bodh_Gaya_quadriga_relief. jpg

图 42　驾驭战车的赫利俄斯,发现于伊利昂的雅典娜神庙,公元前 4 世纪早期。图片来源:https://commons. wikimedia. org/wiki/File: Helios-Metope, Troja,_Athena-Tempel. jpg

图 43　中国织锦上的"赫利俄斯",北朝—隋朝,发现于青海省都兰热水地区。图片来源:赵丰《魏唐织锦中的异域神祇》,《考古》1995 年第 2 期,图一:5. 6

　　　　　　　　44　　　　　　　　　　　45

　　图 44　背带光圈的太阳神苏利耶，马图拉，公元 1 世纪（?）。图片来源：
Ananda K. Coomaraswamy,"The Origin of the Buddha Image,"*The Art Bulletin*,
Vol. 4,1927,Fig. 44,p. 326. 该作者说太阳神有翼（winged），但辨认不出

　　图 45　化妆盘（stone palette,toilet tray）上的浅浮雕：站在战车上的太阳神苏
利耶，公元 1—3 世纪。笔者 2014 年 1 月 26 日摄于法国巴黎吉美博物馆

　　图 46　印度—希腊人国王柏拉图（Plato）的钱币，背面为站在驷马战车上的
赫利俄斯。图片承蒙波比拉赫奇教授惠赠①

---

　　① 也可见 Osmund Bopearachchi,*Monnaies gréco-bactriennes et indo-grecques*,Catalogue
raisonné,Pl. 23（Plato）.

第十二章 山西地区北朝隋唐文物中的外来文化因素

　　古代山西是民族融合之地,尤其在北朝时期,拓拔鲜卑入主中原,即首先在山西立足。迁都平城之举,不仅奠定了北魏统一北方的基础,也推动了汉代以来中外文化交流的第二个高潮。鲜卑族原属游牧民族,势力强大时,其活动范围接近西域,与此地诸民族当有一定的交往和文化认同。西域各国前来朝贡通好、经商者甚多,有的甚至长期留居,胡语、胡物、胡乐及胡人信奉之宗教随即传来。具有犍陀罗艺术特征的云冈石窟在北魏之初开凿,即外来文化大举传入并在当地落地生根的标志。然而西域民族并非皆信奉佛教。当时波斯古老的宗教琐罗亚斯德教,即中国所称之的祆教、拜火教早已在西域,尤其在葱岭以西的原康居、乌孙、大月氏之地传播,此地来华胡人带来自己的宗教亦不足为奇。虽然随着岁月流逝,胡汉一家、梵华一体的文化格局自然形成,许多外来文化因素最终都融入了中华文化的大系统之中,但它们毕竟在某些方面还是留下了踪迹。除了现存的文献、石窟、碑铭等地上文物之外,地下出土的文物为这些异域文化因素的传入提供了有力的证据,近年来在山西及其周边地区出土的一些北朝及隋唐时期的文物就充分显示了这一点。

第一节　虞弘墓中的外来文化因素

虞弘墓 1999 年在山西太原一出土，即引起中外学术界的关注。其主要原因在于该墓虽属汉式墓葬，但墓中石椁上的图像反映的是与中原传统文化明显不同的异域文化。因此，对这些图像如何解读，它们与墓主人有何关系，就成了虞弘墓研究中的热点问题。

（一）虞弘身世解析

据墓志，墓主人虞弘（公元 534—592 年），祖籍鱼国。曾在茹茹（柔然，蠕蠕）与汉地为官，历仕北齐、北周、隋。其父曾任茹茹国高官莫何去汾，出使过北魏或东魏。虞弘本人 13 岁就担任柔然使节，先后出使波斯、吐谷浑，后转使北齐。此后一直留居内地，59 岁去世。曾任北齐之轻车将军、直斋、直荡将军使持节都督凉州诸军事、凉州刺史、射声校尉、假仪同三司、游击将军，北周之使持节、仪同大将军、开国伯，后兼领并、代、介三州乡团、检校萨保府，隋之仪同三司、领左帐内，并受命"镇押并部"。[1] 可见，虞弘是个汉化较深的胡人。从其墓志的形式和内容、墓中图像与其他随葬品来看[2]，他既保持了对所信奉之宗教的虔诚，一生未改其宗，但又接受了当地汉文化的浸润。至少在他的后代或丧葬主持者看来，这两方面的因素对于死后的虞弘都是必不可少的。关于虞弘本人，有两个问题值得再加探讨。

（1）他的祖籍鱼国到底何在？

由于专家们在史书上未找到有关鱼国的记载，至今仍无明确的的结论。据张庆捷等执笔的《太原隋代虞弘墓清理简报》和最后发表的发掘报告《太原隋虞弘墓》，鱼国应在中亚，后来一度在北魏和柔然

---

① 《虞弘墓志》全文见山西省考古研究所、太原市文物考古研究所、太原市晋源区文物旅游局：《太原隋虞弘墓》，文物出版社，2005 年，第 89—93 页。

② 虞弘墓志是汉地格式，石椁外观呈仿木构歇山顶式殿堂建筑式样，墓中石俑除两个男侍俑外，其余皆为汉人装束。但椁中四壁与底座上的画像内容却具有明显的异域文化风格。详见山西省考古研究所、太原市考古研究所、太原市晋源区文物旅游局：《太原隋代虞弘墓清理简报》，《文物》2001 年第 1 期。

的交叉势力范围内。① 据荣新江,"鱼国不可考,但从虞弘祖父仕任
于柔然,推知为西北地区的小国"。② 据罗丰,鱼国实为鱼部,虞弘祖
上当居于北方类似于水出大鱼之地,后来随柔然势力西扩而迁入西
域。③ 林梅村则从语言学和民族学的角度对鱼国方位作了考察,认
为所谓的鱼国则可能出自中亚的比千部落。④ 余太山也从语言学角
度入手,认为鱼国似与古希腊历史家希罗多德笔下的中亚
Massagetae 人有关,Massagetae 人傍锡尔河为居,以饲养家畜和鱼类
为生,且 Massagetae 一词有"鱼"之意,故称其鱼国也可。⑤ 据周伟
洲,鱼国即中亚之大月氏,鱼、虞皆由"月"转化而来。其居地即大月
氏迁徙西域之今阿姆河北之地。⑥ 各说虽有所不同,但都认为鱼国
最后之方位大致应在西域中亚一带。周伟洲先生提出"鱼国—月氏"
说,将地望的确定往前推进了一步,但有几点需要澄清。一是当虞弘
之时,大月氏所建之贵霜国此时已经衰亡,阿姆河北之月氏故地已成
白匈奴嚈哒人控制之地。虽然《魏书》《北史》上仍有"大月氏"的传,
但阿姆河之北的大月氏国早不存在。因为此前取代贵霜人控制原来
大月氏(实为巴克特里亚)的寄多罗人,不堪蠕蠕(柔然)的多次侵扰,
不仅迁都薄罗城,而且在其王寄多罗的带领下,"兴师越大山,南侵北
天竺",在印度西北部犍陀罗一带偏安称王去了。⑦ 月氏故地分裂为

---

① 进一步的证据详见山西省考古研究所、太原市文物考古研究所、太原市晋源区文物旅游局:《太原隋虞弘墓》附录五《虞弘墓出土人类遗骸的线粒体 DNA 序列多态性分析》,第204—208页。

② 荣新江:《隋及唐初并州的萨宝府及粟特部落》,载荣新江:《中古中国与外来文明》,第171页。

③ 罗丰:《一件关于柔然民族的重要史料——隋〈虞弘墓志〉考》,《文物》2002年第6期。

④ 林梅村:《稽胡史迹考——太原新出隋代虞弘墓志的几个问题》,《中国史研究》2002年第1期。

⑤ 余太山:《鱼国渊源臆说》,《史林》2002年第3期。

⑥ 周伟洲:《隋虞弘墓志释证》,载荣新江、李孝聪主编:《中外关系史:新史料与新研究》,第247—257页。

⑦ 见《魏书·西域传》,第2275页;《北史·西域传》,中华书局,1974年,第3226页。寄多罗南下印度的原因可能与嚈哒的兴起有关。据《魏书·嚈哒传》,嚈哒位于乌浒河以南,都巴底延城(应为巴克特拉),盛时役属西域大小三十多国,实际上取代寄多罗王国成了中亚的主人(第2278—2279页)。

众多小国，汉文史料中所谓"昭武九姓"就在其故地，或为其支裔。[①]
此时的虞弘是否还会自认为是统称泛指的"月氏—鱼国"人，值得怀疑。二是月氏在先秦典籍中确有"禺知""禺氏"之称，但月氏、月支（虞弘墓志中称此）、禺知、禺氏如何转化为鱼国，却不得其详。周先生认为可能是虞弘迁入内地，并依托其先祖为黄帝之裔有虞氏，不愿直书其原为戎狄月氏之名，故以月氏之月（鱼）为其国名和姓氏。但这种解释仍不能说明为什么不用"虞"而用"鱼"。若要避讳，国名与姓都用虞不更好吗？为什么要用"鱼"这个令人费解的同音异体字？这里实无避讳之必要。因为墓志下文就明确提到了月支。而且，如果鱼国、月支同指一国，为什么两处说法不一，也是难解之谜。三是周先生将墓志中"润光安息，辉临月支"理解为赞誉虞弘一族为其祖居国增辉，那"润光安息"又该如何理解？安息故地远在以伊朗高原为中心的地区，并非虞弘祖居之地，可见"鱼国—月支说"仍值得斟酌。以我管见，依当时西域人多以其国名为姓的习惯，虞、鱼同音，鱼国当有其国。从他能奉柔然国王之命出使波斯一事来看，鱼国应在柔然控制范围之内或与柔然接近之地，大致方位似应在柔然与波斯之间的西域某一地区。此外，若依罗丰所考，北朝少数民族之姓氏多与其居地特征有关联，那鱼国是中亚（非罗丰所说的北方）一临水产鱼之国也有可能。前述余太山的考证也给人类似的启示。至于墓志中提到的安息、月支二地，不过是借古地名来赞誉虞弘的波斯之行。因为这二地都是虞弘出使波斯必经之地。因安息早已灭亡于萨珊波斯（公元 224 年），阿姆河之北的月支国（贵霜）也不复存在，虞弘所经过的只能是大月氏、安息的故地而已。尽管学者们对鱼国的准确位置理解不一，但虞弘来自与中原文明迥然不同的西域或中亚地区则确定无疑，在他身上体现出异域文化的特征也就在情理之中了。

（2）虞弘有何背景，有何才能，能历经两地三朝做官而不败？

据墓志，虞弘 13 岁就受当时称雄漠北、西域的柔然国王之命出使波斯、吐谷浑。是少年老成，或少年得志，还是与其家世有关？或

[①] 关于公元 3 世纪之后萨珊波斯、柔然、鲜卑、贵霜、嚈哒在中亚地区力量的消长，控制区域的变化以及各小国的存在情况，王治来做了比较清楚的梳理。可参见王治来：《中亚史纲》，第 147—165 页。

许他只是一名具有一定官职的随行者，但在墓志中予以夸大了。死后誉美，似也是中原丧葬文化的传统。虞弘后人受此影响，也在情理之中。但有一点很清楚，此行(公元 546 年)对于虞弘后来的人生命运产生了重大作用，尤其确立或坚定了他的宗教信仰。这时的波斯为萨珊朝(公元 226—652 年)统治，奉琐罗亚斯德教为国教。该教传播甚广，"西域诸胡事火祆者，皆诣波斯受法焉"。① 波斯成为祆教传播的大本营，其结果是西域的高昌、康国、安国、曹国等都"俗事天神"或祆神。② 甚至约公元 4—5 世纪称雄于中亚的嚈哒人也"事天神、火神"③，信仰祆教。由此可见，虞弘之鱼国如果位于西域或中亚地区，与萨珊波斯为邻，或是其属国，那虞弘出使前或许就是一名祆教徒。即使他赴波斯前不识祆教，那他所经之地及目的地则都是祆教国家，他受到感染在所难免。事实证明，他后来在北周末年受命"检校萨保府"，显然与其原属西域人氏并信仰祆教有关。萨保，或译萨宝、萨甫、萨薄，本是兼领宗教事务的商队首领。北朝隋唐时，因西域尤其粟特商人大批内迁，形成聚落，因而需设专人及专门的机构管理，萨保遂成为政府设立的专门管理胡人的官职，萨保府成为胡人管理机构。虞弘能任职于萨保府，也从侧面说明他与西域侨民有深厚的民族与宗教渊源关系。

此外，虞弘能"翱翔数国，勤诚十主"，并在北朝三朝为官，说明他已与中原制度文化融为一体。颂文中说他"蕴怀仁智，篆斯文武"，可知其已具备儒家传统对从政者德才兼备、文韬武略的要求。加之他的胡人出身，自然成为历朝非汉族统治者笼络重用的对象，特别受到一贯压抑汉人的北齐统治者的重用。他本为使节，却"弗令返国"④，反而委以重任。西域之人在内地任职者甚多，但像虞弘这样经历的人却不多见。这足可说明民族融合与文化交流是北朝时期中外关系

---

① 《旧唐书·西戎传》，中华书局，1975 年，第 5311 页。

② 见《魏书》《北史》《隋书》有关西域各国的记载，虽有先后抄录或语焉不详，但大致上可以看出祆教在中亚到高昌一带的流行。

③ 见《梁书·诸夷传》，中华书局，1973 年，第 812 页。关于嚈哒人的记载，正史中共有两处，一处在《梁书》，一处在《魏书·西域传》。二者国名和记述有所不同，但应为一国。参见王治来：《中亚史纲》，第 156—157 页。

④ 参见山西省考古研究所、太原市文物考古研究所、太原市晋源区文物旅游局：《太原隋虞弘墓》，第 89—93 页。

的主旋律。虞弘就是在这样的历史背景之下产生的一位半汉化的传奇式胡人。

（二）虞弘墓图像中的异域文化因素解读

近年来，随着以山西太原虞弘墓与陕西西安安伽墓为代表的具有祆教特征的墓葬的发掘，学术界对祆教在中国内地的传播以及由此引起的对东西方文化交流的关注逐渐多了起来。最近有学者认为近年在山西太原王家峰出土的北齐徐显秀墓中的一些图像和随葬品以及 20 世纪 80 年代在太原出土的北齐娄叡墓均有祆教文化的因素。[①] 关于这方面的研究，笔者了解不多，但据目前公布的资料，窃以为还是虞弘墓所包含的西域文化因素较为明显[②]，其中以来自萨珊波斯的文化因素为主。

其一，石椁底座上熊熊燃烧的祭坛以及祭坛旁的鹰身人首祭

----

① 见施安昌：《北齐徐显秀、娄叡墓中的火坛和礼器》，《故宫博物院院刊》2004 年第 6 期。该文认为，这二墓的随葬品灯盏及其他物品如鸡首壶、瓶、尊等均为祆教礼器。灯盏非照明用，而是祭火坛。墓门及门额又刻绘有古代伊朗神灵森莫夫（Senmurv）和焰肩祆神，由此证明这二墓葬"存在祆教文化的影响"。但也承认，二墓志未提到墓主人与祆教的关系。此外，徐、娄二墓墓门门额上的图像虽然比较相似，与安伽墓、虞弘墓上的图像轮廓也有相似之处，但仔细观察，还是有明显的不同。首先，徐、娄二墓的正中央是一怪兽，而非祭火坛；其次，怪兽两侧是两只神鸟，而非鸟身人首。即使是徐、娄二墓的图像，也有一些差别，娄墓门额上方似有新月托日形象，徐墓则根本无此。结合墓中的其他图像，说这二墓含有异域文化或胡人文化、西域文化因素可以确定，但说具有祆教性质的火坛和礼器则稍嫌牵强。在学界对此未作定论前，笔者暂不将此作为祆教入华的典型例证。各墓图案详见山西省考古研究所、太原市文物管理委员会：《太原市北齐娄叡墓发掘简报》，《文物》1983 年 10 期，图版二；山西省考古研究所、太原市文物考古研究所：《太原北齐徐显秀墓发掘简报》，《文物》2003 年第 10 期，图二三至二六、三五、三六；陕西省考古研究所：《西安发现的北周安伽墓》，《文物》2001 年第 1 期，图三、四、八、九；山西省考古研究所、太原市考古研究所、太原市晋源区文物旅游局：《太原隋代虞弘墓清理简报》，图三一、三六。

② 关于虞弘墓图像所隐含的外来文化信息，不少学者颇有兴趣，提出了一些引人注意的见解。其中国内以山西省考古研究所张庆捷、中山大学姜伯勤的探讨最为深入。张庆捷在《太原隋代虞弘墓石椁浮雕的初步考察》一文中对石椁上的 54 个单体图案作了详细的描述，是对前述发掘报告同类内容的补充，并提出"图案中所见文化界域应在中亚与西亚之间"的结论。姜伯勤则以琐罗亚斯德教经典《阿维斯塔》和伊朗神话传说为根据，对图画中的人物故事及寓意作了深入的探讨（详见姜伯勤：《隋检校萨宝虞弘墓石椁画像石图像程序试探》及《隋检校萨宝虞弘墓祆教画像的再探讨》，载《中国祆教艺术史研究》，第 121—154 页）。虽然对这些图像的解读仍在继续，但他们二人的论文无疑标志着国内虞弘墓的研究已从文物的整理表述转入了对其文化内涵的探究。

司图像表明,这是一座祆教信仰者之墓。① 祆教,又称拜火教,古代波斯宗教,由琐罗亚斯德(希腊语称 Zoroaster,波斯语称 Zarathustra)所创立,故称为琐罗亚斯德教(Zoroastrianism)。该教以《阿维斯塔》(Avesta)为经典,信仰善恶二元论,奉阿胡拉·马兹达(Ahura mazda)为最高神。认为火是他的象征,包含了太阳和其他天体的光辉,显示了善神的力量、伟大和能力,以最纯洁的形式,闪耀着最高的真理。既然火是如此纯洁,如此神圣,所以祭司们在主持拜火仪式时,就要戴口罩,以避免呼吸污染了圣火。这就是我们在虞弘墓和西安出土的北周安伽墓中所发现的鸟身人首的祭司均戴口罩②的原因。现代的祆教徒仍保持了这一传统,由此可以反证虞弘墓中的图像具有祆教的特征。③ 此外波斯银币的反面也常常显示出两个祭司分立两边,照看中央祭火坛的图案,只不过祭司是人形而非鸟身。而且鸟身也非中原祆教徒的创举,在今阿富汗地区的苏尔赫·科塔尔(Surkh Kotal)遗址就有贵霜大夏时期大鸟立于火坛旁的类似雕刻遗存。④

其二,墓中人物形象具有典型的胡人特征。至少包含了波斯、粟特、突厥三个民族,其中波斯人特征最为明显。(图1)画中有的人物头戴王冠,或呈雉堞形,或是日月冠⑤,均高高耸起。这与萨珊波斯银币正面的国王形象十分相似。⑥ 有的人物身着长帔,或头后饰以

---

① 山西省考古研究所、太原市考古研究所、太原市晋源区文物旅游局:《太原隋代虞弘墓清理简报》,图三一、三六。

② 见陕西省考古研究所:《西安发现的北周安伽墓》,图三、四、八、九;山西省考古研究所、太原市考古研究所、太原市晋源区文物旅游局:《太原隋代虞弘墓清理简报》,图三一、三六。

③ 见 Paula R. Hartz,Zoroastrianism, New York:Facts On Files Inc,1999, pp. 15-16,87,91.

④ J. M. Rosenfeld,The Dynastic Arts of the Kushans,Berkeley and Los Angeles:University of California Press,1967,Fig. 117 "Fire altar in the center of Temple B".

⑤ 日、月也是阿胡拉·马兹达的象征,《阿维斯塔》的《次经》(Minor Texts)中有 5 篇祷词是献给太阳和月亮的。Paula R. Hartz,Zoroastrianism,p. 74.

⑥ 关于萨珊钱币上的国王头像特征,详见 http://www. grifterrec. com/coins/sasania/sasanian. html.

飘带，甚至有的动物如马、鸟身上也饰以飘带。[①] 这也是典型的萨珊特征。萨珊帝国时期菲鲁扎巴德（Firuzabad）岩刻浮雕上的国王阿尔达希尔一世（Artashir I，公元 224—239/240 年在位）的头像，和一只银碗上雕刻的另一萨珊国王的头像都在头后饰有两条前窄后宽的飘带。后一国王的臂腕和脚踝上也饰有飘带。[②] 这说明这种飘带是萨珊艺术中重要人物特别是国王特有的装饰。据此，虞弘墓中人物凡头后有飘带者，都可视为萨珊波斯人，或更准确点说，可视为国王一类社会上层人物，或具有国王地位的神话、宗教人物。这种波斯风格的国王头饰与服饰，在我国的史册中也有较为明确、详细的记载。据《魏书·西域传》载：波斯王"坐金羊床，戴金花冠，衣锦袍、织成帔，饰以真珠宝物。其俗：丈夫剪发，戴白皮帽，贯头衫，两厢近下开之，亦有巾帔，缘以织成；妇女服大衫，披大帔"。这些记述与虞弘墓的图像大致相似。地下文物与文献记载可以互证。虞弘墓所反映的历史场景属于萨珊波斯时期无疑。

其三，狩猎是古代波斯艺术的永恒主题。早在波斯帝国首都波斯波利斯（Persepolis）王宫的墙壁雕刻上，国王与狮子搏斗的场面就多次出现。在萨珊波斯时期的银碗或银盘上，也都有国王或勇士骑马弯弓射杀狮子、野猪、山羊、鹿的图案。[③] 虞弘墓中的人兽搏斗图中猎杀的对象集中于狮子，且有猛犬助战，应有其特殊的含义，有可能表示祆教教义中善神与恶神的二元对立、不断斗争。由于中原内地并不产狮子，这种图像无疑属于外来的艺术风格。

其四，图像中的一些纹饰和画面展示了浓郁的异域风情，使人感到这是与中原农业文明与传统文化极为不同的一种带有西域文明特征的文化。如联珠纹、葡萄枝、吉祥鸟、有翼马、胡腾舞、各种水果，以及以骆驼、象为坐骑，宴饮在毡帐中举行等场面。（图 2）这里有两点

---

① 上述特征几乎出现在每个图画中，详见山西省考古研究所、太原市考古研究所、太原市晋源区文物旅游局：《太原隋代虞弘墓清理简报》，图十五至图四十。

② Josef Wiesehofer，*Ancient Persia From 550 BC to 650 AD*，Plate XX，XXXII a. 笔者 2017 年 5 月亲临伊朗考察，在纳克西—伊·鲁斯塔姆（Naqsh-E Rostam）遗址一处名为"阿尔达希尔的授职礼"（the Investiture of Ardashir）的浮雕上，在科尔曼莎萨珊后期的"拱门"遗址国王的浮雕上，都看到了这样的飘带。

③ 参见 Josef Wiesehofer，*Ancient Persia：From 550BC to 650AD*，Plate XXXIIa.

值得注意。一是联珠纹图案，一般认为源于萨珊波斯，但最早可能上溯到亚述时代的印纹（章）式美术。① 二是图像中的单峰驼。它原产于阿拉伯半岛，后传向两河地区，进入伊朗高原和中亚。这两种形象的出现也可证明虞弘墓图像的波斯渊源。

其五，画中不少人物头上都刻有光圈（Halo，nimbus，或曰头光），这也是波斯人物造型艺术的特征之一。佛教人物绘画或雕塑上有时也有光圈，主要用于佛陀和菩萨。这些光圈使用如此普遍，是源自古老的波斯艺术，还是与佛教有关，或有其他渊源？从波斯帝国的都城波斯波利斯、波斯王陵墓和贝希斯敦铭文遗址的雕刻来看，不论是国王，还是琐罗亚斯德教的主要标志神 Faravahar 的有翼形象，都没有光圈。② 但在希腊化时期的钱币上，国王的头像和神像上已经出现了光芒或光圈。③ 被称为古代七大奇观之一的罗德斯太阳神巨像上也有光芒④，发现于阿富汗阿伊·哈努姆遗址上的饰片上也有放射光芒的太阳神形象。⑤ 最早的犍陀罗艺术中，佛陀头后有光圈。⑥ 至于它是否和希腊化时期雕塑人物的头光或光圈有关，还不太确定，但不排除二者之间有继承借鉴关系。后来贵霜的钱币也吸收了这一点，像所谓的"Soter Megas"钱币正面的人物头上，就有数目不等的光芒。⑦ 发现于阿富汗比马兰的佛陀遗物盒（Bimaran Casket）、迦腻色伽钱币上的佛陀像和所谓的"迦腻色伽遗物盒"（Kanishka Casket）上的佛陀也都有光圈。⑧ 以此而论，波斯艺术中的头光或光圈现象似乎受到希腊化艺术、佛教犍陀罗艺术或贵霜艺术的影响。现在我们

---

① 参见刘波：《敦煌与阿姆河流派美术图案纹样比较研究》，《敦煌研究》2000 年第 3 期。

② 这是根据个人实地拍摄照片对比的结果。

③ https://commons. wikimedia. org/wiki/File: Octadrachm _ Ptolemy _ III _ BM _ CMB-MC103. jpg；https://commons. wikimedia. org/wiki/File：Menander_II_with_nimbate_Nike. jpg.

④ https://commons. wikimedia. org/wiki/File：Menander_II_with_nimbate_Nike. jpg.

⑤ 图片和说明详见本书第二编第四章第二节。

⑥ https://commons. wikimedia. org/wiki/File：Gandhara_Buddha_(tnm). jpeg.

⑦ http://www. coinindia. com/VimaTakha-M2978-192. 07. jpg.

⑧ https://commons. wikimedia. org/wiki/File：BimaranCasket2. JPG；https://commons. wikimedia. org/wiki/File：KanishkaCasket. JPG.

所能见到最早的带有头光的波斯人物石雕是公元4世纪的米特拉神像。① 现代祆教艺术中的琐罗亚斯德和阿胡拉·马兹达的头像也都有光芒四射的光圈。②

最后，虞弘墓中设置石床，尸体置于其上，也与波斯祆教的传统葬俗相似。祆教认为，人死后三天，灵魂脱离尸体。人的死亡意味着恶神的胜利，尸体已被恶神极度污染。因此不能污染神圣的因素如火、水、空气和土。所以死后尸体被置于一块石板之上，由专门的人员（The corpse bears）来进行裹尸，然后抬到野外的"寂没塔"（The dakhma，Tower of Silence）上让兀鹰或秃鹫吃掉。③ 虞弘等祆教徒已进入汉地多年，饱受汉文化熏陶，死后不可能如此处理，但仍遵古俗，尸体不与土地接触，故虞弘墓、安伽墓等均设石板床，此或为墓中石床之由来。

虞弘墓中的石床浮雕中是否有希腊化的因素？2000年虞弘墓刚刚出土之际，我曾借机请教过前来山西太原考察虞弘墓的俄罗斯中亚考古大家马尔沙克（J. B. Marshak）先生。他的回答是肯定的。但因为当时过于匆忙，未及深入请教。但据我后来观察，我感觉是有可能。因为这些图案中的骆驼是单峰驼，是阿拉伯地区的特产，因此，这些图画的底本有可能来自西亚，或者其中加入了西亚的因素。中亚和西亚都曾是希腊化世界的故地，希腊化的遗产或有存在。同时期宁夏李贤墓中的具有希腊神话人物形象的银壶就证明了这一点。这些银壶应该出自萨珊波斯帝国。当然这只是一种猜测。不过，我还是从虞弘墓中人物的头光、来通、葡萄枝、忍冬纹和似为葡萄酒酿造的场面，感到了希腊化文明遗产的影响。来通本来是希腊人的一种饮器或祭器，帕提亚首先接受了它，其后在萨珊波斯时期流行是有可能的。葡萄是希腊人的主要经济作物，葡萄酒是希腊人日常饮品。希腊化时期，希腊

① 即上文提到的纳克西—伊·鲁斯塔姆遗址上的"阿尔达希尔的授职礼"上的密特拉。https://commons.wikimedia.org/wiki/File:Taq-e_Bostan_-_High-relief_of_Ardeshir_II_investiture.jpg. 此神早在希腊化时期就具有了希腊太阳神的特征，头有光芒。https://commons.wikimedia.org/wiki/File:Mithra%26Antiochus.jpg.

② 上述图像也可参见 Paula R. Hartz, Zoroastrianism, pp. 23-25, 97. 魏庆征编：《古代伊朗神话》，图8《大神密特拉立于莲蓬之上》（公元4世纪崖雕），图11《琐罗亚斯德雕像》（萨珊王朝时期）。

③ 参见 Paula R. Hartz, Zoroastyianism, pp. 103-107.

人把新的葡萄栽种技术和先进的葡萄酿酒术带到了中亚，因此，葡萄枝、葡萄纹（grape pattern）以及葡萄酒酿造场面出现于犍陀罗艺术与波斯艺术是完全可以理解的。至于忍冬纹（honeysuckle pattern），也是希腊人带来的，是希腊棕榈叶饰（Palmette）的变种，被佛教犍陀罗艺术采用，波斯人有可能由此引入。[①] 此外，浮雕中的国王头戴萨珊波斯式日月王冠，其后有两个飘带，似乎与希腊化时期流行的头带式王冠（Diadem）有关。[②] 这种王冠可能在近东地区流行已久，最早可能在埃及出现。现在有图可证的是波斯帝国时期的贝希斯敦铭文大流士一世的雕像。马其顿的钱币上的祖先或国王头像上也早就出现了这种王带或发带。亚历山大东征到波斯后，这种头带式王冠成了国王的专配，其后的希腊化王国的君主也都延续了这种形式，作为自己王权的象征。后来的帕提亚人、印度—斯基泰人、贵霜人和萨珊波斯人建立的王朝也都继续采用这种形式，只不过亚历山大及其后继者仅有头带，其后的东方统治者则将头带环绕于王冠（tiara）一周，有明显的两个长条垂于头后或肩上，或呈飘动之状。虞弘墓中石刻人物头上的飘带当属于这一类型。这显然是受萨珊波斯王冠的影响。

综上所述可知，以波斯祆教为载体的异域文化因素不仅传到内地，而且成了当地丧葬文化的一部分。这一点可从这一时期在中原各地具有祆教特征或因素的墓葬中看出。施安昌先生的《六世纪前后中原文物叙录》[③]一文已对此作了详细的说明，恕不赘述。2003 年 8 月，在西安又发现了一座具有祆教特征的北周墓葬。墓主人也长期担任"萨保"。[④] 这些发现表明，来自西亚、中亚的异域文化在北朝时期中原的传播是较为广泛的。如此成套的、定型的、有内在联系的图像绝非一般人所能创作，应该是由西域或波斯来的祆教艺术家或工匠雕绘而成。即使是当地工匠所为，底本也极有可能来自这些地区。

---

① 有关图像详见山西考古研究所、太原市文物考古研究所、太原市晋源区文物旅游区：《太原隋虞弘墓》，图 137、139、178、185；其中九幅椁壁浮雕的周边均有忍冬纹环绕（图 132）。

② 有关王冠见山西考古研究所、太原市文物考古研究所、太原市晋源区文物旅游区：《太原虞弘墓》，图 145—147、149—156。

③ 施安昌：《六世纪前后中原文物叙录》，载荣新江、李孝聪主编：《中外关系史：新史料与新研究》，第 239—246 页。

④ 见西安市文物保护考古所：《西安北周凉州萨保史君墓发掘简报》，《文物》2005 年第 3 期。

第二节　其他出土文物中的
希腊罗马文化因素

古代波斯文明与希腊、罗马文明的关系源远流长，从公元前6世纪末波斯帝国建立一直延续到公元7世纪中期萨珊王朝灭亡之时。公元前500年前后，波斯帝国扩张至小亚、东南欧，与希腊文明开始大规模接触、碰撞、交流。公元前334年，希腊亚历山大开始征服波斯，兵锋曾远达中亚、印度。亚历山大帝国崩溃后，他的后继者所建立的塞琉古王国、巴克特里亚王国长期统治西亚及中亚地区，希腊文化在西亚、中亚迅速传播开来，也影响了后来脱离希腊人控制的安息（帕提亚）地区。希腊人每到一地都要建立希腊式城市。这些城市即是希腊人的殖民地，也是希腊文化与当地文化的融合地，更是由此而形成的希腊化文化向周围地区辐射的发源地。后来的罗马帝国与安息帝国、萨珊波斯帝国先后相持于两河流域一线，但文化上的联系从未中断。因此，在考察这些文物所包含的外来文化因素时，我们不能不注意到有无希腊罗马文化因素的渗入。

犍陀罗艺术是印度的佛教精神和希腊雕刻艺术相结合交融的产物。佛教东传，犍陀罗艺术随之而来，其中包含的希腊文化因素也随之传入。它首先进入中国新疆的塔里木盆地，并经河西走廊向内地中原传播，已是学术界公认的事实。山西是其传播的重要一站，大同的云岗石窟、太原的天龙山石窟是该艺术进入中原并与汉地文化加快融合的标志之一。北魏时最早开凿的昙曜五窟大佛就是以其前五位统治者为原型创作的。① 犍陀罗艺术的最后体现是河南洛阳的龙门石窟，而这也是北魏迁都的结果。需要指出的是，除了这些石窟寺艺术之外，在近年山西出土文物中，有的学者已经发现了一些与希腊罗马文化有关的迹象。如20世纪80年代在大同出土的4件金银器，就被专家认为是东罗马所制，"其造型、纹样的艺术风格，诸神的面型、服饰、姿态均为典型希腊罗马风范"。② 这些外来品直接带来了地中海文明的信息，它们在多大程度上包含了希腊罗马文化因素，

---

① 《魏书·释老志》载"诏有司为像，使如帝身"，即指此事。
② 见初师宾：《甘肃靖远新出东罗马鎏金银盘略考》，《文物》1990年第5期。

又是如何传入并发生流变的？这些问题已有学者提出，但尚无明确结论。

（一）希腊的赫拉克勒斯形象是否已通过中介形式传入内地，传入山西？

　　根据台湾学者谢明良的意见，希腊艺术有可能东渐至山西。[①]他从 20 世纪 80 年代河北献县出土的一座唐墓中的武士俑谈起，认为此武士俑形象与希腊的赫拉克勒斯形象相近，因为赫拉克勒斯的形象一般是头戴狮子头皮，手持一根带有疤痕的木棒。此俑形象与此相似，"头戴虎形兜鍪，虎面狰狞，高鼻大口，横眉立目。身披铠甲，两肩披膊作虎头形，腹部制成一女子面部，细眉弯曲，眉间有痣，圆鼻厚唇，双颊丰满"。[②]不同之处在于前者是狮头，这里是虎头，前者无腹甲，当然无人面饰形。谢先生对此颇感兴趣，又在多处墓葬找到了此类戴兽帽陶武士俑。其中一墓发现于 1961 年山西长治地区。山西的武士俑似乎更接近于谢先生所认为的赫拉克勒斯，因其手拄一根削去枝桠的木棒，头戴一兽形帽。[③]谢先生认为唐代的武士俑是从佛教犍陀罗艺术中的执金刚像演变而来，而执金刚像似可与赫拉克勒斯相联系，腹甲之人面则来自雅典娜盾牌上的女妖美杜莎形象。谢先生也知这只是一种推测，故非常谨慎地在其文章题目后加了问号。他的推测很快引起了回应。2002 年 11 月，另一台湾学者邢义田在北京大学召开的古代中外关系史国际研讨会上，宣读了题为《赫拉克勒斯在东方——其形象在古代中亚、印度与中国造型艺术中的流播与变形》的论文，以大量的图片介绍了赫拉克勒斯形象辗转传入中国的流变，既利用了谢明良的材料，也支持了他的观点。邢先生针对山西长治的那个武士俑，提出了大胆的假设：棍棒与狮或虎头形盔同时出现，可以证明这绝不是工匠的偶然创意，而应该有一定的来历。

---

　　① 关于谢明良的观点，详见其文《希腊美术的东渐？——从河北献县唐墓出土陶武士俑谈起》，《故宫文物月刊》1997 年 15 卷 7 期。

　　② 王敏之等：《河北献县唐墓清理简报》，《文物》1990 年第 5 期。

　　③ 山西省文物管理委员会、山西省考古研究所：《山西长治北槽唐墓》，《考古》1962 年第 2 期，图版捌。

而这个来历，追本溯源，和希腊的赫拉克勒斯脱不了关系。[①] 如果谢、邢二位的推论无误，那希腊的赫拉克勒斯通过变形来到中国内地，来到山西之说或可成立。[②]

（二）对徐显秀墓的戒指图案如何解释？

另一值得注意的文物是 2002 年在太原王家峰北齐徐显秀墓中出土的一枚戒指。（图 3）[③]戒指的戒面为蓝宝石质地，戒指环靠近戒托处似是狮子造型，二狮相对而立，抵住戒托。戒面上凹刻一人物形象。此人头顶一狮头头盔，狮头向左，但人面向右，这种前后反向令人费解。此人深目高鼻，脸形瘦削，似为裸体，或穿短衣短裤，身体呈直行跑步状，但头向后视。双臂平伸开，双手各执一长杖器。右手所握杖较短，上为尖状，下端为圆球形，杖下三分之一处有两横状物。左手所握器较长，上端为圆球形，下为尖状，并有两叉在下部分开。对此图像，张庆捷、常一民二位受台湾学者邢义田《赫拉克勒斯在东方》一文的启示，认为"似乎与希腊、罗马神话传说中的人物赫拉克勒斯以狮头为头盔或身披狮皮和手持野橄榄木制有刺棍棒的特征相似"。但从手中所持权杖与狼牙棒特征看，又与公元前希腊国王巴克特里亚钱币肖像、斯基泰国王钱币上的希腊神宙斯的形象特征相似。[④] 此说虽属推测，但此戒指显然非中

①　该论文后来收入会议论文集正式出版，作者对内容作了一些修订补充，但总的观点未变。见荣新江、李孝聪主编：《中外关系史：新史料与新研究》，第 15—48 页。关于这些头戴虎皮帽或虎皮盔的武士像的来源，学术界早有不同的看法。向达、段文杰、李其琼等认为源自吐蕃武士的装束，但邢义田却提出了更早的证据，说明并非源自吐蕃的大虫皮武士。而且即使如此，这些武士披大虫皮的习俗也有可能与赫拉克勒斯产生联系，因都与健陀罗佛教艺术的执金刚像有关。至于狮皮变为虎皮，只是辗转流变的结果。详见邢义田文。

②　其实，头戴狮头皮或虎头皮盔，手持或不持棍棒的武士俑除在山西一地外，在陕西、河南、河北等与山西相邻的地区亦有发现，而且主要集中于唐代，可见这是唐代中原地区墓葬中流行的一种镇墓陶俑（详见邢义田文中列表与附图，资料原始出处从略）。笔者在另文中对赫拉克勒斯到护法金刚的演变以及作为希腊化的佛教神传入中国并进一步汉化的过程，有比较详细的说明，见本书第三编第十一章第二节。

③　戒指图像由山西省考古研究所张庆捷研究员提供，谨此致谢。

④　关于该戒指的介绍、图像和评论，详见张庆捷、常一民：《北齐徐显秀墓出土的嵌蓝宝石金戒指》，《文物》2003 年第 10 期。关于邢义田的基本观点，详见《赫拉克勒斯在东方》，载荣新江、李孝聪主编：《中外关系史：新史料与新研究》，第 15—47 页。

原所出之物,而是来自西域或遥远的地中海地区。这是东西方文化交流的又一例证。

根据张、常、邢三位先生提供的线索,笔者遍查网上有关赫拉克勒斯、宙斯、酒神狄奥尼苏斯等图像,感到戒指图像如果可与希腊神话人物相联系,那它还是与赫拉克勒斯比较接近,因戴狮头盔唯其独有。但不相符之处也很明显。其一,狮头皮本应戴在头上,此图却似悬于此人头顶之上,且狮头方向与人面方向相反。其二,此人两手倒握之物均无法解释为赫拉克勒斯的木棒,因此很难说此人就是赫拉克勒斯。但考虑到艺术形象在传播过程中的变形,再考虑到阿波罗与佛陀形象的差异[1],这种推测也有一定的合理性。

以上是我原来的认识。由于多年来一直对这个戒指人物所指存有疑问,对类似形象也颇为留意。回顾起来,真还有点新的体会。这个人物是有赫拉克勒斯的因素,但不是通过那个似是而非的头盔,而是从其挥舞的木棒判定。这个神本来是波斯琐罗亚斯德教的风神瓦由(Vayu),被贵霜国王迦腻色伽所接受成为瓦多(Vado)。贵霜王朝又通过 Oesho 这个可与波斯风神瓦由、印度湿婆认同的保护神赋予了瓦多更多的特征,戒指上的这个神可能就是在此基础上形成的。与迦腻色伽钱币上的瓦多形象(图 4)[2]相比对,二者的相似之处明显可见。原来以为是倒后的头盔,其实是风神迎风奔跑,头发吹拂飘起于后之状。风神身披的希腊式斗篷也随风鼓起,风神两手上举,抓住斗篷的上方,其余部分用斗篷的轮廓线条表示,乍一看,好象是两手各持一个条状武器。戒指制作者似乎由此得到灵感,给此人两手新加了两个不同的武器,它们既有赫拉克勒斯木棒的特征,也与希腊海神波塞冬和印度湿婆的三叉戟相似,因为在迦腻色伽时期,湿婆和赫拉克勒斯是认同的,湿婆的三叉戟也可能来自希腊的波塞冬。至此,这个戒指人物之谜应该说已经解开,或者至少可作为一说。[3] 这是一个以伊朗风神为原型,同时内含有希腊、印

---

① 一般认为,犍陀罗艺术中佛陀形象的原型来自古希腊的阿波罗神像,是印度—希腊人艺术家在表现佛陀形象时的创意。

② 迦腻色伽钱币风神照片来自:http://numismaclub.com/unt/151612-kushan_kanishka_wind_god_vado_ae27_2ndcad.html.

③ 此处先暂作介绍,以后当另文详述。

度因素的人物形象。

第三节　外来文化因素传入的途径

从古代历史上看，外来文化的传入无非两条主要渠道。一是通过大规模的征服战争，一种外来文化随之进入另一种民族的文化区域之中，或凭借强大军事和政治力量将对方毁灭，以自己的文化取而代之；或由于自身文化的落后，反而被当地的先进文化所同化；或者由于二者文化发展的程度、层次比较接近，有可能取长补短，相互融合，形成一种新的文化。另一是通过和平的交往方式，诸如朝贡、商贸、移民等，外来文化逐渐传入，并被本土文化有条件有限度的改造、接受，最终融入本土文化的血流之中。山西北部地区地处游牧文明与农耕文明的交接地带，历史上就是中原文化和外来文化相互碰撞交融的地区之一。战国时期著名的赵武灵王胡服骑射实质上就是两种文化的对流。汉朝初年对匈奴的战争也常以山西北部为战场或出兵的前沿基地。北朝时期的鲜卑族就是首先在今日山西北端的大同建立新都，并由此进入中原腹地，完成了整个民族汉化的历史进程，鲜卑族从此融入华夏民族的大家庭之中。由于北朝时期少数民族的大举南迁、内附，也由于这些内迁民族与北方尤其是西域地区其他民族在历史上、传统上、种族上、生活方式上的天然相近关系，因此，除了外来民族入主中原（如鲜卑族）或内附中原王朝时异质文化随之传入这一主渠道之外，其他民族前来朝贡、从事商贸活动也是其文化传入的重要途径。这从近年在山西大同地区（北魏都城平城所在地）发现的诸多文物可略见一斑。

20 世纪 60—70 年代，在大同出土了一批具有西域风格的器物。（图 5—7）包括曲沿（八曲）银洗一件，镶嵌或高雕的高足铜杯三件，刻花银碗一件。[1] 据研究，这些器物似可认为来自萨珊波斯东部的呼罗珊地区。[2] 1981 年，大同北魏封和突墓中出土了一件鎏金波斯

---

① 参见出土文物展览组：《无产阶级文化大革命期间出土文物展览简介》，《文物》1972 年第 1 期。

② 孙培良：《略谈大同市南郊出土的几件银器和铜器》，《文物》1977 年第 9 期。

银盘。(图 8)据夏鼐先生研究,"就图像而论,这是萨珊朝波斯人的制品无疑"。[①] 1988 年,大同一北魏墓地又出土了一些鎏金刻花银碗和玻璃碗。这些均属萨珊波斯公元 3—4 世纪的产品[②],输入时间当在北魏迁都洛阳之前(公元 494 年)以前。这与大同当时作为北魏都城平城所在地的历史背景是一致的。北魏广交包括波斯在内的西域各国,这些物品的传入就是这种交往的结果。

　　1989 年,大同天镇县发现了一批银币,共 49 枚。[③] 其基本特征是:币形为压制而成,圆形,但不大规整。正面中央是一国王头像,面向右侧,高鼻深目,大须髯,头戴日月冠。头后有葡萄串状饰物或卷曲状的头发(不详),脖子上有项链状物环绕。大多数头像两侧有飘带,似与肩上衣物相连。这些飘带尾宽头窄,呈倒三角形,与太原虞弘墓中的飘带形状相同。个别银币右侧边缘有文字,但极为模糊,难以辨认。有的头像右上侧有新月形。反面中央是高高的祭火坛,火坛上方左侧有一五角星,右侧有一新月形。火坛两侧各站立一位祭司,但非人物写实像,只是轮廓而已。(图 9)从这些币的图像与成色看,属波斯银币无疑。经与《考古学报》2004 年第 1 期上所载孙莉《萨珊银币在中国的分布及其功能》一文所附的波斯银币图像对照,多数与波斯卑路斯王(Peros,459—484 年在位)时币形相似。[④] 以此而论,这些波斯银币有可能在北朝时期进入山西境内,可视为当时东西方商路开通、异域文化传入中原的又一例证。

　　总之,山西近年部分出土文物既是古代东西方文化交流的产物,也是这种交流的见证。它们对中外文化交流史的研究提供了重要的地下参考资料,也给学术界提出了许多新的、值得进一步探

---

　　① 夏鼐:《北魏封和突墓出土萨珊银盘考》,《文物》1983 年第 8 期。

　　② 山西省考古所、大同市博物馆:《大同南郊北魏墓群发掘简报》,《文物》1992 年第 8 期。

　　③ 相关图片和说明见张庆捷、刘俊喜:《北魏平城波斯银币与丝绸之路几个问题》,上海博物馆编:《丝绸之路古国钱币暨丝路文化国际学术研讨会论文集》,上海书画出版社,2011 年,第 299—209 页;大同市博物馆编、王利民主编:《平城文物精粹:大同市博物馆馆藏文物精品录》,江苏凤凰美术出版社,2016 年,第 44 页。

　　④ 也可比照网络上萨珊银币上的卑路斯头像。http://www.grifterrec.com/coins/sasania/sas_perI_1.html。

讨的课题。

（原题《从山西地区北朝隋唐文物看异域文化因素的传入》，载张庆捷等编《4—6 世纪的北中国与欧亚大陆》，科学出版社，2006 年，第335—345 页。有部分补充改写）

图 1　虞弘墓椁座左壁浮雕下栏第 1—2 幅摹本

图 2　虞弘墓椁壁浮雕摹本

图3

图4

图 5　大同出土的东罗马帝国时期神像植物纹鎏金铜杯

图 6、7　大同出土的东罗马帝国时期小爱神葡萄纹鎏金铜杯及纹饰细部

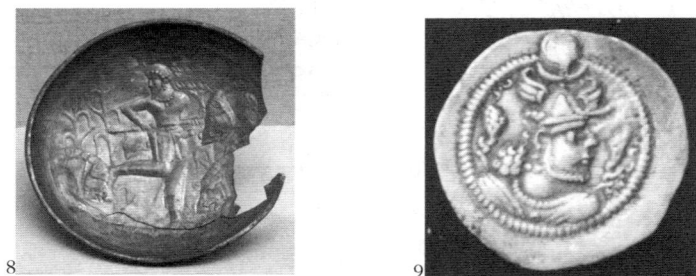

图 8　大同出土的波斯鎏金银盘。笔者 2018 年 2 月 25 日摄于山西省博物院

图 9　大同出土的波斯银币

附　　录

Hellenistic World and the Silk Road[*]

It is well known that Zhang Qian (张骞) played an important role in the opening of the Silk Road during the reign of the Han Emperor Wudi (汉武帝, 141-87 B. C.). However, his immediate aim in visiting the remote Western Regions had not been to open the door for the silk trade, but to make contact with the tribes of the Yuezhi (月氏) in order to mount a joint attack on their common enemy, the Xiongnu tribes, because Wudi had the ambition to expand his rule westwards and thus to create a world empire. This mirrors to some extent the conquests of Alexander the Great, who had set out not to obtain precious silk from the fabled land of the Seres, but to conquer the Persian Empire and then the rest of the inhabited world. The effects of great enterprises, however, are often very different from what had been intended initially. The control of the Western Regions by the Han Empire in fact did not last long, and in the following centuries the roads to the west were sometimes open and sometimes closed. For its part, the empire of Alexander collapsed within a few years after his

* I wish to express my sincere thanks to Professor Jeffrey D. Lerner of Wake Forest University, Doctor Henk W. Singor of Leiden University, and Professor Frank L. Holt of the University of Houston. Each has provided me with precious suggestions and comments.

death, and the Hellenistic kingdoms established by his generals gradually declined and disappeared before the end of first century B. C. It was the Silk Road, as a witness, so to speak, of historical change that remained open for centuries, enabling cultural interaction and the exchange of goods between East and West. Many scholars in China and abroad have focused their attention on the role of Zhang Qian in the opening of the Silk Road, whereas almost no one has noticed the connection between his mission and the conquests of Alexander the Great. Therefore, this paper aims to examine the Silk Road from its other end, the Mediterranean, and to investigate how the conquests of the Greeks and Macedonians eastwards stimulated the opening, extension, and continuation of the Silk Road, and how elements of Hellenistic culture were eventually brought to China.

Contacts and Rumors: Connections between East and West prior to Alexander the Great's Conquests

Before the conquests of Alexander there were some economic and cultural contacts between the main civilizations of the ancient world. In Greece in the late fifth or early fourth century B. C. , rumors appeared about a far-away people called the Seres.[1] Although there was no certainty about its location, many ancient authors came to believe that Seres, the silk-producing country, was somewhere in the east.[2] Thus, it perhaps became the name for China in western accounts. The Greek historian Herodotus (4.13-14.16) mentions a brave Greek traveler, Aristeas, who is said

---

[1]　The name of the Seres is first mentioned by the Greek physician and historian Ctesias (5th/4th century B. C.). He once served at the Persian court, where he probably heard of the "Seres". The veracity of his information has been doubted by western scholars such as H. Yule and G. Coedès, and the Chinese scholar Zhang Xinglang (张星烺). H. Yule especially pointed out that the name appears only in the *Bibliotheca* of Photius. The Greek word Seres was not known prior to Ctesias' era. See Yule 1915, 14 with n. 2; Zhang 1977, 17; Coedès 1987, 1.

[2]　See Yule 1915, 14-15; Coedès 1987, 1-54, 71-72.

to have traveled through the land of the Scythians all the way to the country of the Issedones. According to some scholars, the country of the Issedones should be roughly located in the areas from the Ural Mountains eastwards to the region between the Tianshan (天山) and Altai Mountains, and even as far as Loulan and Dunhuang.[1] In the last century, pieces of silk were discovered in a Celtic tomb of the sixth century B. C. in Germany[2], while well-preserved examples of Chinese embroidery depicting images of Phoenixes together with bronze mirrors with the Chinese character 山 on their backs were unearthed at the tombs of Pazyryk in the Altai mountains dated between the c. fifth and third century B. C. [3] The fact that goods made in ancient central China were discovered by archaeologists in western Europe is an indication of the existence of a Eurasian Grassland Road in ancient times. It was the Scythians and other nomads moving between the Black Sea and the Aral Sea who made this belt of continuous grassland into an east-west route. But the Eurasian Grassland Road was not well defined, since the nomads who made it possible annually migrated from one place to another. Therefore, this route was not and never became the main channel of communications between East and West.

In the sixth century B. C. the Persian Empire developed direct contacts with the Ionian Greeks of Asia Minor. Some, like Herodotus (c. 484-425 B. C.), visited Babylon, while others served at the court of Persia, like Ctesias (end of 5th century B. C.) in his role of royal physician, or Scylax (end of 6th century B. C.), who navigated the Indus River and circumnavigated Arabia around 510 B. C. (Hdt. 4. 44). There were even Greeks who voluntarily migrated to Bactria

---

[1]　See Sun 1985, 3-25; Pédech 1983, 22; Wang 1986, 53 with n. 1; Hudson 1931, 37 and 39; Ma, Wang 1990, 1-16.

[2]　Biel 1980, 429-438.

[3]　Rudenko 1957, 7-48.

and Sogdiana①, apart from those whom the Persians forced to do so.②

The domain of the Persian Empire was vast and stretched from India in the east to Europe and Egypt in the west. To consolidate his control, Darius I built a system of imperial roads of which the most famous was the Royal Road in the western part of the Empire. Starting at Susa, one of the capitals of the empire, and passing through Mesopotamia, it ended at Sardis. The road was over 2, 000 kilometers long with numerous post houses (22 of which have been verified). Another important road led east along the track of the ancient Mesopotamian-Median road, and then further through Bactria to India.③ It was by this road that the precious lapis lazuli of the eastern mountains in Bactria was transported to Mesopotamia and India.④ The evidence that Greek coins might have been circulating in Bactria before the conquest of Alexander suggests the possibility of long-distance trade between the eastern Mediterranean and the Hindu Kush Mountains already in the classical period.⑤ Moreover, the road linking Central Asia to India later became the western part of the Silk Road. Darius I also dredged the canal joining the Nile with the Red Sea, which had not been finished by the Egyptian Pharaoh Necho of the 26th dynasty. Thus, roads and waterways were used to strengthen the

---

① One such example is the Branchidae, mentioned by Strabo (11. 11. 4). Having betrayed their homeland, they voluntarily followed Xerxes back to Persia, and were later settled in Sogdiana by the king.

② For example, see the Barcaeans mentioned by Herodotus (4. 204). As Greek colonists in Libya, they had been enslaved and removed from Egypt by the Persian army. Later, Darius I forced them to migrate to Bactria. In Herodotus' time, their descendants still remained there, apparently by their own free will. For the sources of these early Greek immigrants in the Central Asia, see Holt 1989, 55, n. 20.

③ Wiesehöfer 1996, 6-77.

④ Holt 1989, 28.

⑤ In Afghanistan, a farmer discovered a pot full of encrusted coins in 1966 that turned out to be mostly Athenian tetradrachms of the classical period. The total amount of the coins could never be ascertained, but at least 150 were seen. They must have circulated in Bactria as bullion before the time of Alexander's invasion. A similar hoard was found on the east side of Kabul in 1933. It may have included a thousand coins of Greek city-states. See Holt 2005, 141.

connections between the different regions of the Persian Empire and beyond before the conquests of Alexander the Great in (334-330 B. C.).[1]

There were other states in Eurasia in the fourth century B. C. , but these remained primarily regional in scope and thus did not participate in long distance trade either because they were geographically isolated or because they were relatively underdeveloped. The Romans, for example, were at this time advancing southward to unify Italy, and while they may have known from the Greeks of southern Italy about the eastern dominions of the Persian kingdom, they were too preoccupied with uniting the Italian peninsula to have any regard for them. At the same time, India was marked by a series of regional states and kingdoms (sixth-fourth centuries B. C.). Thus the kingdom of Magadha which in time would come to dominate much of northern India was a small power that only occupied areas along the Ganges, while Buddhism had yet to flourish in the western parts of the subcontinent. But the northwestern fringe of India under Persian rule did enjoy contact, albeit to a limited extent, with the outside world. Finally, China was in the midst of the Warring States Period (475-221 B. C.) with seven of the stronger states contending for hegemony with no thought given to any westward expansion.

To sum up, by the fourth century B. C. some civilizations in western Eurasia had limited contact with each other, but no regular links or channels connecting the two ends of Eurasia as of yet formally existed. The Chinese vision of the western world did not go beyond what was described in the *Chinese Bestiary* (*Records of Mountains and Seas*, or *Shanhai Jing*, [山海经])and the *Biography of King Mu* (*Mutianzi zhuan*,

---

① The Persian army invading Greece under king Xerxes (486-465 B. C.) in 480-479 B. C. came from numerous satrapies in the Empire, and some of the contingents even from as far as Bactria and India. This underlines the important role of the Royal Roads.

[穆天子传]).[1] While the Greeks were well aware of Egypt and Babylon, they remained painfully ignorant of India and quite possibly unaware of China, depending on what was understood by the term Seres. Alexander imagined that beyond India there was the Great Ocean where the East ended, but had no idea that there were large stretches of land, for instance, beyond the River Jaxartes (Syr Darya). On the whole, Alexander's knowledge of the eastern world did not differ markedly from Herodotus (4. 40).

East-West Communication and the Hellenistic Far East

Alexander as the head of a Macedonian-Greek army started his conquest of the Persian Empire in 334 B. C. Ten years later he not only ruled the kingdom, but had enlarged it. Although Alexander's empire fell apart after his sudden death in 323 B. C. and was carved up by his successors, the pattern of Macedonian-Greek rule over local populations did not change. Although Greek culture was ubiquitous throughout the Hellenistic world, the Greeks did not live in a vacuum as fusion between Greek and eastern cultures became increasingly manifest. The Hellenistic world facilitated communication between the various Hellenistic kingdoms and their non-Greek neighbors. As a result, new systems of communication and trade routes arose between the Mediterranean and India.

There were three main trade routes between East and West. A northern route linked India and Bactria to the Black Sea. Goods were transported from India via Bactria, then down the Oxus, across the Caspian, and from there to the Black Sea.[2] A middle route connecting India and Asia Minor took two

---

[1]　These two books were written at least before Qin Dynasty (221-206 B. C.) by anonymous authors. Both describe some myths and legends about the world the Chinese then knew and imagined. The western limit of the world was largely confined to today's Xinjiang.

[2]　Some scholars, especially Tarn doubted the real existence of this route (Tarn 1952, 241). But I agree with Professor Jeffrey D. Lerner that it is through this route that goods were transported by boats that sailed from the Mediterranean and Black Sea to Central Asia (Lerner 2012b). On the movement of goods from Central Asia and India to the Black Sea, see Rtveladze 2011, 149-178.

tracks: one started in western India and extended through the Persian Gulf by sea and the Tigris River to Seleucia on the Tigris; another was a land route that began in India and made its way across the Hindu Kush to Seleucia on the Tigris. From there the road continued westwards across the Syrian desert to Antioch on the Orontes and ultimately the Asia Minor coast. This route appears in the *Parthian Stations* by the geographer Isidore of Charax in the first century B. C. which describes the route by land from Antioch to India through the Parthian kingdom.[①] A southern route linked India and Egypt through the Indian Ocean and the Red Sea.[②] Here, Ptolemy II dredged a canal through the desert connecting the Red Sea with the Nile so that Indian goods could be transported to Alexandria. The discovery of the monsoon in the Indian Ocean in the first century B. C. made the sea route safer and more convenient.[③] These three routes more or less coincide with the later western section of the Silk Road. There was only one portion, namely the route from the Hexi Corridor to the Pamirs that was not linked with the routes in Central Asia at this time.

According to Strabo (11. 11. 1), the Greek ruler of Bactria, Euthydemus I, and his son Demetrius I in the second century B. C. "extended their empire even as far as the Seres and the Phryni." At that time, the land of the Seres was still regarded by the peoples of the west as the region, however vague and hazy, where silk was produced, and not as imperial China of the Han Dynasty. Some scholars have identified the Phryni as the Xiongnu nomads[④], but the influence of the Xiongnu had not yet

---

① See Schoff 1914.

② On the three routes, see Tarn 1952, 241-5; Walbank 1981, 199-200; Olbrycht 2013, 67-87. Cf. Strabo. 2. 1. 11, 15; 11. 7. 3; Plin. NH 6. 52. On the northern route, Strabo's narrative is the clearest and most detailed, but W. W. Tarn firmly denied its existence. I prefer the opinions of the ancient authors. However, it should be noted that some of them believed that the Oxus river flowed into the Caspian Sea. But in fact it bifurcated and flowed into the Caspian and the Aral Sea in antiquity, see Lerner 2012b.

③ See Walbank 1981, 200-204; Schoff 1912.

④ Hudson 1931, 58.

reached the areas bordering on Bactria.[1] The eastern borders of the kingdom of Euthydemus and Demetrius must have been the Pamirs and the Tarim Basin. A. K. Narain reasonably accepted the suggestion of A. Cunningham and identified the Seres and the Phryni as Sule (Kashgar, 疏勒) and Puli (蒲犁), respectively[2], both of which are referred to in Chinese records of the Western Regions of Han Dynasty, because their locations precisely coincide with the districts of Kashgar (喀什) and Tashkurgan on the eastern side of the Pamirs in today's Xinjiang Province of China.

Thus before Zhang Qian arrived in Central Asia in the second half of the 2nd century B. C., the western section (i. e., the region west of the Pamirs) of the Silk Road was already in use. By then, the political and cultural circumstances in the Hellenistic Far East had changed considerably in the two centuries that had passed since the conquests of Alexander the Great.

The Asian portion of Alexander the Great's Empire was almost entirely inherited by Seleucus I (c. 312-280 B. C.). However, because of the rise of the Maurya Empire, Seleucus I failed to retake control of northwest of India and was compelled to sign a treaty with Chandragupta Maurya in 305 B. C.[3] Around the middle of the third century, Diodotus I, the Greek governor of the satrapy of Bactria, declared his independence from the Seleucid kingdom. At about the same time, the Parthians (later referred to by Zhang Qian as "Anxi") likewise revolted from the Seleucids and established their own kingdom. The Seleucids were unable to retain their eastern satrapies

---

① According to 'The Collective Biographies of Dayuan' in *Shiji*, the Xiongnu defeated the formerly so-called Dayuezhi. But until the fourth year of the reign of Qianyuan of the Han Emperor Wendi (汉文帝, 176 B. C.) the Xiongnu had not conquered and driven out the Dayuezhi and submitted Loulan, Wusun , Hujie, and 26 other neighboring countries. Therefore, before 176 B. C. the Greeks of Bactria were not in a position to attack the Xiongnu.

② See Narain 1957, 170-171. For the introduction of these two places see Ban 1962, 3898, 3919.

③ Seleucus I gave up his dominion in the northwest of India in exchange for the right of intermarrying and the 'gift' of five hundred elephants from the Indian king Sandrocottus (Chandragupta); see Strabo. 15. 2. 9.

and the core of the Seleucid kingdom shifted to the region between the Euphrates and the eastern coast of the Mediterranean with Antioch in Syria as its administrative center. In the second century B. C. Euthydemus and his son Demetrius, the kings of Bactria, extended their sway south of the Hindu Kush into northwestern India. Half a century later, the Greek Bactrians were forced to retreat to India under pressure from the Parthians from the west[1], and the Sacas and Dayuezhi from Central Asia.[2] When Zhang Qian arrived in Bactria in c. 129-128 B. C. , the country had been conquered by the Dayuezhi, which he called Daxia (大夏).

Thus far these events occurred before Zhang Qian's arrival in Bactria. Although the territories directly controlled by the Greeks had been greatly reduced in size, Hellenistic culture was still very much in evidence. For example, it has been estimated that the full catalogue of colonies (cities and settlements) founded in Asia by Alexander and his successors "would no doubt comprise well over 300 names". Some 275 names of these colonies have been confirmed. Most of them (some 160) were located in areas along the eastern coast of the Mediterranean; others were in the middle and lower reaches of the Euphrates as well as in areas east of it. There were nineteen Greek settlements in Bactria (of which eight were foundations of Alexander the Great[3]) and twenty-seven in India.[4] The existence of Greek colonization in Bactria was confirmed by the

---

[1] Parthia seized a part of Bactria during the reigns of Eucratides I (c. 171-145 B. C.) and his successors (Strabo. 11. 9. 2; 11. 11. 2).

[2] According to Strabo (11. 8. 2), the nomads who took away Bactriana from the Greeks are the Asii Pasiani, Tochari, and Sacarauli. Among them the Tochari were possibly the Dayuezhi and Sacarauli were the Sai People mentioned in Chinese historical documents.

[3] Strabo. 11. 11. 4. But according to Fraser (1996, 201), Alexander was only the actual founder of six cities named Alexandria among which four were in Central Asia and India. This number is significantly smaller than those given by the classical authors and other modern scholars; see Austin 1999, 167-168; Olbrycht 2014, 95-121.

[4] Cary 1959, 244-245. For the cities founded by the Seleucid dynasty see also App. 11. 57; Sherwin-White, Kuhrt 1993, 20-21; Cohen 1978, 2, 14-19 and his "Map of Hellenistic Asia".

discovery of the site of Ai Khanoum in Afghanistan in 1964.[1] These cities and settlements, built along popular routes or next to military forts, were a significant element in the organization of Graeco-Macedonian rule. They might have had Greek-style temples, gymnasia, and theatres like those found at Ai Khanoum. Most of the city's residents were probably Greek. Not surprisingly then, the cities enjoyed an atmosphere of Greek culture. One can well image that the Greek language, coins, gods, plays, and customs must have made the Greeks in these far-away lands feel at home. On the other hand, in relation to the vast extension of land, these cities were little more than cultural oases in a 'barbarian' desert. The Greeks strove to maintain the purity and unity of their culture and even tried to influence the local peoples, while also having to deal with the influences of eastern culture, living as they did in a 'boundless sea' of indigenous and local cultures. Hellenistic culture thus gradually acquired the character of a mixture of Greek and eastern elements.

According to Strabo, when Alexander arrived in Bactria and Sogdiana he found that the inhabitants practiced customs similar to those of nomads.[2] But during the period of Greek Bactria so many cities and towns were built that the country came to be known as 'the kingdom of a thousand

---

[1] On the Hellenistic features of the site, Paul Bernard has published three papers on Ai Khanoum: Bernard 1982, 148-159; 1967, 71-95; 1994, 117-23. There is also some useful information on the site in Dani, Bernard 1994, 92-95. The formal excavation was greatly disturbed by the wars since 1979, but some Hellenistic works of art, such as the statues of Heracles and Athena, have been unearthed; see Holt 2005, 162-3; Yang 2007, 96-105.

[2] For instance, although the Bactrians were civilized, those among them who had grown weak and helpless because of old age or sickness were simply thrown out alive as prey to dogs that were kept expressly for this purpose. Thus while the land outside the walls of the metropolis of the Bactrians looked clean, most of the land inside the walls was full of human bones. When Alexander came here, he put an end to the custom. Strabo's account (11. 11. 3) comes from Onesicritus, a companion of Alexander and an author of the campaigns. Strabo thought that Onesicritus had not reported the best traits of the Bactrians but only their worst customs. On Onesicritus, see the recent study by Müller 2011, 45-66.

cities.'[1] Although the rulers of Parthia had broken away from the Seleucid kingdom, they adopted Greek culture. They used Greek as one of their official languages, they adopted the Seleucid calendar and the Seleucid practice of minting coins, they commissioned statues of gods in Greek style, and had Greek plays performed.[2] To be sure, the Greeks were more influenced by the indigenous culture in India than in Bactria. Some of these Indo-Greeks converted to Buddhism (like the famous King Menander, i. e. , Milinda).[3] Some issued coins with Indian and Greek scripts, while maintaining the basic features and form of Greek coins.[4] Thus the portrait head of the king and a Greek legend (containing the king's name and his title) appear on the obverse, while Greek deities appear on the reverse. There are even some coins with Indian deities.[5] This was the general political and cultural milieu of the second century B. C. that Zhang Qian found when he arrived in Bactria on the eastern fringes of the Hellenistic World.

The Diplomatic Missions of Zhang Qian

According to the 'Collective Biographies of Dayuan' in the *Shiji* (*Records of the Grand Scribe*, 史记 · 大宛列传), Zhang Qian had been

---

[1]　According to Strabo (15. 1. 3), whose information comes from the Parthica of Apollodorus, Eucratides, king of the Bactrians, ruled over a thousand cities.

[2]　According to Plutarch, when the head of the Roman general Crassus, killed in the battle of Carrhae in 53 B. C. , was brought to the palace of the Armenian king Artavasdes, hosting the Parthian ruler Orodes II, the Bacchae of Euripides was being performed. Plutarch (Crass. 33) claims that Artavasdes could write tragedies, orations, and history in Greek. This shows clearly just how widespread the Greek language became and the infiltration of Hellenistic culture. For detailed information, see Dąbrowa 2011, 153-163. The Greek inscriptions of Parthian kings has been discovered at Babylon, see Assar 2003, 171-191. Even in the early first century A. D. , official letters of Parthian kings were in Greek, see Wells 1934, 299-301. On the statues of gods in Greek style, see Kawami 1987, 73-74, 111-117; Cat. Nos. 44-48; Pls. 52-56; figs. 21-24.

[3]　The Sutra of the Buddhist Sage Nāgasena 1670a, 1670b. Cf. Plut. Mor. 821D.

[4]　On the coins of Indo-Greek kings, see Bopearachchi 1991.

[5]　On the cultural interact between Greeks and Indians, see Yang 2011.

sent twice by the emperor of the Han Dynasty, Wudi, to the Western Regions on a diplomatic mission. The first mission occurred in 139/138-126 B. C. In Central Asia he visited four regions: Dayuan (大宛), Kangju (康居), the country of the Dayuezhi (月氏), and Daxia (大夏); he learned of five other large countries: Wusun (乌孙), Yancai (奄蔡), Anxi or Parthia (安息), Tiaozhi (条支), and Shendu or India (身毒).[①] His second journey took place between 119 and 115 B. C. Upon arriving at the Wusun, he sent representatives to 'Dayuan, Kangju, Dayuezhi, Daxia, Anxi, Yutian (于真), Hanshen (扜罙), as well as other neighboring countries.'[②] The travels of Zhang Qian mark the 'official' opening of the Silk Road. As a result, information about the Western Regions for the first time reached China. Hardly had Zhang Qian returned from his first mission when he reported to emperor Wudi the details of what he had seen and heard.

In the 'The Collective Biographies of Dayuan,' Sima Qian provides us with detailed information about the sedentary societies that Zhang Qian encountered, but not about the four nomadic confederations, or 'moving nations' (行国) as he terms them, namely, the Wusun, Kangju, Yancai, and Dayuezhi. His account contains information on each country, including its location, the distance from its location to its neighbors, the size of its population, its type of government, cities and towns, goods that were produced, and information about its trade and commerce.

As to the location of these 'moving nations,' according to Sima Qian's records the Kangju, Wusun, and Yancai were all nomads who migrated in the steppe region from the Caspian Sea and the Aral Sea in the west to the Tianshan and the Altai Mountains in the east. The Dayuezhi originally lived in the lands between Dunhuang (敦煌) and the Qilian Mountains in the west of central China, but later subjugated Daxia and settled down north of the Gui River (妫水, Amu Darya). Initially, the

---

① Sima 1959, 3160-6.
② Sima 1959, 3169.

Dayuezhi occupied only Bactria in the north of the Amu Darya. Although the Dayuzhi tribes still preserved their nomadic traditions, they were unavoidably influenced by the remaining Greeks[①] as well as cultural remnants of their forefathers who had once controlled Sogdiana for nearly two centuries.[②] Dayuan, the first country that Zhang Qian visited in the Central Asia is generally identified with the Ferghana valley, corresponding to the area bordering modern Uzbekistan, Tajikistan, and Kyrghyzstan. This country formed a portion of the Graeco-Bactrian kingdom.[③] Anxi (Parthia) underwent even more Hellenistic influences and has been regarded as a typical ' Philhellenic Empire.'[④] Indeed, beginning with the great king Mithradates I, almost all Parthian kings called themselves "Philhellene" on their coins. Daxia (the land of Bactria, south of Amu Darya) and Tiaozhi (the Seleucid kingdom with Antioch on the Orontes as its capital then), and a part of Shendu (the northwest of India) once had all been the constituent parts of previous empire of Alexander. When Zhang Qian arrived in Central Asia, Tiaozhi still existed. However, Daxia, the Greek kingdom of Bactria, had just been conquered and the main part of Bactrian Greeks had retreated to India.

In terms of agricultural production, these regions not only produced grain but had a reputation for excellent wine as well. The wine had not originated in Greece. According to the latest research, the art of wine-growing and

---

①　According to Lerner 2012a, the Greeks in Bactria did not disappear upon the conquest of the Greek kingdom of Bactria by the Dayuezhi or other nomads. Rather the Greeks lived under the hegemony of the Dayuezhi for almost one century, leaving their influence on the coins and the adoption of the Greek script by the Dayuezhi.

②　Sogdiana had been controlled by the Greeks from Alexander the Great to the coming of Dayuezhi and other northern nomads. The king of Bactria Euthydemus I once 'governed Sogdiana either as a satrap under Diodotus II, or as an independent sovereign' and issued his own coins with the regal title and the bridled 'horned' horse, see Lerner 1999, 84, plate I-II.

③　According to Strabo (11. 11. 2), the Greeks of Bactria once 'held Sogdiana, situated north of Bactriana.' Such a location should have included the Ferghana Basin.

④　A. Toynbee (1959, 183) regarded Parthia as a 'benevolent patron' of Greek culture and an empire that was philhellenic. The affiliation between the Arsacid dynasty and Hellenistic culture has been discussed by many scholars, thus Frye 1984, 244-6; Dąbrowa 2011, 83 with n. 4.

vinification had arisen in the eastern parts of modern Turkey in 8500-4000 B. C.and from there spread eastward and westward.[①] Because of their favorable geographical position near Anatolia, the inhabitants of Greece must have adopted viniculture and wine-making already in the Minoan period. By the time of Homer viniculture and wine-making had become an important part of Greek economic and cultural life. Not without reason, Dionysus, the god of wine, was one of the great gods in Greek mythology. We may assume, therefore, that Greek colonists introduced the grapevine or extended its cultivation in the areas under their control, bringing advanced methods of wine-making with them. They first introduced methods of viniculture to Susiana and Babylon. According to Strabo, 'they did not dig trenches, but only thrust into the ground iron-pointed stakes, then pulled them out and replaced them at once with the plants' (15. 3. 11). Strabo also reports that the soil of Aria and Margiana, both bordering on Bactria, was well suited to the vine, and that the land in Areia especially was 'exceedingly productive of wine, which can be kept good for three generations in vessels not smeared with pitch' (11. 10.1-2). Related evidence can be found in Chinese historical records. According to the 'The Collective Biographies of Dayuan,' wine was one of the special products of Anxi, Dayuan, and other areas. Wine-making was so productive that wealthy people even stored wine in quantities of more than ten thousand Dan (Dan, 石) that could be kept good for several decades. From this we may infer that prior to Zhang Qian's arrival in the Western Regions, viniculture and wine-making had become a profitable enterprise for many local people. This correspondence of western and eastern sources is not a coincidence, but a reflection of the history of viniculture in these regions. After Zhang Qian's travels to the Western Regions, viniculture was introduced into central China

---

① Cocke 2004.

by way of the Silk Road. [1] The pronunciation of the Chinese word *putao* ('grape,' 葡萄) is close to the Greek βότρυς (botrus), which means a 'bunch of grapes' and the plural 'grapes.' The Chinese *putao* might even be the transliteration of Greek βότρυς. [2]

Another feature of his observations about the areas that Zhang Qian visited concerns their population and numerous cities. There were more than seventy walled cities in Dayuan, large and small, and an aggregate population of several hundred thousand. The number of cities and towns in Anxi reached several hundred and its territory stretched thousands of *li* (里), making Anxi the largest of the Western Regions. In Daxia there was no great king or supreme chief, but the cities and towns had their own lords or chiefs. The population of Daxia was more than one million. [3] Could there have been any connection between these numerous cities and towns and the city-building initiated in this region by Alexander the Great? The answer must be affirmative. As pointed out already, wherever Greeks settled, they built cities similar to those in their homeland. For the Greeks the city was the essence of the state. It was not just a place in which to live, but it was the center of their activities of politics, culture, education, and religion. Therefore, the Greeks had a special feeling for urban life and saw in the city their spiritual home. In the remote east, at a distance of about 3,000 miles from their homeland, they especially felt the need to build cities and towns like those at home, in order both to preserve their

---

[1] Sima Qian maintains in 'The Collective Biographies of Dayuan' that 'The envoys of the Han emperors brought the seeds of the grapevine and the purple medic back to central China. So the emperor Wudi (Tianzi, the Son of Heaven, 天子) began to plant them in lands of great fertility. The number of Heavenly Horses (天马) rose steadily and many foreign envoys came to the capital, so that the grapevine and the purple medic were planted over large areas near the palaces and hotels' (*Shiji*, 3173-4).

[2] See Liddell, Scott 1996, s. v. According to P. Pelliot this explanation had been put forward by Ritter and confirmed by Kingsmill and Hirth. But he himself was doubtful of it. See Pelliot 1962/1995, 82-83. B. Laufer and W. W. Tarn did not agree to it either; see Laufer 1919, 225-7; Tarn 1951, 474. But this conclusion may be outdated.

[3] Sima 1959, 3160-4.

cultural traditions and to rule over the indigenous populations. The size of the theater with seating for some 5, 000 spectators discovered at the site of Ai Khanoum[①] tells us that the Greeks composed the main body of the city's inhabitants, and it suggests that their numbers were much larger than in other Greek cities in the region. Hellenized Bactrians and Sogdians should probably be included among their number.[②] The site also contains the largest Greek theater that has been unearthed in the east.[③] Thus it comes as no surprise that Zhang Qian must have encountered many cities and towns in these areas. His reports seem to confirm the well-known Greek passion for city-founding. Although the Greeks here were the ruling elite, they were immigrants and a minority compared with the local population of several hundred thousand, or even more than a million. It is difficult to imagine that a relatively small number of Greek soldiers[④], left behind by Alexander, could have produced such a large population in two hundred years. We cannot assume that all cities and towns were of a Greek character, or that they were populated by hundreds of thousands of people. The indigenous people must have performed the agricultural work. But the existence of Greek cities and towns is a historical fact although the legend of Bactria as a country of 'one thousand cities' should be regarded as an exaggeration.

The political organization of these countries was based on kingship, as was the case in the Hellenistic states generally, but it seems that the aristocrats — local princes and chiefs — played an important role at key

---

① Bernard 1982, 148-159.

② Plutarch wrote in *On the Fortune or the Virtue of Alexander*: 'Yet when Alexander was taming Asia, Homer became widely read, and the children of the Persians, the Susianians and the Gedrosians sang the tragedies of Euripides and Sophocles' (Plut. Mor. 328D). It appears that the statement of Plutarch was not pure fantasy.

③ Holt 2005, 156.

④ Prior to his departure for India he garrisoned 13, 500 soldiers in Bactria-Sogdiana (Arr. an. 4. 22). Whether the number included the Greeks who had been settled in the cities and towns and the Macedonians who were too old, too weak, or too heavily injured to fight in battle, we cannot know. But there were at least 23, 000 Greek and Macedonian soldiers in the colonies of the eastern satrapies after the death of Alexander in 323 B. C. , see Holt 1989, 81, 88.

moments. A series of events in Dayuan serve to illustrate this point. After their refusal to provide rare horses (Hanxuema, 汗血马) to the Han emperor, the aristocrats had the Chinese envoys attacked and killed, and when their capital was besieged by a Chinese army they murdered their own king Wugua (毋寡)①, apparently according to a well-prepared plan, after which they collectively negotiated for peace with the Chinese imperial government.② Clearly, these aristocrats could plot together and cooperate when faced with a common danger, and they were quite capable of murdering their own king. Does this mean that there was a kind of institution in Dayuan similar to the royal council at the courts of the main Hellenistic kingdoms? If so, this form of administration might have been the result of influence from the Greco-Bactrian kingdom.

In his reports on Anxi and Daxia, Zhang Qian refers to the existence of market-places in the two countries, and to the shrewdness of the local people in trade and commerce. For example, he mentions that the capital city of Bactria, Lanshi (蓝市), had a market-place where various products were bought and sold.③ Moreover, he told Wudi that he had seen in Daxia bamboo sticks from Qiong (邛) and cloth (Bu, 布, or silk) from Shu (蜀) in the southwest of China. This implies that at the time Bactria was the nexus of a long-distance trading network linking western, southern, and eastern Asia. Since a great many Greek coins, their imitations, or those based on them from this period, have been unearthed, this clearly indicates that trade with coins as currency had prevailed in the Hellenistic

---

① The name of Wugua seems to be the transliteration of the Greek title ΜΕΓΑΣ (*Megas*) used for kings in their legends. In the Kushan period one king had no name, only the title ΣΩΤΗΡ ΜΕΓΑΣ (*Soter Megas*, on his identity, see Yang 2009). Plausibly, *Megas* could be regarded as the name of the king. But whether Wugua in the *Records of the Grand Scribe* was just a transliteration of *Megas*, cannot be known for certain.

② See Sima 1959, 3176-7.

③ Sima 1959, 3164.

kingdoms and adjacent areas.[①] Zhang Qian also mentions these coins in his reports because they were very different from Chinese coins which were round and had a square hole in the middle. In his report on Anxi, Zhang Qian described the coins of that country as 'made of silver with the bust or face of the reigning king on the obverse. When the king died, the coin had to be changed immediately, and the bust or face of the new king would appear on the new coin.'[②] The similarities between these coins and those of the Hellenistic kingdoms are noteworthy: first, the coins were made of silver; second, they bore portraits; third, the coins were replaced as soon as a king died with that of the new king. That coins bore the portrait of a king, was normal in the Hellenistic Age. In the beginning of his expedition Alexander issued a series of bronze coins with his own portrait at Memphis in Egypt.[③] After the conquest of India he issued a type of large royal medallion depicting him on horseback attacking the Indian king Porus on his elephant.[④] After the death of Alexander, Ptolemy I also issued coins with the busts of Alexander in profile in 321-283 or ca. 315-305 B. C.[⑤] But it was Lysimachus, one of Alexander's generals, who created the standard coin-portrait of Alexander in 297-281 B. C.[⑥] Other successors of Alexander followed his example. When they set themselves up as kings, most of them issued their own coins with their portraits symbolizing their

---

[①] Since the first coin of a Greek king of Bactria, Eucratides (ΒΑΣΙΛΕΩΣ ΜΕΓΑΛΟΥ ΕΥΚΡΑΤΙΔΟΥ), was discovered, numerous Greek coins have been unearthed in this area. The largest hoard has been found in the tiny village of Mir Zakah in Afghanistan. An estimated 550, 000 coins have made their way to Japan, Europe, and America. This single hoard is almost six times larger than the total of all ancient hoards recorded throughout the territories of Greece and Macedonia, see Holt 2005, 125-148. For the discoveries of these various coins of Greek kings in Bactria (Daxia) and research on them, see Holt 2012.

[②] Sima 1959, 3162.

[③] Carradice, Price 1988, 109.

[④] Holt 2003, Plates 2-14.

[⑤] Carradice, Price 1988, 116; Bieber 1965, 185, plate VI, fig. 12; Stewart 1993, 53, 280: Pl. 8c, Figs. 76-79.

[⑥] Carradice, Price 1988, 120; Bieber 1965, 186, plate VII, fig. 13; A. Stewart 1993, 53, 280: Pl. 8b, Fig. 117.

kingship. These coins circulated not only in the areas under Greek control but also in neighboring countries, such as Parthia (Anxi).

The Hellenistic coins minted in Asia can be divided according to their metal (gold, silver, bronze or copper, iron, and lead), or according to their denomination: stater, tetradrachm, drachm, and obol. In Parthia, however, almost all the coins were made of silver, with only a few gold issues that seem to have been meant as gifts. Parthian silver contain the portrait of the king on the obverse and on the reverse generally images of an archer seated with a bow (some scholars see in the archer Arsaces I, the founder of the Parthian dynasty[1]), or images of Greek gods such as Tyche, Nike, Demeter, or Heracles in the later coins, especially those issued by Mithradates I. The Greek legends are usually in the genitive.[2] The real name of the reigning king, however, is never mentioned on these coins, which makes it difficult to identify the king responsible for issuing them. What Zhang Qian brought back as information about the currency of Anxi was a simple description of its basic features, but the correctness of his observations are clearly shown by numismatic and archeological research.[3] The later Kushan kingdom, founded by a tribe chief of the Dayuezhi, also adopted this same type of coinage. The *Biographies of the Western Region in the Hanshu* (汉书·西域传) refers to similar coins in the reports on Jibin (罽宾), Wuyishanli (乌弋山离), Anxi, and Dayuezhi. Apparently, Greek or Greek-like coins circulated widely and were in use until the coming of Arabs. We may say that Zhang Qian's description of the coins of Anxi is the most accurate piece of information about Hellenistic culture that he brought back to central China.

---

[1] Wiesehöfer 1996, 128.

[2] On the coins of some Parthian kings, including Arsaces I, Vologases II and Vologases IV, legends written in Aramaic letters appeared, see Sellwood 1980. The Greek and Aramaic/Parthian legends on Parthian coins can be found at www. parthia. com.

[3] Numerous Greek or Greek-styled coins have been collected by museums and by private persons in various countries. Numismatists and historians are able to a large extent to establish the dynastic lineages of various kingdoms by studying their coins. The imagery and other information conferred by these coins can be accessed on www. parthia. com and www. grifterrec. com.

Another important, though generally overlooked observation in Zhang Qian's report on Anxi, is his information on writing and writing material practiced by the people of the country. He tells us that in Anxi people wrote horizontally on sheets of leather.[1] Leather for this purpose had been used in pharaonic Egypt as early as the fourth dynasty (ca. 2750 B. C.); in a later period some copies of the *Book of the Dead* that accompanied the deceased in tombs had been made of leather.[2] Herodotus (5. 58) notes that the Ionians used to write on the 'paper' made from the skins of sheep and goats, and that even in his day there were many 'barbarians' who wrote on this medium. Clearly, the use of leather as writing material had been known for some time before Zhang Qian made his observations. The word 'parchment', Latin *pergamena*, is derived from the name of the Hellenistic kingdom of Pergamum, whose king Eumenes II (197-160/59 B. C.) was said to have invented 'parchment' in order to break an Egyptian embargo on papyrus.[3] It is highly probable that the librarians at Pergamum improved upon known processes of parchment-making and created a kind of parchment that was clean, white, and could be used on both sides. Neighboring as it did on the Seleucid kingdom, Anxi probably became acquainted with parchment relatively early. In the 1960s at the site of Ai Khanoum French archeologists discovered the remains of a sheet of parchment on which a Greek poem was written.[4] At other places in Bactria a few Greek parchments containing a tax receipt and records of payments were discovered.[5] This makes it certain that indeed parchment was known in Daxia when Zhang Qian visited it. Most probably, Zhang Qian saw such parchment as well as Greek texts written horizontally from left to right. This must have caught his attention, because the Chinese still used bamboo slips for writing and

---

[1] Sima 1959, 3162.

[2] See Bar-Ilan 1995.

[3] Plin. NH 13. 21.

[4] Wiesehöfer 1996, 114; Holt 2005, 160.

[5] Holt 1999, 176; Holt 2012, 118-120.

wrote vertically top down. Moreover, the language, or at least one of the languages used in writing on parchment was almost certainly Greek because that was the common language in the Hellenistic world and well-known even by the upper class in Parthia. Sima Qian tells us that 'from Dayuan westward to Anxi, the languages and dialects of the countries are different but the customs are similar, and different peoples can understand each other's languages and dialects.' [1] Besides Iranian, another language that was commonly used was koine (κοινή, the 'common tongue').[2] It is certain that Zhang Qian heard that language spoken by the local people when he was in the Central Asia. Otherwise, how could he have transliterated βότρυς (botrus) into Chinese putao ("蒲陶")?

Conclusion

Evidently, when Zhang Qian traveled from central China to the Western Regions, he came to a totally different world. What he encountered there was Hellenistic culture. Thus, Zhang Qian not only was the first person who had been sent on a diplomatic mission to the Western Regions and visited the world outside China, but also the first to bring back information about Hellenistic civilization. His exploration of the Western Regions from the east and the conquests of Alexander the Great from the west for the first time made possible cultural and economic exchanges among the major civilizations across Eurasia. Hence, Chinese silk, lacquers, iron wares (complex wares of steel and iron, including the method of steel-making), leather wares, even methods of almond and peach cultivation, were all brought to the Western Regions and

---

①   Sima 1959, 3174.

②   Tarn (1902, 278) recognized the prevalence of Iranian but assumed that also Greek was used in the cities, although he had no evidence to support that assumption. Since then, however, numerous examples of the use of Greek in the form of coins, inscriptions, pieces of parchment and papyri have been discovered in the region.

from there some of these items soon reached Rome.[1] Likewise, other exotica—animals and plants, musicians and dancers, even religions—were introduced to China from the West. One result of the fusion of ideology of Indian Buddhism and Greek art was the creation of Gandharan art, testifying to the influence of Hellenistic culture in the east. It was precisely this artistic style that reached central China by way of the Silk Road in the period after Zhang Qian's mission.

The creation of the Silk Road should not be attributed merely to the ambition of the Han Emperor Wudi to control the Western Regions and to the diplomatic missions of Zhang Qian, but also to the conquests of Alexander the Great and the formation of the Hellenistic world. It was the explorations and conquests from both East and West that gave the Silk Road its special place in history. An ancient Chinese poet once said: 'if a person places willow branches into the soil without any expectation, he will be surprised years later by seeing a forest.' This is true also of the Silk Road which linked East and West for over a thousand years and had great and long-lasting influence on the civilizations of Eurasia that both Alexander the Great and Zhang Qian surely could never have anticipated.

Bibliography

Assar, G. R. F. 2003: 'Parthian Calendars at Babylon and Seleucia on the Tigris', *Iran* 41, 171-191.

Austin, M. M. 1999: 'Alexandrias. Review of *Cities of Alexander the Great* by P. M. Fraser', *The Classical Review, New Series* 49, 167-8.

Ban Gu, 1962: *Hanshu*, Beijing.

Bar-Ilan, M. 1995: 'Parchment', article online at: http://faculty. biu. ac. il/-barilan/parchmen. html (accessed 2014).

Bernard, P. 1967: 'Ai Khanum on the Oxus: A Hellenistic City in

---

[1] See Sima 1959, 3174; Plin. *NH* 34. 145. Remains of silk from China have been discovered at the site of Palmyra, see Dien 2004; also Wiesehöfer 1996, 147.

Central Asia', *Proceedings of the British Academy* 53, 71-95.

Bernard, P. 1982: ' An Ancient Greek City in Central Asia ', *Scientific American* 246 (Jan.), 148-159.

Bernard, P. 1994: ' The Greek kingdoms of Central Asia ', in J. Harmatta et al. (eds.), *The History of Civilizations of Central Asia II. The Development of Sedentary and Nomadic Civilizations*, Paris, 99-129.

Bieber, M. 1965: 'The portraits of Alexander', *GR* 12, 183-88.

Biel, J. 1980: 'Treasure from a Celtic Tomb', *National Geographic* 157/3, 429-438.

Bopearachchi, O. 1991: *Monnaies gréco-bactriennes et indo-grecques, Catalogue raisonné*, Paris.

Carradice, I. , Price. M. 1988: *Coinage in the Greek World*, London.

Cary, M. 1959: *A History of the Greek World*, London.

Chavannes, E. 1995: [Excerpt from rev. of F. Hirth, ' Ueber fremde Einfluesse in der chinesischen Kunst ', *Journal Asiatique*, ser. 9, t. 8 (1896), 529-536], Transl. by Feng Chengjun in *Translations of Papers on the History and Geography of the Western Regions and the South Seas*, Vol. 2, Chapter 8, Beijing.

Cocke, W. 2004: 'First Wine? Archaeologist Traces Drink to Stone Age', *National Geographic News* online, July 21 (http://news. nationalgeographic. com/ news/2004/07/0721_040721_ancientwine. html).

Coedès, G. 1987:*Textes d'auteurs grecs et latins relatifs a l'Extrême-Orient*, Beijing.

Cohen, G. M. 1978: *The Seleucid Colonies: Studies in Founding, Administration and Organization*, Wiesbaden.

Dąbrowa, E. 2011: *Studia Graeco-Parthica: Political and Cultural Relations between Greeks and Parthians*, Wiesbaden.

Dani, A. H. , Bernard, P. 1994: ' Alexander and his successors in Central Asia ', in J. Harmatta et al. (eds.), *The History of Civilizations of Central Asia II. The Development of Sedentary and Nomadic Civilizations*, Paris, 67-97.

Dien, A. E. 2004: 'Palmyra as a caravan city' http://www. silk-road.

com/newsletter/2004vol2num1/Palmyra. html (accessed in March 2014).

Fraser, M. 1996: *Cities of Alexander the Great*, Oxford.

Frye, R. N. 1984: *The History of Ancient Iran*, Munich.

Harmatta, J. et al. (eds.) 1994: *The History of Civilizations of Central Asia II: The Development of Sedentary and Nomadic Civilizations*, Paris.

Holt, F. L. 1989: *Alexander the Great and Bactria*, Leiden.

Holt, F. L. 1999: *Thundering Zeus*, Berkeley/Los Angeles.

Holt, F. L. 2003: *Alexander the Great and the Mystery of the elephant Medallions*, Berkeley/Los Angeles.

Holt, F. L. 2005: *Into the Land of Bones: Alexander the Great in Afghanistan*, Berkeley/Los Angeles.

Holt, F. L. 2012: *Lost World of the Golden King*, Berkeley/Los Angeles.

Hudson, G. F. 1931: *Europe and China*, London.

Kawami, T. S. 1987: *Monumental Art of the Parthian Period in Iran*, Leiden.

Laufer, B. 1919: *Sino-Iranica: Chinese Contributions to the History of Civilization in Ancient Iran, with Special Reference to the History of Cultivated Plants and Products*, Chicago.

Lerner, J. D. 1999: *The Impact of Seleucid Decline on the Eastern Iranian Plateau*, Stuttgart.

Lerner, J. D. 2012a: 'Eastern Baktria under Da Yuezhi Hegemony', in *Kushan Glory*, edited by Vidula Jayaswal, New Delhi, 79-86.

Lerner, J. D. 2012b:'Sailing the Ancient Trade Routes from Central Asia to Europe and back again', in *Materials of the International Conference of Ancient World History at Nankai University*, China, June 16-18, 2012, Tianjin.

Liddell, H. G. , Scott, R. 1996: *A Greek-English Lexicon*, with a revised supplement, Oxford.

Ma Yong, Wang Binghua 1990:'The Region of Xinjiang in China from the 7th to the 2nd century B. C. ', *Journal of Central Asia* 3, 1-16.

Müller, S. 2011: ' Onesikritos und das Achaimenidenreich', Anabasis. Studia Classica et Orientalia 2, 45-66.

Narain, A. K. 1957: Indo-Greeks, Oxford.

Olbrycht, M. J. 2013: ' Die Seidenstraße in der Geschichte der Antike', in Die Krim. Goldene Insel im Schwarzen Meer. Begleitbuch zur Ausstellung in Bonn, Darmstadt, 67-87.

Olbrycht, M. J. 2014: ' Die Alexandergründungen in den nordiranischen Ländern im Lichte der geographischen Tradition der Antike', in A. Podossinov (ed.), The Periphery of the Classical World in Ancient Geography and Cartography, Leuven/Paris/Walpole, 95-121.

Pédech, P. 1983: La Géographie des Grecs, Beijing [Chinese translation].

Peiliang, Sun 1985: ' The Trade Route and the Rumors about Central Asia', in Papers on the Relations between China and the outside World, Vol. I, Beijing, 3-25.

Pelliot P. 1962/1995 (trans. by Feng Chengjun): ' Putao ', in the Translations of papers of history and geography of the Western Regions and the South Seas, Vol. II, Beijing, 5, 82-3.

Rtveladze, E. V. 2011: ' Parthians in the Oxus Valley. Struggle for the Great Indian Route', Anabasis. Studia Classica et Orientalia 2, 149-178.

Rudenko, S. I. 1957: ' On the Ancient Relations between China and the Tribes in the Altai ', Acta Archaeologica Sinica (Journal of Archeology) 2, 7-48.

Schoff, W. H. 1912: The Periplus of the Erythraean Sea: Travel and Trade in the Indian Ocean by a Merchant of the First Century, London/ Bombay/Calcutta.

Schoff, W. H. 1914: Isidore:Parthian Stations, with a translation and commentary by W. H. Schoff, London.

Sherwin-White, S. , Kuhrt, A. 1993: From Samarkhand to Sardis, Berkeley/Los Angeles.

Sima Qian, 1959: Shiji (Records of the Grand Scribe), Beijing.

Stewart, A. 1993: Faces of Power, Berkeley/Los Angeles.

The Sutra of the Buddhist Sage Nāgasena in Taishō Revised Tripiṭaka, vol. 32, Tokyo (1936-), chapters 1670a, 1670b.

Tarn, W. W. 1902: 'Notes on Hellenism in Bactria and India', JHS 22, 268-293.

Tarn, W. W. 1951: The Greeks in Bactria and India, Cambridge.

Tarn, W. W. 1952: Hellenistic Civilization, London.

Toynbee, A. 1959: Hellenism, Oxford.

Walbank, F. W. 1981: The Hellenistic World, Glasgow.

Wang Zhilai 1986: An Historical Outline of Central Asia, Changsha.

Wells, C. B. 1934: Royal Correspondence in the Hellenistic Period, New Heaven.

Wiesehöfer, J. 1996: Ancient Persia. From 550 BC to 650 AD, London.

Yang Juping 2007: 'The Site of Ai Khanoum and the Interactions of the Ancient Civilizations in East and West', The Western Regions Studies 6, 96-105.

Yang Juping 2009: 'A Note on Soter Megas', Historical Research 4, 140-152.

Yang Juping 2011: 'Hellenization or Indianization-Research on Yavanas', Historical Research 6, 134-155.

Yule, H. 1915: Cathay and the Way Thither, Vol. I. New edition, revised throughout in the light of recent discoveries by Henri Cordier, London.

Zhang Xinglang 1977: The Collection of the Historical Materials of Communications between China and the West, Vol. I, Beijing.

Abstract

The conquests of Alexander and the formation of the Hellenistic world stimulated and accelerated cultural and economic exchanges among the ancient civilizations of Central Asia, India, the eastern Mediterranean, and Europe. Before Zhang Qian's exploration of the West in the late second century B. C. , three trade routes connecting Asia, Africa, and Europe had already come into existence. Hellenistic culture had been widely received in areas formerly under Macedonian-Greek rule and had even, to some extent, converged with eastern cultures. Centered on the Oxus River, the Greeks of Bactria expanded their sphere of influence into India in the south and to the Seres and Phryni in the east. Perhaps they had even reached the Tarim Basin by crossing the Pamirs. All these developments created the basis for the development of the Silk Road and thus for trade and commerce and cultural exchanges East and West. In this regard, the eastward conquests of Alexander and the westward explorations of Zhang Qian played equally important roles in the opening of the Silk Road.

"Hellenistic World and the Silk Road," *Anabasis: Studia Classica et Orientalia* , 4 (2013), pp. 73-91. (The revised version)

The Relations between China and India and the Opening of the Southern Silk Road during the Han Dynasty

When and how did relations between China and India begin? This issue has long been debated in China. The late Professor Ji Xianlin, a renowned Chinese scholar of Indian history and culture, pointed out that "Cina," the Indian word for China, and the silk from "Cina" first appeared in the early period of the Mauryan dynasty (c. 321-185 BCE) (Ji 1982, pp. 74-78, 114). The implication is that China may have been known by the Indians since as early as the fourth century BCE. But when China began to hear of India is another question. Some Chinese Buddhist texts composed after the Han dynasty assumed that Buddhism had been spread into China long ago. But as Professor Tang Yongtong has said, they are too boastful and erroneous to be reliable. In order to compete with Daoism and Confucianism, these Buddhists created some fictitious stories to extol the greatness of Buddha and claim an earlier arrival of Buddhism in China. [1] In my opinion, the earliest available information

---

[1]　These fictions suggested many dates for the first appearance of Buddhism in China, such as in the Western Zhou Dynasty (11th century -771 BCE), especially in the age of Confucius (551-479 BCE), or in the periods of the Warring States (475-221 BCE), Qin Dynasty (221-206 BCE)and during the Former Han Dynasty (206 BCE-CE 8). But it is only in the early period of the Later Han Dynasty, exactly in the reign of Han Mingdi (汉明帝, CE 58-75) that Buddhism was formally brought into China. See Tang 1991, pp. 3-22.

about India should be attributed to Zhang Qian (张骞), the first Chinese to explore the hitherto unknown Western Regions beyond the Tarim Basin. After him, the early direct political, commercial and cultural relations between China and a number of Indian kingdoms and others nearby were established, which led to the emergence of the Southern Silk Road that ran through the Pamirs to India and Southeastern Iran. Meanwhile, the close connection between India and China facilitated trade by sea from Egypt via India to the southernmost parts of China and vice versa during the Han dynasty (206 BCE-220 CE). These relations are discussed in three early historical books: *Shiji* (史记, the *Records of the Grand Historian*), *Hanshu* (汉书, *History of the Former Han Dynasty*) and *Houhanshu* (后汉书, *History of the Later Han Dynasty*). Unfortunately, since portions of these accounts are unclear, to explain them we must turn to non-Chinese sources from India and the West.

I. Shendu (身毒), the first term used for India in China

The name of Shendu appears in "the Treatise on Dayuan" ("大宛列传", Dayuan Liezhuan) of the *Shiji* by Sima Qian (司马迁), which is the earliest record about India among Chinese historical documents. The great historian's information came from the report submitted to Han Wudi (汉武帝) by Zhang Qian, who, as an ambassador of the Han court, had been sent to the West to establish an alliance with the Dayuezhi (大月氏) against the Xiongnu (匈奴) in 139/8-126 BCE. Zhang Qian states that he was surprised to have found in Daxia (大夏, Bactria) bamboo sticks from Qiong (邛) and cloth from Shu (蜀)—both in present-day Sichuan province in China. The Bactrians told him that these goods had come from a country called Shendu and provided some new information about it:

Shendu may be several thousand *li*[①] to the southeast of

---

① One li (里) equals c. 0.416 kilometer.

Daxia. The people there have fixed abodes and their customs are very much like Daxia; but the country is low, damp, and hot. The people ride on elephants to fight in battle. The country is close to a great river.[1]

The beginning of this description differs greatly from the historian's introduction of other countries, like Dayuan (大宛), Dayuezhi (大月氏), Anxi (安息), Tiaozhi (条枝), and Daxia (大夏). First, Zhang Qian's information is indirect, as he heard it from the inhabitants of Daxia. Second, he provides merely an approximate location of the country and the life-style and customs of the people. However, his information is quite specific: India has a damp and hot climate; there are many elephants; and the great river, which most likely is the Indus, was the country's boundary. Since the bamboo sticks and cloth originated from modern Sichuan province of China and got to Daxia via India, we can infer that there was a route that began in southwest China and ran through India before reaching Daxia. Having accepted Zhang Qian's suggestion that he should explore the road from the southwest of China to India, the Emperor Han Wudi committed this task to him. But, because hostile barbarian tribes stood in the way, Zhang Qian failed in this mission. Nonetheless, Wudi continued to try to find a route that led directly to India. During his second mission (119-115 BCE) to the Western Regions, Zhang Qian sent several vice-envoys to Shendu from Wusun (乌孙). Later Han Wudi also sent envoys to Shendu (Sima 1982, pp. 3169-70). Although we have no record of the reaction of the people in Shendu, it is certain that some more information about India should have been brought back by the Chinese envoys.

---

[1] Sima Qian, "The Treatise on the Dayuan, " in *Shiji*, 1982, p. 3166. The English translation is quoted from Hirth, 1917, p. 98. The spelling of some Chinese place names has been changed by this author.

II. Jibin (罽宾), the first country neighboring India to establish diplomatic relations with China

Jibin appears in the "Traditions of the Western Regions" ("西域传", Xiyuzhuan) of the *Hanshu* by Ban Gu (班固, CE 32-92). The book concerns only the history of the Former Han Dynasty, and thus its "Traditions of the Western Regions" serves as a continuation and supplement to "The Treatise on Dayuan" of the *Shiji*. Shendu is not mentioned in the *Hanshu*. Instead, a new country, Jibin (Kophen?), suddenly appears. Apart from giving a general description, Ban Gu emphasizes the political and diplomatic relations between the rulers of Jibin and China. Ban Gu describes the country's location, its neighbors, and its distance to China:

> The capital of the kingdom of Jibin is the city of Xunxian (循鲜), and it is 12,200 *li* from Ch'ang-an [长安, the capital of China in the Former Han Dynasty]. The kingdom is not under the control of the Protector General (Duhu, 都护). The numbers of families, persons, and trained troops are very large, for it is a great kingdom. It is 6,840 *li* to the seat of the Protector General in the north-east, 2,250 *li* to the kingdom of Wuzha (乌秅国) in the east, and a nine days journey to the kingdom of Nandou (难兜国) in the north-east. The country borders Dayuezhi (大月氏) in the north-west and Wuyishanli (乌弋山离) in the south-west.[①]

The seat of the Protector General, in charge of all affairs in the Western Regions, was in the city of Wulei (乌垒, in present-day Luntai county of Xinjiang province). Since Jibin was so distant to the southwest

---

① Ban Gu, "Traditions (description) of the Western Regions, " in Ban 1962, pp. 3884-85. The English translations from this chapter are quoted basically from Wylie 1881. Some changes and adjustments, however, have been made in accordance with my reading of the Chinese text. (One should also consult the annotated translation by Hulsewé 1979.)

from Wulei, and its location was to the southeast of the Dayuezhi, there is little doubt that Jibin was in or bordering the land of Shendu beyond the Pamirs. Ban Gu also briefly mentions the history of Jibin and the race of its inhabitants. We thus learn that a people originally called the Sai in Central Asia were forced to migrate south into India. In Chinese, the term Sai Zhong (塞种, Sai race or Sai people) is used to indicate the Sakas.[①] So, Jibin should be understood as a kingdom ruled by the Sakas, or Scythians, as they are traditionally named by the Western classical authors.

Ban Gu also discusses in some detail the land, climate, way of life of the people, and some special goods produced in the country. He especially takes note of Jibin's currency: "They issue gold and silver coins. On the obverse is a man on horseback and on the reverse is a face or a head of a man " (Ban 1962, p. 3885). This record is very important not only for the clues it provides for a comparison with the coins of the Indo-Greeks, but for the evidence on the commercial relations the country enjoyed with China.

Ban Gu's primary interest, however, centers on the political relations between China and Jibin. Contact between the two countries began during the reign of Emperor Han Wudi (141-87 BCE). Due to events that took place during the Former Han Dynasty, relations between the two countries can be divided into four stages (for details, see Ban 1962, pp. 3885-87).

The first occurred in the reign of king Wutoulao (乌头劳) of Jibin. Although we do not know the exact dates of his rule, we are secure in placing it in the reigns of the emperors Han Zhaodi (汉昭帝, 86-74 BCE) and Han Xuandi (汉宣帝, 73-49 BCE). Assuming that China was too far

---

① "Formerly, when the Xiongnu (匈奴) subjugated the Dayuezhi, the latter migrated to the west, and gained the dominion over Daxia (大夏, Bactria). As a result, the king of the Sai (Sakas?) journeyed south and ruled over Jibin. The Sakas were scattered, and at times formed several kingdoms. From Shule (疏勒) to the north-west are the kingdoms of Xiuxun (休循), Juandu (捐毒), and those consanguineous nations that are all descendants of the ancient Sakas" (Ban 1962, p. 3884).

from his kingdom for the Chinese to exact revenge, Wutoulao cruelly murdered a number of Chinese envoys on several occasions. Fortunately for him, he escaped from the revenge of these two emperors because, just as he had expected, it proved too difficult and too distant for a Chinese army to punish him.

The second event took place during the reign of Wutoulao's son. We do not know what his name was or when he came to the throne, but only that he had been the king of Jibin in the reign of Han Yuandi (汉元帝, 48-33 BCE). Under the pretense of restoring friendly ties, he sent envoys with gifts to the Han court. The emperor accepted the request for pardon of his father's actions and sent general Wen Zhong (文忠) to escort those envoys back to Jibin. Upon their arrival Wen Zhong learned that the king of Jibin was planning to assassinate him. So Wen Zhong formed an alliance with Yinmofu (阴末赴), the prince of Rongqu ([容屈], a city that may have been under Jibin's authority). Together they attacked Jibin and killed the king. Yinmofu was then crowned as the new king of Jibin with the support of Wen Zhong and awarded by the Emperor Han Yuandi a seal and ribbon as a token of his subjection to China.

The third stage of relations transpired during the reign of Yinmofu, also in the reign of Han Yuandi. Ironically, relations between Jibin and China actually worsened under Yinmofu after he imprisoned the Chinese ambassador Zhao De (赵德) and murdered the vice-envoy along with more than seventy of his Chinese attendants. He then repeated the actions of his predecessor by sending envoys to the Han court to apologize. Han Yuandi, however, refused their request of friendship and the envoys were discharged, as the country was too distant and thus could not be directly placed under Chinese authority. Once again, relations between Jibin and China were severed.

The last stage happened during the reign of Emperor Han Chengdi (汉成帝, 32-7 BCE). In this case, envoys from Jibin arrived at the Han court bearing gifts and requested forgiveness of the country's previous transgressions. But this was also refused. In reality, the actual intention of Jibin was to obtain larger reciprocal gifts from the Han court and to profit from the silk trade with China. In fact, however, although political relations were not sustained, Jibin still managed to benefit from the silk trade, and, as noted, even occasionally sent envoys to China.

III. Chinese contacts with other countries near Jibin

Throughout this period, there were some other countries that were known to the Chinese and were also in direct contact with China.

Nandou (难兜国) was a dependency of Jibin which was 330 *li* away to its southwest. The location of Nandou was in the area neighboring the eastern parts of Dayuezhi. According to this orientation Nandou must have been an oasis-state in the Pamirs.[①] Its products were similar to those of Jibin: five different types of grains, grapes and other fruits, gold, silver, copper and iron. It made weapons and issued coins (Ban 1962, p. 3884).

Wuzha (乌秅国) (Ban 1962, p.3882) was located in the mountains, in all probability in the Hunza region of modern Pakistan (Yu 2005, p. 98, n. 181; cf. Hulsewé 1979, p. 98, n. 158). Wuzha was pronounced "Yazha" in ancient Chinese, thus close to the modern pronunciation of "Hunza. " Several hundred *li* to the west of Wuzha was the well-known gorge of Xuandu (縣度), whose passage was very difficult and dangerous. To pass through it, travelers had to rely on ropes suspended or tied along the route.[②] So, some scholars have rendered Xuandu in English as the "Hanging Pass. " It was the shortest route between Jibin and China at

---

① Yu Taishan (2005, p.104, n.222) guesses that the seat of the king of Nandou was in present-day Gilgit in Pakistan.

② In fact, the pathways—which are still used in parts of modern Hunza—are created by placing or hammering sticks into the rock cliff faces and placing flat rocks forming a narrow surface on them, so that people—though usually not pack animals—can cross them. They are locally known as rafiqs. [Note kindly supplied by John Hill; see also Hulsewé 1979, pp. 99-100, n. 169.]

that time. So those Chinese officials responsible for escorting envoys from Jibin back to their country usually advanced only to this point. The difficulty of the passage helps also to explain why Minister Du Qin (杜钦) successfully persuaded the supreme General Wang Feng (王凤) to refuse Jibin's request for friendship (Ban 1962, pp. 3886-87). Xuandu should be identified as that portion of the road from either the Kilik or Mintaka Pass to Gilgit via Hunza.[①]

Wuyishanli (乌弋山离) was a kingdom adjacent to Jibin to the west and the terminal point of the Southern Silk Road. Ban Gu was quite familiar with it:

> The capital of the kingdom of Wuyishanli is 12,200 *li* [?] distant from Ch'ang-an（长安）. The state is not under the control of the Protector General. The numbers of families and trained troops qualifies it as a great kingdom. The seat of the Protector General lies to the north-east at a distance of a sixty days' journey. The country borders Jibin in the east, Pu-tiao（撲挑，Bactria）in the north, and Lijian（犂靬，Alexandria in Egypt?）and Tiaozhi（条支，the Seleucid Kingdom?）in the west.（Ban 1962, pp. 3888）

The climate of Wuyishanli is very hot and the land is flat and woody. It has herbs and trees, domestic animals, five kinds of grain, fruits, vegetables, food and drink, palaces and dwelling-houses, bazaars, a circulating currency, military weapons, gold, pearls, and the like, just as those found in Jibin. It has also the Taoba (桃拔)[②], lion and buffalo. Killing innocent lives is forbidden according to its custom. On the

---

① The Khunjerab Pass is further to the southeast, where the modern Karakoram highway enters Hunza. The Khunjerab provided an alternate, but longer route. [Note kindly supplied by John Hill.]

② 桃拔 or 符拔 Fuba, a strange animal. Some scholars identify it as a giraffe. See Yu 2005, p. 115, n. 285. John Hill (2009, p. 239, n. 10. 5) identifies it as the Persian or Goitered Gazelle (*Gazella subgutterosa*).

obverse of their coins is a man's head, and on the reverse a man on horseback is depicted. They ornament their staves with gold and silver. Being extremely distant from China, envoys rarely journey there. From the Yu ("Jade") Gate (Yumen Guan, 玉门关) and the Yang Barrier (Yang Guan, 阳关), the southern road passing through Shanshan (鄯善) leads southward to Wuyishanli, which marks the terminus of the southern road. (Ban 1962, pp. 3888-89)

Compared with Jibin, Wuyishanli has some peculiarities, such as a hotter climate and different animals like the Taoba, lion and buffalo. The figures on its coins are the opposite of those of Jibin. Wuyishanli is probably equivalent to southern Afghanistan and southeast Iran, including Seistan, with Kandahar as its center. It had become a part of ancient India in the period of the Mauryan Empire.

It is worthy of note that Ban Gu did not refer to Shendu in his book. A possible explanation is that he knew that Shendu was a general name for the land beyond Congling (葱岭, the Pamirs); so he probably considered Jibin and the countries near it as the constituent parts of Shendu.[1] Both Wuzha and Xuandu are in the Pamirs and thus on the road to Jibin and Wuyishanli from the Tarim Basin. Therefore, the southern Silk Road developed as the result of relations between China and India.

IV. Further developments of Chinese and Indian relations in the Later Han dynasty

"The Chronicle on the Western Regions" (西域传) of the Houhanshu (后汉书) by Fan Ye (范晔) introduces countries such as Dayuezhi-Guishuang (大月氏-贵霜), Gaofu (高附) and Tianzhu (天竺), which were entirely or at least in part in ancient India and had direct

---

[1] Alternatively, the Chinese envoys did not get past Jibin and the neighboring countries as far as Shendu, which would explain why Ban Gu does not refer to Shendu.

contact with China during the Later Han Dynasty (CE 25-220). His source was primarily from Ban Yong (班勇) (Fan 1965, pp. 2912-13), a son of Ban Chao (班超, CE 32-102), who was a brother of the historian Ban Gu and, as a cavalry commander had defeated the Xiongnu and secured control over the Tarim Basin, following which he was accorded the title "Protector General of the Western Regions." Ban Yong lived with his famous father and later oversaw the affairs of the Western Regions.[①] According to Fan Ye, what he recorded about the Western Regions since the reign of the first emperor of the Later Han Dynasty (Guangwudi, 光武帝, CE 25-57) was based on the reports of Ban Yong that had been presented to the Emperor at the end of the reign of Han Andi (汉安帝, CE 107-125) (Fan 1965, p. 2913). Therefore, what Fan Ye provides should be viewed as highly credible.

After occupying Daxia for over 100 years, Dayuezhi people were united by the Kushan (贵霜, Guishuang), one of the five *xihou* (翎侯, Yabghu, or "allied princes"). Qiujiuque (丘就却, Kujula Kadphises), the first king of the Kushan Empire, invaded Anxi (安息, Parthia), occupied the kingdom of Gaofu, then conquered Puda (濮达)[②] and Jibin. The Kushan domain extended to northwestern India in the early first century CE. After Qiujiuque died past the age of 80, his son, Yangaozhen (阎膏珍, Vima Taktu), succeeded him. He also conquered Tianzhu (in northwest India), and installed a general to rule it.

After annexing Gaofu, Jibin and Tianzhu, the Kushan Empire reached the height of its power and began to have frequent contacts with the Han Dynasty. At the same time, Chinese power was re-established

---

① For the life of Ban Yong, see Fan Ye, "The biographies of Ban and Liang," in *Houhanshu* 1965, pp. 1583, 1587-1590. He was appointed as a general of lower rank (军司马) in CE 107, and the governor of the Western Regions (西域长史) in CE 123. Because of his late arrival on a battlefield he was accused and imprisoned. He possibly returned to the capital of Han China in CE 127.

② Puda should be in the areas near Guishuang and Jibin. I agree with the theory of John Hill (2009, pp. 29, 506-16) that Puda might be in the lands between modern Afghanistan and Pakistan.

over the Western Regions in the second half of the first century CE. General Ban Chao was sent to the Western Regions to take charge of the defense against the Xiongnu in CE 73. From that point on, he would be in charge there for more than 30 years. In CE 91 he was appointed as the Protector General responsible for all affairs in the Western Regions. In this period, besides his efforts to control or appease all kingdoms subjected to China and to hold back the Xiongnu, Ban Chao did his best to deal with the Kushans. The contacts and conflicts between the Chinese and the Kushans were recorded in detail in the "Biography of Ban Chao" of the *Houhanshu*.

In fact, changes in Chinese-Kushan relations depended on the growth and decline of each empire's power in the Western Regions. In the beginning, the Kushans were willing to establish friendly relations with China. In CE 78 in a report to the court, Ban Chao told the Emperor: "Now the kingdoms of Jumi (拘弥), Shache (莎车), Shoule (疏勒), Yuezhi (月氏), Wusun (乌孙), and Kangju (康居) all want to submit to China." Here the "Yuezhi" means the Kushan. When Ban Chao attacked the king of Shoule in CE 84, Kangju sent an army to help the king. With the help of the Kushans, Kangju withdrew so that Ban Chao took the city controlled by the king of Shule. Previously, the Yuezhi had supported the Chinese attack against Jushi (车师), a kingdom on the northeastern rim of Tarim Basin[1], which probably indicates that an alliance of some kind existed between the Kushans and China. But when the king of the Yuezhi proposed a marriage alliance with the Han court in CE 88, Ban Chao categorically refused it. The Kushan king became so angry that he sent a viceroy (the underking, Fuwang, 副王) named Xie (谢) to lead seventy thousand solders through the Pamirs on a raid against Ban Chao. Ban Chao believed that such a large army, coming from so far away, could not

---

[1]   John Hill notes (2009, p. 109, n. 1. 22): "Jushi 车师. The peoples of the Kingdoms of Nearer and Further Jushi (the Turfan Oasis and the region around Jimasa), were closely related. It was originally one kingdom called Gushi 姑师 (Wade-Giles:Ku-shih) until it was subdivided after the Chinese conquest in 107 BCE. "

remain for long. In order to prevent the Kushans from asking for reinforcement from other small states, Ban Chao sent an army to kill the envoys of the Kushans halfway to Kucha/Qiuci (龟兹), a state in the northern region of the Tarim that was on friendly terms with the Kushans. Finally, viceroy Xie had to apologize to Ban Chao for his invasion. Ban Chao forgave him and allowed him to withdraw his army. As a result, the Kushans became so frightened of the Han Empire's strength that every year the Kushan king sent ambassadors with gifts to China (Fan 1965, pp. 1575-80). This is the only record of a Kushan invasion into the Tarim.

Tianzhu is another large country which had diplomatic and trade relations with China. It probably is the same Shendu mentioned by Sima Qian. Its location was several thousand *li* to the southeast of the Yuezhi. "Its customs are similar to those of the Yuezhi (Kushans), but the country is low, humid, and hot. This kingdom is close to a great river. The people ride elephants into battle."[①] We are thus certain that this country was in India. In ancient Chinese, Tianzhu and Shendu pointed to the same country in different periods. According to the *Houhanshu*, Tianzhu was a great country bordering the Yuezhi and Gaofu (高附) in the west, the sea to the south, and the country of Banqi[②] in the east. Its northern neighbor is not mentioned, but the region was evidently the Tarim Basin controlled by China at this time.

Tianzhu "has several hundred other towns. A chief rules each town. There are scores of other kingdoms in it. Each kingdom has its own king. Although the kingdoms differ slightly, they are all called Shendu. Now they are all

---

① This description was evidently taken from Sima Qian, but "Daxia" was changed to "Dayuezhi" because the former had been exterminated by the latter. The English translation of all quotations from *Houhanshu* is basically from Hill (2009, pp. 28-31), but I have made some changes and adjustments according to my understanding of the text.

② Scholars have proposed various explanations for the location of "Banqi" (see Hill 2009, pp. 359-60). In my opinion the "Panchalas" located in the valley of Ganges is also possible. For their location, see Tarn 1951, Map 2.

subject to the Yuezhi. [①] The Yuezhi killed their kings and installed a general to govern them" (Fan 1965, p. 2921). Jibin, as an independent country, should not be regarded as one of "the other kingdoms." It once tried to control Gaofu in a struggle with Tianzhu and Anxi, but was defeated by the Yuezhi. Since Tianzhu, Jibin and Gaofu were all subject to the Kushans, the latter became the sole master of northwestern India, although it may be, despite the great extent their empire reached under Kanishka, that the Yuezhi (the Guishuang or Kushan Empire) did not occupy the whole territory of Tianzhu. Therefore, the ambassadors from Tianzhu could come to China with gifts to the Chinese emperors Han Hedi (汉和帝, CE 89-105) and Huandi (汉桓帝, CE 147-167) by land or sea (Fan 1965, p. 2922). Almost at same time, when the so-called ambassadors from Tianzhu reached the southernmost frontier of China by sea, merchants from Daqin (大秦) (the Roman Empire) also arrived at the same place by sea and presented themselves as ambassadors commissioned by the emperor Andun (安敦, Marcus Aurelius Antoninus, CE 161-180). [②] However, they may have departed from India, because the gifts they brought to China were products of India such as ivory, rhinoceros horn and turtle shell (Fan 1965, pp. 2920, 2922). [③] It was only from these direct and indirect

---

① According to the explanation of Fan Ye, "Although all the kingdoms call the rulers the kings of Guishuang (贵霜), Han Chinese still call them by their original name, as Dayuezhi. "In this paper both names are used alternately according to context. See Fan 1965, p. 2921.

② As John Hill notes (private communication): "On close reading of the original Chinese text it is clear that Han Chinese did not question their authenticity as envoys, but they wondered if the earlier, somewhat mythical, accounts they had heard of Daqin were exaggerations." That Daqin could be identified with the Roman Empire has been accepted by some scholars. But the description of this "Daqin" in Houhanshu seems more different from than similar to the true Roman Empire. The location of Daqin should point to Egypt, then a province of the Roman Empire. The author mentioned another name of Daqin, Lijian (犁鞬), which is generally regarded as the transliteration of Alexandria in Chinese. Although I do not completely agree with the current identity for Daqin, I cannot identify another country like so-called Daqin in the eastern Mediterranean regions. The identification of Emperor Andun of Daqin as Roman Emperor Marcus Aurelius Antoninus has been explained by the fact that the merchants arrived in southern China in CE 166 during his reign. See Hill 2009, p. 27.

③ As John Hill has suggested (private communication), "these products could equally well have come from Southeast Asia, or East Africa. "

contacts between the two countries that Tianzhu became known to the Chinese.

The author of *Houhanshu* is the first ancient Chinese historian to mention the popularity of Buddhism in India: "They practice the Buddhist Way (Dharma), not to kill any life or to wage war, which has become a custom in Indian society" (Fan 1965, p. 2921). The birthplace of Buddhism was in the Ganges valley. It spread into the northwest of India, including the southern part of Afghanistan, in the reign of king Ashoka (c. 273-232 BCE). After converting to Buddhism, Ashoka felt so much remorse for his previous conquests and the pain that he had caused to his people that he later became the first king propagating pacifism through Buddhism in India. He not only issued rock and pillar edicts throughout his kingdom in India, but also sent five Buddhist missions to the Hellenistic kingdoms in western Asia and the eastern Mediterranean (Dhammika 1993, rock edict no. 13). In order to make Buddhism accessible for his Greek subjects in Kandahar, he even had his edicts translated into Greek in the city.[1] When the Kushans ruled India, Buddhism was further enhanced, as the Buddhist art of Gandhara testifies. It was in this context that, according to a popular story, Emperor Han Mingdi (汉明帝, CE 58-75) sent ambassadors to Tianzhu to search out Buddhist doctrines (*Houhanshu* 1965, p. 2922). As early as 2 BCE during the reign of Han Aidi (汉哀帝), a Chinese doctor-scholar named Jing Lu (景卢) was taught Buddhist sutras by an ambassador named Yicun (伊存) who had come from Dayuezhi, namely the Kushan Empire.[2] Moreover, Prince Ying of Chu (Chuwang Ying, 楚王英), one of the brothers of Han Mingdi, learned Buddhism and practiced it in his realm (Fan 1965, p. 1428). He was perhaps the first person in China to have converted to Buddhism (Fan 1965, p. 2922). Furthermore, according to that same story, when Han Mingdi dreamed about a golden man and

---

[1] Two edicts, carved on stones, were discovered in Kandhahar in 1958 and in 1963 (1964). One is bilingual in Greek and Aramaic; the other is in Greek alone. See Wheeler 1968, pp. 65-69; Sherwin-White and Kuhrt 1993, pp. 101-102; cf. Burstein 1985, pp. 67-68.

[2] See "The Peoples of the West" from the *Weilue* by Yu Huan (鱼豢), in Chen 1982, p. 859.

asked his ministers what it meant and who it was, one of his courtiers told him that it was a god from the West and his name was Buddha. This story seems to show that Buddhism was already known in China by the early first century CE. But it is strange that there is no record of it in the "Annals of Han Mingdi" in the *Houhanshu*. Consequently, it remains a mystery whether or not he sent an ambassador to Tianzhu for the express purpose of learning about Buddhism. The late Professer Tang Yongtong (1991, pp. 3-22) regarded it as probable.

Special attention was also paid in "The Chronicle of the Western Regions" of the *Houhanshu* to the particular items produced in Tianzhu as well as its trade with the outside world.

> This region produces elephants, rhinoceroses, turtle shell, gold, silver, copper, iron, lead, and tin. To the west, it trades with Daqin [the Roman Empire]. Precious goods from Daqin can be obtained there. It also has fine [thin] cloths, excellent wool carpets, perfumes of all sorts, sugar loaves (its appearance resembles ice), pepper, ginger, and black salt. (Fan 1965, p. 2921)

Although some of the items mentioned in this list originated in India, others might have come from Daqin or Anxi. These exotic items also might have been brought from Arabia or Egypt where "perfumes of all sorts" were produced. Some might have come from China and Central Asia, like "fine cloths" (Chinese silk?) and "excellent wool carpets," the special product of nomads.

It is evident that the three historical books cited above provide very important clues and information about the relations between India and China during the Han dynasty. But unfortunately they are often not clear and some of them might be unreliable. In order to create a solid foundation for the history of this period and to be able to confirm what the ancient Chinese historians recorded, we must turn to new archaeological materials and the Western and Indian literature related to this subject.

V. Evidence from India and the West

As is well known, unlike in the case of China, few historically accurate works were written in ancient India. This does not mean, however, that historical information was not transmitted in other ways. Over the course of several generations, Indian and Western scholars have brought to light the history of South Asia from Alexander to the Kushans.

Alexander the Great invaded India in 327 BCE. After his withdrawal two years later, a new Indian dynasty, the Mauryan, rose to power. In 305 BCE, Seleucus I, founder of the Seleucid kingdom and a former general of Alexander, crossed the Hindu Kush from Bactria and tried to recover India. But he failed and was compelled to form an alliance with Chandragupta, the founder of the Mauryan Empire, from whom he obtained 500 elephants in exchange for the territory that Alexander had conquered. In addition, both agreed on a marriage alliance (Strabo 1969, 15. 2.9). Although most of Greco-Macedonians were forced to leave India gradually after the withdrawal of Alexander the Great, some of them did not, as Ashoka's Greek inscriptions at Kandahar indicate. In the middle of the third century BCE the satrap of Bactria, Diodotus I, declared his independence from the Seleucid Empire. At about the same time, the Aparni or Parni invaded the satrapy of Parthia and created the Arsacid Kingdom (Strabo 1969, 11. 9. 1). In 208 BCE, the Seleucid king, Antiochus III, undertook a campaign to reclaim the lands in the eastern part of his realm. By 202 BCE his advance in northwestern India was halted by a local prince or king, and he withdrew to the west after having received 150 elephants and some treasures (Polybius 1978, 11. 34).

At this time the ruler of Bactria was a Greek known as Euthydemus I. He and his son, Demetrius I, invaded India in the early second century BCE (Strabo 1969, 11.11.1; 15.1.3). Around 171 BCE, Eucratides I became king of Bactria. He marched into India but was killed by one of his sons when he returned to Bactria (Justinus 1853, 41. 6. 1-5). In the reign of Demetrius I (r. ca. 200-190/180 BCE), known as "king of the Indians" (Ibid., 41. 6. 4), the Greeks began a second period of ruling in northwestern India that would ultimately last until the early decades of the first century CE. Collectively, they are known as the Indo-Greeks. In 145 BCE the Graeco-Bactrian kingdom was conquered by nomadic tribes from the north, one of which was the Dayuezhi, originally from the region of Dunhuang and the Qilian mountains in China. The Greeks in Bactria retreated to northwestern India. Menander (ca. 165/155-130 BCE) was a famous Indo-Greek king and patron of Buddhism. He was able to unite all the small kingdoms of the Indo-Greeks (Bopearachchi 1991, p. 453), and even marched to the capital of Pataliputra (Patna) of the Sunga dynasty.[1] Upon his death, northwestern India was split into many small kingdoms and ruled by various Indo-Greek families. Possibly in the late second century BCE, the Scythians or Sakas (also known as the Indo-Scythians) entered India from the north and east, respectively. In the first century BCE the Parthians also invaded India. They took some areas controlled by the Indo-Scythians and Indo-Greeks, who were forced to migrate elsewhere into the subcontinent. However, with the coming of the Kushans, the remains of these foreign peoples almost disappeared: some Indo-Scythians, however, still managed to hold areas near the mouth of the Indus, while one or two other Scythian kingdoms existed in the south of India (Casson 1989, pp. 46-47 and sections 38, 41 [pp. 73-77]).

This is a general outline of the history of northwest of India from Alexander to the Kushans. There are some points of this historical reconstruction that can be connected with the Chinese records. One is the arrival of Sai people in India. The original homeland of the Sai people should encompass the areas from the eastern shores of the Caspian Sea

---

[1] This march is referred to by two ancient Indian documents. One is the *Yuga Purana* ("the Story of the Ages") by Garge, another is the Mahābhāsya by Patanjali. But neither mentions the name of the king of the Yavanas (Indo-Greeks). For Menander as the protagonist of this event, see Yang 2011, pp. 134-55.

to the Ili Valley in today's Xinjiang province of China (Strabo 1969, 11. 8. 2; Ban 1962, p. 3901). They were driven out of this region by the Dayuezhi and migrated westward, passing through Xuandu, northwest of India. It was during this migration that they founded the kingdom of Jibin. Moreover, some of the tribes belonging to this confederation remained in the Pamirs. According to the *Geography* of Strabo, one of the four nomadic peoples responsible for seizing Bactria from the Greeks was the Sacarauli (Strabo 1969, 11. 8. 2). The Sacarauli are possibly related to the Sai race who are mentioned in the Chinese records. Presumably these are the so-called Saka people who were first mentioned by Darius I.[1] They originally lived in the northeast of the Persian Empire and were conquered by Cyrus. Because the lands of the Sai race are almost the same as or near the areas of the Sakas in the northeast of the Persian Empire, the Sai possibly were descendants or a branch of the Saka or Scythians. The Sai race in Chinese records should be identified as the Sacarauli referred to by Strabo. When the Sai people or Sacarauli moved south they presumably took two routes. Some tribes passed by Bactria on their way to southeastern Iran from where they subsequently migrated through southern Afghanistan, and other tribes traversed the Pamirs into the northwest of India where they founded the kingdom of Jibin. Wuyishanli to the west or southwest of Jibin might be another kingdom founded by the Sai people (Sakas).

The second point concerns the role of Indo-Greek kings. According to W. W. Tarn and others, Wutoulao and his son were the Scythian kings of Jibin. Wutoulao (乌头劳) was the transliteration of "*adelphou*" which is part of the inscription on the coins of the Scythian King Spalyrios (Spalyrises). This king, when he was a viceroy, called himself "*adelphou tou basileos*, " namely, "brother of the King, " on his coins. Presumably, the Chinese General Wen Zhong did not know the meaning of "*adelphou*"; guessing that it was the name

---

[1]   "Saka" first appears in the Persian text of the Behistun Inscription. It is translated generally as "Scythia". See Tolman 1908, pp. (2), 5, 10-11 (Cols. 1. 6; 2. 2).

of the king, he transliterated it into Chinese as "Wutoulao." As for the Rongqu Wangzi (容屈王子), Tarn thought that Rongqu (容屈) came from the Greek word "Yonaki" ("Greek-town"), and Wangzi (王子) means "Prince" in Chinese. Yinmofu (阴末赴) was supposed to be Hermaeus (Hermaios), the prince of the Greek city and the last king of the Eucratid dynasty in the northwest of India.[①]Although some of these hypotheses have been rejected or shown to be impossible by A. K. Narain (1957, pp. 154-55) and Osmund Bopearachchi (1991, p. 453), it is evident that the Indo-Greeks still played a role in the affairs of the northwest of India. Some small kingdoms of Indo-Greeks still existed there in the beginning of the first century AD. The Greek-styled coins issued by Jibin and Wuyishanli show the influnce of the Indo-Greeks' coins.[②]

The third point concerns the kings in the early period of the Kushan dynasty. Two kings named Qiujiuque (丘就却) and Yangaozhen (阎膏珍) are mentioned in the Houhanshu. Another name of a Kushan King, Kanishka I (迦腻色迦), who reigned in the first half of the second century CE, was also known in ancient Chinese Buddhist documents for his great contributions to the development of Buddhism. However, the coins of the Kushan kings of this period that are known to date mention five kings: Kujula Kadphises, Vima Taktu, Soter Megas (Great Savior, the so-called Nameless king[③]), Vima Kadphises and Kanishka. Yet in the famous Rabatak Inscription, discovered in 1993, Kanishka refers to his great grandfather Kujula Kadphises, grandfather Vima Taktu, and father Vima Kadphises (See Cribb 1999, p. 180; Sims-Williams and Cribb 1996, p. 80). This means that there are only four kings from Kujula Kadphises

---

① The scholars who first proposed this theory were Alfred von Gutschmid and A. Wylie. Tarn (1951, pp. 339- 42, 418) thought that von Gutschmid's explanations were correct and elaborated their points of view.

② For details of the various kinds of Bactrian-Indo-Greek coins, see Bopearachchi 1991.

③ On his coins there is no name but only epithets such as "Soter Megas" and "Basileos Basileon" (King of kings). This is the basic difference from other coins of the Kushan kings. So numismatists call him the "Nameless king".

(identified by the Chinese as Qiujiuque) to Kanishka in the early period of the Kushan (Yuezhi-Guishuang) dynasty. Previously, historians knew only the names of three Kushan kings from Chinese documents, and some scholars identified Vima Kadphises with Yangaozhen, and further with the Nameless King, Soter Megas. After the discovery and decipherment of the Rabatak Inscription, some scholars identified Vima Taktu with Soter Megas.[①] Since Vima Taktu is confirmed as the second king of the Kushan dynasty, and Yangaozhen is the son and successor of the first king Qiujiuque (Kujula Kadphises), it is natural for some scholars to consider Vima Taktu, Soter Megas and Yangaozhen to be the same king.[②]

I cannot agree with this point of view. According to my research, Soter Megas should not be identified with Vima Taktu and Yangaozhen. This idea was first pointed out by the famous numismatist Osmund Bopearachchi (2007), who theorized that Vima Taktu might be identified with Yangaozhen, and that Soter Megas was another king of the Kushan dynasty who took the throne from the short-lived Vima Taktu and therefore should be regarded as a usurper. I agree with his identification of "Vima Taktu-Yangaozhen," but I think Soter Megas was never a king of the Kushan dynasty and was only a local governor who presented himself as a king. He should be thought of as a satrap of the Kushan Empire who had been assigned to govern India. Later he became so powerful that he arrogated to himself the status of a king. One of the reasons for his anonymity might be attributed to the fact that he knew clearly he was not the true descendant of the Kushan royal house. Therefore he did not dare to inscribe his name openly on his coins. There seems to be a historical

---

① Joe Cribb (1999, pp. 180-83) is the first scholar who put forward this hypothesis. Although this identification was doubted by some scholars, it was accepted by many catalogues of auction houses for coins and numismatic websites.

② It is noteworthy that Cribb has a new idea that the coins of Soter Megas is of one type of Kushan coins, so so-called Nameless king actually was not a king of early Kushan dynasty. Wima Takto indeed also issued the coins of this type, but Soter Megas could never be identified with Vima Tactu or Yangaozhen. See Cribb 2014.

coincidence in the numismatic evidence and Chinese records. As mentioned above, according to the Houhanshu, a general had been sent by Yangaozhen to supervise Tianzhu (天竺, India). It is possible that Soter Megas was this general. Whether this general could be identified with the viceroy (the underking), Xie (谢), who had crossed the Pamir from India to attack Ban Chao, has not been proved yet on the basis of current evidence. Judging from the features of his coins—an image of a Greek, a legend only in Greek, and the Attic weight—he was possibly a descendant of Indo-Greeks.[1]

The fourth point concerns the special products and the goods of Tianzhu listed in the Houhanshu. According to The Periplus of the Erythraean Sea, written around 70 CE[2], there were numerous goods imported into or exported from the several ports of India at his time.[3] The exported goods included iron, steel, cotton cloth, costus, bdellium, lycium, nard, turquoise, lapis lazuli, Seric skins, silk yarn, and indigo, spikenard, ivory, agate and carnelian, silk cloth, mallow cloth, yarn, long pepper, fine pearls, spikenard, malabathrum, transparent stones of all kinds, diamonds and sapphires, and tortoise-shell. Among these, the cotton cloth, silk yarn and cloth were the main goods for export. The imported goods from Arabia, Egypt, Italy and the Eastern Mediterranean sea (Laodicea in Syria), and even from China and the steppes through the medium of Bactrians, Kushans and Parthians, included thin clothing, figured linens, topaz, coral, storax, frankincense, vessels of glass, silver and gold plate, and wine, copper, tin, lead, bright-colored girdles, sweet clover, flint glass, realgar, antimony, gold and silver coin, and ointment, silver, singing boys, beautiful maidens, fine wines, ointments, figured linens, antimony, crude glass,

---

[1]   On the identity of the nameless King Soter Megas, see Yang 2009.

[2]   There are some different points of view about the date of the completion of this book. The earliest is in CE 30, and the latest is in CE 230. Most scholars agree on the second half of the first century CE. The name of the author is not known now, but he is presumed to be a Greek from Alexandria because of a phrase he uses in his book—"just as some of the trees we have in Egypt" (section 29, p. 67). He probably was a merchant engaging in sea trade. See Casson 1989, pp. 6-10.

[3]   See Schoff 1912, Chap. 6, 39, 49, 56, 63; cf. Casson 1989, pp. 55, 75, 81, 85, 91. There are a few differences between the names of some goods in the two translations.

copper, tin, lead, orpiment, and wheat. These items not only confirm the records of the *Houhanshu*, but also include many products and goods unknown to the Chinese at that time, as well as indicating where and when they were imported into or exported from India. The Chinese silk yarn, even the thin clothing imported into India, certainly came from China. This is further evidence of the trade between China and India, even if it was indirect, through the medium of merchants along the southern Silk Road and the maritime Silk Routes from Bactria, Parthia, and even Roman Egypt.

VI. Conclusion

Thanks to the three historical works, *Shiji*, *Hanshu*, *Houhanshu*, the archaeological materials, and the documents from India and the West, we now know more clearly the basic outlines of the relations between China and India during the Han dynasty. It is from Zhang Qian that the Chinese learned of Shendu, and formal ambassadors were sent there. China maintained political, commercial and cultural relations with Jibin, Tianzhu, and Kushan. Expanding into the Western Regions was a fundamental part of the foreign policy of the Han dynasty since the time of the Emperor Han Wudi. It was inevitable that contacts and interactions took place between the two neighboring civilizations, India and China. The beginning of the increasing contact and exchanges between India and China established the Southern Silk Road. It started from Dunhuang (敦煌) in Gansu province of China, continued along the southern margin of the Tarim Basin, passed over the Pamirs into northwest India, then turned southwest to Wuyishanli. From there the road probably extended to the Persian Gulf (or Tiaozhi) (Fan 1965, pp. 2914-97). According to *The Periplus of the Erythraean Sea*, there was a trade road from Bactria to Barygaza (Broach), a very important Indian port in the Gulf of Cambay. Chinese silk was exported to this place (Schoff 1912, Chs. 47, 49). Through the Southern Silk Road China not only established bilateral political relations with those countries of ancient India from the first century BCE to the early second century CE, but also began exchanges in trade and culture. Indian special products and wares, especially its great religion, Buddhism, spread into China during the Han dynasty. The political and cultural influence of the Kushan Empire also spread into the Tarim Basin. Apart from the relics of Buddhism, the writings in Kharosthi script and the issue of Sino-Kharosthi coins in Khotan/Hetian (和阗) provide the evidence that confirms the assumed crucial role the Southern Silk Road after the withdrawal of Han power from this region. It is worthy of note that all foreign elements (including the elements of Hellenistic heritage) in Indian culture flowed into the China as well. Buddhism even became one of the three mainstreams (the others being Daoism and Confucianism) of the Chinese cultural tradition after the Han dynasty. Such a result could not have been imaged by those pioneers of the Southern Silk Road like Zhang Qian, Ban Chao, and their successors.

Acknowledgements

I am very grateful to Professors Kurt A. Raaflaub of Brown University, Alfred J. Andrea of The University of Vermont, Jeffrey D. Lerner of Wake Forest University, Kai Brodersen of the University of Erfurt, and Daniel C. Waugh of the University of Washington (Seattle), and to Mr. John Hill of Cooktown, Australia, for their suggestions and encouragement.

References

Ban 1962
Ban Gu 班固. Hanshu 汉书 [History of the Former Han Dynasty]. Beijing: Zhonghua shuju, 1962.
Bopearachchi 1991
Osmund Bopearachchi. Monnaies gréco-bactriennes et indo-

grecques: *Catalogue raisonné*, Paris: Bibliothèque Nationale, 1991.

Bopearachchi 2007

Osmund Bopearachchi. "Some Observations on the Chronology of the Early Kushans. "*Res Orientales* XVII (2007): 41-53.

Burstein 1983

Stanley Mayer Burstein. *The Hellenistic Age from the Battle of Ipsos to the Death of Kleopatra VII.* Cambridge: Cambridge Univ. Pr. ,1985.

Casson 1989

Lionel Casson. *Periplus Maris Erythraei: Text with Introduction, Translation, and Commentary.* Princeton:Princeton Univ. Pr. , 1989.

Chen 1982

Chen Shou 陈寿. *Sangouzhi* 三国志[The Record of the Three Kingdoms]. Beijing: Zhonghua shuju, 1982.

Cribb 1999

Joe Cribb, "The Early Kushan Kings: New Evidence for Chronology. Evidence from the Rabatak Inscription of Kanishka I. "In: *Coins, Art, and Archaeology: Essays on the Pre-Islamic History of the Indo-Iranian Borderlands*, ed. Michael Alram and Deborah E. Klimburg-Salter, Vienna: Verlag der Österreichischen Akademie der Wissenschaften, 1999, pp. 177-205.

Cribb 2014

Joe Cribb, "The Soter Megas Coins of the First and Second Kushan Kings, Kujula Kadphises and Wima Takto." *Gandharan Studies* 8 (2014): 79-140.

Dhammika 1993

Ven. Shravasti Dhammika. *The Edicts of King Ashoka: an English Rendering.* Wheel (Kandy, Sri Lanka), no. 386/387. Kandy, Sri Lanka: Buddhist Publication Society, 1993.

Fan 1965

Fan Ye 范晔. *Houhanshu* 后汉书 [History of the Later Han Dynasty]. Beijing: Zhonghua shuju, 1965.

Hill 2009

John E. Hill. *Through the Jade Gate to Rome: A Study of the Silk Routes during the Later Han Dynasty, 1st to 2nd Centuries CE, An Annotated Translation of the Chronicle on the "Western Regions" in the Hou Hanshu*. Charleston, SC: Booksurge, 2009.

Hirth 1917

Friedrich Hirth. "The Story of Chang K'ién, China's Pioneer in Western Asia. Text and Translation of Chapter 123 of Ssï-ma Ts'ién's Shï-ki."*Journal of the American Oriental Society* 37 (1917): 89-152.

Hulséwé 1979

A. F. P. Hulsewé. *China in Central Asia. The Early Stage: 125 B. C. - A. D. 23. An Annotated Translation of Chapters 61 and 96 of the History of the Former Han Dynasty*, with an Introduction by M. A. N. Loewe. Leiden: Brill, 1979.

Ji 1982

Ji Xianlin 季羡林. *Zhong Yin wenhua guanxi shi lunwen ji* 中印文化关系史论文集 [A Collection of Papers on the Cultural Relation between China and India]. Beijing: Shenghuo dushu xinzhi sanlian shudian, 1982.

Justinus 1853

Marcus Junianus Justinus. *Epitome of Pompeius Trogus' "Philippic Histories"*, tr. J. S. Watson. London, 1853.

Narain 1957

A. K. Narain. *The Indo-Greeks*. Oxford: Clarendon Press, 1957.

Polybius 1978

Polybius. *The Histories*, ed. and tr. William Roger Paton. Loeb Classical Library, 160. Cambridge, MA: Harvard Univ. Pr., 1978.

Schoff 1912

Wilfred H. Schoff, tr. and ed. *The Periplus of the Erythraean Sea: Travel and Trade in the Indian Ocean, by a Merchant of the First Century*. London, Bombay & Calcutta: Longmans, Green, 1912.

Sherwin-White and Kuhrt 1993

Susan Sherwin-White and Amelie Kuhrt. *From Samarkand to Sardis: A New Approach to the Seleucid Empire*. London: Duckworth, 1993.

Sima 1982

Sima Qian 司马迁. *Shiji* 史记 [The Records of the Grand Historian]. Beijing: Zhonghua shuju, 1982.

Sims-Williams and Cribb 1996

Nicholas Sims-Williams and Joe Cribb. "A New Bactrian Inscription of Kanishka the Great." *Silk Road Art and Archaeology* 4 (1996): 76-142.

Strabo 1969

The Geography of Strabo, ed. and tr. Horace Leonard Jones. 8 vols. Loeb Classical Library, 49. Cambridge, MA: Harvard Univ. Pr. , 1969.

Tang 1991

Tang Yongtong 汤用彤. *Hanwei liangjin nanbeichao fojiaoshi* 汉魏两晋南北朝佛教史 [The History of Buddhism in Han, Wei, the Two Jin and the Southern and Northern Dynasties]. Beijing: Beijing daxue chubanshe, 1991.

Tarn 1951

W. W. Tarn. *The Greeks in Bactria and India*, 2nd ed. Cambridge: Cambridge Univ. Pr. , 1951.

Tolman 1908

Herbert Cushing Tolman. *Ancient Persian Lexicon and Texts of the Achaemenian Inscriptions*. New York: American Book Co. , 1908.

Wheeler 1968

Mortimer Wheeler. *Flames over Persepolis, Turning-Point in History*. New York: Reynal, 1968.

Wylie 1881

A. Wylie, tr. "Notes on the Western Regions. " *The Journal of the Anthropological Institute of Great Britain and Ireland*. X (1881): 20-73.

Yang 2009

Yang Juping 杨巨平. "Soter Megas 考辨" [A Note on Soter Megas]. *Lishi yanjiu* 历史研究 2009/4: 140-52.

Yang 2011

Yang Juping 杨巨平. "希腊化还是印度化—'Yavanas'考" [Hellenization or Indianization-Research on Yavanas]. *Lishi yanjiu* 历史研究 2011/6: 134-55.

Yu 2005

Yu Taishan 余太山. *Lianghan weijin nanbeichao zhengshi xiyuzhuan yaozhu* 两汉魏晋南北朝正史西域传要注 [The Notes of the Descriptions of the Western Regions in the histories of the Former and Later Han, Wei, Jin, South and North Dynasty]. Beijing: Zhonghua shuju, 2005. [In English as: *A History of the Relationships between the Western and Eastern Han, Wei, Jin, Northern and Southern Dynasties and the Western Regions*. Sino-Platonic Papers, no. 131. Philadelphia: Dept. of East Asian Languages and Civilizations, University of Pennsylvania, 2004].

"The Relations between China and India and the Opening of the Southern Silk Road during the Han Dynasty," *The Silk Road*, 11 (2013), pp. 82-92. (The revised version)

Hellenisation or Indianisation: A Study of the Yavanas[*]

'Yavanas' ('Yonas')[①] is a common name for the Greeks in ancient Indian literature. It originated from the old Persian form 'Yauna' denoting the Ionians in Asia Minor, and 'Yavana' is a back-formation of the Prakrit term 'Yona', which in turn derived from 'Yauna'.[②] Therefore, for Indians, Yavanas or Yonas at first might refer to the Greeks (i. e. the Ionians), then to the Greeks who settled in Bactria in Central Asia, and later to the Greeks who arrived in India since the time of Alexander, in particular the so-called 'Indo-Greeks' who entered north-western India from the Bactrian kingdom. Although those Indo-Greeks had merged with the Indians around the beginning of the Christian era, the word 'Yavanas' remained in general use in India and simply became the normal name for foreign people from the

---

* I am very grateful to Dr. Henk W. Singor of Leiden University for his most helpful corrections to the first draft, the contents of which, however, remain my sole responsibility. I also express my heartfelt thanks to Prof. Gocha Tsetskhladze and the anonymous referees for their directions for the modification of this article.

① Ethnical 'Yavana', pl. 'Yavanas'is a Sanskrit term. In the Chinese Buddhist Sutras, the transliteration of Yavanas is generally rendered as '耶婆那', '耶盘那', '耶槃那', while Yavana in Prakrit appears as 'Yona'and is transliterated in the Chinese Buddhist Sutras as '臾那'.

② Ray 1988, 312.

West①, who will not be discussed in this article.

Research on the Yavanas probably began in 1735, when the first silver coin of the Graeco-Bactrian king Eucratides was found in India.② Prolonged studies by both Western and Indian scholars, had come to certain conclusions regarding the main problems, but few of these could survive the encounter with new material and with the results of renewed research.③ In view of the increasing amount of material from philological studies, numismatics and

---

① Regarding the Yavanas mentioned in the 1st century AD and later, Otto Stein had assumed that the 'original' Yavanas had by then been absorbed into Indian society, and that there no longer existed a colony of Greeks in India (Stein 1934-35, 356). However, some scholars believe that even at the beginning of the Christian era, the ethnic 'Yavana' could still designate three different groups of foreigners: Greeks, Indo-Greeks and the merchants who came from the Roman East and settled in the peninsula (Ray 1988, 315). As for the Yavana and Yonaka donors responsible for the votive inscriptions in the Buddhist cave temples of the western Deccan, they probably came from the city of Dhenukakata near Junnar in the Pune/Poona district or north of Nasik. Yet this is merely a speculation because a number of problems remain, including from where they migrated before settling in this region, the nature of their occupation, and a host of others (see Lerner 1999-2000; Thosar 1991; Ray 1988; Dhavalikar 1981-84; Karttunen 1997, 297-98).

②This silver coin is a tetradrachm with the Greek inscription: ΒΑΣΙΛΕΩΣ ΜΕΑΛΟΥ ΕΥΚΡΑΤΙΔΟΥ ('of the great king Eucratides').

③Theophilus Bayer published his book *Historia Regni Graecorum Bactriani* in 1738. He used written sources as well as two coins of Graeco-Bactrian kings, and came up with six names of Greek kings in Bactria, which was regarded as innovative research on the Bactrian-Indo-Greeks. Since then, apace with an increasing amount of coins, inscriptions and archaeological material, scholarly interest has changed from collecting antiquities to historical research, whilst the subject of that research came to be divided into Bactrian Greeks and Indo-Greeks. In 1912, H. G. Rawlinson still regarded the activities of the Bactrian Greeks in India as a part of Bactrian history (*Bactria: The History of a Forgotten Empire*). But in 1938, W. W. Tarn (*The Greeks in Bactria and India*) consciously distinguished the Greeks of these two countries, a distinction that had already appeared in Tarn 1902, 'Notes on Hellenism in Bactria and India'. The publication of Narain 1957 introduced the Indo-Greeks as an independent research subject. In view of the scarcity of written sources and inscriptions, any conclusion on the Indo-Greeks was questioned by A. K. Narain, especially the historical role of the Indo-Greeks and their attribution. Tarn's *The Greeks in Bactria and India* (second edition 1951) was a systematic monograph on the Bactrian Greeks and the Indo-Greeks, in which he had collected all available written sources, inscriptions and coins, and absorbed the latest research results. It was once widely considered as the peak of research on the Bactrian and Indian Greeks across centuries, and is still valuable today. In 1984, the American scholar Flank Lee Holt edited and published the third edition of this book (Chicago, revised edition, 1997) without any modification, but with the addition of an 'Introduction to Ancient Bactrian Studies' and a 'Bibliography of Recent Research',

epigraphy, it is both possible and necessary to review and examine the history of the Yavanas anew, with the special aim of clarifying the processes of mutual understanding, acceptance and integration between Indians and Greeks and between the civilisations they represented. Hellenisation or Indianisation is the focus of this article. So the author tries to give answers to the long-disputed question of whether the Indo-Greeks became 'Indianised' or the Indians became 'Hellenised' in the north-west of India during the period between the conquest in India by Alexander the Great and the disappearance of Indo-Greeks as a special ethnic group around the start of the Christian era, and to what extent those Yavanas played their historical roles in the interactions between two civilisations. So Yavanas or Yonas in this article means mainly the Indo-Greeks and does not include those 'Yavanas' who lived in the south of India in the period after the Christian era here.

The First Appearance of the Yavanas in India

The regular presence of Greeks under the name of Yavanas in India began with the invasion of Alexander. Before that, however, some Indians had already been familiar with Greeks from the eastern Mediterranean mainly through their mutual connection with the Persian empire. In the time of Cyrus the Great (559-530 BC), north-western India (to the west of the Indus) and the Greek city-states in Asia Minor had been brought into the Persian empire.

---

which included new material and discussion of research after Tarn. The most obvious feature of Narain's book is his opposition to Tarn's views, even though based on the same material. Tarn considered the history of the Bactrian Greeks, including that of the Indo-Greeks, part of Hellenistic history, and regarded their dynasties as Hellenistic dynasties, on a par with the Seleucids, Ptolemies, Antigonids and Attalids. Narain, however, concluded that 'Bactria was not "a fifth Hellenistic state", much less the little Yavana kingdoms in India'. In his view, the history of the Indo-Greeks was a part of Indian history, not Hellenistic history: 'They came, they saw, but India conquered' (Narain 1957, 11). Because Tarn happened to pass away in 1957, the debate became to some extent one-sided. In 2003, Narain published a new edition of his book (Narian 2003). This included the text of 1957 with the addition of one chapter, 'The Greeks of Bactria and India', which he wrote for vol. 8 of the *CAH*, published in 1989, his monograph on coin types (Narain 1976), and nine papers as well. The present article is based mainly on the work of these two respectable predecessors.

Although those places were far apart, there was room for some exchange of information and occasionally individual contacts.[1] In fact, the word 'Yavanas' came just from such contacts (which will be explained in detail below). Then, Alexander invaded India, because north-western India had been a part of the Persian empire. It was as a result of his conquest that the splendid and stirring drama of the Yavanas in India could unfold.

The Persian 'Yauna' from which 'Yavanas' was derived first appears in the Behistun Inscription (inscribed in 519 BC) of Darius I (522–486 BC). When he enumerates the 23 conquered regions, he mentions one named 'Yauna', corresponding to 'Iyauna' in Elamite and 'ia-a-ma-nu' in Babylonian-Akkadian.[2] The name is obviously related to the word ἰάονες (Iāones, Iāwones) or Ιωνε ς, which represented Ionians in ancient Greek, and to the word Ιωνια (Ionia).[3] According to H. C. Tolman, 'Yauna' could be used as an adjective meaning Ionian and as a substantive referring to Ionians. As a substantive, the single form is Yauna and the plural form is Yaunā. Thus 'Yauna' includes the meaning of 'the land of Ionians'.[4] Since north-western India as well as the colonies of the Ionians in Asia Minor had been conquered by the Persian empire in the time of Cyrus, the name 'Yauna' had been probably known in India even before the Behistun Inscription was engraved.

The earliest appearance of 'Yavanas' in Indian sources[5] is in The Ashtadhyayi of the Sanskrit grammarian Panini, whose time of birth and death are unknown. He came from Salatura, which was near the famous city of Taxila, and his date is commonly placed before the invasion of Alexander. He

---

[1] A Greek or rather Carian named Scylax (ca. 510 BC) explored the Indus estuary on the orders of Darius I, after which Darius I conquered part of the Indians; the army of Xerxes in 480 BC included soldiers from India (Herodotus 4. 44, 7. 65).

[2] Tolman 1908, 5, 119. Cf. Narain 1957, 165, 168. But Narain quotes different words 'ia-u-na' and 'ia-ma-nu' for the origin of Yavanas in Elamite and Akkadian.

[3] 'Ιάονες' appeared early in Homer: Iliad 13. 685; Hymn to Apollo 147. Cf. Liddell and Scott 1996, 815 s. v. 'Ιάονες' and 847 s. v. 'Ιων' ('Ιωνια').

[4] Tolman 1908, 119.

[5] For the Yavanas in the Indian sources in details, see Karttunen 1997, 316-20.

first mentioned the feminine form of Yavanas — Yavanā nī (Greek women or Greek script). Since the first introduction of 'Yauna' was not before the reign of Cyrus and Darius I, Panini must have lived in that period or later, but before the conquest of Alexander.[①] Moreover, his knowledge of the Greeks may have come not merely from rumour, but perhaps also from actual contact, for his hometown — in north-western India — was not distant from Bactria, where groups of Greeks from Asia Minor had settled.[②] Greek coins had long been prevalent in the eastern Persian empire, in particular Athenian 'owls', but also the coins of other city-states, which have been found in Afghanistan.[③] In 1966, a farmer discovered a pot full of encrusted coins in his field near Balkh. The total amount of the coins could never be ascertained, but at least 150 were seen, and most of them turned out to be Athenian tetradrachms from the classical period. A similar hoard was found on the east side of Kabul in 1933. It may have included 1,000 coins of Greek city-states.[④] These must have been brought there by Greeks both as traders and settlers. According to Narain, Panini might have even seen the so-called 'shaven headed' Yavanas, who were probably known as such because, unlike the Indians, they wore their hair short.[⑤] When Alexander conquered India, Arrian tells us, he came across a city named Nysa between the Cophen and the Indus, where ivy grew on the

---

①   Narain 1957, 1-2.

②   According to Herodotus, Darius I had forced certain Greek prisoners captured in Libya, namely the Barcaeans, to migrate to Bactria (Herodotus 4. 204). Darius I also threatened the Ionians in Asia Minor that their sons would be castrated, and their daughters exiled to Bactria, if they were not loyal to him (Herodotus 6. 9). It is known that the Persians used to deal with rebellious Greeks by forcing some of them to migrate to Central Asia. But some Greeks went there voluntarily, like the Branchidae mentioned by Strabo. Their family had provided the priests of the Temple of Apollo in Didyma near Miletus, and had been charged with the safety of the temple. They had betrayed the Greeks, however, by offering the treasure of the temple to the Persians. After the Persians had been defeated by the Greeks, they feared the revenge of their compatriots and asked Xerxes to take them along with him. The king granted their request by letting them migrate to Bactria-Sogdiana after 479 BC. Cf. Curtius Rufus 7. 5. 28; Plutarch Moralia 557B; Strabo 11. 11. 4. See also Hammond 1998.

③   Narain 1957, 4.

④   Holt 2005, 141.

⑤   Narain 1957, 1-2.

mountains, and the local residents called themselves descendants of Dionysus, whom they had followed to this place (Arrian 5. 1-2, 8. 1. 4, 8. 5. 8-10, 8. 7. 4-5). Although this was just a tale, it implies that a small group of Greeks had probably entered India before.[①] Such context must have provided the Indians with an opportunity to come into contact with Greeks and at least to get to know them well. Therefore, it is reasonable to date the life of Panini between the later 6th and the 4th century BC, and to assume that the Yavanas mentioned in his book might be those Greeks who had entered into India occasionally or had immigrated to Bactria-Sogdiana no later than his time. Since the Ionians in Asia Minor were the first Greeks they knew, Sanskrit 'Yavanas' and 'Yonas' in Prakrit from Persian 'Yauna' became the common name among the Indians for Greeks.

In 327 BC, Alexander invaded north-western India and opened a new epoch of mutual acquaintance between Greeks and Indians. For many Indians, 'Yavanas' was no longer a name from a remote tale but came to denote newly arrived visitors. Unfortunately, there are few historical records in ancient Indian literature, so we have to reconstruct the activities of Alexander and his successors in India solely by means of the works of Greek and Roman authors. Just as in other regions of the empire, in India Alexander adopted a 'divide and rule' policy, appointing the former Indian princes Porus and Taxiles to govern his newly conquered provinces and at the same time deploying his own troops in some important areas. After the break-up of Alexander's empire, the generals Eudemus and Peithon, who had commanded the garrisons there, withdrew from India in 316 BC, after which north-western India fell under the charge of the Mauryan dynasty. In the words of Strabo (15. 2. 9): 'Alexander took these away from the Arians and established settlements of his own, but Seleucus Nicator gave them to Sandrocottus, upon terms of intermarriage and receiving in exchange 500 elephants.' Actually it is only a ratification for an established fact of the control of north-west of India. Diplomatic relations between these two dynasties were carried on from then on, and there may have been permanent ambassadors of the Seleucid empire in Pataliputra, the capital

---

① As Narain said (1957, 2): 'Dionysus may be mythical, but Nysa and its Greeks seem to be real. '

of the Mauryan empire[1], where a department in charge of the affairs of the Greeks and the Persians was also established.[2] Moreover, the withdrawal of troops and the abandonment of the occupation could hardly have meant a complete retreat of the Greeks. Those Greeks who still remained in India were addressed in some of the inscribed edicts of the third Maurya king, Asoka (reigned ca. 270/269-232 BC, or ca. 260-218 BC). [3]

King Asoka at first used the term 'Yonas' for the Greeks whom he ruled and knew. In the Second Rock Edict, he says that he has sent herbal medicine to Antiochos (Antiyoka), the Greek king (Yonaraja) over his border, and to other neighbouring districts. And in the Fifth Rock Edict, he says that some *Dhamma Mahamatras* (officials in charge of religious affairs) have been appointed by him to bring Buddhist doctrines to the peoples on the western borders in the thirteenth year of his reign, including to the 'Yonas'. Finally, in the Thirteenth Rock Edict, he clearly enumerates five Greek kings (Yonaraja): Antiyoko, Uramaye, Antikini, Maka, Alikasudaro, whose kingdoms are at least as far as 600 yojanas[4] or even further away from India, and to whom the *dharma* (the Buddhist doctrine) has been sent. They have been identified as Antiochos II (261-246 BC), Ptolemy II of Egypt (285-247 BC), Antigonos Gonatos of Macedon (278-239 BC), Magas of Cyrene (300-258 BC), Alexander II of Epirus (272-258 BC), all of them contemporary with Asoka. He makes the special remark that 'There is no country, except among the Greeks, where

---

[1]   At least two ambassadors came to Pataliputra from the Seleucid kingdom. They were Megasthenes in the reign of Chandragupta, and Deimachus in the reign of his son Bindusara or Allitrochades (Strabo 2. 1. 9).

[2]   Strabo 15. 1. 51; see Narain 1965, 164.

[3]   These imperial edicts were inscribed on rocks, in stone caves and on columns, and were meant to propagate the Buddhist doctrine and the king's well-doing and good government under the inspiration of Buddhism (including his regrets for his previous conquests and massacres), thus promoting peace, forgiveness and kindness.

[4]   Yojana was an ancient Indian unit of length, varying in different periods, generally about 4 to 9 miles. 600 yojanas in the time of Asoka was approximately 3,000 miles (see Nikam and McKeon 1959, 29).

these two groups, Brahmans and ascetics, are not found, and there is no country where people are not devoted to one or another religion.'① It is clear that Asoka had a good knowledge of the political situation in western Asia and the Hellenistic world of the eastern Mediterranean, as well as of the contemporary rulers there. He was also familiar with the religion of the Greeks in his kingdom. Since he knew that they had not been converted to the Indian religion, he found it necessary to propagate the Buddhist doctrines among them with two languages: Greek and Aramaic and to bring them welfare and happiness as long as they would be devoted to dharma②, thereby revealing to them his own desires and dreams. That was the reason that some of these edicts were written in Greek, and others were bilingual Greek and Aramaic.

In 1958 and 1963 or 1964, parts of two rock edicts in Greek were discovered in the old city of Kandahar in Afghanistan.③ They not only confirmed the presence of Greeks in the Mauryan empire, but proved that these Greek still preserved their own cultural traditions and religion. Because the edicts in Greek during the period of Asoka have only been found in Afghanistan, we may assume that there were Greek settlers in north-western India, or more accurately in the remote north-western areas of the Mauryan empire, that is in the south-east of modern-day Afghanistan. They were immigrants, engaged in commerce, handicraft, agriculture, etc. It is possible that they lived together, and there may have been a Greek community on the site of the old city of Kandahar, even including scholars. If Asoka intended to translate those Buddhist doctrines (although they were rather simple, without any abstruse ideas) into standard Greek, he had to find someone who knew the two languages thoroughly. Such translators must have been Greeks. It is significant that

---

① Dhammika 1993, 'the Fourteen Rock Edicts': nos. 2, 5, 13.

② Dhammika 1993, 'the Fourteen Rock Edicts': nos. 5, 13.

③ More precisely, the edict discovered in 1963 or 1964 was written in Greek (its content is an excerpt of the Thirteenth Rock Edict), and the edict found in 1958 is a bilingual in Greek and Aramaic (the latter was introduced in this area during the period of the Persian empire) (see Wheeler 1968, 65-69; Sherwin-White and Kuhrt 1993, 101-02).

this bilingual edict uses the word 'ευσέβεια' (eusebeia, piety) to convey the meaning of *dharma*. The concept of 'piety' expressed by King Asoka meant: no killing, moderation and self-restraint, filial piety, reverence for teachers and elders; he promised that if people were persistent in such beliefs, they would be happy in this life and in the hereafter.[1] Such preaching of Asoka was undoubtedly hopeful and attractive also to the Greeks living outside his realm. In fact, he must have been friendly towards the Greeks under his rule and hoped that their conversion to Buddhism would bring them a sense of being at home in India. We can imagine that there were certainly new immigrants from the Hellenistic kingdoms among those Greeks in India. Unfortunately, there are no records of the effects of the preaching of Asoka in the areas of western Asia and the Mediterranean, or whether the Greeks in India accepted his message of persuasion. Maybe that was just a dream of Asoka. But it is certain that there were contacts between the Mauryan empire and the Hellenistic world outside India during his reign. Contacts and cultural relations with those Greeks were not interrupted.[2] It is worth noting that the 'Yonas' in the edicts of Asoka mentioned above included all Greeks, not only the Greeks in India but also those in the eastern Mediterranean. The extension of the term 'Yonas' shows that Indians had become more deeply acquainted with the Greeks.

The Yavana Invasions from Bactria

The Bactrian Greeks entered India at the beginning of the 2nd century BC. Shortly before, making use of internal unrest in the Mauryan empire, Antiochus III of Syria had crossed the Hindu Kush and invaded India in 206 BC. However, he met with resistance from a local prince named Sophagasanus,

---

①   Burstein 1985, 67-68.

②   Ptolemy II of Egypt once sent an envoy named Dionysius to the court of Asoka (Pliny *NH* 6. 21).

so, according to Polybius (11. 34), he only 'renewed his friendship with Sophagasanus the king of the Indians; he received more elephants, until he had a hundred and fifty altogether'. This invasion seems to have been more like a symbolic military demonstration or a proclamation of sovereignty, and there are no Indian records of it. But it was a rehearsal for the later invasions by the Bactrian Greeks. Although India had broken away from Graeco-Macedonian rule for more than 100 years, the Seleucid and Bactrian Greeks still remembered the Indian heritage left by Alexander and hoped to come back to India when the opportunity arose. It was as a result of these invasions by the Bactrian Greeks, who were not passers-by but came in search of more lands to settle in, that the Indians for the first time must have acquired a deeper acquaintance with the Yavanas or Yonas. During their rule that lasted for roughly 200 years these Greeks underwent a transformation in identity from Bactrian Greeks to Indo-Greeks.

Unfortunately again, there is extremely little evidence for those Yavanas in both Indian and classical sources. The explanation may be that classical authors had little knowledge of those Greeks who were so far removed from the centre of the Hellenistic world. Only Strabo (63/64-ca. 24 BC) occasionally mentions them in his *Geography*, taking his information from the *Parthica* of the Greek writer Apollodorus of Artemita (fl. ca. 100-70 BC) in Babylonia. Further, both Book 41 of the *Epitome* of Pompeius Trogus' *Philippic Histories* by the 2nd-century Roman writer Justin, and the original 'Introduction' to Book 41 of Pompeius Trogus (who lived in the 1st century BC) mention four Bactrian kings and three Indo-Greek kings.[①] The *Milindapanha* in Pali[②] and its translation in Chinese titled 那先比丘经 (*Naxian Biqiu Jing*)[③] likewise

---

① The four Bactrian kings are Diodotus and his son, and Eucratides and his son; the three Indo-Greek kings are Demetrius I, Apollodotus I and Menander (see Justin 41. 4. 5, 8-9; 41. 6. 1-5; 'prologues to the Philippic History of Trogus' 41).

② There are two authoritative translations of the *Milindapanha* in English: Davids 1890; 1894; Horner 1964.

③ It was translated by one anonymous Chinese Buddhist in the period of Dongjin (东晋, AD 317-420) (see Taishō Tripitaka 1990).

refer to an Indo-Greek king (Milinda in Pali, namely Menander, or Milan, 弥兰 in Chinese) who had converted to Buddhism. These scattered notices are evidently insufficient to recover the history of the Yavanas. However, many Greek coins and the related inscriptions with them found in north-western India and Bactria, especially the bilingual Indian-Greek coins among them, have provided important evidences for the Yavanas. According to Boperarachchi, 44 Graeco-Bactrian and Indo-Greek kings have been recognised depending on the coins issued by these rulers and discovered by now. Although their areas of distribution are not identical with those where the Indo-Greeks actually ruled, the central area where these coins have been discovered can still be regarded as the range of their political and economic activities.[1] Moreover, some passages of Indian literature illustrate the acquaintance of Indians with the Yavanas and the attention they paid to them. For them these Greeks from Bactria could be nothing but a new group of Yavanas.

There has long been disagreement about the dates of the two Indian epics, the Mahabhārata and the Ramayana. Most scholars now assume a date for the former in the period of the 4th century BC to the 4th century AD and for the latter from the 4th century BC to the 2nd century AD. The Yavanas are referred to in both epics. They are always mentioned together with tribes like the Kamb(v)ojas[2], or the Sakas in the Mahabhārata[3], and placed in Kafiristan (today at the border of Pakistan and Afghanistan).[4] As bellicose tribes the Yavanas, Sakas, Kambojas and Pahlavas are also mentioned together in the Ramayana.[5] Since both epics connect the Yavanas with the Sakas (i. e. the Indo-Scythians) as well as with the Pahlavas (i. e. the Indo-Parthians), both of which peoples

---

[1] For details, see Bopearachchi 1991, 453.

[2] A tribe in north-western India always mentioned together with Yavanas, Sacae, etc. in Sanskrit documents (Grierson 1911, 800-01).

[3] Ganguli 1992 VI, 12, 23, 44, 183, 248-50, 253.

[4] Johnston 1939.

[5] Goldman 1984, 1. 53. 20-21, 1. 54. 2-3.

entered north-western India after the 2nd century BC, the date of those parts or chapters related to Yavanas of two epics should be after the 2nd century BC, if it is supposed reasonably that the formations of the two epics could have experienced a long time even over millennia. Thus the 'Yavanas' in them should refer to the Greeks who came from Bactria in the north-west.

Parasara is considered to be the earliest astronomer in India, about whom later generations, however, knew little. There is no accurate source for his date, and we only know that he was concerned with the compilation of the Vedas. The Parasara Tantra, which is now attributed to him, assumes the area of the activities of the Yavanas to be in western India. So this book cannot be dated earlier than the 2nd century BC.

Garge was another ancient Indian astronomer who mentioned the Yavanas. His date is also unknown, but it must have been later than Parasara's. Some scholars place him between the 1st and the 3rd century AD.[1] He disliked Yavanas as a whole, denouncing them as barbarians (Mlechchhas), but respected the learned among the Greeks, whom he honoured as Rishis (wise men, philosophers, poets and prophets). He believed that Indian astronomy had been founded with the help of those Greeks.[2] The astrological treatise Gargi Samhita, which is attributed to him, includes the important epic Yuga Purana ('Story of the Ages'). It starts with the so called 'time of Kali' (i. e. from ca. 3000 BC) and the history that follows is described in the form of prophecies using the future tense, but is in fact an overview of the past. Some paragraphs obviously refer to the invasion of the Yavanas into northern and central India. Although there are differences between the manuscripts and between the translations, the various versions and their explanations all assume that the Yavanas advanced to Pataliputra in the middle and lower reaches of the Ganges. They finally retreated because a serious civil war had suddenly broken out in their country,

---

[1] Banerjee 1981, 121; Tarn 1951, 453.
[2] Banerjee 1981, 121.

whether they had conquered the city or not.[1] But there are still two problems. One is the question whether the Yavanas indeed conquered Pataliputra, which is the key point for deciding whether there was an expedition in this period. The other concerns the question how long they remained there, the answer to which is relevant to the territory of their rule in India.

According to the new English translation by Mitchiner, 'Then, after having approached Saketa together with the Panchalas and the Mathuras, the Yavanas, valiant in battle, will reach Kusumadhvaja ("The town of the flower-standard", Pataliputra). Then, once Puspapura (another name of Pataliputra) has been reached and its celebrated mud-walls cast down, all the realm will be in disorder.' After that, general social turmoil arose. The positions of Brahmans and Shudras were reversed, and even those elders who had most respected justice in the past began unscrupulously to exploit the poor. 'And in the city, the Yavanas, the princes will make this [people] acquainted with them: [but] the Yavanas, infatuated by war, will not remain in Madhyadesa (central India).' They agreed to leave, since a terrible war had broken out in their own territory. So the Yavanas withdrew from this region.[2] According to this source, the Yavanas seem not only to have conquered Pataliputra, but even subverted the social order there. If that is the case, it would be unknown how long they remained, but it could not have been for a short time, for they not only could bring about a social upheaval there but also make the local people familiar with them. This means that they could have stayed there for a relatively long time. It could be due to infighting among them that they had to withdraw at last. The project of occupying the centre of northern India with Pataliputra had failed. Some cities mentioned in this context are Mathura (located in the north of India today, in the upper reaches of the Yamuna river), Panchala (at the confluence of the

---

[1] For translation and discussion, see Tarn 1951, 452-56; Narain 1957, 174-79, 82-83; Sircar 1963; Mitchiner 1986, 91-92 (paras. 47-58); Bopearachchi 1993, 16 and n. 1.

[2] Mitchiner 1986, 91-92 (paras. 47-58).

Ganges and the Yamuna) and Saketa (in the middle reaches of the Ganges). They were all in the middle and the east of northern India[①], so it can be deduced from this that the Yavanas came from the north-west of India, first vanquished the cities in the upper reaches of the Ganges, and then marched along the river to Pataliputra.

The glossographer Patanjali, who annotated the work of the ancient Sanskrit grammarian Panini, mentioned this expedition in his masterpiece Mahābhāsya, though without details (Patanjali's date has generally been assumed to be around 150 BC). Explaining the imperfect tense in Sanskrit, he took recent events as examples: (1) 'Arunad Yavanah Sāketam' (i. e. 'The Yavanas were besieging Saketa'), (2) 'Arunad Yavano Madhyamikām' (i. e. 'The Yavanas were besieging Madhyamika').[②] Thus, he twice referred to a siege by the Yavanas, suggesting that their expedition had impressed him deeply. The significance of this indirect information is that it indicates the extension of the incursion of the Yavanas in the central and northern parts of India at the beginning or around the middle of the 2nd century BC.[③]

A Sanskrit play, the Malavikagnimitra, also has such an implication: that Yavanas once made war with a king in India in the middle of the 2nd century BC. In fact, it is a play about a love story between a king of the Shunga dynasty and a maid, the author of which is the famous Indian playwright Kalidasa. We are told that in the reign of the first king of the Shunga dynasty, Pushyamitra (185-181 BC), an army of Yavanas was defeated by his grandson Vasumitra (the son of Agnimitra, the hero in

---

① Cf. Narain 1957, map II; Tarn 1951, map 2.

② Bopearachchi 1993, 16; Tarn 1951, 145-46, map 2; Narain 1957, 82, map II. Madhyamika is located in the south of Rajasthan in India.

③ Some scholars have argued that the siege of Saketa was the one referred to in the Yuga Purana, and ascribed this invasion of the Yavanas to the Indo-Greek king Menander. Madhyamika, however, was too far to the south of the route of Menander, its mention by Patanjali may therefore refer to another battle (Woodcock 1966, 101). Tarn assumed that another Indo-Greek king, Apollodotus, 'not only besieged but took it' (Tarn 1951, 150-51).

382/ 互动与交流：希腊化世界与丝绸之路关系研究

this play) on the banks of the Sindhu river.[①] It seems to have been the same event as the invasion of the Yavanas mentioned above in the *Yuga-Purana*. Kalidasa lived in the period of the Gupta dynasty (ca. 4th-5th century, roughly AD 300-470), and what he wrote was a work of fiction, so the reliability of information on the Yavanas provided by it is doubtful.

According to the Indian sources mentioned above, the invasion of the Yavanas looks like a truly historical event. But who were the Yavanas launching this expedition? And when did they come and leave? In short, how are they related to the Bactrian Greeks or the Indo-Greek kingdoms? According to the various interpretations of the *Yuga-Purana*, scholars mainly are of two opinions about the leader of this expedition. One view, supported by K. P. Jayaswal and D. C. Sircar, regards 'Dharmamita' in the text as Demetrius. Accordingly, they see in this event the first invasion of India by the Bactrian king Demetrius (ca. 200-190/180 BC) aiming at the conquest of the Mauryan empire.[②] An opposite opinion holds that the expedition took place during the reign of the Indo-Greek king Menander (ca. 155-130 BC), his aim being the conquest of the possessions of the disordered Shunga dynasty.[③] Now we should turn our attention to the Greek and Roman authors. It can be argued that both Greek kings had a motive for such an invasion, but that Menander is a more plausible candidate than Demetrius.

Our starting point should be Strabo's report from Apollodorus of Artemita that more tribes were subdued by Bactrian Greeks, by Menander in particular, than by Alexander. Some of them had been subdued by Menander, the others by the Bactrian king Demetrius, son of Euthydemus (Strabo 11. 11. 1). The implication is that the tribes conquered by Menander were not only more numerous than those subdued by Alexander, but also more than those by Demetrius. Strabo seems to have had his own opinion on this. When he came

---

① Bopearachchi 1993, 16; Narain 1957, 82.

② Tarn 1951, 453-55; Sircar 1963.

③ Narain 1957, 82-83, 87, 177.

to this point in his writing, he suddenly inserted his own assumption: 'At least if he (i. e. Menander) actually crossed the Hypanis towards the east and advanced as far as the Imaus'. In the view of Strabo, Apollodorus could only be believed if Menander had indeed marched so far, for the Hypanis was the eastern boundary of Alexander's Indian conquests.[1] In another passage, Strabo especially noticed that when Apollodorus said 'those kings subdued more of India than Macedonians; that Eucratides, at any rate, held a thousand cities as his subjects', this was contrary to the facts, because'those other writers, however, say that merely the tribes between the Hydaspes[2] and the Hypanis were nine in number, and that they had five thousand cities, no one of which was smaller than the Meropian Cos, and that Alexander subdued the whole of this country and gave it over to Porus' (Strabo 15. 1. 3, 33). Since Alexander had subdued such extensive area, such numerous tribes and cities, if someone wished to surpass him, he could have to expand further beyond this geographical range. So how many places had these two men (Demetrius and Menander) ever subdued? Where in particular did they exceed Alexander? Strabo goes on to repeat the answer of Apollodorus:'They took possession, not only of Patalena, but also, on the rest of the coast, of what is called the kingdom of Saraostus and Sigerdis' (Strabo 11. 11. 1). Strabo also mentions that the eastern boundary of the conquests of Alexander was the Hypanis, but the later Greeks advanced beyond the Hypanis as far as the Ganges and Pataliputra (Palibothra). It was thanks to these Greeks that knowledge of the regions to the east of the Hypanis expanded (Strabo 15. 1. 27). These two accounts are of great importance. The former provides another direction and route of expansion for the Greeks, namely across the Indus towards the south, resulting in the capture of the coastal regions. The latter follows from the assumption of an eastern expedition by Menander and explains the route of the invasion and its ultimate goal.

---

① The Hypanis, namely the Hyphasis mentioned by the historians of Alexander, is now named the Beas (see Arrian 5. 24. 29, 8. 2. 4).

② It is a tributary of the Indus, now called Jhelum.

In order to understand the range of the conquests of the Indo-Greeks, i. e. those of Menander and Demetrius, we need to ascertain the meaning of some geographical names.

First, the location of the 'Imaus', mentioned in connection with the route of the eastern expedition of Menander. In the view of Narain, the 'Imaus' or 'Isamos' mentioned by Strabo was a river, to be identified either with the Yamuna (Jamuna, Jumna) or the present Song.[①] But Tarn was of another opinion.[②] Judging from the statements of classical writers, the 'Imaus' seems indeed, as Tarn thought, to have been a mountain or a mountain range in the north of India, not a river[③], and more precisely the eastern end of the Taurus mountain range. According to Strabo, 'the Taurus forms a partition approximately through the middle of this continent, extending from the west towards the east, leaving one portion of it on the north and the other on the south.' The part of the Taurus from Ariana to the Eastern Sea on the north of India had several local names: Paropamisus, Emodus and Imaus, and it was called the 'Caucasus' by the Macedonians. He especially pointed out that the Indus was the western frontier of India (Strabo 11. 1. 2-3, 15. 1. 11) and Imaus was the last part of the Taurus, bordering on the Indian Sea and being the eastern frontier (Strabo 11. 11. 7; see also Arrian 8. 2. 1-5). Pliny had a similar opinion about the names and locations of the Taurus and the Imaus in his *Natural History*. In his view, the chain of the Taurus extended from Asia Minor to the Indian Sea:

> Numerous are the names which it bears, as it is continuously designated by new ones throughout the whole of its course. In the first part of its career it has the name of Imaus, after which it is known successively by the names of Emodus, Paropamisus,

---

① Narain 1957, 82.

② Tarn 1951, 144.

③ According to the annotation in Strabo's *Geography* in the Loeb edition (ad 11. 11. 1; vol. 8, p. 280, n. 1), 'Iμαου' (genitive of 'Imaos' in Greek) is the emendation of Meineke (first published in 1852), but it is pointed out that this was from the emendation of the 'Iσαμου' (Isamus) in the manuscripts in the edition of Casaubon (first published in 1587, republished in 1620).

Circius, Cambades, Paryadres, Choatras, Oreges, Oroandes, Niphates Taurus, and, where it even out-tops itself, Caucasus.[1]

Considering its location, the Imaus should be the Himalayas to the east of the Hindu Kush.[2] Since Menander invaded the north and the centre of India, the Imaus reached by him should be the Ganges Valley to the south of the Himalayas, if he actually had crossed the Hypanis and advanced eastwards. It was impossible for the Greeks to advance up to this permanently snow-covered and desolate mountain area. Therefore, it would be somewhat inexact to regard the Imaus as the north and the centre of India, but the over-all direction is right. Although the Yamuna or the Song, favoured by Narain, was within this region, these rivers were clearly unrelated to the Imaus which must have been a mountain range. The local people called that northern mountain range the Imaus, and it was a part of the Taurus, so it could hardly have been confused with the Yamuna or the Song.[3] It is likely, however, that the Greeks did once invade the area of these rivers, as seems to be suggested by the Indian sources mentioned above.

Secondly, the areas conquered under the names of Menander and Demetrius: Patalene, Saraostus and Sigerdis. According to Strabo, Patalene was surrounded by two tributaries of the Indus, which made it an island on which there was a city Patala, and the name of this island originated from this city (Strabo 15. 1. 13, 32, 33). Saraostus (its ancient name was Surestrene, present-day Saurashtra) was located in the coastal area of the south-east of the estuary of the Indus (the south of modern Gujarat). The *Periplus Maris Erythraei* (1st century AD) provides more detail about it.[4] Finally, Sigerdis is today's

---

[1]   Pliny 5. 27. 'Paropanisus' here is the same as 'Paropamisus' in Strabo 15. 1. 11.

[2]   Cf. Strabo map XII (Loeb vol. 7). This map marks the Himalayas in the north of India as Imaus.

[3]   For the geographical position of the Imaus, see also Lemprière 1949, 295. In addition, Ptolemy mentioned this mountain range in his *Geography*, but his 'Imaus' seems to be the mountains to the north of the Hindu Kush and the Pamirs (see Ptolemy 6. 14-16).

[4]   Casson 1989, 77 (41).

Sindh in the south of Pakistan, in the lower reaches of the Indus. It may be inferred from these geographical data that the conquests of these kings were made along the same route as the one that Alexander had taken. They laid the foundation, however, for the more lasting rule of the Indo-Greeks. The range of their conquests extended over a long distance from the banks of the Indus by which Alexander had passed and included the whole area from the middle reaches of the Indus (today's Punjab province) to the estuary. From this, it is reasonable to assume that the tribes subdued by them were more numerous than those conquered by Alexander.

Thirdly, the question whether the Greeks in their invasion came as far as the Ganges and even reached Pataliputra. The name of the Ganges is in use even today, and Pataliputra is today's Patna, the capital of Bihar, located at the confluence of the Yamuna and the Song rivers with the Ganges. It had been a capital city since the Magadha Kingdom (5th century BC). After the Shunga dynasty (ca. 185-78 BC) had overthrown the Mauryan empire, it still remained the capital. According to the dates assumed by the French numismatist O. Bopearachchi, the expedition of Demetrius I to India took place not later than 190 BC and the succession of Menander occurred in 165/155 BC.[1] As for the Greek offensive towards the Ganges and the Imaus, both kings could have been responsible, but if so, between them only the former could have conquered the Mauryan empire, while the latter subdued the Shunga dynasty. On the basis of the

---

① Narain rejected the view of Rapson and Tarn that Menander was a contemporary of Demetrius I, assuming that the fact that Apollodorus mentioned them both together could not be used as evidence. For in that case Menander would have been even earlier than Demetrius I. Narain accepted the conclusion of J. Marshall, based on the appearance of Menander on his coins, that he was rather young when he succeeded to the throne, so there is no possibility of Menander being a contemporary of Demetrius I. Instead, Menander started his royal career in ca. 165/155 BC (cf. Narain 1957, 75-77; Marshall 1951, 30). This view has been widely accepted (see Bopearachchi 1993, 32 and n. 2). Although Rapson considered them contemporaries, he still ascribed the eastward advance of the Yavanas to Menander (see Rapson 1922, 543, 551). However, Bopearachchi has adjusted the date of the reigh of Menander to c.165-130 BC recently. See Bopearachchi 2015. 222, 410.

Indian sources such an expedition by the Greeks may be considered an historical fact. The areas conquered by them and by the allies of the Yavanas included Sekata, Panchala and Mathura, all of which were in the valley of the Ganges and Yamuna rivers to the south of the Imaus, and on the route to Pataliputra from north-western India. But Strabo possessed no clear account of the conquest of Pataliputra. Therefore we may infer that it might be a fact that the Greeks really besieged Pataliputra, but that the outcome of the siege was unknown even in the time of Strabo. According to his record, both Demetrius and Menander invaded in a southerly direction. But Menander surely advanced eastwards. The whole issue has been the subject of much discussion due to this inaccuracy and speciousness of Strabo.[①] Therefore, it is necessary to briefly review and clarify the activities of both Demetrius and Menander in India.

The reigning order of the Bactrian-Indo-Greek kings and their relations with one another have to be chiefly reconstructed from the coins they issued. According to the authoritative opinions of Bopearachchi, there were among the

---

[①] Tarn was in favour of Demetrius and argued that Menander was just a general following him (see Tarn 1951, 132-35). That view was obviously in contrast with the statements of Strabo. When Strabo reports the account of Apollodorus, he clearly regards the two men as two separate kings, and says that the territory subdued by Menander was much larger than that of Demetrius. If it was Demetrius who had led an expedition eastwards, the statement of Apollodorus would have been ungrounded. But he is the earliest classical writer known to refer to this event; therefore, his account should in principle be reliable. According to the *Milinda Panha* in Pali, the birthplace of Menander was Alasanda in the Caucasus (i. e. in the south of the Hindu Kush), so he did not come from Bactria. He possibly participated in the invasion of India under another Demetrius (namely Demetrius II, 175-170 BC), and in the aftermath made himself king. Narain was in favour of Menander, but regarded the eastward expedition as a raid instead of a campaign of conquest or occupation. Narain even denied that Demetrius I had once conquered north-western India, and thought that there were two kings called Demetrius (the son of Euthydemus and the so-called 'king of India', who happened to have the same name), and that Apollodorus had mixed them up. In his view, it must have been Demetrius II who subdued north-western India (see Narain 1957, 34-45, 81). This opinion has been accepted by Bopearachchi (1993, 15-16). It is noteworthy that the same solution had been proposed by H. G. Rawlinson as early as 1916, who, however, also admitted that it was based on intuition, not on evidence, assuming likewise that Menander did not conquer Pataliputra (see Rawlinson 1916, 78 and n. 1, 82).

Bactrian and Indo-Greek kings three with the name of Demetrius, their reigns dated respectively to 200-190 BC, 175-170 BC and ca. 100 BC. ① The third one can be ruled out, since he was even later than Menander, but the first and the second kings could have been the conquerors. The first man to conquer India, judged from his coins, should have been Demetrius I, the son of Euthydemus (230-200 BC), since he was the first among the Bactrian and Indo-Greek kings who issued coins on which the head of the king wore an elephant-scalp helmet.② That image had only appeared on coins issued by Ptolemy I in 318 BC in the name of Alexander.③ The action of Demetrius I obviously aimed at emulation of Alexander. The range of his dominions seems to have included north-western India. He founded a city named Demetrias in Arachosia (in today's Afghanistan).④ There was another Greek city named Demetrias in Patalene at the estuary of the Indus; it too might be rebuilt and renamed by Demetrius I, which, if true, indicates that his conquests followed the route of Alexander.⑤

Menander was the most famous of the thirty or so Greek kings after Demetrius I, and his reign fell in the middle of the 2nd century BC (ca. 165/ 155-130 BC). It has been a matter of dispute to which family he belonged, to the one of Diodotus or that of Euthydemus in Bactria. It is possible, however, that he did not come from Bactria himself, but was a descendant of one of these royal families in India or even a civilian from the Greek city of Alasanda

---

① Bopearachchi 1991, 453.

② Bopearachchi 1991, pl. 4 (Dénétrios I, Série 1).

③ Carradice and Prince 1988, 116; Bieber 1965.

④ Schoff 1914, cap. 19. 19.

⑤ Tarn 1951, 142, map 2. However, Tarn's identification of Demetrias with Patala was argued against by other scholar. He later seems to revise his hypothesis. But he insists that it is possible that Demetrius gave his name to a far more important capital of Patalene in the 'addenda' of his second edition (see Tarn 1951, 526-27). Some other scholars supports his hypothesis (see Cohen 2013, 320).

in India.① The capital of his kingdom was Sagala.② At the height of his power, his realm even covered the whole of north-western India. He promoted Buddhism, 'ruled by Buddhist doctrines', and he is the only Indo-Greek king whose name is recorded in Buddhist Sutras. The Shunga dynasty, the capital of which was Pataliputra, supported Brahmanism, while persecuting the Buddhists. At the same time, the Shunga dynasty expanded into the Punjab and thus confronted Menander's dominions centred upon the Indus. Consequently, conflict between these two kingdoms must have become a distinct possibility. The Indo-Greeks were originally conquerors from outside, who had long coveted the riches of the lower reaches of the Ganges. It is much more plausible that Menander marched eastwards than Demetrius. Besides, there are further differences between the two kings to consider. In the first place, Demetrius I was the first Greek king who ruled north-western India again after the withdrawal of Greek-Macedonian army more than 100 years earlier. His primary goal was to regain the heritage of Alexander by establishing and consolidating the rule of the Greeks in that part of India. So it must have been hardly possible for him to penetrate the heart of India shortly after. In the second place, he was a Greek king in Bactria and India. The nomads to the north of Bactria, the Parthians to the west, the subdued peoples in Bactria as well as in India, but especially internal competition for the throne and for power, all these factors were potential threats. These domestic and foreign problems must have prevented Demetrius I from an offensive eastward. And there are indications that this was indeed the case. There probably was civil

---

① As regards his birthplace, both the Chinese version and the Pali-English version of the *Milinda Panha* (*The Questions of King Milinda*) mention a place named Alasanda, but the interpretation of this city varies greatly. The distance from the capital Sagala to Alasanda is 200 yojanas in the Pali-English version, while in the Chinese version that has changed to 2000 yojanas (由旬), and Alasanda is located in Daqin, at a distance of 80,000 Li (里) (*Taishō Tripitaka* 1990, 702, 717). But there are some mistakes in the Chinese version (which I will discuss in another paper). It has been generally accepted that Alasanda was Alexandria-under-the-Caucasus (i. e. the Hindu Kush), founded by Alexander, and today's Begram near Kabul (Horner 1964, 114 and n. 2).

② Sagala was also called Euthydemeia (see Ptolemy 7. I), but its location is still uncertain (cf. Marshall 1951, 863).

unrest when he and his sons were in India, for a new and powerful usurper, Eucratides (170-145 BC), appeared. One Demetrius[1], known as 'the king of India', immediately campaigned against him, leading 60,000 men to besiege Eucratides in a stronghold with only 300 soldiers. However, Eucratides unexpectedly survived and even invaded India in his turn.[2] But he had obviously nothing to do with any eastward expedition of the Greeks. For while he was on the throne, Gandhara and Punjab were ruled by three Indo-Greek kings successively: Apollodotus (180-160 BC), Antimachus II (160-155 BC) and Menander. Eucratides could hardly have passed over this area to subdue the Shunga dynasty. Moreover, he did not survive his campaign in India for long, for he was murdered by his own son on his return (Justin 41. 6. 1-5).

Compared with the decline of Bactria the kingdom of Menander in India seems to have been powerful. Its capital was prosperous[3] and formidable. Menander not only had the capability and the means for it, he probably also felt the necessity to enlarge and to consolidate the former conquests of Demetrius by advancing southwards and even to surpass the limit of Alexander's conquest by moving eastwards. The coins of

---

①　There are two possibilities as to the identity of this Demetrius. One is to call him Demetrius II, as proposed by Narain and Bopearachchi; the other is to assume that there was only one Demetrius, namely the son of Euthydemus, who is mentioned by Strabo together with Menander. The end of his rule has been dated to 170 BC. No matter how many kings of that name there might have been, the changes of the kings in Bactria with its accompanying unrest must in any case have distracted them from advancing eastwards.

②　A large amount of Greek-Indian bilingual coins issued under his name could serve as evidence for his presence in India (see Bopearachchi 1993, 26-29).

③　See the description of his capital in 那先比丘经卷上 (No. 1670 B) in *Taishō Tripitaka* 1990：'今在北方大秦国，国名舍竭。古王之宫。其国中外安隐人民皆善。其城四方皆复道行。诸城门皆彫文刻镂。宫中妇女各有处所。诸街市里罗列成行。宫道广大列肆成行。象马车步男女炽盛乘门道人亲戚工师细民。及诸小国皆多高明。人民被服五色焜煌。妇女傅白皆著珠环。国土高燥珍宝众多。四方贾客卖买皆以金钱。五谷丰贱家有储畜。市边罗卖诸美羹饭饥即得食。渴饮蒲萄杂酒乐不可言。其王字弥兰以正法治国。' It is worth noticing that in no. 1670 A, another version for same stura, certain words are different (see *Taishō Tripitaka* 1990, 705, 695). They resemble the English translation from the Pali as well (cf. Davids 1890, 2-3, nos. 1-2; Horner 1964, 1-3, nos. 1-2).

Menander still circulated in the coastal areas of south-western India in the 1st century AD[1], which may testify to the extension of his rule, and may at the very least reflect his influence in these areas. His eastward expedition could have been bolstered in the following ways: first of all, he could have allied himself with the Buddhists, for both had the same enemy— the Shunga dynasty.[2] Next, his military force was strong. He had foot-soldiers, cavalry, chariots and elephants[3], and he was personally obsessed with warfare, in the end even dying in his camp (Plutarch *Moralia* 821D). Finally, he had occupied the valley of the Indus, from where it was rather easy to advance eastwards to the plain of the Ganges. Therefore, considering the power of his kingdom, his religious association and the location of his realm, we must conclude that Menander had every opportunity to invade the reaches of the Ganges. The king of the Yavanas who marched onto Pataliputra according to the Indian sources, therefore, should have been Menander, not Demetrius.

The Rule of the Yavanas and their Indianisation

With Demetrius, the so-called 'king of the Indians', the Yavanas began to rule in north-west India and other parts of the country for almost two centuries. Since there is a lack of sources, we have to rely mainly on coins and inscriptions for our information.

As foreigners, the Yavanas organised their rule in India in the same way as the Persian empire, the empire of Alexander or that of the Seleucid dynasty had been. On the one hand, they founded or expanded

---

[1] Casson 1989, 81 (47), 205-06.

[2] Marshall 1951, 42.

[3] For similar indications of his armies, see the Chinese translation in *Taishō Tripitaka* 1990, no. 1670 B: '那先言譬如王将四种兵出行战斗。象兵马兵车兵步兵皆引王前后。' Cf. the English translations from the Pali: (1) Horner 1964, 6, n. 1 (no. 4), 51 (no. 37); (2) Davids 1890, 7 (no, 4), 59 (no. 37). But these four kinds of soldiers are translated differently, in the former as 'elephants, horses, chariots, foot-soldiers', whereas the latter has 'war elephants, cavalry, war chariots and bowmen'.

communities of Greeks in strongholds and on traffic arteries, which served as the centres of their dominions. On the other hand, they ruled the local tribes separately by means of appointed satraps. Their cities must have been numerous, although most left no record. But the distribution of these cities almost covered the whole area ruled by the Greeks. Demetrias (Patala) and Theophila[1] were in the south of the Punjab and in the coastal area of the estuary of the Indus. There was another Greek centre which might be the harbour city Barygaza.[2] There are two Greek cities mentioned in *The Questions of King Milinda*: Alasanda of the Caucasus and Sagala, respectively the birth place and the capital of Menander's kingdom.[3] In Gandhara there were Pushkalavati (the 'city of lotuses', today's Peshawar)[4] and Dionysopolis.[5] The site of Sirkap near Taxila was built in Hippodamian style and served as a fortress city[6], perhaps the capital of the Indo-Greek king Agathocles (190-180 BC). Apart from Sagala, famous cities in the kingdom of Menander to the east of the

---

[1]   Ptolemy 7.1.60. See Cohen 2013, 328-29.

[2]   Casson 1989, 81 (47).

[3]   Horner 1964, 114-15 (nos. 82-83), 1-3 (nos. 1-2). For the discussion of these two cities, see Cohen 2013, 263-69, 324-25.

[4]   Cohen 2013, 321-24.

[5]   Ptolemy 7.1.43. See Cohen 2013, 316-17.

[6]   Marshall 1951, 12, 39, 198, pl. 24; Dani 1986, 88-94. But according to Philostratus (AD 170-245), the Greek philosopher of the New Pythagorean School Apollonius, who lived in the 1st century AD, once travelled to India and visited Taxila. Based on his description, this city was defended in a Greek manner with walls, but the streets were as narrow and untidy as in Athens, and the types of houses were strange, with floors of the same size underground and above. Such a statement is both in accordance with and contrary to the archaeological reports of Marshall. For example, his mention of streets similar to those in Athens clearly contradicts the Hippodamian style. Maybe what he said was about today's Bhir Mound, where the streets were indeed narrow and zigzag (cf. Philostratus 2.20, 23; Marshall 1951, 64; Dani 1986, 87). As for whether the *Life of Apollonius of Tyana* is truth or a fiction, there are no common opinions about it in academia. Given the fact that many Roman merchants came to India in the 1st and 2nd centuries AD, it is much more possible that the information about Taxila, a well-known city in India, was brought back by them to Rome or to the Roman East. One scholar assumes that the description of Taxila in the *Life of Apollonius of Tyana* is a fiction of the author who took as a prototype the city of Athens he knew, which seems to go too far to be accepted (see Reger 2007, 264).

Hydaspes were Bacephala①, Iomouse② and Mathura.③ In the west of his kingdom the existence of only two military colonies, Daedala and Salagissa, can be confirmed. In Arachosia there was still another city named Demetrias.④ Several cities named Alexandria and founded by Alexander were located in today's Kandahar and Begram still functioning as Greek communities.⑤

It is difficult to say anything with certainty about the provinces, their number, names and distribution, under the various Greek kings. In the view of Tarn there were in the Paropamisadae to the south of the Hindu Kush four provinces, the names and locations of which can be ascertained: Kapisene, with Kapisa as its capital; Opiane, with Alexandria as its capital; Kophene, the capital of which was Kophen (from which the name 'Jibin' in Chinese might originated, mentioned in 'the Chapter on the Western Regions' of *Hanshu* ('The History of the former Han Dynasty'). The name of the fourth province is unknown, but it was located in the Ghorband Valley, near Bactria.⑥ The existence of nine provinces is confirmed in the areas to the east of the Paropamisadae and to the south, including the estuary of the Indus. Of these, seven come from Ptolemy's *Geography*, one Pliny's *Natural History* and one from Arrian's *Anabasis of Alexander*. They are Patalene, Surastrene, Abiria, Prasiane, Souastene, Goruaia (Goryene, Bajaur), Peucelaitis, Kaspeiria and Kulindrene. There was also an unknown province in the coastal Cutch.⑦ As for Arachosia in the south of modern-day Afghanistan, since this region was under the control of the Greeks, it must

---

① Arrian 5. 19. 4, 5. 29. 4; Casson 1989, 81 (47). Cf. Cohen 2013, 308-13.

② Arrian 6. 15. 2. Whether it could be identified with Alexandria at the junction of the Akesines and Indus is still problematic (see Cohen 2013, 291-93).

③ Ptolemy 7. 1. 50. See Tarn 1951, 251-53.

④ Schoff 1914, 19. See Cohen 2013, 272-73.

⑤ Cohen 2013, 255-60 (Alexandria in Arachosia), 263-69 (Alexandria of the Caucasus).

⑥ Tarn 1951, 96-97.

⑦ Tarn 1951, 232-40, 445. The evidence Tarn relied on is from Ptolemy 7. I; Pliny 6. 23; Arrian 4. 22. 8, 8. 1. 8, 8. 4. 11. The unknown coastal area in the estuary of the Indus may be Sigerdis (see Strabo 11. 11. 1).

also have been divided for administrative purposes. In general, the Indo-Greek kings adopted a system of regional divisions. In practice, however, they did not apply the satrapy-eparchy-hyparchy triple subdivision as in the Seleucid administrative system, but either subordinated the eparchies under the satrapies or used the eparchy instead of the satrapy, thus governing the local peoples only by satrapy or by satrapy and eparchy. The provinces mentioned were under satraps or *strategoi* responsible only to the king, with *meridarchs* (governors of districts) or civil officials as their subordinates.[1] No matter how large a satrapy or eparchy was, the kings, *strategoi* and *meridarchs* usually kept the social structure, the customs and the religion of the people unchanged in accordance with local cultural traditions, and upheld the social order. It was because of this that the Indo-Greek kings could maintain their rule for such a long time.

The rule of the Yavanas, however, was not stable and began already to disintegrate after the death of Demetrius I. Menander certainly was still a most powerful king. At the peak of its power his kingdom included all the regions that the Indo-Greeks controlled to the west of the Punjab and to the south of the Hindu Kush.[2] At the death of Menander, his son was still so young that his widow Agathocleia once became a regent for a time.[3] But she could hardly control the ambitious generals or warlords rising up in various places, and the realm of the Yavanas began to break up. No less than thirty men styled themselves kings or issued coins in a little over a century after Menander's death. Western numismatists have attempted to classify their coins into various sequences and different regions, based on their forms, inscriptions, portraits, even their fonts. According to the most recent classification of Bopearachchi, the kings ruled mainly in the Paropamisadae, Arachosia, Gandhara and in the Punjab. From west to east, north to south, their reigns successively ended in 70 BC, 55 BC and

---

[1] Tarn 1951, 240-42; Marshall 1951, 40-41.

[2] For the territory of Menander, see Bopearachchi 1991, 453 (tableau 5). According to Narain, Menander might have controlled Bactria for a period (Narain 1957, 27).

[3] Bopearachchi 1993, 34-35.

10 AD.[1]

It is generally assumed that the decline of the Yavanas should be ascribed to the invasions of the Indo-Scythians and Indo-Parthians, and finally the Kushans, but civil wars also played their part. In the middle of the 2nd century BC, Scythians and Kushans advanced southwards through Central Asia, first weakening and then occupying the Bactrian-Greek kingdom. The Yavanas in India not only had to directly face the internal threat themselves, but also gradually lost contact with the Hellenistic kingdoms in the eastern Mediterranean. They became isolated and had to adopt Indian culture, especially the Indian language and religion, in order to prolong their existence. It accelerated the change of identity that the Yavanas, having become more rooted in the land, underwent. Thus, on the fringes of the Hellenistic world a dramatic scenario unfolded: the Indianisation of Greeks, instead of the Hellenisation of Indians.

This process seems to have begun already in the time of Demetrius I. Although the Bactrian Greeks had invaded India as conquerors, they were far less numerous than the local populations, and could hardly extend their rule into the villages and hamlets. Besides, they found that the Indians were not barbarians, but highly civilised people with a great civilisation. With the emergence of the Mauryan empire, and especially with the spread of Buddhism, the political structures and the culture of north-western India had become totally different from what they had been in the period of Alexander. The bilingual edicts of Asoka, to some extent, were the precursors of the Indo-Greek bilingual coins, only different in the persons of their promulgators and in their goals. Since the normal contacts of the Indo-Greeks with the Mediterranean had been disrupted, and the road to the west cut off by Parthians and Kushans, they nominally may have been conquerors, but in fact were rather like refugees gathering in an isolated region. These political and cultural

---

[1] Bopearachchi 1991, 453.

realities forced them to make a choice between cultural isolation and death on the one hand or assimilation and survival on the other, i. e. between Hellenisation and Indianisation. The wish to survive overcame cultural pride, and the exigencies of rule compelled them to begin a process of Indianisation. The bilingual coins were symbolic of this trend.

The first kings who issued bilingual coins were Agathocles and Pantaleon (190-185 BC). Their coins have the uncommon Indian shapes: rectangular or square, with Greek on the obverse, Brahmi or Kharoshthi on the reverse. The legends on both sides, however, have the same meaning. Their weight is according to the Indian measure and the bilingual coins of Agathocles found in Ai-Khanoum varies between 2. 32 and 3. 30 g.[①] In the portraits on the coins also we can see the beginning of a process of adoption of Indian elements, while at the same time the kings display the images of traditional Indian deities and the symbols of Buddhism on their coins. The obverse side of the bilingual coins of Agathocles shows Samkarsana, with Vasudeva-Krishna on the reverse side, two embodiments of Vishnu, one of the main deities in India. The former has a plough and a stick, for which reason he was also known as 'Rama with the plough'; the latter carries a six-spoke wheel and a conch shell in his hands. Lakshmi, the sister of Vasudeva-Krishna and the wife of Vishnu, in her role as goddess of wealth, fertility and prosperity, appears on the coins of these two kings as well. She wears Oriental-style trousers and drooping earrings, looking pretty and charming. She dances with a lotus or trishul, conveying a sense of beauty and energy. A lion without his mane appears on the reverse side of some coins. The animal was traditionally the vehicle of Indra, for a long time the most important deity in India. Later, the lion had become associated also with Gautama Buddha. The appearance of the symbols of Buddhism is significant. Among the coins of Agathocles, there are some on the obverse with six arch-shaped or semi-circular hills with stars, indicating the Stupa in

---

① Bopearachchi 1993, 22-23.

covered-bowl shape during the early period of Buddhism, while on the reverse a rectangular and reticular fence with a tree within stands for the Bodhi tree in Buddhism. The 'Wheel of the Dharma' clearly appears on the coins of Menander.[1] The Bodhi tree, the Wheel of the Dharma and the Stupa each has a special meaning, pointing, respectively, to the enlightenment, the first sermon and the nirvana of the Buddha.[2] The Indian deities of the Vedas and the symbols of Buddhism on these coins suggest that the Greeks had come to regard themselves as the possessors of the land and no longer as passersby. They had to make an effort to adapt to the new cultural environment in order to survive in a country that they had conquered by force. In the languages used on the coins and in the types of coin-shapes, they took the needs and habits of the Indians into consideration, adjusting to those of Indians their own cultural tradition and mental outlook. Initiated by the Indo-Greek kings, this adjustment was continued by the Scythians, Parthians and finally the Kushans who ruled India in the first centuries AD. Bilingual coins were popular in the early period of the Kushan empire, whereas coins with only Greek became exceptional.[3] Those coins mainly circulated in the regions once controlled by the Greeks to the south of the Hindu Kush. It should be noted that the appearance of both Greek and a local language on the same coins with local deities is unique among the Hellenistic kingdoms.

The bilingual coins reflect an acceptance of the Indian religion by the Greeks. The latter must have deliberately mingled the Indian deities with their own gods, so that the images on the coins could appeal to both Greeks and Indians. A similar religious amalgamation, however, had

---

[1]　Wheel of the Dharma of Aryamarga (the Eight-fold Noble Path). For the bilingual coins of these kings, see Narain 1976, 7-8, 15; Bopearachchi 1993, 23; 1991, pls. 7 (Agathocle, 9-11), 9 (Pantaléon, 6) and 33 (Ménandre, 1; Soter, 37); Srinivasan 2007, 244.

[2]　Marshall 1951, 762.

[3]　For example, the coin of the nameless king 'Soter Megas' in the early period of the Kushan empire (see Yang 2009).

already appeared in the time of Alexander, when that king recognised the power of the elephants as soon as he entered India. As a species special to and symbolic of India, elephants made such an impression on him that the images of elephants appeared on his medallions with a scene of his pursuit of Poros — the Indian king who rode a huge elephant—and his coins.[①] The connection between the elephant and Indian religion, however, may at that time not have been made yet. But when Demetrius I invaded north-western India more than a century later, Buddhism had penetrated deeply among the local population and the elephant was widely recognised as a symbol of Buddha and Buddhism (i. e. as the embodiment, vehicle and protector of the Buddha). We may suspect, therefore, that Demetrius and other kings had more motives for their veneration of the elephant than only the belief that they were the successors of Alexander and were restoring his empire and continuing his career of conquest, as a sign of which they were inspired to imitate the coins showing an elephant-scalp on the head of Alexander. For another motive may have been a desire to express sympathy for and acceptance of Buddhism, which could evoke favourable feelings towards them on the part of the Buddhist populations. On the basis of the available coins, we may say that after Demetrius I the image of an elephant always appeared together with that of a humped bull on the obverse and reverse sides of the same coin which has been called the 'elephant/humped bull style'. The combination can be seen, for example, on three different coins of Agathocles and Apollodotus, the successor of Pantaleon.[②] When the elephant and the humped bull are shown together, there may have been a relation with certain traditions of Indian religion.

The elephant had figured regularly on early Indian coins, especially those from Eran (in the middle of India) and Taxila. It was not only associated with the Buddha, but it was also the mount of Indra. Like Zeus in Greece, Indra used

---

① Holt 2003, pls. 2-13.

② Srinivasan 2007, 244-45, fig. 9. 28-29; Bopearachchi 1991, pl. 11 (Apollodote, 2-4).

the thunderbolt for the expression of his power. The coins of Eucratides I or III[1] bear an image of Zeus on his throne together with the *protome* or the forebody of an elephant. On the coins of Antialcidas, Zeus is standing in front of an elephant.[2] Thus, the representations of these Indian and Greek deities became integrated and identical with each other. The humped bull was a species special to India, mentioned as such in the description of Jibin in the 'Chapter on the Western Regions in the Hanshu'.[3] This domestic animal may have been particularly connected with Puskalavati, the capital of Gandhara, or the protector of Gandhara.[4] Whereas the bull, Nandi, was the *vahana* or mount of Shiva, the god of destruction and reproduction in the Vedas, and Gandhara was an important province of the kingdom of Apollodotus, we may presume that the 'elephant/humped bull style' adopted by Apollodotus signified two things: one, the king's possession of this region; two, his respect for the local deities. The message that he thereby conveyed was that his rule was favoured by the two Indian gods.

A similar identification is reflected by the coins of Menander. Apart from the sole elephant, his coins include other images, such as 'head of elephant/club' and 'head of bull/tripod'. The club was the symbol of Heracles, while the tripod represented Apollo in Delphi. Possibly, these figures express identification of Indra with Heracles, and of Shiva with Apollo. One kind of coin of Menander with the Wheel of the Dharma on obverse and a palm branch on reverse suggests a combination of Buddhist and Greek conceptions of victory and peace.[5] After Menander,

---

[1] Srinivasan 2007, 246–47, fig. 9. 37. But Bopearachchi ascribed it to Eucratides I (Bopearachchi 1993, pl. 22 [Eucratide I, 24]).

[2] Srinivasan 2007, 249, fig. 9. 39; Bopearachchi 1993, pl. 39 (Antialcidas, 6).

[3] 'Jibin (Ke–pin, Kophen). . . The country produces humped ox, buffalo, elephant. . . ' (Ban 1962, 3885).

[4] Srinivasan 2007, 247.

[5] The pattern can be seen in Bopearachchi 1991, pl. 32 (Ménandre, 1; Soter, 28–29), pl. 33 (Ménandre, 1; Sorer, 37).

the Greek *DIKAIOY* ('just', in the genitive case) and its Kharosthi equivalent 'Dharmikasa' ('follower of the Dharma') appears on the bilingual coins of at least five kings. The exception is a series of coins of the queen and the son of Menander, which do not have the Greek *DIKAIOY*, but only 'Dharmikasa' in Kharosthi.[1] From then on, the Greek kings called themselves all 'Dharmikasa'. Dharma primarily means the Buddhist law; Asoka, for instance, was styled *Dharmaraja* or 'King of the Dharma'. In such ways, the Greeks combined their own deities and spiritual concepts with Buddhism or the worship of Shiva and Indra.

When it comes to the 'Indianisation' of the Indo-Greeks, one can hardly pass over the renowned Menander. He was the only Greek king to be recorded in Buddhist sutras. According to the Pali and Chinese texts, he was at last won over to the Buddhist law preached by Nagasena and he converted to Buddhism. However, he might not have become a monk after handing over his kingdom to his son and leaving home as described by the Pali and Chinese texts[2], but turned to be a householder (grhapati). About him Plutarch wrote the following:

> when a certain man named Menander, who had been a good king of the Bactrians, died in camp, the cities celebrated his funeral as usual in other respects, but in respect to his remains they put forth rival claims and only with difficulty came to terms, agreeing that they should divide the ashes equally and go away and should erect monuments to him in all their cities (*Moralia* 821D).

He enjoyed the name of 'King of the Dharma', just like Asoka, and was glorified after his death like the Buddha. Because of his kindness and virtue, he was widely supported by the people. On the basis of the extant material, he may be seen as a prime example of the process of

---

① Bopearachchi 1991, 387-89.

② See Davids 1894, 373-74 (no. 420); Horner 1964, 304-05 (no. 420); Taishō Tripitaka 1990, 703, 719. All these three versions refer to the desire of Menander (弥兰王) to become a Buddhist.

Indianisation of the Yavanas.

To judge from his coins, the Greek deity that Menander worshipped above all was Athena Alcidemos, i. e. the defender or saviour of the people. She had been respected as the guardian of Pella, the capital of Macedonia. The goddess was armed with a shield in one hand and a thunderbolt in the other.[1] His preference for this deity shows that Menander wanted to suggest a connection between himself and Macedonia, especially Alexander, presenting himself as the real successor of Alexander in India. His bilingual coins, on the other hand, are evidence not only of his adoption of the language of his Indian subjects, but also of his openness towards their religion, Buddhism in particular. The Sri Lankan text the Mahāvamsa ('Great Chronicle', 6th century AD), relates that during the reign of Menander an elder (Mahadharmarakkita, 'Great Protector of the Dharma') once led 30, 000 bhikkhus from Alasanda (i. e. Alexandria in the Caucasus) to Sri Lanka to participate in the foundation ceremony of the Maha Thupa (the Great Stupa) built by the king of Sri Lanka.[2] The number of 30, 000 is obviously exaggerated and we do not know how many bhikkhus from Alasanda really visited Sri Lanka, nor whether all of them were Yonas, but the story certainly reflects the prosperity and influence of Buddhism in the kingdom of Menander. It may have been in his time that the veneration of the relics of the Buddha began to spread. According to the Bajaur casket inscription of the reign of Menander that was found in today's Pakistan, the corporeal relics of the Buddha were assembled and interred in the fourteenth day of the month of Kārrtika during the rule of the Maharajah Minadra.[3] At the same time or a little later, the Greek meridarch Theodorus dedicated a stupa with a relic of the Buddha in Swat.[4] According to a prophecy in

---

[1] For other figures of Athena, see Bopearachchi 1991, pls. 26-33 (Ménandre 1; Soter, 1-21, 23-24, 27, 31-32, 39).

[2] Geiger 1912, xxix.

[3] Bopearachchi 1993, 19. n. 4.

[4] Marshall 1951, 41.

the *Stupavadana*, Menander would erect a Stupa in Pataliputra①, which seems to vaguely reflect an historical fact. For Menander probably reached Pataliputra, although he did not stay there for long and he may even have not been converted to Buddhism at that time. Of course, the prophecy cannot be hard evidence, but the connection made in this prophecy between Menander and Buddhism shows that the author assumed a close relationship between the two.

After Menander, the relations between the Greeks and the Shunga empire improved, and Indian culture seems to have gained in influence on the Greeks. During the reign of the Greek king Antialcidas (ca. 115-95 BC), Heliodorus, his ambassador to the Shunga empire, erected a stone pillar, the so-called Besnagar Pillar in Vidisha in the heart of India. There are two inscriptions in Brahmi on the pillar. One says 'This Garuda② pillar of the god of gods, Vasudeva, was caused to be made by Heliodorus, the devotee, the son of Dion, from Taxila, who came as Greek ambassador from the court of the Great King Antialcidas to Bhagabhadra, the son of Kasi, the Saviour, who was then in the fourteenth year of his prosperous reign'.③ The other says: 'Three immortal precepts when practiced lead to Heaven—Restraint, Renunciation and Rectitude.'④ From them we can see that at least some Greeks were familiar with the deities and scripts of India, and worshipped those deities. There was no Greek inscription, and no need to identify the Indian deities with those of Greece. In the view of Heliodorus, the gods of India were his own, even though he did not forget he was a Greek. Tarn assumed that this pillar was erected by his Indian secretary in his name, which may be true. Even so, however, Heliodorus' permission was indeed a tacit approval of another civilisation. Tarn also accepted the opinion of older scholars who regarded the three precepts as the summary of two

---

① Ksemendra *Stupavadana* cap 57, v. 15 (quoted in Seldeslachts 2004).
② Garuda was also ridden by Amoghasiddhi.
③ Burstein 1985, 72.
④ Tarn 1951, 380.

paragraphs of the Mahabhārata.[1] However, that interpretation is now questioned. For after Tarn, in Ai-Khanoum archaeologists discovered a stone with maxims from Delphi of a similar content, advising moderate, self-control, just, which, if kept on, could make one 'to die without regret'[2] or lead one 'to heaven'. Perhaps Bactrian-Greeks brought these precepts to India, thus integrating Greek moral concepts with Indian religious ethics.

Although the Greeks would eventually become Indianised, they tried for a long time to preserve their own culture, or at least to combine Greek cultural elements with Indian local culture. In this way, the process of Indianisation was to some extent also one of Hellenisation. The Buddhist art of Gandhara was the fruit of mutual influences of Greek and Indian cultures.[3] First, the identification of Indian deities with their Greek counterparts, and especially the conversion of Greeks to Buddhism, laid the foundation of the Buddhist art of Gandhara. For only such an identification could have brought the Indo-Greek artists, who perhaps were familiar with Indian religious concepts and figures, or had converted to Buddhism, to portray the Indian deities, the Buddha or other figures of Buddhism in a Greek artistic style or with recognisably Greek attributes. Secondly, the anthropomorphism in Greek religion certainly stimulated the worship of the Buddha in human form. For why would the Buddha, powerful as he was, not be depicted in human form? After all, he was believed to have been a real man, not a vague figure of myth as many Greek heroes. Thus, conversion of Greeks to Buddhism and assimilation of

---

① Tarn 1951, 380-81.

② The text has been translated more than once into English but the meaning is same. For example, the translation by Bernard is: 'In childhood, learn good manners; in youth learn to control your passions; in middle age learn to be just; in old age learn to be of wise counsel; die without regret' (Bernard 1982, 1570). See also Austin 1981, 315 (no. 192); Mairs 2014, 189; Boardman 2015, 86.

③ There is much discussion on the origin, explanation or historical background of the Gandhara art. The present article only deals with the role played by the Indo-Greeks. However, I do not deny the Indian origin of the art of Gandhara or the influences it underwent from other civilisations.

Buddhist figures to Greek deities were the prerequisites of Gandhara art. Hence, it is no surprise that the Buddha could appear like Apollo, and Vajrapani like Heracles.

Judging from the coins, we can distinguish two phases in the process of assimilation of Indian deities and religious concepts to their Greek counterparts. In the first phase, represented by the coins of Agathocles and Pantaleon, Indian deities and cults are acknowledged, but Buddhism is still represented in a metaphoric way by its symbols the lion, the Bodhi tree, the Stupa, etc.[1] The second phase is represented by the coins of Menander. Besides Indian deities and religious concepts displayed each by a single figure or symbol, we find mixed Indo-Greek images, such as head of elephant/club (Buddha/Heracles), head of bull/tripod (Shiva/Apollo) and 'Wheel of Dharma'/palm branch (Buddhist doctrine/victory and peace).[2] These images suggest that the Greeks not only accepted Indian deities, but consciously assimilated them to some of the Greek gods. Although the image of the Buddha had not been conceived yet, they sensibly equated the Buddhist doctrine with symbols standing for peace and victory in Greece, which shows that they had become acquainted with Buddhist lore. Since they could be able to show the images of Indian deities on their coins it would not be long for them to create the images of Buddha on their coins or in other forms. However, this mission seems to be completed in the Indo-Scythian and Kushan periods. The first defined standing image of Buddha should be dated to Azes II (ca. 35/30 BC-12/10 BC) or to his descendants[3], and the first coin with the image of Buddha and the inscription 'BODDA' was issued by the Kushan king Kanishka (ca. AD 78-114). Of course there must be some preliminary images of Buddha appearing before them. So it could not be denied thoroughly the influence of the Indo-Greeks,

---

① Bopearachchi 1991, 381, pls. 7, 9 (Agathode, 9-11; Pantaléon, 6); 1993, 23.

② Bopearachchi 1991, 381, pls. 31-33 (Ménandre, 1; Soter, 25, 28-30, 36-37).

③ Errington et al. 1992, 186-92.

especially those Buddhists among them, though we could not have direct evidence to attest what roles and to what extent they plaid for the appearance of image of Buddha and the formation of the Gandhara art.

Gandhara art is substantially the combination or fusion of the sprite of Indian Buddhism and the Greek art of sculpture as well as Greek religious ideas and mythical stories. From Greece to India, from Greek god to Indian Buddha, the birth of the Gadhara art underwent a long process.[1] With its development, scenes from the life to death of Buddha became its main subjects, and Greek architectural elements, costumes and mythical figures were also absorbed in it. It is generally accepted on the basis of archaeological finds that the height of development and the greatest spread of Gandhara art fell in the period of Kanishka, but its origin undoubtedly went back to the time of the Indo-Greeks. The discovery of Ai-Khanoum has provided indirectly supporting evidence, such as the Ionic, Doric and Corinthian orders, and stone sculpture of Greek deities and human figures. The Bactrian Greeks created sculpture in stucco, which was rare in Greece, formed around a framework of lead rods or sticks, smeared with mud or plaster.[2] This art form became a distinguishing feature of Gandhara art, especially of the Indo-Afghanistan style[3], and further influenced Buddhist sculptural art in China and Central Asia. Judging from the strong realism in the images on Bactrian and Indo-Greek coins, presumably there might be a unique style of art

---

[1]　Although Marshall dates the first flowering of Gandhara art to the 1st-2nd centuries AD, he ascribes its formation to the period the Indo-Scythians, namely shortly before the beginning of the Christian era. He considered the cultural heritage of the Indo-Greeks one of the factors stimulating the birth of Gandhara art, and traced the influence of the Greeks back to the 2nd century BC (Marshall 1960, xv, 5-6, 17-25; 1951, 42-43). Boardman displays systematically and thoroughly the whole course of how the Greeks and their art entered Asia as far as Central Asia and India, particularly how the Greek art were combined with Indian Buddhism and promoted the birth of Gandhara art (see Boardman 2015).

[2]　Bernard 1982, 154, 158.

[3]　Greek sculpture, as it is preserved, is mainly in stone, the late Gandhara sculpture in stucco (see Marshall 1951, 75).

in Bactrian ruled by the Greeks, which they brought with them when they entered India. Its integration with Buddhism undoubtedly facilitated the birth of the Gandhara art which would spread to South Asia, Southeast Asia, Central Asia and East Asia and exert an enormous influence even today.

Conclusion

At the time of the disappearance of the Indo-Greek kingdoms in India around the beginning of the Christian era, theYavanas as Greeks had gradually merged with the Indian population. But that does not mean that the effects of a long period of interaction between the two peoples and the two civilisations also disappeared. Apart from Gandhara art, the other legacy of Hellenistic culture introduced or developed by the Yavanas or Yonas also exerted a considerable influence on Indian astronomy, medicine, literature, the Indian script and coins, even on urban planning.[1] These foreign influences had been absorbed into Indian culture and become part of it. The process was to some extent reciprocal, both Hellenisation and Indianisation taking place more or less at the same time but in different fields. The Scythians, Parthians and Kushans who later invaded India were in their turn and to varying degrees influenced by this mixed culture, and at the same time added some cultural elements of their own to it (for example, in the images on their coins). Thus, the question whether the history of the Yavanas belongs to the history of the Hellenistic kingdoms or to the ancient history of India is meaningless.[2] In terms of the character of their civilisation, the Indo-

---

① See Jairazbhoy 1963, 48-109. But the author suggests that Gandhara art was influenced by Rome, so he did not mention it in his chapter 'Greek influence in India'.

② According to Klaus Karttunen, in terms of keeping to their conclusions, both Tarn and Narain were 'to excess. . . In fact both did rather well from their particular viewpoints. Tarn, however, in addition to his hypotheses, could not really understand Eastern history (and was much too sure that he did), while Narain seems to have had an erroneous idea of the meaning of Hellenism' (see Karttunen 1997, 271).

Greeks in Bactria and India certainly belonged to the Hellenistic world; but from a geographical point of view, in view of regional or national history, it is reasonable that their history formed also part of the ancient history of India (including modern-day Pakistan and Afghanistan), for the simple fact that they mainly inhabited north-western India. Therefore the conclusion of Narain that the Greeks came and saw, but the Indians won, is also reasonable to some extent. In view of what happened in most of the Hellenistic world, such seems to have been the common fate of all Greeks who once ruled oriental lands. Such an outcome, however, can not diminish the historical importance of those Hellenistic kingdoms and the profound influence of the Hellenistic civilisation which had existed in oriental lands for more than three centuries. In this sense, Tarn's judgment that the Bactrian kingdom, including the Indo-Greeks, was the fifth Hellenistic kingdom is also justified[1], As far as the integration of Indian and Greek civilisations was concerned, the disappearance of the Indo-Greeks did not mean a victory for the Indians, but signified the successful integration of these two cultures and two peoples.

Bibliography

Austin, M. M. 1981: *The Hellenistic World from Alexander to the Roman Conquest: A Selection of Ancient Sources in Translation* (Cambridge).

Ban Gu (班固) 1962: *Hanshu* (《汉书》), [*The History of the Former Han Dynasty*] (Beijing).

Banerjee, G. N. 1981: *Hellenism in Ancient India*, rev. ed. (New Delhi).

Bayer, T. 1738: *Historia Regni Graecorum Bactriani* (St Petersburg).

Bernard, P. 1982: 'An Ancient Greek City in Central Asia'.

---

[1] Mairs also insists that 'the Greco-Bactrian and Indo-Greek kingdoms were very much part of the Hellenistic world' (Mairs 2014, 177).

Scientific American 246, 148-59.

Bieber, M. 1965: 'The portraits of Alexander'. GrRom 12. 2, 185.

Boardman, J. 2015: *The Greeks in Asia* (London).

Bopearachchi, O. 1991: *Monnaies gréco-bactriennes et indo-grecques.* *Catalogue raisonné* (Paris).

——. 1993: *Indo-Greek, Indo-Scythian and Indo-Parthian Coins in the* *Smithsonian Institution* (Washington, DC).

——. 2015: *From Bactria to Taprobane,* Vol. I, *Central Asian and* *Indian Numismatics* (New Delhi).

Burstein, S. M. 1985: *The Hellenistic Age from the Battle of Ipsos* *to the Death of Kleopatra VII* (Cambridge).

Carradice, I. and Prince, M. 1988: *Coinage in the Greek World* (London).

Casson, L. 1989: *The Periplus Maris Erythraei: Text with Introduction,* *Translation, and Commentary* (Princeton).

Cohen, G. M. 2013: *The Hellenistic Settlements in the East from* *Armenia and Mesopotamia to Bactria and India* (Berkeley/Los Angeles/ London).

Dani, A. H. 1986: *The Historic City of Taxila* (Tokyo/Paris).

Davids, T. W. R. (trans.) 1890 : *The Questions of King Milinda,* vol. 1 (Oxford).

——. (trans.) 1894: *The Questions of King Milinda,* vol. 2 (Oxford).

Dhammika, S. (trans.) 1993: *The Edicts of King Ashoka* (Kandy).

Dhavalikar, M. K. 1981-84: 'Nasik-A Yavana Centre'. *Journal of the* *Asiatic Society of Bombay* 56-59, 160-68.

Errington, E. , Cribb, J. and Claringbull, M. (eds.) 1992: *The* *Crossroads of Asia: Transformation of Image and Symbol in the Art of* *Ancient Afghanistan and Pakistan* (Cambridge).

Ganguli, K. M. (trans.) 1992: *The Mahabhārata of Krishna-* *Dwaipayana Vyasa,* VI: *Drona Parva,* 5th ed. (New Delhi).

Geiger, W. (trans.) 1912: *The Mahāvamsa* (Colombo/London).

Goldman, R. P. (trans.) 1984: *The Ramatana of Valmiki* (Princeton).

Grierson, A. 1911: 'The Birthplace of Bhakti'. JRAS, 800-01.

Hammond, N. G. L. 1998: 'The Branchidae at Didyma and in Sogdiana'. The Classical Quarterly n. s. 48, 339-44.

Holt, F. L. 2003: Alexander the Great and the Mystery of the Elephant Medallions (Berkeley/Los Angeles/London).

—. 2005: Into the Land of Bones: Alexander the Great in Afghanistan (Berkeley/Los Angeles/London).

Horner, I. B. (trans.)1964: Milinda's Questions, vol. 1 (London).

Jairazbhoy, R. A. 1963: Foreign Influence in Ancient India (Bombay).

Johnston, E. H. 1939: 'Demetrius in Sind?'. JRAS, 217-40.

Karttunen, K. 1997: India and the Hellenistic World (Helsinki).

Lemprière, J. 1949: Lemprière's Classical Dictionary of Proper Names Mentioned in Ancient Authors: with a Chronological Table (London).

Lerner, J. D. 1999-2000: 'The Greek-Indians of Western India: A Study of the Yavana and Yonaka Buddhist Cave Temple Inscriptions'. The Indian International Journal of Buddhist Studies n. s. 1, 83-109.

Liddell, H. G. and Scott, R. 1996: A Greek-English Lexicon, with a revised supplement (Oxford).

Mairs, R. 2014: The Hellenistic Far East: Archaeology, Language and Identity in Greek Central Asia (Berkeley/Los Angeles/London).

Marshall, J. 1951: Taxila: An Illustrated Account of Archaeological Excavations Carried Out at Taxila under the Orders of the Governement of India between the Years 1913 and 1934, 3 vols. (Cambridge).

—. 1960: The Buddhist Art of Gandhāra: The Story of the Early School, its Birth, Growth, and Decline (Cambridge).

Mitchiner, E. (ed. and trans.) 1986: The Yuga Purana (Calcutta).

Narain, A. K. 1957: The Indo-Greeks (Oxford).

—. 1965: 'Alexander and India'. GrRom 12. 2, 155-65.

—. 1976: The Coin Types of the Indo-Greek Kings, 256-54 BC (Chicago).

—. 2003: The Indo-Greeks: Revisited and Supplemented (New

Delhi).

Nikam, N. A. and McKeon, R. P. (ed. and trans.)1959: *The Edicts of Asoka* (Chicago).

Rapson, E. J. (ed.)1922: *The Cambridge History of India*, vol. 1 (Cambridge).

Rawlinson, H. G. 1912: *Bactria: The History of a Forgotten Empire* (London).

—. 1916: *Intercourse between India arid the Western World from the Earliest Times to the Fall of Rome* (Cambridge).

Ray, H. P. 1988: 'The Yavana Presence in Ancient India'. *Journal of the Economic and Social History of the Orient* 31, 311-25.

Reger, G. 2007: 'On the Road to India with Apollonios of Tyana and Thomas the Apostle'. *Mediterranean Historical Review* 22. 2, 25-71.

Schoff, W. H. (ed. and trans.)1914: *Parthian Stations by Isidore of Charax* (Philadelphia).

Seldeslachts, E. 2004: 'The end of the road for the Indo-Greeks?'. *IranAnt* 39, 249-96.

Sherwin-White, S. and Kuhrt, A. 1993: *From Samarkand to Sardis: A New Approach to the Seleucid Empire* (London).

Sircar, D. C. 1963: 'The Account of Yavanas in the Yuga-Puran'. *JRAS*, 7-20.

Srinivasan, D. M. (ed.)2007: *On the Cusp of an Era: Art in the Pre-Ku sāna World* (Leiden/Boston).

Stein, O. 1934-35: 'Yavanas in Early Indian Inscriptions'. *Indian Culture* 1, 343-57.

Taishō Tripitaka 1990: Treatises (《大正新修大藏经·论集部》), vol. 32, no. 1670 (A, B) (Taipei).

Tarn, W. W. 1902: 'Notes on Hellenism in Bactria and India'. *JHS* 22, 268-93.

—. 1938: *The Greeks in Bactria and India* (Cambridge).

—. 1951: *The Greeks in Bactria and India*, 2nd ed. (Cambridge).

—. 1984: *The Greeks in Bactria and India*, 3rd ed., updated with a preface and a new bibliography by F. L. Holt (Chicago).

——. 1997: *The Greeks in Bactria and India*, revised 3rd ed. (Chicago).

Thosar, H. S. 1991: 'Dhenukākata, the earliest metropolis of the Deccan with a Yavana settlement'. In Arora, U. P. (ed.), *Graeco-Indica: India's Cultural Contacts with the Greek World* (*In Memory of Demetrius Galanos* (1760-1833), *a Greek Sanskritist of Benares*) (New Delhi), 172-78.

Tolman, H. C. 1908: *Ancient Persian Lexicon arid Texts* (New York).

Wheeler, M. 1968: *Flames over Persepolis: Turning Point in History* (New York).

Woodcock, G. 1966: *The Greeks in India* (London).

Yang Juping 2009: 'A Note on Soter Megas'. *Historical Research* (《历史研究》)4, 140-52.

Abstract

'Yavanas' (or 'Yonas') in this article refers to the Greeks known by the Indians before the Christian era, particularly the so-called Indo-Greeks. Although hearsay about Greeks in the Mediterranean had been transmitted to India already in the period of the Persian empire, the acquaintance of Indians with Greeks began only with the invasion of ancient India by Alexander the Great. After him some Greeks remained in north-western India. They were called Yonas (from which the Sanskrit 'Yavanas' was derived) in the edicts of King Asoka/Ashoka for the propaganda of Buddhist *dharma*. From the beginning of the 2nd century BC the Greeks in Bactria extended their realm over parts of north-western India and maintained their presence as an ethnic group there for almost two centuries. At the height of power they even marched into the valley of the Ganges. Because they were isolated in India, the Yavanas, while trying to preserve their cultural traditions, necessarily became Indianised themselves in order to be able to rule. They issued bilingual coins, respected the Indian gods and religions, especially Buddhism, and finally stimulated the emergence of Gandhara art. The decline and disappearance of the Yavanas in India was not the result of some victory over them by the Indians but the inevitable consequence of the confluence of Greek and Indian civilisations over a long time. The history of the Yavanas is not only a special part of the history of Hellenistic civilisation but belongs also to the ancient history of the subcontinent.

"Hellenisation or Indianisation: A Study of the Yavanas," *Anicient West and East*, 16 (2017), pp. 177-208.

Chinese Historical Sources and the Greeks in the Western Regions

Introduction

Contacts between China and the Hellenistic world may be traced back to the establishment of the Silk Road. From the Chinese diplomat Zhang Qian (second century BC) onwards, many Chinese and foreign envoys, merchants and even monks passing to and from central China and the Western Regions (Xiyu, 西域)[①] as far as the Mediterranean and India, brought information of Hellenistic civilization into China. Reflections of these messages and oral reports can be found in early Chinese official historical books. Although the records are sometimes confused, ambiguous or even anachronistic, they actually provide first-hand information about the Western Regions to the west of the Pamirs

---

[①] Xiyu (西域) is a special toponym indicating areas to the west of the Central China. In the context of Han China, it had two meanings. One is the Inner (or Minor) Western Region (小西域) controlled by China from Dunhuang to the Pamir. It also could be called "the Western Regions in China" (中国西域). The other is the Greater Western Regions (大西域) which extends to the west as far as Chinese people knew, generally up to the Mediterranean. In this chapter, 'the Western Regions' points to the latter except the part in China which largely covers the former Hellenistic World.

(Congling, 葱岭) which Greeks once settled, controlled and inhabited for almost three centuries. From Parthia (Anxi, 安息), Chinese envoys could also get some information directly related to the Hellenistic legacy. Regrettably, no Greeks are mentioned in the Chinese historical records, though 44 or 45 Graeco-Bactrian and Indo-Greek kings are known from coins (Bopearachchi 1991: 453). Only one Indo-Greek king, Menander, is referred to in the Chinese translation of a Buddhist sutra, Naxian Biqiu Jing (那先比丘经, Milindapañha in Pāli).

The so-called Early Four Historical Books (前四史) consist of Shiji (史记) by Sima Qian (司马迁, 145-c. 86 BC), Hanshu (汉书) by Ban Gu (班固, AD 32-92), Houhanshu (后汉书) by Fan Ye (范晔, AD 398-445), and Sanguozhi (三国志) by Chen Shou (陈寿, AD 233-297). One particular chapter in Sima Qian's Shiji is devoted to the introduction of important historical events, and the main peoples, countries and kingdoms in the Western Regions, i. e. the areas from the west of China to the Mediterranean. From Sima Qian onwards, it became conventional to have one or more chapters focusing on the affairs of the Western Regions in Chinese formal historical books. The reasons for this are as follows: on the one hand, there had been a continuous link between central China and the Western Regions, regardless of changes in the political situation in China or the local regions, and on the other hand, Chinese knowledge of the Western Regions increasingly grew as time went on. The periods of the earlier and later Han Dynasties (206 BC-220 AD) and the Three Kingdoms (AD 220-280) largely coincide with the Hellenistic Period and the age of the empires of the Kushans, Parthia and Rome, that coexisted from the first century AD onwards. These three empires occupied the lands of the former Hellenistic kingdoms and naturally became the successors to Hellenistic civilization. Meanwhile, the western line of the Silk Road from the Pamirs to the Mediterranean happened to cover all these lands. Therefore, the chapters about the Western Regions in the Early Four Historical Books most probably contained much useful information about Hellenistic civilization.

"Dayuan Liezhuan" in *Shiji* ("大宛列传 Collective Biographies of Dayuan" in 史记 the *Records of the Grand Scribe*): Hellenistic Central Asia after Alexander the Great and 'Philhellenic' Parthia

The materials on the Western Regions by Sima Qian mainly come from the report submitted to the Emperor Han Wudi (汉武帝, r. 141-87 BC) by Zhang Qian (张骞, 164-114BC), the envoy sent to the Western Regions by the emperor in order to unite the Dayuezhi (大月氏) as an ally to fight the Xiongnu (匈奴) together. The Dayuezhi, originally a nomadic people in the northwest of China, had been defeated by the Xiongnu, another nomadic tribal federation in the north of China, who were also a formidable threat to and enemy of Han China. Although his mission failed, he brought back home first-hand information about the Western Regions. Because he is the first Chinese traveller who entered the mysterious Western Regions outside China, what he observed and experienced are most valuable for our research on the Hellenistic Far East. The "Collective Biographies of Dayuan" in the *Shiji* even became the basic sources for the later three books of "*Early Four Historical Books*".

The first country Zhang Qian visited was Dayuan (大宛). From there, he was led to Kangju (康居) by a guide from Dayuan, whereafter he arrived in Dayuezhi and Daxia (大夏). By that time, the Dayuezhi had subdued Daxia and settled in the north of the Amu Darya (Sima: 3158). On the way he also heard of another five or six peoples and countries and got some information about them.

Both Dayuan and Kangju should be located in Sogdiana, between the Syr Darya and the Hissar Mountains, with Dayuezhi and Daxia in Bactria around the Amu Darya. These four countries were in the previous territories of Alexander's empire, the Seleucid kingdom and the Graeco-Bactrian kingdom.

Dayuan is generally identified with the area of Fergana, where the furthest Alexandria (Alexandria Eschate) was built by Alexander the Great and rebuilt by Seleucus I (Arrian 4. 4. 1; Appian 11. 57). It is possible that the pronunciation in Chinese of "Yuan" could come from the Yona or Yavana, the name for the Greeks in Sanskrit. Modern Uzbek still has a similar word "Yunon" for "Greek" (personal photos at the Ark Museum, Bukhara, September 21, 2014). Zhang Qian is the first Chinese official who named this area as Dayuan. Da in Chinese means "big, large, and vast" in geographical space, therefore Dayuan means that "Yuan" is a large country. If this hypothesis is accepted, it seems to hint at a story: Zhang Qian met local people who called themselves Yonas or Yavanas, and then named their country Yuan in transliteration. If so, it could be that in Dayuan, Zhang Qian met the descendants of those Greek colonists who came there under Alexander and his successors. It is also possible that the local people only retained their previous name from the Greeks but their ethnic identity had changed, given that the rule of the Greeks in Sogdiana was relatively shorter than in Bactria, lasting only to the reign of Euthydemus I (c. 200-190 BC).

Kangju was located between the valley of the Zarafshan River and the land on both sides of the Syr Darya. Marakanda, modern Samarkand, was the capital of Sogdiana, and the temporary seat of Alexander's headquarters when he was busy conquering the local tribes (Arrian 4. 6-9). A Greek citadel was discovered at the Afrasiab site of Samarkand (Grenet 2002; 2004/5). It is possible that the Greek garrisons there retreated into Bactria with the successive invasions of the Sakas and Dayuezhi.

Dayuezhi, as "a moving country" (行国), now settled down in the north of the Amu Darya. It could have been the Dayuezhi who finally conquered the Graeco-Bactrian kingdom (Daxia). Ancient Termez may be the Alexandria on the Oxus ("Alexandria Oxiana") (Leriche 2007: 133) referred to only by Claudius Ptolemy (Ptolemy 6. 12). There was a crossing at Kampyr Tepe on the northern bank of the Oxus River, a very important strategic position and the site of a citadel of the Greek garrison.[①] Whether the court of the Dayuezhi was in this city is still disputed.

Daxia, according to Zhang Qian's report, had been reduced to a dependent state in the south of the Amu Darya by the Dayuezhi before his arrival there. However, whether Daxia could be identified with the Graeco-Bactrian kingdom, or another kingdom established by the Sakas (塞人) who had come to Bactria before the Dayuezhi, is also problematic. I follow the opinion of most scholars in regarding Daxia as the Graeco-Bactrian kingdom. If so, some of the inhabitants of Daxia could be remnant Greeks. According to the report of Zhang Qian, they remained there protecting themselves in their cities ("They live in houses in cities enclosed by walls. . . There is no powerful king in the country. The cities and towns always have their own little chiefs") (Sima: 3164). The Chinese envoy arrived in Daxia in c. 128 BC. This means that soon after the Graeco-Bactrian Kingdom was destroyed, Zhang Qian stepped onto the stage of Central Asia.

This is the geographical and political situation in Central Asia seen and heard by Zhang Qian. It is clear that the areas Zhang Qian passed through in Central Asia had once been conquered and ruled by Alexander and his followers. Zhang Qian also heard of a large country, Anxi (安息), to the east of Dayuezhi, which has been identified with Parthia, because Anxi could be the transliteration by Zhang Qian of Arsakes, the founder of the Parthian kingdom. Although this was a non-Greek kingdom, it occupied almost half the territory of the Seleucid kingdom and consciously accepted and adapted Greek cultural legacies (for details see Yang 2013a). Therefore, what Zhang Qian had seen and heard in the Western Regions most probably contained information on their Hellenistic legacy (for information about Hellenistic civlization brought to China by Zhang Qian see Yang 2007a, 2013b; here, I only

---

① Very forturnately, I visited the sites around modern Termez in September 2014, with the help of Professor Pierre Leriche. Here I should express my heartfelt gratitude to him.

provide a brief summary and some supplements to this).

First of all, Zhang Qian seems to have been astonished by the enormous number of towns and cities in Dayuan, Bactria and Anxi. There were more than 70 walled towns and hundreds of cities both large and small in Dayuan in Anxi, and some in Bactria (Sima: 3160, 3162, 3164). These records have been confirmed by Classical authors and by modern archaeological discoveries. According to Strabo and Justin, the Graeco-Bactrian kingdom once ruled "a thousand cities" (Strabo 15. 1. 3; see also Justin:41. 1. 8.).[①] Although these records need to be further verified—the allegation of the "one thousand cities" in particular must be an exaggeration—some of them already existed and, by the time of Zhang Qian, had become prosperous. Zhang Qian may have visited these cities, whether or not there were still Greek inhabitants in them. When Zhang Qian returned to China, he took the route along the southern mountains of the Tarim basin (Sima: 3159). This means he would probably have passed by Ai Khanoum if he went eastwards up the Amu Darya and over the Pamir Mountains.

Secondly, Zhang Qian provided information about the Hellenistic coins issued by the kings of Anxi (安息): "The coins of Parthia are made of silver. The face of the king appears on the coin. As soon as one king dies the coins are changed, on which appears the new face of his successor" (Sima: 3162). Evidently, Parthian coins reflect the basic features of Hellenistic coinage: first, on the observe is the king's head or bust, and on the reverse Greek patron gods; second, every new ruler or

---

① For discussion of the "thousand cities", see Leriche 2007: 121-153. Although admitting that numerous military colonies or settlements in Bactria were actually established by Greeks in Bactria, he thinks that "the Greeks did not pursue a systematic policy of founding towns", they "did not really found a major city except for Ai Khanoum … the creation of cities was only exceptional in Greek Bactria". His conclusion is that "'Bactria of a thousand cities' appears to be a phrase applicable not so much to the Hellenistic period but rather to the one which followed the departure of Greeks." Leriche's idea should certainly be taken into consideration, but it is worth noticing that precisely the cities and towns founded by Greeks in Bactria and India catalysed the developments of Kushan cities.

king issues new coins; third, silver coinage plays the main role (on the basic features and evolution of Hellenistic coins, see Metcalf 2012:173-294; Carradice and Price 1988:104-136).

Thirdly, for the first time in his life, Zhang Qian saw grapes and wine, which were abundant in these regions and may be associated with the Greeks who had been settled in western and Central Asia [Sima: 3173:"The wine is made of grapes in Dayuan and the lands around it. The rich can have the storage of wine as much as over ten thousand Dan (石) and its quality can be kept good as long as several decades"]. Although we are not sure that the Greeks following Alexander and his successors were the first to introduce the grape into Central Asia, it was certainly Greek settlers who brought in this new viniculture and their methods of wine-making and preserving the quality of the wine.[①] As mentioned above, such inforation can be verified by the report of Zhang Qian: wine was one of the special products of Anxi, Dayuan and other areas. (Sima: 3160, 3162, 3173) This correspondence of Greek and Chinese sources is not a coincidence, but a reflection of the history of viniculture in these regions. After Zhang Qian's travels to the Western Regions, viniculture was introduced into central China by way of the Silk Road and was first cultivated extensively in Chang'an (长安), the capital of the former Han dynasty (Sima: 3173-3174: "The envoys of the Han emperors brought the seeds of the grapevine and the purple medic back to Central China. So the emperor Wudi (Tianzi 天子, the Son of Heaven) began to plant them in lands of great fertility. The number of Heavenly Horses (天马) rose steadily and many foreign envoys came to the capital, so that the grapevine and the purple medic were planted over large areas near the

---

① According to Strabo, Greeks first introduced their methods of viniculture to Susiana and Babylon: "They did not dig trenches, but only thrust into the ground iron-pointed stakes, then pulled them out and replaced them at once with the plants." (Strabo 15. 3. 11) Strabo also reports that the soil of Aria and Margiana was well suited to the vine, and that the land of Aria especially was "exceedingly productive of wine, which can be kept good for three generations in vessels not smeared with pitch" (Strabo, 11. 10. 1-2).

palaces and hotels"). It is possible that the pronunciation of the Chinese word 蒲陶 (*Pu Tao*, "grape"), first transliterated by Zhang Qian, comes from the Greek word "βότρυς, *botrus*" which means a bunch of grapes (Chavannes 1962: Vol. 2, Chap. 8, 7).[1]

Fourthly, the political situation in Daxia described by Zhang Qian[2] corresponds with Strabo's report that the Graeco-Bactrian kingdom was destroyed by four Scythian tribes from the north: namely the Asii, Pasiani, Tochari and Sacarauli (Strabo11. 8. 2). One of these, the Tochari, may be identified with the so-called Dayuezhi in Chinese, because the former lands of Bactria were generally called Tuhuoluo (吐火罗) in later Chinese records.[3] It happened that the Dayuezhi people occupied Bactria just after the Greeks inhabitants retreated into India, around the mid-

---

[1]　Paul Pelliot cites this explanation put forward by Ritter, which was supported by Kingsmill and Hirth, while he himself was hesitant to accept it. See Pelliot 1962a: Vol. I, Chapter 5, 82-83. The American scholar B. Laufer does not agree with this identification; see Laufer1919: 226. However, his conclusion may be outdated because new evidence in Greek discovered at Ai Khanoum and coins with Greek legends in Bactria and Parthia confirmed the spread of Greek in Central Asia of the Hellenistic Period and beyond. Zhang Qian surely heard the word and took it as the name of the vine, transliterating it as Chinese 蒲陶.

[2]　"There is no powerful king in the country but the cities and towns always have their small chiefs. The soldiers there are weak and fearful to fight ... When the Dayuezhi immigrated westward, it defeated Daxia and subjected the people of Daxia under its rule" (Sima: 3164).

[3]　The name of "Tuhuoluo first appears in *Weishu* 魏书 (*The History of Wei Dynasty*) as "Tuhuluo, 吐呼罗", one of the different transliterations for it in Chinese (see below). Later it was introduced in more detail in "Suishu, 隋书 *Book of Sui*" (the History of Sui Dynasty). According to these two records, it should be located in the east of Bactria near the Pamir (Wei 1974: 2277; Wei and Ling 1973:1853-1854). However, the most detailed and exact record of Tuhuoluo is the chapter "the original lands of Duhuoluo" ("睹货逻故地") in *Datang Xiyuji* 大唐西域记 (*The Records of the Western Regions of the Great Tang Dynasty*) by the Buddhist Xuanzang (玄奘), who passed through this area himself in the first half of the seventh century when he went to India to learn the sutras of Buddhism. It says: "going through the Iron Gate one arrived in the original land of the country of Duhuoluo. It is over one thousand *li* from its south to north, and over three thousand *li* from its east to west. It links Pamir in the east, Persia in the west, the Great Snow Mountains in the south, and the Iron Gate in the north. The Amu Darya flows westward in the middle of the country" (Ji et al. 2000: 100). Obviously, Duhuoluo includes the lands on both sides of the Amu Darya, namely Bactria and southern part of Sogdiana (south of the Hisar mountains), controlled for nearly four centuries by the Dayuezhi and Kushans in succession.

second century BC (see Sima: 3161-3162, 3164).[1] Of course, one group of Sakas probably invaded Bactria before the arrival of Dayuezhi. These could be the Sacarauli also mentioned by Strabo, namely the Sai People (塞人). The Sakas may have given a heavy blow to the Greek kingdom but they did not destroy it completely. They then moved south and entered the south of modern Afghanistan, and finally India, as the so-called Indo-Scythians.[2] Possibly, during the mid-first century AD, Kushan, one of the five yabgu (翖侯) of the Dayuezhi confederation, subdued the other four yabgus and established the vast Kushan Empire (Fan: 2921).

Fifthly, according to the record of Sima Qian, "from Dayuan to Anxi the customs were similar and people could understand each other although they spoke different dialects" (Sima: 3174). It means that there was a common language in this area, and koine Greek could have played such a role. Greek inscriptions and remnants of papyri were found at the site of Ai Khanoum. A few fragments of Greek parchments containing a tax receipt and records of payments were also discovered at other places in Bactria. Moreover, Zhang Qian mentioned the habit of calligraphy in Anxi: "they write horizontally on leather" (Sima: 3162). Zhang Qian was extremely interested in these special materials and the system of writing, as it was totally different from the Chinese custom of writing vertically on bamboo slips or pieces of silk.

---

[1] Who destroyed Daxia is still disputed. It is possible that Sakas (Sai people, 塞人) in the valley of Ili river, might have attacked Bactria when they were forced by the Dayuezhi tribes to immigrate southwards. However, they did not occupy the land there, but finally one part of the Sakas settled in the area of Seistan, named after them in the southeast of Iran and south of Afghanistan. Following them, the Dayuezhi people arrived in Bactria and subdued it (cf. Ban: 3901).

[2] See Ban: 3901; Senior 2001: Vol. I, 12, 13 (map 2), 39. However, Chinese records only state that "Dayuezhi attacked the king of the Sai people, and forced him to flee towards the west, then the king of the Sai people crossed the suspending pass (悬度, Xuandu) southward, and his land was occupied by Dayuezhi". There is no such description of their raid of Daxia on their way to India. The hypothesis of Senior points to the migration routes of Sakas, one of which is from Ferghana to Bactria, then turns to south across the Hindu Kush. No matter which tribe or tribes destroyed Bactria, without doubt, they came from the northern steppe.

Finally, there is a story that the king of Dayuan was killed by aristocrats who colluded against him (*Shiji* 123). This event might throw light on the tradition of Macedonian kingship where the power of kings was restricted by a council which consisted of aristocrats from various tribes. Perhaps this tradition still remained to some extent in the ruling rank of Dayuan in Sogdiana. The control of Sogdiana by the Greeks weakened with the coming of the Sakas and Dayuezhi successively. It is understandable that some Hellenistic political tradition may still have remained since, after all, not too much time had passed between the retreat of Greeks and the conflict between Han China and Dayuan (104–101 BC).

In a word, the travels of Zhang Qian in the Western Regions should be re-evaluated and reviewed. He was the first Chinese official to enter the former Hellenistic world and could have met the remanent Greeks there himself.

"Xiyu Zhuan" in *Hanshu* ("西域传 The Descriptions of the Western Regions" in 汉书 *The Han Histories*): The Indo-Greek and Indo-Scythian Kingdoms

Indo-Greek is a modern term popularised by the historian A. K. Narain in his monumental book *The Indo-Greeks*, published in 1957 (W. W. Tarn had earlier used "the Greeks in India" to refer to those remaining in the northwest of ancient India in his enduring book (1938). It is generally used to point to the Greeks who stayed in India after Alexander, especially the Greeks who invaded India from Bactria from the early second century BC and remained there till their disappearance around the turn of the first century BC and AD. The reconstruction of the history of the Indo-Greeks, Indo-Scythians and Indo-Parthians mainly relies on their coins. However, fortunately, the *Hanshu*, the second of the *Early Four Historical Books*, throws light on these Indo-Greeks to a certain extent.

The *Hanshu* recorded the history of the Former Han Dynasty up to AD 25. In the chapter of "Xiyu Zhuan", the last recorded event took place in AD 23. The date means that more than a hundred years had passed from the time of Zhang Qian and Sima Qian. The political situation and cultural environment in the Western Regions had changed considerably. Meanwhile, the Chinese had become more and more familiar with the countries and peoples there. Some which were only heard of at the time of Zhang Qian had established diplomatic relations with the Han China. The Silk Road from China to the Mediterranean had emerged. With the extending and developing of this route, more detailed foreign information was brought into China. One of Ban Gu's sources on the Western Regions was obviously his brother Ban Chao (班超) who had been in charge of the affairs of the Western Regions for about 30 years (AD 73-102). Two important countries were described in more detail by him: Jibin (罽宾) and Wuyishanli (乌弋山离). Both appear to have had some connection to the Indo-Greeks or their legacy.

According to the record of Ban Gu, Jibin was located in the northwest of India, possibly in Gandhāra.[1] For Jibin, two issues should be discussed further.

First, its coins. According to the *Hanshu*:"its coin are made of gold and silver. On the obverse is a man riding on a horse, on the reverse a man's face" (Ban: 3885). This coinage can be compared to Hellenistic coinage and is especially similar to that of the Indo-Scythian kings because of the same figures on the obverse: a man mounted on a horse. However, the figures on the reverse of the Indo-Scythian coins are generally Greek gods standing frontally or in profile.[2] In any case, only the coins of the Indo-Scythians are close to those described by Ban Gu,

---

[1] There are other hypotheses on the location of Jibin, such as Kashmir, Kabul and Kapisa (Begram), etc. I am inclined to Gandhara in a broad understanding of the term.

[2] This type of coin was issued by the Indo-Scythian kings Vonones (c. 75-65 BC), Spalirises (c. 60-57 BC), Azes I (c. 57-35 BC), Azeliess (c. 57-35 BC), Azes II (c. 35-12 BC), etc. see Li 2008: 116-127; Srivastava 1996: Pl. II. 4, 6, 9; III. 2, 5, 6-7, 9-10; IV. 1, 4-8.

compared to the other coins in the area.[①]

The second issue concerning Jibin is the identity of the Rong Qu Prince (容屈王子) who overthrew the king of Jibin with the assistance of an envoy of the Han court. These events were recorded as follows:

> The Han Dynasty got into contact with Jibin from the Emperor Wudi [汉武帝, 140-87 BC]. The King Wutoulao [乌头劳] of Jibin thought that his kingdom was so far away from China that Chinese troops could not reach it, so he killed the Chinese envoys repeatedly. After Wutoulao died, his son succeeded to the throne in the reign of Han Yuandi [汉元帝, 48-33 BC]. He sent envoys to China with tribute to apologize for the wrongdoing of his father. A Chinese general Wen Zhong [文忠] escorted his envoys back. However, the king tried to murder Wen Zhong again. Having discovered the conspiracy, Wen Zhong joined forces with the prince of Rong Qu [容屈王子], Yinmofu[阴末赴], and together they invaded Jibin and killed its king. Then Wen Zhong made Yinmofu the king of Jibin and granted him the seal and ribbons [as a sign of his subjection to China] on behalf of the Han Emperor. (Ban: 3885-3886.)

According to W. W. Tarn and other scholars, Rong Qu is possibly the Chinese transliteration of "Yonaki" ("Greek city"). The city, then, would be Alexandria-Kapisa (Alexandria of the Caucasus). Yinmofu could be Hermaios, the son of the ruler of the Greek city. Wutoulao might be the name of Scythian Spalyris (Spalahores) (r. c. 60-57 BC or 50-47 BC) who called himself the brother of the King (ἀδελφοῦ τοῦ βασιλέως) on his coins. Wen Zhong mistakenly regarded ἀδελφοῦ as the king's name and transliterated it as

---

① For details of the coins issued by the kings of the Scythians, see Senior 2001: (Vol. II) 5-143. Most of the coins in the catalogue belong to the type of "King Mounted".

'Wutoulao' (乌头劳).[1] It is generally believed that Hermaios was the last Greek king of the family of Eucratides in northwest India. If this hypothesis were tenable, Hermaios would be the first and also the last Indo-Greek king who accepted investiture from China and established a formal political relation with the Han court, and the Greek kingdom of Jibin could be admitted as a vassal state of China (on diplomatic relation between Jibin and Han China, see also Yang 2013c). Tarn even assumed that Wen Zhong was the first Chinese official who "came into actual contacts with Greeks or the Greek language" (see Tarn 1951: 341), however, as verified above, it should be Zhang Qian rather than Wen Zhong, who was the first Chinese diplomat to have had contacts with the Greeks and the Greek language. Unfortunately, the relationship did not remain friendly for long, and troubles and conflicts continued to take place between the Indo-Greek kings and the Chinese envoys in Jibin. Later, Jibin twice sent envoys to the Han court to apologize for their treachery, but they were refused, and the relations between the two countries were cut off (Ban: 3886-3887).

What need to be pointed out is that Tarn's argument was totally rejected by A. K. Narain in the 1950s[2] and also opposed by Osmund Bopearachchi in recent years. Bopearachchi thinks that the reign of Hermaios should be in c. 90-70 BC (Bopearachchi 1991: 453), which evidently does not match the time when Yinmofu ruled as a king according to the records of the *Hanshu*. However, no matter whether Yinmofu can be identified with Hermaios or not, it is quite possible that Han China might have had some contacts with the Indo-Greeks who still

---

① See Tarn 1951: 469-473, 418, 339-342. Tarn's conclusion was based on the views of Von Gutschmid and A. Wylie. For the coin of Spalyris (Spalahores) and its legend, see Senior 2001: (Vol. II) 29 (no. 69); also see Li 2008:118. On the legends of his coins, he did not call himself king. Maybe he was one of the joint-kings of Vonones (r. c. 85-65 BC) at that time. Later he became a real king in the mid-first century BC.

② Although not accepting Tarn's argument, Narain has not been able to solve the problem of whom the "Yinmofu and Wutoulao" could be identified with. See Narain1957:154-155.

remained in the northwest of India in the first century BC. Ban Gu in particular remarked that: "The people of Jibin are ingenious in carving, ornamenting, engraving and inlaying; in building palaces and mansions; in weaving wool, ornamental perforation and embroidery" (Ban: 3885). This means that both the art of Greek sculpture and the Chinese techniques of silk weaving were well-known there.

Wuyishanli (乌弋山离) is the last country at the end of the southern branch of the Silk Road. It should be located to the south of Kabul in Afghanistan and include the areas of ancient Seistan and Arachosia. "Wuyishanli" may be a transliteration of Alexandria Prophthasia or Alexandria at Kandahar (Sun 1978, Yu 1992: 168-171, Cohen 2013: 255-256, 283-286). According to the records of Ban Gu, the coins here were rather peculiar: "on the obverse is a man's head and on the reverse a mounted man" (Ban: 3889). In fact, this is a common type of Graeco-Bactrian or Indo-Greek coinage; we might recall the coins issued by Eukratides (171-145 BC): head or bust of the king/ Dioscuri, the imitation of Diomedes (c. 95-90 BC), and those of the so-called Nameless King (Vima Taktu) in the early Kushan period. However, this would be an anachronism. The former two examples are somewhat earlier, and the latter is too late (c. AD 90-110). [1] Admittedly, there are other Indo-Greek kings who issued similar coins, such as Philoxenos (c. 100-95 BC) and Hippostrates (c. 65-55 BC), and Philoxenos even once controlled all of northwest India including Arachosia (on the coins of these three Indo-Greek kings and their territories, see Bopearachchi 1991: 453, pl. 16-19, 4; pl. 43-44, 64-65; Senior 2001: Vol. I, 9, 19). But could we regard his coins as just what Ban Gu described? The territory of Hippostrates was in west Punjab and lies outside of our consideration. Another option could be the coins of the Indo-Parthians (another variety of Hellenistic coins) that

---

[1]   There are still arguments concerning the identity of Soter Megas and his reign. See Cribb 2014: 110, Bopearachchi 2007:50, and Yang 2009. Here the author synthesizes the opinions of some scholars and gives an approximate reign. It is noteworthy that Cribb has changed his views on the Nemeless King and regarded the coin of assumed Nameless King as a type of the coins of Kushan dynasty. For detailes also see Cribb 2014: 79-140.

conform to the type of Wuyishanli: head of a man/mounted man (such as the coins of Gondophares I [AD 20-55], Orthagnes, AD 35-55, Abdagases, AD 55-65, Sorpedones AD 60; see Li 2008: 140-147; see also Senior 2001: Vol. II, 148-180).

Obviously, Ban Gu had noticed the differences in the coinage of Jibin and Wuyishanli. Although the identification of these two kinds of coins remains uncertain, both of them mirror the basic features of Hellenistic coinage.

"Xiyu Zhuan of *Houhanshu* ("西域传 Biography of the Western Regions" in 后汉书 *the History of the Later Han Dynasty*): Daqin (大秦), Tiaozhi (条支) and Gandhāran Buddhist Art

In the later Han Dynasty, Chinese knowledge of the Western Regions became more and more extensive, with the expansion of exchanges between China and distant countries in the eastern Mediterranean and India through the Silk Road. Although the Hellenistic kingdoms had already disappeared by that time, information related to the Hellenistic legacies were continually brought into China. The "Xiyu Zhuan" of *Houhanshu* provides some clues of it.

Houhanshu was written and completed in the early fifth century AD. Concerning the compiling principle of "Xiyu Zhuan", the author Fan Ye has said:

> Ban Gu had recorded the cultures and customs of the Western Regions in *Hanshu* in detail. What is described currently in 'Xiyu Zhuan' differs from the former. All events recorded in it took place after the beginning of the reign of Jianwu [建武, AD25-57, one of the reigns of the Emperor Liu Xiu, 刘秀] and had been recorded by Ban Yong [班勇] at the end of the reign of Emperor Andi [汉安帝, AD 107-125] (Fan:

2912-2913).

This means that, in his chapter on the Western Regions, the author would not repeat what Ban Gu had described but focus on the new materials from Ban Yong, the son of Ban Chao. As the successor to his father and a general, he had undertaken military service in the Western Regions twice: the first was in the first year of the reign Yongchu (永初元年, AD 107) of Emperor Andi (汉安帝); the second was in between the sixth year of the reign Yuanchu (元初六年, AD119) of Emperor Andi (汉安帝) and the second year of the reign Yongjian (永建二年, AD 127) of Emperor Shundi (汉顺帝). Although his stay in the Western Regions did not last longer than his father's, he offered more new information. By that time, the political situation of the Western Regions had changed significantly. Firstly, both the Seleucid and Ptolemaic Kingdoms in the eastern Mediterranean had been annexed by the Roman Empire. The latter had expanded eastwards to the Euphrates River and was confronting Parthia (Anxi) along it. Secondly, those small kingdoms of Greeks, Scythians and Parthians in north-western India had been replaced by the Kushan Empire. Thus, at that time there were three strong powers which existed side by side with China in Eurasia, namely the empires of Rome, Parthia and Kushan. With the exception of Han China, the other three empires largely occupied regions that had belonged to the Hellenistic world. Parthians, Scythians and the people of Dayuezhi (Kushans) were all originally nomads. In order to rule these newly occupied and civilized regions well, they had to assimilate the cultures of the conquered peoples, and adopt or adapt the Greek-styled coins, Greek gods and art as well as other legacies of the Hellenistic world. Although it is hard to identify them clearly from the "Xiyu Zhuan" in *Houhanshu*, more implicit clues can still be noticed. Particularly, for the first time in Chinese historical books, Daqin was introduced in more detail (Fan: 2919-2920).

In the preface of "Xiyu Zhuan", the author generalized on the close relations between China and the countries in the Western Regions as far as the Mediterranean: "From Tiaozhi and Anxi to the other countries that are far beyond 40,000 *li* away from China and near the sea, all tried to pay tribute to China through several successive interpreters" (Fan: 2910). Undoubtedly, there is some exaggeration in these words, but certainly some of the extremely distant countries had contacts with China. "Paying tribute" is just a way of communication and does not mean a real vassal relationship. Envoys from these countries must have brought some information about their culture to China. It may be due to these external influences that the style of stone carving changed during the Han Dynasty.

Buddhism in India and its introduction into China are also described in the *Houhanshu* in detail. The "people of Shendu [身毒, India] practice the Buddhist way, not to kill any life, or to wage war. Gradually, all these taboos have become customary for the Indians" (Fan: 2921). This is the first time that Buddhism is mentioned in Chinese historical books. It is said that the Emperor Mingdi (汉明帝) had a dream in which a tall golden man with light above his head appeared. He questioned his ministers as to who that man might be. One of them told him: "in the West, there is a god called Buddha. His body is sixteen *chi* (尺) high [c. 3. 7 meters] with a golden color. " The Emperor Mingdi even sent an envoy to India "to inquire about the Buddha's doctrine. Thereafter, the images of the Buddha began to appear in China" (Fan: 2922).

In the records about Anxi a famous episode occurs concerning Gan Ying (甘英), a Chinese envoy, who was sent to Daqin (大秦) by the Protector General Ban Chao. When he arrived at Tiaozhi city and tried to cross the sea to Daqin, he was persuaded not to go further by sailors on the western frontier of Anxi, who warned him about a horrible life at sea. The story has been discussed by many scholars. Tiaozhi has been described in *Shiji* and *Hanshu*. It was a far-away country to the west of Anxi. The people of Tiaozhi were good at acrobatics. However, in another section of *Shiji*, the acrobats seem to come from another country Lixuan (黎轩). Moreover, these acrobats were sent to Han China by Anxi as an exotic tribute to the emperor (Sima: 3163, 3173). We cannot be sure of the identity of these acrobats from Tiaozhi and Lixuan (or Liqian 犁靬 in *Hanshu*; Ban: 3888, 3890), but they could be Greeks from the Seleucid kingdom (Tiaozhi?) or Ptolemaic Egypt (Lixuan?).

In *Houhanshu*, Tiaozhi is the farthest country or city Chinese envoys could reach in the Western Regions in the Han dynasty. There are different opinions as to where this"Country-city of Tiaozhi" (条支国城) was. If it was a kingdom, undoubtedly, it should denote the Syrian Seleucid kingdom with Antioch on the Orontes as its capital, which, however, had been annexed by the Romans in 64 BC; if it was a city, could it have been Syrian Antioch, or Charax at the Persian Gulf. The French sinologist E. Chavannes held this view (Hill 2009:217), which was supported by Leslie and Gardiner (1982). Or does it stand for Susiana and the areas in the province of Fars to the east of the Persian Gulf (Hill 2009: 216)? Whatever it was, a kingdom or a city (or both, with the name of the capital to indicate the country), it was certainly located to the west of Anxi and near the sea. According to the record in *Hanshu*, Tiaozhi had once been subjugated for a period by Anxi (Ban: 3888). This can be confirmed by another record in this chapter:"Gan Ying arrived at Tiaozhi through Anxi and he was so near the sea that he was hopeful to see Daqin" (Fan: 2931). Gan Ying travelled westwards in the ninth year of the reign Yong Yuan (永元) of Emperor Hedi (汉和帝), namely AD 97 (this is a traditional way of numbering the years of the reign of an emperor, originating from Han Dynasty). "Yong Yuan"is the title of the reign of Emperor Han Hedi, starting from 89 AD. At that time, Antioch was no longer the capital of the Seleucid kingdom but the capital of the Syrian province of the Roman Empire. According to the record in this chapter the city was

> On the top of a hill and more than 40 *li* [c. 16. 6 kilometres] in circumference. It borders on the Western Sea, and the sea winds around it on the south, east, and north. Thus, accesses are blocked on three sides. It is only to the northwest that there is communication by road on firm ground (Fan: 2918).

This means that the city was near the sea. But which sea is it? In my opinion, this sea should be the Mediterranean, and this "Tiaozhi" city should be Antioch on the Orontes in Syria. Gan Ying might have gone into this region and this city himself; otherwise the records about them could not have been so detailed. As we know, the report of Gan Ying is the only direct source on the "country-city of Tiaozhi". The site of Antioch on the Orontes in Syria has been unearthed. Its topography, products and climate (Downey 1961: 15-23, 77-80, Fig. 11) largely concurs with the Chinese records about "Tiaozhi" in *Shijji*, *Hanshu* and *Houhanshu* to different degrees of certainty (see *Shiji*: "Tiaozhi is located in the west of Anxi [Parthia] for several thousand li. It is near the West Sea. The climate is humid; rice is grown in its land. There are big birds with eggs as big as a jar." (Sima 1959: 3163) In *Hanshu*:"It is near the West Sea. The climate is humid, rice is grown in its land. There are big birds with eggs as big as a jar." (Ban: 3888). The Greek geographer Strabo (64/63 BC-AD 25) also discusses Antioch during his time: There were outer walls around the whole city and inner walls around every part of Tetrapolis. The city was 120 stadias (equal to 22. 2 kilometre) away from the exit to the Mediterranean. It only took one day from the port to the inner territory (Strabo 16. 2. 4-7). If Gan Ying had actually visited Antioch on the Orontes in Syria, he must have seen the city Strabo discribed. The Chinese scholar Yu Taishan even assumed the harbour of Antioch, Seleucia Pieria, might have been the Tiaozhi city (Yu 2005: 271). This should, however, be doubted: Gan Ying might have known the port but probably only regarded it as one part of Tiaozhi city or Tiaozhi country because he did not mention anything about this port city.

Of course, the hypothesis that the Tiaozhi should be located on the Persian Gulf is not unreasonable, because the Persian Gulf could be considered the western boundary of Anxi. If one sets off from the Persian Gulf by ship, turns round the Arabian Peninsula, passes through the Red Sea, and lands in Egypt, one could get to Daqin (Lijian, 犁靬, it should be the Lixuan, mentioned in *Shiji*; Fan: 2919). According to Pliny (6. 31. 138-

140), Charax on the Persian Gulf at the confluence of the Tigris and Euphrates was founded on an artificial platform that was two miles in width (about 3. 2 kilometres or 7. 7 *li* in Chinese measurements). Because we do not know the length of the other two sides, we cannot calculate the circumference of the city. Evidently, it seems to have been a little less than 40 *li* (16. 6 kilometres) in circumference. The English translator of Pliny's *Natural History* in the Loeb Classical Library suggested that the width of this city should be enlarged to three or six miles. He appears to think that the city referred to by Pliny was too small. The city had been rebuilt by Antiochus III (223-187 BC) and renamed Antioch after himself, from which the Chinese transliteration of Tiaozhi (条支) might originate. Later the city was destroyed and once again and rebuilt by its neighbour, the Arab King Spaosines. He constructed bulwarks for the city and raised adjacent lands. The length of the new city was, at six miles, a little longer than its width. So, its circumference seems to be much more than 40 *li*. However, at that time the city had been renamed after the Arab king. Therefore, the evidence for Charax as Tiaozhiis seems to be insufficient.

However, no matter which city Gan Ying actually arrived at, either the one on the Orontes or the other in the Persian Gulf, the information about a city founded by Greeks as the capital of the Seleucid kingdom was spread over China.

As for the land of "Daqin", it is generally assumed that Egypt is meant. By this time, it had been a province of the Roman Empire for more than a century. It was much nearer and more convenient to go to Egypt from Antioch on the Orontes than it would have been from the Persian Gulf. If it is assumed that Daqin could denote Rome in the Italian Peninsula, or any other region of the Roman Empire in the eastern Mediterranean, it would appear more reasonable and easier for a traveller to set off from Syrian Antioch to these areas including Egypt. Naturally, all the hypotheses are based on the premise that Gan Ying must have been familiar with the orientation of Daqin.

According to "Xiyu Zhuan" of *Houhanshu*, Daqin is also called

Lijian (犂鞬), or "the Country in the Western Sea" (海西国) (Fan:2919). There was for a long time a popular hypothesis that "Lijian" in *Houhanshu* was to be identified with "Alexandria" in Egypt (this was first proposed by French sinologist Paul Pelliot in 1915; see Pelliot 1962b), and consequently Daqin in this period referred to Egypt under Roman rule. Nowadays, ideas about it differ. Some scholars think that Daqin should denote the Roman east or the Roman Empire including the former Syrian Seleucid kingdom and Egypt under the Ptolemaic Dynasty (see Leslie and Gardiner 1982; Hill 2009: 255-256). As stated above, the most remote area reached by Gan Ying was either the eastern coast of the Mediterranean or the head of the Persian Gulf. Wherever Tiaozhi was, it is certain that Gan Ying had arrived in the western part of the former Hellenistic world, then under the Parthian and Roman Empires. The description of Daqin in this chapter should be based on his information which might have been gathered partly from his observation and partly from hearsay. It is therefore fragmentary, unreliable and may even have some idealized views.

For example, the description about the political and administrative system of Daqin could be such a patchwork. The information about Daqin in *Houhanshu* concurs with the reports in "Xirong Zhuan" (西戎传, "Treatise on the Peoples of the West") of *Weilue* (魏略) included in a note of *Sanguozhi* (三国志). Both have the same sources, but the latter is more detailed than the former. Some clues in both of them seem more or less to reflect the current situation of the Roman Empire. They mention a great country with more than four hundred cities built in stone, with public and private palaces and houses with two stores, the capital located on a river near the sea, post stations along the way, a council (or senate) of 36 generals, and a king who was not autocratic and could be dethroned or exiled by the council (Fan : 2919; Chen: 860-861). This report can hardly be in accordance with the political system of the Roman Empire. Perhaps it includes some features of Hellenistic monarchy, and at the same time some idealized fantasies about a distant country.

Even so, the Chinese clearly knew of the existence of Daqin, as vast as China, and what its people looked like, interestingly, the Chinese themselves. It "issued golden and silver coins and ten silver coins equalled one golden coin" (Fan: 2919), which indicates that the Chinese knew the relative value of gold and silver in Hellenistic coinage: one to ten (according to the calculation of Meadows 2014: 178, the ratio of the gold to silver is 1: 10). In the Roman Empire a golden aureus was valued at 25 silver denarii. Although the weight of gold and silver coins gradually diminished (the weight of a golden aureus fluctuated between 8 and 6. 5 grams and a silver denarius between 3 and 3. 9 grams), the relative values of gold and silver were still maintained at one to ten or a little higher (see Scheidel 2009: 171-172). It has been shown that in the later Roman Empire, the relative value of gold versus silver seems to have been largely the same as in Hellenistic period.

The answer as to whether or not Daqin or the Roman Empire had direct and formal contact with China through the Silk Road is not beyond doubt. According to the records of Houhanshu, the kings of Daqin tried to establish direct relationships with China, but were stopped by Anxi, which controlled the middle section of the Silk Road, struggling to monopolize the trade of silk. Daqin had to trade with Anxi and Tianzhu (天竺, India) by sea. This fact means that trade with Anxi and the Roman Empire had actually not been deterred completely. Furthermore, envoys from Daqin eventually arrived at the most southerly prefecture (Rinan Jun, 日南郡) of China and contributed gifts to the Chinese emperor in the ninth year of the reign of Yanxi (延熹) of Emperor Huandi (桓帝), i. e. AD 166 (Fan: 2919-2920). These self-proclaimed envoys might actually be Roman merchants from India, because gifts such as elephant tusks, rhinoceros horns, and tortoiseshell seem to have been brought from India. These records verify the emergence of the maritime Silk Road from Rome to China at least in the second half of the second century AD. However, there is essentially little

Hellenistic information brought into China by Roman merchants.

"Xirong Zhuan" in *Weilue* (西戎传 "Treatise on the Peoples of the West" in 魏略 *The Brief History of Wei Dynasty*) as a Supplemental Note in *Sanguozhi* (三国志 *The Record of the Three Kingdoms*): Alexandria in Egypt and Centaurs in China

The introduction of the Western Regions in "Xirong Zhuan" in *Weilue*, is similar to those in the "Xiyu Zhuan" of *Houhanshu*. The author, Yu Huan, lived in the period from the last years of the Wei Dynasty (AD 220-265) to the Jin Dynasty (AD 266-316), i. e. the second half of the third century AD. As an entire book *Weilue* had been lost, but fortunately the scholiast Pei Songzhi (裴松之, 372-451) quoted the "Xirong Zhuan" in *Sanguozhi* as an appendix (for a detailed description, see Chen: 858-863). It contains very important material for research on the historical relations between China and the Western Regions as mentioned above as to Daqin. However, as far as our topic is concerned, there is little new information in it. The book refers to a particular city in Daqin by various names: "Chisan" (迟散城), "Wudan" (乌丹城), "Wuchisan" (乌迟散城) (Chen: 860). According to Yu Taishan, all these names are derived from the transliteration of the name of one and the same city: "Wuchisandan" (乌迟散丹), namely Alexandria in Egypt (Yu 2005: 344 n. 106). It is also said that Daqin "issues gold and silver coins, and ten silver coins are valued at one gold coin" (Chen: 861). Obviously, Yu Huan and Fan Ye used almost the same sources. However, the description of Daqin by Yuhuan is more detailed and informative than the one by Fan Ye. It is possible that the former might have got new material from other sources or the latter cut some unreliable materials.

An unknown country was referred to by Yuhuan in this chapter:

> The elder of Wusun says that there is a country named Ma

Jing [马胫国] in the Northern Dingling [北丁零]; the voice of the people there sounds like that of a Banwu [which is a kind of bird similar to a goose]. The upper parts of their body from the knees upwards are human, but they have the shins and hooves of a horse with fur below their legs. So they run as quickly as a horse. They are valiant soldiers (Chen: 863).

The image of half-human and half-horse people looks more or less like the centaurs in Greek myth.[①] It is most probable that the mythical figure was introduced into central China through Anxi (Parthia), because at the site of Nisa, one of the capitals of the Parthian kingdom, about 40 rhytons have been discovered, on some of which figures of centaurs were decorated (see Masson, 2008; Abdullaev, 2008; Pappalardo, 2008). Unexpectedly, in 1984, Chinese archaeologists discovered a fragment of woollen tapestry in a tomb in the Tarim Basin, dated between the third and first century BC, on which a galloping centaur blowing a trumpet resembling a Greek and Roman *salpinx* was depicted (Xinjiang Museum 1989; Wagner et al: 2009). Of course, this indirect and scattered evidence is not enough to verify that there was a link between them and the legend of horse-like people. However, given the close relation between Parthia and China, it is possible that the story of Greek centaurs was spread into China orally. Figures of centaurs discovered in the Tarim Basin in fact heralded Hellenistic influence in China.

---

① There is a similar description of this monster in *Shan Hai Jing* 山海经 (*Mountain and Sea Classics*, Liu 2001: 342) but here it is only mentioned that the people of Dingling Country (钉灵国) had hairy legs under the knees and walk or run fast with their horseshoes. This book includes numerous mysterious, exotic, and fantastic myths and imaginary descriptions. The people of Dingling Country look like the Greek centaurs. Generally, this book was assumed to be written by anonymous authors between the middle Warring States Period (475-221 BC) and the early and middle Han Dynasty, and was compiled by Liu Xin (刘歆, 50 BC-AD 23). Therefore, the story might be related to the centaurs of Greek myths. Maybe the story of centaurs was spread into Central China by that time. Later, Yuhuan learned it and then updated the legend in his "Treatise on the Peoples of the West". However, this is only a hypothesis that needs to be confirmed further.

Conclusion

From the analysis above, we may safely conclude that from the time of Zhang Qian, some information about the Hellenistic world, and later the Roman east, was spread into China, despite the difficulty of reconstructing the exact course at the present state of research. Zhang Qian displayed a new world to the Chinese people. He followed, as it were, the traces of the Greeks in Sogdiana and Bactria into Central Asia. Consequently, his description was to serve as a basic source for later historians. With the changes in rulers in those areas, some Greek cities developed, some ceased to exist, and new cities appeared. Hellenistic coins with Greek mythical stories, Greek gods, language, sculpture and architecture continued to be adopted or adapted in various degrees by new peoples and kingdoms. Despite the fact that the Hellenistic kingdoms disappeared around the end of the first century BC, the influences of Hellenistic culture still played an important role in the interactions between Chinese and western civilizations through the Silk Road. This is why it is possible to glean some clues about the Greeks and their legacies in *Hanshu*, *Houhanshu*, and *Sanguozhi* after *Shiji*.

Acknowledgements

In a sense, this chapter is an update and revised version of the article "Some clues of the Hellenistic World and the Roman East hidden in China's *Early Four Historical Books*", published in *Talanta. Proceedings of the Dutch Archaeological and Historical Society*, 46/47 (2014/2015):121-143. It also refers to other related articles by me. Here I thank the previous editor, Dr. D. W. P. Burgersdijk for his generous permission. Many thanks also to Professor Kurt Raaflaub, Jeffrey Lerner, Dr. Henk Singor and Mr. John Hill for their long and great support to me. Meanwhile, I am very grateful to Professor Rachel Mairs, who invited me to join her project and included the revised version of this article into the book edited by her. I also revised it again for the current book.

References

Abdullaev, Kazim A. (2008). "A Bactrian Gold Buckle with the Contest between a Hero and a Centaur (Herakles and Nessos?)". *Parthica* 10, 135-149.

Appian (1912-1913). *Roman History*. With an English translation by Horace White. Cambridge, MA: Harvard University Press.

Arrian (1933). *Anabasis of Alexander*. With an English translation by P. A. Brunt. Cambridge, MA: Harvard University Press.

Ban Gu (1962). *Hanshu* 汉书 (*The History of the Former Han Dynasty*). Beijing: Zhonghua shuju (Zhonghua Book Company).

Bopearachchi, Osmund (1991). *Mannaies gréco-bactriennes et indo-grecques, Catalogue raisonné*. Paris: Bibiliothèque Nationale.

— (2007). "Some Observations on the Chronology of Early Kushans". *Res Orientales* 17 (2007), 41-53.

— (2015). *From Bactria to Taprobane: Selected Works of Osmund Bopearachchi*. New Delhi: Manohar.

— (2018). "Alexander the Great and the Monetary Portraits of Indo-Greek Sovereigns". Translated into Chinese by Yang Juping and Wang Yang. *Journal of Sichuan University* 3, 112-120.

Carradice, I. and Price, M. (1988). *Coinage in the Greek World*. London: B. A. Seaby Ltd.

Chavannes, Edouard (1962). "Zhongguo zhi luxingjia 中国之旅行家 (The Travelers of China)", in Feng Chengjun 冯承钧, trans. *Xiyu nanhai shidi kaozheng yicong* 西域南海史地考证译丛 (*Translations of papers of History and Geography of the Western Regions and the South Seas*) vol. II. Beijing: Shangwu yinshuguan (Commercial Press), (Chap. 8)3-42.

Chen, Shou 陈寿 (1959). *Sanguozhi* 三国志 (*The Record of the Three Kingdoms*). Beijing: Zhonghua shuju (Zhonghua Book Company).

Cohen, Getzel M. (2013). *The Hellenistic Settlements in the East from Armenia and Mesopotamia to Bactria and India*. Berkley, CA: University of California Press.

Cribb, Joe (2014). "The Soter Megas Coins of the First and Second Kushan Kings, Kujula Kadphises and Wima Takto". *Gandharan Studies* 8, 79-140.

Cribb, Joe and Herrmann, Georgina, ed. (2007). *After Alexander: Central Asia before Islam*. New York: Oxford University Press.

Curtius, Quintus (1946). *History of Alexander*. With an English translation by John C. Rolfe. Cambridge, MA: Harvard University.

Downey, Glanville (1961). *A History of Antioch in Syria from Seleucus to the Arab Conquest*. Princeton: Princeton University Press.

Fan, Ye 范晔 (1965). *Houhanshu* 后汉书 (*The History of Later Han Dynasty*). Beijing: Zhonghua shuju (Zhonghua Book Company).

Grenet, Frantz (2002). SAMARQAND i. HISTORY AND ARCHEOLOGY, last updated: July 20, 2002. http://www. iranicaonline. org/articles/samarqand-i.

Grenet, Frantz (2004/5) "Maracanda/Samarkand, une métropole pré-mongole. Sources écrites et archéologie". *Annales. Histoire, Sciences Sociales* 2004/5 (59e année), 1056-1058. https://www. cairn. info/revue-annales-2004-5-page-1043. htm.

Hill, John E. (2009). *Through the Jade Gate to Rome: A Study of the later Han Dynasty 1st to 2nd Centuries CE*. Charleston, SC: BookSurge.

Ji, Xianlin 季羡林, ed. (2000). *Datang xiyuji jiaozhu* 大唐西域记校注 (*The Collation and Annotation of the Records on the Western Regions of the Great Tang Dynasty*). Beijing: Zhonghua shuju (Zhonghua Book Company).

Justin (1994). *Epitome of the Philippic History of Pompeius Trogus*. Translated by J. C. Yardley. Atlanta, GA: Scholars Press.

Laufer, Berthold (1919). *Sino-Iranica: Chinese Contributions to the History of Civilization in Ancient Iran, with Special Reference to the*

History of Cultivated Plants and Products. Chicago, IL: Field Museum of Natural History.

Leriche, Pierre (2007). "Bactria, Land of One Thousand Cities", in Cribb, Joe and Herrmann, Georgina, eds. *After Alexander: Central Asia before Islam*. New York: Oxford University Press, 121-153.

Leriche, Pierre and Pidaev, Shakir (2007). "Termez in Antiquity", in Cribb, Joe and Herrmann, Georgina, eds. *After Alexander: Central Asia before Islam*. New York: Oxford University Press, 179-211.

Lerner, Jeffrey D. (1999). *The Impact of Seleucid Decline on the Eastern Iranian Plateau*. Stuttgart: Steiner.

Leslie, D. D. and Gardiner, K. H. J. (1982). "Chinese Knowledge of Western Asia During the Han". *T'oung Pao*, Second Series, 68, Livr. 4/5, 254-308.

— (1996). *The Roman Empire in Chinese sources*. Roma: Bardi.

Li, Tiesheng 李铁生 ed. (2008). *Gudai zhongya qianbi* 古中亚钱币 (*Coins in Ancient Central Asia*). Beijing: Beijing chubanshe (Beijing Press).

Liu, Xin 刘歆 ed. (2001). *Shan Hai Jing* 山海经 (*Mountain and Sea Classics*). Beijing: Beijing yanshan chubanshe (Beijing Yanshan Press).

Mairs, Rachel (2014). *The Hellenistic Far East: Archaeology, Language, and Identity in Greek Central Asia*. Oakland, CA: University of California Press.

Masson, Vadim M. (2008). "The Discovery of the Parthian Rhytons in the Royal Treasury at Old Nisa". *Parthica* 10, 19-24.

Meadows, Andrew (2014). "The Spread of Coins in the Hellenistic World", in Bernholz, Peter and Roland, eds. *Explaining Monetary and Financial Innovation*, Financial and Monetary Policy Studies 39, Berlin: Springer.

Metcalf, William E, ed. (2012). *The Oxford Handbook of Greek and Roman Coinage*. Oxford: Oxford University Press.

Narain, Awadh Kishore (1957). *The Indo-Greeks*. Oxford: The Clarendon Press.

Pappalardo, Eleonora (2008). "The Rhyton No. 52 from Old Nisa. An interpretative Proposal". *Parthica* 10, 63-80, (76) Fig. 1.

Pelliot, Paul 伯希和 (1962a). "Putao 蒲陶 Grapes", in Feng Chengjun 冯承钧, trans. *Xiyu nanhai shidi kaozheng yicong* 西域南海史地考证译丛 (*Translations of Papers of History and Geography of the Western Regions and the South Seas*) vol. I. Beijing: Shangwu yinshuguan, (Chap. 5) 82-83.

— (1962b). "Liqian Wei Aiji Yalishanda Cheng Shuo 犁軒为埃及亚历山大城说 The Hypothesis about the identification of Liqian with Alexandria in Egypt", in Feng Chengjun 冯承钧, trans. *Xiyu nanhai shidi kaozheng yicong* 西域南海史地考证译丛 (*Translations of Papers of History and Geography of the Western Regions and the South Seas*) vol. II. Beijing: Shangwu yinshuguan, (Chapter 7) 34-35.

Pliny (1942). *Natural History*. With an English translation by H. Rackham. Cambridge, MA: Harvard University Press.

Ptolemy, Claudius (1932). *Geography*. Translated and edited by Edward Luther Stevenson. New York: Dover.

Scheidel, W., ed. (2009). *Rome and China. Comparative Perspectives on Ancient World Empires*. Oxford: Oxford University Press.

Senior, R. C. (2001). *Indo-Scythian Coins and History*, Vol. I. Lancaster, PA: Classical Numismatic Group.

Sima, Qian 司马迁 (1959). *Shiji* 史记 (*The Records of the Grand Historian*). Beijing: Zhonghua shuju (Zhonghua Book Company).

Strabo (1928, 1930). *Geography*. With an English Translation by Hotace Leonard Jones. Cambridge, MA: Harvard University Press.

Sun, Yutang 孙毓棠 (1978). "Anxi yu wuyishanli 安息与乌弋山离 (Parthia and Wuyishanli)". *Wenshi* 文史 (*Literature and History*) 5, 7-21.

Tarn, William Woodthorpe. (1938, 1951). *The Greeks in Bactria & India*. Cambridge: Cambridge University Press.

Wagner, Mayke, Bo, Wang, Tarasov, Pavel, and Westh-Hansen, Sidsel Maris. (2009). "The Ornamental Trousers from Sampula (Xinjiang, China): Their Origins and Biography". *A Quarterly Review of World Archaeology* 83/322, 1065-1075.

Xinjiang Museum (1989). "Luopuxian Sanpula gumu fajue bagao 洛浦县山普拉古墓发掘报告 (The report on the excavation of Ancient Tomb in Sampula, Lop County)". *Xinjiang wenwu* 新疆文物 (*Relics of Xinjiang*)2, 1-48.

Yang, Juping 杨巨平（2007a）．"Yalishanda dongzheng yu sichouzhilu kaitong 亚历山大东征与丝绸之路开通 (The Eastern Conquests of Alexander the Great and the Opening of the Silk Road)". *Lishiyanjiu* 历史研究 (*Historical Research*) 4, 150-161.

— (2007b). "Xilashi qianbi de bianqian yu gudai dongxifang wenhua jiaorong 希腊式钱币的变迁与古代东西方文化交融 (Evolution of Greek-Styled Coins and Cultural Exchanges between East and West)". *Beijing shifan daxue xuebao* 北京师范大学学报 (*Journal of Beijing Normal University*) 6, 40-46.

— (2007c). "Ai Hanumu yizhi yu xilahua shiqi dongxifang zhu wenming de hudong 阿伊·哈努姆遗址与希腊化时期东西方诸文明的互动 (Ai Khanoum and the Interaction between West and East in the Hellenistic Period)". *Xiyu yanjiu* 西域研究 (*Western Region Studies*) 1, 96-105.

— (2009). "Soter Megas Kaobain 'Soter Megas' 考辨" (*A Note on the Soter Megas*)". *Lishi yanjiu* 历史研究 (*Historical Research*) 4, 140-152.

— (2013a). "Patiya wangchao de 'aixila' qingjie 帕提亚王朝的"爱希腊"情结 (*The Philhellenic Complex of Parthian Dynasty*)". *Zhongguo shehui kexue* 中国社会科学 (*Social sciences in China*) 11, 180-201.

— (2013b). "Hellenistic World and the Silk Road". *Anabasis:Studia Classica et Orientalia* 4, 73-91. (the revised English version)

— (2013c). "The Relations between China and India and the Opening of the Southern Silk Road during the Han Dynasty". *The Silk Road* 11, 82-92.

— (2014/2015). "Some Clues of the Hellenistic World and the Roman East Hidden in China's *Early Four Historical Books*". *Talanta. Proceedings of the Dutch Archaeological and Historical Society* 46/47, 121-143.

— (2016a). "Yuandong xilahua wenming de wenhua yichan jiqi lishi diwei 远东希腊化文明的文化遗产及其历史地位 (The Cultural Legacies of Hellenistic Civilization in the Far East and its Historical Positioning)". *Lishi yanjiu* 历史研究 (Historical Research) 5, 127-143.

— (2016b). "Milan Wang haishi Menander" 弥兰王还是米南德?——《那先比丘经》中的希腊化历史信息考 (King Milinda or Menander: A Note on the Hellenistic Information in *Milindapañha*)". *Shijie lishi* 世界历史 (World History) 5, 111-122.

— (2017). "Hellenization or Indianization: A Research on Yavanas". *Ancient West and East* 16, 177-208.

Yu, Taishan 余太山 (1992). *Saizhongshi yanjiu* 塞种史研究 (The Research on the Scythians). Beijing: Zhongguo shehui kexue chubanshe (China Social Sciences Press).

— (2005). *Lianghan weijin nanbeichao zhengshi xiyuzhuan yaozhu* 两汉魏晋南北朝正史西域传要注 (The Annotations on the Descriptions of West Regions in the Official Histories of the Former and Later Han, Wei, Jin and the North and South Dynasties). Beijing: Zhonghua shuju (Zhonghua Book Company).

"Chinese Historical Sources and the Greeks in the Western Regions," in Rachal Mairs, edited, *The Graeco-Bactrian and Indo-Greek World*, Abingdon, Oxon: Routledge, 2021, pp. 446-464.

Some Notes on Dayuezhi, Daxia, Guishuang, and Dumi in Chinese Sources

Daxia (大夏), Dayuezhi (大月氏), and Guishuang (贵霜) were three different countries once active in ancient Central Asia and were known to Chinese of the Han Dynasty (206 BCE-220 CE). There is general agreement that the kingdom of Daxia was conquered by the Dayuezhi tribes who had immigrated from northwest China and then divided the country into five parts, each governed by a Xihou (翖侯 yabgu).[①] One of them, the Guishuang Xihou, united all the lands of Dayuezhi and established a new kingdom of Guishuang (Kushan) which later became an Empire including a large part of Central Asia around the Amu Darya and northwest of India. However, in recent years there have been some disagreements about these peoples in Chinese academia, such as where the original homeland of Dayuezhi was, who could be identified as the Daxia people before the conquest of Dayuezhi, and whether Guishuang (Kushan), as one of five Xihou, could be regarded as a branch of Dayuezhi or Daxia. In order to further the research on these problems,

---

① "翖侯" has two meanings in the ancient Chinese historical context: one indicates a person who was ruler of a principality, a feudal prince or a chieftain of one nomad tribe; the other designates a principality or tribe controlled by such princes or small chiefs. Those Xihou generally were established in a tribal confederacy.

relying mainly on the ancient Chinese sources the article will discuss in particular the identities of Daxia, Dayuezhi and Guishuang and the relations among them. Since Dumi (都密, Tirmidh, Termez), where Alexander crossed the Oxus (Amu Darya) to Sogdiana, was an important city in the time of these three kingdoms (possibly the capital of the Xihou of Dumi) and under the Kushan Empire, it will be a focus of some attention here for its relations with China from the Han to the Tang Dynasties.

The Evidence of the Chinese Historical Texts

The earliest, relatively extensive records about the Dayuezhi, Daxia and Guishuang are to be found in three Chinese historical books: the Historical Records, Shiji (史记), compiled by Sima Qian (司马迁); Ban Gu's (班固) History of the Former Han, Hanshu (汉书); and Fan Ye's (范晔) History of the Later Han, Hou hanshu (后汉书). In order better to analyze the relations among these countries and peoples I translate the original sources from Chinese, even though various translations of them have been published previously (e. g. , Brosset 1828; Wylie 1881-82; Hirth 1917; Sima Qian 1993; Hulsewé 1979; Hill 2015).

1. The records in the Shiji

Dayuezhi and Daxia were first introduced in the "Description of Dayuan" (大宛列传) in the Shiji.

> The Dayuezhi are west of Dayuan (大宛) by about two or three thousand li (里)[①] and are located north of the Oxus (妫水)[Gui Shui, the Amu Darya]. Daxia lies to the south, Anxi (安息)to the west, and Kangju (康居)to the north. Dayuezhi is a nation of nomads (行国)[literally, 'moving country'] wandering with their herds and practicing the same customs as

---

① "里"(li), a unit of length, equal to 415.8 meters in Han Dynasty China.

those of the Xiongnu（匈奴）. They have about one hundred or two hundred thousand archers as warriors. Formerly, the Dayuezhi were powerful and strong, and despised the Xiongnu. As soon as Modu（冒顿）succeeded to the throne, he attacked and defeated the Yuezhi. When Laoshang Chanyu（老上单于）reigned as the king of the Xiongnu, he killed the king of the Yuezhi and turned the skull of the dead king into his drinking vessel. Originally, the Yuezhi tribes lived between Dunhuang（敦煌）and Qilian（祁连）. After being defeated by the Xiongnu, they were compelled to move far away. They passed through Dayuan, and to the west of it attacked Daxia, subjugating the country. They then set up their royal court north of the Oxus. [Sima Qian 1982: 3161-3162]

Daxia lies to the southwest of Dayuan by over 2000 *li* and is located south of the Oxus. The people are sedentary. They live in houses in cities enclosed by walls. Their customs are the same as those of the Dayuan. There is no powerful king in the country. The cities and towns always have their own little chiefs. The soldiers there are weak and afraid to fight. Their people are skillful at trade and commerce. When the Dayuezhi tribes migrated westward, they defeated Daxia and subjected the people to their rule. The population of Daxia is more than a million. The capital is named Lanshi city（蓝市城）. One can find all manner of goods for sale in their markets. [Sima Qian 1982: 3164]

These descriptions suggest several preliminary conclusions: (1) the Dayuezhi tribes originated from the area between Dunhuang and Qilian; (2) later they were driven out of their homeland and migrated westward; (3) finally they settled north of the Oxus; (4) from there they subjugated the Daxia south of the Oxus; (5) while reduced to vassal status, the Daxia retained a semblance of semi-autonomy with their own capital.

2. The records in the *Hanshu*

In the "Description of the Western Regions"（西域传）in the

Hanshu, Dayuezhi became the protagonist of the series of events and was described in more detail than in the *Shiji*.

The country of Dayuezhi with the city of Jianshi（监氏城）as its capital is 11,600 *li* from Chang'an（长安）[the capital of Han China]. It is not ruled by the Protector General（都护）. It has 100,000 households, a population of 400,000, and 100,000 men who are qualified as warriors. To the east, it is 4740 *li* to the seat of the Protector General. To the west, one can reach Anxi（安息）[Parthia] after 49 days' journey. To the south it borders Jibin（罽宾）[in the northwest of India]. The land, climate, agricultural products, customs, coins, and manufactured goods are the same as those in Anxi. The camels with a single hump [dromedary] are raised there.

Originally Dayuezhi was a nation of nomads wandering with their herds, having the same habits and customs as those of the Xiongnu. It had over one hundred thousand archers and became so powerful that it looked down on the Xiongnu. Formerly, the Yuezhi had lived between Dunhuang and Qilian. Modu Chanyu（冒顿单于）attacked and defeated them, while Laoshang Chanyu killed the Yuezhi king and made a drinking vessel out of his skull. The Yuezhi had to move far away. They passed through Dayuan, attacked Daxia to the west and subjugated it. Then they set up their royal court north of the Oxus.

Initially, there was no powerful king in Daxia as the cities and towns have always had their own little chiefs. The people of Daxia are weak and afraid to fight, so the Dayuezhi migrated into Daxia and made all the people there their subjects. There are five Xihou [yabgu]. All of them respect or offer tribute to the envoys from Han China. One is called Xiumi（休密）Xihou, who resides in the city of Hemo（和墨）, 2841 *li* from the seat of the Protector General and 7802 *li* from Yang Guan（阳关）[Yang Pass]; a second is called Shuangmi（双靡）

Xihou, who dwells in the city of Shuangmi, 3741 *li* from the seat of the seat of the Protector General and 7782 *li* from Yang Guan; a third is called Guishuang（贵霜）[Kushan] Xihou, who lives in the city of Huzao（护澡）, 5940 *li* from the seat of the Protector General and 7982 *li* from Yang Guan; a fourth is called Xidun（肸顿）Xihou, who inhabits the city of Bomao（薄茅）, 5962 *li* from the seat of the Protector General, and 8202 *li* from Yang Guan; and a fifth is called Gaofu（高附）Xihou, who occupies the city of Gaofu, 6041 *li* from the seat of the Protector General and 9283 *li* from Yang Guan. All five Xihou are members of the Dayuezhi. [Ban Gu 1962: 3890-3891]

By this time, Daxia had been annexed and ruled directly by Dayuezhi. Its lands had been divided into five principalities, or Xihou. The seat of the royal court of Dayuezhi was moved to the city of Jianshi （监氏, i. e. 蓝市 in the *Shiji*）, the former capital of Daxia.

3. The records in the *Hou hanshu*

The transition from the Yuezhi as wandering nomads to the sedentary Guishuang (Kushan) Empire is described in more detail in the "Description of the Western Regions" of the *Hou hanshu*（后汉书·西域传）.

The country of Dayuezhi with the city of Lanshi（蓝氏城）as its capital borders Anxi to the west. It takes a 49-day journey to reach there. To the east it is 6537 *li* to the seat of the governor（长史[1]）and 16370 *li* to Luoyang（洛阳）[the capital of the Later Han Dynasty]. It has 100,000 households, a population

---

[1] Generally, "长史, zhangshi" is an assistant official of the ministers or a higher officer in the central government in the Han Dynasty. Hill translates the title as the Chief Scribe (Hill 2015, 1, p. 29), which is logical and acceptable. Here "zhangshi" is actually the highest official who was in charge of the Western Regions, which previously had been under a protector general（都护）. When Ban Yong was appointed as a zhangshi of the Western Regions, the seat of the zhangshi, was in Liuzhong（柳中）, modern Shanshan（鄯善）county of Xinjiang, China (cf. Fan Ye 1965: 2915).

of 400,000, and over 100,000 men who are qualified as warriors.

Formerly, the Xiongnu defeated the Yuezhi, who were forced to migrate to Daxia and occupy it. Thereupon Daxia was divided into five Xihou: Xiumi（休密）, Shuangmi（双靡）, Guishuang（贵霜）, Xidun（肸顿）, and Dumi（都密）. More than one hundred years later, Qiujiuque（丘就却）, the Xihou of Guishuang, conquered the other four Xihou, established himself as their king, and named the country Guishuang. He once invaded Anxi, and took over the land of Gaofu. He then conquered Puda（濮达）and Jibin（罽宾）, and annexed all their lands. After Qiujiuque died at the age of more than 80, his son Yangaozhen（阎膏珍）succeeded him as the king of Gushuang. He conquered Tianzhu（天竺）and appointed a general to govern it. Since then, the Yuezhi have become a most powerful and prosperous country. All other countries call [the king of] the Yuezhi the king of Guishuang（贵霜王）. The Han court, however, still calls them the Dayuezhi after their name. [Fan Ye 1965: 2920-2921]

Note in particular that Dumi is substituted for Gaofu as one of the Five Xihou and is described as a country conquered by Guishuang.

The Chinese sources are of paramount importance for historians of ancient Bactria, who, however, encounter many problems when using them to reconstruct the history of the people, places, and events. My discussion which follows concerning the origin of Dayuezhi, the identity of Daxia, and the relations among the Daxia, Dayuezhi and Guishuang, is based on my understanding of these Chinese sources and new archaeological finds.

The Origins of Dayuezhi

Generally Chinese scholars agree that original location of Dayuezhi (Great Yuezhi 大月氏) was in the west of China, from the western part of Gansu（甘肃）province to the Tianshan Mountains of today's Xinjiang, at least in the period before the Yuezhi were expelled by the Wusun tribes from the valley of the Ili River. According to Japanese sinologist Fujita Toyohachi (藤田丰八), the original location of the Yuezhi, as recorded in the *Shiji* and *Hanshu*, was between Dunhaung at the western end of Gansu, and the Qilian Mountains which run south of the Hexi Corridor (河西走廊), right around the modern city Zhangye (张掖, ancient Gan Zhou). Later they were defeated by the Xiongnu and had to move westward to the land of Sai (塞地); again they were driven from there by their western neighbors, the Wusun (乌孙) tribes who were among the vassals of the Xiongnu. Hence it seems probable that the Yuezhi lived and once occupied a territory between the easternmost Tianshan Mountains and the Qilian Mountains (Fujita 1935, pp. 77-95; 1935, pp. 59-99). In other words, the Yuezhi people would have been wandering for a time in what is today Gansu Province. However, an annotation in the "Biographies of Wei Qing and Huo Qubing" (卫青霍去病传) in the *Hanshu* indicates that Qilian means the Tianshan Mountains (天山), because the Xiongnu called Qilian "Tian" (天, sky, heaven).[1] If so, we are dealing not with today's Qilian, but rather with the Tianshan Mountains in Xinjiang. Alternatively, in the opinion of Professor Lin Meicun (1998, pp. 64-69), "Qilian" as a word may originate from the Tocharian language spoken by the Yuezhi. He thinks that Yuezhi were a branch of Tocharians. In that case, Qilian refers to the Kunshan (昆山), i. e. the Kunlun Mountains (昆仑山), known in Chinese documents that antedate the Qin and Han dynasties. In the *Shiji*, "Qilian" should just be the modern Qilian Mountains and Dayuezhi should be the Tochari of the classical documents in Greek.

However, Professor Yu Taishan[2] has a different idea about the

---

[1] This was indicated by annotator Yan Shigu (颜师古, CE581-645) of the Tang Dynasty (Ban Gu 1962: 2481n. 2).

[2] He is a famous expert on the ancient history of relations between China and foreign countries in Eurasia, who has articulated clearly most of the new ideas regarding Dayuezhi, Daxia and Guishuang, his work incorporating many ideas from other Chinese and foreign scholars.

location of Dunhuang and Qilian: Dunhuang had not been set up as a county (郡 *jun*, prefecture) at that time when Zhang Qian (张骞), the first envoy who had been sent to the Western Regions by Emperor Han Widi (汉武帝, r. 140-87 BCE), returned from Daxia in 126 BCE. Therefore, "Dunhuang" refers to the modern Qilian Mountains in Gansu because it had been mentioned as "敦薨" (Dunhong) in the *Classic of Mountains and Rivers* (山海经, *Shan Hai Jing*) (Liu 2001, p. 70), dating from the Warring States Period (475 [or453]-236 BCE). Yu accepts the identification of Qilian with the modern Tianshan, and suggests the original place of Yuezhi people should be located between the Qilian Mountains of today's Gansu and Tianshan Mountains as well as the Altai Mountains in Xinjiang (Yu 2012, pp. 88-92). In other words, his conclusion is similar to that of Fujita Toyohachi (except in the matter of identifying the so-called Dunhong Mountains with the Qilian Mountains — see below).

Apart from the texts cited above from the *Shiji* and *Hanshu*, the biography of Zhang Qian in the *Hanshu* provides more detailed and clearer information on the homelands of Dayuezhi and the complicated relation between Yuezhi, Wusun and Xiongnu. It is Wusun that had been conquered by the Xiongnu, then became their vassals, and finally droved Dayuezhi out of the land of Sai and forced them to escape westward:

> The king of Wusun is called Kunmo (昆莫). His father Nandoumi (难兜靡) [and his people] originally lived with Dayuezhi as neighbors in the lands between Qilian and Dunhuang. Wusun is a small country. Dayuezhi attacked Wusun, killed the king Nandoumi, and occupied the land of Wusun. Wusun people took refuge with the Xiongnu. Kunmo is son of the dead king, had been recently born . . . and was brought to Xiongnu . . . When he came of age, the Chanyu (单于) [the highest ruler of the Xiongnu confederacy], the ruler of Xiongnu, gave him his father's people . . . By that time, Yuezhi had been defeated by the Xiongnu and moved westward to attack the king of Sai (塞王). The king escaped far away and

his land was annexed by Yuezhi. Since Kunmo had become powerful, he asked the Chanyu to permit him to revenge for his father. So he marched westward and defeated Dayuezhi. Dayuezhi had to migrate westward again and into the land of Daxia. [Ban Gu 1962: 2691-2692]

The Yuezhi are generally considered to be related to the Indo-Europeans who probably came into the west of today's China during the second millennium BCE. Mummies with Europoid features have been unearthed in the Taklamakan Desert of Xinjiang, buried there nearly 4000-3500 years ago.[①] Are they related to the later Yuezhi? The answer is not certain.[②] But some of the same or similar names of races such as Yuezhi (月氏), Yushi (禺氏), and so on, were also mentioned as early as in the Western Zhou period (西周, 11th-8th century BCE). Their locations were to the north or the northwest of China.[③] This evidence may help us to resolve the problem of the origin of Dayuezhi.

The identification of Dunhuang (敦煌) with today's Qilian Mountains by Yu Taishan might be problematic. In his opinion (2012, p. 89), the county or prefecture of Dunhuang was probably established in 111 BCE, which would mean that Zhang Qian could not have mentioned the name of the place as Dunhuang in his original report to the emperor. Yu takes it for granted that Sima Qian might have substituted Dunhuang for the Dunhong (敦薨) provided by Zhang Qian. However, his only proof for this hypothesis is to cite a mountain named Dunhong in the legendary

---

① Among them, the best known are the so-called "Beauty of Loulan" and the "Princess of Xiaohe".

② Regarding the ethnicity of these people, some scholars such as Victor Mair, J. P. Mallory, and David W. Anthony (as summarized by Philip L. Kohl), "attribute them as ancestral to the later Indo-European speaking Tocharians." (Mair and Hickman 2014, p. 91) However, they evidently do not connect these people with the later Dayuezhi. See Mallory and Mair 2000 for an elaboration of their views regarding Western origins of the peoples whose mummies have been found in the Taklamakan.

③ As indicated in *The Biography of the King of Zhou Mu* (穆天子传), *The Fragments of the Book of Zhou* (逸周书), and *Guanzi* (管子). For details, see Yu 2012, pp. 87-88.

Shan Hai Jing. That of itself is hardly enough to infer that the place name introduced first by Zhang Qian was not Dunhuang but Dunhong. In fact, according to the description of Dunhong in the *Shan Hai Jing*, this mountain seems to be located to the north and northeast of the Kunlun Mountains. Even if Qilian could be identified with this "Dunhong", Yu's argument cannot deny the fact that the Dayuezhi originally lived in this area that was covered by the county or prefecture of Dunhuang set up 15 years after Zhang Qian's return in 126 BCE.

The Identity of Daxia

Daxia, the farthest country Zhang Qian reached, had been subjugated by Dayuezhi when he arrived there in 128 BCE. But it is strange that Zhang Qian did not indicate the original location of Daxia as he did for Dayuezhi. Why? What relationship is there between this Daxia and the Graeco-Bactrian kingdom?

Yu Taishan thinks Daxia might be also an ancient people with the same name who once lived in the northwest of China; later, they immigrated into Bactria. The routes taken by Daxia were similar to those later followed by Dayuezhi, first to the Ili (伊犁河) and Chu River (楚河) valleys, before establishing their own country in Bactria. He identifies Daxia with the Tochari, one of the four Scythian nomad groups which "took away Bactriana from the Greeks" as mentioned by Strabo (1988:11. 8. 2) and assumes Daxia could be a transliteration of Tochari (for his detailed arguments, see Yu 2012, pp. 46-53, 62-66). This inference implies: (1) it is Daxia not Yuezhi who conquered the Greek Bactria; (2) so-called Tochari can be identified only with Daxia, not with Yuezhi.

In response, I have several observations:

First, the absence of any indication of the origin of Daxia in the *Shiji* means that Zhang Qian and Sima Qian (whose knowledge about Daxia derives from the former) could have not known its origin. Maybe what Zhang Qian gleaned from the natives was that the origin of Daxia had no relationship to

China and it was a country that had been established long ago in its current location. Had he known Daxia originated from China, surely he would have referred to that fact as he did in his description of Dayuezhi. So, in the eyes of Zhang Qian, there was no connection between the Daxia in Bactria and any people who had lived in China.

Yu Taishan's identification of Daxia with Tochari is also problematic. True, Dayuezhi once occupied the Sai land and Sai people had to move westward. However, could Daxia be identified with one of the Sai tribes? According to the *Hanshu*, the king of Sai and his tribes were forced southward to pass through Xuandu (悬度, the Hanging Pass) into Jibin (罽宾) (Ban Gu 1962: 3901). There is no indication that they passed or settled in Daxia.

Another Chinese scholar, Lei Haizong (2002, p. 352), suggests the name of Daxia came from Daha (Daae, Dahae), one branch of the Scythians. However, this identification too may need to be reconsidered, because these Dahae nomads seemed to have lived along the east of the Caspian Sea as far as Hyrcania as a separate tribe that co-existed with the eastern Massagetae and Sacae. They had never occupied Bactria or founded their country there (Strabo 1988: 11. 8. 2).

Therefore, we have to look for other way to resolve the problem of the identity of Daxia. It is possible that, in order to indicate clearly to the emperor the farthest country he had reached, Zhang Qian borrowed this name from an earlier Chinese book in which a homonymic country located in the north or northwest of China had been mentioned (Huang 1996, p. 355). No matter what the origin of Daxia's name could be and who had established it, Daxia as a country actually existed in Bactria long before Zhang Qian arrived. Then what can be the relationship between this Daxia and the Graeco-Bactrian kingdom, and who eventually occupied it?

In my opinion, the four tribes mentioned by Strabo should be Scythians who lived in the steppe north of the Syr Darya and who often invaded the lands controlled by the Greeks. When Syrian King Antiochus III entered Bactria in 209 BCE in order to re-establish control of this satrapy, Euthydemus, then King of Bactria, defended his own position, arguing that the northern nomads were their common enemy. If he were not recognized as King of Bactria, "neither of them would be safe; for considerable hordes of Nomads were approaching. "In fact, one tribe of Scythians had invaded Hyrcania near Bactria (Polybius 1993: 11. 39; 10. 48). Thus it can be seen that the successive raids of nomads from the steppe was actually a serious threat to the Greek kingdom. When Zhang Qian arrived in Bactria in 128, Daxia had already been subjugated by Dayuezhi.

It is thus possible that those four Scythian tribes might have invaded Bactria and even stayed there for a short time. However, they did not conquer this kingdom completely, and at least a large part of them must have passed through the Hindukush and eventually settled in the south of Afghanistan and the southeast of Iran, thence known as Seistan. Since it is clear from the Chinese sources that Daxia was conquered by Dayuezhi, could we identify Dayuezhi with one of the four tribes? This seems to be possible if, contrary to Yu Taishan, we regard the Tochari as Dayuezhi rather than Daxia. In fact, it is also possible that the name of Daxia might be the transliteration of Tohari (it would be discussed in others). In later Chinese sources, Bactria was called Tuhuoluo (睹货逻, 吐火罗), where Dayuezhi and later Kushans (one of the Xihou of Dayuezhi) ruled for centuries.

Judging from our current knowledge of the sources and recent research, I would venture the hypothesis that, whether the Dayuezhi were one of the four tribes or another nomadic tribe from the northwest of China, it was they who delivered the coup de grâce to the weak Graeco-Bactrian kingdom. The Dayuezhi departed from the land of Sai in ca. 176 BCE.[1] We cannot know exactly when they arrived north of the Amu Darya via Da Yuan, but it was before Zhang Qian reached Dayuezhi and Daxia in 128-126 BCE, within two decades of the death of Eucratides I.

---

① Ban Gu 1962: 3756-3757. The event took place in or before the fourth year (176 BCE) of the reign of Han Wendi (汉文帝, 202-157 BCE).

The Bactrian Greeks still had not retreated entirely to India; and the rule of Greeks in eastern Bactria continued until ca. 130 BCE (Bopearachchi 1991, p. 453). Zhang Qian remarked that "There is no powerful king in the country. The cities and towns have always their own little chiefs. The solders there are weak and afraid to fight." This is precisely the political situation in Bactria after Eucratides I was overthrown. So the hypothesis that Greek rule in Bactria was ended by Dayuezhi seems to be justified.

The Location of the Five Xihou

The location of the Five Xihou is controversial. Were they divided only in the land of Daxia in the south of the Oxus or in all lands of Dayuezhi along the two sides of the Oxus after Daxia had been annexed by the latter? Or were they first established in the north of the Gui River (妫水, the Oxus, Amu Darya), then expanded south to the Daxia Zhang Qian visited? There are different lists of the Xihou in the Hanshu and Hou hanshu: in the former, the five Xihou are Xiumi, Shuangmi, Guishuang, Xidun, and Gaofu; in the latter, Gaofu has been replaced by Dumi [Ban Gu 1962: 3891; Fan Ye 1965: 2921]. Which list is more believable?

Most Chinese scholars understand the evidence of these texts to mean that the dynasty of Guishuang was established by one branch of Dayuezhi because the Guishuang was one of the five Xihou who belonged to Dayuezhi. But Yu Taishan points out that the five Xihou were divided in the land of Daxia, namely Bactria in the south of the Oxus (even including the eastern mountainous area, that of the so-called Tochari) after it was annexed finally by Dayuezhi. Later Guishuang, one of the five Xihou of Daxia, conquered the other four and other neighbouring countries such as Gaofu, Puda (濮达) and Jibin (Fan Ye 1965: 2921), and founded the Gunshuang Empire. Yu Taishan claims that Dumi should be excluded from the list, as the author of the Hanshu could not have made a mistake. There were two names of Gaofu in the Western Regions, one in the Valley of Kokcha River in the north of the

Hindukush, the other in the upper valley of the Kabul River. The author of the Hou hanshu must have confused Gaofu as a Xihou with Gaofu as a kingdom. Thus, he wrongly thought himself obliged to substitute Dumi for Gaofu, since the kingdom of Gaofu had been annexed by Guishuang [Yu 2005, p. 287 nn. 243-246; for Gaofu in the Houhanshu, see Fan Ye 1965: 2921].

Several critical remarks might be made regarding this hypothesis.

First of all, the status of Daxia and the relations between Daxia and Dayuezhi should be clarified. According to the Shiji, Daxia had been conquered by Dayuezhi and become its vassal, with its own capital but no powerful king. Surely Daxia must have lost its land in the north of the Oxus, because the domain of the Graeco-Bactrian kingdom in its heyday would have included Sogdiana north of the river (see below). Before the arrival of Zhang Qian, Dayuezhi had subdued Daxia but occupied only the part of Daxia north of the Oxus, as is confirmed by the location of their capital there [Sima Qian 1982: 3161-3162, 3164]. However, in the Hanshu and Hou hanshu, Daxia as a vassal of Dayuezhi disappeared. Instead, one united and larger kingdom of Dayuezhi (including Daxia) emerged in Bactria. The capital of the Dayuezhi kingdom also was moved to the city of Jianshi (Lanshi), the former capital of Daxia [Ban Gu1962: 3890-3891; Fan Ye 1965: 2920-2921]. This means that Dayuezhi had occupied all the land of Daxia before the later envoys of Han China arrived. The five Xihou who went to pay their respect or tributes to the Chinese envoys thus belonged to Dayuezhi, not to Daxia.

Secondly, Yu Taishan fails to take into account the difference in the territories of Daxia in different periods. As mentioned above, whether or not Daxia was the original Greek kingdom or a new country founded by Daxia (Tochari), as Yu assumed, it should have included all lands of the Bactrian kingdom, which controlled not only Bactria but also Sogdiana. Even if the Parthians at one time took from the Greeks two provinces (Turiva and Aspionus) in the west of the Bactrian kingdom (Strabo 1988: 11. 11. 2), the land between the Oxus and the Jaxartes (Syr) rivers (at least the land from the Iron Gate south to the Oxus[①]) was under the rule of Greeks in Bactria for nearly two centuries from Alexander the Great to Eucratides I. Hence the original lands of Daxia were as large as the Bactria the Greeks once controlled. That the Daxia Zhang Qian visited was located in the south of the Oxus was just the result of the first conquest of Daxia by Dayuezhi.

The *Hou hanshu* indicates quite clearly that Daxia, substituted for Dayuezhi, was divided into five Xihou: "Originally Yuezhi was defeated by Xiongnu and was forced to immigrate into Daxia and occupied it. Then Daxia was divided into five Xihou: Xiumi, Shuangmi, Guishuang, Xidun, and Dumi."

Citing the newest archaeological evidence, French scholar Frantz Grenet (2006) argues these Xihou could have originally settled north of the Oxus River in an arc from the Wakhsh Valley to Termez around the Hisar-Baisun-Kuhitang ranges and later expanded to the south of the Amu Darya. I tend to agree with him, for his hypothesis seems not to contradict the Chinese records, if we regard the Daxia first mentioned in the *Shiji* as the remains of the Graeco-Bactrian kingdom. It is possible that Dayuezhi could have divided the new domain into five Xihou as soon as they subjugated Daxia (the Graeco-Bactrian kingdom); later they removed their court to the south part of the country and completely annexed it. The domains of the five Xihou certainly also increased after they penetrated this new land. So it seems reasonable to infer that the five Xihou should have been the five largest tribes of Dayuezhi; among them, Guishuang later become so powerful that it could defeat and unite the other four Xihou and finally establish an empire. Because Guishuang (Kushan) once was one part of Dayuezhi, the country they founded was still called Dayuezhi, the original title of it in China, and their kings were called by other countries kings of Yuezhi (Fan Ye 1965: 2921).

---

① On the intermittent rule of Greeks in Sogdiana, see Rapin 2007, pp. 45-50.

The Status of Dumi (Termez)

In Chinese sources, the Hou hanshu contains the first mention of "Dumi" (Termez[①]) as one of the five Xihou. As mentioned above, the author of Hou hanshu explicitly stated that he had corrected the mistake in the Hanshu. He pointed out clearly that there was only one Gaofu country in the Western Regions. Since Gaofu had been an independent and large kingdom in the southwest of Dayuezhi, and had never been subjected to Yuezhi before, it could not be one of the five Xihou. So he substituted Dumi for Gaofu [Fan Ye 1965: 2921]. Although Yu Taishan denies Dumi was one of the five Xihou, he speculates that the royal court of Dayuezhi might have settled in Dumi in the early period of the conquest of Daxia by Dayuezhi, or it might be as a seat of another Xihou after Dayuezhi moved their capital to the south of the Oxus. However, he does not indicate which Xihou it would be [Yu 2012, p. 56; 2005, p. 283 n. 231].

As the hypothesis of Grenet indicated, it is also possible to infer from the Chinese sources that in fact Dumi should be listed as a Xihou:

· There is no evidence to confirm the existence of two Gaofu. The description of Gaofu in the Hou hanshu was more detailed and concrete than in the Hanshu. That "Gaofu was in the southwest of Dayuezhi, also one large country" means it was located in south of the Hindukush. Both in the pronunciation of the name and the location given in the Chinese records, Gaofu could be identified with "Kophen" in Greek, i. e. the upper valley of the Kabul River. When the five Xihou were divided, Dayuezhi had subjugated only Bactria and had not invaded south of the Hindukush. If we wish to locate the Gaofu Xihou mentioned in the Hanshu, we should search it in Bactria.

· Dumi has been identified by archaeological finds as Greek garrison or

---

① There are two sites in today's Termez: the old city and the Kampyr Tepe. Both were the garrisons or settlements of Greeks and still prosperous in the Kushan period.

settlement in the early Hellenistic period, although there are some disputations about its founders and names.[1] Later it became an important city and a Buddhist center in the Kushan period and even a capital of the Kushan Empire [Leriche and Pidaev 2007, pp. 209-10, and Fig. 1; Ravaud 2006]. So it is quite possible that it could have been selected as the seat of the Xihou of Dumi in the period of Yuezhi.

• Dumi played an important role in the history of Central Asia after the Kushan Empire disappeared. In the Tang Dynasty the famous Buddhist pilgrim Xuanzang (玄奘, 600-664 CE) visited a city named Dami (呾蜜) in ca. 630 CE, which was located at a strategic site on the north bank of the Oxus:

> Dami country has a territory over 600 *li* from its east to west and over 400 *li* from its south to north. The big capital has a circumference over 20 *li* but the east-west direction is long and the south-north direction is narrow. There are above ten Buddhist temples and monasteries with more than 1,000 Buddhists in the city. Both stupas and statues of Buddha are more magical and efficacious. [Ji et al. 1985: 103]

This record indicates Dami was still a center of Buddhism in the first half of the seventh century, a fact that has been confirmed by recent archaeological finds [Leriche and Pidaev 2007; Fussman 2013].

Dami was also mentioned in the *New Tang History* (新唐书 *Xin tangshu*):

> There is one race of Dami settling along the north of the Oxus (缚刍水, Fuchushui). Their kingdom is in a length of 600 *li* from its east to west. [Ouyang Xiu and Song Qi 1975: 6248]

Dami was the westernmost country that had contact with Tang Dynasty China:

---

① Some archaeologists think it was probably Alexandria on the Oxus (Leriche 2007, p. 133; Cohen 2013, pp. 277-78).

From Dami down to other countries, all different races live together. Chinese name their countries after them. They have no contacts with Tang China; so the records about them are too confused and strange to be confirmed. [Ouyang Xiu and Song Qi 1975: 6250]

Furthermore, the country of the Dami people was referred as "Daman" (怛满) or "Damo" (怛没):

Daman also is named Damei. To the east of it is Tuobasi (陀拔斯), to the south of it is Dashi (大食) [the Arabian Empire]. It will take a one-month journey to reach any one of the two countries. To Qilan (岐兰) in the north of it one would reach after 20-days' journey; to Dashi in the west of it one would reach after a one-month journey. Daman or Damo is located in the plain of the north of the Oxus. There are a great many lions among the local animals. It borders the country of Shi (史) in the its northwest, and its territory is not beyond the Pass of Iron Gate.

In the sixth year of the reign of Tianbao (天宝六年) [747 CE], the envoys of six countries including Daman and others were sent to China to offer their tributes and respect to the emperor of the Tang Dynasty. Then the emperor gave ... King of Daman Xiemei (谢没) the title of 'Fengshun King' (奉顺王) [the king who pays his homage and obedience to Tang China]. [Ouyang Xiu and Song Qi 1975: 6264]

These records indicate clearly the location, land, and special products of Damam or Damo (Termez) as well as its close relations with Tang Dynasty China. It was still a large country and once was a vassal state of Tang China at least in name. More information about the surrounding areas of ancient Termez may be found in *The Collation and Annotation of the Records on the Western Regions of the Great Tang Dynasty* (大唐西域记校注, *Datang xiyuji jiaozhu*) and the "Description of the Western Regions" in the *Xin tangshu*.

Preliminary Conclusion

The Chinese records are the most important and indispensable sources for the research on the origins of Daxia, Dayuezhi and Kushan and their destinies in Central Asia. Dayuezhi people came from the northwest of China and divided its domain into five Xihou after having occupied Daxia (including Sogdiana and Bactria geographically), one of which was Dumi. Daxia should be the Graeco-Bactrian Kingdom. However, when Zhang Qian arrived, it had been subjugated by Dayuezhi. Dumi, where Alexander crossed the Oxus River and a Greek garrison was located in the Hellenistic period, later might be one of the capitals of Kushan Empire and the capital of a vassal state of the Tang Empire.

Acknowledgements

This article was presented at a conference titled "From Bactria to Transoxiana: the Oxus-Amu Darya Civilization (Antiquity & the Middle Ages) and its Place in History" (15-19 September 2014, in Termez, Uzbekistan), organized by Professor Pierre Leriche. I am very grateful for his invitation and his help in my research in recent years.

References

Ban Gu 1962

ban Gu 班固. 1962. *Hanshu* 汉书[*The History of the Former Han Dynasty*]. Beijing: Zhonghua shuju, 1962.

Brosset 1828

Marie-Félicité Brosset, tr. "Relation du pays de Ta-ouan" *Nouveau Journal Asiatique* 2 (1828): 418-50.

Bopearachchi 1991

Osmund Bopearachchi. *Monnaies gréco-bactriennes et indo-grecques: Catalogue raisonné*. Paris: Bibliothèque Nationale, 1991.

Cohen 2013

Getzel M. Cohen. *The Hellenistic Settlements in the East from Armenia and Mesopotamia to Bactria and India*. Berkeley, etc.: Univ. of California Pr., 2013.

Cribb and Herrmann 2007

Joe Cribb and Georgina Herrmann, eds. *After Alexander: Central Asia before Islam*. Proceedings of the British Academy, 133. Oxford, etc.: Oxford Univ. Pr., 2007.

Fan Ye 1965

Fan Ye 范晔. *Hou hanshu* 后汉书 [*The History of the Later Han Dynasty*]. Beijing: Zhonghua shuju, 1965.

Fujita 1935a

Fujita Toyohachi 藤田丰八. *Xiyu yanjiu* 西域研究 [*Research on the Western Regions*]. tr. by Yang Lian 杨炼. Shanghai: Shangwu yinshu guan, 1935.

Fujita 1935b

一. *Xibei gudi yanjiu* 西北古地研究 [*Research on the ancient lands in the northwest of China*], tr. by Yang Lian 杨炼. Shanghai: Shangwu yinshuguan, 1935.

Fussmann 2013

Gérard Fussman. "Kushan Power and the Expansion of Buddhism beyond the Soleinan Mountains." In *Kushan Histories:Literary Sources and Selected Papers from a Symposium at Berlin, December 5th to 7th, 2013*. Ed. Harry Falk. Monographien zur Indischen Archäologie, Kunst und Philologie, 23. Bremen: Hempen Verlag, 2015: 153-202.

Grenet 2006

Frantz Grenet. "Nouvelles données sur la localisation des cinq Yabghus des Yuezhi. L'arrière plan politique de l'itinéraire des marchands des Maès Titianos." *Journal Asiatique* 294/2 (2006): 325-41. (Chinese translation by Wang Nan, in *Xiyu wenshi* 西域文史 [*Literature and History of the Western*

Regions] 7 (2012): 235-45.

Hill 2015

John E. Hill. *Through the Jade Gate-China to Rome. A study of the Silk Routes during the Later Han Dynasty 1st to 2nd Centuries CE. An annotated translation from the Hou Hanshu "The Chronicle on the Western Regions" Updated and Expanded.* 2vols. N. p, 2015.

Hirth 1917

Friedrich Hirth. "The Story of Chang K'ién, China's Pioneer in Western Asia: Text and Translation of Chapter 123 of Ssi-Ma Ts'ién's Shï-Ki. " *Journal of the American Oriental Society* 37 (1917): 89-152.

Huang 1996

Huang Huaixin 黄怀信. *Yi zhoushu jiaobu zhushi* 逸周书校补注释 [A collation and annotation on the fragments of the Book of Zhou]. Xi'an: San Qin chubanshe, 1996.

Hulsewé 1979

Anthony François Paulus Hulsewé. *China in Central Asia: the Early Stage: 125 B. C. -A. D. 23. An annotated Translation of Chapter 61 and 96 of the History of the Former Han Dynasty.* With an introduction by M. A. N. Loewe. Sinica Leidensia, Vol. XIV. Leiden: Brill, 1979.

Ji et al. 1985

Ji Xianlin 季羡林 et al. *Datang Xiyuji jiaozhu* 大唐西域记校注 [A collation and annotation of the records on the Western Regions of the Great Tang Dynasty]. Beijing: Zhonghua shuju, 1985.

Justinus 1853

Marcus Junianus Justinus. *Epitome of the Philippic History of Pompeius Trogus.* Tr. with notes, by John Selby Watson. London: Henry G. Bohn, 1853.

Lei 2002

Lei Haizong 雷海宗. *Bolun shixue ji* 伯伦史学集[Collected papers on history by Bolun]. Beijing: Zhonghua shuju, 2002.

Leriche 2007

Pierre Leriche. "Bactria, Land of A Thousand Cities." In: Cribb and

Herrmann 2007: 121-53.

Leriche and Pidaev 2007

Pierre Leriche and Shakir Pidaev. "Termez in Antiquity," In: Cribb and Herrmann 2007: 179-211.

Lin 1998

Lin Meicun 林梅村. *Han Tang xiyu yu Zhongguo wenming* 汉唐西域与中国文明 [*The Western Regions from the Han to the Tang Dynasties and Chinese Civilization*]. Beijing: Wenwu chubanshe, 1998.

Mair and Hickman 2014

Victor H. Mair and Jane Hickman, eds. *Reconfiguring the Silk Road. New Research on East-West Exchange in Antiquity*. The Papers of a Symposium Held at the University of Pennsylvania Museum of Archaeology and Anthropology March 19, 2011. Philadelphia: Univ. of Pennsylvania Museum of Archaeology and Anthropology, 2014.

Mallory and Mair 2000

J. P. Mallory and Victor H. Mair. *The Tarim Mummies. Ancient China and the Mystery of the Earliest Peoples from the West*. London: Thams & Hudson, 2000.

Ouyang Xiu and Song Qi 1975

Ouyang Xiu 欧阳修 and Song Qi 宋祁. *Xin tangshu* 新唐书 [*The New Tang History*]. Beijing:Zhonghua shuju, 1975.

Polybius 1993

Polybius. *The Histories*. With an English translation by W. R. Paton, Revised by F. W. Walbank, Christian Habicht. 6 vols. The Loeb Classical Library. Cambridge, MA: Harvard Univ. Pr. , 1993.

Rapin 2007

Claude Rapin. "Nomads and the Shaping of Central Asia: from the Early Iron Age to the Kushan Period." In: Cribb and Herrmann 2007: 29-72.

Ravaud 2006

Matthieu Ravaud. "A Lost City Rediscovered. " *CNRS International Magazine* No. 1 (winter 2006)< http://www2. cnrs. fr/en/449. htm> , last accessed 31 October 2016.

Liu 2001

Liu Xin 刘歆 compiled. *Shan Hai Jing* 山海经 [*The Classic of Mountains and Rivers*], Beijing 2001.

Sima Qian 1959

Sima Qian 司马迁. *Shiji* 史记 [*Historical records*]. Beijing: Zhonghua shuju, 1959.

Sima Qian 1993

—. *Records of the Grand Historian: Han Dyntasty*. Tr. Burton Watson. Rev. ed. Hong Kong; New York: Columbia Univ. Pr. , 1993.

Strabo 1988

Strabo. *Geography*. With an English translation by H. L. Jones. 8 vols. Loeb Classical Library, Cambridge, MA: Harvard Univ. Pr. , 1988.

Wylie 1881-82

Alexander Wylie, tr. "Notes on the Western Regions. Translated from the 'Tseen Han Shoo,' Book 96, Part 1. " *The Journal of the Anthropological Institute of Great Britain and Ireland* 10 (1881): 20-73; [Part 2] 11 (1882): 83-115.

Yu 2005

Yu Taishan 余太山. *Lianghan weijin nanbeichao zhengshi xiyuzhuan yaozhu* 两汉魏晋南北朝正史西域传要注 [Annotations to the descriptions of the West Regions in the official histories of the following dynasties: the Former Han, the Later Han, Wei, Jin and the Period of Disunity]. Beijing: Zhonghua shuju, 2005.

Yu 2012

—. *Saizhong shi yanjiu* 塞种史研究 [A study on the History of Sai Races]. Beijing: Shangwu yinshuguan, 2012.

"Some Notes on Dayuezhi, Daxia, Guishuang, and Dumi in Chinese Sources," *The Silk Road*, 14 (2016), pp. 97-105.

征引文献

古典书目(含汉译)

Aeschylus, *Persians*, with an English translation by Charles Darwin Adams, Cambridge, Mass. : Harvard University Press, 1922.

Appian, *Roman History*, with an English translation by Horace White, Cambridge, Mass. : Harvard University Press, 1912.

Arrian, *Anabasis of Alexander*, *Indica*, with an English translation by P. A. Brunt, Cambridge, Mass. : Harvard University Press, 1983.

Claudius Ptolemy, *The Geography*, translated and edited by Edward Luther Stevenson, New York, 1932(the Dover Edition, 1991).

Davids, T. W. Rhys, trans. , *The Questions of King Milinda*, Oxford: The Clarendon Press, 1890-1894.

Dio Cassius, *Roman History*, with an English translation by Earnest Cary, Cambridge, Mass. : Harvard University Press, 1925.

Diodorus Siculus, *The Library of History*, with an English translation by C. H. Oldfather et al. , Cambridge, Mass. : Harvard University Press, 1933.

Herodotus, *The Histories*, with an English translation by A. D. Godley, Cambridge, Mass. : Harvard University Press, 1920-1925.

Homer，*Homeric Hymns*，edited and translated by Martin L. West，Cambridge，Mass.：Harvard University Press，2003.

Homer，*Iliad*，with an English translation by A. T. Murray，Cambridge，Mass.：Harvard University Press，1924.

Horace，*Satires*，*Epistles and Ars poetica*，with an English translation by H. Rushton Fairclough，Cambridge，Mass.：Harvard University Press，1929.

Horner，I. B.，trans.，*Milinda's Questions*，London：Luzac & Company，Ltd.，1964.

Isidore，*Parthian Stations*，The Greek text with a translation and commentary by Wilfred H. Schoff，London edition，1914.

Isocrates，*To Philip*，with an English translation by George Norlin，Cambridge，Mass.：Harvard University Press，1928.

Josephus，*Jewish Antiquities*，with an English translation by Ralph Marcus，Cambridge，Mass.：Harvard University Press，1930.

Justin，*Epitome of the Philippic History of Pompeius Trogus*，translated by J. C. Yardley，Atlanta，GA.：Scholars Press，1994.

Marcus Junianus Justinus，*Epitome of Pompeius Trogus' "Philippic Histories"*，translated with notes，by Rev. J. S. Watson，London，1853.

Philostratus，*The Life of Apollonius of Tyana*，with an English translation by Arthur Fairbanks，Cambridge，Mass.：Harvard University Press，1912.

Pliny，*Natural History*，translated by John Bostock，H. T. Riley，London：George Bell & Sons，1856.

Pliny，*Natural History*，with an English translation by H. Rackham，Cambridge，Mass.：Harvard University Press，1942.

Plutarch，"On the Fortune or the Virtue of Alexander，"*Moralia*，with an English translation by Frank Cole Babbitt，Cambridge，Mass.：Harvard University Press，1959.

Plutarch，"Precepts of Statecraft，"*Moralia*，with an English translation by Harold North Fowler，Cambridge，Mass.：Harvard University Press，1936.

Plutarch，"The Divine Vengeance，"*Moralia*，with an English

translation by Philip H. De Lacy and Benedict Einarson, Cambridge, Mass. : Harvard University Press, 1959.

Plutarch, *Alexander*, with an English translation by Bernadotte Perrin, Cambridge, Mass. : Harvard University Press, 1919.

Plutarch, *Artaxerxes*, with an English translation by Bernadotte Perrin, Cambridge, Mass. : Harvard University Press, 1926.

Plutarch, *Crassus*, with an English translation by Bernadotte Perrin, Cambridge, Mass. : Harvard University Press, 1916.

Polybius, *The Histories*, with an English translation by W. R. Paton, Cambridge, Mass. : Harvard University Press, 1922.

Quintus Curtius, *History of Alexander*, with an English translation by John C. Rolfe, Cambridge, Mass. : Harvard University Press, 1946.

Strabo, *Geography*, with an English translation by Horace Leonard Jones, Cambridge, Mass. : Harvard University Press, 1928.

Strabo, *Strabonis Geographica*, recogn. Augustus Meineke, Lipsiae: Aedibus B. G. Teubneri, 1877.

Strabo, *Strabonis Rerum Geographicarum*, Wilhelm Xylander and Johann Philipp Siebenkees, edited, Lipsiae: Libraria Weidmannia, 1806.

Tacitus, *The Annals*, with an English translation by John Jackson, Cambridge, Mass. : Harvard University Press, 1937.

[古希腊]阿里安著,李活译:《亚历山大远征记》,北京:商务印书馆,1985 年。

[古希腊]希罗多德著,王以铸译:《历史》,北京:商务印书馆,1985 年。

[古希腊]修昔底德著,谢德风译:《伯罗奔尼撒战争史》,北京:商务印书馆,1985 年。

中文典籍(含英译)

(西汉)司马迁:《史记》,北京:中华书局,1982 年。

(东汉)班固:《汉书》,北京:中华书局,1962 年。

(南朝·宋)范晔:《后汉书》,北京:中华书局,1965 年。

(西晋)陈寿:《三国志》,北京:中华书局,1959 年。

（北齐）魏收：《魏书》，北京：中华书局，1974 年。

（唐）姚思廉：《梁书》，北京：中华书局，1973 年。

（唐）李延寿：《北史》，北京：中华书局，1974 年。

（唐）魏徵等：《隋书》，北京：中华书局，1979 年。

（西汉）刘歆：《山海经》，北京：北京燕山出版社，2001 年。

（唐）玄奘、辩机著，季羡林等校注：《大唐西域记校注》，北京：中华书局，2000 年。

《大正新修大藏经》，台北：台北市佛陀教育基金会，1990 年。

Hirth, F. , "The Story of Chang K'ién, China's Pioneer in Western Asia：Text and Translation of Chapter123 of Ssï-Ma Ts'ién's Shï-Ki," Journal of the American Oriental Society, Vol. 37(1917), pp. 89-152.

Hulsewé, A. F. P. , China in Central Asia：the Early Stage：125B. C. -A. D. 23, Leiden：E. J. Brill, 1979.

Sima Qian, Records of the Grand Historian：Han Dynasty I-II, revised version, trans. Burton Watson, Hong Kong, NewYork：Columbia University Press, 1993.

中文译作

[法]伯希和撰：《中亚史地丛考》，见冯承钧译：《西域南海史地考证译丛》（第一卷），北京：商务印书馆，1995 年。

[日]宫治昭著，李静杰译：《近年来关于佛像起源问题的研究状况》，《敦煌研究》2000 年第 2 期。

[巴基斯坦]艾哈默德·哈桑·达尼著，刘丽敏译：《历史之城塔克西拉》，北京：中国人民大学出版社，2005 年。

[巴基斯坦]穆罕默德·瓦利乌拉·汗著，陆水林译：《犍陀罗艺术》，北京：商务印书馆，1997 年。

[德]夏德著，朱杰勤译：《大秦国全录》，北京：商务印书馆，1964 年。

[法]F. 葛乐耐撰，王楠译：《关于月氏五翎侯地点的新材料》，《西域文史》第 7 辑，2012 年。

[法]R. 格鲁塞著，常书鸿译：《从希腊到中国》，杭州：浙江人民美术出版社，1985 年。

[法]奥斯蒙德·波比拉赫奇撰,杨巨平、王杨译:《亚历山大大帝与印度—希腊君主们的钱币肖像》,《四川大学学报》2018年第3期。

[法]保罗·佩迪什著,蔡宗夏译:《古代希腊人的地理学》,北京:商务印书馆,1983年。

[法]伯希和:《犁轩为埃及亚历山大城说》(《通报》1915年),收入冯承钧译:《西域南海史地考证译丛》第2卷第7编,北京:商务印书馆,1995年,第34—35页。

[法]伯希和:《那先比丘经中诸名考》(《亚洲报》1914年9、10月刊),见普纪吕斯基著,冯承钧译:《佛学研究》,上海:商务印书馆,1935年,第101—118页。

[法]福歇著,王平先、魏文捷译:《佛教艺术的早期阶段——印度和中亚学考古论文集》,兰州:甘肃人民出版社,2008年。

[法]戈岱司编,耿昇译:《希腊拉丁作家远东古文献辑录》,北京:中华书局,2001年。

[法]雷奈·格鲁塞著,常任侠、袁音译:《东方的文明》,北京:中华书局,1998年。

[法]沙畹著,冯承钧译:《中国之旅行家》,上海:商务印书馆,1926年。

[美]韩森著,张湛译:《丝绸之路新史》,北京:北京联合出版公司,2015年。

[美]劳费尔著,林筠因译:《中国伊朗编》,北京:商务印书馆,2001年。

[日]白鸟库吉著,傅勤家译:《康居粟特考》,上海:商务印书馆,1936年。

[日]白鸟库吉著,王古鲁译:《塞外史地论文译丛》(上、下),太原:山西人民出版社,2015年。

[日]桑原隲藏著,杨鍊译:《张骞西征考》,上海:商务印书馆,1934年。

[日]藤田丰八著,杨鍊译:《西域研究》,上海:商务印书馆,1935年。

[日]藤田丰八等著,杨鍊译:《西北古地研究》,上海:商务印书馆,1935年。

[苏]M. H. 鲍特文尼克等编著,黄鸿森、温乃铮译:《神话词典》,北京:商务印书馆,1985 年。

[苏]波德纳尔斯基编,梁昭锡译:《古代的地理学》,北京:商务印书馆,1986 年。

[匈]雅诺什·哈尔马塔主编,徐文堪、芮传明译:《中亚文明史》第二卷,北京:中国对外翻译出版公司,2002 年。

[伊朗]贾利尔·杜斯特哈赫选编,元文琪译:《阿维斯塔——琐罗亚斯德圣书》,北京:商务印书馆,2005 年。

[意]多米尼克·法切那、安娜·菲力真齐著,魏正中、王姝婧、王倩译:《犍陀罗石刻术语分类汇编》,上海:上海古籍出版社,2014 年。

[意]卡列宁、菲利真齐、奥里威利编著,魏正中、王倩编译:《犍陀罗艺术探源》,上海:上海古籍出版社,2015 年

[英]H. 裕尔撰,[法] H. 考迪埃修订,张绪山译:《东域纪程录丛》,昆明:云南人民出版社,2002 年。

[英]奥雷尔·斯坦因著,巫新华等译:《古代和田——中国新疆考古发掘的详细报告》,济南:山东人民出版社,2009 年。

[英]奥雷尔·斯坦因著,中国社会科学院考古研究所译:《西域考古图记》(全五卷),桂林:广西师范大学出版社,1998 年。

[英]奥雷尔·斯坦因著,巫新华等译:《亚洲腹地考古图记》(全五卷),桂林:广西师范大学出版社,2004 年。

[英]克力勃撰,姚朔民编译:《和田汉佉二体钱》,《中国钱币》1987年第 2 期。

[英]苏珊·伍德福德著,钱乘旦译:《剑桥艺术史:古希腊罗马艺术》,南京:译林出版社,2009 年。

[英]约翰·马歇尔著,秦立彦译:《塔克西拉》(三卷本),昆明:云南人民出版社,2002 年。

[英]约翰·马歇尔著,许建英译:《犍陀罗佛教艺术》,乌鲁木齐:新疆美术摄影出版社,1999 年。

[英]F. W. 沃尔班克、A. E. 阿斯廷等编,杨巨平等译:《剑桥古代史》第七卷第一分册,北京:中国社会科学出版社,2021 年。

巴宙译:《南传弥兰王问经》,北京:中国社会科学出版社,1997 年。

郭哲彰译:《南传大藏经(63)弥兰王问经》(上),高雄:元亨寺妙林出版社,1997年。

季羡林译:《罗摩衍那(一)》,《季羡林文集》第十七卷,南昌:江西教育出版社,1995年。

张星烺编注,朱杰勤校订:《中西交通史料汇编》第一册,北京:中华书局,1977、2003年。

中文论著

(一)著作

敦煌文物研究所编:《中国石窟:敦煌莫高窟》,北京:文物出版社,2011年。

敦煌文物研究所编著:《中国石窟·敦煌莫高窟》第一卷,北京:文物出版社,1982年。

敦煌研究院编:《敦煌石窟全集》第一卷《莫高窟第266—275窟考古报告》,北京:文物出版社,2011年。

方广锠:《汉译〈那先比丘经〉译本译时考》,《世界宗教研究》1981年第3期。

方豪:《中西交通史》,长沙:岳麓书社,1987年。

冯承钧:《西域南海史地考证译丛》,北京:商务印书馆,1995年。

龚缨晏:《20世纪黎轩、条支和大秦研究述评》,《中国史研究动态》2002年第8期。

韩森:《丝绸之路贸易对吐鲁番地方社会的影响:公元500—800年》,荣新江等主编:《粟特人在中国》(《法国汉学》第十辑),北京:中华书局,2005年。

韩翔、朱英荣:《龟兹石窟》,乌鲁木齐:新疆大学出版社,1990年。

季羡林:《中印文化关系史论文集》,北京:生活·读书·新知三联书店,1982年。

姜伯勤:《中国祆教艺术史研究》,北京:生活·读书·新知三联书店,2004年。

李铁生编著:《古中亚币》,北京:北京出版社,2008年。

李铁生编著:《古波斯币》,北京:北京出版社,2006年。

李铁生编著：《古希腊币》，北京：北京出版社，2013年。

李铁生：《古希腊罗马币鉴赏》，北京：北京出版社，2001年。

林梅村：《松漠之间：考古新发现所见中外文化交流》，北京：生活·读书·新知三联书店，2007年。

荣新江：《中古中国与外来文明》，北京：生活·读书·新知三联书店，2001年。

荣新江、李孝聪主编：《中外关系史：新史料与新研究》，北京：科学出版社，2004年。

山西省考古研究所、太原市文物考古研究所、太原晋源区文物旅游局：《太原隋虞弘墓》，北京：文物出版社，2005年。

上海博物馆编：《上海博物馆藏丝绸之路古代国家钱币》，上海：上海书画出版社，2006年。

苏北海：《丝绸之路——龟兹研究》，乌鲁木齐：新疆人民出版社，2010年。

汤用彤：《汉魏两晋南北朝佛教史》，北京：北京大学出版社，1991年。

王治来：《中亚史纲》，长沙：湖南教育出版社，1986年。

魏庆征编：《古代伊朗神话》，太原：北岳文艺出版社、山西人民出版社，1999年。

新疆维吾尔自治区博物馆编：《新疆维吾尔自治区博物馆》，北京：文物出版社，1991年。

杨巨平：《碰撞与交融——希腊化时期的历史与文化》，北京：中国社会科学出版社，2018年。

杨巨平主编：《古国文明与丝绸之路》，北京：中国社会科学出版社，2021年。

余太山：《两汉魏晋南北朝正史西域传要注》，北京：中华书局，2005年。

余太山：《塞种史研究》，北京：中国社会科学出版社，1992年。

余太山：《塞种史研究》，北京：商务印书馆，2012年。

（二）论文

安阳市博物馆：《唐杨偘墓清理简报》，《文物资料丛刊》1982年第6期。

出土文物展览工作组:《无产阶级文化大革命期间出土文物展览简介》,《文物》1972 年第 1 期。

初师宾:《甘肃靖远新出东罗马鎏金银盘略考》,《文物》1990 年第 5 期。

姜伯勤:《北周粟特人史君石堂图像考察》,《艺术史研究》(第 7 辑),广州:中山大学出版社,2007 年。

黎北岚:《祆神崇拜:中国境内的中亚聚落信仰何种宗教?》,荣新江等主编:《粟特人在中国》(《法国汉学》第十辑),北京:中华书局,2005 年。

林梅村:《公元 100 年罗马商团的中国之行》,《中国社会科学》1991 年第 4 期。

林梅村:《稽胡史迹考——太原新出隋代虞弘墓志的几个问题》,《中国史研究》2002 年第 1 期。

林梅村:《再论汉佉二体钱》,《中国钱币》1987 年第 4 期。

刘波:《敦煌与阿姆河流派美术图案纹样比较研究》,《敦煌研究》2000 年第 3 期。

罗丰:《一件关于柔然民族的重要史料——隋〈虞弘墓志〉考》,《文物》2002 年第 6 期。

C.И.鲁金科:《论中国与阿尔泰部落的古代关系》,《考古学报》1957 年第 2 期。

马雍、王炳华:《公元前七至二世纪的中国新疆地区》,《中亚学刊》第三辑,中华书局,1990 年。

莫任南:《中国和欧洲的直接交往始于何时》,《中外关系史论丛》第一辑,北京:世界知识出版社,1985 年。

荣新江:《隋及唐初并州的萨宝府及粟特部落》,载荣新江:《中古中国与外来文明》,北京:生活·读书·新知三联书店,2001 年。

山西省考古所、大同市博物馆:《大同南郊北魏墓群发掘简报》,《文物》1992 年第 8 期。

山西省考古研究所、太原市考古研究所、太原市晋源区文物旅游局:《太原隋代虞弘墓清理简报》,《文物》2001 年第 1 期。

山西省考古研究所、太原市文物考古研究所:《太原北齐徐显秀墓发掘简报》,《文物》2003 年第 10 期。

山西省文物管理委员会、山西省考古研究所：《山西长治北槽唐墓》，《考古》1962 年第 2 期。

陕西省考古研究所：《西安发现的北周安伽墓》，《文物》2001 年第 1 期。

施安昌：《北齐徐显秀、娄叡墓中的火坛和礼器》，《故宫博物院院刊》2004 年第 6 期。

山西省考古研究所、太原市文物管理委员会：《太原市北齐娄睿墓发掘简报》，《文物》1983 年第 10 期。

施安昌：《六世纪前后中原文物叙录》，载荣新江、李孝聪主编：《中外关系史：新史料与新研究》，北京：科学出版社，2003 年。

孙莉：《萨珊银币在中国的分布及其功能》，《考古学报》2004 年第 1 期。

孙培良：《略谈大同市南郊出土的几件银器和铜器》，《文物》1977 年第 9 期。

孙培良：《斯基泰贸易之路和古代中亚的传说》，《中外关系史论丛》第一辑，北京：世界知识出版社，1985 年。

孙毓棠：《安息与乌弋山离》，《文史》第 5 辑，北京：中华书局，1978 年。

孙毓棠：《条支》，《文史》第 6 辑，北京：中华书局，1979 年。

王丁：《南太后考》，载荣新江等主编：《粟特人在中国》（《法国汉学》第十辑），北京：中华书局，2005 年。

王敏之等：《河北献县唐墓清理简报》，《文物》1990 年第 5 期。

吴焯：《克孜尔石窟壁画裸体问题初探》，《中亚学刊》第 1 辑，北京：中华书局，1983 年。

吴震：《吐鲁番晋—唐墓葬出土文书概述》，《文物》1977 年第 3 期。

西安市文物保护所：《西安北周凉州萨保史君墓发掘简报》，《文物》2005 年第 3 期。

夏鼐：《北魏封和突墓出土萨珊银盘考》，《文物》1983 年第 8 期。

夏鼐：《"和阗马钱"考》，《文物》1962 年第 7、8 合期。

谢明良：《希腊美术的东渐？——从河北献县唐墓出土陶武士俑谈起》，《故宫文物月刊》15 卷第 7 期，1997 年。

信力行:《定县南关唐墓发掘报告》,《文物资料丛刊》1982 年第 6 期。

邢义田:《赫拉克勒斯在东方》,载荣新江、李孝聪主编:《中外关系史:新史料与新研究》,北京:科学出版社,2004 年。

徐朗:《"丝绸之路"概念的提出与拓展》,《西域研究》2020 年第 1 期。

许新国:《青海都兰出土吐蕃太阳神图案织锦考》,《中国藏学研究》1997 年第 3 期。

杨共乐:《〈那先比丘经〉中的"大秦国"和"阿荔散"考》,《世界历史》2004 年第 5 期。

杨共乐:《"丝绸之路"研究中的几个问题》,《北京师范大学学报(社会科学版)》1997 年第 1 期。

杨巨平:《"Soter Megas"考辨》,《历史研究》2009 年第 4 期。

杨巨平:《阿伊·哈努姆遗址与"希腊化"时期东西方诸文明的互动》,《西域研究》2007 年第 1 期。

杨巨平:《传闻还是史实——汉史记载中有关西域希腊化国家与城市的信息》,《西域研究》2019 年第 3 期。

杨巨平:《两汉中印关系考——兼论丝路南道的开通》,《西域研究》2013 年第 4 期。

杨巨平:《弥兰王还是米南德?——〈那先比丘经〉中的希腊化历史信息考》,《世界历史》2016 年第 5 期。

杨巨平:《娜娜女神的传播与演变》,《世界历史》2010 年第 5 期。

杨巨平:《帕提亚王朝的"爱希腊"情结》,《中国社会科学》2013 年第 11 期。

杨巨平:《希腊化还是印度化——"Yavanas"考》,《历史研究》2011 年第 6 期。

杨巨平:《亚历山大东征与丝绸之路开通》,《历史研究》2007 年第 4 期。

杨巨平:《远东希腊化文明的文化遗产及其历史定位》,《历史研究》2016 年第 5 期。

杨军凯:《西安北周史君墓石椁画像初探》,荣新江等主编:《粟特人在中国》(《法国汉学》第十辑),北京:中华书局,2005 年。

余太山：《〈那先比丘经〉所见"大秦"及其它》，《欧亚学刊》总第 9 辑，2007 年。

余太山：《新发现的腊跋闷柯铭文和〈后汉书·西域传〉有关阎膏珍的记载》，《新疆文物》2003 年第 3—4 辑。

余太山：《鱼国渊源臆说》，《史林》，2002 年第 3 期。

月氏：《汉佉二体钱（和田马钱）研究概况》，《中国钱币》1987 年第 2 期。

詹义康：《贵霜王衔研究》，《江西社会科学》1994 年第 9 期。

张庆捷、常一民：《北齐徐显秀墓出土的嵌蓝宝石金戒指》，《文物》2003 年第 10 期。

张绪山：《百余年来黎轩、大秦研究综述》，《中国史研究动态》2005 年第 3 期。

张绪山：《甘英西使大秦获闻希腊神话传说考》，《史学月刊》2003 年第 12 期。

张绪山：《关于"公元 100 年罗马商团到达中国"问题的一点思考》，《世界历史》2004 年第 2 期。

赵丰：《魏唐织锦中的异域神祇》，《考古》1995 年第 2 期。

周伟洲：《隋虞弘墓志释证》，载荣新江、李孝聪主编：《中外关系史：新史料与新研究》，北京：科学出版社，2004 年。

外文论著

Alram, M. and Deborah E. Klimburg-Salter, eds. , Coins, Art and Chronology: Essays on the Pre-Islamic History of the Indo-Iranian Borderlands, Vienna: Sterreichischen Akademie der Wissenschaften, 1999.

Assar, G. R. F. , "Parthian Calendars at Babylon and Seleucia on the Tigris," Iran, Vol. 41(2003), pp. 171-191.

Azarpay, G. , "Nana, the Sumero-Akkadian Goddess of Transoxiana," Journal of the American Oriental Society, Vol. 96, No. 4(Oct. - Dec. 1976), pp. 536-542.

Azarpay, G. , "Nine Inscribed Choresmian Bowls," Artibus Asiae, Vol. 31, No. 2/3, 1969, pp. 185-203.

Azarpay, G. , Sogdian Painting: the Pictorial Epic in Oriental Art,

Berkeley: University of California Press, 1981.

　　Banerjee, G. N. , *Hellenism in Ancient India* , Delhi: Munshiram Manoharlal Publishers Pvt. Ltd, 1920.

　　Banerjee, G. , *India as Known to the Ancient World* , London: Oxford University Press, 1921.

　　Bar-Ilan, M. , *PARCHMENT* , http://faculty. biu. ac. il/~ barilm/ parchmen. htm.

　　Barrett, Caitlin E. , "Was Dust Their Food and Clay Their Bread? Grave Goods, the Mesopotamian Afterlife, and the Liminal Role of Inana/Ishtar,"*Journal of Ancient Near Eastern Religion* , Vol. 7(2007), pp. 7-65.

　　Bayer, Theophilus, *Historia Regni Graecorum Bactriani* , St. Petersburg: Academia Scientiarum, 1738.

　　Beckwith, C. I. , *Empires of the Silk Road: A History of Central Eurasia from the Bronze Age to the Present* , Princeton: Princeton University Press, 2009.

　　Benjamin, C. , *The Yuezhi: Origin, Migration and Conquest of Northern Bactria* , Turnhout: Brepols, 2007.

　　Bernard, P. , "Ai Khanum on the Oxus: A Hellenistic City in Central Asia,"*Proceedings of the British Academy* , Vol. 53(1967), pp. 71-95.

　　Bernard, P. , "The Greek Kingdoms of Central Asia," in Janos Harmatta et al. ed. , *History of Civilizations of Central Asia II* , Paris: UNESCO Publishing, 1994.

　　Bernard, P. , "An Ancient Greek City in Central Asia," *Scientific American* , Vol. 246(Jan. 1982), pp. 148-159.

　　Bieber, M. , "The Portraits of Alexander," *Greece and Rome* , 2nd Ser. , Vol. 12, No. 2, *Alexander the Great* (Oct. 1965), pp. 183-188.

　　Biel, J. , Treasure *from a Celtic Tomb* , National Geographic, Vol. 157, No. 3, March 1980, pp. 428-438.

　　Bivar, A. D. H. , "Review: [untitled]," *Bulletin of the School of Oriental and African Studies* , University of London, Vol. 35, No. 1, 1972, pp. 170-171.

Boardman, J. , *The Greeks in Asia*, London: Thames & Hudson, 2015.

Bongard-Levin, G. M. , *Ancient Indian Civilization*, New Delhi: Arnold-Heinemann Publishers, 1985.

Bopearachchi, O. , "Recent discoveries of coin hoards from Central Asia and Pakistan: new numismatic evidence on the pre-Kushan history of the Silk Road," Unesco Knowledge Bank.

Bopearachchi, O. , "Some Observations on the Chronology of the Early Kushans," *Res Orientales*, Vol. XVII (2007) , pp. 41-53.

Bopearachchi, O. , *Ancient Indian Coins*, Brépols, Turnhout: Belgique, 1998.

Bopearachchi, O. , *Catalogue of Indo-Greek, Indo-Scythian and Indo-Parthian Coins of the Smithsonian Institution*, Washington D. C. , 1993.

Bopearachchi, O. , *From Bactria to Taprobane*, Vol. I: *Central Asian and Indian Numismatics*, New Delhi: Manohar Publishers, 2015.

Bopearachchi, O. , *Monnaies gréco-bactriennes et indo-grecques*, Catalogue raisonné, Paris: Bibliothèque Nationale, 1991.

Bopearachchi, O. , *Pre-Kushana Coins in Pakistan*, Karachi (Pakistan): Mughal Print. & packaging (Pvt) Ltd. , 1995.

Bopearachchi, O. , *Sylloge Nummorum Graecorum, Graeco-Bactrian and Indo-Greek Coins*, The Collection of the American Numismatic Society, Part 9, New York: The American Numismatic Society, 1998.

Boyce, M. , *A History of Zoroastrianism*, Vol. II, Leiden: E. J. Brill, 1982.

Buchthal, H. , "The Western Aspects of Gandhara Sculpture," *Proc. of the Britsh Academy of British*, 1945.

Buchthal, H. , "The Foundations for a Chronology of Gandhara Sculpture," *Trans. of the Oriental Ceramic Society*, Vol. 19 (London 1942-43) , 1944, pp. 21-30.

Burstein, S. M. , *The Hellenistic Age from the Battle of Ipsos to the Death of Kleopatra VII*, Cambridge: Cambridge University Press, 1985.

Cambon, P. , directed, *Hidden Afghanistan*, in collaboration with Jean-François Jarrige; with scientific contributions by Paul Bernard and

Véronique Schiltz, Amsterdam: Nieuwe Kerk, 2007.

Carradice, I. and Martin Price, *Coinage in the Greek World*, London: B. A. Seaby Ltd. , 1988.

Cary, M. , *A History of the Greek World*, London: Methuen & Co. LTD. , 1959.

Casson, L. , *Periplus Maris Erythraei: Text with Introduction, Translation and Commentary*, Princedon, New Jersey: Princeton University Press, 1989.

Cocke, W. , "First Wine? Archaeologist Traces Drink to Stone Age, " *National Geographic News*, July 21, 2004. http://news. nationalgeographic. com/news/2004/07/0721_040721_ancientwine. html.

Cohen, G. M. , *The Seleucid Colonies: Studies in Founding, Administration and Organization*, Wiesbaden: Steiner, 1978.

Cohen, G. M. , *The Hellenistic Settlements in the East from Armenia and Mesopotamia to Bactria and India*, Berkeley and Los Angeles: University of California Press, 2013.

Colledge, M. A. R. , *The Parthians*, London: Thames and Hudson, 1967.

Coomaraswamy, A. , "The Indian Origin of the Buddha Image, " *Journal of the American Oriental Society*, Vol. 46(1926) , pp. 165-170.

Coomaraswamy, Ananda K. , "The Origin of the Buddha Image, " *The Art Bulletin*, Vol. 4(1927) , pp. 287-329.

Cribb J. & Georgina Herrmann, eds. , *Alexander: Central Asia before Islam*, published for the British Academy by Oxford University Press, 2007.

Cribb, J. "Greekness after the End of the Bactrian and Indo-Greek Kingdoms, " in Rachel Mairs, edited, *The Graeco-Bactrian and Indo-Greek World*, Abingdon, Oxon: Routledge, 2021, pp. 675-677.

Cribb, J. "The Early Kushan Kings: New Evidence for Chronology. Evidence from the Rabatak Inscription of Kanishka I, " in Michael Alram and Deborah E. Klimburg-Salter, edited, *Coins, Art and Chronology: Essays on the Pre-Islamic History of the Indo-Iranian Borderlands*, Vienna: Sterreichischen Akademie der Wissenschaften, 1999.

Cribb, J. "The Origin of the Buddha Image—the numismatic

evidence," *South Asian Archaeology*, 1981 (Cambridge 1984), pp. 231-244.

Cribb, J. and G. Herrmann, eds. , *After Alexander: Central Asia before Islam*, Oxford University Press, 2007.

Cribb, J. , "Money as a Marker of Cultural Continuity and Change in Central Asia," in Joe Cribb & Georgina Herrmann, eds. , *After Alexander: Central Asia before Islam*, Oxford University Press, 2007, pp. 333-375.

Cribb, J. , "The Sino-Kharosthi Coins of Khotan. Their Attribution and Relevance to Kushan Chronology" (Part 1), *The Numismatic Chronicle*, Vol. 144 (1984), pp. 128-152; (Part 2), *The Numismatic Chronicle*, Vol. 145(1985), pp. 136-149.

Cribb, J. , "The Soter Megas Coins of the First and Second Kushan Kings, Kujula Kadphises and Wima Takto," *Gandhāran Studies*, Vol. 8 (2014), pp. 79-140.

Cutis, V. S. and Sarah Stewar, eds. , *The Age of the Parthians*, New York: I. B. Tauris & Co Ltd, 2007.

Dabrowa, E. , *Studia Graeco-Parthica: Political and Cultural Relations between Greeks and Parthians*, Wiesbaden: Otto Harrassowitz GmbH & Co. KG, 2011.

Debevoise, N. C. , *A Political History of Parthia*, Chicago: The University of Chicago Press, 1938.

Dhammika, V. S. , *The Edicts of King Ashoka*, Kandy, Sri Lanka: Budhist Publication Society, 1993.

Dien, A. E. , "Palmyra as a Caravan City," *The Silk Road*, No. 2 (2004), pp. 21-28.

Downey, C. , *A History of Antioch in Syria from Seleucus to the Arab Conquest*, Princeton, N. J. : Princeton University Press, 1961.

Errington, E. and Joe Cribb with Maggie Claringbull, eds. , *The Crossroads of Asia: Transformation of Image and Symbol in the Art of Ancient Afghanistan and Pakistan*, Cambridge: The Ancient India and Iran Trust, 1992.

Ferguss, R. J. , "Rome and Parthia: Power Politics and Diplomacy across Cultural Frontier," *Center for East - West Cultural and Economic Studies* (CEWCES) Research Paper, No. 12, December 2005, Bond University.

Foucher, A. , *L'Art gréco-bouddhique du Gandhāra*, 3 volumes, Paris: Imprimerie Nationale, 1905, 1918 & 1922.

Foucher, A. , *The Beginnings of Buddhist Art and Other Essays in Indian and Central-Asian Archaeology*, Paris/London: Paul Geuthner/ Humphrey Milford, 1917.

Fox, R. L. , *Alexander the Great*, London: Futura Publications Limited, 1975.

Francfort, H. P. *Les Palette du Gandhara*, Paris: De Boccard, 1979.

Franck, I. M. and D. M. Brownstone, *The Silk Road: A History*, New York: Facts on File Publications, 1986.

Fraser, P. M. , *Cities of Alexander the Great*, Oxford: Clarendon Press, 1996.

Frye, R. N. , *The History of Ancient Iran*, Munchen: Beck, 1984.

Fussman, G. , "L'inscription de Rabatak et L'origine de L'ere Saka," *Journal Asiatique*, 1998, pp. 571-651.

Ganguli, K. M. , trans. , *The Mahabharata of Krishna-Dwaipayana Vyasa*, at the internet Sacred Text Archive, Biblio Bazaar, 2009.

Geiger, W. , trans. (from Pali), *Mahavamsa*, Colombo: Ceylon Government Information Dept. , 1912.

Ghose, M. , "Nana: the Original Goddess on the Lion," *Journal of Inner Asian Art and Archaeology*, Vol. 1 (2006), pp. 97-112.

Gonda, J. , "Tarn's Hypothesis on the Origin of the Milindapanha," *Mnemosyne*, Vol. 2, Fasc. 1 (1949), pp. 44-62.

Grenet, F. , "Maracanda/Samarkand, une métropole pré-mongole. Sources écrites et archéologie," *Annales. Histoire, Sciences Sociales* 2004/5 (59e année), pp. 1056-1058.

Grenet, F. , "Nouvelles données sur la localisation des cinq Yabghus des Yuezhi. L'arrière plan politique de l'itinéraire des marchands des

Maès Titianos," *Journal Asiatique*, 294/2(2006), pp. 325-341.

Grenet, F. and B. Marshak, "Le mythe de Nana dans l'art de la Sogdiane," *Arts Asiatiques* 53, 1998, pp. 5-18.

Grenet, F. , SAMARQAND i. HISTORY AND ARCHEOLOGY, last updated: July 20, 2002. http://www. iranicaonline. org/articles/samarqand-i.

Grierson, G. A. "The Birthplace of Bhakti," *Journal of the Royal Asiatic Society of Great Britain and Ireland*, Jul. 1911, pp. 800-801.

Guillaume, O. , *Studies in History*, 9, 2(n. s), 1993, pp. 292-294.

Hammond, N. G. L. , "The Branchidae at Didyma and in Sogdiana," *The Classical Quarterly*, New Series, Vol. 48(1998), No. 2, pp. 339-344.

Hansen, V. , *The Silk Road: A New History*, New York: Oxford University Press, 2012.

Harmatta, J. , ed. , *History of Civilizations of Central Asia*, Vol. II, The Development of Sedentary and Nomadic Civilizations, UNESCO, 1994.

Hartz, P. R. , *Zoroastrianism*, New York: Facts on Files Inc, 1999.

Head, B. V. , *A Catalogue of the Greek Coins in the British Museum*, Macedonia, Etc. , London: printed by Order of the Trustees, 1879.

Hill, J. E. , *Through the Jade Gate to Rome: A Study of the Silk Routes during the Later Han Dynasty 1st to 2nd Centuries CE*, Lexington KY, 2010.

Hill, J. E. , *Through the Jade Gate-China to Roma: A Study of the Silk 1st to 2nd Centuries CE*, San Bernardino: John E. Hill, 2015.

Hirth, F. , *China and the Roman Orient: Researches into Their Ancient and Medieval Relations as Represented in Old Chinese Records*, Leipsic & Munich: Georg Hirth; Shanghai & Hongkong: Kelly & Walsh, 1885.

Holt, F. L. , *Alexander the Great and Bactria*, Leiden: E. J. Brill, 1989.

Holt, F. L. , *Alexander the Great and the Mystery of the Elephant Medallions*, Berkeley: University of California Press, 2003.

Holt, F. L. , *Into the Land of Bones: Alexander the Great in Afghanistan*, Berkeley: University of California Press, 2005.

Holt, F. L. , *Lost World of the Golden King*, Berkeley: University of California Press, 2012.

Holt, F. L. , *Thundering Zeus: The Making of Hellenistic Bactria*, Berkeley: University of California Press, 1999.

Hornblower, S. , et al. , eds. , *The Oxford Classical Dictionary* (Fourth Edition), Oxford: Oxford University Press, 2012.

Hudson, G. F. , *Europe and China*, London: Arnold & Co. , 1931.

Ingholt, H. , *Gandharan Art in Pakistan*, New York: Pantheon Books, 1957.

Jairazbhoy, R. A. , *Foreign Influence in Ancient India*, Bombay, New York: Asia Pub. House, 1963.

Johnston, E. H. , "Demetrius in Sind?" *Journal of the Royal Asiatic Society of Great Britain and Ireland*, No. 2(Apr. 1939), pp. 217-240.

Jongeward, D. and J. Cribb with Peter Donovan, *Kushan, Kushano-Sasanian, and Kidarite Coins*, New York: The American Numismatic Society, 2015.

Karttunen, K. , *India and the Hellenistic World*, Helsinki: The Finnish Oriental Society, 1997.

Kawami, T. S. , *Monumental Art of the Parthian Period in Iran*, Leiden: E. J. Brill, 1987.

Kouremenos, A. , Sujatha Chandrasekaran and Roberto Rossi, eds. , *From Pella to Gandhara: Hybridisation and Identity in the Art and Architecture of the Hellenistic East*, Oxford: Archaeopress, 2011.

Kuhrt, A. and S. Sherwin-White, eds. , *Hellenism in the East: The Interaction of Greek and Non-Greek Civilizations from Syria to Central Asia after Alexander*, Berkeley: University of California Press, 1987.

Kuhrt, A. & Susan Sherwin-White, *Hellenism in the East: The Interaction of Greek and Non-Greek Civilizations from Syria to Central Asia after Alexander*, London: Duckworth, 1987.

Laufer, B. , *Sino-Iranica: Chinese Contributions to the History of Civilization in Ancient Iran*, Chicago: Field Museum of Natural History, 1919.

Lemprière, J. , Lemprière's Classical Dictionary of Proper Names Mentioned in Ancient Authors: with a Chronological Table, London: Routledge & Kegan Paul, 1949.

Leriche, P. and S. Pidaev, "Termez in Antiquity, "in Joe Cribb and Georgina Herrmann, eds. , After Alexander: Central Asia before Islam, Oxford University Press, 2007.

Leriche, P. , ed. , La Bactriane au carrefour des routes et des civilisations de l'Asie centrale: Termez et les villes de Bactriane-Tokharestan, Paris: Maisonneuve et Larose, 2001.

Leriche, P. , "Bactria, Land of One Thousand Cities, "in Joe Cribb and G. Herrmann, eds. , After Alexander: Central Asia before Islam, Oxford University Press, 2007, pp. 121-153.

Lerner, J. D. , "The Eastern Baktria under Da Yuezhi Hegemony, "in Vidula Jayaswal, ed. , Glory of the Kushans: Recent Discoveries and Interpretations, New Delhi: Aryan Books International, 2012, pp. 79-86.

Lerner, J. D. , The Impact of Seleucid Decline on the Eastern Iranian Plateau, Stuttgart: Steiner, 1999.

Leslie, D. D. and K. H. J. Gardiner, "Chinese Knowledge of Western Asia during the Han, " T'oung Pao, Second Series, Vol. 68, Livr. 4/5 (1982), pp. 254-308.

Liddell, H. G. and Robert Scott, A Greek-English Lexicon, with a revised supplement, Oxford: Clarendon Press, 1996.

Lippolis, C. , "Parthian Nisa: Art and Architecture in the Homeland of the Arsacids, " in Pierre Leriche, Art et Civilizations de L'orient Hellénisé, Paris: Picard, 2014.

Litvinskii, B. A. and I. R. Pichikian, "The Hellenistic Architecture and Art of the Temple of the Oxus, "Bulletin of the Asia Institute, New Series, Vol. 8(1994), pp. 47-66.

Liu, Xinru, The Silk Road in World History, New York: Oxford University Press, 2010.

Luczanits, C. , Gandhara: Das Buddhistische Erbe Pakistans: Legenden, Klöster und Paradiese, Mainz: Verlag Philipp von

Zabern, 2008.

MacDowall, D. W. , "Soter Megas, the King of Kings, the Kushana," Journal of the Numismatic Society of India, 30(1968), pp. 28-55.

Mair, V. H. , Jane Hickman, Colin Renfrew, eds. , Reconfiguring the Silk Road: New Research on East-West Exchange in Antiquity, Philadelphia: University of Pennsylvania Press, 2014.

Mairs, R. , ed. , The Graeco-Bactrian and Indo-Greek World, Abingdon, Oxon: Routledge, 2021.

Mairs, R. , "The Places in Between: Model and Metaphor in the Archaeology of Hellenistic Arachosia," in Sujatha Chandrasekaran, Anna Kouremenos and Roberto Rossi, eds. , From Pella to Gandhara: Hybridization and Identity in the Art and Architecture of the Hellenistic East, Oxford: Archaeopress, 2010, pp. 177-189.

Mairs, R. , The Hellenistic Far East: Archaeology, Language and Identity in Greek Central Asia, Oakland: University of California Press, 2014.

Marshall, J. , Taxila: An Illustrated Account of Archaeological Excavations Carried out at Taxila under the Orders of the Government of India between the Years 1913 and 1934, Vol. 1-3, Cambridge University Press, 1951.

Marshall, J. , The Buddhist Art of Gandhara, Cambridge University Press, 1960.

McDowell, R. H. , "The Indo-Parthian Frontier," The American Historical Review, Vol. 44, No. 4(Jul. 1939), pp. 781-801.

Mertens, M. , "Did Richthofen Really Coin 'the Silk Road'?" The Silk Road, Vol. 17(2018), pp. 1-9.

Mikalson, J. D. , Religion in Hellenistic Athens, Berkeley: University of California Press, 1998.

Mitchiner, E. , The Yuga Purana, Calcutta, India: Asiatic Society, 1986.

Mitchiner, M. , Indo-Greeks and Indo-Scythian Coinage, London:

Hawkins Publications，1975-1976.

Mitchiner，M.，*Oriental Coins*，Vol. 2：*The Ancient and Classical World*，London：Hawkins Publications，1978.

Mode，M. ，"Sogdian Gods in Exile. Some Iconographic Evidence from Khotan in the Light of Recently Excavated Material from Sogdiana，"*Silk Road Art and Archaeology*（Kamakura [Tokyo]），Vol. 2，1991/1992，pp. 179-214.

Mørkholm，O. ，*Early Hellenistic Coinage from the Accession of Alexander to the Peace of Apamea*，Cambridge：Cambridge University Press，1991.

Morris，L. ，"Roman Objects in the Begram Hoard and the Memory of Greek Rule in Kushan Central Asia，"in Rachel Mairs，edited，*The Graeco-Bactrian and Indo-Greek World*, Abingdon, Oxon: Routledge, 2021, pp. 581-584.

Mukherjee，B. N. ，"The Great Kushana Testament，"*Indian Museum Bulletin 30*，Calcutta（1995）.

Mukherjee，B. N. ，*Nana on Lion：A study in Kushana Numismatic Art*，Culcutta：The Asiatic Society，1969.

Munshi，A. C. D. ，"The Origin and Development of Nana—The Popular Kusana Mother-Goddess，" *Journal of the Oriental Institute*，Vol. XXXV（1986），Nos. 3-4，pp. 249-256.

Muzio，C. L. ，"Gandharan Toilet Trays：Some Reflections on Chronology，"*Ancient Civilization from Scythia to Siberia*，Vol. 17（2011），pp. 331-340.

Narain，A. K. ，*The Coin Types of the Indo-Greek Kings*，Chicago：Ares Publishers Inc. ，1976.

Narain，A. K. ，*The Indo-Greeks*，Oxford：the Clarendon Press，1957.

Narain，A. K. ，*The Indo-Greeks：Revisited and Supplemented*，New Delhi：B. R. Publishing Corporation，2003.

Narain，A. K. ，"The Five Yabgus of the Yuech-Chih，"in S. N. Mukherjee，ed. ，*India：History and Thought*，Culcutta：Subarnarekha，1982，pp. 178-179.

Neelis, J. , Long-distance Trade and the Transmission of Buddhism through Northern Pakistan, Primarily Based on Kharoṣṭhī and Brāhmī Inscriptions, Dissertation (University of Washington), 2001.

Nikam, N. A. and R. Mckeon, The Edicts of Asoka, Chicago: The University of Chicago Press, 1959.

Pasha Zanous, Hamidreza & Yang, Juping, "Arsacid Cities in the Hanshu and Houhanshu, "Iran and the Caucasus, No. 22 (2018), pp. 123-138.

Pelliot, P. , "Les Noms Propres dans Les traductions chinoises du milindapanha, "Journal asiatique, Septembre-Octobre (1914), pp. 379-419.

Pilipko, V. N. , "Excavations of Staraia Nisa, "(CAIS) http://www. cais-soas. com/CAIS/Archaeology/Ashkanian/excavation _ staraia _ nisa. htm.

Potter, D. S. , "The Inscriptions on the Bronze Herakles from Mesene: Vologeses IV's War with Rome and the Date of Tacitus' 'Annales', "Zeitschriftfiir Papyrologie und Epigraphik, Bd. 88 (1991), pp. 277-279.

Rapin, C. , "Nomads and the Shaping of Central Asia: from the Early Iron Age to the Kushan Period," in Joe Cribb & Georgina Herrmann, eds. , After Alexander: Central Asia before Islam, Oxford University Press, 2007, pp. 29-72.

Rapin, C. , "The Gandharan Toilet Trays and the Central Asian Roads of Commerce, " http://claude. rapin. free. fr/5Gandhara7% 20images_fichiers/5GandharaCLR7. htm.

Rapson, E. J. , ed. , The Cambridge History of India, Volume I: Ancient India, London: Cambridge University Press, 1922.

Rawlinson G. , The Seven Great Monarchies of the Ancient Eastern World, Vol. 6 (of 7): Parthia, 1873.

Rawlinson, G. , Parthia, New York: G. P. Putnam's Sons, 1903.

Rawlinson, H. G. , Bactria: the History of a Forgotten Empire, London: Probsthain & Co. , 1912.

Rawlinson, H. G. , Bactria: From the Earliest Times to the Extinction of Bactrio-Greek Rule in the Punjab, Bombay: The "Times of

India"office,1909.

Rawlinson,H. G. ,*Intercourse between India and the Western World from the Earliest Times to the Fall of Rome*,Cambridge：Cambridge University Press,1916.

Rawlinson,H. G. , *Bactria：the History of a Forgotten Empire*, London：Probsthain & Co. ,1912.

Ray,H. P. ,"The Yavana Presence in Ancient India,"*Journal of the Economic and Social History of the Orient*,Vol. 31,No. 3(1988),pp. 311-325.

Reade,J. E. , "Greco-Parthian Nineveh,"*Iraq*,Vol. 60(1998),pp. 65-83.

Reiner,E. ,"A Sumero-Akkadian Hymn of Nana,"*Journal of Near Eastern Studies*,Vol. 33,No. 2. (Apr. 1974),pp. 221-236;

Richthofen,F. V. , *China：Ergebnisse Eigener Reisen und darauf gegründeter Studien*,Bd. 1,Berlin：Reimer,1877.

Rosenfeld,J. M. , *The Dynastic Arts of the Kushans*,Berkeley and Los Angeles：University of California Press,1967.

Rowland,B. ,"A Revised Chronology of Gandhāra Sculpture,"*The Art Bulletin*,Vol. 18,No. 3(Sep. 1936),pp. 387-400.

Rowland, B. , "Gandhara and Late Antique Art：The Buddha Image,"*American Journal of Archaeology*,Vol. 46,No. 2(Apr. -Jun. 1942),pp. 223-236.

Rowland,B. ,"The Hellenistic Tradition in Northwestern India," *The Art Bulletin*,Vol. 31,No. 1,Mar. 1949,pp. 1-10.

Sachs,A. and H. Hunger,*Astronomical Diaries and Related Texts from Babylonia*,Volume III：Diaries from 164 B. C. to 61 B. C. ,Wien：Verlag der Osterreichischen Akademie der Wissenschaften,1996.

Schoff,W. H. ,tr. & ed. ,*The Periplus of the Erythraean Sea：Travel and Trade in the Indian Ocean by a Merchant of the First Century*, London,Bombay & Calcutta,1912.

Seldeslachts,E. ,"The end of the road for the Indo-Greeks?"*Iranica Antiqua*,Vol. XXXIX,2004,pp. 249-296.

Sellwood, D. , An Introduction to the Coinage of Parthia, 2nd rev. ed. , London: Spink & Son Ltd. , 1980.

Senior, R. C. Indo-Scythian Coins and History, Vol. I-VI, Lancaster, PA: Classical Numismatic Group, 2001-2006.

Setaioli, A. , "Harbingers of the Trojan War on a Gilt Silver Ewer from Guyuan, "Glornale Italiano Di Filologia, 72/2020, pp. 9-17.

Seyrig, H. , "Palmyra and East, " The Journal of Roman Studies, Vol. 40, part 1 and 2(1950), pp. 1-7.

Sherwin-White, S. and A. Kuhrt, From Samarkhand to Sardis: A New Approach to the Seleucid Empire, Berkeley: University of California Press, 1993.

Sims-Williams, N. and Joe Cribb, "A New Bactrian Inscription of Kanishka the Great, "Silk Road Art and Archaeology, Vol. 4(1996), pp. 75-142.

Sircar, D. C. , "The Account of Yavanas in the Yuga-Purana, " Journal of the Royal Asiatic Society of Great Britain and Ireland, No. 1/2 (Apr. 1963), pp. 7-20.

Soper, A. C. , "Reviews: Recent Studies Involving the Data of Kaniska[Continued], "Artibus Asiae, Vol. 34, No. 1(1972), p. 104.

Soper, A. C. , "The Roman Style in Gandhāra, "American Journal of Archaeology, 4(1951), pp. 301-319.

Srinivasan, D. M. , ed. , On the Cusp of an Era: Art in the Pre-Kushana World, Leiden: Brill, 2007.

Srinivasan, S. , "Shiva as 'Cosmic Dancer': On Pallava Origins for the Nataraja Bronze, " World Archaeology, Vol. 36, No. 3, The Archaeology of Hinduism(Sep. 2004), pp. 432-450.

Stanco, L. , Greek Gods in the East, Prague: Karolirnum Press, 2012.

Stein, A. , Serindia: Detailed Report of Explorations in Central Asia and Westernmost China, 5 vols. , London & Oxford: Clarendon Press, 1921.

Stein, A. , Innermost Asia: Detailed Report of Explorations in Central Asia, Kan-su and Eastern Iran, 5 vols. , Oxford: Clarendon

Press，1928.

Stein，A. ，*Ancient Khotan: Detailed Report of Archaeological Explorations in Chinese Turkestan*，2 vols. ，Oxford: Clarendon Press，1907.

Stein，M. A. ，*Ancient Khotan*，Vol. III，New Delhi: Cosmo Publications，1981.

Stein，O. ，"Yavanas in Early Indian Inscription，"*Indian Culture*，I（1934-1935），pp. 343-357.

Tada，R. ，*Apollodorus of Artemita and the Rise of the Parthian Empire*，Dissertation，University of Washington（Seattle），2008.

Tanabe，K. ，"'Shiva' Has 'Gone With the Wind'-OHÞO= Vayu Restated，"*AL-RAFIDAN*（Journal of Western Asiatic Studies），Vol. XVIII，1997，pp. 263-280.

Tarn，W. W. ，"Notes on Hellenism in Bactria and India，"*The Journal of Hellenic Studies*，Vol. 22（1902），pp. 268-293.

Tarn，W. W. ，*Alexander the Great*，I: Narrative，London: Cambridge University Press，1948.

Tarn，W. W. ，*Alexander the Great*，II: Sources and Studies，London: Cambridge University Press，1948.

Tarn，W. W. ，*Hellenistic Civilisation*，London: Edward Arnold，1952.

Tarn，W. W. ，*The Greeks in Bactria and India*，Cambridge: Cambridge University Press，1951.

Tarn，W. W. ，*The Greeks in Bactria and India*，the third edition，edited by Frank Lee Holt，Chicago: Ares Publishers Inc. ，1984.

Tarzi，Z. ，"Hadda à la lumière des trios dernières campagnes de fouilles de Tapa-èShotor，"*CRAI*，1976，pp. 381-410.

Thakur，M. K. ，*India in the Age of Kanishka*，Delhi: Worldview Publication，1999.

Thapar，R. ，*A History of India*，Volume One，London: Hazell & Viney Limited，1966.

The New English Bible with the Apocrypha，Oxford University Press，1970.

Tissot, F. , The Art of Gandhara, Paris: Librairie Adrien Maisonneuve, 1986.

Tolman, H. C. , Ancient Persian Lexicon and Texts, New York, Cincinnati& Chicago: America Book Company, 1908.

Toynbee, A. J. , Hellenism: The History of a Civilization, London: Oxford University Press, 1959.

Tucher, J. , The Silk Road: Art and History, London: Philp Wilson Publishers, 2003.

Walbank, F. W. , Astin, M. W. Frederiksen & R. M. Ogilvie, eds. , The Cambridge Ancient History, Volume VII, Part I: The Hellenistic World, Cambridge: Cambridge University Press, 1984.

Walbank, F. W. , The Hellenistic World, Glasgow: William Collins Sons & Co. Ltd. , 1981.

Walter, M. N. , "Sodians and Buddhism, "Sino-Platonic Papers, 174 (Nov. 2006). http://sino-platonic. org/complete/spp174 _ sogdian _ buddhism. pdf.

Walter, M. , & James P. Ito-Adler, eds. , The Silk Road: Interwoven History, Vol. Long-distance Trade, Culture and Society, Cambridge, MA. : Cambridge Institutes Press, 2015.

Wang, Helen, Money on the Silk Road: The evidence from Eastern Central Asia to c. AD 800, London: British Museum Press, 2004.

Wells, C. B. , Royal Correspondence in the Hellenistic Period, New Heaven: Yale University Press, 1934.

Wheeler, M. , Flames Over Persepolis, New York: Reynal & Company, Inc, 1968.

Wheeler, M. , From Beyond the Imperial Frontiers, London: G. Bell & Sons, 1984.

Wiesehofer, J. , Ancient Persia: From 550BC to 650AD, London: I. B. Tauris Publishers, 1996.

Wojtilla, G. , "Did the Indo-Greeks Occupy Pataliputra, "Acta Ant, Hung. 40(2000), pp. 495-504.

Wolkstein, D. and Samuel Noah Kramer, Inanna: Queen of Heaven and *Earth*, New York: Harper & Row Publisher, 1983.

Woodcock, G., *The Greeks in India*, London: Faber and Faber Limited, 1966.

Wylie, A., "Notes on the Western Regions," translated from the "Tseen Han Shoo," Book 96, Part 1, *The Journal of the Anthropological Institute of Great Britain and Ireland*, Vol. 10 (1881), pp. 20-73; Part 2, Vol. 11 (1882), pp. 83-115.

Yang, Juping, "Alexander and the Emergence of the Silk Road," *The Silk Road*, Vol. 6, No. 2 (Winter/Spring 2009), pp. 15-22 (the abridged edition).

Yang, Juping, "The Relations between China and India and the Opening of the Southern Silk Road during the Han Dynasty," *The Silk Road*, 11 (2013), pp. 82-92 (the revised version).

Yang, Juping, "Hellenistic World and the Silk Road," *Anabasis: Studia Classica et Orientalia*, 4 (2013), pp. 73-91 (the revised version).

Yang, Juping, "Hellenistic Information in China," *CHS Research Bulletin*, 2 (2014). http://www. chs-fellows. org/2014/10/03/hellenistic-information-in-china/.

Yang, Juping, "Some Clues of the Hellenistic World and the Roman East Hidden in China's Early Four Historical Books," *Talanta. Proceedings of the Dutch Archaeological and Historical Society*, 46/47 (2014/2015), pp. 121-143.

Yang, Juping, "Some Notes on Dayuezhi, Daxia, Guishuang and Dumi in Chinese Sources," *The Silk Road*, No. 14 (2016), pp. 97-105.

Yang, Juping, "Hellenisation or Indianisation: A Study of the Yavanas," *Ancient West and East*, 16 (2017), pp. 177-208 (the revised version).

Yang, Juping, "Chinese Historical Sources and the Greeks in the Western Regions," in Rachel Mairs, R. edited, *The Graeco-Bactrian and Indo-Greek World*, Abingdon, Oxon: Routledge, 2021, pp. 446-464.

Yang, Juping, "The Sinicization and Secularization of some Graeco-Buddhist Gods in China," in *The Global Connections of Gandhāran*

Art，edited by Wannaporn Rienjang & Peter Stewart，Oxford：Archaeopress Publishing Ltd.，2020，pp. 234-247.

Yarshater，E.，ed.，*The Cambridge History of Iran*，Volume 3(1)：*The Seleucid*，*Parthian and Sasanian Periods*，Cambridge：Cambridge University Press，1983.

Yarshater，E.，ed.，*The Cambridge History of Iran*，Volume 3(2)：*The Seleucid*，*Parthian and Sasanian Periods*，Cambridge：Cambridge University Press，1983.

Zhang，Yuanlin，"Dialogue among the Civilizations：the Origin of the Three Guardian Deities' Images in Cave 285，Mogao Grottoes，" *The Silk Road*，No. 2(2009)，pp. 33-48.

Zwalf，W.，*The Shrines of Gandhara*，London：British Museum Publications Limited，1979.

后　记

　　本书属于本人"希腊化文明研究系列"的第二部，由于已经纳入南开史学家论丛（第四辑），封面上不便注明。这里稍作提及，也是对这一遗憾的补救。

　　附录中的外文文章，由于发表时各家杂志的格式不同，所以各篇在章节排列、引文出处、参考书目，尤其是中文文献书名、出版社名称及其他一些专业术语的翻译上不尽统一。本次出版，基本保留了原貌。这一点敬请谅解。

　　最后，在本书付印之际，我要特别感谢编辑杜艳茹女士。她热情敬业，一丝不苟，运筹协调，为本书的顺利出版奉献良多。她的专业是秦汉史，正好与本书的内容相近，她将敏锐的专业感悟融于文稿的编辑之中，这一点是特别值得提及的。

2022 年 8 月 7 日于南开